W0197228

HEINRICH AUGUST WINKLER

ZERBRICHT DER WESTEN?

HEINRICH AUGUST WINKLER

ZERBRICHT DER WESTEN?

Über die gegenwärtige Krise in Europa und Amerika

C.H.BECK

© Verlag C. H.Beck oHG, München 2017
Satz: Janß GmbH, Pfungstadt
Druck und Bindung: CPI – Ebner & Spiegel, Ulm
Umschlaggestaltung: Kunst oder Reklame, München
Gedruckt auf säurefreiem, alterungsbeständigem Papier
(hergestellt aus chlorfrei gebleichtem Zellstoff)
Printed in Germany
ISBN 978 3 406 71173 2

www.chbeck.de

Für Dörte

INHALT

EINLEITUNG

Dieses Buch handelt von dem krisenhaften Zustand, in dem sich die Europäische Union, die Vereinigten Staaten von Amerika und damit der transatlantische Westen insgesamt seit einiger Zeit befinden. Ich knüpfe damit an den vierten und letzten Band meiner «Geschichte des Westens» an, der Anfang 2015 unter dem Titel «Die Zeit der Gegenwart» erschienen ist und das knappe Vierteljahrhundert vom Untergang der Sowjetunion Ende 1991 bis zum Zusammenbruch der Nach-Kalte-Kriegsordnung im Russland-Ukraine-Konflikt von 2014 behandelt.

Als ich im Oktober 2015 mit der Arbeit an meinem neuen Buch begann, lag manches, wovon in diesem Band die Rede ist, noch in mehr oder minder weiter Ferne: das Referendum über das Ausscheiden Großbritanniens aus der Europäischen Union im Juni 2016, die amerikanische Präsidentenwahl vom November desselben Jahres und die Präsidentenwahl in Frankreich vom Mai 2017. Was schon im Herbst 2015 offen zu Tage lag, war die Krise der Europäischen Union – eine Krise, die bei genauerer Betrachtung aus mehreren Einzelkrisen besteht: der Legitimations- und Vertrauenskrise der europäischen Institutionen, die bis auf den Anfang 1992 unterzeichneten Vertrag von Maastricht zurückgeht, der Krise der Eurozone, die ihren tieferen Grund im Fehlen einer gemeinsamen Haushaltskultur der beteiligten Staaten hat, und der Krise um den Umgang der EU mit Mitgliedstaaten, die sich als «illiberale Demokratien» verstehen und damit gegen die grundlegenden Werte der Europäischen Union stellen, wie sie unter anderem in den Kopenhagener Beitrittskriterien von 1993 niedergelegt sind.

Zu erkennen waren im Herbst 2015 auch schon die Verstärkung der zentrifugalen Kräfte innerhalb der EU durch die Flüchtlingskrise und die Isolierung, in die Deutschland, der größte und wirtschaftlich stärkste Staat der Union, durch seine Politik in ebendieser Krise geraten war. Dass die Flüchtlingskrise auch zum Erfolg der «Brexiteers» beigetragen hat, ist heute weithin unumstritten, desgleichen ihr Anteil am Erstarken nationalpopulistischer Kräfte auch in Deutschland selbst. Schon vor 2015 war eine internationale Diskussion darüber entbrannt, ob es eine «neue deutsche Frage» gebe, die Wiedervereinigung von 1990 also keine endgültige Lösung dieses Jahrhundertproblems gebracht habe. Die Ereignisse von 2015 haben die Debatte über das deutsche Selbstverständnis und die Rolle Deutschlands in Europa neu belebt, und es spricht wenig dafür, dass der Disput hierüber rasch enden wird.

Dass der Aufstieg des Populismus eine Herausforderung nicht nur für Europa, sondern auch für die Führungsmacht des Westens ist, hat der Präsidentschaftswahlkampf von 2016 in den Vereinigten Staaten gezeigt. Die tiefe Spaltung der amerikanischen Gesellschaft, die er sichtbar machte, hat Ursachen, die zum Teil weit in die Geschichte zurückreichen. Manche dieser Ursachen sind spezifisch amerikanische, andere kennen die europäischen Nationen aus eigener Erfahrung. Misstrauen gegenüber den «Eliten», dem «Establishment», der «politischen Klasse» ist ein transatlantisches Phänomen. Es sind die Grundlagen der repräsentativen Demokratie, die von den populistischen Bewegungen in Frage gestellt werden, und deshalb ist es keine Übertreibung, von einer gemeinsamen Herausforderung des Westens insgesamt zu sprechen.

Die Wahl des radikal nationalistischen Republikaners Donald Trump zum 45. Präsidenten der USA markiert die tiefste Zäsur in der Geschichte der transatlantischen Beziehungen seit 1945. Bislang konnten Europäer und Amerikaner, wenn sie Kontroversen über Fragen von grundsätzlicher Bedeutung ausfochten, davon ausgehen, dass sie über unterschiedliche Auslegungen gemeinsamer Werte stritten. Ob das auch künftig noch gelten wird, ist eine offene Frage. Donald Trump hat bisher nicht erkennen lassen, dass ihm die Werte, in deren Zeichen die Vereinigten Staaten gegründet wurden, obenan die unveräußerlichen Menschenrechte, die Herrschaft des Rechts, die gewaltenteilenden «checks and balances» und die repräsentative Demokratie, etwas bedeuten. Was er durch seine Politik in Zweifel zieht, ist nichts Geringeres als das normative Projekt des Westens, wie es sich in den beiden atlantischen Revolutionen des späten 18. Jahrhunderts, der Amerikanischen Revolution von 1776 und der Französischen Revolution von 1789, herausgeformt hat und das seitdem den Maßstab bildet, an dem westliche Demokratien sich messen lassen müssen.

Die Frage, ob der transatlantische Westen zerbrechen könnte, stellt sich zu einer Zeit, in der auf dem «alten Kontinent» darüber diskutiert wird, ob die Europäische Union ihren Zerfall noch aufhalten kann und es schafft, in wichtigen Fragen mit *einer* Stimme zu sprechen. Dass sie nicht in der Lage ist, die Vereinigten Staaten politisch und militärisch zu ersetzen, liegt auf der Hand. Möglich erscheint aber, dass die europäischen Demokratien mit vereinten Kräften dazu beitragen können, dass die Werte des Westens die Präsidentschaft von Donald Trump überleben. Allein stünden sie, wenn sie sich das vornehmen, nicht. Sie hätten weltweit Verbündete in Gestalt der Kräfte, die sich den Prinzipien der westlichen Demokratie verbunden fühlen, nicht zuletzt in den Vereinigten Staaten selbst.

1.
EUROPÄISCHE ODER WESTLICHE WERTE?

Zu den Schlagworten unserer Zeit gehören die «Werte Europas» oder die «europäischen Werte», auf die wir uns nicht nur in feierlicher Rede so gern berufen. Doch der Begriff verdient es, hinterfragt zu werden. Denn im geographischen Sinn hat Europa nie eine Wertegemeinschaft gebildet. Anders steht es um den konkurrierenden Begriff «westliche Werte». Den Unterschied mag ein Zitat des Wiener Historikers Gerald Stourzh verdeutlichen: «Europa ist nicht (allein) der Westen. Der Westen geht über Europa hinaus. Aber Europa geht auch über den Westen hinaus.»[1]

Der Westen: Das ist zunächst einmal jener Teil Europas, der im Mittelalter (und in manchen Ländern lange darüber hinaus) sein geistliches Zentrum in Rom hatte, also zur Westkirche gehörte. Nur dieser Teil Europas hatte die beiden vormodernen Formen der Gewaltenteilung, die ansatzweise Trennung von geistlicher und weltlicher Gewalt sowie die von fürstlicher und ständischer Gewalt erlebt. Um die erste der beiden Unterscheidungen ging es im Investiturstreit in der zweiten Hälfte des 11. und dem ersten Viertel des 12. Jahrhunderts: einem Konflikt zwischen dem römischen Reformpapsttum auf der einen, den fränkisch-salischen Kaisern und den Königen von Frankreich und England auf der anderen Seite, bei dem vordergründig um das Recht der Einsetzung von Bischöfen und Äbten in ihre Ämter, letztlich aber um nichts Geringeres als das Verhältnis von geistlicher und weltlicher Gewalt gestritten wurde.

Am Ende standen historische Kompromisse in Gestalt von Vereinbarungen zwischen der Kurie und den gekrönten Häuptern, darunter dem Wormser Konkordat, das 1122 zwischen den Legaten von Papst Calixt II. und Kaiser Heinrich V. abgeschlossen wurde. Keiner Seite war es gelungen, die andere zu unterwerfen. Die Kirche konnte sich aus ihrer Abhängigkeit vom deutschen König- und Kaisertum befreien, während die weltlichen Gewalten ihre Handlungsspielräume zu behaupten und langfristig zu erweitern vermochten.

Das symbolische Datum der zweiten mittelalterlichen Gewaltenteilung, der Ausdifferenzierung von fürstlicher und ständischer Gewalt, ist der 15. Juni 1215: der Tag, an dem auf der Wiese Runnymede an der Themse der englische König Johann «Ohneland», politisch geschwächt durch eine Niederlage, die ihm im Jahr zuvor die Franzosen in der Schlacht von Bouvines zugefügt hatten, den aufständischen Baronen in der Magna Charta Libertatum Rechte zugestehen musste, die seiner Macht Fesseln anlegten. Der König war fortan an das Recht gebunden; er durfte ohne Zustimmung eines Ausschusses der Kronvasallen, der als Vertretung des ganzen Landes galt, keine Abgaben erheben; kein freier Mann durfte gefangen genommen oder um seinen Besitz gebracht werden, wenn nicht ein Gericht aus Standesgenossen oder das Gesetz des Landes dies erlaubte.

Die Magna Charta bedeutete nicht das Ende des Machtkampfes zwischen dem König und seinen Vasallen. Aber hundert Jahre später stand fest, dass der niedere Adel, die «gentry», und das städtische Bürgertum den größten Nutzen aus dem Konflikt gezogen hatten. Das «Parlament» (der Begriff lässt sich bis in die Mitte des 13. Jahrhunderts zurückverfolgen) war die anerkannte Vertretung des Landes. Seit Mitte des 15. Jahrhunderts bildeten sich das Unterhaus als Vertretung der Grafschaften und Kommunen und das Oberhaus, in dem die Barone des Königreichs saßen, als getrennte Einrichtungen heraus, wobei die niedere Kammer schon damals über mehr Macht verfügte als die höhere.

Was 1215 in England geschah, hat sich der Nachwelt besonders eingeprägt, und das vor allem deshalb, weil die Verfassungsentwicklung nirgendwo in Europa ein derart hohes Maß an Kontinuität aufweist wie hier. Aber nicht nur auf der Westseite des Ärmelkanals bedurften Herrscher, die mit ihresgleichen um Macht und Geltung wetteiferten, eines dauerhaften Rückhalts bei denen, die im Innern des Landes über Macht und Einfluss verfügten. Und nicht nur in England konnten auch die Umworbenen ihrerseits etwas fordern: die förmliche Verbriefung ihrer Rechte und die Institutionalisierung ihres Anspruchs auf Mitsprache. Auf die eine oder andere Weise wurden solche Vereinbarungen im Verlauf des Mittelalters überall im europäischen Okzident getroffen.

Die ansatzweisen Trennungen von geistlicher und weltlicher Gewalt einerseits, von fürstlicher und ständischer Gewalt andererseits stehen nicht unverbunden nebeneinander. Der historische Kompromiss, mit dem der Investiturstreit endete, setzte die Kräfte frei, die den Westen dauerhaft prägen sollten. Die Trennung von geistlicher und weltlicher Gewalt führte zur Herausbildung von zwei unterschiedlichen Rechtssystemen, die beide auf das römische Recht zurückgriffen: das um 1140 im Decretum Gratiani zusammengefasste kanonische oder Kirchenrecht ebenso wie, sehr viel unmittelbarer, das neue weltliche Recht, das auf der Rezeption des unter Kaiser Justinian im 6. Jahrhundert nach Christus kodifizierten, um 1080 wiederentdeckten Corpus Juris beruhte, im späten Mittelalter seinen Siegeszug durch Europa, genauer gesagt, den europäischen Okzident antrat und dort einen umfassenden Rationalisierungsschub auslöste.

Die Systematisierung erst des kirchlichen, dann des weltlichen Rechts war nicht möglich ohne die Jurisprudenz, die sich seit dem späten 11. Jahrhundert aus der Theologie heraus entwickelte. Ohne Systematisierung des Rechts kein moderner Staat: Das erste Fallbeispiel für diesen Zusammenhang war, so paradox es klingt, der Kirchenstaat, wie er sich unter Papst Gregor VII., dem machtbewussten Verfasser des «Dictatus Papae» von 1075, herauszuformen begann. Die Wirkungen seiner (von dem Universalhistoriker Eugen Rosenstock-Huessy so genannten) «Papstrevolution» halten bis heute an.[2] Die anstaltliche Verfassung der Kirche wurde zum Vorbild der anstaltlichen Verfassung weltlicher Herrschaft. Die innere Staatsbildung ging einher mit der Herausbildung eines europäischen Staatensystems und wurde durch sie weiter vorangetrieben. Die Ausdifferenzierung von fürstlicher und ständischer Gewalt gehört in diesen Zusammenhang.

Es sei der «dualistische Geist, der im Abendland die ständischen Verfassungen hervorgebracht» habe: So lautet ein Verdikt des deutschen Historikers Otto Hintze aus dem Jahr 1931.[3] Dualistisch war schon die Trennung der weltlichen von der geistlichen Gewalt gewesen. Dualistisch war alles, was innerhalb der weltlichen und der kirchlichen Sphäre auf eine Trennung von ausführender Gewalt auf der einen, beratender, kontrollierender, gesetzgebender Gewalt auf der anderen Seite hinauslief. Dualistisch war das Nebeneinander von grundherrlicher und bäuerlicher Landwirtschaft, von mittelalterlicher Bürgerstadt und feudalem Umland, von genossenschaftlicher Selbstverwaltung (etwa der Zünfte oder der Universitäten) und obrigkeitlichem Weisungsrecht. Wenn es *ein* herausragendes Kennzeichen des Okzidents gibt, dann ist es dieses: der Geist des innerweltlichen Dualismus, der den Keim des Pluralismus wie des Individualismus und damit den der Freiheit und der Zivilgesellschaft in sich trug.

Die Abfolge von Gewaltenteilungen, die die Geschichte des Westens kennzeichnet, wäre freilich kaum möglich gewesen, hätte es nicht eine noch sehr viel ältere Urprägung des Christentums gegeben: die kategorische Unterscheidung zwischen göttlichen und irdischen Gesetzen. Den Berichten der Evangelisten Matthäus und Markus zufolge wurde Jesus eines Tages von den Anhängern der Pharisäer und den Gefolgsleuten des römischen Vasallen Herodes Antipas eine Fangfrage gestellt: Ob er, der wahrhaftig sei und den Weg Gottes auf rechte Weise lehre, es für recht halte, dass man dem Kaiser Steuern zahle, oder nicht. Ein Nein hätte als Aufruf zum Aufstand gedeutet werden können, ein Ja als eine (höchst unpopuläre) Unterstützung der römischen Fremdherrschaft. Die eine wie die andere Antwort wäre eine politische Parteinahme, ja eine Entscheidung in einem Freund-Feind-Verhältnis gewesen. Da Jesus eine solche Antwort nicht geben wollte, entschied er sich für eine dialektische Erwiderung. Er ließ sich einen römischen Denar reichen und bestätigen, dass dieser das Bild des Kaisers, des Tiberius, trage. Daraufhin erfolgte seine Antwort: «So gebt dem Kaiser, was des Kaisers ist, und Gott, was Gottes ist.»[4]

Die Gegenüberstellung von Gott und Kaiser lief nicht auf Äquidistanz, also auf gleichen Abstand zu beiden, hinaus, ebenso wenig auf

Gleichrangigkeit. Der absolute Vorrang Gottes stand für den Antwortenden außer Frage. Seine Replik schloss aber eine Absage an jede Art von Theokratie oder Priesterherrschaft ein. Die Ausdifferenzierung von göttlicher und irdischer Herrschaft bedeutete die Begrenzung und Bestätigung der letzteren: eine Begrenzung, da ihr keine Verfügung über die Sphäre des Religiösen zugestanden wird; eine Bestätigung, da der weltlichen Gewalt Eigenständigkeit zukommt. Das war noch nicht die Trennung von geistlicher und weltlicher Gewalt. Aber die Antwort auf die Fangfrage war doch die Verkündung eines Prinzips, in dessen Logik die Trennung lag – und mit ihr letztlich die Säkularisierung der Welt und die Emanzipation des Menschen.[5]

Über ein Jahrtausend später zog ein Teil der Christenheit aus der grundlegenden Unterscheidung Jesu die Folgerung einer institutionellen Ausdifferenzierung von geistlicher und weltlicher Gewalt. Es war jener Teil, in dem es schon zuvor mehrere Könige, aber nur einen Papst gegeben hatte: der lateinische oder westkirchliche Teil. Im Bereich der Ostkirche, von Byzanz und später Moskau, fand die Trennung von geistlicher und weltlicher Gewalt nicht statt. Das orthodoxe Europa kannte zwar nicht das, was man mit polemischem Unterton «Cäsaropapismus» genannt hat, eine personelle Einheit von geistlicher und weltlicher Gewalt, wohl aber eine Unterordnung der ersteren unter die letztere.

Im Bereich der Ostkirche konnten sich auch die anderen Dualismen nicht entwickeln, die den Westen prägten: nicht das wechselseitige Treueverhältnis von Lehnsherren und Gefolgsleuten, nicht die Trennung von fürstlicher und ständischer Gewalt, von genossenschaftlichen und obrigkeitlichen Elementen, von Grundherrschaft und Bauernwirtschaft, von selbstverwalteter Bürgerstadt und aristokratisch beherrschtem Umland. Dass Ost- und Südosteuropa sich so anders entwickelten als der europäische Okzident, lag gewiss auch an lang anhaltenden Erfahrungen von Fremdherrschaft: der tatarischen in Russland, der osmanischen auf dem Balkan und in Rumänien. In letzter Instanz aber markiert das unterschiedliche Verhältnis von geistlicher und weltlicher Gewalt die europäische «Urdifferenz».

Nur dort, wo es institutionelle Vorbedingungen von individueller und korporativer Freiheit gab, im Europa der Westkirche, konnte eine rationale Theologie aus sich heraus andere rationale Wissenschaften wie die Jurisprudenz und die Philosophie erzeugen und dem Geist des Rationalismus auch in anderen Wissenschaften und den Künsten Auftrieb verleihen. Nur im Bereich der Westkirche konnte sich ein methodischer Zweifel zu einer geistigen Produktivkraft entwickeln, die von der Kirche zwar schärfstens bekämpft wurde, aber nicht mehr ausgerottet werden konnte. Nur im Westen entstand ein städtisches Bürgertum, das wagemutige Kaufleute und Unternehmer in großer Zahl hervorbrachte. Nur hier konnten sich die großen Emanzipationsbewegungen des späten Mittelalters und der frühen Neuzeit vom Humanismus und der Renaissance über die Reformation bis zur Aufklärung entfalten, die der westlichen Moderne bis heute ihren Stempel aufdrücken.

Die Aufklärung war mithin kein «Urknall». Sie fiel weder vom Himmel noch stieg sie, wie manche ihrer Gegner meinten, aus der Hölle empor. Sie hatte eine Vorgeschichte, aus der sich die christliche Unterscheidung von göttlichen und irdischen Gesetzen so wenig wegdenken lässt wie der «dualistische Geist» des Mittelalters. Was für die Geistesgeschichte gilt, trifft auch für die Geschichte der Gewaltenteilungen zu. Es bedurfte der vorangegangenen Ausdifferenzierungen von geistlicher und weltlicher sowie von fürstlicher und ständischer Gewalt, um die moderne Gewaltenteilungslehre hervorzubringen, wie sie der französische Staatsphilosoph Charles-Louis de Secondat Baron de la Brède et de Montesquieu 1748 im «Geist der Gesetze» vorlegte: die Trennung von gesetzgebender, vollziehender und rechtsprechender Gewalt.[6]

Was Montesquieu in die theoretische Form eines Gegenmodells zur absoluten Monarchie kontinentaleuropäischer Prägung brachte, entsprach seiner Deutung der Ergebnisse der englischen Verfassungsgeschichte im Allgemeinen und der, die seit der «Glorious Revolution» von 1688/89, dem Sturz des absoluten Königtums Jakobs II., vergangen war, im Besonderen. Nirgendwo zeitigte Montesquieus Buch ein so starkes Echo wie in den nordamerikanischen Kolonien der britischen Krone. Der «Geist der Gesetze» bestärkte die über den Nordatlantik ausgewanderten europäischen Siedler, überwiegend radikal protestantische Engländer, die sich gegen das anglikanische Staatskirchentum auflehnten, in ihrem Widerstand gegen eine Herrschaft, auf die sie keinen Einfluss hatten. «No taxation without representation»: Das Prinzip, dass nur besteuert werden durfte, wer auch das Recht hatte, Abgeordnete in das Londoner Unterhaus zu entsenden, sollte nicht nur für das Mutterland, sondern auch für die 13 rebellischen nordamerikanischen Kolonien gelten.

Am 12. Juni 1776 verabschiedete der Provinzialkonvent von Virginia die «Declaration of Rights». «Alle Menschen sind von Natur gleichermaßen frei und unabhängig und besitzen gewisse angeborene Rechte, die sie, bei Begründung einer politischen Gemeinschaft, ihren Nachkommen durch keinerlei Abmachungen wegnehmen oder entziehen können, nämlich das Recht auf Leben und Freiheit und dazu die Möglichkeit, Eigentum zu erwerben und zu behalten und Glück und Sicherheit zu erstreben und zu erlangen.» Mit diesem Paukenschlag begann die erste Menschenrechtserklärung der Geschichte. Es folgten die Verkündung der Volkssouveränität und 14 weitere Artikel, die die Trennung von gesetzgebender, ausführender und rechtsprechender Gewalt sowie einen Katalog der wichtigsten Freiheitsrechte, darunter der Presse- und der Religionsfreiheit, enthielten.[7]

Gut drei Wochen später, am 4. Juli 1776, verkündete der Kontinentalkongress der 13 Kolonien die Unabhängigkeitserklärung der Vereinigten Staaten von Amerika. Am Anfang stand ein Bekenntnis zu den unveräußerlichen Menschenrechten im Geist der Erklärung von Virginia: «Folgende Wahrheiten erachten wir für selbstverständlich: dass alle Menschen gleich geschaffen sind; dass sie von ihrem Schöpfer mit gewissen unveräußerlichen Rechten ausgestattet sind; dass dazu Leben, Freiheit und das Streben nach Glück (life, liberty and the pursuit of happiness) gehören; dass zur Sicherung dieser Rechte Regierungen unter den Menschen eingesetzt werden, die ihre rechtmäßige Macht aus der Zustimmung der Regierten herleiten; dass, wann immer irgendeine Regierungsform sich diesen Zielen abträglich erweist, es Recht des Volkes ist, sie zu ändern oder abzuschaffen, eine neue Regierung einzusetzen und diese auf solchen Grundsätzen aufzubauen und ihre Gewalten in der Form zu organisieren, wie es ihm zur Gewährleistung seiner Sicherheit und seines Glückes geboten zu sein scheint.»[8]

Die nordamerikanischen Rebellen konnten fraglos das Erstgeburtsrecht in Sachen Menschenrechte für sich beanspruchen. Aber schon bald wanderten die Grundsätze, die nach Virginia auch andere Einzelstaaten zu Papier brachten, über den Nordatlantik nach Europa. Zu denen, die in Frankreich in ihrem Sinn tätig wurden, gehörten der Marquis de Lafayette, der an der Seite der Amerikaner im Unabhängigkeitskrieg gegen das Vereinigte Königreich gefochten hatte, und Thomas Jefferson, Mitverfasser der Virginia Declaration of Rights, Autor des Entwurfs der Unabhängigkeitserklärung und später dritter Präsident der USA, der von 1785 bis 1789 seinem Land als Sonderbotschafter in Paris diente. Kurz nach dem Ausbruch der Französischen Revolution entwarf Lafayette mit aktiver Unterstützung Jeffersons seine eigene Menschenrechtserklärung, die in die von der Nationalversammlung am 26. August 1789 verabschiedete Déclaration des droits de l'homme et du citoyen einging.

Die erste europäische Menschenrechtserklärung betonte die Gleichheit vor dem Gesetz deutlich schärfer als die amerikanischen Erklärungen, stimmte aber, was die Sicherung von Freiheit und Eigentum angeht, mit den überseeischen Vorbildern auf weiten Strecken überein.[9] Die unveräußerlichen Menschenrechte wurden also spätestens 1789 zu einem transatlantischen Vorhaben. Zusammen mit der Herrschaft des Rechts (rule of law), der Gewaltenteilung, der Volkssouveränität und der repräsentativen Demokratie (representative government) bilden sie seitdem das normative Projekt des Westens, an dem sich alle Staaten abzuarbeiten haben, die sich nicht nur auf dem Papier zu den Ideen von 1776 und 1789 und damit zur politischen Summe der Aufklärung bekennen.

Die Geschichte des alten und des neuen, des europäischen und des überseeischen Westens, zu dem neben den Vereinigten Staaten und Kanada auch Australien und Neuseeland gehören, lässt sich zu einem guten Teil als eine Geschichte von Kämpfen um die Aneignung oder Verwerfung dieses Projekts beschreiben. Es gab europäische Länder, die kulturell zum Westen gehörten und sich doch gegen einige der politischen Konsequenzen der Aufklärung wie die unveräußerlichen Menschenrechte, die Volkssouveränität und die repräsentative Demokratie, wehrten. Eines dieser Länder war Deutschland, das erst nach der totalen Niederlage im Zweiten Weltkrieg seine Vorbehalte gegen die politischen Ideen des Westens aufgab.

Auch Italien wurde erst nach 1945 eine parlamentarische Demokratie westlicher Prägung, Portugal und Spanien erst nach der Überwindung ihrer nationalistischen und autoritären Diktaturen Mitte der siebziger Jahre. Zu einem vorläufigen Abschluss kam das Ringen um die Aneignung oder Verwerfung der politischen Ideen von 1776 und 1789 innerhalb des Westens erst nach den friedlichen Revolutionen von 1989. Durch sie konnte sich jener Teil des alten Okzidents, der 1945 im Gefolge der Beschlüsse von Jalta der sowjetischen Herrschaftsphäre zugeschlagen worden war, der politischen Kultur des Westens öffnen: eine tiefe Zäsur in der Geschichte Europas – eine der tiefsten seit der Französischen Revolution 200 Jahre zuvor.

Zu keiner Zeit beschrieb das normative Projekt des Westens die Wirklichkeit des Westens. Zu den Verfassern der ersten Menschenrechtserklärungen gehörten Sklavenbesitzer (unter ihnen auch Thomas Jefferson). Die aus Schwarzafrika stammenden Sklaven gehörten wie die indianischen Ureinwohner zu den Gruppen, denen die Menschenrechte lange Zeit vorenthalten wurden. Was die Bürgerrechte betraf, galt das bis zu einem gewissen Grad auch für die Frauen und die Arbeiter. Die Geschichte des Westens lässt sich mithin auch als eine Geschichte von Verstößen gegen die eigenen Werte darstellen. Kolonialismus, Imperialismus und Rassismus bilden einen wesentlichen Teil des westlichen «Sündenregisters».

Doch die Menschenrechtserklärungen waren klüger als ihre vielfach in männlichen und rassischen Vorurteilen befangenen Verfasser. Gruppen, die ganz oder teilweise von der Geltung der Menschenrechte ausgeschlossen wurden, konnten sich auf sie berufen, und sie taten das langfristig mit Erfolg. Die Geschichte des Westens ist also auch eine Geschichte von Lernprozessen, von Selbstkorrekturen, von produktiver Selbstkritik. Aus dem normativen Projekt wurde, mit anderen Worten, ein normativer Prozess.

Er ist noch längst nicht abgeschlossen. Denn die Adressaten der Menschenrechte sind grundsätzlich *alle* Menschen. Das gilt verstärkt seit dem 10. Dezember 1948. An diesem Tag nahm die Vollversammlung der Vereinten Nationen mit 48 Stimmen ohne Gegenstimmen bei 8 Enthaltungen die Allgemeine Erklärung der Menschenrechte an, die den universalen Charakter dieser Rechte betont und globale Gültigkeit für sie beansprucht.[10] Solange viele Staaten sich nicht an diese Entschließung gebunden fühlen, steht diese Globalisierung ursprünglich westlicher Normen freilich nur auf dem Papier.

Westlich, nämlich transatlantisch, war das Ensemble der Entwicklungen, die in die politischen Ideen des späten 18. Jahrhunderts einflossen. Wenn es eine «Urformel» gibt, aus der sich die Werte des Westens herleiten lassen, ist es, wie wir gesehen haben, die Trennung der Sphären von Gott und Kaiser durch Jesus. Einen vergleichbaren «locus classicus» gibt es im Islam und in anderen Religionen nicht. Es bedurfte der mittelalterlichen Trennung von geistlicher und weltlicher sowie der von fürstlicher und ständischer Gewalt – einer Ausdifferenzierung, die es so nur im europäischen Okzident gab –, um die moderne Gewaltenteilung, die Trennung von gesetzgebender, ausführender und rechtsprechender Gewalt, und damit einen festen Rahmen für die Herrschaft des Rechts und die Geltung der Menschen- und Bürgerrechte hervorzubringen. Auf nordamerikanischem Kolonialboden wurden diese Rechte zuerst verkündet, und von dort wanderten sie nach Europa. Was die Europäische Union und ihre Mitgliedstaaten als «ihre» Werte bezeichnen, steht in einem größeren, einem westlichen und inzwischen weltweiten Zusammenhang.

2.
DIE NATIONEN ÜBERWINDEN ODER ÜBERWÖLBEN?

Im Jahr 1988 erschien das Buch eines aufstrebenden deutschen Politikers, des damaligen Ministerpräsidenten des Saarlandes und stellvertretenden Vorsitzenden der Sozialdemokratischen Partei Deutschlands, Oskar Lafontaine, unter dem Titel «Die Gesellschaft der Zukunft». Es enthielt ein Kapitel mit der Überschrift «Die Überwindung des Nationalstaates». Ein Schlüsselabschnitt lautete: «Gerade weil uns Deutschen die Vollendung der nationalstaatlichen Einheit versagt blieb und auf absehbare Zeiten versagt bleiben wird, gerade weil wir Deutsche mit einem pervertierten Nationalismus schrecklichste Erfahrungen gemacht haben, gerade deshalb sollte uns schlechthin der Verzicht auf Nationalstaatlichkeit leichter fallen als anderen Nationen, die mit der Entstehung ihres Nationalstaats auch die Entfaltung einer demokratischen Gesellschaftsordnung verbinden konnten und immer noch können. Aufgrund ihrer jüngsten Geschichte sind die Deutschen geradezu prädestiniert, die treibende Rolle in dem Prozess der supranationalen Vereinigung Europas zu übernehmen.»[1]

Dass der zitierte Passus außerhalb der alten Bundesrepublik öffentliche Beachtung gefunden hat, ist unwahrscheinlich. Andernfalls wäre vermutlich die Frage gestellt worden, ob der Rückschluss von der Perversion auf die Prädestination nicht eine geradezu tollkühne Form von deutscher Schuldbewältigung sei. In der Tat mutet die dialektische Volte Lafontaines wie eine weltliche Variante der frühchristlichen, auf den Kirchenvater Ambrosius zurückgehenden Lehre von der «felix culpa», der seligen, weil heilsnotwendigen Schuld, an.[2] Europäische Nationen, deren nationale Identität und Souveränität von Hitlers «Drittem Reich», manchmal bereits auch vom deutschen Kaiserreich oder Preußen in Frage gestellt worden war, dürften Berufungen auf eine «supranationale» Sendung Deutschlands als eine neue Spielart von deutschem Imperialismus empfinden.

Deutschland war zur Zeit der Spaltung nach 1945, anders als die anderen Mitgliedstaaten der Europäischen Gemeinschaft, kein Nationalstaat. Im Jahr 1976 bezeichnete der Bonner Politikwissenschaftler und Zeithistoriker Karl Dietrich Bracher die Bundesrepublik Deutschland erstmals als «postnationale Demokratie unter Nationalstaaten» und traf damit das Bewusstsein ganzer Generationen westdeutscher Intellektueller genau.[3] Als der Autor die These 1986 im fünften Band der «Geschichte der Bundesrepublik Deutschland» wiederholte, begann der Begriff Karriere zu machen.[4] Zum politischen Schlagwort wurde er endgültig, als Jürgen Habermas 1998 im Titel einer Sammlung von politischen Essays von einer «postnationalen Konstellation» sprach, wobei er diese im umfangreichsten Text als Entwicklungsstadium der wohlfahrtsstaatlichen Massendemokratie westlichen Zuschnitts im Zeitalter der Globalisierung diagnostizierte.[5]

Zu diesem Zeitpunkt gehörte die Sonderkonstellation der alten Bundesrepublik bereits seit acht Jahren der Vergangenheit an. Das wiedervereinigte Deutschland war wieder ein Nationalstaat, wenn auch keiner der früheren Art. Es war, wie alle Mitgliedstaaten der Europäischen Union, ein postklassischer Nationalstaat, der einige seiner Hoheitsrechte gemeinsam mit anderen ausübte oder auf supranationale Einrichtungen übertragen hatte.[6] Die Kennzeichnung der alten Bundesrepublik als «postnational» war von jeher anfechtbar gewesen. Sie suggerierte die Vorstellung, die Bundesrepublik könne das nationale Stadium der deutschen Geschichte auch einseitig, ohne Befragung der Deutschen des anderen deutschen Staates, der Deutschen Demokratischen Republik, für beendet erklären. Im Begriff der «postnationalen Konstellation» wurde der westdeutsche Sonderbefund gewissermaßen posthum generalisiert, ohne dass dem international vergleichende, empirische Untersuchungen vorausgegangen wären: ein Sachverhalt, der in der deutschen Diskussion meist ausgeblendet wird.

Fände eine solche Untersuchung heute im Rahmen der Europäischen Union statt, gäbe es vermutlich außerhalb Deutschlands nur zwei Staaten, in denen der Begriff «postnational» nennenswerte Zustimmung, zumindest in der «politischen Klasse», finden würde: in Belgien und in Luxemburg – im ersten Fall aufgrund der schwach ausgeprägten nationalen Identität eines ethnisch und sprachlich höchst heterogenen Staatswesens, im zweiten Fall infolge des europäischen Mehrwerts, den das kleinste Gründungsmitglied der EU als Sitz wichtiger Gemeinschaftseinrichtungen und als «geborener» Vermittler zwischen Deutschland und Frankreich genießt. In allen anderen Mitgliedstaaten dürfte die Selbsteinstufung als Nation und als Nationalstaat bei der Mehrheit der Bevölkerung unangefochten sein, der Begriff «postnational» folglich auf mehr oder minder großes Unverständnis stoßen.

In der Frühphase der westeuropäischen Einigungsbewegung, den ersten Jahren nach dem Zweiten Weltkrieg, war der gesellschaftliche Rückhalt der Idee eines föderativen Zusammenschlusses der europäischen Staaten über politische Lagergrenzen hinweg am stärksten gewesen. Unter den «Parteifamilien» waren die Christlichen Demokraten die europafreundlichsten, was vorrangig an katholischen Reserven gegenüber dem durch und durch säkularen Charakter des modernen Nationalstaates lag. In der jungen Bundesrepublik Deutschland war es die Partei des ersten Bundeskanzlers, Konrad Adenauer, die Christlich-Demokratische Union, die das Projekt der westeuropäischen Integration, beginnend mit der 1952 in Kraft getretenen Montanunion, der Europäischen Gemeinschaft für Kohle und Stahl, vorantrieb. Als schwere Niederlage empfand es der Bonner Regierungschef, dass im August 1954 eine Mehrheit der französischen Nationalversammlung die Verträge über eine Europäische Verteidigungsgemeinschaft, und mit ihnen auch das Vorhaben einer Europäischen Politischen Gemeinschaft, zu Fall brachte: ein Zeichen für das Wiedererstarken des Nationalismus in Frankreich.

Was blieb, war die Fortsetzung der wirtschaftlichen Integration der sechs Mitgliedstaaten der Montanunion – Frankreich, Bundesrepublik Deutschland, Italien, Niederlande, Belgien und Luxemburg – über den Bereich von Kohle und Stahl hinaus. An die Spitze der 1957 gegründeten, alle Wirtschaftssektoren umfassenden Europäischen Wirtschaftsgemeinschaft trat im Jahr darauf als erster Präsident ihrer Kommission der bisherige Staatssekretär des Bonner Auswärtigen Amtes, Walter Hallstein. Radikale europäische Föderalisten wie der österreichische Schriftsteller Robert Menasse schreiben Hallstein die Absicht zu, die Nationen und die Nationalstaaten aufzulösen. Für die ihm in den Mund gelegten entsprechenden Zitate («Die Abschaffung der Nation ist die europäische Idee», «Das Ziel des europäischen Einigungsprozesses ist die Überwindung des Nationalstaates» und «Ziel ist und bleibt die Überwindung der Nation und die Organisation eines nachnationalen Europa») gibt es aber nicht nur keine Belege, sie widersprechen auch diametral dem, was Hallstein bei zwei der von Menasse genannten Anlässe tatsächlich gesagt hat.[7]

In seiner ersten Rede vor dem Europäischen Parlament beschrieb der frisch ernannte Kommissionspräsident am 19. März 1958 die Europäische Wirtschaftsgemeinschaft als eine «Staatengemeinschaft mit starken föderativen Zügen». Vor dem Europäischen Gemeindetag in Rom erteilte er am 15. Oktober 1964 zwar der Idee der nationalstaatlichen Souveränität alten Stils «und der heutigen politischen Form der Nationen» eine Absage, ebenso aber auch der Folgerung, «dass die bestehende politische Ordnung ausgelöscht, durch einen europäischen Supranationalstaat ersetzt wird». Es gehe vielmehr darum, die «Kraftquellen der europäischen Nationen zu erhalten, ja sie zu noch lebendigerer Wirkung zu bringen».[8]

Für Hallstein war die Antwort auf die Frage nach der «Finalität» des Einigungsprozesses klar: Er beschrieb die Europäische Wirtschaftsgemeinschaft als «unvollendeten Bundesstaat», womit er sich unausgesprochen am Modell der Bundesrepublik Deutschland orientierte.[9] Zu seinem härtesten Widersacher wurde der einstige Führer der «France libre» im Zweiten Weltkrieg und erste Regierungschef nach der Befreiung Frankreichs im Juni 1944, Charles de Gaulle, der im Mai 1958 als Ministerpräsident an die Macht zurückkehrte und seit dem 8. Januar 1959 als Staatspräsident an der Spitze der von ihm gegründeten Fünften Republik stand. In seiner legendären Pressekonferenz vom 15. Mai 1962 warf er den Befürwortern eines supranationalen

Europa vor, einer utopischen Konstruktion anzuhängen. Europa könne nur auf Elementen der Aktion, der Autorität und der Verantwortung, also auf der Grundlage der Staaten aufgebaut werden. «Zur Stunde kann es kein anderes Europa als das der Staaten geben ... Errichten wir also dieses Gebäude auf den Grundfesten der Wirklichkeit, und nach getaner Arbeit wird dann Zeit sein, uns in den Märchen von Tausendundeiner Nacht zu wiegen.»[10]

Ironischerweise setzte sich de Gaulles Idee eines «Europa der Staaten» (Europe des états) nicht zuletzt mit Hilfe *des* Landes durch, dessen Beitritt zur Europäischen Wirtschaftsgemeinschaft der Gründer der Fünften Republik um jeden Preis hatte verhindern wollen: Großbritannien. Sein Nachfolger Georges Pompidou war sehr viel weniger antibritisch eingestellt als der im April 1969 zurückgetretene de Gaulle. Er zog das Veto seines Vorgängers zurück und verständigte sich mit dem britischen Premierminister Edward Heath im Mai 1971 darauf, künftig so weit wie nur irgend möglich auf intergouvernementale statt auf supranationale Zusammenarbeit zu setzen und eine enge Kooperation zwischen Paris und London zu pflegen, um ein Gegengewicht zum wirtschaftlich führenden Mitgliedstaat der Gemeinschaft, der auch politisch immer selbstbewusster auftretenden Bundesrepublik Deutschland, herzustellen.[11]

Der Beitritt des Vereinigten Königreiches zu den Europäischen Gemeinschaften (in denen die EWG, die Montanunion und die Europäische Atomgemeinschaft 1967 aufgegangen waren) erfolgte, zeitgleich mit dem Irlands und Dänemarks, am 1. Januar 1973. Alle drei Staaten waren zwar an der Teilhabe am Gemeinsamen Markt interessiert, aber nicht an der supranationalen Integration Westeuropas. Dasselbe traf für die drei mediterranen Staaten Griechenland, Spanien und Portugal zu, die 1981 beziehungsweise 1986 den Europäischen Gemeinschaften beitraten.

Als der Kalte Krieg zwischen 1989 und 1991 zu Ende ging, war unschwer vorherzusagen, dass die europäischen Nationalstaaten ihre Zukunft noch längst nicht hinter sich hatten. Die Europäische Gemeinschaft glich vieles von dem aus, was ihre Mitgliedstaaten allein nicht mehr zu leisten vermochten, und wurde dadurch, wie der britische Wirtschaftshistoriker Alan Milward bemerkt, zu ihrem Retter.[12] Was die innere und die soziale Sicherheit, die Rechtsordnung und das alltägliche Zusammenleben der Menschen betraf, blieben den Nationalstaaten aber umfassende Zuständigkeiten. Eben deshalb waren auch noch viereinhalb Jahrzehnte nach Kriegsende die Gefühle der nationalen Zusammengehörigkeit deutlich stärker entwickelt als das europäische «Wir-Gefühl». Das galt auch für die Bundesrepublik – jenen Teil Deutschlands, in dem ein Teil der meinungsbildenden Kreise Europa als eine Art von Ersatzvaterland zu sehen begonnen hatte.

In *einem* waren sich die Pioniere der westeuropäischen Einigungsbewegung immer einig gewesen: Durch fortschreitende Integration sollte der alte Kontinent dem Nationalismus den Boden entziehen, der Europa im 20. Jahrhundert an den Rand der Selbstzerstörung gebracht hatte. Als das Jahrhundert zu Ende ging, waren die westeuropäischen Demokraten auf dem Weg der friedlichen Zusammenarbeit so weit vorangeschritten, dass an kriegerische Auseinandersetzungen zwischen ihnen nicht mehr zu denken war und nur noch schlechte Karten hatte, wer an nationalistische Vorurteile zu appellieren versuchte.

Aber nicht überall in Europa war der Geist des Nationalismus überwunden. In Jugoslawien zeigte sich bereits in den achtziger Jahren, dass das kommunistische System des 1980 verstorbenen Marschalls Tito die nationalen Gegensätze zwischen den Teilrepubliken nicht zum Verschwinden gebracht hatte. In Serbien, der größten Teilrepublik, löste unter Führung des regionalen Parteichefs Slobodan Milošević ein großserbischer ethnischer Nationalismus den Kommunismus als Intergrationsideologie fast nahtlos ab. In Kroatien war es nicht viel anders; Slowenien und Bosnien-Herzegowina folgten diesen Beispielen. Die neunziger Jahre wurden zum Jahrzehnt der jugoslawischen Nachfolgekriege – und von völkermörderischen Gemetzeln, wie sie Europa seit dem Zweiten Weltkrieg nicht mehr erlebt hatte.

«Der Nationalstaat hatte durch die europäischen Revolutionen von 1989/90 eine Renaissance erlebt»: So lautet ein Diktum in Andreas Rödders Buch «21.0 Eine kurze Geschichte der Gegenwart».[13] Die Auflösung Jugoslawiens in Einzelstaaten, die mit Ausnahme von Bosnien-Herzegowina ethnisch *relativ* homogen sind, spricht ebenso für diese

These wie die Auflösung der Sowjetunion, die Unabhängigkeitserklärungen der baltischen Republiken und die Trennung der Slowakei von Tschechien. Aber auch in den ehedem kommunistisch regierten Staaten wie Polen, Ungarn, Rumänien und Bulgarien, deren Staatsgebiet sich durch die epochale Umwälzung von 1989/90 nicht änderte, erfuhr der Nationalstaat eine qualitative Aufwertung: An die Stelle der «beschränkten Souveränität der sozialistischen Staaten» im Sinne der Breschnew-Doktrin von 1968 trat die volle Souveränität von Ländern, die nach der Auflösung des Warschauer Pakts im Jahr 1991 nun auch frei darüber entscheiden konnten, ob sie sich einem anderen, dem westlichen Bündnissystem anschließen wollten oder nicht.

Innerhalb der Europäischen Union, der zwischen 2004 und 2013 neun frühere Mitgliedstaaten des Warschauer Pakts und zwei ehemalige jugoslawische Teilrepubliken, Slowenien und Kroatien, beitraten, gehörten die meisten der «Neuen» aus Ostmittel- und Südosteuropa erwartungsgemäß zu denen, die großen Wert auf die Bewahrung ihrer frisch gewonnenen Souveränität legten, einer Abtretung von Hoheitsrechten an supranationale Einrichtungen also skeptisch gegenüberstanden. Was ihre äußere Sicherheit anging, vertrauten sie weniger «Brüssel» als den USA und der NATO, deren Mitglieder sie allesamt zwischen 1999 und 2009 wurden. Die Erweiterung der EU machte infolgedessen sehr viel raschere Fortschritte als ihre Vertiefung, zu der freilich noch sehr viel mehr gehörte und gehört als die Steigerung der institutionellen Effizienz und die Beschleunigung der Entscheidungsprozesse der Gemeinschaft, nämlich die Stärkung des Gefühls der inneren Zusammengehörigkeit und der wechselseitigen Solidarität der Mitgliedstaaten.

Der Osterweiterung der EU war 1995 die Aufnahme von drei neutralen Staaten – Österreich, Schweden, Finnland – vorausgegangen: ein Ereignis, das ohne die Beendigung des Ost-West-Konflikts nicht eingetreten wäre. Die Folgen von «1989» konfrontierten die bisherigen Mitglieder von NATO und EU nicht nur mit der lange verdrängten Erkenntnis, dass der historische Westen weit über die Ostgrenze des Atlantischen Bündnisses hinausreichte, also auch die baltischen Staaten, Polen, Tschechien, die Slowakei, Ungarn, Slowenien und Kroatien umfasste. Die Europäische Union musste ihr Selbstverständnis auch auf andere Weise ändern. Sie schloss seit dem «big bang» vom 1. Mai 2004, der Aufnahme von acht früher kommunistisch regierten Staaten sowie Malta und Zypern, Länder ein, die in der zweiten Nachweltkriegszeit des 20. Jahrhunderts, radikal unterschiedliche Erfahrungen gemacht hatten: Die einen waren geprägt durch ein Leben in Freiheit und Marktwirtschaft, die anderen in Diktatur und Planwirtschaft.

Auch im Westen Europas hatten die meisten Länder Diktaturerfahrungen sammeln können, nämlich in Gestalt der deutschen Besatzungsherrschaft im Zweiten Weltkrieg, in nicht wenigen Fällen auch eigener autoritärer oder totalitärer Regime. Ostmittel- und Südosteuropa brachten jedoch «rechte» *und* «linke» Diktaturerfahrungen in die künftige kollektive Erinnerung der Europäischen Union ein – genauer gesagt: in das, was es nunmehr als Teil einer nur gemeinsam zu bewältigenden Geschichte anzuerkennen und aufzuarbeiten galt.

Wer vor 1989 geglaubt hatte, in einem «postnationalen» Europa zu leben, musste die Folgen des Epochenjahres als zutiefst irritierend empfinden. Sie enthüllten schlagartig die Partikularität mancher westlicher, namentlich westdeutscher Geschichts- und Gegenwartsdeutungen. Bestätigt fühlen konnten sich hingegen alle, die die Beharrungskraft historischer und nicht zuletzt nationaler Prägungen betonten. «Dass es Nationen gibt, ist historisch das Europäische an Europa», hat der deutsche Mediävist Hermann Heimpel einmal bemerkt.[14] Das ist sicherlich überspitzt ausgedrückt. Denn Europa (oder besser, das «lateinische» Europa) weist, wie wir gesehen haben, auch noch andere Gemeinsamkeiten und Spezifika auf.[15] Aber eines dieser Merkmale sind die Nationen allemal, und mit ihnen die sprachliche und kulturelle Vielfalt des alten Kontinents.

Ein anderes Merkmal sind regionale Besonderheiten, gleichviel ob sie sich innerhalb eines Staates zeigen oder über die Grenzen *eines* Staates hinausreichen. Auch sie sind ein Teil des Reichtums, den Europa pflegen sollte. Der 2009 in Kraft getretene Vertrag von Lissabon, der Ersatz des sehr viel ehrgeizigeren Europäischen Verfassungsvertrages, der im Frühjahr 2005 in zwei Referenden in Frankreich und den Niederlanden gescheitert war, trägt dem institutionalisierten innerstaatlichen oder staatenübergreifenden Regionalismus insofern Rechnung, als er einen beratenden Ausschuss der Regionen vorsieht, der unter anderem dann vom Europäischen Parlament, der Kommission und dem Rat anzuhören ist, wenn es um grenzüberschreitende Zusammenarbeit geht.

«Nationen haben sich bekriegt, Regionen haben gelitten, sich verbündet, immer wieder ihre Eigenheiten bewahrt, Regionen sind die Herzwurzel der Identität»: So heißt es in einem Text von Robert Menasse.[16] Doch ein «Europa der Regionen» gegen das «Europa der Nationen» in Stellung zu bringen, ist widersinnig, ja gefährlich. Es käme der Ermutigung von Sezessionsbewegungen wie der schottischen, flämischen, der katalanischen oder der besonders militanten baskischen gleich und damit einer Kampfansage an mehrere Mitgliedstaaten der EU. Das baskische Beispiel zeigt zudem eindrücklich, dass regionalistische Bewegungen keineswegs immer friedlich sein müssen – von den wirtschaftlichen Nachteilen einer Auflösung bestehender größerer Einheiten ganz zu schweigen. Eine Europäische Union, die die Nationen zu überwinden strebt, würde ihre eigenen Grundlagen zerstören. Sie kann die Nationen überwölben, indem sie die Aufgaben übernimmt, die die Nationalstaaten überfordern. Es ist das Prinzip der Subsidiarität, an dem sich die EU, bislang freilich eher in der Theorie als in der Praxis, ausrichtet. Danach darf die jeweils höhere Einheit nur dann Funktionen an sich ziehen, wenn die Kräfte der niederen Einheit dafür nicht ausreichen. Dem Ideal der «immer engeren Union», zu dem sich schon die Europäische Wirtschaftsgemeinschaft 1957 in den Römischen Verträgen bekannt hat, sind dadurch Grenzen gesetzt. Es spricht im Übrigen auch nichts dafür, dass die Mitgliedstaaten, die noch immer die «Herren der Verträge» sind, sich selbst überflüssig machen wollen.

3.
EIN EUROPA BIS ZUM EUPHRAT?

Es geschah am 12. September 1963. Der erste Präsident der Kommission der Europäischen Wirtschaftsgemeinschaft, Walter Hallstein, hielt in Ankara eine Rede anlässlich der Unterzeichnung des Assoziierungsabkommens mit der Türkei. Ein Satz war geeignet, kühne Hoffnungen seiner Gastgeber zu nähren. «Und eines Tages soll der letzte Schritt vollzogen werden: Die Türkei soll vollberechtigtes Mitglied der Gemeinschaft sein.»[1]

Was Hallstein vortrug, war eine sehr großzügige Interpretation des Artikels 28 des Assoziierungsabkommens. Dort hieß es: «Sobald das Funktionieren des Abkommens es in Aussicht zu nehmen gestattet, dass die Türkei die Verpflichtungen aus dem Vertrag zur Gründung der Gemeinschaft vollständig übernimmt, werden die Vertragsparteien die Möglichkeit eines Beitritts der Türkei zur Gemeinschaft prüfen.»[2]

Was in den folgenden zweieinhalb Jahrzehnten in der Türkei geschah, war wenig geeignet, die optimistischen Erwartungen von 1963 zu rechtfertigen. Zweimal, 1971 und 1981, putschte das Militär. Dessen Versicherungen, die Annäherung an die Europäische Gemeinschaft werde fortgesetzt, vermochten Brüssel nicht zu überzeugen. 1982, im Jahr nach dem dritten Staatsstreich innerhalb von 22 Jahren, setzte die Kommission das Assoziierungsabkommen zeitweilig außer Kraft. Einen 1987 von der zivilen Regierung unter Turgut Özal gestellten Antrag auf Vollmitgliedschaft lehnte sie unter Hinweis auf die unsicheren politischen und wirtschaftlichen Verhältnisse des Landes am Bosporus ab. Das Abkommen von 1963 aber wurde 1988 wieder in Kraft gesetzt und der Wille zur weiteren Zusammenarbeit betont.

Fünf Jahre später, im Juni 1993, verabschiedete ein Gipfel der nunmehrigen Europäischen Union in der dänischen Hauptstadt die Kopenhagener Kriterien für einen Beitritt zur EU. Sie umfassten eine stabile demokratische und rechtsstaatliche Ordnung, die Wahrung der Menschenrechte, die Achtung der Rechte von Minderheiten, eine funktionstüchtige Marktwirtschaft, die Fähigkeit zum Wettbewerb und die Bereitschaft, sich die Ziele der politischen Union, der Wirtschafts- und Währungsunion zu eigen zu machen.[3]

Die Kopenhagener Beitrittskriterien sollten als Richtschnur für die Osterweiterung der EU dienen, lösten in Ankara aber starke Verärgerung aus. Die türkische Regierung wollte Bestimmungen, die erst drei Jahrzehnte nach ihrer Assoziierung verabschiedet worden waren, nicht auf sich angewandt wissen, konnte die EU damit aber nicht umstimmen. Anfang 1996 trat der Vertrag über eine Zollunion mit der Türkei in Kraft. Im Jahr darauf erklärte die Europäische Union die Türkei zwar zu einem potentiellen Beitrittskandidaten, verweigerte ihr aber, anders als den Ländern Ostmitteleuropas und der Republik Zypern, den formellen Kandidatenstatus. Ankara antwortete im Dezember 1997 mit dem Abbruch der Beziehungen zur EU.

Ende 1999 wendete sich das Blatt. Auf ihrem Gipfel in Helsinki beschlossen die Staats- und Regierungschefs der Europäischen Union, der Türkei den Status eines Beitrittskandidaten zu verleihen. Vorausgegangen war massiver Druck der USA: Präsident Clinton wollte aus geostrategischen Gründen den NATO-Partner Türkei fest mit Europa verbunden sehen; der erstarkende islamistische Terror spielte dabei eine wichtige Rolle. Dass das Washingtoner Drängen Erfolg hatte, lag vor allem an der neuen, im Oktober 1998 an die Macht gelangten rotgrünen Regierung der Bundesrepublik Deutschland unter Gerhard Schröder, der, anders als sein christdemokratischer Vorgänger Helmut Kohl, keine grundsätzlichen Vorbehalte gegenüber einer türkischen Vollmitgliedschaft in der EU hegte. Für beide Koalitionspartner gab es auch einen innenpolitischen Grund, aufgeschlossen auf das Beitrittsbegehren Ankaras zu reagieren: SPD und Grüne durften damit rechnen, dass Deutsche türkischer Abstammung bei Wahlen eher für sie als für die Parteien mit dem «C» im Namen stimmen würden.

Die Türkei honorierte das Signal aus Helsinki mit einer Reihe von innenpolitischen Reformen, zu denen die Abschaffung der Todesstrafe in Friedenszeiten sowie eine Liberalisierung des Zivil- und des Versammlungs- und Demonstrationsrechtes gehörte, was wiederum die EU veranlasste, auf ihrem Gipfel in Kopenhagen im Dezember 2002 einen Zeitplan für das weitere Vorgehen zu beschließen: Im Dezember 2004 sollte über die Aufnahme von Beitrittsverhandlungen entschieden werden, sofern die Türkei bis dahin die politischen Bedingungen für die Mitgliedschaft erfüllte. In Ankara regierte seit November 2002 die gemäßigt islamistische Partei für Gerechtigkeit und Entwicklung, die AKP, seit März 2003 unter ihrem Vorsitzenden Recep Tayyip Erdoğan als Ministerpräsident. Dieser setzte den Reformkurs seines Vorgängers Mustafa Bülent Ecevit fort. Unter der Regierung Erdoğans wurde die Todesstrafe nunmehr auch für Kriegszeiten abgeschafft, die Folter verboten, die Straffreiheit für Polizisten beseitigt, die Versammlungs- und Demonstrationsfreiheit gestärkt und die Diskriminierung der kurdischen Minderheit zumindest auf dem Papier untersagt.

Am 17. Dezember 2004 bewertete der Europäische Rat die Reformpolitik der Regierung Erdoğan positiv und beschloss deshalb einer Empfehlung der Kommission folgend, die politischen Beitrittskriterien als erfüllt zu betrachten und am 3. Oktober 2005 mit den Beitrittsverhandlungen zu beginnen, falls der Erneuerungsprozess anhalte und die Menschenrechtssituation sich weiter verbessere. Eine weitere Bedingung war die Unterzeichnung eines Zusatzprotokolls zum Assoziierungsabkommen zwischen der Türkei und der EWG von 1963 betreffend die Ausdehnung der Zollunion auf die zehn neuen Mitglieder der EU, einschließlich der von der Türkei nicht anerkannten Republik Zypern. Diesem Verlangen kam Erdoğan Ende Juli 2005 nach, allerdings unter dem Vorbehalt, dass damit keine rechtliche Anerkennung der (griechischsprachigen) Republik Zypern verbunden sei. Den Außenministern der 25 Mitgliedstaaten der EU genügte diese (rechtlich unverbindliche) Erklärung des türkischen Ministerpräsidenten, um am 3. Oktober 2005, dem spätest möglichen Termin nach dem «Fahrplan» der EU, der Aufnahme von Beitrittsverhandlungen noch am gleichen Tag zuzustimmen.

Die Weichenstellungen der Jahrtausendwende waren erfolgt, ohne dass es zuvor eine große öffentliche Debatte über das Für und Wider eines EU-Beitritts der Türkei gegeben hätte. Seit dem Herbst 2002 mehrten sich die kritischen Stimmen – freilich nur auf dem europäischen Kontinent. Großbritannien unterstützte die türkische EU-Mitgliedschaft schon deswegen, weil es diese als Rückversicherung gegen die von London abgelehnte Vertiefung der Union verstand. In Frankreich machte sich Staatspräsident Jacques Chirac zum Befürworter von Beitrittsverhandlungen mit Ankara, obwohl seine eigene Partei, die Union pour un mouvement populaire (UMP), die schwersten Bedenken dagegen hatte. In Deutschland stellten sich die Unionsparteien gegen das Projekt einer türkischen Vollmitgliedschaft. Ebenso wie später auch die Österreichische Volkspartei und in Frankreich die UMP propagierten sie die Alternative einer «privilegierten Partnerschaft», womit sie einen Vorschlag aufgriffen, den der Verfasser erstmals Anfang November 2002 in einem Beitrag für die Wochenzeitung «Die Zeit» gemacht hatte.[4]

An der Spitze der Befürworter eines türkischen Beitritts standen neben Chirac der deutsche Bundeskanzler Gerhard Schröder sowie das für Erweiterungsfragen zuständige Mitglied der EU-Kommission, der deutsche Sozialdemokrat Günter Verheugen. Die wesentlichen Argumente für die Vollmitgliedschaft Ankaras fasste Schröder in seinen Memoiren prägnant zusammen. Er nannte die strategische Bedeutung eines Beitritts der Türkei noch wichtiger als die politischen Versprechen, die ihr seit 1963 von der damaligen EWG und späteren EU gemacht worden seien. «Für die Europäische Union ist die einzigartige geopolitische Lage der Türkei an der Schnittstelle zwischen Asien und Europa, ihre Bedeutung für die Sicherheit von Europas Energieversorgung und ihr politisches, wirtschaftliches und militärisches Gewicht ein großer Gewinn. Darüber hinaus kann eine fest in der Europäischen Union verankerte Türkei eine maßgebliche Rolle in den Beziehungen zur islamischen Welt spielen.»[5]

Die Kritiker von Beitrittsverhandlungen mit der Türkei, unter ihnen der österreichische Bundeskanzler Wolfgang Schüssel und die Ministerpräsidenten der Niederlande und Dänemarks, Jan Peter Balkenende und Anders Fogh Rasmussen, leugneten nicht die hohe strategische Bedeutung des Landes am Bosporus, warnten aber vor der Gefahr einer Überdehnung der Europäischen Union. Einige hielten die Zugehörigkeit der Türkei zur islamischen Welt für einen hinreichenden Grund, ihre Aufnahme in die christlich geprägte EU abzulehnen. Andere legten den Akzent auf das autoritäre und nationalistische Erbe des Kemalismus, der politischen Doktrin des Staatsgründers Kemal Atatürk: Die Türkei sei ein souveränitätsstolzes Land, von dem die in den Kopenhagener Beitrittskriterien geforderte Bereitschaft zur Mitwirkung an einer Politischen Union, einer gesteigerten Form der gemeinsamen Ausübung von Hoheitsrechten oder ihrer Übertragung auf supranationale Einrichtungen, nicht erwartet werden könne.

Angesichts ihres starken Bevölkerungswachstums werde die Türkei, so weiter die Kritiker, bald Deutschland als größtes Mitgliedsland der EU ablösen und den Charakter der Gemeinschaft grundlegend verändern: weg vom Gedanken der immer engeren Union, hin zum losen Staatenbund und der bloßen Freihandelszone. Infolgedessen sei es zweckmäßig, die im Oktober 2005 begonnenen Verhandlungen nicht nur, wie es seitens der EU hieß, «ergebnisoffen», sondern auch «optionsoffen» zu führen, das heißt als Ziel neben einer Vollmitgliedschaft eine privilegierte Partnerschaft für möglich zu erklären – eine Art von «Assoziation plus» auf der Grundlage dessen, worauf sich die EU und die Türkei in den Verhandlungen würden verständigen können. In leicht verschlüsselter Form trug der Beschluss zur Aufnahme von Beitrittsverhandlungen diesem Anliegen auch Rechnung.

Auf wirtschaftlichem Gebiet entwickelte sich der Beitrittskandidat Türkei zunächst zur vollen Zufriedenheit seiner europäischen Partner. Zwischen 2004 und 2006 wuchs das Bruttoinlandsprodukt um durchschnittlich 8,2 Prozent und das Bruttoinlandsprodukt pro Einwohner von 5300 auf 6000 Euro. Das Haushaltsdefizit lag in diesen Jahren bei durchschnittlich 2,3 Prozent und damit deutlich unter dem «Maastricht-Kriterium» von 3 Prozent. Der politische Reformeifer der Regierung Erdoğans aber ließ nach Aufnahme der Beitrittsverhandlungen im Oktober 2005 rasch nach. Der Fortschrittsbericht der EU-Kommission für 2006 verwies auf Mängel bei der Abschaffung der Folter, bei der politischen Kontrolle des Militärs und der Gewährleistung des Rechts auf freie Meinungsäußerung.

Scharfe Kritik der Europäischen Union zog vor allem der Artikel 301 des Strafgesetzbuches auf sich. Unter Geltung dieses Artikels wurde immer wieder angeklagt und verurteilt, wer den Völkermord an den Armeniern im Ersten Weltkrieg einen Völkermord nannte oder der Türkei in diesem Zusammenhang Verbrechen gegen die Menschlichkeit vorwarf. Im Oktober 2005 wurde der armenischstämmige Journalist Hrant Dink wegen eines solchen Verstoßes zu sechs Monaten Haft auf Bewährung verurteilt. Im Oktober 2007, ein Dreivierteljahr nach der Ermordung Dinks durch einen türkischen Nationalisten, wurde sein Sohn Arat auf Grund desselben Artikels zu einem Jahr Haft ohne Bewährung verurteilt. Allein 2006 gab es über 800 Verfahren wegen Verstößen gegen Artikel 301. Eine im April 2008 verabschiedete Neufassung ersetzte den Begriff «Türkentum» durch «türkische Nation» und minderte das Strafmaß auf höchstens zwei Jahre. Die EU-Kommission hatte allen Anlass, von einer fortdauernden Beeinträchtigung der Meinungsfreiheit zu sprechen. Auch in Sachen Religionsfreiheit der nichtislamischen Minderheiten waren kaum Fortschritte zu verzeichnen.

Stärkstes Hemmnis der Beitrittsverhandlungen war indes die türkische Haltung in der Frage des seit 1974 in einen ethnisch griechischen und einen ethnisch türkischen Teil gespaltenen Zypern. Eine Öffnung ihrer Häfen und Flughäfen für Schiffe und Flugzeuge der griechischsprachigen, seit 2004 zur EU gehörigen Republik Zypern lehnte die Türkei weiterhin ab, und das Parlament in Ankara weigerte sich beharrlich, das Zypern betreffende, von Erdoğan zugestandene Zusatzprotokoll zum Assoziierungsabkommen von 1963 zu ratifizieren. Die EU entschloss sich daraufhin im Dezember 2006, acht Verhandlungskapitel zu suspendieren, unter anderem die über den freien Warenverkehr, die Niederlassungsfreiheit, die Zollunion und die Außenbeziehungen. Zu diesem Zeitpunkt war lediglich *ein* Kapitel, das über Wissenschaft und Forschung, abgeschlossen. Bereits ein Jahr nach ihrem Beginn steckten die Beitrittsverhandlungen mit der Türkei in einer Sackgasse.

Fortschritte in den Beitrittsverhandlungen gab es auch im folgenden Jahrzehnt so gut sie keine. Vielmehr verstärkten sich in der Türkei, je länger Erdoğan regierte, die autoritären, islamistischen und nationalistischen Tendenzen seiner Politik. Der Ministerpräsident ging auf Konfrontationskurs zu Israel. Mehr als die Annäherung an die Europäische Union betrieb er die an den sunnitischen «mainstream» in der arabischen Welt. Sein vorrangiges Ziel war es offenkundig, der Türkei den Status einer regionalen Großmacht zu sichern – ein Vorhaben, das mit der von der EU erwarteten Bereitschaft, Hoheitsrechte gemeinsam mit anderen Staaten auszuüben oder auf supranationale Einrichtungen zu übertragen, schlechterdings unvereinbar war.

Innenpolitisch deutete in der Türkei spätestens seit 2012 alles auf verschärfte Repression. Bedroht waren namentlich die Presse- und die Demonstrationsfreiheit. Im März 2012 berichteten Zeitungen von 104 Journalisten in türkischen Gefängnissen; 64 von ihnen waren Kurden. Bei Polizeiaktionen anlässlich von Protesten gegen ein Bauprojekt im populären Gezi-Park wurden im Sommer 2013 nach Angaben von Amnesty International über 8000 Menschen verletzt und drei getötet.

Im März 2014 ließ Erdoğan den Kurznachrichtendienst Twitter sperren, nachdem dort abgehörte Telefonate des Ministerpräsidenten veröffentlicht worden waren, die die Verwicklung des Regierungschefs und eines seiner Söhne in einen ausgedehnten Korruptionsskandal zu belegen schienen. Von seinem Vorhaben, bei der ersten Direktwahl im Sommer 2014 sich um das höchste Staatsamt zu bewerben, ließ sich Erdoğan dennoch nicht abbringen. Am 1. Juli wurde er von der AKP als Kandidat nominiert. Am 10. August erhielt Erdoğan mit einem Stimmenanteil von knapp 52 Prozent bereits im ersten Wahlgang die absolute Mehrheit. An seinem strategischen Ziel ließ der Wahlsieger keinen Zweifel aufkommen: Er strebte die Errichtung eines türkischen Präsidialregimes ähnlich dem der Fünften Republik in Frankreich an.[6]

Nicht alle bisherigen Unterstützer der AKP waren von der Zweckmäßigkeit eines solchen Systemwechsels überzeugt. Bei den Parlamentswahlen am 7. Juni 2015 verlor die bisher allein regierende Partei mit einem Stimmenanteil von knapp 41 Prozent die absolute Mehrheit, während die prokurdische Demokratische Partei der Völker (HDP) auf über 13 Prozent kam. Erdoğan empfand die Niederlage seiner Partei als persönlichen Affront und trug, obwohl als Staatspräsident zur Überparteilichkeit verpflichtet, entscheidend dazu bei, dass die anschließenden Koalitionsverhandlungen mit den im Parlament vertretenen Parteien scheiterten und Neuwahlen für den 1. November 2015 ausgeschrieben wurden.

Die Zwischenzeit nutzte der Präsident für einen radikalen Kurswechsel in der Kurdenpolitik. Die 2013 aufgenommenen Gespräche mit der (offiziell immer noch als «terroristisch» eingestuften) kurdischen Untergrundorganisation PKK wurden abgebrochen, deren militärische Stellungen auf nordsyrischem Territorium von der türkischen Luftwaffe sehr viel häufiger und intensiver bombardiert als jene der Terrororganisation «Islamischer Staat», obwohl die USA und ihre Verbündeten diese inzwischen zum Hauptfeind im syrischen Bürgerkrieg erklärt hatten und als solchen behandelten.

Für Bürgerkriegsflüchtlinge aus Syrien war die Türkei seit 2011 zum Hauptzufluchtsort geworden. Im Herbst 2015 wurde ihre Zahl auf 2 Millionen geschätzt. Um ebendiese Zeit ging Ankara dazu über, der Abwanderung von Flüchtlingen aus Syrien auf die nächstgelegenen griechischen Inseln und damit auf das Gebiet der EU keine Hindernisse mehr in den Weg zu legen – mit dem voraussehbaren Ergebnis, dass sich Hunderttausende von ihnen in Bewegung setzten, um über die «Balkanroute» nach Mittel- und Nordeuropa, vor allem nach Deutschland, zu gelangen. In die Spätphase des Wahlkampfes fielen daher Versuche der EU-Kommission und Deutschland, Erdoğan für eine Politik der Zusammenarbeit in der Flüchtlingsfrage zu gewinnen. Diesem Zweck diente auch ein – von der türkischen Opposition als Wahlkampfhilfe für die Partei des Präsidenten kritisierter – Besuch der deutschen Bundeskanzlerin Angela Merkel bei Erdoğan am 18. Oktober 2015.

Konkrete Resultate dieser Bemühungen blieben zunächst aus. Zu erkennen aber war der Preis, den der Präsident für ein Entgegenkommen in der noch ausführlich zu erörternden Flüchtlingsfrage verlangen würde. Neben der Forderung, die Europäische Union möge das humanitäre Engagement der Türkei zugunsten der Flüchtlinge aus Syrien massiv unterstützen, stand das Verlangen nach einer Beschleunigung der Beitrittsverhandlungen. Dazu kam der Wunsch nach Visafreiheit für Türken.

Für den Ausgang der zweiten Parlamentswahl des Jahres 2015 am 1. November dürfte jedoch der scharfe Anti-PKK-Kurs Erdoğans wichtiger gewesen sein als seine Gespräche mit der Berliner Regierungschefin. Die AKP gewann mit einem Stimmenanteil von 49,5 Prozent ihre absolute Mehrheit zurück, und das vor allem auf Kosten der weit rechts stehenden Partei der nationalistischen Bewegung (MHP) und der prokurdischen HDP. Die verfassungsändernde Dreifünftelmehrheit hatte die AKP zwar verfehlt, seinem Ziel, ein Präsidialregime zu errichten, war der Präsident gleichwohl ein gutes Stück näher gekommen.

Dem Anschein nach verbesserten sich wenig später auch die Chancen Ankaras, Mitglied der EU zu werden. Von einem Gipfeltreffen zwischen der Europäischen Union und der Türkei am 29. November 2015 nahm Ministerpräsident Davutoğlu die Zusage mit, die Gemeinschaft werde in nächster Zukunft als 15. von insgesamt 35 Kapiteln der Beitrittsverhandlungen das über Wirtschaft und Währung eröffnen. Dieses Zugeständnis war eine der Gegenleistungen, die die Türkei für ihre Bereitschaft erhielt, den Flüchtlingsstrom nach Europa wirksam einzudämmen und illegal über ihr Territorium in Staaten der EU eingewanderte Bürger von Drittstaaten zurückzunehmen.

Doch es war durchaus fraglich, ob die Türkei einen Beitritt zur Europäischen Union überhaupt noch ernsthaft anstrebte. Im Sommer und Herbst 2016 traten Ereignisse ein, auf die noch zurückzukommen sein wird. Die Reaktionen der politischen Führung auf den gescheiterten Militärputsch vom 15./16. Juli summierten sich zu einer autoritären Wende, die gleichbedeutend war mit einer radikalen Abkehr von den Rechtsstaatskriterien, wie sie in den Kopenhagener Kriterien von 1993 niedergelegt waren. Eine Wiedereinführung der Todesstrafe, die von den Massen der AKP-Anhänger gefordert und von Erdoğan befürwortet wurde, würde zum sofortigen Abbruch der Beitrittsverhandlungen führen: daran ließ die EU-Kommission vorsorglich keinen Zweifel.

Die EU hatte sich vom Wunschdenken leiten lassen, als sie der Türkei eine Vollmitgliedschaft in Aussicht stellte. Die Vorstellung, die

Erben Atatürks könnten sich innerhalb weniger Jahre die westlichen Werte in dem Umfang zu eigen machen, den die Kopenhagener Kriterien vorsehen, war ein Ausdruck von Voluntarismus. Kemal Atatürk, der Vater der neuen Türkei, hatte sein Land von Grund auf modernisieren wollen und von den Errungenschaften Europas das übernommen, was sich mit seinem autoritären Verständnis von Modernität vertrug. Die unveräußerlichen Menschenrechte, der Kern des normativen Projekts des Westens, gehörten nicht dazu. So sehr sich der Islamist Erdoğan von dem Säkularisten Atatürk unterscheidet: In *dieser* Hinsicht steht er in der Tradition des Mannes, ohne den es die moderne Türkei nicht gäbe.

Für die Europäische Union lässt sich aus den Beitrittsverhandlungen mit der Türkei die Lehre ableiten, dass geostrategische Erwägungen an ihre Grenze stoßen, wo sie die politische und die normative Identität des Staatenverbundes berühren. Eine Erweiterungspolitik, die sich dieser Einsicht verweigert, stärkt die Gemeinschaft nicht. Sie fördert vielmehr die Aushöhlung und den Zerfall der Europäischen Union.

4.
WÄHRUNGSUNION OHNE POLITISCHE UNION?

Einer weit verbreiteten Meinung zufolge war der Euro der Preis, den Deutschland zahlen musste, um Frankreichs Bedenken gegen eine Wiedervereinigung des geteilten Landes zu überwinden. Doch so einfach war das nicht. Mit den Vorarbeiten für eine Wirtschafts- und Währungsunion hatte die Europäische Gemeinschaft bereits im Sommer 1988 begonnen, wobei sie an ein sehr viel älteres Projekt, den nach dem luxemburgischen Ministerpräsidenten Pierre Werner benannten «Werner-Plan» von 1970, anknüpfen konnte. Ein Jahr später, Ende Juni 1989, fiel auf dem Madrider Gipfel der EG die Entscheidung, mit der ersten Stufe der Verwirklichung am 1. Juli 1990 zu beginnen.

Ein gewisses Maß an gemeinsamer Währungspolitik kannte Westeuropa bereits. Im April 1972 hatten sich die Mitgliedstaaten der EG auf die sogenannte «Währungsschlange», das heißt auf Bandbreiten verständigt, innerhalb derer ihre Währungen gegenüber dem US-Dollar schwanken durften. Als im März 1973 das knapp drei Jahrzehnte zuvor geschaffene, amerikanisch dominierte Weltwährungssystem von Bretton Woods zerbrach, einigten sich die Bundesrepublik Deutschland, Frankreich, die Niederlande, Belgien, Luxemburg und Dänemark darauf, ihre Währungen gegenüber dem Dollar gemeinsam «floaten» zu lassen, untereinander aber feste Wechselkurse beizubehalten. Doch schon Anfang 1974 schied Frankreich aus diesem engeren Währungsverband wieder aus. 1979 wurde die «Währungsschlange» von 1972 durch das «Europäische Währungssystem» (EWS) abgelöst: eine Harmonisierung der Wechselkurse mit Hilfe der Europäischen Währungseinheit ECU (European Currency Unit). Das Hauptmerkmal des neuen Systems waren feste, aber anpassungsfähige Wechselkurse im Rahmen kleiner Schwankungsbreiten von ± 0,225 Prozent. Großbritannien nahm am EWS nicht teil.

Die Initiatoren des neuen Systems waren der liberale französische Staatspräsident Valéry Giscard d'Estaing und der sozialdemokratische Bundeskanzler Helmut Schmidt. Giscard ging es vor allem darum, durch das EWS der Inflation in Frankreich einen Riegel vorzuschieben. Schmidts Interesse war es, der Aufwertung der DM, einer Folge des Dollarverfalls, entgegenzuwirken, weil diese zu Lasten des deutschen Exports und damit der Wettbewerbsfähigkeit der Bundesrepublik ging. Doch die Diskrepanzen zwischen Bonn und Paris blieben bestehen: In den achtziger Jahren musste der Franc immer wieder abgewertet, die DM aufgewertet werden – eine Entwicklung, die Giscards Nachfolger im Amt des Staatspräsidenten, der Sozialist François Mitterrand, als unverträglich mit dem Prestige Frankreichs empfand. Zu kurieren war dieses Übel aus seiner Sicht nur, wenn die DM, die er im August 1988 im französischen Ministerrat als «Deutschlands Atombombe» bezeichnete, in einer europäischen Gemeinschaftswährung aufging.[1]

Als am 9. November 1989 die Berliner Mauer fiel, war Mitterrand aufs höchste alarmiert. Ein Zusammenbruch der DDR war nun kaum noch aufzuhalten, und damit kehrte unweigerlich die deutsche Frage auf die Tagesordnung der internationalen Politik zurück. Die weder mit Paris noch mit anderen westlichen Hauptstädten abgestimmte «Zehn-Punkte-Erklärung», die Bundeskanzler Helmut Kohl am 28. November vor dem Bundestag abgab und in der er sich zum Ziel der Wiedergewinnung der staatlichen Einheit Deutschlands bekannte, empörte den französischen Staatspräsidenten. Gegenüber Außenminister Hans-Dietrich Genscher beschwor er zwei Tage später sogar die Möglichkeit eines Zusammengehens der europäischen Mächte, einschließlich Russlands, gegen Deutschland wie vor dem Ersten Weltkrieg, falls Bonn die deutsche Frage auf eigene Faust zu lösen versuchen sollte.[2]

Einem wiedervereinigten Deutschland, das das Unterpfand der wirtschaftlichen Stärke der Bundesrepublik, die DM, beibehielt, würde automatisch die Hegemonie über Europa zufallen: Das war die Befürchtung Mitterrands, und an dieser Einschätzung orientierte sich seine Deutschland- und Europapolitik. Ins Positive gewendet hieß das: Erklärte sich die Bundesrepublik bereit, der Einführung der europäischen Gemeinschaftswährung Vorrang vor der politischen Einigung Europas, also absolute Priorität, einzuräumen, würde Paris sich einer Wiedervereinigung des östlichen Nachbarn nicht entgegenstellen.

Für Helmut Kohl hatte es nie einen Zweifel daran gegeben, dass die gemeinsame Währung und die politische Einigung Europas unauflösbar zusammengehörten, dass sie die beiden Seiten derselben Medaille waren. Dieses Junktim war nicht nur sein persönliches Credo, es war der Kern der bundesrepublikanischen Europadoktrin. Die Haltung Mitterrands aber veranlasste ihn zum allmählichen Umdenken. Der Bundeskanzler wollte die deutsche Einheit nicht mit einem deutsch-französischen Zerwürfnis belasten, und deshalb lenkte er am 5. Dezember 1989, wenige Tage vor dem Straßburger Gipfel der Europäischen Gemeinschaft, ein. In einem Brief an den französischen Staatspräsidenten befürwortete er die Einberufung einer Regierungskonferenz über die Wirtschafts- und Währungsunion Ende des kommenden Jahres. Auf ebendiese Linie verständigte sich am 8. Dezember der Europäische Rat.

Viereinhalb Monate später, am 21. April 1990, beschlossen die Außenminister der EG in Dublin, zeitgleich mit der Regierungskonferenz über die Währungsunion eine weitere über die Schaffung einer Politischen Union einzusetzen. Aus dem Miteinander von monetärer und politischer Einigung Europas war ein bloßes Nebeneinander geworden. *Das* war der Preis, den Bonn für die französische Zustimmung zur deutschen Einheit bezahlte.[3]

Die Bedeutung der westdeutschen Kehrtwende kann schwerlich überschätzt werden: Noch am 27. November 1989 hatte Kohl in einem Brief an Mitterrand unter Hinweis auf die nach wie vor hohen Haushaltsdefizite in einigen europäischen Ländern (darunter, was er nicht ausdrücklich sagte, Frankreich) gefordert, über die Einberufung einer Regierungskonferenz zur Vorbereitung der Währungsunion solle erst Ende 1990 entschieden werden. Mitterrands Drohungen bewirkten, dass Kohl das Stabilitätsargument kurz darauf faktisch aus dem Verkehr zog. Hatte der Bundeskanzler bis dahin der vor allem in der Bundesrepublik propagierten «Krönungstheorie» angehangen, wonach die Währungseinheit die politische Einigung Europas vollenden sollte, näherte er sich nunmehr der in Frankreich, Italien und Belgien sowie bei der EG-Kommission unter ihrem Präsidenten Jacques Delors beliebten «Schöpfungstheorie» an, die in der Währungseinheit eine Wegbereiterin der politischen Einigung sah.[4]

Der Gedanke, dass seine Neuorientierung die Vertagung der Politischen Union auf unbestimmte Zeit bedeuten könnte, scheint Kohl allerdings nicht gekommen zu sein. Noch am 6. November 1991, wenige Wochen vor der Verabschiedung des Vertragswerks von Maastricht, erklärte er vor dem Bundestag, es sei eine Lehre der jüngeren Geschichte, und zwar nicht nur der Deutschlands, «dass die Vorstellung, man könne eine Wirtschafts- und Währungsunion ohne Politische Union auf Dauer erhalten, abwegig ist».[5] Doch damit beschwor der Kanzler nur noch eine Hoffnung. Tatsächlich waren mit der Einsetzung von zwei getrennten Regierungskonferenzen – einer zu den Fragen der Wirtschafts- und Währungsunion, einer zu den Fragen der Politischen Union – im Dezember 1990 die Weichen in eine Richtung gestellt worden, die sich ein Jahr später nur noch mit einem großen Kraftaufwand hätte korrigieren lassen.

Der Vertrag über die Europäische Union, der am 7. Februar 1992 in Maastricht feierlich unterzeichnet wurde, entsprach, was die Gestaltung der Währungsunion im engeren Sinn betraf, weitgehend deutschen Vorstellungen. Die Europäische Zentralbank (EZB) sollte so unabhängig sein wie die Deutsche Bundesbank. Der Staatsverschuldung sollten enge Fesseln angelegt werden: Das geplante und tatsächliche Haushaltsdefizit durfte in der Regel 3 Prozent, der öffentliche Schuldenstand 60 Prozent des Bruttoinlandsprodukts zu Marktpreisen nicht übersteigen. Nur wenn die Mitgliedstaaten im Hinblick auf Kosten, Inflationsraten, Zinsen und Staatsdefizite sich streng an die 1979 vereinbarten Konvergenzkriterien hielten und auf diesen Gebieten weitere Fortschritte machten, sollte, wie geplant, spätestens Anfang 1999 die entscheidende dritte Phase der Währungsunion beginnen. Danach galt weiterhin das Prinzip der «sovereign debt»: Das Risiko eines Zahlungsausfalls trug jeder Staat selbst; eine Haftung für die Schulden anderer war dem «no bailout»-Prinzip entsprechend ausgeschlossen. Großbritannien hatte sich das Recht ausbedungen, an der dritten Stufe nicht teilzunehmen.

Während die Währungsunion klare Konturen aufwies, kamen sich die Mitgliedstaaten in Sachen Politische Union nicht wesentlich näher. Was unter diesem Begriff zu verstehen war, blieb zwischen Paris und Bonn strittig. Während die deutsche Seite auf föderale Strukturen setzte, ohne je genau zu definieren, was dies konkret bedeuten würde, bevorzugte die französische eine verstärkte Zusammenarbeit souveräner Nationalstaaten. Für Großbritannien war «federalism» geradezu ein verpöntes Wort. In Dänemark sah man dies kaum anders.

In langen Verhandlungen bekannten sich die Staats- und Regierungschefs schließlich zu dem schon 1957 in der Präambel zu den Römischen Verträgen beschworenen Ziel der «ever closer union» und zu dem Subsidiaritätsprinzip, wonach die jeweils höhere Ebene Aufgaben nur dann an sich ziehen durfte, wenn die Kräfte der niederen Ebene nicht ausreichten, um die entsprechenden Funktionen zu erfüllen. Neben die Staatsbürgerschaft trat die Unionsbürgerschaft, verbunden mit dem aktiven und passiven Kommunalwahlrecht nach dem Wohnortprinzip. Ein neu geschaffener Ausschuss der Regionen gab den regionalen und Gebietskörperschaften die Möglichkeit, ihre Interessen geltend zu machen. Dem Europäischen Parlament wurde im Zuge des «Mitentscheidungsverfahrens» für eine Reihe von Materien ein gestaffeltes Vetorecht gegenüber den Initiativen des Europäischen Rats zugestanden. Außerdem hing die Ernennung der Kommission nunmehr von der Zustimmung des Europäischen Parlaments ab.

Das Vertragswerk von Maastricht machte aus der Europäischen Gemeinschaft die Europäische Union. Diese bildete fortan den einheitlichen Rahmen oder das gemeinsame Dach über den drei «Säulen» Europäische Gemeinschaft, Gemeinsame Außen- und Sicherheitspolitik (GASP) und Zusammenarbeit in der Justiz- und Innenpolitik. Supranationale Zusammenarbeit prägte nur die erste Säule, die außer den neuen Vereinbarungen über die Wirtschafts- und Währungsunion die Verträge über die Europäische Gemeinschaft für Kohle und Stahl, die Europäische Wirtschaftsgemeinschaft und die Europäische Atomgemeinschaft umfasste. Die zweite und dritte Säule betrafen die Bereiche der «nicht vergemeinschafteten» oder intergouvernementalen Zusammenarbeit.[6]

Die erste Stufe der Wirtschafts- und Währungsunion hatte bereits am 1. Januar 1990 begonnen. Ihre Schwerpunkte waren die Liberalisierung des Kapitalverkehrs und die Annäherung der Währungspolitiken der Mitgliedstaaten. Ziel der zweiten Stufe, die am 1. Januar 1994 begann, war die Schaffung der Europäischen Zentralbank; am 1. Juli 1998 nahm sie ihre Arbeit auf. Nach dem 1. Januar 1999, dem spätestmöglichen Termin für den Beginn der dritten Stufe, galt es, die verbliebenen nationalen Kompetenzen in der Währungspolitik von den Mitgliedstaaten vollständig auf die Gemeinschaft zu übertragen. Die Festlegung des Datums 1. Januar 1999 als «ultimo» für den Einstieg in die dritte Phase war ein politisches Zugeständnis, das Bundeskanzler Kohl François Mitterrand gegen schwere Bedenken der Deutschen Bundesbank machte.

Die wirtschafts- und finanzwissenschaftliche Fachwelt nahm die Vereinbarungen über die Wirtschafts- und Währungsunion überwiegend skeptisch bis ablehnend auf. Der amerikanische Ökonom Barry Eichengreen wies bereits 1992 darauf hin, dass die Europäische Währungsunion ein höchst heterogener Wirtschaftsraum war, in dem leistungsstarke Länder mit traditionell hoher Haushaltsdisziplin und Geldwertstabilität weniger leistungsfähigen Ländern gegenüberstanden, die sich mehr als andere an Inflation und Schuldenmachen gewöhnt hatten.[7]

Der in Oxford lehrende Soziologe Ralf Dahrendorf monierte im Dezember 1995 in einem Interview mit dem «Spiegel»: «Das Projekt Währungsunion erzieht die Länder zu deutschem Verhalten, aber nicht alle Länder wollen sich so verhalten wie Deutschland. Für Italien sind gelegentliche Abwertungen viel nützlicher als feste Wechselkurse, und für Frankreich sind höhere Staatsausgaben viel sinnvoller als starres Festhalten an einem Stabilitätskriterium, das vor allem Deutschland nützt.»[8] Nicht ganz so entschieden argumentierten 15 deutsche Wirtschaftswissenschaftler Anfang 1998: Eine gemeinsame Währung sei notwendig, komme aber zu früh, da längst nicht alle Mitgliedstaaten die Konvergenzkriterien erfüllten.[9]

Bisher hatten sich die von den Kritikern monierten Unterschiede in Auf- und Abwertungen der nationalen Währungen niedergeschlagen und eben dadurch reguliert. Fortan blieb den wirtschaftlich schwächeren Ländern nur der Ausweg über die «innere Abwertung» in Gestalt einer Senkung von Löhnen, Gehältern und Sozialleistungen – oder durch eine mehr oder minder starke «Dehnung» der Maastrichter Stabilitätskriterien. Diese wurden im Dezember 1996 durch den Stabilitäts- und Wachstumspakt von Dublin nochmals konkretisiert und zugleich modifiziert. So sollte etwa die Obergrenze der Neuverschuldung von 3 Prozent nur bei einer gravierenden Rezession und dem Rückgang des Bruttoinlandsprodukts um jährlich mehr als 3 Prozent überschritten werden dürfen. Bei hartnäckigem Zuwiderhandeln gegen die Stabilitätskriterien konnten die Mitglieder der Währungsunion mit Zweidrittelmehrheit Sanktionen beschließen.

Die Einführung einer gemeinsamen europäischen Währung bedeutete für die wirtschaftlich und finanziell schwächeren Eurostaaten niedrigere Zinsen, und diese steigerten die Versuchung der staatlichen wie der nichtstaatlichen Wirtschaftssubjekte, höhere Schulden zu machen. Gleichzeitig musste eine europäische Währungsunion mit stabilen Preisen den Wettbewerbsdruck erhöhen und die Folgen unternehmerischer Fehlentscheidungen verschärfen. Um diesen Gefahren entgegenzuwirken, hätte es einer strikten europäischen Bankenaufsicht, einer echten Fiskalunion und letztlich einer effektiven Politischen Union bedurft, die eine Angleichung der Haushalts-, Finanz- und Wirtschaftspolitiken der Mitgliedstaaten notfalls mit automatischen Sanktionen erzwingen konnte. Einem solchen Junktim aber fehlte die wichtigste Voraussetzung: die Einsicht der meisten europäischen Regierungen, dass ebendies notwendig war.

Als 1997/98 die dritte Phase der Währungsunion näher rückte, wuchs nicht nur in Deutschland die Nervosität. Mehrere Länder, darunter Frankreich und Deutschland, hatten in den Jahren zuvor Mühe, die Vorgaben von Maastricht zu erfüllen. Die eigentlichen «Sorgenkinder» der EU aber waren, von dem gleich noch zu erörternden Sonderfall

Griechenland abgesehen, Belgien und Italien, wo die Staatsschulden weit über der vereinbarten Obergrenze von 60 Prozent des Bruttoinlandsprodukts lagen; in Italien kam bis Mitte der neunziger Jahre ein hohes Haushaltsdefizit dazu. In den Jahren darauf gelang es der Regierung in Rom, mit Hilfe einer (nicht auf Dauer angelegten) «Europasteuer», dem Verkauf von nationalen Goldreserven und der Besteuerung des daraus erzielten Gewinns, also mit durchaus manipulativen Mitteln, das Haushaltsdefizit von 7,5 Prozent im Jahr 1995 auf 2,5 Prozent im Jahr 1997 und 2,7 Prozent 1998 zu drücken.

In Deutschland plädierten selbst prominente Parteifreunde des Bundeskanzlers wie der sächsische Ministerpräsident Kurt Biedenkopf für einen Aufschub der Währungsunion bis zu dem Zeitpunkt, wo die strukturellen Probleme der künftigen Euroländer gelöst seien.[10] Doch Helmut Kohl, in Sachen Politische Union inzwischen viel skeptischer als noch zu Beginn des Jahrzehnts, war fest entschlossen, die Einführung der gemeinsamen Währung am 1. Januar 1999 noch vor der Bundestagswahl von 1998 unumkehrbar zu machen, so dass auch sein möglicher sozialdemokratischer Nachfolger, der niedersächsische Ministerpräsident Gerhard Schröder, der den Euro am 26. März 1998 in einem Interview mit der «Bild»-Zeitung als «kränkelnde Frühgeburt» bezeichnete, nichts mehr daran würde ändern können.[11] Im Rückblick, fast sieben Jahre nach dem Ausscheiden Kohls aus dem Kanzleramt, würdigte der luxemburgische Ministerpräsident Jean-Claude Juncker in einer Rede zum 75. Geburtstag Kohls im April 2005 den Anteil des damaligen Bonner Regierungschefs am Zustandekommen der europäischen Gemeinschaftswährung mit den Worten, es gäbe den Euro nicht, «wenn es Kohl in dem Moment nicht gegeben hätte».[12]

Als der Euro am 1. Januar 1999 als Zahlungsmittel im bargeldlosen Zahlungsverkehr eingeführt wurde, waren nicht alle 15 Mitgliedstaaten der EU, sondern nur 11 mit von der Partie. Das Vereinigte Königreich bestand auf seinem «opt-out»; Schweden und Dänemark behielten sich ihre Entscheidung vor. In Dänemark erbrachte eine Volksabstimmung im September 2000 eine Mehrheit von 53 Prozent gegen den Euro. Drei Jahre später, im September 2003, entschieden sich die Schweden mit 56 Prozent gegen die Einführung der gemeinsamen Währung. Aus anderen Gründen blieb Griechenland draußen: Seine ökonomischen Daten, darunter eine Verschuldungsrate von 109,7 Prozent, ein Haushaltsdefizit von 6 Prozent und eine Inflationsrate von 5,5 Prozent, machten eine Mitgliedschaft in der Eurozone vorerst unmöglich.

Im Jahr 2000 gelang es Griechenland aber doch noch, seine Aufnahme in die Wirtschafts- und Währungsunion durchzusetzen, so dass am 1. Januar 2002 – dem Tag, an dem der Euro als Münz- und Papiergeld in Umlauf kam – die Gemeinschaftswährung in zwölf Mitgliedstaaten der EU eingeführt werden konnte. Das griechische Haushaltsdefizit war Athener Angaben zufolge 1999 auf 1,8 Prozent, also weit unter die in Maastricht festgelegte Obergrenze von 3 Prozent, gesunken. Da Eurostat, die für Statistik zuständige Behörde der EU, keine Einwände erhob, sahen auch die Finanzminister und schließlich die Staats- und Regierungschefs keinen Anlass, an der Korrektheit der griechischen Daten zu zweifeln.

Im November 2004, acht Monate nach dem Wahlsieg der konservativen Nea Dimokratia, räumte die Regierung von Kostas Karamanlis ein, dass die sozialistische Vorgängerregierung unter Konstantinos Simitis der EU gefälschte Zahlen vorgelegt hatte: Das Defizit im Referenzjahr 1999 belief sich auf 3,4 Prozent, lag also deutlich über der erlaubten Obergrenze. Um auf die geschönte Zahl von 1,8 Prozent zu gelangen, waren die Militärausgaben zu einem erheblichen Teil bei der Berechnung des Defizits nicht berücksichtigt worden. Die Aufnahme Griechenlands in die Währungsunion war ein Fall von Staatsbetrug. Er setzte sich auch nach Erlangung der Mitgliedschaft fort. Von der New Yorker Investmentbank Goldman Sachs erhielt Athen einen Geheimkredit, der Griechenland in die Lage versetzte, seine Dollar- und Yen-Schulden scheinbar drastisch herabzusetzen. Goldman Sachs ließ sich seine guten Dienste mit 300 Millionen Dollar vergelten.[13]

Als Griechenland 1981 gegen schwere ökonomische Bedenken in die Europäische Gemeinschaft aufgenommen wurde, verdankte es dies nicht zuletzt jenem alten, aus der Zeit des griechischen Unabhängigkeitskrieges nach 1821 stammenden philhellenischen Bonus, den der damalige französische Staatspräsident Valéry Giscard d'Estaing 1981 auf die Formel gebracht haben soll, man könne Platon doch nicht in der zweiten Liga spielen lassen.[14] Besonders beliebt war die Behauptung, Europa schulde Griechenland schon deshalb Dank, weil dort die Wiege der europäischen Demokratie gestanden habe – eine Legende, wenn man an die demagogischen Praktiken der athenischen Versammlungsdemokratie, die tatsächlichen Machtverhältnisse zur Zeit des Perikles und die Abwesenheit von Menschenrechten im klassischen Hellas denkt.[15]

Um die Jahrtausendwende war der philhellenische Affekt immer noch abrufbar. Angesichts der notorischen Unzulänglichkeit des griechischen Verwaltungsapparats wäre eine kritische Überprüfung der angeblichen Defizitsenkung durch die anderen Eurostaaten und die Europäische Union unumgänglich gewesen. Dass sie unterblieb, bedeutete ein politisches Versagen *aller* an der Aufnahme Griechenlands beteiligten Regierungen und Institutionen – ein weit krasseres Versagen, als man es den Verantwortlichen auch schon anlässlich der Hinnahme der italienischen Finanzmanipulationen von 1996/97 bescheinigen muss.

In einem größeren Zusammenhang gesehen, fiel die Entscheidung, Griechenland zum zwölften Euroland zu machen, jedoch gar nicht sonderlich aus dem Rahmen des inzwischen Üblichen. Der Euro verdankte seine Entstehung einem voluntaristischen Verständnis des «Primats der Politik», der unbedingten Überordnung politischer über ökonomische Erwägungen. Von dieser Prioritätensetzung ließen sich die Verantwortlichen, in Deutschland die rot-grüne Bundesregierung unter Gerhard Schröder, leiten, als sie den griechischen Zahlenangaben Glauben schenkten und den Athener Wunsch nach einer Mitgliedschaft in die Eurozone unterstützten.

Nicht nur in Griechenland, sondern auch bei «Altmitgliedern» der EU zeigte sich bald nach der Jahrtausendwende, dass es Mittel und Wege gab, die in Maastricht vereinbarte Obergrenze zeitweise zu ignorieren, ohne dass die für diesen Fall vorgesehenen Sanktionen in Kraft traten. Den Anfang machte Deutschland. Die einschneidende Reform des Sozialstaats, den die rot-grüne Bundesregierung dem Land mit der «Agenda 2010» seit 2003 auferlegte, deutete Bundeskanzler Schröder als Rechtfertigung für eine Überschreitung der Dreiprozentgrenze. Diese Marke hatte die Bundesrepublik bereits 2002 verfehlt; 2004 lag das Haushaltsdefizit bei 3,8, im Jahr darauf bei 3,7 Prozent. Ein drohendes Defizitverfahren der EU-Kommission hatte Berlin im Dezember 2004 nur durch die Ankündigung abwehren können, 2005 die Neuverschuldung auf 2,9 Prozent zu senken.

Den Bruch dieser Zusage vollzog Schröder in enger Abstimmung mit dem französischen Staatspräsidenten Jacques Chirac. Frankreich war ebenfalls an einer Aufweichung der im Vertragswerk von Maastricht festgelegten Restriktionen interessiert. Schon 2003 hatten Berlin und Paris verhindert, dass die Kommission die Eurostaaten, die die Dreiprozentmarke überschritten hatten, durch einen «Blauen Brief» zur Haushaltsdisziplin ermahnte. Die beiden größten Volkswirtschaften der EU ermutigten damit andere Mitgliedstaaten, ähnlich zu verfahren. Schröder hielt den Regelverstoß jedoch für wohlbegründet, da er nach den Härten der Agendapolitik den Deutschen nicht noch weitere Einschnitte zumuten zu können glaubte. Chirac konnte sich auf ein solches Argument nicht stützen: Frankreich verzichtete auf Reformen, die mit den deutschen auch nur entfernt vergleichbar gewesen wären.

Hatten der Währungsunion im Jahr 2002, als der Euro zur sinnlich erfassbaren Realität wurde, 12 Staaten angehört, so waren es 2009 bereits 16. 2007 war Slowenien beigetreten, 2008 folgten Zypern und Malta und 2009 die Slowakei. 2011 kam Estland hinzu, 2014 Lettland und 2015 Litauen. Das Wirtschaftswachstum der Eurozone war zwischen 2001 und 2007 mit durchschnittlich 1,96 Prozent niedriger als das der EU insgesamt (2,18 Prozent) und der USA (2,41 Prozent). Bei seinem Start Anfang 1999 hatte der Kurs des Euro mit 1,18 Dollar deutlich über der Parität mit der amerikanischen Währung gelegen. Nach vorübergehendem Absinken auf 0,87 Dollar im Jahr 2001 stieg er bis 2008 auf einen Kurs von 1,59, schwankte in den folgenden Jahren zeitweise stark und näherte sich Ende 2015 wieder der Parität mit dem Dollar.

Die Weltfinanzkrise, die 2007/08 ausbrach, enthüllte schonungslos die Schwächen vieler europäischer Volkswirtschaften. Während Deutschland von den Reformen der rot-grünen Ära profitierte und große Überschüsse sowohl im Waren- wie im Kapitalexport erzielte, gerieten viele andere Staaten der Eurozone in ernste Bedrängnis. In Irland und Spanien platzten Immobilienblasen, die sich in den «guten Jahren» vor 2007 gebildet hatten; Portugal bekam die Folgen seiner ebenso großzügigen wie verfehlten Infrastrukturpolitik zu spüren.

Am stärksten hatte Griechenland über seine Verhältnisse gelebt. Die klientelistische Patronagewirtschaft der beiden großen Parteien, die den öffentlichen Dienst als Anstalt zur Versorgung ihrer meist fachlich unqualifizierten Anhänger betrachteten, der aufgeblähte Militäretat, ein archaisches Grundbuchwesen, die faktische Steuerbefreiung der Reeder und der orthodoxen Kirche, der größten Grundeigentümerin des Landes nach dem Staat, die Ineffektivität der Justiz und der Steuerverwaltung, die systematische Steuerhinterziehung nicht nur seitens der besonders Wohlhabenden, sondern breiter Schichten – all das waren Übel, über die die EU-Kommission und der Europäische Rat allzu lange gnädig hinweggesehen hatten. Ende 2009 belief sich die griechische Staatsschuld auf fast 130 Prozent und lag damit um mehr als das Doppelte über dem EU-Richtwert von 60 Prozent; bis zum Juli 2013 stieg sie auf 160 Prozent. 2010 begann die Serie der «Hilfspakete» der Gemeinschaft, die aber so gut wie keine strukturelle Verbesserung bewirkten. Dasselbe galt für den «Schuldenschnitt» von 2011 in Gestalt eines Teilverzichts der privaten Gläubiger auf ihre Forderungen an Griechenland.

Die Europäische Union und die Europäische Zentralbank setzten sich im Fall Griechenland über das «no bailout»-Prinzip hinweg, weil sie ein Übergreifen der griechischen Schuldenkrise auf andere Länder des Mittelmeerraums befürchteten. Zu solchen Besorgnissen gab neben Spanien, Portugal und Zypern auch Italien Anlass, dessen Staatsverschuldung notorisch weit über der Obergrenze von Maastricht lag (2012 belief sie sich auf 127 Prozent des Bruttoinlandsprodukts). Auch Frankreich verfehlte regelmäßig die Brüsseler Vorgaben, was Haushaltsdefizit und Staatsverschuldung anging.

Wenn es eine gemeinsame Ursache der krisenhaften Entwicklung der Mittelmeerländer gab, waren es die niedrigen Zinsen, die den Euro wie seinen Schatten begleiteten. Sie wirkten wie eine Prämie auf den fiskalischen Schlendrian im Allgemeinen und die Verteilung sozialer Wohltaten im Besonderen. Statt überfällige Strukturreformen einzuleiten, hatten die Krisenländer allzu lange eine Politik der Wahrung und Vermehrung von Besitzständen betrieben, die aus eigener Kraft zu erwirtschaften zu mühselig erschien.

Die europäische Antwort auf die Krise war eine zweigleisige. Die Kommission drängte unter ihrem Präsidenten José Manuel Barroso, deutschen Vorstellungen entsprechend, auf die Senkung der öffentlichen Ausgaben und auf Strukturreformen, die sich an den Obergrenzen für Staatsverschuldung und Haushaltsdefizit ausrichteten. Die Europäische Zentralbank betrieb eine Politik des billigen Geldes und der kaum noch verschleierten Staatsfinanzierung, die ihr durch das Vertragswerk von Maastricht eigentlich verboten war. Weltweites Aufsehen erregte ein Versprechen, das der Präsident der EZB, Mario Draghi, am 26. Juli 2012 auf der Global Investment Conference in London abgab. Er erklärte den Euro für unumkehrbar (irreversible) und fügte wörtlich hinzu: «Innerhalb unseres Mandats ist die EZB bereit, alles Erforderliche zu tun, um den Euro zu bewahren. Und glauben Sie mir, das wird ausreichen.» (Within our mandate, the ECB is ready to do whatever it takes to preserve the euro. And believe me, it will be enough).[16]

Draghi gelang es mit dieser Volte, die Spekulation der Finanzmärkte gegen den Euro ins Leere laufen zu lassen, und insofern war er erfolgreich. Die monetäre Rückversicherung der EZB, gleichviel ob im Rahmen der Programme Outright Monetary Transactions (OMT) oder Quantitative Easing (QE) oder anderer Interventionen, hatte aber auch ihre Kehrseite. Der Reformdruck, den die EU auf die Krisenländer ausübte, wurde abgeschwächt. In einigen Ländern, denen die Europäische Union im Zeichen ihrer neu errichteten «Rettungsschirme» unter strengen Auflagen geholfen hatte, zeitigte die verordnete fiskalische Austerität aber durchaus die gewünschten Ergebnisse: Irland und Portugal verzeichneten, wenn auch in unterschiedlichem Tempo und Ausmaß, beträchtliche Stabilisierungserfolge, die freilich mit hoher Arbeitslosigkeit, vor allem in der jungen Generation, einhergingen. Dasselbe galt für Spanien, das es vermieden hatte, sich formell unter das zeitweilige «Diktat» eines Rettungsschirmes (und damit einer

«Troika» aus Vertretern der EU, der EZB und des Internationalen Währungsfonds) zu stellen.

Selbst Griechenland erzielte 2014, wenn man den Schuldenschnitt abzog, einen kleinen Haushaltsüberschuss. Dieser Erfolg war allerdings nur von kurzer Dauer. Mit dem Wahlsieg der linkssozialistischen Syriza unter Alexis Tsipras Ende Januar 2015 und der Bildung einer Koalitionsregierung mit der weit rechts stehenden Partei der Unabhängigen Griechen begann eine Phase der Konfrontation zwischen Athen auf der einen, Brüssel und Berlin auf der anderen Seite. Höhepunkt war ein von der Regierung Tsipras angesetztes Referendum gegen die von der Europäischen Union als Gegenleistung für ein drittes Hilfspaket verlangten harten Einschnitte: Mit 61,3 Prozent trugen die Reformgegner am 5. Juli 2015 einen klaren Sieg über die Befürworter davon.

Ein «Grexit», ein Ausscheiden Griechenlands aus dem Euro, verbunden mit der Rückkehr zur Drachme, schien nun unmittelbar bevorzustehen. Er wurde, zumindest vorerst, vermieden, weil Tsipras wenige Tage später einlenkte, sich den meisten Brüsseler Forderungen beugte und im griechischen Parlament mit Hilfe der Opposition Mehrheiten für die Reformgesetze gewann. Um den Widerstand seiner innerparteilichen Gegner zu brechen, sah sich der Ministerpräsident schließlich gezwungen, Neuwahlen anzustreben. Diese fanden am 20. September 2015 statt und machten Syriza erneut zur stärksten Partei. Da die bisherigen Regierungsparteien im Parlament über die Mehrheit der Sitze verfügten, konnte das im Februar geschlossene Links-Rechts-Bündnis problemlos erneuert werden.

Von einer Beilegung der Griechenlandkrise konnte im Herbst 2015 aber keine Rede sein. Besonders «unangenehme» Reformen wie die Besteuerung der Landwirtschaft und weitere Änderungen des Rentensystems, darunter die Erhöhung des Renteneintrittsalters und die Senkung der Renten, schob Athen mit Duldung der EU auf das folgende Jahr auf. Bei der Privatisierung von Staatsbesitz zeichnete sich schon früh ab, dass Griechenland, was Umfang und Tempo betraf, sich nicht an die Brüsseler Vorgaben zu halten gedachte. Offen blieb infolgedessen auch, ob sich der Internationale Währungsfonds weiterhin an der finanziellen Rettung Athens beteiligen würde.

Erst im Mai 2016 war es so weit: Nachdem das griechische Parlament beträchtliche Rentenkürzungen, eine Einkommensteuerreform sowie, wie von der EU verlangt, einen Automatismus beschlossen hatte, wonach Sozialleistungen und Gehälter weiter zu kürzen waren, wenn anders die Haushaltsziele nicht erreicht werden konnten, bewilligten die Finanzminister der Währungsunion Athen eine weitere Kredittranche von 10,3 Milliarden Euro aus Mitteln des Ende 2012 beschlossenen Europäischen Stabilitätsmechanismus, des «Rettungsschirms». Zusätzliche Hilfen wurden von weiteren Fortschritten bei der Konsolidierung der Staatsfinanzen abhängig gemacht. Den vom Internationalen Währungsfonds befürworteten Schuldenschnitt gab es nicht. Die Eurogruppe beschloss kurzfristig lediglich Verbesserungen des Schuldenmanagements; weiterreichende Maßnahmen wurden für den Fall in Aussicht gestellt, dass das Rettungsprogramm 2018 erfolgreich abgeschlossen werden konnte. Der IWF signalisierte dennoch sein grundsätzliches Einverständnis.

Die Krise um Griechenland wurde durch die Beschlüsse vom Mai 2016 fürs erste entschärft, gelöst war sie damit ebenso wenig wie die Krise der Währungsunion im Ganzen. Zwischen ihren drei größten Mitgliedstaaten Deutschland, Frankreich und Italien klaffte noch immer ein Dissens hinsichtlich des Verhältnisses zwischen Stabilität und Wachstum. Während für Berlin die fiskalische Konsolidierung absoluten Vorrang vor wirtschaftlicher Expansion hatte, setzen Paris und Rom die Prioritäten umgekehrt. Was immer die EU und die Währungsunion mittlerweile getan hatten, um ihre Mitglieder zu strenger Haushaltsdisziplin anzuhalten – Höhepunkt war der Fiskalpakt vom Januar 2013, der wegen der Nichtbeteiligung von Großbritannien und Tschechien als zwischenstaatliches Abkommen abgeschlossen werden musste, also (vorerst) kein EU-Recht war –, von einem tragfähigen Konsens waren sowohl die EU der 28 als auch die 19 Mitglieder der Eurozone noch weit entfernt.

Am 14. Dezember 2011 hatte die deutsche Bundeskanzlerin Angela Merkel im Deutschen Bundestag erklärt, die Fiskal- und Stabilitätsunion sei eine Chance, die Wirtschafts- und Währungsunion zu vollenden und so den «Gründungsfehler des Euro» zu beheben. Mehr noch: Die «Vision einer wirklichen politischen Union» beginne, Konturen anzunehmen.[17] Die These vom «Geburtsfehler» des Euro ist in Deutschland heute weithin unbestritten. Der Historiker Andreas Rödder spricht sogar von einer «Fehlkonstruktion».[18] Für den Wirtschaftswissenschaftler Hans-Werner Sinn ist es evident, «dass eine Währungsunion ohne politische Union nicht funktionieren kann».[19] Die Erwartung der Berliner Regierungschefin, dass sich aus dem Fiskalpakt eine Politische Union entwickeln werde, hat sich aber bisher nicht erfüllt.

Dasselbe gilt für die Hoffnung der Befürworter der Gemeinschaftswährung, der Euro werde helfen, die nationalen Gegensätze zwischen den Mitgliedstaaten zu überwinden und ein europäisches «Wir-Gefühl» hervorzubringen. Die Krise der Eurozone führte vielmehr zu einer Renaissance nationaler Ressentiments und Klischees: Während in Deutschland die Boulevardpresse Stimmung gegen die «faulen Griechen» machte, beschworen griechische Zeitungen die Erinnerung an die nationalsozialistische Vergangenheit und deutsche Kriegsverbrechen aus der Zeit des Zweiten Weltkriegs; Parallelen dazu gab es in Zypern, Italien und Spanien.

Kritik an der deutschen und «Brüsseler» Austeritätspolitik wurde aber nicht nur in den betreffenden Staaten, sondern auch in den angelsächsischen Ländern, vor allem in den USA, und hier seitens so renommierter Wirtschaftswissenschaftler wie Paul Krugman und Joseph Stiglitz, laut. Die Einwände verstummten auch nicht, als sich in den Ländern der iberischen Halbinsel erste Erfolge der Sparpolitik einstellten: Die hohe Jugendarbeitslosigkeit blieb der stärkste Einwand gegen die von Deutschland und der EU-Kommission verfochtene Linie.

Berlin und Brüssel beharrten hingegen aus guten Gründen auf ihrer Position, dass der Wille zur Selbsthilfe die unabdingbare Voraussetzung wirksamer Hilfe von außen sei und strukturelle Rückständigkeit sich nur mit Strukturreformen, nicht aber mit zusätzlicher Staatsverschuldung bekämpfen lasse. Doch die Aufrufe zur Sparsamkeit waren nicht frei von Einseitigkeiten. Wäre die fiskalische Strenge von Anfang an von der gezielten Förderung wachstumsträchtiger Strukturreformen begleitet worden, hätte sich die «Durststrecke» auf dem Weg zur

Wettbewerbsfähigkeit vermutlich verkürzen lassen. Deutschland musste sich zudem immer wieder vorhalten lassen, dass sein Exportboom mit einer notorischen Vernachlässigung von Investitionen in die Infrastruktur einherging – eine für Europa, aber längerfristig auch für Deutschland nachteilige Prioritätensetzung.

Ob sich die Teilnehmer der Währungsunion irgendwann auf einen produktiven Ausgleich zwischen den Zielen Haushaltskonsolidierung und Wirtschaftswachstum werden verständigen können, ist ungewiss. Solange es diesen Grundkonsens nicht gibt, sind Integrationsfortschritte in Richtung einer Fiskal- und schließlich einer Politischen Union, wie man sie bisher verstand, nicht zu erwarten. Einseitige Zugeständnisse wie ein Eingehen auf die Forderung nach «Eurobonds» oder eine vergemeinschaftete Rücklagensicherung der europäischen Banken, also die Verstärkung des Trends zur Schulden- und Transferunion, können sich die wirtschaftlich und finanziell starken Länder nicht leisten, weil sie damit die Unterstützung ihrer Bevölkerungen für das «Projekt Europa» und damit für die Währungsunion selbst aufs Spiel setzen würden. Die EU-Kommission tendiert seit ihrer (noch näher zu erörternden) «Politisierung» im Jahr 2014 verstärkt dahin, großzügig mit den Regierungen umzugehen, die die Stabilitätskriterien mehr oder minder regelmäßig verfehlen. Nichts spricht dafür, dass sich an dieser Politik des «muddling through», auf deutsch: des «Durchwurstelns», in naher Zukunft etwas ändern wird.

Von dem Ziel, die Währungsunion zur Politischen Union weiterzuentwickeln, spricht heute kaum noch jemand. Anfang Juli 2013 distanzierte sich die niederländische Regierung vom Projekt der «immer engeren Union» auf jedem möglichen Politikfeld. Gleichzeitig bekannte sie sich zur Devise «National, wo es möglich ist, europäisch, wenn es sein muss.»[20]

Kurz darauf, am 13. August 2013, auf dem Höhepunkt des Bundestagswahlkampfes, äußerte sich die deutsche Bundeskanzlerin in einem Interview unter Hinweis auf den Positionswechsel in Den Haag ganz ähnlich. «Mehr Europa ist mehr als nur Verlagerung einer Kompetenz vom Nationalstaat nach Europa, sondern ich kann auch mehr Europa haben, indem ich mich in meinem Handeln strenger und intensiver darauf einlasse, das mit anderen zu koordinieren.» Angela Merkel ging noch weiter: Sie schloss auch eine Rückverlagerung von Zuständigkeiten von der EU auf die Mitgliedstaaten nicht aus.[21] Die Annäherung an die britische Linie war unverkennbar: Die Kanzlerin griff mit ihrem Kurswechsel eine Forderung auf, von deren Erfüllung Premierminister David Cameron den Verbleib des Vereinigten Königreichs in der Europäischen Union abhängig machte.

Was die deutsche Regierungschefin im August 2013 zu Protokoll gab, war weniger ein Postulat als eine Zustandsbeschreibung: Sie betonte die Bedeutung der europäischen Zusammenarbeit in den «nichtvergemeinschafteten» Politikbereichen und maß ihr letztlich mehr Gewicht bei als dem vergemeinschafteten oder integrierten Sektor. Aus dieser Sicht war der Europäische Rat ein wichtigeres Organ als die Europäische Kommission oder das Europäische Parlament. Unter den Staats- und Regierungschefs der EU gab es kaum einen, der dieser Auffassung widersprochen hätte. Eine Politische Union, die auf dieser Einschätzung aufbaute, konnte nur eine Konföderation von Nationalstaaten, aber nicht eine Föderation sein, wie sie den Enthusiasten der westeuropäischen Einigung nach 1945 vorgeschwebt hatte.

So realistisch die Berliner Lagebeurteilung vom Sommer 2013 war, eine Antwort auf die Frage nach der Zukunft der Währungsunion enthielt sie nicht. Ob Griechenland dauerhaft ein Mitglied der Eurozone bleiben würde, war weiterhin ungewiss. Es war nicht einmal sicher, ob die gemeinsame Währung überleben würde, wenn es den Euroländern nicht gelang, sich auf eine dauerhafte Harmonisierung ihrer Haushalts-, Fiskal- und Wirtschaftspolitiken zu verständigen. Voraussehbar war hingegen, dass die Verstärkung der intergouvernementalen Zusammenarbeit auf Widerspruch bei denen stoßen würde, die sich durch die Aufwertung des Europäischen Rates abgewertet fühlen mussten: im Europäischen Parlament und in der EU-Kommission. Die Europäische Union ging einer Kraftprobe, womöglich einem Verfassungskonflikt entgegen.

5.
WER SPRICHT FÜR EUROPA?

Henry A. Kissinger, dem langjährigen amerikanischen Außenminister, wird vermutlich zu Unrecht die sarkastische Bemerkung zugeschrieben, er wisse nicht, welche Telefonnummer er wählen solle, wenn er mit Europa sprechen wolle.[1] Theoretisch gäbe es mehrere Möglichkeiten, diese immer noch aktuelle Frage zu beantworten: Der Präsident der Europäischen Kommission böte sich an, aber auch der Ständige Präsident des Europäischen Rates oder der Staats- beziehungsweise Regierungschef des Landes, das im Rat gerade den Vorsitz hat, vielleicht auch der Präsident des Europäischen Parlaments oder, näherliegend, die Hohe Repräsentantin für die Gemeinsame Außen- und Sicherheitspolitik. Tatsächlich gibt es die *eine* Telefonnummer der Europäischen Union immer noch nicht, und solange die EU ein Staatenverbund ist, wird es sie wohl auch nicht geben.

Eine Klärung der innereuropäischen Machtfrage herbeizuführen, hatten die großen und einige der kleineren europäischen Parteifamilien im Sinn, als sie im Vorfeld der achten Direktwahl des Europäischen Parlaments im Mai 2014 nacheinander beschlossen, mit einem «Spitzenkandidaten» für das Amt des Kommissionspräsidenten in den Wahlkampf zu ziehen. Als erste wählten die europäischen Sozialdemokraten und Sozialisten ihren Bewerber: Es war der von ihnen gestellte Präsident des Europäischen Parlaments, der deutsche Abgeordnete Martin Schulz. Etwas mehr Zeit brauchten die in der Europäischen Volkspartei (EVP) vereinigten christdemokratischen und konservativen Parteien. Zu ihrem Spitzenkandidaten avancierte dann, trotz anhaltender Bedenken der deutschen Bundeskanzlerin

Angela Merkel, der frühere Chef der «Eurogruppe», das heißt der Konferenz der Finanzminister der Währungsunion, und langjährige luxemburgische Ministerpräsident Jean-Claude Juncker, der im Juli 2013 infolge der Verwicklung in eine Geheimdienstaffäre Neuwahlen hatte ansetzen müssen und nach diesen mit seiner Partei aus der Regierung ausgeschieden war. Liberale, Grüne und Linke stellten ebenfalls Spitzenkandidaten auf.

Was die Idee der «Spitzenkandidaten» beflügelte, war eine Bestimmung des im Dezember 2009 in Kraft getretenen Vertrags von Lissabon: Im Hinblick auf das Amt des Kommissionspräsidenten war der Europäische Rat nach Artikel 17, Absatz 7, gehalten, dem Europäischen Parlament nach Konsultationen einen Vorschlag zu unterbreiten, der das Ergebnis der Wahl «berücksichtigt». Eine rechtliche Verpflichtung der Staats- und Regierungschefs, den Spitzenkandidaten der erfolgreichsten Partei als Präsidenten der Kommission vorzuschlagen, ließ sich daraus nicht ableiten, wohl aber eine gewisse politische Bindungswirkung der Mehrheitsverhältnisse.

Eine politische Massenmobilisierung ging von dem Vorstoß der Parteifamilien nicht aus. Nur in den Heimatländern der beiden aussichtsreichsten Bewerber, in Luxemburg und Deutschland, und vielleicht noch in Österreich, hatte die Neuerung einen spürbaren Effekt. In Großbritannien stieß der Gedanke, dass der erfolgreichere Kandidat mit einer gewissen Automatik an die Spitze der Kommission treten müsse, parteiübergreifend auf Ablehnung, in den Niederlanden, den skandinavischen Staaten und den neuen Mitgliedsländern in Ostmittel- und Südosteuropa auf kühle Reserve oder verbreitetes Desinteresse. Welche Partei auch immer als stärkste aus der Wahl hervorging, aus dem Gesamtergebnis ein Votum der Unionsbürgerschaft für ihren Spitzenkandidaten abzulesen, war demnach eine eigenwillige Deutung der Wahlentscheidung.

Die Wahlbeteiligung lag bei den Wahlen vom 22. bis 25. Mai 2014 mit 42,54 Prozent knapp unter dem Stand von 2009, wo sie sich auf 43 Prozent belaufen hatte. Mit einem Anteil von 29,4 Prozent lagen die Christdemokraten und Konservativen deutlich vor den Sozialisten, die auf 25,4 Prozent kamen. Das bisherige, aus den europafreundlichen

Fraktionen zusammengesetzte Parlamentspräsidium interpretierte das am 27. Mai so, dass Juncker nunmehr den Auftrag habe, sich eine Mehrheit für die Wahl zum Kommissionspräsidenten zu suchen. Dabei traten die Sozialdemokraten um der Parlamentarisierung der Kommissionsspitze willen, aber auch um Martin Schulz als Kandidaten für ein anderes europäisches Spitzenamt ins Spiel zu bringen, weit entschiedener für den christdemokratischen Spitzenkandidaten ein als dessen Parteifreunde. Deren Zurückhaltung hatte damit zu tun, dass Juncker bis weit in die eigenen Reihen hinein als Verkörperung des «alten» Elitenprojekts Europa und einer Politik des «Weiter so» galt, die in fortschreitender Integration einen nicht mehr begründungsbedürftigen Selbstzweck zu sehen schien. Dazu kam die Entwicklung Luxemburgs zu einem Steuervermeidungsparadies während seiner Amtszeit als Finanzminister und Ministerpräsident.[2]

Dass das Europäische Parlament mehr Macht für sich erstrebte, war nur logisch. Seit 1976 wurde es direkt gewählt. Es hatte im Lauf der Zeit erheblich an Kompetenzen gewonnen. Das Vertragswerk von Maastricht räumte ihm 1992 ein gestaffeltes Vetorecht gegenüber den Initiativen des Europäischen Rates ein. Außerdem hing die Ernennung der Kommission nunmehr von seiner Zustimmung ab. Durch den Vertrag von Amsterdam wurden seine Zuständigkeiten auf dem Gebiet der Gesetzgebung erweitert. Ende 1998 verweigerte das Europäische Parlament der von dem Luxemburger Jacques Santer geführten Kommission die Entlastung für den Haushalt 1996, weil eine Kommissarin in hohem Maß der Korruption verdächtig war. Im März 1999 wies ein vom Parlament eingesetzter Ausschuss unabhängiger Sachverständiger mehreren Kommissaren Missmanagement und Betrügereien nach. Als die betroffenen Kommissare den Rücktritt verweigerten, trat am 16. März die Kommission als Ganze zurück: ein Erfolg des Europäischen Parlaments, auf den die Abgeordneten mit Recht stolz sein konnten.

Das Interesse des Europäischen Parlaments, die Schere zwischen seiner durch die Direktwahl begründeten Legitimation und seinem immer noch stark empfundenen Mangel an tatsächlicher Macht zu schließen, war also evident. Für eine Parlamentarisierung der Kommissionsspitze, wie sie die europafreundliche Mehrheit des Parlaments erreichen wollte, sprach ferner, dass sich die Tätigkeit der Kommission im Zuge der Schuldenkrise in hohem Maß politisiert hatte, ohne dass die Kontrollbefugnisse des Europäischen Parlaments erweitert worden wären. Das wichtigste Organ der EU war aber nach wie vor der Europäische Rat, der seit 2008 als kollektiver Krisenmanager seinen Einfluss weiter ausgebaut hatte. Folgte man den maßgeblichen Kräften des Europäischen Parlaments, konnte nur eine parlamentarisch legitimierte Kommission zu einem starken Gegengewicht des Rates werden und dafür sorgen, dass sich im Zweifelsfall das Gesamtinteresse der Union gegenüber den partikularen Interessen der Mitgliedstaaten durchsetzte.

Was der Vertrag von Lissabon über die Bestellung des Kommissionspräsidenten sagte, war ausdeutungsfähig. Eine Pflicht der Staats- und Regierungschefs, dem Europäischen Parlament den Kandidaten vorzuschlagen, der ihnen vom Parlament präsentiert wurde, gab es, wie schon bemerkt, nicht. Innerhalb des Europäischen Rates waren die Meinungen hinsichtlich der Personalie Juncker geteilt. Eine Mehrheit war bereit, den früheren luxemburgischen Ministerpräsidenten mit dem Amt des Kommissionspräsidenten zu betrauen. Die Minderheit, bestehend aus den konservativen Regierungschefs von Großbritannien, Schweden und Ungarn, David Cameron, Fredrik Reinfeldt und Viktor Orbán, sowie dem rechtsliberalen niederländischen Ministerpräsidenten Mark Rutte, hatte mehr oder minder schwere Bedenken gegen den «Integrationisten» Juncker. Auch aus einer anderen politischen Himmelsrichtung wurden Einwände laut: Dem sozialdemokratischen italienischen Ministerpräsidenten Matteo Renzi erschien Juncker als Anwalt einer rigiden «Sparpolitik», wie Rom sie ablehnte.

Für den Vorschlag an das Europäische Parlament genügte zwar eine qualifizierte Mehrheit, aber auf eine solche Kraftprobe wollten es die Unterstützer Junckers in der ersten Sitzung nach der Europawahl am 27. Mai noch nicht ankommen lassen. Es bedurfte langwieriger Verhandlungen, bei denen die deutsche Bundeskanzlerin Angela Merkel und der Ständige Ratspräsident, der frühere belgische Ministerpräsident Herman van Rompuy, Schlüsselrollen spielten, um die

Vorbehalte der Opponenten zumindest teilweise zu entkräften. Erst nachdem sich die Ratsmehrheit die nordwesteuropäischen Forderungen nach weniger Zentralismus und mehr Wettbewerb ebenso zu eigen gemacht hatte wie das von den Mittelmeerländern, einschließlich Frankreichs, verlangte Bekenntnis zu einer verstärkten Förderung von Zukunftsinvestitionen, wurde am 27. Juni 2014 über den Vorschlag Juncker abgestimmt. Er wurde von allen gegen zwei Stimmen, die von Cameron und Orbán, angenommen. Im Vorfeld der Abstimmung hatte Merkel auf Drängen ihres britischen Kollegen ausdrücklich versichert, dass die Nominierung Junckers keinen Präzedenzfall für die Zeit nach 2019, der nächsten Europawahl, bedeute.

Hinter den Kulissen hatte Juncker wissen lassen, dass er die Festlegungen der Staats- und Regierungschefs, zusammengefasst in der am 27. Juni beschlossenen «Strategischen Agenda für die Gemeinschaft in Zeiten des Wandels», mittragen werde. An der parlamentarischen Mehrheit für den Kandidaten der Europäischen Volkspartei gab es ohnehin keinen Zweifel. Die Sozialdemokraten hatten sich mit den Christdemokraten darauf verständigt, dass der amtierende Präsident des Europäischen Parlaments, Martin Schulz, erneut in dieses Amt gewählt werden würde (wenn auch auf Drängen der EVP, der bisherigen Praxis entsprechend, nur für die erste Hälfte der Legislaturperiode, also für zweieinhalb Jahre). Liberale und Grüne waren kein formaler Bestandteil der Brüsseler beziehungsweise Straßburger Großen Koalition. Aber es lag auf der Hand, dass sie die neue Kommission immer dann unterstützen würden, wenn diese sich gegen die erstarkten EU-kritischen Kräfte im Europäischen Parlament zu behaupten hatte.

Junckers Wahl zum Präsidenten der Kommission am 15. Juli war nur noch eine Formsache: 422 Abgeordnete stimmten für ihn, 250 gegen ihn. Die Bildung der neuen Kommission erwies sich hingegen als mühselig. Besonders umstritten waren einige Personalvorschläge aus ostmitteleuropäischen Staaten. So nominierte die kurz zuvor abgewählte slowenische Ministerpräsidentin Alenka Bratušek sich selbst für einen Kommissionsposten. In diesem Fall waren die Proteste des Europäischen Parlaments erfolgreich: Sie zwangen die Kandidatin zum Rückzug. Nicht verhindert wurde hingegen die Ernennung der Tschechin Věra Jourová, die 2006 wegen Korruptionsverdachts in Untersuchungshaft gesessen hatte, zur Justizkommissarin. Dasselbe galt für die Betrauung des ungarischen Außenministers Tibor Navracsics, der zuvor als Justizminister die Pressefreiheit eingeschränkt hatte, mit dem Ressort Bildung, Kultur und Jugend. Zunächst hatte Juncker ihm auch die Zuständigkeit für Bürgerrechte zugedacht. Davon rückte er nach heftigem Widerspruch aus dem Europäischen Parlament und in der Presse wieder ab. Am 22. Oktober 2014 erhielt die neue Kommission im Europäischen Parlament mit 423 Ja- und 209 Neinstimmen bei 67 Enthaltungen eine breite Mehrheit. Am 1. November konnte sie fristgerecht ihre Arbeit aufnehmen.

Vordergründig schien das Europäische Parlament im Herbst 2014 als Sieger aus dem Machtkampf mit dem Europäischen Rat hervorgegangen zu sein. De facto hatte sich eine Parlamentarisierung der Kommissionsspitze vollzogen. Doch ob diese Errungenschaft von Dauer sein würde, war offen. Es war keineswegs sicher, dass die Mitgliedstaaten sich à la longue mit der Beschränkung ihres Rechts, dem Europäischen Parlament einen Kandidaten für das Amt des Kommissionspräsidenten vorzuschlagen, abgefunden hatten. Der Machtkampf zwischen Parlament und Rat war also nicht zu Ende.

Die neue, von Jean-Claude Juncker geführte Kommission machte von Anfang an deutlich, dass sie sich als «politische Kommission» fühlte. Sie wollte Richtung und Tempo des Einigungsprozesses bestimmen und darum ausgleichen, was die Mitgliedstaaten an Engagement vermissen ließen. In den Auseinandersetzungen, die im Jahr 2015 über den Verbleib Griechenlands in der Eurozone geführt wurden, brachte Juncker immer wieder demonstratives Verständnis gegenüber dem Athener Regierungschef Alexis Tsipras zum Ausdruck und setzte sich damit sowohl vom deutschen Finanzminister Wolfgang Schäuble als auch vom Chef der Eurozone, dem niederländischen Finanzminister Jeroen Dijsselbloem, ab. Für diese, ebenso wie für die Mehrheit der Finanzminister der Währungsunion, blieb ein «Grexit», falls Griechenland den Reformforderungen von EU, EZB und IWF nicht nachkam, die ultima ratio. Dass Juncker sich am Ende durchsetzte, lag daran, dass Angela Merkel, um einen Konflikt mit Frankreich zu vermeiden, auf seine Linie einschwenkte.

Unter der Federführung des für Wirtschaft, Währung, Steuern und Zoll zuständigen Kommissars, des ehemaligen französischen Finanzministers Pierre Moscovici, legte die neue Kommission die Stabilitätsregeln von Maastricht gegenüber säumigen Ländern, darunter Frankreich und Italien, bewusst «politisch», also großzügig aus: eine Haltung, die bald Zweifel aufkommen ließ, ob die Kommission ihre primäre Aufgabe, Hüterin der Verträge zu sein, hinreichend ernst nahm.

Reaktionen aus den Mitgliedstaaten ließen nicht lange auf sich warten. Im Sommer 2015 schlug Wolfgang Schäuble vor, die politischen Aufgaben der Kommission von ihrer Kernaufgabe als Hüterin der Verträge, darunter des Wettbewerbsrechts, des Binnenmarkts und des Stabilitätspakts, institutionell zu trennen. Die Bundesregierung entwickelte diesen Gedanken weiter und plädierte in einem Papier vom Dezember 2015 für eine «Brandmauer» zwischen den unterschiedlichen Aufgaben der EU-Kommission.

Juncker antwortete prompt und pikiert. Im Europäischen Parlament polemisierte er am 15. Dezember 2015 gegen das Ansinnen «einiger», die Aufsicht der Kommission über die gemeinsamen wirtschafts- und haushaltspolitischen Regeln zu schwächen und diese Zuständigkeit an eine «Agentur von Technokraten» auszulagern. Bei der wirtschaftspolitischen Steuerung in der EU gehe es «nicht um Rechtsregeln oder Prozentzahlen, sondern um Menschen und die politischen Entscheidungen, die sie betreffen». Zur Stärkung der politischen Rolle der Kommission gehöre eine verstärkte Kontrolle durch das Europäische Parlament. Dieses sei auch das Parlament des Euroraumes. «Alles, was das Parlament stärkt, stärkt auch die Kommission.»[3]

Die Forderung, das Europäische Parlament auch über die Belange der Eurozone entscheiden zu lassen, war nicht neu; auch von Straßburger Parlamentariern war sie schon mehrfach erhoben worden. In der Eurozone fand dieser Gedanke so gut wie keinen Zuspruch. Er war auch unter Gesichtspunkten der demokratischen Legitimation höchst anfechtbar. Im Europäischen Parlament saßen Abgeordnete aus 28

Staaten, darunter neun, die der Währungsunion nicht angehörten. *Diese* Abgeordneten hatten kein Mandat, über Fragen einer Währung Beschlüsse zu fassen, die nur de jure die Währung der EU, de facto aber für die Herkunftsländer der betreffenden Parlamentarier eine fremde Währung war. Die Länder der Eurozone wiederum konnten sich mit Recht dagegen verwahren, in Fragen, die nur sie betrafen, sich durch eine Mehrheit überstimmen zu lassen, die mit Hilfe von Abgeordneten aus Staaten mit einer anderen Währung zustande kam. Sehr viel logischer war deshalb die von den Regierungen in Paris und Berlin ventilierte Idee, für die Eurozone eine parlamentarische Vertretung zu schaffen, die sich aus den in den Staaten der Währungsunion gewählten Mitgliedern des Europäischen Parlaments zusammensetzte.

Sein Selbstbewusstsein bezieht das Europäische Parlament vor allem aus seiner Direktwahl. Seine demokratische Legitimation wird freilich dadurch relativiert, dass es, um auch den kleinsten Mitgliedstaaten der EU zu einer mehr als bloß symbolischen Vertretung zu verhelfen, deren Abgeordneten ein überproportionales Gewicht verleiht: Ein Europaparlamentarier aus Malta vertritt 70 000, einer aus Deutschland knapp 830 000 Einwohner. Wäre das Europaparlament strikt proportional zusammengesetzt, müssten ihm, um allen Staaten eine angemessene Vertretung zu sichern, viele Tausend Abgeordnete angehören. Ein solches Parlament wäre nicht arbeitsfähig. Die fehlende Repräsentativität des Straßburger Parlaments lässt sich also gut begründen – aber nur solange, als es für sich nicht dieselbe demokratische Legitimation und die daraus ableitbaren Rechte beansprucht wie die nationalen Parlamente.

Für einen der wenigen verbliebenen europäischen Föderalisten wie den belgischen Ministerpräsidenten der Jahre 1999 bis 2008 und Spitzenkandidaten der europäischen Liberalen im Jahr 2014, Guy Verhofstadt, ist ein solcher Einwand irrelevant. Im Jahr 2012 behauptete er in seinem politischen Manifest «Für Europa!», das Europäische Parlament und die EU-Kommission besäßen mehr demokratische Legitimation als die Staats- und Regierungschefs jeder für sich und der Europäische Rat im Ganzen. Der Kern Europas bestehe nicht aus seinen Staaten, sondern aus seinen Bürgern. «Das Europa der Nationalstaaten, ‹l'Europe des nations›, ist ein Relikt der Vergangenheit, kein Wegweiser in die Zukunft.»[4]

Die Bürgerinnen und Bürger der Mitgliedstaaten sehen das offenbar nach wie vor anders. Die Beteiligung an den Europawahlen ist seit der ersten Direktwahl im Jahr 1979, als sie bei 62 Prozent lag, ständig gesunken – bis auf den erwähnten Stand von 42,5 Prozent im Mai 2014. Die Beteiligung an nationalen Wahlen ist in der Regel deutlich höher. Die Nationalstaaten sind das vorrangige politische «Zuhause» geblieben, dem sich die Bürgerinnen und Bürger in höherem Maß solidarisch verbunden fühlen als der Europäischen Union.

Es ist nicht die Schuld des Europäischen Parlaments, dass die EU seit langem eher Desinteresse und oft sogar Abneigung hervorruft als Begeisterung. Auch die als technokratisch verschriene Kommission kann dafür nicht allein verantwortlich gemacht werden. Es waren die Staats- und Regierungschefs, die jahrelang eine Politik der vollendeten Tatsachen betrieben und wichtige Entscheidungen hinter verschlossenen Türen fällten, ohne dass zuvor in den nationalen Parlamenten und der nationalen Öffentlichkeit darüber ausgiebig diskutiert worden wäre. (Die Verleihung des Status eines Beitrittskandidaten an die Türkei auf dem EU-Gipfel von Helsinki im Dezember 1999 war ein besonders krasses Beispiel.) Die Folge war, dass «Brüssel» immer mehr als eine «verselbständigte Exekutivgewalt» wahrgenommen wurde – ein Begriff, den Karl Marx 1852 geprägt hatte, um die Machtstellung des französischen Präsidenten Louis Napoleon, des späteren Kaisers Napoleon III., zu charakterisieren.[5]

Der Eindruck vieler Bürgerinnen und Bürger, dass Europa ein reines, über ihre Köpfe hinweg verfolgtes Eliteprojekt sei, kam nicht von ungefähr. Er schlug sich in «Euroskepsis» und «Eurofrust» und oft in populistischen Protesten gegen die EU nieder. In Deutschland hat das Bundesverfassungsgericht im Juni 2009 in seinem Urteil zum Vertrag von Lissabon diesem Entfremdungsprozess einen Riegel vorzuschieben versucht, indem es unter dem Stichwort «parlamentarische Integrationsverantwortung» dem Bundestag ein entscheidendes Mitspracherecht in der Europapolitik zusprach. Der Bundestag folgte dieser Ermahnung und verabschiedete die entsprechenden Gesetze.

Seine Europadebatten gehören seitdem zu den lebhaftesten, die das Hohe Haus führt. Sie haben wesentlich mit dazu beigetragen, dass die Europapolitik in Deutschland wieder auf vermehrtes öffentliches Interesse stößt.

Die Legitimationsprobleme, die das Projekt Europa aufwirft, sind damit aber nicht ausgeräumt. «Der Politik gelingt es nicht, die Bürger in ihrer Mehrheit für das Projekt einzunehmen», urteilt der deutsche Staatsrechtler Dieter Grimm, ein ehemaliger Richter des Bundesverfassungsgerichts. Eine wesentliche Ursache des legitimatorischen Defizits der europäischen Integration liegt aus seiner Sicht in der Rechtsprechung des Europäischen Gerichtshofes. Er trieb die Integration durch zwei grundlegende Urteile aus den Jahren 1963 («Van Gend & Loos») und 1964 («Costa/ENEL») voran. Im ersten Urteil entschied er, dass das Gemeinschaftsrecht in den Mitgliedstaaten unmittelbar anwendbar war, also vor nationalen Gerichten eingeklagt werden konnte. Im zweiten erklärte er, dass Gemeinschaftsrecht nicht nur unmittelbar, sondern auch mit Vorrang vor dem nationalen Recht anzuwenden war, und zwar sogar mit Vorrang vor den nationalen Verfassungen.

Die Mitgliedstaaten blieben zwar die «Herren der Verträge». Die Verträge aber wirkten durch die Rechtsprechung des Europäischen Gerichtshofes wie eine Verfassung. Es gab nun, Grimm zufolge, «neben der politischen Integration durch Vertragsabschluss und Setzung sekundären europäischen Rechts einen alternativen, judikativen Integrationspfad durch Überwindung der nationalen Rechtsvielfalt mittels Vertragsinterpretation». Damit wurde ein fundamentaler Grundsatz der Verträge, das Prinzip der begrenzten Einzelermächtigung, in Frage gestellt, ja letztlich aufgehoben. Die Mitentscheidungsrechte, die der Vertrag von Maastricht dem Europäischen Parlament einräumte, bedeuteten den Übergang «von der monistischen zur dualistischen Legitimation», von der Legitimation durch die ihrerseits demokratisch legitimierten Mitgliedstaaten zur Doppellegitimation durch sie *und* durch das direkt gewählte Europäische Parlament. Dieses aber entbehrte weiterhin des legitimierenden Ansehens, dessen sich die nationalen Parlamente meist erfreuen. Die Sprachenvielfalt und das Fehlen transnationaler Medien erschweren die Herausbildung einer europäischen Öffentlichkeit. Die europäischen «Parteifamilien» sind eher lose Dach- und Zweckverbände als echte Parteien. Die Rechtsfigur des Unionsbürgers ist mehr Postulat als gelebte Wirklichkeit: ein Dilemma, das durch «Maastricht» nicht behoben, sondern verschärft wurde.

Eine Vollparlamentarisierung der EU würde die demokratische Legitimation infolgedessen nicht stärken, sondern schwächen. Das liegt auch daran, dass die EU-Kommission mit Blick auf ihr jeweiliges Integrationsprogramm weithin unabhängig vom Europäischen Parlament agiert. Das eigentliche Demokratieproblem sieht der deutsche Jurist daher in der «Verselbständigung der exekutiven und judikativen Organe von den politischen Organen der EU und vom Willen der Mitgliedstaaten». Die «Konstitutionalisierung» der Verträge seit den frühen sechziger Jahren hatte Wirkungen, die damals kaum jemand vorhergesehen hat: «Je stärker die Verfassung inhaltlich aufgeladen ist, desto kleiner wird der Spielraum für Politik. Was in der Verfassung geregelt ist, ist der politischen Entscheidung entzogen.»[6]

Grimms Folgerung, die nicht verfassungsartigen Bestimmungen, also den Großteil des Lissabonner Vertrags über die Arbeitsweise der Europäischen Union, auf einfaches Recht herabzustufen und so den Spielraum der Politik zu erweitern, ist ein logisches Resultat seiner bestechend klaren Analyse, läuft aber auf nichts Geringeres als auf eine Neugründung der EU hinaus. Eine bescheidenere Folgerung könnte lauten: Es darf nicht *mehr* Integration um den Preis von *weniger* Demokratie geben. Ein qualitativer Integrationsschub («vom Staatenverbund zur Föderation») wäre in keinem Mitgliedstaat ohne ausdrückliche Legitimation durch den Souverän vorstellbar. In Deutschland bedürfte ein derart einschneidender Vorgang nach dem Urteil des Bundesverfassungsgerichts zum Lissabon-Vertrag einer neuen Verfassung, die nach Artikel 146 des Grundgesetzes durch eine freie Entscheidung des deutschen Volkes, also entweder durch ein Verfassungsreferendum oder durch die Wahl einer Verfassunggebenden Nationalversammlung, zustande kommen muss.

Eine Mehrheit für eine weitere Verlagerung von Zuständigkeiten von der nationalen auf die europäische Ebene ist auf absehbare Zeit aber weder in Deutschland noch in anderen Mitgliedstaaten zu erwarten. Solange die Nationalstaaten ungleich höher demokratisch legitimiert sind als die EU, werden in erster Linie sie, vertreten durch den Europäischen Rat, für Europa sprechen müssen. Angesichts der tiefen Gegensätze, die sich innerhalb der EU der 28 in den Krisenjahren seit 2008 aufgetan haben, kommt das fast der Quadratur des Kreises gleich.[7]

6.
EUROPA VERSUS AMERIKA?

Im Jahr 1830, kurz nach der Pariser Julirevolution, brach der junge französische Jurist Alexis de Tocqueville zusammen mit seinem Freund Gustave de Beaumont in die Vereinigten Staaten auf, um dort, so die offizielle Begründung seines Urlaubsgesuchs beim Justizministerium, Studien über den Strafvollzug zu betreiben. In Wirklichkeit ging es Tocqueville um ein sehr viel ehrgeizigeres Vorhaben: Er wollte sich ein persönliches Urteil über die amerikanische Gesellschaft und ihr politisches System bilden und darüber ein Buch schreiben. Das Ergebnis seiner Forschungsreise war ein vierbändiges Werk unter dem Titel «De la Démocratie en Amérique». Seine ersten beiden Bände erschienen 1835.

Auf der Suche nach dem, was Amerika von Europa grundlegend unterschied, stieß Tocqueville unter anderem auf ein geradezu konträres Verhältnis von Politik und Religion. Das Wesen der anglo-amerikanischen Zivilisation stellte sich ihm als Produkt zweier völlig verschiedener Elemente dar, die sich andernorts häufig bekriegt, in Amerika aber wechselseitig durchdrungen und auf wunderbare Weise miteinander verbunden hätten: «Ich spreche vom Geist der Religion und vom Geist der Freiheit.»

Was der liberale Aristokrat über Amerika schrieb, war ein Kontrastbild zu Europa und vor allem zu Frankreich, wo die Aufklärung sich erst nach harten, zuletzt revolutionären Kämpfen gegen die (katholische) Kirche durchgesetzt hatte. «In Amerika ist es die Religion, die zur Aufklärung führt («lumières» heißt es im französischen Original, was sowohl «Erleuchtung» wie «Aufklärung» bedeuten kann). Es ist die Einhaltung der göttlichen Gesetze, die den Menschen zur Freiheit führt … Die Religion sieht in der bürgerlichen Freiheit einen noblen Ausdruck menschlicher Möglichkeiten und in der politischen Welt ein Feld, das der Schöpfer den Bemühungen des Verstandes überlassen hat. Frei und mächtig in der eigenen Sphäre, zufrieden mit dem Platz, der ihr vorbehalten ist, weiß sie, dass ihr Reich eben dadurch fest begründet ist, dass sie aus eigener Kraft herrscht und ohne alle fremde Unterstützung die Herzen lenkt. Die Freiheit sieht in der Religion die Gefährtin ihrer Kämpfe und ihrer Triumphe, die Wiege ihrer Kindheit, die göttliche Quelle ihrer Rechte. Sie betrachtet die Religion als Hüterin ihrer Sitten, die Sitten als Garantie der Gesetze und als Bürgschaft ihres eigenen Bestandes.»[1]

Tocqueville hatte, als er diese Zeilen schrieb, das Erbe der puritanischen Pilgerväter vor Augen, die im frühen 17. Jahrhundert mit der «Mayflower» und anderen Schiffen von England nach «Neuengland» gekommen waren, um den Zwängen des anglikanischen Staatskirchentums zu entrinnen. Das Streben nach Glaubensfreiheit war *eine* Quelle des Drängens auf weitere Freiheits- und Mitgestaltungsrechte, aber nicht die einzige. Aus England brachten die Gründerväter auch das Prinzip des «no taxation without representation» mit, den Anspruch auf die parlamentarische Bewilligung von Steuern und Abgaben, der freilich nur für das Mutterland galt, den nordamerikanischen Kolonien der britischen Krone aber vorenthalten wurde. Zu dem, was man aus England gewöhnt war, gehörten auch der Schutz vor willkürlicher Verhaftung ohne richterliche Anordnung, wie ihn die Habeas-Corpus-Akte von 1679 verbürgte, desgleichen die Tradition der «checks and balances», der sich wechselseitig ausbalancierenden institutionellen Gegengewichte, die eine Monopolisierung der Staatsgewalt verhindern sollten.

Mit Europa waren die späteren Vereinigten Staaten aber nicht nur durch das radikal calvinistische Erbe der frühen Siedler von Massachusetts und anderen Kolonien Neuenglands verbunden, sondern auch durch den anhaltenden intellektuellen Ideenfluss aus dem alten Kontinent. Für aufklärerische Gedanken bildete der Nordatlantik keine Barriere. Das galt auch für den Deismus, die Überzeugung, dass Gott nach der Schöpfung die Welt sich selbst überlassen habe und nicht als «persönlicher Gott» auf jeden einzelnen Menschen und die Menschheit insgesamt einwirke. Besonders in der Pflanzerkolonie Virginia, der Heimat von George Washington und Thomas Jefferson, war diese Religionsauffassung weit verbreitet. Der amerikanische Theologe Reinhold Niebuhr hat 1952 in seinem Buch «The Irony of American History» den Calvinismus Neuenglands und den Deismus Virginias als die zwei großen religiös-moralischen Traditionen bezeichnet, die das frühe Leben Amerikas prägten. «Ob unsere Nation ihr geistiges Erbe mehr aus der Sicht von Massachusetts oder mehr aus der von Virginia deutet, wir begannen unsere Existenz in dem Bewusstsein, eine ‹herausgehobene› (separated) Nation zu sein, die Gott benutzte, um einen Neuanfang mit der Menschheit zu unternehmen.»[2]

Dem Gedanken, dass die britischen Kolonisten ein auserwähltes Volk seien, hatte schon John Winthrop, der erste Gouverneur der Company of Massachusetts Bay, 1630 in einer Predigt bei der Überfahrt von England nach Amerika an Bord der «Arabella» Ausdruck verliehen. Er mahnte seine Zuhörer, sie sollten sich bewusst sein, dass sie bald wie eine «Stadt auf einem Berg» (a City upon a Hill) sein würden, auf der die Augen aller Menschen ruhten. Das Bild des Laienpredigers stammte aus der Bergpredigt. Dort hatte Jesus, nach dem Bericht des Evangelisten Matthäus, im Anschluss an die Seligpreisungen den Versammelten verkündet: «Ihr seid das Licht der Welt. Es kann die Stadt, die auf dem Berg liegt, nicht verborgen sein.»[3]

Was man den «American exceptionalism» nennt, hat in der Tat religiöse Wurzeln. Der Mythos der «redeemer nation», der von Gott ausersehenen «Erlösernation», war als politische Theologie vielseitig nutzbar.[4] Er beseelte um die Wende vom 19. zum 20. Jahrhundert Wortführer des amerikanischen Imperialismus wie den republikanischen Senator von Indiana, Albert J. Beveridge, der in einer Rede vom 9. Januar 1900 im Namen Gottes einen weltpolitischen Führungsanspruch der Vereinigten Staaten erhob: «Und aus unserer ganzen Rasse hat Er das amerikanische Volk als seine erwählte Nation (His chosen Nation) dazu ausersehen, die Führung zu übernehmen bei der Wiedergeburt der Welt. Dies ist die göttliche Mission Amerikas (the divine mission of America) …»[5] Ob mit oder ohne Berufung auf Gott, der Glaube an eine besondere historische Mission war lebendig, als der amerikanische Präsident Woodrow Wilson am 2. April 1917 anlässlich der Kriegserklärung an das Deutsche Reich von der Aufgabe sprach, die Welt zu einem sicheren Ort für die Demokratie zu machen (The World must be made safe for democracy).[6] Und noch im frühen 21. Jahrhundert konnte einer von Wilsons Nachfolgern im Präsidentenamt, der «wiedergeborene Christ» George W. Bush, seinem Land die geradezu heilsgeschichtliche Sendung zuschreiben, im «Krieg gegen den Terror» weltweit die Kräfte des Bösen zu besiegen.[7]

Zum religiösen Erbe der Kolonialzeit gehört aber mehr als nur der inzwischen längst säkularisierte Sendungsglaube der Vereinigten Staaten. Geblieben ist auch die freikirchliche Absage an jede Art von Staatskirchentum, desgleichen eine bis heute biblisch imprägnierte politische Kultur. Dass ein bekennender Agnostiker oder gar Atheist zum Präsidenten gewählt werden könnte, erscheint immer noch undenkbar. Die politische Sprache ist, ganz anders als in Europa und namentlich im laizistischen Frankreich, durchdrungen von religiösen Formeln. «God bless America» ist das Äquivalent des «Vive la République, vive la France», mit dem französische Präsidenten so gern ihre Reden beschließen.

Unter den transatlantischen Differenzen der Gegenwart ist kaum eine, deren Vorgeschichte nicht in das 17. und 18. Jahrhundert zurückreichen würde. Tocqueville hob in diesem Zusammenhang besonders die Art und Weise hervor, wie sich das Gemeinwesen herausgebildet hatte. «Bei den meisten europäischen Nationen hat die politische Existenz in den höheren Schichten der Gesellschaft ihren Anfang genommen und sich dann nach und nach, und immer nur unvollständig, auf die verschiedenen Teile des Gesellschaftskörpers übertragen. Von Amerika hingegen kann man sagen, dass sich dort die Gemeinde vor der County, die County vor dem Einzelstaat, der Einzelstaat vor der Union herausgeformt hat.»[8]

Wenn Freiheit und Gleichheit in den Vereinigten Staaten, so wie Tocqueville sie um 1830/31, zur Zeit des Präsidenten Andrew Jackson, erlebte, höher im Kurs standen als in Europa, lag das dem Autor der

«Démocratie en Amérique» zufolge an der Abwesenheit trennender Privilegien. Die Amerikaner hätten «nie die wechselseitige Beziehung zwischen Untergeordneten und Herren kennengelernt, und da sie sich gegenseitig weder fürchten noch hassen, müssen sie auch nie einen Souverän bitten, ihre Angelegenheiten im Einzelnen zu regeln. Das Schicksal der Amerikaner ist ein einzigartiges: Sie haben von der englischen Aristokratie die Idee der individuellen Rechte und die Liebe zu den lokalen Freiheiten übernommen, und sie konnten beides bewahren, weil sie keine Aristokratie zu bekämpfen hatten.»[9]

Rund 120 Jahre nach Tocqueville hat der amerikanische Historiker Louis Hartz im Fehlen feudaler Traditionen die entscheidende Ursache dafür gesehen, dass Amerika sich im 19. und 20. Jahrhundert ganz anders als Europa entwickelt hat. In scharfer Abgrenzung vom Adel und seinen Privilegien hatte sich in Frankreich, und nicht nur dort, ein bürgerliches Bewusstsein herausgeformt, zu dessen Merkmalen es gehörte, die eigenen Interessen mit denen der nichtprivilegierten Gesellschaft gleichzusetzen, im «Dritten Stand» also den berufenen Sprecher auch der unterbürgerlichen Schichten zu sehen.

Der stärkste Protest hiergegen kam im 19. Jahrhundert von den Wortführern einer Arbeiterschaft, die ihre Interessen selbständig, im Kampf gegen die Bourgeoisie, durchzusetzen entschlossen war und sich zu diesem Zweck überlieferter, aus der Feudalzeit stammender Formen des solidarischen Zusammenschlusses in Assoziationen bediente. In Amerika entwickelte sich, da es keinen privilegierten Adel gab, kein standesbewusstes Bürgertum europäischer Prägung und folglich auch kein klassenbewusstes Proletariat. Ohne Feudalismus kein Sozialismus, lautete Hartz' Schlussfolgerung: «Es ist kein Zufall, dass Amerika, das auf einzigartige Weise keine feudale Tradition kennt, auch der sozialistischen Tradition entbehrt. Den verborgenen Ursprung des Sozialismus überall im Westen kann man im feudalen Ethos finden. Das *ancien régime* hat Rousseau inspiriert, und beide haben Marx inspiriert.»[10]

Hartz gab mit seiner scharfsinnigen Analyse nicht nur eine bündige Antwort auf die berühmte Titelfrage einer Schrift des deutschen Nationalökonomen Werner Sombart aus dem Jahr 1906: «Warum gibt es in den Vereinigten Staaten keinen Sozialismus?»[11] Er lieferte auch eine Erklärung für das transatlantische Sozialstaatsgefälle. In Europa konnte die staatliche Sozialpolitik des 19. Jahrhunderts an das Erbe des frühneuzeitlichen Absolutismus, die Tradition der «guten Policey», anknüpfen: Das galt für Napoleon III. nicht anders als für Bismarck, der sich gern auf das Vorbild Friedrichs des Großen berief, der sich als «roi des gueux», als Bettlerkönig, verstanden hatte.[12] Amerika fehlte ein solcher Kontinuitätsstrang. Lebendig blieb hingegen die Selbsthilfe, wie man sie schon in der Pionierzeit praktiziert hatte. Als Präsident Franklin Delano Roosevelt in der Großen Depression der 1930er Jahre auch in den USA einen sozialen Interventionsstaat aufzubauen begann, musste er sich sogleich des Vorwurfs erwehren, er lasse Amerika in den Sozialismus abgleiten.[13] 80 Jahre später belegten konservative Republikaner, gestützt von der rechtspopulistischen Tea Party, die Einführung einer allgemeinen gesetzlichen Krankenversicherung durch Präsident Barack Obama mit demselben diffamierend gemeinten Etikett.[14]

Zum Erbe des europäischen Absolutismus gehört auch die Durchsetzung jenes «Monopols legitimen physischen Zwanges», in dem Max Weber das Hauptmerkmal moderner Staatlichkeit sah.[15] In der amerikanischen Pioniergesellschaft war an die umfassende Verwirklichung eines solchen staatlichen Anspruchs nicht zu denken. Das Recht, Waffen zu tragen, galt als Unterpfand der individuellen Freiheit. Das 1791 in Kraft getretene zweite Amendment zur amerikanischen Verfassung verbürgte denn auch das Recht des Volkes, Waffen zu besitzen und zu tragen, und zwar mit der Begründung, eine gut ausgebildete Miliz sei für die Sicherheit eines freien Staates erforderlich.

Es ist dieser Zusatzartikel, auf den sich der mächtige Verband der Waffenbesitzer, die National Rifle Association, auch heute noch beruft und der es ihr ermöglicht, bislang alle Versuche amerikanischer Präsidenten, den Waffenbesitz zu kontrollieren, zu verhindern. Ähnlich archaisch wirkt das Beharren vieler Einzelstaaten auf der Todesstrafe. Es ist ein alttestamentarisch anmutendes Verständnis von Vergeltung, das hier fortwirkt – ein Zeichen dafür, dass Menschenrechte und Demokratie in Amerika weniger stark von aufklärerischen Ideen geprägt sind als in Europa, wo die Todesstrafe freilich in manchen Staaten auch erst lange nach dem Zweiten Weltkrieg abgeschafft wurde.

Europa brauchte lange, um die Vereinigten Staaten als ebenbürtigen Partner innerhalb der «zivilisierten Welt» anzuerkennen. Fast das ganze 19. Jahrhundert über war das Verhältnis der alten Welt zu Amerika von tiefer Ambivalenz geprägt: Das Land der scheinbar unbegrenzten Möglichkeiten, der Aufstiegschancen für jedermann, des unternehmerischen Wagemuts und der demokratischen Freiheiten genoss viel Bewunderung, kulturell aber wähnte sich Europa dem angeblich wilden, ungehobelten Pionierland weit überlegen.

Erst gegen Ende des 19. Jahrhunderts setzte ein Umdenken ein. Der materielle Reichtum, die politische Machtentfaltung, der technische Erfindungsreichtum, die intellektuelle Potenz und die gesellschaftliche Modernität der USA, ihr Aufstieg zur führenden Industriemacht der Welt waren mittlerweile so evident, dass für europäischen Dünkel bei nüchterner Betrachtung kein Raum mehr blieb. Vor allem die angelsächsische Welt begann sich seit etwa 1890 als Einheit, als Teil des «Westens» zu begreifen. Nach dem Eintritt der Vereinigten Staaten in den Ersten Weltkrieg im Jahr 1917 verstärkte sich in Großbritannien, Frankreich und den USA das Gefühl ihrer grundlegenden politischen Gemeinsamkeiten: Die drei großen westlichen Demokratien sahen sich als Verteidiger des zivilisatorischen Fortschritts gegenüber dem obrigkeitsstaatlichen und militaristischen deutschen Kaiserreich.

Nach seiner Niederlage Ende 1918 wurde zwar auch Deutschland eine Demokratie, aber ebendiese Grundkonstellation erwies sich als schwere Hypothek des Neuanfangs: Die Geburt der Demokratie aus der Niederlage ließ in Deutschland ein tiefes Ressentiment gegenüber dem Westen und vor allem gegenüber Amerika wuchern – dem Land, das unter Wilson Demokratie und Selbstbestimmung gepredigt hatte, um dann einen «Diktatfrieden» zu ermöglichen. Es bedurfte der Erfahrung der «deutschen Katastrophe» der Jahre 1933 bis 1945, des Höhepunkts der deutschen Auflehnung gegen die politischen Ideen des Westens, und der zweiten, diesmal totalen Niederlage im 20. Jahrhundert, damit sich auch in Deutschland die Einsicht durchsetzen konnte, dass der Westen ungeachtet aller Unterschiede eine kulturelle Einheit bildete und Europa auf Amerika angewiesen war, wenn es sich in der Welt behaupten wollte.

Eine gewisse Ambivalenz haftete dem Verhältnis Europa zu den USA aber auch nach dem Zweiten Weltkrieg an. War «Antiamerikanismus» in der Zwischenkriegszeit vor allem eine Sache der politischen Rechten gewesen, die Amerika als Hort der kulturellen Verflachung und der Vermassung anprangerte, so ging nach 1945 die Federführung in Sachen «USA bashing» auf die Linke über: Weit über das Lager der Kommunisten hinaus wurden die Vereinigten Staaten als Vormacht des Kapitalismus und Imperialismus attackiert. Der verbreiteten Bewunderung für die Effizienz der amerikanischen Technik und der Faszination, die von der amerikanischen Alltagskultur von Hollywood-Filmen über Comicserien wie «The Katzenjammer Kids», «Superman», «Mickey Mouse» und «Donald Duck» bis zum Volksgetränk Coca Cola und der Popmusik ausging, tat das keinen Abbruch: Die USA blieben die Inkarnation der Moderne.[16]

Politisch gesehen, war das Verhältnis zu Amerika traditionell in Großbritannien am engsten. Der Gedanke einer «special relationship» zwischen den Vereinigten Staaten und ihrer ehemaligen Kolonialmacht hatte im Vereinigten Königreich seit der Wende vom 19. zum 20. Jahrhundert an Boden gewonnen; durch die beiden Weltkriege war diese Idee zu einem festen Bestandteil der britischen Staatsräson geworden. Frankreich, der früheste Verbündete der USA, sah sich hingegen nur ungern daran erinnert, dass es in Sachen Menschenrechte ein amerikanisches Erstgeburtsrecht gab und es die Vereinigten Staaten waren, die dem Land zweimal im 20. Jahrhundert zum schließlichen Triumph über Deutschland verholfen hatten. Unter der Präsidentschaft Charles de Gaulles tat Paris alles, um den verletzten Nationalstolz der Franzosen wiederherzustellen und dem Eindruck entgegenzuwirken, als könne Washington Paris im Rahmen des Atlantischen Bündnisses irgendwelche Weisungen erteilen. Der Austritt Frankreichs aus der Militärorganisation der NATO (nicht aus der Allianz selbst) im Jahr 1966 war der Höhepunkt dieses Emanzipationsstrebens.

Die Bundesrepublik Deutschland verwandelte sich in der Ära Adenauer zum proamerikanischsten unter den Verbündeten der USA auf dem europäischen Kontinent. Amerika war die mit weitem Abstand versöhnlichste der westlichen Siegermächte, es hatte als erste den Wert der Bundesrepublik als Partner in der weltpolitischen Auseinandersetzung mit dem Ostblock erkannt und darum den Deutschen im Westen des geteilten Landes die Chance der Rehabilitierung eröffnet. Für Freiheit, Wohlstand und Sicherheit des Bonner Staates gab es keinen verlässlicheren Bürgen als die Führungsnation des transatlantischen Westens.

In den sechziger Jahren änderte sich das «Image» der USA. Während des Vietnamkrieges präsentierte sich Washington in den Augen großer Teile der jungen Generation als imperialistische Macht, die mit ihrem brutalen Kampf gegen die nationale Befreiungsbewegung des kommunistischen Vietcong in die Fußstapfen der Kolonialmacht Frankreich trat. Was für die Bundesrepublik galt, traf für ganz Westeuropa wie auch für die eigentliche Erfinderin der Protestformen von 1968, die studentische Opposition in den Vereinigten Staaten selbst, zu. Die transnationale Revolte dieses mythenumwobenen Jahres richtete sich gegen alles, was der jüngeren Generation suspekt, weil autoritär und repressiv erschien, nicht zuletzt aber gegen eine Supermacht, die durch die Art und Weise ihrer Kriegführung in Südostasien drauf und dran schien, ihre in zwei Weltkriegen gewonnene normative Autorität zu verspielen. Dass der Vietnamkrieg in den Jahren 1973–1975 mit einem Sieg des Vietcong und damit einer Niederlage der USA endete, war ein moralischer Schlag, von dem sich die Vormacht des Westens nur schwer wieder erholen konnte.

In den vier Jahrzehnten, die seit dem Ende des Vietnamkriegs vergangen sind, fanden demokratische Präsidenten der USA in Europa meist eine freundlichere Bewertung als republikanische. Die Demokraten galten als vergleichsweise progressiv, die Republikaner als konservativ bis reaktionär. Der Republikaner Ronald Reagan, der von 1981 bis 1989 an der Spitze der Vereinigten Staaten stand, war der politischen Linken des alten Kontinents wegen seiner scharf antikommunistischen Rhetorik und seiner Hochrüstungspolitik geradezu verhasst. Erst als er sich in seiner zweiten Amtszeit zum pragmatischen Abrüstungspartner des Sowjetreformers Michail Gorbatschow wandelte, begann man in Europa seinen Beitrag zur Überwindung des Ost-West-Konflikts positiv zu würdigen.

Der Republikaner George H. W. Bush gewann 1989/90 durch seine Unterstützung der deutschen Wiedervereinigung Ansehen auch bei denen, die ihm zuvor mit Skepsis gegenübergestanden hatten. Sein demokratischer Nachfolger Bill Clinton erfreute sich als gesellschaftlicher Reformer und moderater Außenpolitiker auf der anderen Seite des Atlantiks einer beträchtlichen Popularität. Als im Januar 2001 der Republikaner George W. Bush, ein Sohn des Präsidenten der Jahre 1989 bis 1993, ins Weiße Haus einzog und die Schlüsselpositionen seiner Regierung mit weit rechts stehenden Politikern und Intellektuellen aus den Reihen der «Neokonservativen» besetzte, erwartete die öffentliche Meinung Westeuropas eine neue Zeit transatlantischer Konflikte. Sie sollte sich darin nicht täuschen.

Die Anschläge der islamistischen Terrororganisation al-Qaida vom 11. September 2001 in New York und Washington lösten zwar in allen Ländern des Westens ein Gefühl tiefer Verbundenheit mit den USA aus: eine wesentliche Voraussetzung für das solidarische Vorgehen der NATO gegen das Afghanistan der Taliban, die Protektoratsmacht von al-Qaida. Als der jüngere Bush aber im folgenden Jahr einen Krieg gegen den irakischen Diktator Saddam Hussein vorzubereiten begann, dem er, wie sich zeigen sollte, zu Unrecht die Förderung des islamistischen Terrors, eine Verletzung seiner Verpflichtungen im Rahmen des Atomwaffensperrvertrags sowie die Hortung und Herstellung von chemischen und biologischen Massenvernichtungswaffen vorwarf, kam es zur bisher tiefsten Spaltung des transatlantischen Bündnisses.

Ein Teil der Mitgliedstaaten, darunter Großbritannien, Dänemark, Italien, Spanien, Portugal und die erst 1999 beigetretenen postkommunistischen Staaten Polen, Tschechien und Ungarn, stellten sich trotz fehlenden Mandats des Sicherheitsrates der Vereinten Nationen auf die Seite der USA, während Deutschland, Frankreich, Belgien und Luxemburg die Teilnahme am Irakkrieg verweigerten. Bushs Verteidigungsminister Donald Rumsfeld nahm den Dissens unter den Verbündeten in einer Pressekonferenz vom 22. Januar 2003 zum Anlass, die Neinsager als «altes Europa» zu verhöhnen und die Partner der «Koalition der Willigen», darunter auch die Bewerber um eine Mitgliedschaft in der NATO in Ostmittel- und Südosteuropa, als «neues Europa» zu feiern.[17]

Die Bemerkungen des amerikanischen Verteidigungsministers riefen vor allem in Frankreich und Deutschland leidenschaftlichen Widerspruch hervor. Unter den zwanzig deutschen und internationalen Intellektuellen, die von der «Frankfurter Allgemeinen Zeitung» um eine Stellungnahme gebeten worden waren, war auch Jürgen Habermas. Nach dem Urteil des deutschen Philosophen begegneten Rumsfeld in der Kritik aus Europa die «preisgegebenen eigenen, die amerikanischen Ideale des 18. Jahrhunderts. Aus dem Geist der Aufklärung sind ja die Menschenrechtserklärung und die Menschenrechtspolitik der Vereinten Nationen, sind jene völkerrechtlichen Innovationen hervorgegangen, die heute in Europa eher Anklang zu finden scheinen als in der ziemlich alt aussehenden Neuen Welt.»[18] Schärfer hätte sich das transatlantische Zerwürfnis schwerlich beschreiben lassen.

Was er von der Beschwörung des Völkerrechts durch europäische Intellektuelle hielt, hatte George W. Bush schon ein Dreivierteljahr nach «9/11», am 1. Juni 2002, in einer Rede vor der Militärakademie in West Point deutlich gemacht. Er proklamierte ein souveränes Recht der Weltmacht USA auf «Präemptivmaßnahmen (preemptive action) zum Schutz unserer Freiheit und zur Verteidigung unseres Lebens», das weit über das von der Charta der Vereinten Nationen verbürgte Recht auf Selbstverteidigung im Fall einer unmittelbaren, akuten Bedrohung hinausging.

Damit war der Kern der «Bush-Doktrin» formuliert, die ihre endgültige Fassung in der am 17. September 2002 vom Präsidenten verkündeten Nationalen Sicherheitsstrategie der USA erhielt. Unter der Devise, Amerika dürfe seine Feinde nicht zuerst zuschlagen lassen, gaben die Vereinigten Staaten darin in bislang ungekannter Schärfe ihre Bereitschaft zu unilateraler Großmachtpolitik zu Protokoll. Folgte man den Autoren der neuen Sicherheitsstrategie, so waren zwar alle Staaten souverän, die USA aber souveräner als die anderen. Dass dies eine Herausforderung nicht nur potentieller Gegner, sondern auch der europäischen Verbündeten war, nahmen Bush und seine Berater billigend in Kauf.

Es waren nicht nur die offene Missachtung des Völkerrechts und der aus diesem Geist geborene Irakkrieg von 2003, was in Europa wie in den USA selbst scharfe Kritik an der Politik der Regierung von George W. Bush hervorrief, es war der «Krieg gegen den Terror» insgesamt, also Foltergefängnisse wie Abu Ghraib in Bagdad und exterritoriale, weithin rechtsfreie Internierungslager wie Guantánamo auf Kuba, repressive Gesetze wie der Patriot Act vom Oktober 2001 und die umfassende elektronische Überwachungstätigkeit der National Security Agency (NSA) im In- und Ausland.

In den USA waren es vorrangig unabhängige Intellektuelle, die gegen die Verletzung des Völkerrechts und die systematische Ausweitung der Präsidialgewalt protestierten. Senat und Repräsentantenhaus hingegen ließen alles passieren, was die Regierung an Gesetzesverschärfungen und neuen Gesetzen vorlegte, wobei auch viele Demokraten mit Ja stimmten. In Europa war der Widerspruch gegen die Politik von Bush nicht nur die Sache von Intellektuellen und einzelnen Regierungen, darunter der französischen und der deutschen. In vielen großen Städten des alten Kontinents kam es Ende Januar 2003 zu Massenkundgebungen gegen den bevorstehenden Irakkrieg. Es waren die größten Demonstrationen seit den Protesten gegen die Nachrüstung der NATO mit Mittelstreckenraketen in den frühen achtziger Jahren, wenn nicht seit 1945.[19]

Die amerikanischen Neokonservativen ließ die europäische Kritik am aggressiven Vorgehen der USA kalt. Zwischen den Vereinigten Staaten und Europa habe sich in den neunziger Jahren ein Machtungleichgewicht herausgebildet, schrieb der Publizist Robert Kagan 2003 in seinem Buch «Of Paradise and Power. America and Europe in the New World Order», Europa sei ein postmodernes Paradies. «Die Europäer haben die Hobbessche Welt der Gesetzlosigkeit verlassen und sind in die kantische Welt des ewigen Friedens eingetreten.» Die USA seien hingegen dabei, sich auf ihre «einzigartige amerikanische Form des universalistischen Nationalismus» zurückzubesinnen. Der «Westen» sei unter

George W. Bush als verbindliches Konzept der Außenpolitik zur Bedeutungslosigkeit herabgesunken. «Amerika hat sich am 11. September nicht verändert. Es hat nur zu sich selbst gefunden.» Zu einem «Zusammenstoß der Kulturen» innerhalb des ehemaligen Westens müsse es deswegen nicht kommen. Europäer und Amerikaner müssten sich aber an die neue Realität der amerikanischen Vorherrschaft anpassen.[20]

Schon im Jahr zuvor hatte Kagan in einem Aufsatz für die Zeitschrift «Policy Review» seine Überlegungen zum transatlantischen Dissens in der Sicherheitsfrage in der pointierten Formulierung zusammengefasst, die Amerikaner seien vom Mars, die Europäer von der Venus – eine Provokation, die ihre Wirkung nicht verfehlte.[21] Briten und Franzosen fiel es nicht schwer, die Attacke des amerikanischen Neokonservativen als Polemik abzutun: Ihre Bereitschaft, ihre Interessen auch mit militaristischen Mitteln zu verteidigen, hatten sie oft genug unter Beweis gestellt. Deutschland hingegen pflegte in vollem Bewusstsein seiner militaristischen Vergangenheit eine «Kultur der militärischen Zurückhaltung»: eine Politik, die nicht auf absoluten Pazifismus hinauslief, aber Bundeswehreinsätze «out of area», also außerhalb des Bündnisgebiets der NATO, nur unter restriktiven Bedingungen und nur mit Zustimmung des Bundestags gestattete.[22] Generell waren die Militärausgaben in Europa nach dem Ende des Kalten Krieges drastisch gesenkt worden, ein Gefühl der äußeren Bedrohung in der Öffentlichkeit kaum noch vorhanden. Eine gemeinsame Außen- und Sicherheitspolitik der EU wurde zwar immer wieder beschworen, in der Praxis standen ihr aber nach wie vor die Souveränitätsvorbehalte der Mitgliedstaaten entgegen. Von Grund auf falsch konnte man Kagans Charakterisierung also nicht nennen.

Die Regierungszeit von George W. Bush, die im Januar 2009 endete, bildete den bisherigen Tiefpunkt in der Geschichte der transatlantischen Beziehungen. Auf Bushs Nachfolger Barack Obama, der als demokratischer Senator im Oktober 2002 gegen den Irakkrieg gestimmt hatte, richteten sich die Hoffnungen aller Europäer, die eine weitere enge Partnerschaft mit den USA für lebenswichtig hielten. Viele dieser Erwartungen wurden enttäuscht: Auf Grund der hartnäckigen Opposition in Kongress und Einzelstaaten konnte Obama das Gefangenenlager Guantánamo nicht, wie im Wahlkampf versprochen, auflösen. Er weitete den vielkritisierten Einsatz bewaffneter Drohnen im Kampf gegen islamistische Terroristen aus, obwohl dabei immer wieder auch unbeteiligte Zivilisten zu Tode kamen, er stimmte der Verlängerung drastischer Freiheitsbeschränkungen im Inland zu, die unter seinem Vorgänger Gesetzeskraft erlangt hatten, und behielt die elektronische Überwachung wichtiger Verbündeter, darunter zeitweilig auch der deutschen Bundeskanzlerin, durch die NSA bei. Die nationale Sicherheit hatte Vorrang vor der Freiheit der Einzelnen und dem Völkerrecht: eine aus der traumatischen Erfahrung von «9/11» gespeiste Priorität, die auch die amerikafreundlichsten unter den europäischen Intellektuellen stark irritierte.

Vermutlich werden spätere Historiker die Präsidentschaft Barack Obamas freundlicher beurteilen als viele seiner Zeitgenossen – und das nicht nur, aber vorwiegend aus innenpolitischen Gründen. Schon gegen Ende seiner zweiten Amtszeit gab es nichts daran zu deuteln, dass er zu den großen Reformern unter den amerikanischen Präsidenten gehörte. Vor allem «Obamacare», die allgemeine gesetzliche Krankenversicherung, dürfte als sozialer Fortschritt von historischem Rang gewürdigt werden. Obamas Hartnäckigkeit im Kampf gegen den unkontrollierten Verkauf von Waffen wurde auch in Europa bewundert, desgleichen sein Engagement für eine Einebnung der notorischen Geschlechterdifferenz bei Löhnen und Gehältern zugunsten der Frauen und sein Eintreten für die Ermöglichung von Eheschließungen zwischen Menschen des gleichen Geschlechts.

Außenpolitisch versuchte sich Obama von seinem Amtsvorgänger durch größtmögliche Zurückhaltung gegenüber der Option einer militärischen Intervention abzuheben. Das galt vor allem für den seit Sommer 2011 tobenden syrischen Bürgerkrieg, bei dem sich die USA, um nicht in einen großen Konflikt mit dem Russland Wladimir Putins, dem neben dem Iran wichtigsten Protektor des Diktators Baschar Hafiz al-Assad, zu geraten, auf die vorsichtig dosierte militärische Unterstützung der gemäßigten Oppositionsgruppen beschränkten.

Den für Ende 2014 geplanten Rückzug der amerikanischen (und

aller alliierten) Kampftruppen aus Afghanistan musste Obama aufschieben, weil es den afghanischen Sicherheitskräften nicht gelang, die erstarkten Taliban aus eigener Kraft in Schach zu halten. Aus dem politisch gleichfalls extrem instabilen Irak zogen die USA entgegen ihrer ursprünglichen Planung Ende 2011 nicht nur ihre Kampftruppen, sondern ihr gesamtes militärisches Personal ab. Begründet wurde das damit, dass der 2006 unter George W. Bush eingesetzte Premierminister, der schiitische Politiker Nuri al-Maliki, nicht bereit war, den amerikanischen Soldaten die von Washington geforderte strafrechtliche Immunität zuzusichern. Der bürgerkriegsartige Konflikt zwischen Sunniten und Schiiten nahm in der Folgezeit derart chaotische Formen an, dass Obamas Rückzugsbefehl bald allgemein als schwere strategische Fehlentscheidung gewertet wurde.

Eine halbherzige, gleichwohl folgenreiche Intervention war die von 2011 im libyschen Bürgerkrieg. Erst in letzter Stunde gaben die USA dem Drängen von Frankreich und Großbritannien nach und beteiligten sich, gestützt auf ein Mandat des Sicherheitsrats der Vereinten Nationen vom 17. März, an einer Luftunterstützung von Rebellen gegen das Gaddafi-Regime, die in ihrer Hochburg Bengasi von Regierungstruppen belagert wurden, sowie an weiteren Militärschlägen gegen Stellungen der Anhänger Gaddafis. Bereits am 24. März kündigten die Vereinigten Staaten an, sie würden die Kampfeinsätze der Air Force am 3. April beenden und nur noch auf Beschluss der NATO wieder aufnehmen.

Seit Ende März setzten die Alliierten (zu denen Deutschland, das sich im Sicherheitsrat der Stimme enthalten hatte, *nicht* gehörte) auf einen Regimewechsel, womit sie das Mandat der UNO überdehnten. Ende August eroberten die Rebellen die Hauptstadt Tripolis; Ende Oktober fiel der geflüchtete Diktator ihrer Lynchjustiz zum Opfer. Libyen aber kam nicht zur Ruhe: Es fiel zusehends in den Zustand der Anomie und der Anarchie; einige Städte, darunter Sirte, wurden zu Hochburgen der Terrororganisation Islamischer Staat. Weder die USA noch ihre europäischen Verbündeten hatten, als sie sich zum militärischen Eingreifen entschlossen, eine solche Eventualität in Erwägung gezogen.

Die Großzügigkeit, mit der westliche Demokratien, vor allem

Frankreich, der Hauptwaffenlieferant der libyschen Rebellen, sich über Vorgaben des Sicherheitsrates hinwegsetzten, diente dem russischen Präsidenten Putin drei Jahre später als Vorwand, seinerseits, wenn auch auf ungleich brutalere Weise, das Völkerrecht zu brechen. Im März 2014 annektierte er die Krim, die seit 1991 eine autonome Republik im Staatsverband der Ukraine bildete. Es folgte die kaum verschleierte Intervention Russlands im Donbass, dem äußersten Osten der Ukraine. Der Westen antwortete mit wirtschaftlichen Sanktionen. Diplomatische Initiativen zur Beilegung des Russland-Ukraine-Konflikts überließen die USA den Staaten der EU, obenan Deutschland und Frankreich.

Im Nahen Osten hingegen sah sich Obama 2014 zu einer Kurskorrektur gezwungen. Der Rückzug der Vereinigten Staaten aus dem Irak hatte dort ein relatives Machtvakuum entstehen lassen, das die inzwischen schlagkräftigste sunnitische Terrormiliz, der Islamische Staat (IS), für ihre Zwecke nutzte. Das Vordringen des IS sowohl im Irak wie in Syrien veranlasste Washington zunächst, im Juni 2014 300 Militärberater sowie Spezialkräfte zum Schutz amerikanischer Bürger und Einrichtungen in den von schweren Kämpfen zerrissenen Irak und einen Flugzeugträger, die George H. W. Bush, in den Persischen Golf zu schicken. Im August führten Kampfflugzeuge der USA erstmals Angriffe auf Stützpunkte des IS im Irak, seit dem September auch in Syrien durch. In beiden Ländern beteiligten sich auch europäische Verbündete, darunter Frankreich und Großbritannien, an den Luftschlägen. Einen Einsatz von Bodentruppen schloss Obama aber aus; dieser Kampf sollte den islamischen Gegnern des IS, vor allem den irakischen Regierungstruppen und der kurdischen Peschmerga, überlassen bleiben.

Kritiker des Präsidenten qualifizierten sein Engagement gegen den IS als verspätet und allzu zögerlich. Das war es in der Tat. Doch was Obama tat, konnte immerhin als Ausdruck der Einsicht gewertet werden, dass die USA einer widerstrebenden öffentlichen Meinung im eigenen Land zum Trotz wieder mehr weltpolitische Verantwortung übernehmen mussten, wenn der Nahe und Mittlere Osten nicht im Chaos versinken sollte. Aus derselben Überzeugung heraus wirkte Washington, vertreten durch Außenminister John Kerry, zusammen mit den anderen ständigen Mitgliedern des Sicherheitsrates und Deutschland an den Atomverhandlungen mit Iran mit, die schließlich im Jahr 2015 zum Erfolg führten: Teheran akzeptierte für die Dauer von 15 Jahren Kontrollen seiner Nuklearanlagen durch die Internationale Atombehörde, um sicherzustellen, dass diese nicht für militärische Zwecke genutzt werden konnten. Eine Konsequenz weiterer Verhandlungen war die Aufhebung der wirtschaftlichen Sanktionen, die die USA und die EU gegen Iran 2007 wegen Verstößen gegen den Non-Proliferations-Vertrag von 1968 verhängt hatten, am 17. Januar 2016.

Die Einigung war auch deswegen von großer politischer Bedeutung, weil ohne einen konstruktiven Beitrag Teherans an eine Beendigung des syrischen Bürgerkriegs nicht zu denken war. Sowohl den schiitischen Iran als auch seinem schärfsten sunnitischen Rivalen, Saudi-Arabien, und Russland auf dieses Ziel festzulegen, das war fast die Quadratur des Kreises – und doch unabdingbar, wenn die Friedensgespräche über Syrien, auf die sich der Sicherheitsrat der Vereinten Nationen in einer einstimmig angenommenen Resolution vom 18. Dezember 2015 verständigt hatte, zu einem Erfolg führen sollten.

In den ersten beiden Monaten des Jahres 2016 wurde vollends klar, wer das Machtvakuum, das durch den Teilrückzug der USA im Nahen Osten entstanden war, optimal zu seinen Gunsten zu nutzen verstanden hatte: Es war Wladimir Putin, dessen Luftwaffe mit gezielten Bombenabwürfen auf Stellungen der «gemäßigten» syrischen Oppositionsgruppen dem Assad-Regime zu beträchtlichen Terraingewinnen, vor allem in und um Aleppo, verhalf und Russland damit jenen Vorteil verschaffte, der im modernen strategischen Jargon «Eskalationsdominanz» genannt wird. Putins Kalkül lag offen zutage: Der Westen sollte gezwungen werden, die militärische Unterstützung der geschwächten syrischen Opposition aufzugeben und das «kleinere Übel» Assad als Verbündeten im Kampf gegen den IS und die gleichfalls terroristische Al-Nusra-Front, einen al-Qaida-Ableger, zu akzeptieren.

Im Jahre 2012 erschien in Cambridge ein Buch der amerikanischen Historikerin Mary Nolan unter dem Titel «The Transatlantic Century». Darin vertrat sie die These vom Ende des «transatlantischen Jahrhunderts» – jenes «langen 20. Jahrhunderts», das aus ihrer Sicht mit der markanten Intensivierung der Beziehungen zwischen Europa und den Vereinigten Staaten im letzten Jahrzehnt des 19. Jahrhunderts begonnen hatte.[23] Bestimmend für diese Deutung war die Vertiefung des transatlantischen Dissenses im ersten Jahrzehnt des 21. Jahrhunderts.

Nolans These als bloßen Reflex der Ära George W. Bush abzutun wäre voreilig. Im November 2009 sprach Obamas Außenministerin Hillary Clinton auf einem Gipfeltreffen der Asia-Pacific Economic Cooperation (APEC) in Singapur von «America's Pacific Century». Obama selbst nannte sich unter Anspielung auf seinen Geburtsort Honolulu den «ersten pazifischen Präsidenten der USA». Vor dem australischen Parlament in Canberra erklärte der Präsident am 17. November 2011, es sei eine «deutliche Gewichtsverlagerung», dass die Vereinigten Staaten nach einem Jahrzehnt mit zwei blutigen Kriegen im Mittleren Osten ihre Aufmerksamkeit nunmehr dem großen Potential der asiatisch-pazifischen Region zuwendeten. Er bezeichnete sein Land als eine «pazifische Nation» und kündigte an, dass die USA im 21. Jahrhundert im asiatisch-pazifischen Raum überall dabei sein würden.[24]

Von einer umfassenden strategischen Umorientierung der USA – weg von Europa, hin zur pazifischen Region – konnte unter Obama aber keine Rede sein. Die Vereinigten Staaten hatten im asiatisch-pazifischen Raum keinen Partner, der sich mit Europa vergleichen ließ. Australien und Neuseeland waren mit den USA durch gemeinsame Interessen und Werte verbunden, hatten aber weder einzeln noch zusammen ein politisches, wirtschaftliches und militärisches Gewicht, das dem der EU nahekam. Gemeinsame Interessen gab es auch zwischen den USA und Japan. Solange die Politik des ostasiatischen Kaiserreichs von radikalem Nationalismus und Distanz zum westlichen Werteuniversalismus geprägt war, konnte es aber nicht in einem ähnlich substantiellen Sinn wie die europäischen Demokratien Partner der Vereinigten Staaten sein.

Im Zeichen des Triumphs des Westens, obenan der Vereinigten Staaten, im Kalten Krieg hatte der konservative Publizist Charles

Krauthammer 1990 vom «unipolaren Moment» der Geschichte gesprochen.[25] Die Zeit der absoluten Vorherrschaft der Supermacht der USA war von kurzer Dauer: Sie endete im Gefolge der Hybris, mit der George W. Bush die vermeintlichen Interessen seines Landes durchzusetzen versuchte. Gut zwei Jahrzehnte nach Krauthammer nannte Richard N. Haass, der Präsident des amerikanischen Council on Foreign Affairs, die «Non-Polarität» das Hauptmerkmal des 21. Jahrhunderts: «Die Welt wird von Dutzenden Akteuren geprägt, die jeweils über unterschiedlich große militärische, wirtschaftliche und kulturelle Macht verfügen.» Die Volksrepublik China, inzwischen der größte Gläubiger der USA, Indien und Brasilien zählten zu den neuen «global players»; Russland hatte sich unter Putin innenpolitisch stabilisiert und außenpolitischen Ehrgeiz entwickelt. Der Machtverlust des Westens war evident, der Triumphalismus der Ära von George W. Bush eine peinliche Erinnerung. Die Welt lebte, wie Haass es ausdrückte, in der «Post-Atlantik-Ära der internationalen Beziehungen».[26]

Ob wir von Nonpolarität oder einer neuen, teilweise antagonistischen Multipolarität sprechen: Es gab Faktoren, die die beiden Teile des transatlantischen Westens, Nordamerika und Europa, wieder näher zusammenführten. Die Russland-Ukraine-Krise ist einer dieser Faktoren, die Globalisierung des islamistischen Terrors ein anderer. Das Gefühl, aufeinander angewiesen zu sein, wuchs nach 2014 wieder. Während der Zusammenhalt der Europäischen Union infolge der weiterschwelenden Krise der Eurozone, der Hinwendung einiger ostmitteleuropäischer Staaten zu illiberalen Ordnungsmodellen, grundlegender Meinungsverschiedenheiten in der Asyl- und Flüchtlingsfrage und des negativen Ausgangs des britischen EU-Referendums schwächer wurde, konnte das Atlantische Bündnis seine Kohäsionskraft bewahren. Die europäische, zumal deutsche Empörung über die Abhöraktivitäten der NSA ließ nach, als bekannt wurde, dass auch die eigenen Geheimdienste vor der elektronischen Überwachung enger Verbündeter nicht zurückschreckten. Das Bewusstsein, dass eine effektive Terrorabwehr nur im engen Zusammenspiel mit den USA möglich war, ließ das Misstrauen gegenüber dem großen Partner auf der anderen Seite des Nordatlantiks zeitweilig zurücktreten.

Der Präsidentschaftswahlkampf von 2016 schürte dann erneut europäische Zweifel an den Vereinigten Staaten: Er enthüllte die tiefe Spaltung der amerikanischen Gesellschaft und rief eine politische Polarisierung hervor, wie man sie derart radikal bei früheren Wahlkämpfen noch nicht erlebt hatte. Der Wahlsieg des republikanischen Kandidaten, des radikalen Nationalpopulisten Donald Trump, löste im liberalen Europa blankes Entsetzen aus. Doch das ist ein Kapitel, das uns noch ausführlicher beschäftigen wird.[27] So viel stand schon Ende 2016 fest: Das transatlantische Verhältnis ging abermals einer schweren Belastungsprobe entgegen.

7.
RÜCKKEHR DER DEUTSCHEN FRAGE?

Es war einmal: die deutsche Frage. Entstanden war sie als Folge der von Napoleon erzwungenen Auflösung des Heiligen Römischen Reiches deutscher Nation im Jahr 1806. Genauer gesagt ging es seitdem um drei deutsche Fragen: Umstritten war erstens, wo Deutschland lag, wo seine Grenzen verliefen, was dazu gehörte und was nicht. Zweitens gab es den Prioritätsstreit zwischen Einheit und Freiheit. Drittens war Deutschland, wie immer man es definierte, ein Problem der europäischen Sicherheit oder des europäischen Gleichgewichts.

1815 wurde auf dem Wiener Kongress ein Ersatz für das neun Jahre zuvor aufgelöste Alte Reich geschaffen: der Deutsche Bund. Dem neuen Staatenbund war von den deutschen Fürsten und freien Städten die Aufgabe zugedacht, als gemeinsames Dach zu dienen – eine Konstruktion, die einen für wünschenswert gehaltenen losen Zusammenhalt zwischen ihnen ermöglichen sollte, ohne sie in der Ausübung ihrer souveränen Rechte über Gebühr zu beeinträchtigen.[1]

Um den Deutschen Bund zu einem Erfolg zu machen, hätten drei Voraussetzungen erfüllt sein müssen: Zwischen den beiden deutschen Großmächten Österreich und Preußen wäre ein hohes Maß an wechselseitiger Rücksichtnahme notwendig gewesen; das sogenannte «dritte Deutschland» oder die Trias, das heißt die Gesamtheit der Mittel- und Kleinstaaten, hätte einigermaßen einig auftreten müssen; der Deutsche Bund hätte den Freiheitsideen der Zeit Raum gewähren müssen. In dem halben Jahrhundert, in dem der Deutsche Bund, wenn auch mit einer Unterbrechung im Gefolge der Revolution von 1848/49, bestand, nämlich von 1815 bis zum «deutschen Krieg» von 1866, waren die ersten beiden Bedingungen nur zeitweilig und seit 1850 mit abnehmender Tendenz gegeben, die dritte zu keiner Zeit.

Die Revolution von 1848 war das Ergebnis einer Bewegung gegen die Vorenthaltung von Freiheit und Einheit durch die deutschen Fürsten. Was sich die deutschen Liberalen und Demokraten vorgenommen hatten, war ein ehrgeizigeres Programm als das der französischen Revolutionäre von 1789. Diese fanden den Nationalstaat, den sie auf eine völlig neue gesellschaftliche Grundlage stellen wollten, schon vor. Für die «Achtundvierziger» ging es darum, aus dem (noch näher zu definierenden) Deutschland zur gleichen Zeit einen Verfassungs- und einen Nationalstaat zu machen. Sie konnten gar nicht anders, als die Erreichung dieser beiden Ziele simultan anzustreben, aber ebendieses Junktim hat sie letztlich überfordert.

In der Frühphase der Revolution war es bei den Kräften der Bewegung unstrittig, dass die Einigung Deutschlands das deutschsprachige Österreich einschließen musste. Als sich seit Ende 1848 die Einsicht durchzusetzen begann, dass die Einheit sich nicht im großdeutschen, sondern nur im kleindeutschen Rahmen, also ohne Österreich und unter preußischer Führung, würde verwirklichen lassen, war es für diese bescheidenere Lösung schon zu spät: Die Gegenrevolution war inzwischen auch in Preußen so erstarkt, dass sich eine Einigung zwischen der Nationalversammlung in Frankfurt und dem Träger der Hohenzollernkrone als nicht mehr möglich erwies.

Bismarcks kleindeutsche Lösung der deutschen Frage – das Ergebnis des Krieges zwischen dem Deutschen Bund und Dänemark von 1864, des Krieges zwischen Preußen und Österreich von 1866 und des deutsch-französischen Krieges von 1870/71 – war eine klassische «Revolution von oben». Sie beantwortete die Einheitsfrage von 1848 im preußischen Sinn. Die Freiheitsfrage der Liberalen aber wurde mit der Reichsgründung nur zum kleinen Teil erfüllt. Im Deutschen Reich von 1871 gab es zwar, wie zuvor schon seit 1867 im Norddeutschen Bund, ein kräftiges Stück Demokratie in Gestalt des allgemeinen gleichen Wahlrechts für Männer, und so gesehen war das damalige Deutschland sogar fortschrittlicher als liberale Mustermonarchien wie Großbritannien und Belgien. Aber von einer parlamentarischen Verantwortung der Regierung konnte keine Rede sein. Die Parlamentarisierung kam erst im Schatten der militärischen Niederlage Deutschlands im Ersten Weltkrieg in Form der «Oktoberreform» von 1918. Man kann also mit Fug und Recht von einer ungleichzeitigen Demokratisierung Deutschlands sprechen: einer frühen Demokratisierung des Wahlrechts und einer späten Demokratisierung des Regierungssystems im engeren Sinn.

Die Koinzidenz von Parlamentarisierung und Niederlage sollte sich als schwere Hypothek der ersten deutschen Demokratie, der Republik von Weimar, erweisen, wie sie aus der Revolution von 1918/19 hervorging. Nahtlos konnte die nationalistische Rechte an die Parolen der deutschen Kriegsideologen anknüpfen, die den westlichen Ideen von 1789, also Freiheit, Gleichheit und Brüderlichkeit, die «deutschen Ideen von 1914» entgegengestellt hatten: die Rechtfertigung des deutschen Militarismus, der «Volksgemeinschaft» und eines starken, sozial gerechten Staates, in dem einige Professoren sogar einen spezifisch «deutschen Sozialismus» erkennen wollten.

Zum eigentlichen Nutznießer der ungleichzeitigen Demokratisierung Deutschlands avancierte der Führer der am weitesten rechts stehenden Partei, der Nationalsozialistischen Deutschen Arbeiterpartei, Adolf Hitler. Nach dem Scheitern der fragilen parlamentarischen Demokratie und dem Übergang zu einem halbautoritären Präsidialregime im Jahr 1930 konnte er mit großem Erfolg an beides appellieren: an das verbreitete Ressentiment gegenüber der parlamentarischen Demokratie, die inzwischen nur noch eine Fassade war, *und* an den seit Bismarcks Zeiten verbrieften Teilhabeanspruch des Volkes in Gestalt des allgemeinen gleichen Wahlrechts, das unter den Notverordnungsregierungen der Jahre 1930 bis 1933 mehr oder weniger ins Leere lief.

Die Herrschaft des Nationalsozialismus war der Gipfel der deutschen Auflehnung gegen das normative Projekt des Westens, die Ideen der Amerikanischen Revolution von 1776 und der Französischen Revolution von 1789. Es bedurfte der zweiten, diesmal totalen Niederlage Deutschlands im 20. Jahrhundert und des Untergangs des von Bismarck gegründeten Deutschen Reiches, um nach 1945 ein gründliches Umdenken in Gang zu setzen. Im westlichen Teil Deutschlands, der späteren

Bundesrepublik, entstand eine zweite, diesmal funktionstüchtige, abwehrbereite, parlamentarische Demokratie. Die «vorbehaltlose Öffnung der Bundesrepublik gegenüber der politischen Kultur des Westens», von der Jürgen Habermas 1986 auf dem Höhepunkt des «Historikerstreits» um die Einzigartigkeit der nationalsozialistischen Judenvernichtung sprach, war das Ergebnis langwieriger Lern- und Diskussionsprozesse.[2] In der diskursfreien Herrschaft im anderen Teil Deutschlands war eine solche Aneignung westlicher Errungenschaften bis zur friedlichen Revolution von 1989 nicht möglich. Als sich nach dem Fall der Berliner Mauer am 9. November 1989 die politischen Bedingungen in der DDR radikal änderten, konnte der Osten Deutschlands diese Entwicklungen nachvollziehen.

Solange die deutsche Teilung andauerte, wurde sie weithin nicht nur als Unterpfand der europäischen, sondern des globalen Gleichgewichts zwischen «West» und «Ost» betrachtet. Die Bundesrepublik war fest in die Europäische Gemeinschaft und die NATO, die DDR in den Rat für gegenseitige Wirtschaftshilfe und den Warschauer Pakt eingebunden. Eine Gefahr für die Außenwelt konnte das geteilte Deutschland unter diesen Bedingungen nicht werden. Als sich seit dem Herbst 1989 der Untergang des kommunistischen Teilstaates und eine Wiedervereinigung Deutschlands abzeichneten, schrillten daher in vielen europäischen Hauptstädten die Alarmglocken.

Kurz nach der Gründung des Bismarckreiches, am 9. Februar 1871, hatte der damalige konservative Oppositionsführer im britischen Unterhaus, Benjamin Disraeli, den deutsch-französischen Krieg als ein «größeres politisches Ereignis als die französische Revolution» bezeichnet, weil dadurch das «Gleichgewicht der Macht» (balance of power) völlig zerstört sei[3]: ein Urteil, das Bismarck durch seine vorsichtige, auf die Sicherung des Status quo ausgerichtete Außenpolitik zu entkräften versuchte, das seine risikofreudigen wilhelminischen Nachfolger aber eher bestätigten als widerlegten. 1989/90 war es wiederum die Sorge vor einer radikalen Erschütterung des europäischen Gleichgewichts, die Staatsfrauen wie die britische Premierministerin Margaret Thatcher und Staatsmänner wie den französischen Staatspräsidenten François Mitterrand umtrieb.

Es bedurfte großer diplomatischer Anstrengungen, vor allem der USA, um die Besorgnisse auszuräumen, die die unerwartete Rückkehr der deutschen Frage auf die Tagesordnung der internationalen Politik bei den Nachbarn der Bundesrepublik ausgelöst hatte. Für Washington war von Anfang an eine conditio sine qua non die Lösung dieses Problems, dass die deutsche Einheit zu westlichen Bedingungen hergestellt werden, dass also ganz Deutschland dem Atlantischen Bündnis angehören musste. Dass die Sowjetunion sich darauf einließ, lag an ihrer wirtschaftlichen und politischen Schwäche: An umfassende Hilfe des Westens, namentlich aus Bonn, war nur zu denken, wenn Moskau gegen eine Mitgliedschaft des wiedervereinigten Deutschland in der (reformierten) NATO kein Veto einlegte. Klar war allen Beteiligten sodann, dass eine Wiedervereinigung nur in den Grenzen von 1945 erfolgen konnte, die polnische Westgrenze an Oder und Görlitzer Neiße also die endgültige Ostgrenze sein musste. Das Jahrhundertproblem der deutschen Frage konnte mithin nur zusammen mit einem anderen Jahrhundertproblem, der polnischen Frage, gelöst werden. Ebendies geschah in dem zwischen beiden deutschen Staaten und den vier Siegermächten des Zweiten Weltkriegs ausgehandelten Zwei-plus-Vier-Vertrag und in einem gesonderten deutsch-polnischen Grenzvertrag, der am 14. November 1990 in Warschau unterzeichnet wurde.

Beim Festakt zur Wiedervereinigung in der Berliner Philharmonie gelang es Bundespräsident Richard von Weizsäcker am 3. Oktober 1990, den historischen Ort dieses Ereignisses in wenigen prägnanten Sätzen zu bündeln: «Zum ersten Mal bilden wir Deutschen keinen Streitpunkt auf der europäischen Tagesordnung. Unsere Einheit wurde niemandem aufgezwungen, sondern friedlich vereinbart. Sie ist Teil eines gesamteuropäischen geschichtlichen Prozesses, der die Freiheit der Völker und eine neue Friedensordnung unseres Kontinents zum Ziel hat … Am heutigen Tag findet die vereinte deutsche Nation ihren anerkannten Platz in Europa … Der Tag ist gekommen, an dem zum ersten Mal in der Geschichte das ganze Deutschland seinen dauerhaften Platz im Kreis der westlichen Demokratien findet.»[4]

Der gesamteuropäische Prozess, von dem Weizsäcker sprach, fand seinen vorläufigen Abschluss in der Charta von Paris, die am 21. November 1990 von den 34 Staats- und Regierungschefs über Sicherheit und Zusammenarbeit in Europa (KSZE), darunter dem amerikanischen Präsidenten George H. W. Bush und dem sowjetischen Präsidenten Michail Gorbatschow, unterzeichnet wurde. Darin verpflichteten sich die beteiligten Staaten, «die Demokratie als einzige Regierungsform unserer Nationen aufzubauen, zu festigen und zu stärken», wechselseitig ihre nationale Souveränität und territoriale Integrität zu achten und Streitfälle friedlich beizulegen. 15 Jahre nach der Unterzeichnung der KSZE-Schlussakte von Helsinki beschlossen die Signatarstaaten, ihre Konsultationen auf allen Ebenen zu vertiefen. Zu diesem Zweck wurde ein Rat der Außenminister gebildet, der mindestens einmal jährlich zusammentreten sollte.[5]

Mit der Wiedervereinigung Deutschlands war die deutsche Frage in jenem dreifachen Sinn gelöst, den sie seit dem frühen 19. Jahrhundert gehabt hatte: Erstens stand nunmehr unwiderruflich fest, wo Deutschlands Grenzen verliefen, was zu seinem Staatsgebiet gehörte und was nicht. Damit wurde Bismarcks kleindeutsche Lösung, wenn auch auf einem sehr viel kleineren Territorium als 1871, bestätigt. Zweitens wurden, anders als im Bismarckreich, Einheit und Freiheit simultan verwirklicht. Drittens hörte die deutsche Frage auf, ein Problem der europäischen Sicherheit zu sein: Die Mitgliedschaft in der NATO, verbunden mit dem fortdauernden Verzicht der Bundesrepublik auf atomare, biologische und chemische Waffen und einer substantiellen Verminderung der Truppenstärke der gesamtdeutschen Bundeswehr, schloss militärische Alleingänge des wiedervereinigten Deutschlands aus.

Kein Teil des Zwei-plus-Vier-Prozesses, sondern Gegenstand separater Absprachen zwischen Bundeskanzler Helmut Kohl und dem französischen Staatspräsidenten François Mitterrand war eine andere westdeutsche Vorleistung, die ebenfalls als Beitrag zu einem neuen europäischen Gleichgewicht gemeint war: die schon weiter oben erörterte Preisgabe des Bonner Junktims von politischer und monetärer Einigung Europas.[6] Um Frankreich die Besorgnis zu nehmen, das wiedervereinigte Deutschland werde, gestützt auf die stabile Deutsche Mark, Europa über kurz oder lang seiner Hegemonie unterwerfen, willigte Kohl in die getrennte Behandlung von Währungsunion und

Politischer Union in zwei verschiedenen Regierungskonferenzen ein. Er ermöglichte so den Anfang 1992 in Kraft getretenen Vertrag von Maastricht, der die Grundlage der gemeinsamen Währung bildete, die politische Einigung Europas aber längst nicht so weit voranbrachte, wie Bonn das gehofft hatte. Pointiert ausgedrückt: Die Lösung der deutschen Frage wurde auch dadurch ermöglicht, dass die europäische Frage offen blieb.

Nicht alle Zeitgenossen waren davon überzeugt, dass die deutsche Frage seit dem 3. Oktober 1990, dem Tag der Wiedervereinigung, ein für alle Mal gelöst war. Als der Vorsitzende der Österreichischen Volkspartei, Wolfgang Schüssel, knapp zehn Jahre später, im Februar 2000, eine Koalitionsregierung mit der weit rechts stehenden, vielfach als «großdeutsch» wahrgenommenen Freiheitlichen Partei Österreichs unter dem Kärntner Landeshauptmann Jörg Haider bildete, erregte der französische Soziologe Emmanuel Todd Aufsehen mit der These, nun sei die deutsche Frage wieder offen.[7] Die Sanktionen, die die EU auf Drängen des französischen Staatspräsidenten Jacques Chirac gegen Österreich verhängte, waren auch vor diesem Hintergrund zu sehen.

Von einer neuen deutschen Frage sprach 2004 auch der amerikanische Politologe Stephen F. Szabo anlässlich des Neins, das die rot-grüne Bundesregierung unter Gerhard Schröder und Joschka Fischer dem Irakkrieg von 2003 entgegenstellte.[8] Doch damit stand Deutschland nicht allein. Das Non Jacques Chiracs war nicht weniger entschieden und für die USA schon deswegen von größerem Gewicht als die deutsche Verweigerung, weil Frankreich als Ständiges Mitglied des Sicherheitsrats der Vereinten Nationen Washington mit einem Veto gegen amerikanische beziehungsweise amerikanisch-britische Entschließungsanträge drohen konnte.

Rund ein Jahrzehnt später wurden erneut Stimmen laut, die sich kritisch mit der Macht und dem Machtverständnis Deutschlands auseinandersetzten. Einer der Auslöser dieser Debatte war die Rolle, die Berlin bei der Bewältigung der internationalen Schuldenkrise spielte, die 2007/08 in den USA ausgebrochen war. Deutschland war dank der Reformen der rot-grünen «Agenda 2010» gestärkt aus den Erschütterungen der Weltwirtschaft hervorgegangen und band seine Bereitschaft, den Krisenländern innerhalb der Eurozone zu helfen, in Übereinstimmung mit der Europäischen Kommission an die Einleitung durchgreifender Strukturreformen in den betroffenen Ländern. Nicht nur dort, sondern auch in den USA, in Großbritannien und Frankreich wurde diese Position mit dem Vorwurf quittiert, die Deutschen ließen sich von ihrem historischen Inflationstrauma zu einer Deflationspolitik zu Lasten Dritter verleiten und fügten damit Europa und der Weltwirtschaft schweren Schaden zu.

Immer häufiger kam dazu die Unterstellung, Deutschland gehe es mit seinem harten Stabilitätskurs letztlich darum, ein «Deutsches Reich mit der Peripherie als Hinterland» (a German Empire with the periphery as hinterland) zu schaffen – eine plakative Formel des Finanzmagnaten George Soros.[9] Der britische Historiker und Publizist Timothy Garton Ash, alles andere als ein Gegner Deutschlands, sprach im Sommer 2013 von der «neuen deutschen Frage» und gab damit seinem irischen Kollegen Brendan Simms den Anstoß, seinerseits von einem «Zeitalter der neuen deutschen Frage» zu sprechen.[10] Als die vielgescholtene «Austeritätspolitik» in den mediterranen Ländern erste Erfolge in Gestalt eines bescheidenen Wirtschaftswachstums und leicht rückläufiger Arbeitslosenzahlen zu zeitigen begann, wurde die Kritik am deutschen Junktim von Hilfe und Selbsthilfe etwas leiser. Gleichzeitig gewann die Einsicht an Boden, dass die Schaffung einer gemeinsamen europäischen Währung ohne simultane Verwirklichung einer Fiskal- und damit im Kern einer Politischen Union *der* Konstruktionsfehler des Euro war.[11]

Eine andere Kritik am deutschen Umgang mit wirtschaftlicher und politischer Macht war schwer zu entkräften: Sie betraf die Außen- und Sicherheitspolitik. Am 17. März 2011, auf dem Höhepunkt des libyschen Bürgerkriegs, stimmte der Sicherheitsrat über einen Antrag der USA, Großbritanniens und Frankreichs ab, in dem es um die Abwehr eines drohenden Gemetzels libyscher Regierungstruppen unter den Verteidigern von Bengasi ging. Deutschland gehörte zusammen mit Russland und China zu den Mächten, die sich der Stimme enthielten: ein in der Geschichte der Bundesrepublik einmaliger Akt außenpolitischer Selbstmarginalisierung, der scharfe Kritik seitens der Vereinigten Staaten und der westeuropäischen Verbündeten Deutschlands auslöste. Die deutsche Berufung auf die bewährte «Kultur der Zurückhaltung» auf militärischem Gebiet – eine auf den Außenminister der Jahre 1992 bis 1998, den Freien Demokraten Klaus Kinkel, zurückgehende Formel – wurde als Flucht aus der Verantwortung zurückgewiesen. Es war ein Vorwurf, der im konkreten Fall nicht der Berechtigung entbehrte und auch von vielen deutschen Kommentatoren erhoben wurde.[12]

Was im Westen vielfach als neuer, diesmal pazifistischer «deutscher Sonderweg» verstanden wurde, hatte nicht nur mit den Erfahrungen der viereinhalb Jahrzehnte zu tun, in denen Deutschland beziehungsweise die beiden deutschen Staaten nicht voll souverän gewesen waren und die oberste Sicherheitsverantwortung bei den Alliierten gelegen hatte. Hinzu kam eine ebenso verbreitete wie umstrittene Folgerung aus der deutschen Geschichte der Jahre 1933 bis 1945 und vor allem des Zweiten Weltkriegs: die Auffassung, dass Deutschland infolge der nationalsozialistischen Verbrechen gegen die Menschlichkeit jenseits der reinen Landes- und Bündnisverteidigung zu einer Politik des unbedingten Gewaltverzichts, also auch der Nichtbeteiligung an humanitären Einsätzen der Völkergemeinschaft, verpflichtet sei.

Entsprechend wurde 1995 seitens der Mehrheit der SPD und der Grünen anlässlich der Debatten über einen Beitrag der Bundeswehr zum Schutz der Zivilbevölkerung in Bosnien-Herzegowina argumentiert, wobei auch der Hinweis auf die Lehre aus dem Holocaust nicht fehlte. Drei Jahre später, kurz nach der für Sozialdemokraten und Grüne so erfolgreichen Bundestagswahl von 1998, stimmten beide Parteien einer anderen humanitären Intervention, dem Einsatz der NATO im Kosovo, zu. Einen Rekurs auf Auschwitz gab es auch diesmal, aber jetzt im Sinne der Pflicht, schwersten Menschenrechtsverletzungen nicht tatenlos zuzusehen. Seitdem sind Berufungen auf die deutschen Verbrechen im Zweiten Weltkrieg und besonders den Judenmord seltener geworden, und dafür gibt es gute Gründe. Denn jede Instrumentalisierung des Holocaust für tagespolitische Zwecke ist mit der Gefahr seiner Banalisierung verbunden. Das gilt vor allem für den Versuch, aus der Singularität der nationalsozialistischen Menschheitsverbrechen ein Recht auf Wegschauen gegenüber anderen Verbrechen gegen die

Menschlichkeit abzuleiten – eine Politik, mit der sich Deutschland von allen anderen westlichen Demokraten isolieren würde.

In den letzten Jahren ist Deutschland mehr als einmal zu mehr «Führung» in Europa aufgefordert worden. Besonders eindringlich tat das am 28. November 2011 der polnische Außenminister Radosław Sikorski in einer in Berlin gehaltenen Rede. Er bezeichnete Deutschland als «unentbehrliche Nation» in Europa und bekannte, als Pole fürchte er deutsche Untätigkeit noch mehr als deutsche Macht.[13] Der britische «Economist» sprach im Juni 2013, einen von dem Politologen William E. Paterson geprägten Begriff zitierend, von Deutschland als «Europe's Reluctant Hegemon». Die Verfasserin des Artikels, Zanny Minton Beddoes, verwies auf den wirtschaftlichen Abstand zwischen Deutschland und Frankreich, der größer sei als je zuvor, und auf das Pariser Reformdefizit, um anschließend festzustellen: «In Peking und Washington ist die Frage ‹Wohin geht Europa?› gleichbedeutend mit der Frage ‹Was wollen die Deutschen?›»[14]

Der Begriff der «Hegemonie» passt weder zur Idee noch zur Wirklichkeit des Staatenverbundes Europäische Union. Das gilt auch für die Hegemonie eines auf Grund seiner Vergangenheit «verwundbaren Hegemons», als welchen der Politikwissenschaftler Herfried Münkler das gegenwärtige Deutschland bezeichnet hat – ein anfechtbarer Begriff, wenn man bedenkt, dass der zunehmend selbstkritische Umgang mit seiner Geschichte Deutschland nach innen und außen gestärkt und nicht geschwächt hat.[15] Jeder Versuch Deutschlands, den anderen Mitgliedstaaten seinen Willen aufzuzwingen, wäre zum Scheitern verurteilt und würde die Gemeinschaft zerstören.

Plausibler ist der Vorschlag, an den Begriff der «halbhegemonialen Stellung» anzuknüpfen, mit dem der Historiker Ludwig Dehio 1951 die Position des Bismarckreiches im damaligen Europa charakterisiert hat.[16] Im Anschluss an Dominik Geppert hat der Forschungsdirektor des European Council on Foreign Relations in London, Hans Kundnani, in seinem Ende 2014 erschienenen Buch «The Paradox of German Power» diesen Begriff auf das wiedervereinigte Deutschland angewandt – ein Land, das wie das Kaiserreich von 1871 in seiner Mittellage für eine «balance of power» zu mächtig sei, aber nicht mächtig genug, um Hegemonie auszuüben. Kundnani spricht von einer geo-ökonomischen Halbhegemonie Deutschlands, ja von einer Rückkehr der deutschen Frage in geo-ökonomischer Form. Die deutsche Macht der Gegenwart sei durch eine seltsame Mischung von wirtschaftlicher Macht und militärischer Abstinenz gekennzeichnet. Deutschland trete in Europa zunehmend dominant (assertive) auf, beschränke sich außerhalb Europas aber darauf, seine Wirtschaftsinteressen zu pflegen – und das meist ohne Rücksicht auf normative Erwägungen wie Achtung oder Nichtachtung von Menschenrechten.[17]

Was die Machtverhältnisse innerhalb der Europäischen Union angeht, spricht wenig für die These von der neuen deutschen Frage. Die tieferen Ursachen der Probleme, die Frankreich oder Italien, Spanien, Portugal oder Griechenland mit der Durchführung überfälliger Strukturreformen haben, liegen in ihrer jeweiligen nationalen und nicht in der deutschen Politik. Diese Probleme verweisen vielmehr darauf, dass die europäische Frage weiterhin offen ist – offen in dem Sinn, dass die Weiterentwicklung der Währungsunion zur Fiskalunion seit dem Inkrafttreten des Vertrags von Lissabon im Dezember 2009 trotz des Europäischen Stabilitätsmechanismus, des Fiskalpakts und der Bankenunion kaum vorangeschritten ist, von der fehlenden Vollendung der Politischen Union ganz zu schweigen.

Durch den Hinweis auf die anhaltende Offenheit der europäischen Frage ist die These von der Rückkehr der deutschen Frage (oder von einer neuen deutschen Frage) aber noch nicht erledigt. Kundnani zitiert Bekenntnisse zu einem besonderen «deutschen Weg» unter der rot-grünen Bundesregierung am Vorabend des Irakkrieges von 2003 und, mit sehr viel mehr Plausibilität, die zahlreichen Beschwörungen deutsch-russischer Sonderbeziehungen während des Russland-Ukraine-Konflikts im Jahr 2014.[18] Äußerungen, die auf eine Art von deutscher Äquidistanz zu Russland und den Vereinigten Staaten und auf eine deutsche Vermittlerrolle zwischen dem Westen und der Russischen Föderation abzielten, waren während der jüngsten Ost-West-Konfrontation in der Tat so wenig zu überhören, dass bei den ostmitteleuropäischen Mitgliedern der EU und der NATO zeitweilig Zweifel aufkamen, ob die deutschen Bekenntnisse zur «Westbindung» innenpolitisch so unumstritten waren, wie man lange gemeint hatte. Gegen die offizielle Berliner Politik aber ließ sich der Vorwurf der Zweideutigkeit nicht erheben. Sie richtet sich nach wie vor an dem Imperativ aus, dass die EU und die NATO gegenüber dem Russland Putins geschlossen auftreten müssen. Von einer neuen deutschen Frage zu sprechen bietet die deutsche Russlandpolitik keinen Anlass.

Ein Vierteljahrhundert nach der Epochenwende von 1989/90 musste sich der Westen zumindest vorläufig von der Hoffnung verabschieden, dass sich über kurz oder lang zwischen Vancouver und Wladiwostok ein trikontinentaler Friedensraum auf der Grundlage der Demokratie herausbilden werde. Was blieb, war die Überwindung der Ordnung von Jalta, der Spaltung des alten Okzidents in einen freien und einen unfreien Teil. Um diese Errungenschaft zu bewahren, muss die EU sich mehr denn je bemühen, in außen- und sicherheitspolitischen Fragen mit *einer* Stimme zu sprechen.

Neben der Russland-Ukraine-Krise zeigen auch die Globalisierung des islamistischen Terrors und die teilweise dadurch ausgelösten Flüchtlingsströme nach Europa, wie dringlich die verstärkte Zusammenarbeit der Europäer gerade auf diesem Gebiet ist. Die Flüchtlingsfrage ist inzwischen zu einer Zerreißprobe der Gemeinschaft geworden. Deutschland ist in dieser Krise eine Schlüsselrolle zugefallen – eine durchaus umstrittene Rolle, die neue Diskussionen über deutsche Sonderwege ausgelöst hat. Davon soll im nächsten Kapitel die Rede sein.

8.
ZUFLUCHTSORT EUROPA?

Alle Geschichte ist immer auch eine Geschichte von Migrationen. Es ist keine Übertreibung, eine solche These aufzustellen. Auch in der Neuzeit sind ganze Nationen überhaupt erst durch Einwanderung entstanden. Das gilt für die Vereinigten Staaten von Amerika, für Kanada und die Länder Lateinamerikas ebenso wie für Australien und Neuseeland.

Die alten europäischen Nationen waren hingegen keine klassischen Einwanderungsgesellschaften. In der zweiten Hälfte des 20. Jahrhunderts erlebten die ehemaligen Kolonialmächte, darunter Großbritannien, Frankreich und die Niederlande, besonders starke Migrationsströme aus ihren früheren Kolonien (wobei im Fall Frankreichs auch Algerien, bis 1962 formell ein integraler Bestandteil der France métropolitaine, in diese Kategorie gehört). Die Bundesrepublik Deutschland betrieb seit den sechziger Jahren eine Zuwanderung von «Gastarbeitern» aus Südeuropa und der Türkei – Arbeitskräften, von denen sich viele, besonders die aus der Türkei, anders als von der Bonner Politik geplant, nicht nur zeitweilig, sondern dauerhaft in Deutschland niederließen. In sehr viel geringerem Umfang rief auch der andere deutsche Staat, die DDR, ausländische Arbeitskräfte, ganz überwiegend sogenannte «Vertragsarbeitnehmer» aus Vietnam und Moçambique, ins Land. Die anderen europäischen Verbündeten der Sowjetunion verzeichneten so gut wie keine Zuwanderung.

In den achtziger Jahren wuchs in der Bundesrepublik die Zahl der Flüchtlinge aus Ländern der Dritten Welt, seit Mitte des Jahrzehnts auch aus kommunistisch regierten Staaten Ost- und Südosteuropas. Die

Auflösung des «sozialistischen Lagers» im Zuge der Umwälzung von 1989/90 konfrontierte den Westen Europas und vor allem Deutschland dann mit einer neuen Qualität von Massenmigration. In die Bundesrepublik Deutschland ergoss sich nach dem Fall der Berliner Mauer nicht nur ein Strom von Übersiedlern aus der DDR. Hinzu kamen nach dem Sturz des Ceauşescu-Regimes Ende Dezember 1989 in wachsender Zahl Roma aus Rumänien, die jeden Grund hatten, sich in ihrem Herkunftsland als diskriminierte Minderheit zu fühlen. Vor diesem Hintergrund verschärfte sich in der Bundesrepublik bald nach der Jahreswende 1989/90 ein Streit, der schon in den achtziger Jahren immer wieder aufgeflammt war: eine Kontroverse, bei der es um nichts Geringeres ging als um die Frage, ob das deutsche Asylrecht so erhalten bleiben konnte, wie es das Bonner Grundgesetz von 1949 in Artikel 16, Absatz 2, Satz 2 bestimmte: «Politisch Verfolgte genießen Asylrecht.»

Mit dem Asylrecht hatte sich der Schöpfer des Grundgesetzes, der Parlamentarische Rat, bereits drei Wochen nach seiner Konstituierung, in der Sitzung des Ausschusses für Grundsatzfragen vom 23. September 1948, befasst. Im Entwurfstext des Redaktionskomitees lautete der entsprechende Satz noch: «Politisch Verfolgte genießen Asylrecht im Rahmen des allgemeinen Völkerrechts» – eine Einschränkung, die der christdemokratische Ausschussvorsitzende, der Staats- und Völkerrechtler Hermann von Mangoldt, damit begründete, «dass wir nicht mehr vorsehen dürfen, als das allgemeine Völkerrecht vorschreibt». Wörtlich fügte er hinzu: «Wir sind eine schwache Nation, und ohne die Mittel, weitergehenden Schutz zu gewähren, können wir nicht etwas tun, wofür wir selbst nicht die entsprechenden Mittel zur Hand haben, um es zu gewährleisten.» Doch nachdem der Sozialdemokrat Carlo Schmid, auch er ein Professor des Völkerrechts, in der gleichen Sitzung darauf hingewiesen hatte, dass die allgemeinen Regeln des Völkerrechts an anderer Stelle (dem späteren Artikel 25) zum Bestandteil des Bundesrechts erklärt werden sollten, wurde auf die von Mangoldt befürwortete Einschränkung verzichtet.

Mit dem Satz «Politisch Verfolgte genießen Asylrecht» betrat der Parlamentarische Rat juristisches Neuland. Während fast alle westlichen Demokratien das Asylrecht nur als staatlich gewährtes Recht kennen, schuf der westdeutsche Verfassungsgesetzgeber ein subjektives individuelles Grundrecht auf politisches Asyl. Er tat es, weil er jenes Asyl vor Augen hatte, das andere Staaten nach 1933 Deutschen, darunter auch späteren Mitgliedern des Parlamentarischen Rates, gewährt hatte, die aus rassischen, politischen und weltanschaulichen Gründen im nationalsozialistischen Deutschland staatlicher Verfolgung oder zumindest massiver Diskriminierung ausgesetzt waren. Dass es auch nach dem Untergang des «Dritten Reiches» politische Verfolgung und folglich Bedarf an politischem Asyl gab, zeigte ein Blick auf die kommunistischen Staaten im Einflussbereich der Sowjetunion.[1]

42 Jahre später machte sich die bayerische Staatsregierung zur Sprecherin derer, die die Regelung von 1948/49 für obsolet und darum für dringend revisionsbedürftig hielten. Am 1. März 1990 reichte sie im Bundesrat einen Gesetzesantrag zur Änderung des Grundgesetzes ein. Artikel 16, Absatz 2, Satz 2 sollte gestrichen und durch folgende Bestimmungen ersetzt werden: »(1) Politisch Verfolgten wird nach Maßgabe der Gesetze Asyl gewährt. (2) Entscheidungen über die Asylgewährung und aufenthaltsbeendende Maßnahmen nach Asylablehnung können im Rechtsweg oder anstelle des Rechtsweges durch einen vom Bundestag bestellten unabhängigen Beschwerdeausschuss nachgeprüft werden. (3) Die Aufnahme politisch Verfolgter kann zur Verhinderung schwerwiegender Beeinträchtigungen des Gemeinwohls nach Zahl und Herkunftsgebieten beschränkt werden.»[2]

Aussichten, sich mit diesem Vorschlag durchzusetzen, hatte die bayerische Regierung so gut wie keine. Der freidemokratische Koalitionspartner der CDU/CSU und die sozialdemokratische Opposition lehnten den Münchner Vorstoß ab. Dasselbe taten die Grünen, die Partei des Demokratischen Sozialismus, die christlichen Kirchen und Menschenrechtsorganisationen. Als die Zahl der Asylbewerber, vor allem aus Rumänien und dem von einem Bürgerkrieg zerrissenen Libanon, im Verlauf des Jahres 1990 weiter anstieg (von Januar bis Juli auf 100 000 gegenüber 120 000 im gesamten Jahr 1989), machten sich aber auch sozialdemokratische Politiker für eine Änderung des Asylrechtsartikels stark: zuerst, Anfang August 1990, der saarländische Ministerpräsident Oskar Lafontaine, der zugleich Kanzlerkandidat der

SPD war, kurz darauf auch, deutlich vorsichtiger, der stellvertretende Vorsitzende der Sozialdemokraten, der nordrhein-westfälische Ministerpräsident Johannes Rau. Die Regierungen in Saarbrücken und Düsseldorf befürworteten nicht die Abschaffung, sondern eine Einschränkung des subjektiven Asylrechts. Lafontaine zufolge sollte es nicht länger von Menschen aus Staaten beansprucht werden können, in denen sie keiner individuellen politischen Verfolgung ausgesetzt waren.[3]

Dass sich die restriktive Linie schließlich durchsetzte, lag vor allem am Bürgerkrieg in Bosnien-Herzegowina, der im April 1992 ausbrach und einen Flüchtlingsstrom in Richtung Mitteleuropa auslöste: 1992 belief sich die Zahl der Asylbewerber in Deutschland auf 438 000, von denen aber nur 4,3 Prozent als politisch Verfolgte anerkannt wurden. Dass auf Deutschland fast vier Fünftel (78 Prozent) aller Asylbewerber in der EU entfielen, lag nach überwiegender Einschätzung nicht zuletzt am besonders großzügigen Asylrecht, das seit 1949 in der Bundesrepublik galt. Das Schlagwort vom massenhaften Asylmissbrauch traf eine weit verbreitete Stimmung, die sich zuerst in Ostdeutschland, seit dem Herbst 1992 auch in einigen der alten Bundesländer in Gewaltakten gegenüber Asylbewerbern und anderen Menschen ausländischer, namentlich türkischer, Herkunft niederschlug. Zwischen 1990 und 1993 wurden in Deutschland mindestens 49 Menschen, die meisten von ihnen Ausländer, von Rechtsradikalen ermordet.

Einer ersten Einschränkung des Asylrechts durch das Asylbeschleunigungsgesetz vom Juni 1992 folgte die am 1. Juli 1993 in Kraft getretene Änderung des Asylrechtsartikels des Grundgesetzes: Aus Artikel 16, Absatz 2, Satz 2 «Politisch Verfolgte genießen Asylrecht» wurde Artikel 16 A, Absatz 1. Die folgenden vier Absätze schränkten dieses Recht aber massiv ein: Wer aus einem Mitgliedstaat der EU oder aus einem anderen sicheren Drittstaat kam, konnte sich nicht auf das Asylrecht berufen. Nicht-EU-Staaten, die als sichere Drittstaaten galten, waren durch ein Gesetz zu bestimmen, das der Zustimmung des Bundesrates bedurfte. Entsprechend wurde bei der Bestimmung der sicheren Herkunftsländer verfahren.

Die Asylrechtsänderung von 1993 blieb, obwohl das Bundesverfassungsgericht sie im Mai 1996 als verfassungskonform bewertete, innenpolitisch umstritten. Der neue Artikel 16 A rettete zwar, zumindest pro forma, das Asylrecht von 1949, aber er tat es auf Kosten Anderer, der sicheren Drittstaaten. Nicht erst im Rückblick drängen sich selbstkritische Fragen auf. Hat der westdeutsche Verfassungsgesetzgeber 1948/49 mehr versprochen, als die Bundesrepublik halten kann, als er den Satz «Politisch Verfolgte genießen Asylrecht» trotz Warnungen aus den eigenen Reihen ohne jede Einschränkung in das Grundgesetz aufnahm? Wäre es 1993 nicht ehrlicher gewesen, zu der Urfassung von 1948 («im Rahmen des allgemeinen Völkerrechts») zurückzukehren oder eine andere Formulierung zu wählen: «Politisch Verfolgten gewährt die Bundesrepublik Deutschland nach Maßgabe ihrer Aufnahme- und Integrationsfähigkeit Asylrecht»? Für eine solche, in sich schlüssige Abkehr von dem 1948 eingeschlagenen deutschen Sonderweg in Sachen Asylrecht war eine verfassungsändernde Mehrheit freilich nicht in Sicht. Das Ergebnis war der Scheinkompromiss von 1993.

Vier Jahre nach der Änderung des Asylrechtsartikels des Grundgesetzes, am 1. September 1997, trat das im Juni 1990 unterzeichnete Dubliner Übereinkommen, ein völkerrechtlicher Vertrag der Mitgliedstaaten der EU, in Kraft. Er legte fest, dass Asylsuchende nur noch in *dem* Staat Asyl beantragen konnten, in dem sie nachweislich zuerst in die EU eingereist waren; nur in diesem Staat war das Asylverfahren durchzuführen. «Dublin II» vom Februar 2003 und «Dublin III» vom Juli 2013 präzisierten die Festlegung der Kriterien und Verfahren zur Bestimmung des Mitgliedstaates, der für die Prüfung von Asylanträgen zuständig war. Seit dem «big bang» vom 1. Mai 2014, der ersten Runde der Osterweiterung der EU, bedeutete eine strikte Auslegung der Dublin-Übereinkunft für Deutschland, dass Flüchtlinge nur noch dann eine Chance auf politisches Asyl hatten, wenn sie auf dem Luftweg in die Bundesrepublik kamen – und die 1993 eingeführte Hürde des «Flughafenverfahrens», eine Prüfung ihres Asylantrags im Transitbereich, genommen hatten.

Nach dem Ende des Bürgerkrieges in Bosnien-Herzegowina im Jahr 1995 ebbte die Zahl der von dort kommenden Flüchtlinge rasch ab. Dagegen versuchten nun immer mehr Menschen aus armen und krisengeschüttelten Staaten Afrikas und Asiens nach Europa zu gelangen. Der Landweg führte über die Türkei nach Griechenland oder Bulgarien, weshalb die EU beide Staaten bei der Abriegelung ihrer Grenzen zur Türkei massiv unterstützte. Schwerer zu kontrollieren war der ungleich gefährlichere Seeweg über das Mittelmeer, der dennoch immer häufiger benutzt wurde. Zu den wichtigsten Erstaufnahmeländern im Sinne des Dublin-Verfahrens wurden infolgedessen außer Griechenland auch Italien, Malta und Spanien. Spanien versuchte, von der EU gefördert, sich durch hohe Zäune um seine nordafrikanischen, von marokkanischem Gebiet umgebenen Exklaven Ceuta und Melilla gegenüber dem Flüchtlingsstrom abzuschirmen. Dazu kamen Vereinbarungen mit westafrikanischen Staaten – Absprachen, die mit umfangreichen Geldzahlungen verbunden waren und sicherstellen sollten, dass «boat people» nicht mehr von dort auf die Kanarischen Inseln gelangten. Tatsächlich gelang es Madrid auf diese Weise, den Flüchtlingsstrom nach Spanien weitgehend zu unterbinden.

Italien verabschiedete im Juli 2002 unter der Regierung von Silvio Berlusconi ein Gesetz zur Bekämpfung der illegalen Einwanderung und des Asylmissbrauchs. Es bedrohte nicht nur Flüchtlinge, die auf gesetzeswidrige Weise, etwa auf kaum seetüchtigen Booten von Nordafrika aus, nach Italien kamen, sondern auch alle, die ihnen im Fall von Seenot halfen, Fischer und Schiffskapitäne zum Beispiel, mit Geld- und Freiheitsstrafen. Für die Helfer konnte das die Vernichtung ihrer materiellen Existenz zur Folge haben. Hatte bisher unterlassene Hilfe als Straftat gegolten, so machte das neue Gesetz die geleistete Hilfe zum Delikt und jeden, der sich am neutestamentlichen Gleichnis vom barmherzigen Samariter orientierte, zum Straftäter.

Flüchtlingsströme aus Ländern der Dritten Welt stellten nicht nur die Staaten der Europäischen Union, sondern den Westen insgesamt vor ein nahezu unlösbares moralisches Dilemma: Die westlichen Demokratien mussten abwägen zwischen den Geboten der Menschlichkeit und ihrer Staatsräson, die der Kontrolle der Außengrenzen, der nationalen Sicherheit, der Bewahrung von materiellen und kulturellen Besitzständen und der Beibehaltung des jeweiligen «way of life» Vorrang vor anderen Erwägungen einräumte. In der Regel fiel die Entscheidung zugunsten von Kontrolle und Sicherheit. Um Flüchtlinge aus Lateinamerika fernzuhalten, befestigten die Vereinigten Staaten seit 2006 ihre Grenze zu Mexiko; außerdem verschärften sie den Druck auf illegale Einwanderer. Australien errichtete seit 2010 bewusst dürftig ausgestattete Internierungslager für männliche Asylsuchende und traf 2010 erstmals Absprachen mit pazifischen Nachbarstaaten wie Nauru und Papua-Neuguinea über die Aufnahme von Flüchtlingen, die Australien nicht haben wollte. Im Wahlkampf von 2013 versprach der spätere Wahlsieger Tony Abbott von der konservativen Liberal Party, Fluchtboote künftig schon auf dem Weg von Indonesien nach Australien abzufangen und zur Umkehr zu zwingen.

In Europa setzte ein Umdenken in der Flüchtlingsfrage erst ein, als Anfang Oktober 2013 vor der Küste der italienischen Mittelmeerinsel Lampedusa weit über 300 schiffbrüchige «boat people» aus Afrika ums Leben kamen, obwohl manche von nahen Fischerbooten hätten gerettet werden können. Unter der Regierung von Enrico Letta vollzog Rom eine radikale Abkehr von der Flüchtlingspolitik der Ära Berlusconi. Im Zeichen der Operation «Mare Nostrum» begann die italienische Marine seit Oktober 2013 gezielt nach Flüchtlingen zu suchen, die in Seenot geraten waren, um sie zu retten. Über 150 000 Menschen verdankten «Mare Nostrum» ihr Überleben. Als Italien im November 2014 das Rettungsprogramm aus Kostengründen auslaufen ließ, musste mit einem Ansteigen der Opferzahlen gerechnet werden. Denn die Nachfolge trat «Triton» an: ein Programm der für die gemeinsame Grenzsicherung zuständigen EU-Agentur Frontex, dessen räumlicher Aktionsradius sehr viel kleiner als der von «Mare Nostrum» war – vom eigentlichen Auftrag von Frontex, der Verhinderung der illegalen Einwanderung, ganz abgesehen.[4]

Schon Ende 2014 stand also fest, dass auch die Europäische Union das moralische Dilemma des Westens in der Flüchtlingsfrage nicht aufzulösen vermochte. Sie übernahm zwar mehr humanitäre Verantwortung als die Vereinigten Staaten und, erst recht, Australien. Aber die Probleme der Länder, aus denen die Menschen in hellen Scharen flüchteten, auf ihrem Territorium zu lösen, war auch für sie ein Ding der Unmöglichkeit. Was für Armutsflüchtlinge zutraf, galt in gewisser Weise auch für Menschen, die aus Bürgerkriegsländern und repressiven Diktaturen nach Europa zu flüchten versuchten. Die EU und ihre Mitgliedstaaten waren durch die Genfer Flüchtlingskonvention von 1951 gehalten, Flüchtlinge nicht in Staaten abzuschieben, in denen ihr Leben oder ihre Freiheit wegen ihrer Rasse, Religion, Staatsangehörigkeit, ihrer Zugehörigkeit zu einer bestimmten sozialen Gruppe oder wegen ihrer politischen Überzeugung bedroht war. Kamen Menschen innerhalb kurzer Zeit in großer Zahl aus solchen Staaten, waren die Genfer Flüchtlingskonvention und die einschlägigen Rechtsakte der EU in Gefahr, zu bloßen Postulaten zu werden. Das sollte sich in aller Dramatik zeigen, als die Flüchtlingsfrage im Jahr 2015 zum alles beherrschenden Thema der europäischen Politik aufstieg.

Eine wesentliche Ursache für das Anschwellen des Flüchtlingsstroms nach Europa in den Jahren 2014 und 2015 war der Bürgerkrieg in Syrien. Anfang 2016 schätzten die Vereinten Nationen die Zahl der syrischen Bürgerkriegsflüchtlinge im Lande selbst auf 6,5 Millionen, in den Nachbarländern auf 4,5 Millionen, zusammen also auf 11 Millionen. Die Zahl der registrierten syrischen Flüchtlinge wurde um dieselbe Zeit in der Türkei mit 2,5 Millionen, im Libanon mit 1,1 Millionen, in Jordanien mit 635 000 beziffert. Der Anteil der Flüchtlinge an der Gesamtbevölkerung belief sich im Libanon auf rund ein Viertel, in Jordanien auf knapp ein Zehntel; in der Türkei stellten sie 3,5 Prozent der Bevölkerung. Eine Arbeitserlaubnis zu erhalten war für syrische Flüchtlinge im Libanon so gut wie ausgeschlossen, in Jordanien nur unter erschwerten Bedingungen möglich; die Türkei hingegen öffnete Anfang 2016 ihren Arbeitsmarkt für Syrer, die ihr Land wegen des Bürgerkriegs verlassen hatten.

Die Lebensverhältnisse in den Flüchtlingslagern Jordaniens und des Libanon waren erbärmlich, und das vor allem deshalb, weil die EU und das Flüchtlingshilfswerk der Vereinten Nationen durch die schlechte Zahlungsmoral vieler Mitgliedstaaten daran gehindert wurden, ihre Hilfsversprechen einzulösen. Das World Food Program der UNO sah sich im Juli 2015 gezwungen, die Essensmarken für syrische Flüchtlinge im Libanon und in Jordanien in Höhe von 27 Dollar pro Monat um die Hälfte zu kürzen. Auch hier war der Grund, dass Mitgliedstaaten ihren finanziellen Verpflichtungen nicht nachgekommen waren.

Europäische Länder übernahmen zunächst nur kleine Kontingente von syrischen Bürgerkriegsflüchtlingen. Seit 2014 stieg die Zahl der Syrer, die in Europa Schutz suchten, sprunghaft an. Sie flüchteten mit Hilfe von Schlepperbanden in Schlauchbooten und auf kaum seetüchtigen Schiffen von der türkischen Küste auf nahegelegene griechische Inseln wie Kos, Lesbos, Leros, Samos und Chios, von wo aus sie aufs griechische Festland gebracht wurden. Von dort zogen sie, von der griechischen Polizei unbehindert, auf der sogenannten Balkanroute über Mazedonien und Serbien in Richtung Österreich, Deutschland und Schweden. Bis Anfang September 2015 führte ihr Weg dorthin über Ungarn. Nachdem Ungarn im Sommer 2015 seine Grenze zu Serbien, bald darauf auch zu Kroatien, für Flüchtlinge faktisch geschlossen hatte, verlagerte sich der Fluchtweg. Er führte nun über Kroatien und Slowenien nach Österreich und Deutschland.

Bereits im Frühjahr 2015 war absehbar, dass die Zahlen der in Deutschland Asyl Suchenden im laufenden Jahr die des Vorjahres weit übersteigen würden. Im März 2014 hatte das Bundesamt für Migration und Flüchtlinge (Bamf) 9839 Erstanträge auf Asyl entgegengenommen. Im März 2015 waren es 28 681: eine Verdreifachung gegenüber dem vorangegangenen Jahr. Da die personellen Kapazitäten des Bamf in keiner Weise ausreichten, um Asylanträge zügig zu bearbeiten, lag die Zahl der potentiellen Asylbewerber stets weit über der der entgegengenommenen Anträge.

Dass Deutschland neben Schweden und Österreich eine besonders große Anziehungskraft auf Migranten aus Krisenländern ausübte, lag an seiner prosperierenden Wirtschaft, seinem Bedarf an Arbeitskräften, seinem großzügigen Sozialsystem und, nicht zuletzt, am Nimbus seines Asylrechts. Die Netzwerke der Schlepper zeichneten von der Bundesrepublik im Internet das Bild eines Landes der unbeschränkten Möglichkeiten, das dort eintreffende Flüchtlinge mit einem Begrüßungsgeld empfange und ihnen sofort einen Arbeitsplatz beschaffe. Von deutscher Seite wurden die Wirkungen dieser Propaganda offenkundig unterschätzt. Jedenfalls unterblieben global wirksame Richtigstellungen.

Am 19. August 2015 erhöhte das Bundesinnenministerium angesichts von inzwischen fast 7000 illegal Einreisenden täglich die Prognose für die Gesamtzahl von Flüchtlingen im Jahr 2015 von 450 000 im Mai auf nunmehr 800 000. In mehreren Bundesländern, vor allem im Osten, kam es immer wieder zu Ausschreitungen gegen Flüchtlinge und Anschläge auf Unterkünfte von Asylbewerbern; in Sachsen, Sachsen-Anhalt und Thüringen häuften sich fremdenfeindliche Kundgebungen; zunehmend trat dabei die nationalkonservative und rechtspopulistische Alternative für Deutschland (AfD) als Veranstalter auf. Am 26. August wurde Bundeskanzlerin Angela Merkel anlässlich des Besuchs eines Heims für Flüchtlinge im sächsischen Heidenau aus einer feindseligen Menge heraus als «Volksverräterin» beschimpft. Fünf Tage später, am 31. August, nannte sie auf ihrer allsommerlichen Pressekonferenz die Flüchtlingsfrage eine große nationale Herausforderung und gab die fortan vielzitierte Parole aus «Wir schaffen das».[5]

Kurz zuvor, am 25. August, hatte das Bundesamt für Migration und Flüchtlinge bekannt gegeben, dass es bei Bürgerkriegsflüchtlingen aus Syrien keine Einzelfallprüfung mehr vornahm, sie vielmehr auch dann als Asylbewerber einstufte, wenn sie zuvor in Österreich oder Ungarn erstregistriert worden waren. Damit war für die zahlenmäßig stärkste Gruppe von Asylbewerbern die Dublin-Übereinkunft, wonach Flüchtlinge, die aus einem EU-Staat oder einem anderen sicheren Drittland kamen, keinen Anspruch auf Asyl in Deutschland hatten, vorübergehend außer Kraft gesetzt: Syrer konnten einigermaßen sicher sein, dass sie, wenn sie deutsches Territorium erreicht hatten, nicht mehr nach Österreich, Ungarn oder in ein anderes EU-Land zurückgebracht wurden. Nach Griechenland, das erste Land der EU (und der visafreien Schengen-Zone), in das Asylbewerber aus dem Nahen Osten gelangten, wurden Flüchtlinge freilich schon seit 2011 nicht mehr zurückgeschickt. Die Bedingungen, unter denen Asylbewerber dort untergebracht wurden, galten EU-weit als humanitär nicht zumutbar. Aus ebendiesem Grund hatten der Europäische Gerichtshof für Menschenrechte im Januar und der Europäische Gerichtshof im Dezember 2011 Abschiebungen nach Griechenland für rechtswidrig erklärt.

Ungarn hatte sich währenddessen zum Engpass der Balkanroute entwickelt. Als es im Juni 2015 begann, seine Grenze zu Serbien durch einen Zaun undurchdringlich zu machen, tat es im Prinzip nichts anderes als das, was zuvor Spanien, Bulgarien und Griechenland getan hatten: Es sicherte seine Landgrenze gegenüber einem Nachbarland, das nicht zur EU gehörte, und damit ein Stück Außengrenze der Gemeinschaft. «Brüssel» reagierte aber anders als bei den genannten drei Staaten: Ungarn wurde bei seinem Vorgehen nicht unterstützt, es wurde vielmehr, wenn auch zurückhaltend, kritisiert.

Vermutlich hatte das damit zu tun, dass Ungarn nicht an der Peripherie Europas, sondern in seiner Mitte liegt, also mehr öffentliche Aufmerksamkeit findet als, beispielsweise, spanische Exklaven in Nordafrika. Eine Rolle mag auch gespielt haben, dass Ungarn wegen der entschieden illiberalen Politik seines nationalkonservativen Regierungschefs Viktor Orbán ohnehin bei den Gründungsmitgliedern der Europäischen Union eine «schlechte Presse» hatte. In gewisser Weise glich Ungarn mit seinen Maßnahmen zur Grenzsicherung das vertragswidrige Verhalten eines anderen EU-Mitglieds, nämlich Griechenlands, aus: Die Regierung in Athen weigerte sich beharrlich, Flüchtlinge, die von der Türkei aus auf die nahegelegenen griechischen Inseln gelangten, zu registrieren. Sie duldete es vielmehr, dass diese, nachdem sie im Hafen von Piräus eingetroffen waren, in Omnibussen und Taxis an die mazedonische Grenze (und damit auf den Weg nach Mitteleuropa) gebracht wurden. Die EU-Kommission griff nicht ein, was auch daran liegen mochte, dass der zuständige Flüchtlingskommissar, Dimitris Avramopoulos, Grieche war. Die logische Konsequenz der Brüsseler Inkonsequenz war, dass sich der Druck des Flüchtlingsproblems immer weiter ins räumliche Zentrum Europas verlagerte – nach Ungarn und von dort nach Österreich und Deutschland.[6]

Im Sommer 2015 registrierte Ungarn zwar noch Flüchtlinge, die über die immer schwerer passierbaren Grenzen zu Serbien und Kroatien ins Land kamen, tat aber zugleich alles, um ihnen den Aufenthalt durch Internierung in Grenznähe oder Einpferchung im Budapester Ostbahnhof zu verleiden. Am 27. August wurden auf einem Parkplatz an der Autobahn Budapest-Wien im österreichischen Burgenland 71 Flüchtlinge, die von Agenten eines internationalen Schleuserkartells in einem Kühlwagen illegal über die Grenze gebracht worden waren, tot aufgefunden: Sie waren in dem vom Fahrer inzwischen verlassenen Fahrzeug erstickt. Die Berichte über den Vorfall lösten weltweites Entsetzen aus.

Anfang September zeigte das Fernsehen Bilder von Tausenden von Flüchtlingen, die zu Fuß auf der Autobahn von Budapest zur österreichischen Grenze zogen. Am 1. September konnten einige Eisenbahnzüge die Grenze passieren; tags darauf ließ die Regierung Orbán sie stoppen. Am Abend des 4. September drängte der österreichische Bundeskanzler Werner Faymann seine deutsche Amtskollegin in einem Telefongespräch, Flüchtlinge, die aus Ungarn kamen, unregistriert in Österreich und Deutschland einreisen zu lassen und die Lasten unter sich aufzuteilen. Merkel versicherte sich des Einverständnisses der beiden wichtigsten Sozialdemokraten ihres Kabinetts, des Parteivorsitzenden, Vizekanzlers und Wirtschaftsministers Sigmar Gabriel und des Außenministers Frank-Walter Steinmeier. Den Vorsitzenden des Koalitionspartners CSU, den bayerischen Ministerpräsidenten Horst Seehofer, telefonisch zu erreichen gelang der Kanzlerin nicht. Dennoch teilte sie noch vor Mitternacht Faymann mit, dass sie seinem Vorschlag zustimme.

Viktor Orbán hatte unterdessen, noch bevor er von der Absprache der beiden Bundeskanzler erfuhr, den Einsatz von Eisenbahnzügen zum Abtransport der Flüchtlinge in Richtung Österreich angeordnet. In Wien wurden die Asylsuchenden ebenso freundlich aufgenommen wie kurz darauf in München und anderen deutschen Städten. Zehntausende von freiwilligen Helferinnen und Helfern taten ihr Bestes, um die Bilder von pöbelnden Fremdenfeinden und brennenden Flüchtlingsheimen vergessen zu machen. Sie zeigten, dass es ein anderes, ein besseres Deutschland gab: das Land der «Willkommenskultur». Als deren Inkarnation galt bald, nicht nur im eigenen Land, die deutsche Kanzlerin. Anlässlich eines Besuchs von Angela Merkel in einem Asylbewerberheim in Berlin-Spandau am 10. September entstanden «Selfies», die sie zusammen mit syrischen Flüchtlingen zeigten. Die Bilder gingen in Sekundenschnelle um die Welt. Simultan erreichten sie per Smartphone auch ihre eigentlichen Adressaten: die Angehörigen und Freunde der Flüchtlinge in Syrien oder in den

Flüchtlingslagern im Libanon, in Jordanien und der Türkei. «Mama Merkel» wurde zur Ikone der deutschen Hilfsbereitschaft.[7]

Für die beiden Bundeskanzler verstand es sich von selbst, dass die Entscheidung, die Grenzen von Österreich und Deutschland für Flüchtlinge offenzuhalten, die auf der Balkanroute nach Mitteleuropa gelangt waren, eine Ausnahmeentscheidung in einem Notfall war. Der deutschen und europäischen Öffentlichkeit wurde dieser Vorbehalt aber allzu beiläufig mitgeteilt. Das Versäumnis wurde auch dann nicht korrigiert, als die Schutzsuchenden nicht mehr über Ungarn, sondern über Kroatien und Slowenien nach Österreich und von dort nach Deutschland kamen. Was ausblieb, war sodann das Bemühen der beiden Regierungschefs um eine Billigung ihrer Entscheidung durch die Parlamente, den Deutschen Bundestag und den österreichischen Nationalrat. Ein strategischer Fehler war es, dass Merkel und Faymann nicht sofort die Europäische Union, vertreten durch den Präsidenten der Kommission Jean-Claude Juncker und den Ständigen Ratspräsidenten Donald Tusk, von den beabsichtigten Maßnahmen informierten und ihre Bemühungen mit ihnen abstimmten, um so eine Zeitbrücke zu einer europäischen Lösung des Flüchtlingsproblems zu schlagen. Über diese hätte möglichst rasch ein Krisengipfel der EU beraten und beschließen müssen. Doch eine solche Initiative der Regierungen in Berlin und Wien gab es nicht.

Da die europäischen Wirkungen der Entscheidungen vom 4./5. September absehbar waren, hätte es auch nahegelegen, die nächsten Schritte mit den Regierungen der Nachbarstaaten abzustimmen. Weil all das nicht geschah, konnte in Europa der Eindruck eines gewollten deutsch-österreichischen Alleingangs aufkommen. Eine solche Konstellation zu vermeiden hätte mehr noch im deutschen als im österreichischen Interesse gelegen. Die Animositäten, die das Berliner Vorgehen hervorrief oder wiederbelebte, konnten bei nüchterner Betrachtung niemanden überraschen.

In Deutschland, und nicht nur dort, ist viel darüber spekuliert worden, aus welchen Motiven heraus sich die deutsche Bundeskanzlerin in der Nacht vom 4. zum 5. September 2015 zur Offenhaltung der deutsch-österreichischen Grenze entschloss. Sieht man davon ab, dass die Regierungschefin für ihre Entscheidung breite Zustimmung in der Bevölkerung und den Medien erwarten konnte, dürfte die nächstliegende Antwort in diesem Fall die richtige sein: Bestimmend waren Gründe der Menschlichkeit. Angela Merkel hatte bis dahin als durch und durch pragmatische, bewusst «unideologische» Politikerin gegolten, die «auf Sicht» regierte und, bevor sie Entscheidungen traf, deren mögliche Konsequenzen prüfte, also «vom Ende her» dachte. Dass sie feste religiöse Grundüberzeugungen hatte, die aus ihrer Kindheit und Jugend in einem evangelischen Pfarrhaus der DDR herrührten, war von vielen Beobachtern übersehen worden. Mit diesen Überzeugungen war sie in ihrer bisherigen Amtszeit als Kanzlerin nicht in Konflikt geraten. Am 4./5. September wäre dies wohl der Fall gewesen, hätte sie die dringende Bitte ihres österreichischen Kollegen abgelehnt.

Doch die Frage hätte gar nicht lauten müssen, ob der Wiener Vorstoß angenommen oder zurückgewiesen werden sollte. Es galt vielmehr, die humanitär gebotene zeitweilige Einreiseerlaubnis für Flüchtlinge, die zu diesem Zeitpunkt in Ungarn festsaßen, europäisch einzubetten und so die Nachteile des unilateralen deutsch-österreichischen Vorgehens tunlichst zu vermeiden. Diese Nachteile lagen auf der Hand. Außenpolitisch musste Deutschland mit einer weitgehenden Isolierung innerhalb der EU rechnen, wenn es versuchte, den anderen Mitgliedstaaten eine Lösung aufzunötigen, der diese aus freien Stücken nicht zustimmen zu können glaubten. Innenpolitisch ging es um eine nachhaltige Sicherung der Bedingungen der Möglichkeit einer humanitären Asylpolitik. Zu diesen Bedingungen gehörte die Beachtung der Grenzen sowohl der objektiven Aufnahme- und Integrationsfähigkeit der Bundesrepublik als auch der subjektiven Aufnahmebereitschaft der eigenen Bevölkerung. Singularisierte sich Deutschland in der Flüchtlingsfrage, musste das negative Auswirkungen auf den gesellschaftlichen Rückhalt der deutschen Asylpolitik haben: Es war nicht zu erwarten, dass die Deutschen in ihrer Mehrheit dauerhaft bereit sein würden, Leistungen zu erbringen, die anderen europäischen Nationen nicht abverlangt wurden.

Die improvisierte deutsch-österreichische Vereinbarung vom 4. September war *nicht* die Ursache des Flüchtlingsstroms, der sich von der Türkei aus in Richtung Mitteleuropa bewegte. Begonnen hatte die Migrationsbewegung, wie wir gesehen haben, viel früher. Richtig ist aber, dass die Entscheidung vom 4./5. September 2015 und einige Äußerungen der Kanzlerin, darunter der häufig wiederholte, juristisch umstrittene, in jedem Fall höchst missverständliche Satz, das deutsche Asylrecht kenne keine Obergrenze, in den Flüchtlingslagern des Libanon, Jordaniens und der Türkei, aber auch in vielen anderen Krisenländern Asiens und Afrikas als Einladung verstanden wurde, denen zu folgen, die bereits nach Deutschland aufgebrochen oder dort angekommen waren. Ähnlich anfechtbar war auch die Behauptung Merkels, ein umfassender Schutz der deutschen Grenzen sei ohnehin nicht möglich – eine Einlassung, die sich nur als Ausdruck von Resignation, ja als Eingeständnis von staatlicher Ohnmacht verstehen ließ und auch prompt so interpretiert wurde.

In der Folgezeit verwies die Kanzlerin zwar mehrfach darauf, dass nur politisch Verfolgte das Asylrecht in Anspruch nehmen könnten und der Wunsch nach einem besseren Leben nicht ausreiche, um den Rechtsstatus eines Flüchtlings im Sinn der Genfer Flüchtlingskonvention zu erlangen. Sie sprach, unter anderem in ihrer Regierungserklärung vom 15. Oktober 2015, von der Notwendigkeit der Rückführung von Personen, die keinen Anspruch auf Schutz in der Europäischen Union hatten.[8] Aber anders als die Parole «Wir schaffen das» und das Wort vom Asylrecht, das keine Obergrenze kenne, blieben solche Einschränkungen ohne große öffentliche Wirkung.

Für das «Image» von Deutschland als einem Land, das sich gegenüber Flüchtlingen und Asylsuchenden besonders großzügig verhielt, waren aber nicht nur die Kanzlerin und ihre Regierung verantwortlich. Die beiden Oppositionsparteien, die Grünen und die Partei Die Linke, unterstützten Merkels Flüchtlingspolitik in der Regel vorbehaltloser als die Koalitionsparteien. Von diesen wiederum stand die SPD im Zweifelsfall geschlossener hinter der Kanzlerin als ihre eigene Partei, die CDU, von der ausgeprägt migrationsskeptischen und zunehmend Merkel-kritischen CSU des bayerischen Ministerpräsidenten Horst Seehofer ganz zu schweigen. Die Ko-Vorsitzende der Fraktion von Bündnis 90/Die Grünen, Katrin Göring-Eckardt, feierte im Bundestag am 9. September 2015 die Deutschen als «Weltmeister der Hilfsbereitschaft und der Menschenliebe»: ein Kompliment, das sich vor allem an die vielen Tausende von ehrenamtlichen Helferinnen und Helfern richtete, die sich bei der Betreuung von Flüchtlingen engagierten, aber leicht auch als Ausdruck einer moralischen Selbstüberhöhung Deutschlands verstanden werden konnte.[9]

Der Gefahr einer Missdeutung waren auch Plakate mit der Aufschrift «Refugees welcome» ausgesetzt, die in vielen deutschen Bahnhöfen zu sehen waren, wenn dort Züge mit Flüchtlingen eintrafen. Die Botschaft war nicht zuletzt als Antwort an die Fremdenfeinde im eigenen Land gedacht. Aber die Bilder mit den Plakaten gelangten zeitgleich auch in die Herkunftsländer der Neuankömmlinge und die Flüchtlingslager des Nahen Ostens, und dort mussten sie auf alle, die noch Zweifel hatten, ob sie die gefährliche Reise nach Deutschland antreten sollten, als Ermutigung wirken, sich unverzüglich auf den Weg zu machen.

Vor allem links der Mitte traf man in Deutschland im Herbst 2015 auf das verbreitete Gefühl, dass das eigene Land nach schrecklichen Irrwegen und Katastrophen endlich im Stadium der moralischen Reife angekommen und mit sich im Reinen war. Schon in der alten Bundesrepublik hatte der Gedanke, mit dem Erbe des Nationalismus radikaler als andere gebrochen zu haben, in manchen sich progressiv dünkenden Kreisen ein supra- oder postnationales Sendungsbewusstsein hervorgerufen, das von einem deutschen Anspruch auf moralische Hegemonie kaum noch zu unterscheiden war. Eine andere Variante einer vermeintlich geglückten Bewältigung der nationalsozialistischen Vergangenheit war das, was man die pazifistische Sondermoral von Teilen der deutschen Nachkriegsgesellschaft nennen kann: eine unbedingte Friedfertigkeit als Konsequenz aus den Gewaltexzessen des «Dritten Reiches» bis hin zum Verzicht auf die Teilnahme an Interventionen zur Verhinderung oder Beendigung von Verbrechen gegen die Menschlichkeit – und das auch dann, wenn Deutschland sich damit von allen seinen Verbündeten isolierte, also einen Sonderweg einschlug.[10]

Die selbstkritische Auseinandersetzung mit dem schrecklichsten Kapitel der deutschen Geschichte gehört inzwischen zum Fundament der politischen Kultur Deutschlands. Nationalapologetische Rückfälle hat es zwar immer wieder gegeben, aber der öffentliche Widerspruch war regelmäßig zu massiv, um von den Urhebern solcher Vorstöße als Bestätigung empfunden werden zu können. Deutschland würde aufhören, eine westliche Demokratie zu sein, wenn es von seinem selbstkritischen Selbstverständnis abließe. Selbstkritik kann freilich auch in Selbstgerechtigkeit oder zumindest ein allzu demonstratives Selbstbewusstsein umschlagen – im deutschen Fall in das Gefühl, aus der eigenen Vergangenheit so viel gelernt zu haben, dass Deutschland jetzt anderen Nationen die moralische Richtung vorgeben kann.

Im deutschen Flüchtlings- und Asyldiskurs von 2015 war diese dialektische Volte mehrfach zu beobachten, unter anderem in einem Beitrag zum Weihnachtsfest 2015, den der evangelische Bischof von Berlin-Brandenburg, Markus Dröge, im Berliner «Tagesspiegel» veröffentlichte: «‹Die Würde des Menschen ist unantastbar.› Dieser Satz hat in unserem Land einen besonderen Klang … Die Auseinandersetzung mit der eigenen Schuldgeschichte hat uns offenbar sensibel gemacht. Menschen, die in erbärmlichem Zustand in langen Trecks unterwegs sind, hilflos denen ausgeliefert, die das Sagen haben – solche Bilder von Abtransport, Flucht, Vertreibung sind, verbunden mit dem Imperativ des ‹Nie wieder!›, im kollektiven Gedächtnis verankert … 2015 wird als das Jahr im Gedächtnis bleiben, in dem Deutschland ein neues Gesicht gezeigt hat. Jetzt wissen wir, wie es geht, die gelernten Lektionen der Geschichte praktisch anzuwenden. Ein befreiendes, ermutigendes Erlebnis. Die Erfahrungen eröffnen Gestaltungsräume …»[11]

Ganz ähnlich äußerte sich ein Vierteljahr später der ehemalige Bundesarbeitsminister Norbert Blüm, ein Politiker der CDU. «Wir Deutsche waren lange Zeit der Schrecken der Menschheit», schrieb er Ende März 2016 in einem Beitrag für die Wochenzeitung «Die Zeit». «Unser Name war verbunden mit Rassenwahn und Massenmord. Dass wir plötzlich in der Welt als Menschenfreunde dastehen, macht mich froh. Ich bin stolz auf mein Land, wenn es sich seine Freundlichkeit von niemandem ausreden lässt, auch nicht von der AfD.»[12]

Dass die Deutschen dazu neigen, zwischen Extremen zu schwanken, ist keine neue Einsicht. Sie ist aber immer noch aktuell. Von der

Selbstzerknirschung zur Selbstüberhebung ist es manchmal nur ein kleiner Schritt. Es war ebendieses Merkmal der aufgeheizten öffentlichen Debatte über die Flüchtlingskrise, das bei den Nachbarn die Frage aufkommen ließ, ob Europa nun mit einer neuen Phase von «incertitudes allemandes» rechnen müsse. Von einer Bereitschaft, in der Asyl- und Flüchtlingsfrage dem deutschen Beispiel zu folgen, konnte jedenfalls nirgendwo die Rede sein. Vielmehr sah sich Deutschland seit dem Sommer 2015 in einer Weise isoliert, wie es dies in der Geschichte der Bundesrepublik kaum je gegeben hatte.

In seinem berühmten Vortrag «Politik als Beruf» hat der Soziologe Max Weber im Oktober 1919 die beiden Parallelbegriffe der «Gesinnungsethik» und der «Verantwortungsethik» geprägt und diese wie folgt unterschieden: Der Gesinnungsethiker handelt aus seiner sittlichen oder religiösen Überzeugung heraus und lässt sich davon auch nicht durch den Hinweis auf mögliche nachteilige Konsequenzen abhalten, der Verantwortungsethiker hingegen bedenkt, «dass man für die (voraussehbaren) Folgen seines Handelns aufkommen muss».[13]

In der deutschen und internationalen Diskussion über die deutsche Asyl- und Flüchtlingspolitik des Jahres 2015 ist dieses Begriffspaar immer wieder zitiert worden, unter anderem von dem niederländischen Politologen René Cuperus, einem der theoretischen Köpfe der sozialdemokratischen Partei der Arbeit. «Wie konnte es passieren», fragte er in einer von der «Süddeutschen Zeitung» Anfang Februar 2016 veröffentlichten Kolumne, «dass die eben noch so vorsichtige Merkel Hals über Kopf und gegen den Geist Max Webers Gesinnungs- über Verantwortungspolitik stellte? Kann es sein, dass Deutschland die Stabilität seiner Gesellschaft aufs Spiel setzt für seine ewige Vergangenheitsbewältigung, für die Wiedergutmachung der Kriegsschuld?»[14]

Dass die Kanzlerin im Sommer 2015 (auch) aus religiöser Überzeugung in der Flüchtlingsfrage so handelte, wie sie es tat, trifft sicherlich zu. Dass ihr dabei die aus einer schuldbeladenen Vergangenheit erwachsene besondere Verantwortung Deutschlands vor Augen stand, ist durchaus wahrscheinlich. Am Abend des 4. September aber hatte wohl ein anderes Motiv größeres Gewicht. Angela Merkel und ihre

Berater fürchteten für den Fall, dass es in ungarischen Lagern zu blutigen Zusammenstößen zwischen Flüchtlingen und Polizei kam, in Deutschland, aber auch jenseits der deutschen Grenzen, einen Aufschrei der Empörung – verbunden mit dem Vorwurf, Deutschland und Österreich hätten das durch etwas mehr Großzügigkeit verhindern können.

Als seit Mitte September 2015 infolge der Schließung der ungarisch-serbischen Grenze die Migranten nicht mehr über Ungarn, sondern über Kroatien und Slowenien nach Österreich und Deutschland strömten, dürfte sich eine andere Befürchtung in den Vordergrund gedrängt haben, nämlich die Angst vor einem «Dominoeffekt»: Musste nicht damit gerechnet werden, dass, beginnend mit dem Schengen-Staat Slowenien, von den Staaten der Balkanroute einer nach dem anderen mit einem gewaltigen Rückstau konfrontiert, dadurch innenpolitisch destabilisiert, vielleicht auch in einen Konflikt mit Nachbarstaaten getrieben werden würde? Als letztes Glied der Kette hätte Griechenland, das schon seit langem von der Flüchtlingskrise überfordert war, die Folgen des Rückstaus tragen müssen: eine Herausforderung, an der das krisengeschüttelte Land zu zerbrechen drohte.

Eine humanitäre Katastrophe entlang der Balkanroute und in der Ägäis erschien im Licht dieser Deutung als nahezu zwangsläufig – und noch ein anderes Debakel: der Zusammenbruch der seit 1995 bestehenden Schengen-Zone, des großen, die meisten EU- und einige weitere Staaten umfassenden Raumes, in dem es für den Personen- und Warenverkehr keine Binnenkontrollen mehr gab. Schengen war, mehr noch als der Euro, zu einem Symbol des neuen Europa geworden: Hier war Freiheit in Gestalt von Reisefreiheit erfahrbar, hier hatte das Gemeinsame, das, was Europa verband, über das Trennende, die Schlagbäume und Zollkontrollen an den Grenzen der Nationalstaaten, gesiegt. Wenn Schengen fiel, war der Zusammenhalt der Europäischen Union bedroht. Als Verursacher dieser und aller anderen Folgen einer deutschen Grenzschließung wäre vermutlich Deutschland an den Pranger gestellt worden. Viele Äußerungen der Bundeskanzlerin Angela Merkel lassen darauf schließen, dass ihr diese Gefahr stets präsent war.

Das Szenario möglicher Entwicklungen, die eintreten konnten, wenn Deutschland und Österreich ihre Grenzen für Flüchtlinge schlossen, war durchaus nicht rundum unrealistisch. Aber es fehlte ihm das notwendige Pendant und damit ein Korrektiv: eine nüchterne Einschätzung der wahrscheinlichen Folgen des Verzichts auf Kontrollen an der Grenze zwischen Deutschland und Österreich. Voraussehbar waren auf europäischer Ebene die zunehmende Isolierung Deutschlands und die Spaltung der EU in der Flüchtlingsfrage, auch der Auftrieb, den der Zustrom von Flüchtlingen nach Kontinentaleuropa den britischen Gegnern eines Verbleibs des Vereinigten Königreichs in der EU und den Nationalisten und Populisten in allen anderen Mitgliedstaaten der Gemeinschaft geben musste.

Innenpolitisch ließ sich schon im Sommer 2015 vorhersehen, dass anhaltend hohe Flüchtlingszahlen die deutsche Gesellschaft politisch polarisieren und dezidiert rechten Kräften wie der AfD neue Anhänger zuführen würden. Leicht zu prognostizieren waren auch die wachsenden Schwierigkeiten, die Städte und Gemeinden haben würden, die große Massen von Flüchtlingen zumindest provisorisch unterbringen mussten, und die Probleme, die Deutschland mit der Integration von ganz überwiegend muslimischen Migranten haben würde. Diese kamen größtenteils aus patriarchalisch, frauenfeindlich, homophob und autoritär geprägten Gesellschaften, in denen Hass auf Andersgläubige und vor allem auf Juden weitverbreitet war, nicht selten auch aus «failing» oder «failed states», in denen eine gewaltsame Austragung von Konflikten an der Tagesordnung war. Auf die deutsche Politik scheinen solche naheliegenden Überlegungen aber keinen Einfluss ausgeübt zu haben. Soweit es im Herbst 2015 in Berlin eine Abwägung der möglichen Folgen des deutsch-österreichischen Vorgehens gab, war diese also nur eine selektive – zu fragmentarisch und spekulativ, als dass man Angela Merkel im Nachhinein eine durchdachte Strategie unterstellen könnte, wie es beispielsweise der Politikwissenschaftler Herfried Münkler tut.[15]

Eine «europäische Lösung» des Flüchtlingsproblems, wie sie von der Kanzlerin seit September 2015 immer wieder beschworen wurde, hätte zweierlei erfordert: eine «gerechte» Umverteilung der Migranten innerhalb der EU und eine effektive Sicherung der Außengrenzen der Gemeinschaft. Anfang 2016 sprach kaum etwas dafür, dass es in absehbarer Zeit zu einer solchen Lösung kommen würde. Eine von der Kommission erstmals im Mai 2015 vorgeschlagene, im September aktualisierte, vom Ministerrat mit qualifizierter Mehrheit beschlossene Quotenregelung zur Entlastung Griechenlands und Italiens war kläglich gescheitert: Von 160 000 umzuverteilenden Flüchtlingen waren bis Anfang Februar 2016 nur knapp 500 in ihren Bestimmungsländern angekommen. Von den acht geplanten «hot-spots» zur Aufnahme, Erstregistrierung und Verteilung von Flüchtlingen in Griechenland und Italien waren im Januar 2016 erst zwei bezugsfertig.

Großbritannien, Irland und Dänemark hatten sich ohnehin durch Protokolle zum Amsterdamer Vertrag von 1997 ein «opt-out» im Bereich der Asylpolitik gesichert und waren allenfalls bereit, freiwillig kleinere Kontingente von Flüchtlingen ins Land zu lassen. Frankreich signalisierte unter dem Eindruck der Pariser Terroranschläge des Jahres 2015, des blutigen Überfalls islamistischer Terroristen auf die Satirezeitschrift «Charlie Hebdo» und einen jüdischen Supermarkt in Paris im Januar und den koordinierten Attentaten mit 130 Toten im November, dass es sich nicht in der Lage sah, weitere muslimische Migranten zu integrieren. Am 13. Februar 2016 stellte Premierminister Manuel Valls auf der alljährlichen Münchner Sicherheitskonferenz unmissverständlich fest, dass sein Land lediglich 30 000 von jenen insgesamt 160 000 Flüchtlingen bei sich aufnehmen werde, die die Kommission seit September 2015 in der EU umzuverteilen versuchte. An einer darüber hinausgehenden Kontingentlösung, wie sie die deutsche Kanzlerin anstrebte, werde Frankreich nicht mitwirken.

Für Deutschland nicht minder gravierend war, dass zwei Staaten, die ihm in der Flüchtlings- und Asylpolitik bisher besonders nahe gestanden hatten, ihren Kurs immer mehr im Sinne des europäischen «mainstream», der Abschottung, korrigierten. Als erstes dieser Länder vollzog Schweden, das sich lange Zeit selbst als «moralische Großmacht» betrachtet und 2014 pro Kopf der Bevölkerung mehr Flüchtlinge aufgenommen hatte als Deutschland, eine Kehrtwende. Der Mitteilung der rot-grünen Minderheitsregierung in Stockholm vom 24. November 2015, dass das Königreich vom Zustrom an Migranten überfordert sei, seine bisherige großzügige Flüchtlingspolitik deshalb aufgeben und die Asylgesetze verschärfen müsse, folgte Anfang Januar die Wiedereinführung der 1954 aufgegebenen Passkontrollen am Öresund: eine für Schweden und Dänemark gleichermaßen belastende, vor allem wirtschaftlich nachteilige Maßnahme, auf die Kopenhagen sofort mit stichprobenweisen Passkontrollen an der Grenze zu Deutschland reagierte. Der Zustrom von Flüchtlingen nach Schweden ging daraufhin drastisch zurück. Ende Januar kündigte Stockholm die Ausweisung von etwa 80 000 Migranten an, die keinen Anspruch auf politisches Asyl oder den Status eines Flüchtlings hatten.

In Österreich, das in der Flüchtlingspolitik ebenfalls zu den Verbündeten Deutschlands gehörte, beschloss die rot-schwarze Koalitionsregierung unter dem sozialdemokratischen Kanzler Werner Faymann auf Drängen der Österreichischen Volkspartei am 20. Januar 2016 die Einführung «degressiver» Obergrenzen für die Aufnahme von Flüchtlingen. 2016 wollte Wien maximal etwa 37 500 Schutzsuchende aufnehmen; bis 2019 sollte die Zahl auf 20 000 sinken. (2015 hatte Österreich noch rund 90 000 Flüchtlinge aufgenommen.) Mitte Februar folgte die Ankündigung, Österreich werde demnächst an seinen Grenzen zu Ungarn, Slowenien und Italien wieder scharfe Grenzkontrollen durchführen. Am 17. Februar teilte Innenministerin Johanna Mikl-Leitner mit, ihr Land werde ab sofort nur noch 80 Flüchtlinge pro Tag aufnehmen und nicht mehr als 3200 Schutzsuchende täglich abfertigen, die nach Deutschland wollten.

Außenminister Sebastian Kurz, wie Mikl-Leitner ein Politiker der ÖVP, hatte sich schon kurz zuvor zum Fürsprecher einer nach Südosten vorgeschobenen Grenzschließung gemacht: zunächst im Sinn eines koordinierten Vorgehens mit Slowenien und Kroatien, dann einer Schließung der mazedonisch-griechischen Grenze – eine Strategie, wie sie auch die vier Mitgliedstaaten der (nach ihrem ersten Tagungsort im Februar 1991, dem ungarischen Višegrad, benannten) Višegradgruppe, Polen, Tschechien, die Slowakei und Ungarn, auf ihrem Jubiläumstreffen in Prag am 14. Februar 2016 propagierten und aktiv förderten. Die absehbare Folge, einen Flüchtlingsstau in Griechenland, nahmen die Befürworter dieses Konzepts, darunter die ebenfalls nach Prag eingeladenen und dort anwesenden Staats- beziehungsweise Regierungschefs von Mazedonien und Bulgarien, billigend in Kauf. Um dieselbe Zeit wurde bekannt, dass Mazedonien und Bulgarien bereits begonnen hatten, die Grenzen zu Griechenland durch hohe Zäune zu sichern.

Polen, das größte Land der Višegrad-Gruppe, stand seit dem Machtwechsel von 2015, der Ablösung der Regierung der liberalkonservativen Bürgerplattform, der Partei von Donald Tusk, durch eine Regierung der nationalkonservativen Partei für Recht und Gerechtigkeit Jarosław Kaczyńskis, zusammen mit Ungarn unter dem ebenfalls nationalkonservativen Viktor Orbán und der Slowakei unter dem nominell sozialdemokratischen Ministerpräsidenten Robert Fico an der Spitze der ostmittel- und südosteuropäischen «Verweigerungsfront» von Staaten, die am liebsten gar keine (und wenn doch, dann keine muslimischen) Flüchtlinge in ihr Land lassen wollten. Auf dem Brüsseler EU-Gipfel vom 17./18. Dezember 2015 wehrten sich Ungarn und Polen gegen einen Beschluss, wonach die Grenzschutzagentur Frontex künftig das Recht haben sollte, äußerstenfalls auch ohne Autorisierung durch den betroffenen Mitgliedstaat Zwangsmaßnahmen zur Sicherung der EU-Außengrenze zu ergreifen. Die Souveränitätsvorbehalte aus Budapest und Warschau hatten zur Folge, dass die Entscheidung in Sachen Frontex bis Juni 2016 vertagt wurde.

Wenig Erfolg hatte die EU auch bei der Suche nach Partnern bei der Sicherung der Außengrenze auf der anderen Seite des Mittelmeers. Die Bemühungen der Vereinten Nationen um die Bildung einer einheitlichen, die Gegensätze der rivalisierenden Regierungen in Tobruk und Tripolis überbrückenden Regierung für Libyen erwiesen sich als äußerst schwierig. Die Folge war, dass der EU ein legitimierter «counterpart» für die erstrebte Zusammenarbeit bei der Rückführung von Flüchtlingen und bei der Bekämpfung des inzwischen auch in Libyen immer weiter vordringenden IS fehlte.

Bei den Verhandlungen mit der Türkei, die von der EU-Kommission sowie von der deutschen Kanzlerin geführt wurden, bremste Italien: Es wollte seinen Anteil an den insgesamt 3 Milliarden Euro, die die EU Ankara für die Versorgung von syrischen Bürgerkriegsflüchtlingen in Aussicht gestellt hatte, nur zahlen, wenn die Kommission verbindlich zusagte, dass die entsprechende Summe nicht auf das italienische Haushaltsdefizit angerechnet werden würde. Erst Anfang Februar 2016 erklärte Ministerpräsident Renzi diese Vorbedingung für erfüllt, so dass ein wichtiges Hindernis auf dem Weg zur Auszahlung der ersten Rate der 3 Milliarden Euro ausgeräumt war.

Die von der Türkei versprochene bessere Kontrolle ihrer Mittelmeerküste hatte bis dahin nur geringe Fortschritte gemacht: Im Winter 2015/16 gelangten noch immer täglich mehrere Tausend Flüchtlinge auf nahegelegene griechische Inseln, allein im Januar rund 70 000. Am 11. Februar 2016 stimmte die Türkei schließlich einem Marineeinsatz der NATO zu, der Griechenland und die Türkei bei der Überwachung ihrer Seegrenze in der Ägäis unterstützen und der Bekämpfung der Schleusernetzwerke dienen sollte. Ankara verpflichtete sich sogar, Flüchtlingsboote, die von den Schiffen des Atlantischen Bündnisses geortet wurden, zur türkischen Küste zurückzubringen und illegal von der Türkei aus auf die griechischen Inseln gelangte Flüchtlinge zurückzuholen. Doch dieses Versprechen war an die Bereitschaft der EU gebunden, der Türkei ein größeres Kontingent von syrischen Bürgerkriegsflüchtlingen abzunehmen. Ob die Gemeinschaft diese Ende November 2015 gegebene Zusage würde einlösen können, war zu diesem Zeitpunkt noch völlig offen.

In Deutschland waren nach amtlichen Angaben im gesamten Jahr 2015 890 000 Asylbegehrende eingetroffen. Das Bamf meldete für 2015 knapp 442 000 Erstanträge auf Asyl; 2014 waren es 173 000 gewesen. Unter den Herkunftsländern rangierte Syrien 2015 mit einem Anteil von 36 Prozent auf dem ersten Platz. Es folgten Albanien mit knapp 12 Prozent, dann Kosovo, Afghanistan und Irak mit jeweils rund 7 Prozent. Nachdem Deutschland die Staaten des westlichen Balkans teils im Juni, teils im Oktober 2015 zu sicheren Herkunftsländern erklärt und vermehrt Abschiebungen dorthin vorgenommen hatte, ging die Zahl der aus Albanien, Kosovo und Serbien kommenden Migranten stark zurück. Dagegen stieg der Anteil derer, die aus Krisenländern des Nahen und Mittleren Ostens, obenan Irak und Afghanistan, aber auch aus Pakistan, sowie aus den Staaten des Maghreb kamen. Im Dezember 2015 war immer noch Syrien das wichtigste Herkunftsland von Flüchtlingen. Auf Platz 2 folgte jetzt Irak, auf Platz 3 Afghanistan.

Um die Jahreswende 2015/16 war die Hilfsbereitschaft der Deutschen immer noch groß, die Zahl und das Engagement der ehrenamtlichen Helfer nach wie vor eindrucksvoll. Dass Deutschland auch 2016 nochmals annähernd eine Million oder sogar noch mehr Flüchtlinge aufnehmen könne, galt jedoch weithin als ausgeschlossen. Auf verbreitetes Unverständnis stießen Migranten aus Ländern, bei denen die Anerkennungsquoten als politisch Verfolgte oder Bürgerkriegsflüchtlinge sehr niedrig lagen, was sowohl für die Westbalkanstaaten als auch für Marokko, Algerien und Tunesien zutraf. Dass junge männliche Nordafrikaner – nicht nur in der berüchtigten Silvesternacht 2015 und nicht nur im weltweit beachteten Fall Köln – bei sexuellen Übergriffen auf Frauen und bei Taschendiebstählen überdurchschnittlich häufig in Erscheinung traten, hatte erheblichen Einfluss auf die allgemeine Stimmung gegenüber Migranten in Deutschland. Meinungsumfragen verzeichneten wachsende Unzufriedenheit mit der Flüchtlingspolitik der Bundesregierung, sinkende Zustimmungsraten für die Koalitionsparteien, besonders die CDU/CSU, und wachsenden Zulauf zur AfD. Die Zeiten, in denen Deutschland als nahezu «populismusfreie Zone» gegolten und sich eben dadurch von fast allen anderen Mitgliedstaaten der EU unterschieden hatte, waren offensichtlich vorbei.

Dass Deutschland allen Grund hatte, sich in der Flüchtlingsfrage innerhalb der EU zunehmend isoliert zu fühlen, hatte Ursachen, die hinter die akute Krise zurückreichten. Eine gemeinsame Asylpolitik der Europäischen Union war in den vorangegangenen Jahren auch an Berlin gescheitert. Als erst Italien, dann Griechenland die Hauptlast der «boat people» zu tragen hatten, war ihnen von Deutschland keine Solidarität zuteil geworden und eine Umverteilung abgelehnt worden. Im Spätsommer 2015 kam die mit der EU und den unmittelbaren Nachbarn nicht abgestimmte Öffnung der deutschen und österreichischen Grenzen für Flüchtlinge hinzu, die auf der Balkanroute nach Mitteleuropa gelangt waren. Vielleicht wäre das Echo auf den deutschen Ruf nach Solidarität in der Flüchtlingsfrage weniger verhalten gewesen, hätte es diese Vorgeschichte nicht gegeben.

Aber Deutschland wurde 2015 auch damit konfrontiert, dass kein anderes europäisches Land ein individuelles Grundrecht auf Asyl kannte. Falls Deutschland geglaubt hatte, auf diesem Gebiet ein Modell für Europa werden zu können, war das eine Illusion gewesen. Wenn die EU an der Asyl- und Flüchtlingsfrage nicht zerbrechen sollte, musste ihr größtes Mitgliedsland lernen, auf diesem sensiblen Gebiet weder sich selbst noch andere zu überfordern.

Am 18./19. Februar 2016 fand in Brüssel der EU-Gipfel statt, auf dem eine gemeinsame europäisch-türkische Antwort auf das Flüchtlingsproblem, genauer gesagt das Problem *der* Migranten gefunden werden sollte, die von der Türkei aus über die Ägäis nach Europa kamen. Ein Terroranschlag in Ankara am 17. Februar, bei dem 29 Tote und über 60 Verletzte zu beklagen waren, durchkreuzte die Terminplanung. Da der türkische Ministerpräsident Davutoğlu seinen Besuch in Brüssel kurzfristig absagen musste, wurde die Thematik auf einen Sondergipfel am 7. März verschoben.

In der Zwischenzeit schuf Mazedonien in Abstimmung mit Österreich und den westlichen Balkanstaaten vollendete Tatsachen an der Grenze zu Griechenland: Die Balkanroute wurde faktisch gesperrt. Praktisch hieß das, dass Mazedonien nur noch wenige hundert Flüchtlinge pro Tag, und zwar nur solche aus Syrien und Irak, durchließ; seit Anfang März durften von den syrischen Bürgerkriegsflüchtlingen nur noch diejenigen aus der Umgebung der heftig umkämpften Stadt Aleppo, aber nicht mehr solche aus der Hauptstadt Damaskus die Grenze passieren. Skopje reagierte damit auf die Waffenruhe in Syrien, die am 27. Februar auf Grund von Vereinbarungen zwischen den Außenministern der USA und Russlands, Kerry und Lawrow, in Kraft getreten war und seitdem im Großen und Ganzen eingehalten wurde, so dass erstmals Hoffnungen auf eine Beendigung des syrischen Bürgerkriegs aufkamen.

Wer nicht aus Syrien und Irak kam, hatte damit keinerlei Chance mehr, auf der bisherigen Balkanroute dorthin zu gelangen, wo fast alle hinwollten: nach Deutschland. Ausgesperrt waren also Migranten aus Afghanistan, Pakistan und den Staaten des Maghreb, den Hauptherkunftsländern der «Sonstigen». Infolge der mazedonischen Maßnahmen stauten sich seit Ende Februar auf der griechischen Seite die Flüchtlinge in der Nähe des Grenzübergangs Idomeni. Ihre Zahl wuchs bis Anfang März auf etwa 13 000. In ganz Griechenland belief sich die Zahl der Flüchtlinge um diese Zeit nach Athener Angaben auf 33 000, nach Schätzung des Internationalen Roten Kreuzes auf 50 000.

Am 29. Februar kam es in Idomeni zu massiven Angriffen auf den Grenzzaun, die von der mazedonischen Polizei mit Tränengasbomben abgewehrt wurden. Am 3. März richtete der Ständige Ratspräsident der EU, Donald Tusk, von Athen aus einen dramatischen Appell an alle potenziellen Wirtschaftsflüchtlinge, nicht nach Europa zu kommen, nicht den leeren Versprechungen der Schlepper zu glauben und ihnen nicht Geld und Leben anzuvertauen.[16] Die harte Haltung Mazedoniens und der anderen Westbalkanstaaten stieß zwar bei der EU auf Kritik, gleichzeitig wurde aber immer deutlicher, dass die große Mehrheit der Mitgliedstaaten die Wirkung der Grenzschließung, die Sperrung der Balkanroute, billigte.

Widersprüchlich wirkte vor allem die Haltung Deutschlands. Einerseits distanzierte sich die Bundeskanzlerin vom Vorgehen Wiens und seiner Verbündeten, andererseits lehnte sie es ab, die in Griechenland festsitzenden Flüchtlinge, analog zur deutsch-österreichischen Übereinkunft vom 4./5. September des Vorjahres, in Deutschland aufzunehmen und damit die «Politik des Durchwinkens» fortzusetzen.[17] Der Eindruck einer deutschen Doppelzüngigkeit war schwer von der Hand zu weisen: Berlin scheute sich zwar, das Scheitern der eigenen Politik, die Offenhaltung der Balkanroute, einzuräumen, bejahte aber das Ergebnis der Grenzschließung, die von der Kanzlerin versprochene substantielle Verminderung der Flüchtlingszahlen. Tatsächlich kamen in den ersten Märztagen nie mehr als 500 Flüchtlinge pro Tag über die deutsch-österreichische Grenze nach Deutschland.

Angela Merkel versuchte, den Widerspruch dadurch aufzulösen, dass sie statt der mazedonisch-griechischen Grenze die Seegrenze zwischen Griechenland und der Türkei, also die Außengrenze der EU und des Schengenraumes, schließen wollte. Die Türkei aber hatte, entgegen ihren Zusagen vom November 2015, bisher so gut wie nichts getan, um Migranten von der Überquerung der Ägäis abzuhalten. Wenige Tage vor dem Brüsseler Sondergipfel brachte die Regierung in Ankara, gestützt auf ein äußerst fragwürdiges Gerichtsurteil, «Zaman», die größte Tageszeitung des Landes, ein oppositionelles, dem mit Staatspräsident Erdoğan verfeindeten, im amerikanischen Exil lebenden islamischen Prediger Fethullah Gülen nahestehendes Blatt, durch eine Polizeiaktion unter ihre Kontrolle: ein Schritt, der ebenso wenig mit der von der Türkei angestrebten, von der EU zugesagten Intensivierung und Beschleunigung der Beitrittsverhandlungen zusammenpasste wie der Einsatz von Gummigeschossen bei der gewaltsamen Beendigung einer Frauendemonstration im Vorfeld des Internationalen Frauentages am 6. März in Istanbul. Dazu kam das brutale Vorgehen der türkischen Führung im Kampf gegen die als terroristisch eingestufte kurdische PKK im Südosten Anatoliens: eine Politik, in der viele Beobachter eine mögliche Ursache weiterer Migrationsströme nach Europa sahen.

Ob die Berliner Regierungschefin sich mit ihrer Linie in Brüssel würde durchsetzen können, hing also von einem Land ab, dem sie aus guten Gründen bislang keine Vollmitgliedschaft in der EU zugestehen wollte – ein Widerspruch, dessen Auflösung der Quadratur des Kreises nahekam. Die Schwäche der Gegenposition, wie sie die von Wien geführte Staatengruppe vertrat, lag darin, dass sie zum Zusammenbruch des ohnehin krisengeschüttelten Griechenland, seiner Verwandlung in einen «failed state», zu führen drohte. Auch deswegen wehrte sich die Berliner Kanzlerin gemeinsam mit Kommissionspräsident Juncker dagegen, die Schließung der Balkanroute im Abschlussdokument des Brüsseler Sondergipfels, wie im Entwurf von Donald Tusk vorgesehen, als Tatsache anzuerkennen. Eine solche Feststellung hätte sich freilich auch als Beleg dafür lesen lassen, dass die EU Merkels bisherige Politik in der Flüchtlingsfrage für gescheitert hielt – eine Deutung, mit der die Kanzlerin nicht einverstanden sein konnte.

Der türkische Ministerpräsident Ahmet Davutoğlu trat vor und während der Ratssitzung betont selbstbewusst auf. Er unterbreitete seinen Kollegen das Angebot, künftig alle illegal in die EU gelangten Migranten zurückzunehmen, sofern die Gemeinschaft ihrerseits bereit war, erstens ebenso viele syrische Bürgerkriegsflüchtlinge aus der Türkei zu übernehmen, wie sie an syrischen Bootsflüchtlingen in die Türkei zurückschickte, zweitens der Türkei zusätzlich zu den bereits vereinbarten 3 Milliarden Euro bis 2018 weitere 3 Milliarden zur Linderung der Not in den Flüchtlingslagern zu zahlen, drittens die Visapflicht für türkische Staatsbürger bis Ende 2016 aufzuheben und viertens den Beitrittsverhandlungen durch die Eröffnung weiterer Kapitel neuen Schwung zu verleihen. Der Vorschlag Davutoğlus war in der Nacht zuvor mit Merkel und dem niederländischen Ministerpräsidenten Mark Rutte, dem turnusmäßigen Ratsvorsitzenden, abgestimmt worden: ein Umstand, der bei einigen Staats- und Regierungschefs ein Gefühl der Überrumpelung hervorrief.

Der Sondergipfel ging kurz nach Mitternacht ohne konkrete, geschweige denn definitive Beschlüsse zu Ende. Im Abschlusskommuniqué fehlte die ausdrückliche Feststellung, die Balkanroute sei geschlossen. Stattdessen hieß es, bei den irregulären Migrationsströmen entlang der Westbalkanroute «sei nun das Ende erreicht». Insofern hatte sich die Kanzlerin gegen die Mehrheit des Europäischen Rats, darunter auch François Hollande, durchgesetzt. Am Sachverhalt selbst, der Sperrung der griechisch-mazedonischen Grenze, gab es aber nichts zu deuteln. Griechenland wurde zum Ausgleich die Hilfe der Gemeinschaft bei der Versorgung und Unterbringung der Flüchtlinge versprochen.[18]

Den von Merkel nachdrücklich unterstützten «EU-Türkei-Aktionsplan», das Ergebnis der internen Beratungen mit Davutoğlu, konnten oder wollten die Staats- und Regierungschefs jedoch wegen einer Reihe von ungeklärten Punkten am 7. März noch nicht verabschieden. «Begrüßt» wurden lediglich seine Eckpunkte, was Angela Merkel in der anschließenden Pressekonferenz zu der Bewertung veranlasste, der Europäische Rat sei einen qualitativen Schritt weitergekommen. Ihre Bemerkung, «viele» sähen in dem Ergebnis der Beratungen einen «Durchbruch», ließ aber nur den Schluss zu, dass das nicht für alle galt.[19]

Tatsächlich war noch vieles offen, obenan die Verteilung der aus der Türkei zu übernehmenden Flüchtlinge innerhalb der EU und die Finanzierung des von Ankara geforderten Solidarbeitrags von insgesamt 6 Milliarden Euro. Über diese und andere «Details» sollte auf dem nächsten regulären Gipfel in der folgenden Woche, am 17./18. März, entschieden werden. Dass einige Mitgliedstaaten, darunter Frankreich, in Sachen Visafreiheit für Türken noch starke Bedenken hegten, war eines der Probleme, um die sich Donald Tusk, der Ständige Ratspräsident, in den nächsten Tagen bemühen musste. Bereits am 8. März trafen sich die Regierungschefs der Türkei und Griechenlands, Davutoğlu und Tsipras, in Izmir, um die künftige bilaterale Zusammenarbeit bei der Rückführung von Flüchtlingen zu regeln.

Zu dem vom Berliner Regierungslager erhofften «großen Wurf» hatte sich der Brüsseler Sondergipfel nicht durchringen können. In CDU/CSU und SPD wurden auch Bedenken gegen das große Entgegenkommen laut, das Merkel gegenüber der zunehmend autoritär regierten Türkei gezeigt hatte. Doch es gab nun immerhin einen Plan zur Eindämmung der illegalen Migration, der eine «deutsche Handschrift», die der Kanzlerin, trug und von dem man hoffen konnte, dass er zusammen mit den deutlich gesunkenen Flüchtlingszahlen dazu beitragen würde, die Anziehungskraft der rechtspopulistischen Alternative für Deutschland zu mindern, die inzwischen den Kampf gegen die Migration zu ihrem Hauptthema gemacht hatte und als die Protestpartei schlechthin auftrat. Am Sonntag vor dem Gipfel, dem 6. März, hatte die AfD bei den Kommunalwahlen in Hessen auf Anhieb einen Stimmenanteil von 11,9 Prozent erreicht, womit sie zur drittstärksten Partei nach CDU und SPD aufstieg und die Grünen auf den vierten Platz verwies. Umfragen zufolge waren bei den drei Landtagswahlen, die am 13. März in Sachsen-Anhalt, Baden-Württemberg und Rheinland-Pfalz anstanden, ebenfalls hohe Stimmengewinne der AfD zu erwarten. Die «etablierten» Parteien hatten allen Grund, dem «Supersonntag» mit bangen Gefühlen entgegenzusehen.

Tatsächlich erreichte die AfD am 13. März in allen drei Bundesländern zweistellige Ergebnisse: in Sachsen-Anhalt 24,3, in Baden-Württemberg 15,1, in Rheinland-Pfalz 12,6 Prozent. In Sachsen-Anhalt stieg sie damit zur zweitstärksten, in den beiden anderen Ländern zur drittstärksten Partei auf. Die CDU verlor überall, am stärksten in Baden-Württemberg, an Stimmen; nur in Sachsen-Anhalt ging sie als stärkste Partei aus den Wahlen hervor. In allen drei Ländern hatten sich die Spitzenkandidaten der CDU mehr oder minder deutlich von der Flüchtlingspolitik der Parteivorsitzenden und Bundeskanzlerin abgesetzt, um die Wählerwanderung nach rechts einzudämmen, damit aber offenbar auch viele Anhänger vor den Kopf gestoßen. In Baden-Württemberg profitierten die Grünen von der großen persönlichen Popularität des Ministerpräsidenten Winfried Kretschmann. In Rheinland-Pfalz verhalf die ebenfalls sehr beliebte Ministerpräsidentin Malu Dreyer ihrer Partei, der SPD, die in den beiden anderen Ländern zweistellige Verluste erlitt, zu moderaten Gewinnen. In allen drei Ländern verloren die bisher regierenden Koalitionen – in Sachsen-Anhalt CDU und SPD, in Baden-Württemberg Grüne und SPD, in Rheinland-Pfalz SPD und Grüne – ihre parlamentarische Mehrheit. Allgemein wurden die Wahlen als «Denkzettel» für die Berliner Koalition aus CDU/CSU und SPD und als Beleg dafür gewertet, dass der Rückhalt für die Flüchtlingspolitik Angela Merkels, vor allem in der Anhängerschaft ihrer eigenen Partei, dahinschwand.

Fünf Tage nach den drei Landtagswahlen in Deutschland, am 18. März 2016, trafen in Brüssel die Staats- und Regierungschefs der EU erneut zu Verhandlungen mit der Türkei zusammen. Diese erbrachten eine Einigung auf der Grundlage des Papiers, das auf dem Gipfel vom 11./12. März diskutiert worden war. Um bis Ende Juli 2016 in den Genuss der Visafreiheit zu kommen, musste Ankara allerdings noch 72 gesetzliche und technische Anforderungen der EU erfüllen. Das wichtigste Ergebnis war, dass Ministerpräsident Davutoğlu versprach, bereits vom 20. März ab Flüchtlinge, die illegal vom anatolischen Festland aus auf eine der vorgelagerten griechischen Inseln gelangt waren, zurückzunehmen, während sich die EU darauf festlegte, bis zu einer Obergrenze von 72 000 ebenso viele Flüchtlinge aus der Türkei zu übernehmen, die von dort irregulär nach Griechenland gekommen waren. Soweit diese nicht in Griechenland Asyl beantragten, verloren sie das Recht, in die EU zurückzukehren.

Seitens der deutschen Bundesregierung und vor allem der CDU wurde diese Abmachung als großer Erfolg der Bundeskanzlerin gewürdigt. Das war nicht rundum falsch, aber doch in hohem Maß ergänzungsbedürftig: Das Brüsseler Ergebnis war vor allem auf den Druck zurückzuführen, den Österreich und die Balkanstaaten auf Griechenland wie auf die Europäische Union ausgeübt hatten. Mazedonien ließ mittlerweile keinerlei Migranten mehr die Grenze passieren. *Das* war der entscheidende Grund sowohl für die geringe Zahl von Asylsuchenden, die sich im April noch an der deutsch-österreichischen Grenze meldeten, als auch für die kontinuierlich sinkende Zahl von Bootsflüchtlingen in der Ägäis.

Am Montag, den 4. April 2016, begann, wie vereinbart, der Migrantenaustausch: Von Lesbos und Chios aus wurden rund 200 Flüchtlinge, die meisten von ihnen aus Pakistan, Afghanistan und Marokko, in die Türkei zurückgebracht; von der Türkei aus kamen erste Gruppen von syrischen Bürgerkriegsflüchtlingen auf dem Luftweg nach Deutschland und in die Niederlande, außerdem 339 Bootsflüchtlinge von Anatolien aus auf griechische Inseln. In den Tagen darauf gab es keine weiteren Rücktransporte von Griechenland in die Türkei, weil inzwischen viele Flüchtlinge Asyl in Griechenland beantragt hatten, was eine Prüfung ihrer Anträge erforderlich machte. Da die kleine griechische Asylbehörde damit völlig überfordert war, hatten andere Mitgliedstaaten der EU Athen großzügige personelle Unterstützung versprochen. Tatsächlich war bis Anfang April 2016 nur ein kleiner Teil der zugesagten Kräfte in Griechenland eingetroffen (32 von insgesamt 400 Experten, Dolmetscher nicht mitgerechnet), so dass von einer zügigen Umsetzung des «EU-Türkei-Deals» vorerst keine Rede sein konnte.

Als einer der ernstesten Streitpunkte zwischen Ankara und Brüssel erwiesen sich rasch die türkischen Anti-Terror-Gesetze, die so gehalten waren, dass sie jederzeit auch als Waffe gegen unliebsame Kritiker der regierenden AKP genutzt werden konnten. Eine Novellierung, die rechtsstaatlichen Erfordernissen Rechnung trug, war eine der 72 Bedingungen, die die Türkei erfüllen musste, wenn sie in den Genuss der Visafreiheit gelangen wollte. Erdoğan wies diese Forderung schroff zurück und ließ auch in einem Gespräch, das er am 23. Mai anlässlich des Weltnothilfegipfels der Vereinten Nationen in Ankara mit der deutschen Bundeskanzlerin führte, keinerlei Entgegenkommen erkennen, so dass an ein Inkrafttreten der Visafreiheit am 1. Juli 2016 nicht mehr zu denken war.

Auch für die nähere Zukunft war mit einer Liberalisierung der türkischen Haltung nicht zu rechnen. Vielmehr deutete alles auf eine Verschärfung der autoritären Tendenzen hin. Ende Mai hob das Parlament mit verfassungsändernder Mehrheit die Immunität aller Abgeordneten auf, gegen die die Staatsanwaltschaft Ermittlungen führte – eine Maßnahme, die sich einseitig gegen die Volksvertreter aus den Reihen der prokurdischen HDP richtete. Der als relativ unabhängig geltende Regierungschef Davutoğlu wurde kurz darauf erst als Vorsitzender der AKP, dann als Ministerpräsident von dem bisherigen Verkehrsminister Binali Yildirim, einem Erdoğan unbedingt ergebenen Politiker, abgelöst. Seine vornehmliche Aufgabe bestand darin, die Umwandlung der Türkei in ein Präsidialregime voranzutreiben. Gleichzeitig wurde die Pressefreiheit immer mehr eingeschränkt. Anfang Mai verurteilte ein Gericht auf persönliches Betreiben Erdoğans zwei Journalisten der unabhängigen Zeitung «Cumhuriyet» in erster Instanz wegen angeblichen Geheimnisverrats zu mehrjährigen Haftstrafen.

Die Türkei entfernte sich im Frühjahr 2016 geradezu demonstrativ von dem, was die EU als ihre grundlegenden Werte betrachtete. Damit rückte nicht nur ein positiver Abschluss der Beitrittsverhandlungen in immer weitere Ferne. Es erschien auch zunehmend zweifelhaft, ob sich die Zusammenarbeit in der Flüchtlingsfrage so entwickeln würde, wie es zwischen beiden Seiten im März 2016 vereinbart worden war. Erdoğans wiederholte Drohungen, er werde den «Flüchtlings-Deal» platzen lassen, wenn Brüssel die Gewährung der Visafreiheit blockiere, schienen in der EU aber kaum noch jemanden zu beeindrucken.

Am 2. Juni 2016 verabschiedete der Deutsche Bundestag fast einstimmig eine schon im Vorjahr geplante, dann aus Rücksicht auf die deutsch-türkischen Beziehungen vertagte Entschließung, in der die Massaker an den Armeniern im Ersten Weltkrieg als Völkermord bezeichnet und neben der Schuld des Osmanischen Reiches auch die Mitschuld seines wichtigsten Verbündeten, des Deutschen Reiches, hervorgehoben wurde. Vor der Abstimmung hatte Erdoğan Deutschland nachdrücklich vor einem solchen Schritt gewarnt und mit ernsten Konsequenzen für den Fall gedroht, dass der Bundestag sich über diesen Appell hinwegsetzen würde.

Nach der Beschlussfassung in Berlin wurde der türkische Botschafter nach Ankara zurückbeordert. Einer ersten, vergleichsweise maßvollen Reaktion von Ministerpräsident Yildirim folgte am 5. Juni eine massive Attacke von Präsident Erdoğan auf die türkischstämmigen Bundestagsabgeordneten, die der Resolution zugestimmt hatten: Ihr Blut sei verdorben, sie seien der verlängerte Arm der Terroristen der PKK in Deutschland.[20] Bei einigen dieser Parlamentarier, darunter dem Vorsitzenden der Grünen, Cem Özdemir, gingen Anfang Juni vermehrt anonyme Morddrohungen türkischer Nationalisten ein; sie erhielten daraufhin Personenschutz seitens der deutschen Sicherheitsbehörden. Die Weigerung der offiziellen Türkei, sich dem dunkelsten Kapitel ihrer Geschichte, dem Genozid an den Armeniern, zu stellen, schlug sich im Hass auf die vermeintlichen «Renegaten» nieder, die auf die befreiende Kraft eines ehrlichen Umgangs mit der nationalen Vergangenheit setzten.

Am 6. Juni kam aus Ankara die überraschende Mitteilung, das Flüchtlingsabkommen bedürfe noch der Beschlussfassung im Kabinett; der Ratifikationsprozess sei also noch nicht abgeschlossen. Die kaum verhüllte Drohung, von den getroffenen Vereinbarungen zurückzutreten, wurde in der EU gelassen aufgenommen. Zwischen März und Anfang Juni 2016 hatte die Türkei erst 441 Flüchtlinge aus Ländern der EU übernommen. Das lag auch daran, dass die griechischen Behörden und Gerichte bislang kaum syrische Flüchtlinge in die Türkei zurückgeschickt hatten. Die Zahl der Migranten, die aus der Türkei auf eine der griechischen Inseln gelangt waren, lag Ende Mai/Anfang Juni im Tagesdurchschnitt bei 48. Zusammen mit der Sperrung der Balkanroute hatte der bloße Abschluss des EU-Türkei-Abkommens eine abschreckende Wirkung erzielt. Die Gefahr, dass die Europäische Union sich von Erdoğan politisch erpressen lassen könne, war im Frühsommer 2016 geringer als ein Vierteljahr zuvor.

Im Monat darauf geriet das Verhältnis zwischen der EU und der Türkei erneut in eine tiefe Krise. In der Nach vom 15. zum 16. Juli 2016 unternahmen Teile des Militärs einen dilettantisch vorbereiteten, mit der Sorge um Menschenrechte und Demokratie begründeten Putschversuch. Unterstützt von Massendemonstrationen seiner Anhänger gelang es Präsident Erdoğan binnen 24 Stunden, die Umsturzbewegung niederzuschlagen.

In den ersten Tagen danach wurden nicht nur Tausende von Offizieren und Soldaten verhaftet, sondern auch ein Fünftel aller Richter und Staatsanwälte vom Dienst suspendiert, Zehntausende von Beamten, namentlich Professoren und Lehrer, entlassen oder suspendiert, zum Teil auch verhaftet, regimekritischen privaten Schulen und Hochschulen sowie nichtstaatlichen Rundfunk- und Fernsehsendern die Lizenzen entzogen. Wissenschaftler und Hochschullehrer durften die Türkei bis auf weiteres nicht mehr verlassen. Sie alle wurden verdächtigt, mit der Bewegung um den in die USA emigrierten Prediger Fethullah Gülen zu sympathisieren, den Erdoğan und die AKP zum eigentlichen Drahtzieher des Putsches erklärten. Die Ankündigung des Präsidenten, das Parlament müsse sich mit der Wiedereinführung der Todesstrafe befassen, wurde in Brüssel wie in Berlin umgehend mit der Feststellung gekontert, dass eine solche Verfassungsänderung mit einer Mitgliedschaft in der EU nicht vereinbar wäre.

Am Abend des 20. Juli folgte die Verhängung des Ausnahmezustands für drei Monate, wodurch die Exekutive nahezu diktatorische Vollmachten erhielt. Zwar musste das Parlament die Maßnahmen der Regierung billigen, doch dort besaß die Partei des Präsidenten eine ausreichende Mehrheit. Beschwerden beim Verfassungsgericht waren hingegen nicht möglich. Um Widerständen dieses Verfassungsorgans vorzubeugen, waren zudem bereits unmittelbar nach dem gescheiterten Coup zwei seiner missliebigen Richter auf Befehl des Präsidenten verhaftet worden. Der Ausnahmezustand gestattete es der Regierung, massiv gegen oppositionelle Medien vorzugehen: So wurden etwa am 27. Juli 45 Zeitungen, 15 Zeitschriften, 29 Verlagshäuser, 23 Radio- und 16 Fernsehsender geschlossen. Von der EU kamen nur verhaltene Proteste gegen das, was allgemein als Erdoğans «Gegenputsch» betrachtet wurde: Nichts sollte geschehen, was dem unberechenbaren Präsidenten als Vorwand dienen konnte, den «Flüchtlings-Deal» aufzukündigen.

In den europäischen Hauptstädten war man sich voll bewusst, dass mit der Schließung der Balkan- und der Ägäis-Route, wenn sie denn gelang, das Migrationsproblem noch längst nicht gelöst war. Allgemein wurde mit einem starken Anschwellen des Flüchtlingsstromes von Libyen nach Italien gerechnet. Anlass zur Hoffnung, dass die Europäische

Union bald Vereinbarungen über eine Rückführung von Flüchtlingen mit einem legitimierten Ansprechpartner in Libyen treffen könne, gab es immerhin. Ende März war der von den westlichen Demokratien und zumindest einem Teil der konkurrierenden Regierungen in Tobruk und Tripolis anerkannte Präsidentschaftsrat unter Fajis al-Sarradsch, von Tunesien kommend, auf dem Seeweg in die Marinebasis Abu Sitta bei Tripolis gelangt, wo er sein vorläufiges Quartier aufschlug. Am 6. April erklärte der Chef der völkerrechtlich nicht anerkannten Regierung in Tripolis, die zunächst gegen diesen Schritt protestiert hatte, den Rücktritt seines Kabinetts; zwei Tage später relativierte er diese Erklärung. Dass die erstrebte Einheitsregierung mit der EU in der Flüchtlingsfrage zusammenarbeiten würde, war anzunehmen: Die gemäßigten Kräfte Libyens waren dringend auf westliche Hilfe im Kampf gegen den IS angewiesen, der in den Jahren zuvor seine Bastionen in dem nordafrikanischen Land immer weiter ausgebaut hatte.

Doch so sehr sich der Sondervermittler der Vereinten Nationen, der deutsche Diplomat Martin Kobler, darum bemühte, der neuen Einheitsregierung zu mehr Rückhalt im eigenen Land zu verhelfen, die hartnäckige Obstruktion des «starken Mannes» des Tobruk-Lagers, des von Ägypten, den Vereinigten Arabischen Emiraten und Russland unterstützten Generals Khalifa Haftar, vermochte er nicht zu überwinden. Am 16. Mai 2016 stellte eine von 21 Staaten, darunter den USA, Russland, den anderen Ständigen Mitgliedern des Sicherheitsrats der Vereinten Nationen sowie Deutschland, Italien, Spanien und den Staaten des Maghreb, beschickte Außenministerkonferenz in Wien der Regierung Sarradsch eine Lockerung des 2011 verhängten Waffenembargos in Aussicht. Aber ebenso wie die Hilfszusagen der USA und der EU hing die Verwirklichung dieses Versprechens so lange in der Luft, wie die Einheitsregierung über keine wirkliche Autorität verfügte.[21]

Die kriminellen Schleuserbanden nutzten das libysche Machtvakuum, um seit dem Frühjahr 2006 vermehrt Migranten, die nach Italien gelangen wollten, auf untauglichen Schlauch- oder Holzbooten aufs offene Meer zu schicken. Nur dank des Einsatzes von Schiffen der EU (Operation «Sophia»), der italienischen Küstenwache, von NGOs und anderen freiwilligen Helfern erreichte ein Teil von ihnen einen italienischen Hafen; zwischen Januar und Ende Mai 2016 waren es etwa 34 000. Die Zahl derer, die beim Versuch, das Mittelmeer zu überqueren, ertranken, ging erneut in die Tausende; in den ersten fünf Monaten des Jahres 2016 waren es bereits über 2000. Ein Ende des menschlichen Dramas war nicht in Sicht. Die Migrationsbewegungen blieben auch nach Schließung der Balkanroute die größte humanitäre Herausforderung der Europäischen Union.

Von deutscher Führung wurde seit dem Sommer 2015 kaum noch gesprochen. Deutschland hatte sich in der Flüchtlingsfrage weitgehend isoliert und besaß ebenso wenig wie andere Mitgliedstaaten der EU oder die Brüsseler Kommission eine langfristig angelegte Strategie für den Umgang mit diesem Problem. Dass in Deutschland seitens der Linken im weitesten Sinn auch in Sachen Asylrecht eher gesinnungs- als verantwortungsethisch argumentiert wurde, konnte auswärtige Beobachter nicht überraschen. Erstaunen erregte dagegen, dass die als Pragmatikerin bekannte Bundeskanzlerin sich zumindest zeitweilig kaum anders verhielt und damit in ihrer Partei mehr Zustimmung als Widerspruch fand.

Die interkonfessionellen Unionsparteien galten als *die* konservative Partei Deutschlands, aber verglichen mit den konservativen Parteien des Kaiserreichs und der Weimarer Republik repräsentierten sie, salopp gesagt, einen «weichgespülten» Konservativismus. Im Gegensatz zu den Deutschnationalen der Zeit vor 1933 waren sie niemals nationalistisch, sondern immer proeuropäisch, ja seit den Tagen Adenauers *die* deutsche Europapartei gewesen. Unter dem Vorsitz von Angela Merkel hatte alles, was am politischen Profil der CDU noch konservativ war, sich weiter abgeschliffen – und eben damit das politische Vakuum geschaffen, in das die AfD zu stoßen versuchte.

Das Dilemma des sozialdemokratischen Koalitionspartners der Unionsparteien lag zum Teil darin, dass er keinesfalls eine Position «rechts» von der CDU beziehen wollte. In den Schwankungen der Parteiführung spiegelten sich aber auch die Widersprüche in der Einschätzung des Flüchtlingsproblems zwischen der Mitgliedschaft, der sogenannten Basis, und großen Teilen des Funktionärskörpers: Einer überwiegend skeptischen Beurteilung der Chancen, Flüchtlinge in großer Zahl erfolgreich in die deutsche Gesellschaft zu integrieren, stand die Berufung auf das verpflichtende Erbe der internationalen Solidarität gegenüber. Ein ähnlicher Gegensatz durchzog die Partei Die Linke. Die Grünen, am solidesten von allen Parteien im «postmateriellen Milieu» verankert, wollten sich von niemandem an Gesinnungsfestigkeit übertreffen lassen. Aber auch in der Flüchtlingsfrage war der alte Gegensatz zwischen «Realos» und «Fundis» allgegenwärtig.

«Europa kann nicht von Berlin aus regiert werden»: So lautet das Fazit, das der britische Politologe Hans Kundnani im Oktober 2015 im Nachwort zur deutschen Ausgabe seines Buches «The Paradox of German Power» aus den Krisen der jüngsten Zeit und vor allem aus der Flüchtlingskrise zog.[22] Maß man die deutsche Politik an ihrem Anspruch, stets auf die Vereinbarkeit von deutschen und europäischen Interessen zu achten, wirkte das, was von offizieller Seite im Sommer und Herbst 2015 gesagt und getan wurde, alles andere als konsistent. Zum Alleingang der Bundesregierung kam verstärkend die Neigung der Opposition und eines Teils der Medien, in der Flüchtlingsfrage Deutschland eine besonders hohe Moral zu bescheinigen, anderen Nationen also zumindest implizit Abweichungen vom rechten Weg vorzuhalten. Das Echo bei den Nachbarn war fast durchgängig negativ. Am Fehlschlag der Bemühungen, Europa in der Flüchtlingspolitik auf die deutschen Vorstellungen festzulegen, gab es seit der Jahreswende 2015/16 nichts mehr zu deuteln.

9.
IN VIELFALT VEREINT?

Früher sei alles viel einfacher gewesen in Europa, so hört man oft. Früher, das heißt in der vermeintlich guten alten Zeit des «Europas der Sechs», die sich zuerst, 1952, in der Montanunion, und dann, 1957, in der Europäischen Wirtschaftsgemeinschaft, zusammengeschlossen hatten. Zwischen Frankreich, der Bundesrepublik Deutschland, Italien und den drei Benelux-Staaten gab es damals in der Tat mehr Übereinstimmung in grundsätzlichen Fragen, vor allem dem Bekenntnis zu einer «immer engeren Gemeinschaft» im Sinne von fortschreitender Integration, als später, nach 1973, dem Jahr, in dem drei Staaten des nordwestlichen Europa – Großbritannien, Irland und Dänemark – hinzukamen, ganz zu schweigen von den Erweiterungsrunden der folgenden Jahrzehnte, namentlich denen nach Osten zwischen 2004 und 2013.

Was die Pioniere der westeuropäischen Einigung nach 1945 verband, war das, was man heute ihr gemeinsames «Narrativ» nennen würde: eine große Erzählung von den Lehren aus zwei Weltkriegen. Im Zentrum stand der Gedanke «Nie wieder Krieg zwischen Europäern!» Nachdem ein exzessiver Nationalismus den alten Kontinent an den Rand der Selbstzerstörung gebracht hatte, sollte Europa sich auf das besinnen, was es im Innersten zusammenhielt: seine humanistischen und christlichen Traditionen, die als das gemeinsame Fundament der westeuropäischen Nachkriegsdemokratien betrachtet wurden. Wenn Europa jemals wieder eine positive Rolle in der Welt spielen und sich gegenüber den neuen Flügelmächten, den Vereinigten Staaten von Amerika und der Sowjetunion, behaupten wollte, bedurfte es eines engen, möglichst föderativen Zusammenschlusses: Das war das Credo von Politikern wie dem Franzosen Robert Schuman, dem Deutschen Konrad Adenauer, dem Italiener Alcide De Gasperi und dem Belgier Paul-Henri Spaak, die nach 1945 in politische Schlüsselpositionen ihrer Länder gelangt waren.

Dass es auch schon in den späten vierziger und den fünfziger Jahren Politiker gab, die sehr viel stärker in nationalen Kategorien dachten, davon war bereits die Rede.[1] Besonders stark war ihr Rückhalt in Frankreich, was sich im August 1954 zeigte, als die Pariser Nationalversammlung das Projekt einer Europäischen Verteidigungsgemeinschaft zu Fall brachte, und erst recht nach der Rückkehr des «Befreiers» von 1944, des Generals de Gaulle, an die Macht im Jahr 1958.

Harte Auseinandersetzungen hätte es in der EWG aber auch dann gegeben, wenn in Frankreich nicht 1958 die Vierte von der Fünften Republik abgelöst worden wäre. Die Interessen der westdeutschen Exportindustrie unterschieden sich nun einmal stark von denen der französischen Landwirtschaft, und die Interessen zwischen deutschen und französischen Landwirten waren auch nicht deckungsgleich. De Gaulle aber war es, der einen Streit um gemeinsame Agrarpreise Anfang Juli 1965 auf die Spitze trieb, indem er die französischen Vertreter aus den Organen der EWG zurückzog. Die «Politik des leeren Stuhls» endete erst im Januar 1966 mit dem «Luxemburger Kompromiss»: der Verständigung auf einen Zeitplan für die Agrarfinanzierung und die Vollendung der Zollunion sowie ein «agree to disagree» in der umstrittenen Frage von Mehrheitsentscheidungen im Ministerrat. Frankreich setzte durch, dass, wenn ein Land bedeutsame nationale Interessen geltend machte, die Beratungen solange fortgesetzt werden sollten, bis ein einstimmiges Einvernehmen erreicht war. Damit war das Prinzip der Einstimmigkeit auf absehbare Zeit festgeschrieben.[2]

Dass der Ausgleich unterschiedlicher Interessen umso schwieriger werden würde, je mehr Staaten der Europäischen Gemeinschaft angehörten, war leicht vorherzusagen. Auch deswegen hatte sich Charles de Gaulle (während seiner Amtszeit mit Erfolg) der Aufnahme Großbritanniens in die EG widersetzt. Sein dritter Nachfolger im Amt des Staatspräsidenten, François Mitterrand, sah in der (im Juni 1989 grundsätzlich beschlossenen) Schaffung einer gemeinsamen Währung ein Mittel sowohl zur Festigung des europäischen Zusammenhalts als auch der Eindämmung der deutschen Wirtschafts- und Finanzmacht. Beide Erwartungen erfüllten sich nicht: Die Bundesrepublik konnte ihre ökonomische Vormachtstellung nach der Wiedervereinigung und der Ablösung der DM durch den Euro weiter ausbauen; die gemeinsame Währung hat weniger zur Überwindung nationaler Gegensätze als zu ihrer Verschärfung beigetragen.

Im Zuge der Finanz- und Schuldenkrise nach 2008 wurde es üblich, von einem Nord-Süd-Gegensatz innerhalb der Eurozone zu sprechen. Zum «Norden» gehörten die Länder, die sich durch Haushaltsdisziplin auszeichneten und ihre Schuldentragfähigkeit nicht aus dem Blick verloren. Der «Süden» stand für einen laxen Umgang mit Budgetdefiziten und Staatsverschuldung. Gemeint waren mit dem Begriff Süden in erster Linie die Länder des Mittelmeerraums, zu denen im weiteren Sinn auch Frankreich gerechnet wurde. Dem Norden wurden Deutschland, Österreich, die Niederlande, Luxemburg, Finnland, die baltischen Staaten, die Slowakei und Slowenien zugeschlagen. Geographische «Ausrutscher» waren auf der einen Seite Malta, das sich wie ein Nordland, auf der anderen Seite Belgien und Irland, die sich, zumindest zeitweise, wie Südländer verhielten. Beliebt war und ist auch eine nur grosso modo richtige religionssoziologische Verortung: Der Süden ist überwiegend katholisch, der Norden eher protestantisch geprägt. Mitzudenken ist dabei die Assoziation von katholisch gleich lebensfroh und von protestantisch gleich streng.

Im Gegensatz zu den Skeptikern, die die Eurozone für viel zu heterogen hielten, um dauerhafte Stabilität verbürgen zu können, maßen die Pioniere der gemeinsamen Währung den unterschiedlichen historischen Prägungen der Mitgliedstaaten keine große Bedeutung bei. Sie setzten auf die Bereitschaft aller Beteiligten, sich an die vereinbarten Regeln in Sachen Haushaltsdefizit und Staatsverschuldung zu halten: eine, wie sich bald zeigen sollte, illusorische Erwartung. Knapp zwei Jahrzehnte nach der Einführung des Euro ist die Harmonisierung der Haushalts-, Fiskal- und Wirtschaftspolitiken noch immer ein unvollendetes Projekt: Der historische Kompromiss, dessen es bedürfte, um den unfruchtbaren Streit zwischen Austeritäts- und Wachstumsbefürwortern zu überwinden, ist noch nicht gefunden.[3]

Während die Krise der Eurozone Differenzen zwischen Nord und Süd sichtbar machte, enthüllte die Flüchtlingskrise einen fortdauernden Ost-West-Gegensatz innerhalb der Europäischen Union. Die Staaten, auf die nach dem Zweiten Weltkrieg der Begriff «westliche Demokratien» zutraf, hatten allesamt Erfahrungen mit der Zuwanderung von Menschen nicht nur aus anderen europäischen Ländern, sondern auch aus anderen Weltgegenden und Kulturen sammeln können. Die Staaten des Ostblocks hingegen blieben gegen Migrationsbewegungen abgeschottet; sie waren Aus- und keine Einwanderungsgesellschaften. Das größte dieser Länder, Polen, war erst durch die erzwungenen Aus- und Umsiedlungen der Jahre nach 1945 zu einem ethnisch weithin homogenen Nationalstaat geworden. Mit Einschränkungen, die sich aus dem binationalen Charakter der ČSSR ergaben, galt das auch für den tschechischen Teil der Tschechoslowakei, das heutige Tschechien.

Anders war die Situation in den drei baltischen Staaten, die 1940 von der Sowjetunion annektiert worden waren und bis 1990/91 Sowjetrepubliken gebildet hatten. In allen gab es beträchtliche russische Minderheiten (in Lettland etwa 29, in Estland 26, in Litauen um 6 Prozent), die erst nach dem Verlust der staatlichen Unabhängigkeit dort angesiedelt worden waren. Ihre nationale Identität zu erhalten und ihre wiedergewonnene Souveränität möglichst ungeschmälert zu bewahren: In dieser Absicht waren sich die ostmittel- und südosteuropäischen Staaten einig, und von ihr ließen sie sich leiten, als sie zwischen 2004 und 2013 Mitglieder der EU wurden.

Eine Abwehrhaltung gegenüber der Aufnahme von Flüchtlingen aus außereuropäischen Ländern war ein gemeinsames Merkmal der «Neuen» in der Europäischen Union, wobei es durchaus Unterschiede gab: Die ehemalige jugoslawische Teilrepublik Slowenien und die baltischen Staaten verhielten sich kooperativer als Ungarn, Tschechien und die Slowakei. Polen wechselte erst nach dem Machtwechsel vom Herbst 2015, dem Übergang von einer liberalkonservativen zu einer nationalkonservativen Regierung, in das Lager der «Hardliner» über.

Auch sonst bildeten die sogenannten «Osteuropäer» keine Einheit – wobei schon dieser im Westen nach wie vor beliebte Begriff ein Relikt des Kalten Krieges und völlig ahistorisch ist. Zu Osteuropa im kulturgeographischen Sinn gehören Russland, Weißrussland und der Osten der Ukraine. Die acht kontinentaleuropäischen Staaten, die 2004 Mitglieder der EU wurden, waren ein Teil Mitteleuropas und damit des alten Okzidents, des westkirchlichen oder lateinischen Europa. Sie waren durch gemeinsame Rechtstraditionen und enge kulturelle Kommunikation miteinander und mit dem übrigen Okzident verbunden. Der byzantinisch-orthodoxe Osten und Südosten Europas hatte dagegen frühzeitig Wege eingeschlagen, die sich von denen des lateinischen Europa deutlich unterschieden.

Es war daher kein Zufall, dass die Aufnahme von zwei orthodox geprägten Ländern Südosteuropas, Bulgarien und Rumänien, in die EU im Jahre 2007 der Gemeinschaft größere Probleme bereitete als die der acht ostmitteleuropäischen Staaten drei Jahre zuvor. Bulgarien und Rumänien waren nicht nur sehr viel ärmer als die Länder der ersten Runde der Osterweiterung, sie litten auch in sehr viel höherem Maß als diese unter Korruption und organisierter Kriminalität. Ein von der EU-Kommission immer wieder angeprangerter Missstand war die fehlende Unabhängigkeit des Justizapparates, der weithin noch der der kommunistischen Zeit war. Die Schwäche der rechtsstaatlichen Tradition hatte aber noch ältere Wurzeln: Rumänien und Bulgarien hatten, darin Griechenland ähnlich, nicht an den mittelalterlichen Gewaltenteilungen des alten Okzidents, der Trennung von geistlicher und weltlicher sowie von fürstlicher und ständischer Gewalt, teilnehmen können, ebenso wenig an den Emanzipationsprozessen der frühen Neuzeit von der Renaissance über die Reformation bis zur Aufklärung, die der Geschichte des Westens ihren Stempel aufdrückten. Die «Neuen» von 2007 waren vielmehr geprägt durch das Erbe der Orthodoxie und der osmanischen Herrschaft – ein Erbe, das ihnen den Weg in die westliche Moderne erschwerte.[4]

In beiden Ländern war es fehlende Energie im Kampf gegen Korruption und organisierte Kriminalität, die bereits 2008, im Jahr nach ihrer Aufnahme in die EU, dazu führte, dass die Kommission ihnen

Fördermittel in Millionenhöhe strich und sie auf Betreiben Deutschlands und Frankreichs nicht in die Schengen-Zone aufgenommen wurden. In Rumänien provozierte der neue sozialdemokratische Ministerpräsident Victor Ponta im Sommer 2012 einen Konflikt mit der EU, als er den konservativen Staatspräsidenten Traian Băsescu staatsstreichartig durch einen Beschluss der Volksvertretung von der Ausübung seiner Amtsbefugnisse suspendieren und durch eine Notverordnung die Verfassung ändern ließ, um eine Amtsenthebung des Präsidenten durch ein Referendum zu erleichtern: Die für diesen Fall vorgesehene Mindestbeteiligung von 50 Prozent der registrierten Wähler wurde aufgehoben. Die EU-Kommission erzwang die Rückkehr zum alten Quorum und brachte das Referendum dadurch zum Scheitern. Ponta musste weiter mit Băsescu «kohabitieren», setzte aber seine Politik fort, die auf die Aushöhlung der Gewaltenteilung und die Gleichschaltung der Justiz abzielte. Von der Staatsanwaltschaft der Geldwäsche und der Steuerhinterziehung beschuldigt, konnte sich Ponta, gestützt auf seine «linke» Parlamentsmehrheit, noch bis Anfang November 2015 im Amt des Regierungschefs behaupten.

Rumänien und Bulgarien waren nicht die einzigen unter den «neuen» Mitgliedern der EU, deren innere Entwicklung der Kommission als «Hüterin der Verträge» und allen proeuropäischen Kräften Sorge bereitete. Die meisten einschlägigen Schlagzeilen produzierte nach 2010 ein Land des östlichen Mitteleuropa, an dessen Zugehörigkeit zum alten Okzident es nichts zu deuteln gab: Ungarn. Im April 2010 war der nationalkonservative Fidesz (Bund Junger Demokraten) unter Viktor Orbán, dem Ministerpräsidenten der Jahre 1998 bis 2002, mit einem Stimmenanteil von fast 53 Prozent und einer Zweidrittelmehrheit der Sitze als strahlender Sieger aus den Parlamentswahlen hervorgegangen. Orbán kultivierte wie schon in seiner früheren Amtszeit das «Trianontrauma» seiner Nation, die durch den Friedensvertrag von 1920 zwei Drittel ihres historischen Territoriums verloren hatte, mit Hilfe einer großungarischen Rhetorik. Er bekämpfte den Einfluss liberaler und linker Medien durch restriktive Gesetze und, soweit es ihm möglich war, durch Personalveränderungen in seinem Sinn.

Eine im April 2011 verabschiedete neue Verfassung schrieb eine

Reihe umstrittener, auch vom Verfassungsgericht beanstandeter Neuerungen so fest, dass sie nur noch mit Zweidrittelmehrheit abgeschafft werden konnten. Die Präambel erhob die Stephanskrone zum eigentlichen Träger der ungarischen Souveränität und zum Symbol der nationalen Kontinuität. Es folgten ein Wahlgesetz, das der Machtsicherung des Fidesz diente, und ein Gesetz, das die Zentralbank unter die Kontrolle der Regierung zu bringen suchte. Einige Neuerungen musste Orbán unter dem Druck der EU-Kommission und der Europäischen Zentralbank zurücknehmen. Aber das gelang nur, weil der Regierungschef auf die Hilfe der EU angewiesen war, wenn er die ernsten wirtschaftlichen und finanziellen Probleme seines Landes nicht weiter verschärfen wollte.

Um sich die Justiz und vor allem das Verfassungsgericht gefügig zu machen, ließ Orbán im März 2012 270 ältere Richter in den vorgezogenen Ruhestand versetzen und durch jüngere ersetzen, von denen die Regierung keinen Widerspruch zu erwarten hatte. Zwar zwang ein Urteil des Europäischen Gerichtshofs vom November 2012 die Regierung Orbán, diese Maßnahme zumindest teilweise rückgängig zu machen. Die Ersetzung von Richtern des Verfassungsgerichts, deren Amtszeit auslief, durch Parteigänger des Fidesz ging aber unverändert weiter. Durch eine Verfassungsänderung entzog das Parlament außerdem dem Staatspräsidenten die Befugnis, die Verfassungsmäßigkeit von Gesetzen zu überprüfen, und beschränkte sein Prüfungsrecht auf das formell korrekte Zustandekommen von Gesetzen. Begleitet wurde die Demontage des Prinzips der «checks and balances» durch eine entschieden antiliberale Kulturpolitik, wozu auch die Zurückdrängung des Einflusses liberaler und linker Juden auf das Kulturleben gehörte. Bei den Parlamentswahlen vom April 2014 verlor die Partei des Ministerpräsidenten zwar fast 8 Prozentpunkte gegenüber der Wahl von 2010, kam aber auf Grund einer Änderung des Wahlgesetzes dennoch nahe an eine Zweidrittelmehrheit der Parlamentssitze heran.

An der längerfristigen Stoßrichtung seiner konservativen Revolution ließ Orbán keinen Zweifel aufkommen. Am 26. Juli 2014 bekannte er sich in einer vielbeachteten Rede im rumänischen Băile Tuşnad, auf ungarisch Tusnádfürdö, dem Sitz einer ungarischen Sommerakademie für Intellektuelle und Politiker, zu dem Ziel, Ungarn in eine «arbeitsbasierte Gesellschaft» zu verwandeln, die die «liberale Demokratie» hinter sich lasse und sich als «illiberaler Staat» verstehe. Als Vorbilder nannte er Staaten wie Singapur, China, Indien, Russland und die Türkei, die deswegen erfolgreich seien, weil sie sich nicht am Modell der liberalen Demokratie orientierten.[5]

Orbáns Attacken auf den liberalen Westen ähnelten zunehmend denen Wladimir Putins: eine Parallele, die zu ziehen der ungarische Ministerpräsident in seiner Rede vom 26. Juli 2014 förmlich einlud. Die von ihm errichtete Ordnung eine Diktatur oder ein autoritäres Regime zu nennen, ginge dennoch zu weit. Orbán hütete sich, einen Bruch mit der EU zu provozieren, auf die er materiell geradezu existenziell angewiesen war. Was er bis Mitte der zehner Jahre hervorgebracht hatte, war ein System, das Kai-Olaf Lang, ein Experte der Berliner Stiftung für Wissenschaft und Politik, im Januar 2015 zutreffend als «einen konfrontativen, antagonistischen Typus der Mehrheitsdemokratie mit Machtzentralisierung und geschwächter Verfassungsgerichtsbarkeit» beschrieben hat.[6]

Was es zwischen 2010 und 2014 an Brüsseler Interventionen in den Fällen Rumänien und Ungarn gab, ging meist auf Initiativen der agilen Justizkommissarin Viviane Reding, einer Christdemokratin aus Luxemburg, zurück. Der große Aufschrei der beiden größten Fraktionen des Europäischen Parlaments aber blieb aus. Viktor Orbán konnte sich im Ernstfall darauf verlassen, dass ihm seine Parteifamilie, die Europäische Volkspartei, gegen Angriffe von links Rückendeckung geben würde. Bei Victor Ponta waren es die Europäischen Sozialdemokraten und Sozialisten, auf deren Solidarität er rechnen durfte.

Wenn es um den Verdacht auf Verstöße gegen die Kopenhagener Beitrittskriterien von 1993 oder den Lissabonner Vertrag von 2009 ging, war in erster Linie die EU-Kommission zuständig. Nach der De-facto-Parlamentarisierung der Kommissionsspitze im Gefolge der Europawahl von 2014 hielt sich die Kommission mit Rügen an die Adressen der Regierungschefs in Bukarest und Budapest im Allgemeinen zurück. Die Vermutung lag nahe, dass das auch aus Rücksicht auf die beiden größten Fraktionen des Europäischen Parlaments geschah, denen die Parteien von Ponta und Orbán angehörten. Vorwürfe, dass sie damit ihre Aufgaben als «Hüterin der Verträge» verletze, brauchte die Kommission seitens ihrer beiden wichtigsten parlamentarischen Stützen unter diesen Bedingungen kaum zu befürchten.

Die Schonung, die Orbán seitens der EU zuteil wurde, dürfte die Ansteckungsgefahr vergrößert haben, die von Ungarn ausging. In Polen zeigte sich Jarosław Kaczyński, der Chef der Partei Recht und Gerechtigkeit (PiS) und Ministerpräsident der Jahre 2006/07, von der Konsequenz beeindruckt, mit der in Ungarn nationalkonservative Politik betrieben wurde. Er hatte sich bereits mehrfach öffentlich dazu bekannt, Warschau zu einem «Budapest an der Weichsel» zu machen, und stimmte sich nach dem Triumph «seines» Kandidaten in der Präsidentenwahl vom Mai 2015, Andrzej Duda, und dem Wahlsieg der PiS bei der Parlamentswahl vom Oktober desselben Jahres eng mit Orbán ab.

Das galt freilich nur für die Innenpolitik. Außenpolitisch gab es zwischen den beiden Politkern eine markante Differenz: Orbán hatte sich nicht nur als Bewunderer des «Putinismus» profiliert, er tat sich auch als Befürworter einer außenpolitischen Annäherung an Moskau hervor und trat für die Aufhebung der Sanktionen ein, die die EU nach der Annexion der Krim im März 2014 gegen Russland verhängt hatte. Kaczyński dagegen war seit jeher ausgeprägt «russophob». Er verdächtigte sogar die russische Führung, den Flugzeugabsturz von Smolensk im April 2010 herbeigeführt zu haben, bei dem Staatspräsident Lech Kaczyński, der Zwillingsbruder von Jarosław, ums Leben gekommen war. Der Regierung des Ministerpräsidenten Donald Tusk und seiner liberalkonservativen Bürgerplattform warf das PiS-Lager eine Vertuschung der damaligen Ereignisse vor.

Ihren Wahlerfolg verdankte die PiS aber wohl weniger ihren nationalistischen Parolen als ihren sozialen Versprechungen. Ganz oben rangierten dabei die Erhöhung des Mindestlohnes, ein Kindergeld (für einkommensschwache Familien vom ersten, für alle anderen vom zweiten Kind ab), eine kostenlose medizinische Versorgung für Menschen ab 75 Jahren und die Ersetzung des Versicherungsprinzips durch eine steuerfinanzierte Gesundheitsversorgung. Die Frage der Finanzierung blieb zwar weithin offen, doch für viele, die sich als Opfer des «neoliberalen» Transformationsprozesses empfanden, waren die einschlägigen Ankündigungen der PiS Grund genug, ihr die Stimme zu geben.

Die neue polnische Regierung, an deren Spitze nicht Kaczyński, sondern die bis dahin weithin unbekannte Beata Szydło trat, ließ nach ihrem Amtsantritt am 16. November 2015 keine Zeit verstreichen, um in Polen eine nationalkonservative Wende herbeizuführen. Am 2. Dezember wählte der Sejm, das Unterhaus des polnischen Parlaments, mit der absoluten Mehrheit der PiS fünf neue Verfassungsrichter. Die Opposition protestierte heftig. Im Oktober waren von der damaligen Mehrheit, der von der Bürgerplattform geführten Koalition, fünf Richter gewählt worden, die Staatspräsident Duda aber noch nicht vereidigt hatte. Die neuen Richter hingegen vereidigte er unverzüglich: vier noch in der Nacht vom 4. zum 5. Dezember; am 8. Dezember folgte die Vereidigung des fünften neuen Gerichtsmitglieds, einer bei der ersten Runde verhinderten Richterin. Das Verfassungsgericht hatte inzwischen, am 3. Dezember, ein Urteil verkündet, wonach der alte Sejm nur drei der fünf Richter hätte wählen dürfen, der neue die restlichen zwei. Das Verfassungsgericht schwor lediglich die beiden Richter ein, die der neue Sejm hatte wählen dürfen. Korrekt gewählt, vereidigt und eingeschworen waren damit nur zwölf von den 15 Richtern, die laut Gesetz dem Verfassungsgericht angehören sollten.

Für die Regierung der PiS waren die Wahl und Vereidigung der neuen Richter nur *ein* Schritt zur Einschränkung der Macht des Verfassungsgerichts. Am 22. Dezember beschloss der Sejm, zwei Tage später der Senat eine Novelle zum Gesetz über das Verfassungsgericht. Künftig mussten die Verhandlungen des Gerichts in Anwesenheit von 13 der 15 Richter geführt werden (und nicht, wie bisher, von mindestens acht, also der Mehrheit). Alle Entscheidungen bedurften einer Zweidrittel- statt wie bis dahin einer einfachen Mehrheit. Alle Fälle waren künftig in der chronologischen Reihenfolge des Eingangs der Anträge zu behandeln, also ohne Rücksicht auf die Bedeutung der jeweiligen Streitfrage. Außerdem sollte zwischen der Anrufung des Gerichts und der Verkündung des Urteils eine Frist von drei bis sechs Monaten liegen. Die Frage, ob das Verfassungsgericht unter diesen

Bedingungen überhaupt noch arbeitsfähig war, stellte sich nicht nur der Opposition und großen Teilen der Öffentlichkeit. Sie musste sich auch jedem unparteiischen Beobachter aufdrängen.

In der Öffentlichkeit nicht weniger umstritten war der Versuch der Regierung Szydło, die öffentlich-rechtlichen Medien, also Rundfunk und Fernsehen, ihrer Kontrolle zu unterwerfen. Am 30. Dezember 2015 verabschiedete der Sejm, tags darauf der Senat mit der Mehrheit der PiS eine Gesetzesnovelle, wonach nicht mehr der pluralistisch zusammengesetzte Landesrundfunk- und Fernsehrat die Mitglieder des Vorstands und des Aufsichtsrats der öffentlich-rechtlichen Sender bestimmte, sondern der Schatzminister. Die bisherigen Mitglieder von Vorstand und Aufsichtsrat verloren mit dem Inkrafttreten des neuen Gesetzes ihre Sitze. Scharfe Proteste der Opposition und der Journalistenverbände folgten der Verabschiedung des Gesetzes auf dem Fuß. Die Direktoren von vier Programmen des öffentlich-rechtlichen Fernsehens erklärten, um der Entlassung zuvorzukommen, ihren Rücktritt. Die EU-Kommission forderte die polnische Regierung auf, zur Vereinbarkeit des neuen Mediengesetzes mit dem EU-Recht Stellung zu nehmen.

Wenige Monate nach dem Machtwechsel vom Herbst 2015 schien Polen auf dem besten Weg, zu einem zweiten Ungarn zu werden. Doch es gab unübersehbare Unterschiede zwischen den beiden ostmitteleuropäischen Ländern. Orbáns Fidesz verfügte über einen breiten Rückhalt in der Bevölkerung und im Parlament fast über eine Zweidrittelmehrheit, Kaczyńskis PiS hatte in der Wahl vom Oktober 2015 lediglich 37,6 Prozent der Stimmen und nur auf Grund einer Besonderheit des polnischen Wahlgesetzes eine absolute Mehrheit der Sitze erreicht. In Ungarn war die parlamentarische Opposition aus Sozialisten und Liberalen hoffungslos diskreditiert, seit im September 2006 eine Rede des Ministerpräsidenten der Jahre 2004 bis 2009, des Sozialisten Ferenc Gyurcsány, bekannt geworden war, in der dieser in zum Teil unflätiger Form zugegeben hatte, dass er die Bevölkerung über den Ernst der wirtschaftlichen Lage getäuscht, ja schlicht belogen hatte.

Der polnischen Bürgerplattform von Donald Tusk und seiner Nachfolgerin Ewa Kopacz konnte man zwar vorwerfen, dass sie zuletzt allzu abgehoben regiert und zu wenig Sensibilität für die alltäglichen

Sorgen der Bevölkerung gezeigt habe, aber als abgewirtschaftet und korrupt ließ sich die nunmehr zweitstärkste Partei des Landes nicht abstempeln. In Polen gab es zudem in höherem Maß als in Ungarn eine kämpferische liberale Presse und eine aktive Zivilgesellschaft, an ihrer Spitze das neugegründete «Komitee zur Verteidigung der Demokratie», das seit Dezember 2015 immer wieder Zehntausende auf die Straßen Warschaus und anderer großer Städte brachte, um gegen die Beschneidung der Rechte des Verfassungsgerichts und der Meinungsvielfalt in den Medien zu protestieren. Zudem war in Polen mit antieuropäischen Parolen nichts auszurichten: In keinem anderen neuen Mitgliedstaat gab es so viel Zustimmung zur EU wie hier.

Den Kritikern der neuen polnischen Regierung kam zugute, dass die PiS, anders als der Fidesz, nicht dem Verbund der konservativen und christdemokratischen Parteien, der Europäischen Volkspartei, sondern der kleineren Gruppe der Europäischen Konservativen und Reformisten angehörte, der sich auch die britischen Tories angeschlossen hatten. Das erleichterte es der EVP und der EU-freundlichen Mehrheit des Europäischen Parlaments, der Regierung der PiS schärfer gegenüberzutreten als der Partei Orbáns. Am 13. Januar 2016 teilte der für Fragen der Rechtsstaatlichkeit zuständige stellvertretende Kommissionspräsident, der niederländische Sozialdemokrat Frans Timmermans, mit, dass die EU-Kommission entsprechend dem im März 2014 beschlossenen «Rechtsstaats-Grundwertemechanismus» gegen Polen ein Verfahren zum Schutz der Rechtsstaatlichkeit einleiten werde. Zu prüfen sei, ob in dieser Hinsicht Gefahren bestünden und die Regierung in Warschau zur Änderung aufgefordert werden müsse.

Zuvor schon, am 24. Dezember 2015, war bekannt geworden, dass das polnische Außenministerium den Europarat um eine Einschätzung der Reform der Verfassungsgerichtsbarkeit gebeten hatte, was auf ein Tätigwerden der Venedig-Kommission hinauslief – eines im März 1990 geschaffenen, unabhängigen Expertengremiums, das die jungen Demokratien in Ostmittel- und Südosteuropa in verfassungspolitischen Fragen beraten sollte. Auf das politische Handeln von Regierung und Parlament aber blieb das, was in Brüssel und Straßburg beraten und vorbereitet wurde, zunächst ohne Einfluss: Ende Januar beschlossen Sejm und Senat ein Gesetz, das dem Justizminister die Funktion des Generalstaatsanwalts übertrug und auf diese Weise die Staatsanwaltschaft unter seine Kontrolle brachte.

Am 26. Februar schloss die Venedig-Kommission einen Zwischenbericht ab. Er wurde allen 47 Mitgliedstaaten zugestellt und sickerte infolgedessen sofort durch, so dass die größte liberale Tageszeitung Polens, die «Gazeta Wyborcza», tags darauf den Text veröffentlichen konnte, was wiederum wütende Proteste des Justizministers Zbigniew Ziobro auslöste. Die beteiligten Juristen aus fünf europäischen Staaten und den USA kamen zu dem Ergebnis, dass der neue Sejm kein Recht hatte, die drei Verfassungsrichter, die der alte Sejm hatte wählen dürfen, an der Ausübung ihrer Ämter zu hindern. Auch das Gesetz über das Verfassungsgericht verfiel der Ablehnung. Es gefährde die Herrschaft des Rechts, bedrohe die Funktionsfähigkeit des demokratischen Systems, bringe die Menschenrechte in Gefahr, weil es sowohl das Recht auf ein faires Verfahren als auch die Fähigkeit des Gerichts, die Achtung der Menschenrechte in der nationalen Gesetzgebung sicherzustellen, nicht mehr gewährleisten könne. Besonders kritisierten die Gutachter die Erhöhung des Quorums bei Entscheidungen, das Erfordernis der Zweidrittelmehrheit bei Urteilen und die Bestimmung, Fälle nicht nach ihrer Wichtigkeit, sondern nach der Reihenfolge des Antragseingangs zu bearbeiten. Das Fazit war eindeutig: Das Gesetz war zu Unrecht beschlossen worden und musste aufgehoben werden.

Eineinhalb Wochen nach der unautorisierten Veröffentlichung des Straßburger Zwischenberichts, am 9. März 2016, entschied das polnische Verfassungsgericht mit neun gegen zwei Stimmen, dass das Gesetz zur Reform des Verfassungsgerichts verfassungswidrig war, also keine Gültigkeit besaß. Die Regierung Szydło erklärte daraufhin ihrerseits, das Urteil sei gesetzwidrig zustande gekommen und verweigerte mit dieser Begründung die Inkraftsetzung durch Veröffentlichung im Amtsblatt. Zwei Tage später, am 11. März, legte die Venedig-Kommission ihren von sechs europäischen und amerikanischen Juristen verfassten, einstimmig beschlossenen Abschlussbericht vor. Er wich in der Sache nicht von der vorläufigen Einschätzung der Experten ab. Der Bericht forderte die polnische Regierung auf, von jeder Schwächung des Verfassungsgerichts abzusehen, weil andernfalls Demokratie, Menschenrechte und Rechtsstaatlichkeit untergraben würden. Die Weigerung der Regierung, das jüngste Urteil des Verfassungsgerichts zu veröffentlichen, sei ein noch nicht dagewesener Schritt, der die Verfassungskrise vertiefen würde. Daraus leitete sich die Aufforderung ab, die Regierung möge das Urteil sofort veröffentlichen und in Kraft setzen.

Im gleichen Sinn äußerten sich am 4. April der Generalsekretär des Europarats, Thorbjørn Jagland, und tags darauf der Stellvertretende Präsident der EU, Frans Timmermans, bei Besuchen in Warschau. Doch die Regierung Szydło dachte nicht daran, einzulenken. Am 6. April wurde bekannt, dass Justizminister Ziobro in einem Brief an den Präsidenten des Verfassungsgerichts, Andrzej Rzepliński, dem Gericht jede Legitimation abgesprochen und den Richtern Konsequenzen für den Fall angedroht hatte, dass sie weiter urteilten wie bisher. Ziobros Stellvertreter Patryk Jaki bekräftigte am 7. April erneut, dass das Urteil des Verfassungsgerichts nicht veröffentlicht werde. Gleichzeitig sprach er sich für eine Verfassungsänderung aus, damit künftig das Parlament mit Zweidrittelmehrheit Urteile des Verfassungsgerichts aufheben könne.

Im Mai 2016 spitzte sich die Krise zu. Am 18. Mai erklärte die EU-Kommission, sie werde weitere Schritte gegen Polen einleiten, wenn die Regierung in Warschau ihre Haltung im Streit um das Verfassungsgericht nicht korrigiere. Die Frist, bis zu der entsprechende Vorschläge erwartet wurden, lief am 23. Mai aus. Kurz darauf gelangten Meldungen über den ernsten Ton der Brüsseler Ermahnungen sowie über angebliche Zugeständnisse der Ministerpräsidentin Szydło an die Öffentlichkeit: Die korrekt gewählten Richter sollten demnach vereidigt und die umstrittenen Urteile des Verfassungsgerichts offiziell im Amtsblatt veröffentlicht werden. Das PiS-Lager protestierte prompt gegen die Brüsseler Indiskretionen und versicherte, Polen werde sich keinem Ultimatum beugen.

Hinter den Kulissen wurde gleichwohl weiterverhandelt. Am 23. Mai traf der Vizepräsident der Kommission, Frans Timmermans, zu einem «Blitzbesuch» in Warschau ein. Inhaltliche Fortschritte erbrachten weder die Gespräche, die Timmermans bei dieser Gelegenheit mit der polnischen Regierungschefin und Justizminister Ziobro führte, noch ein Telefonat mit Szydło in der folgenden Woche. Am 1. Juni richtete der stellvertretende Kommissionspräsident ein mahnendes Schreiben an die Ministerpräsidentin, in dem aufgelistet wurde, was es unter rechtsstaatlichen Gesichtspunkten an der Reform der Verfassungsgerichtsbarkeit zu beanstanden gab. Für eine Antwort wurde der polnischen Regierung eine Frist von zwei Wochen gesetzt.

Damit bewegte sich die Kommission noch immer in der ersten Phase des Prüfverfahrens im Rahmen des Rechtsstaatsmechanismus, der «Bewertung». Erst wenn diese Phase abgeschlossen war, konnte die Kommission in der zweiten Phase eine «Empfehlung» an das Mitgliedsland aussprechen. Blieben die daraufhin getroffenen Maßnahmen hinter den Erwartungen der Kommission zurück, konnte diese nach Ablauf der gesetzten Frist, der dritten Phase («follow-up»), mit den im Lissabon-Vertrag vorgesehenen Sanktionen beginnen.

Die Vorsicht der Kommission mochte auch damit zu tun haben, dass man in Brüssel kurz vor dem britischen EU-Referendum am 23. Juni keinen Eklat mit Polen wünschte. Zudem stand längst fest, dass die Verhängung von Sanktionen nach Artikel 7 des Lissabon-Vertrags, bis hin zum Entzug des Stimmrechts, im Fall Polen eine leere Drohung war. Die Voraussetzung entsprechender Maßnahmen war ein einstimmiger Beschluss des Europäischen Rats, wonach das betreffende Mitgliedsland die Werte der EU schwerwiegend und nachhaltig verletzt habe. Der ungarische Ministerpräsident Viktor Orbán hatte aber bereits erklärt, dass er einem solchen Schritt nicht zustimmen werde.

Die Warschauer Regierung spielte ihrerseits auf Zeit. Am 19. Dezember 2016 endete die Amtszeit des als «oppositionell» eingestuften Präsidenten des Verfassungsgerichts, Andrzej Rzepliński. Die PiS-Mehrheit ging davon aus, dass sein Nachfolger «kooperativer» sein würde als der Amtsinhaber. Wenn es gelang, die EU-Kommission bis zur Wahl des neuen Präsidenten hinzuhalten, war schon viel gewonnen. Eine Niederlage im Machtpoker mit Brüssel schien das Kaczyński-Lager einstweilen jedenfalls nicht zu befürchten.

Die zweiwöchige Frist, die Timmermans am 1. Juni der Warschauer Regierung gesetzt hatte, verstrich, ohne dass über die polnische Reaktion etwas bekannt wurde. Dagegen erregte der Europaratskommissar für Menschenrechtsfragen, der Lette Nils Muižnieks, Mitte Juni Aufsehen mit Bemerkungen, die er anlässlich der Vorstellung eines offiziellen Berichts machte. Er sprach von der «Erosion der Rechtsstaatlichkeit» in Polen und mahnte die Verantwortlichen, die Urteile des Verfassungsgerichts und die Empfehlungen der Venedig-Kommission zügig umzusetzen. Die Regierung in Warschau wies die entsprechenden Passagen des Berichts und die Erläuterungen des Kommissars umgehend als einseitig und ungerechtfertigt zurück. Nach dem 23. Juni, dem Tag des britischen Referendums, verschwand der polnische Verfassungskonflikt vorübergehend aus den Schlagzeilen. Polen war von dem Votum der Briten gegen eine weitere Mitgliedschaft in der EU besonders betroffen: Etwa 850 000 Staatsangehörige, die im Vereinigten Königreich lebten und dort meist gut in den Arbeitsmarkt integriert waren, gingen einer ungewissen Zukunft entgegen.

Zwei Wochen nach dem britischen Referendum, am 7. Juli, verabschiedete der Sejm mit 238 Stimmen in erster Lesung den Entwurf einer Neufassung des Gesetzes über das Verfassungsgericht, die angeblich dazu bestimmt war, den ernsten Vorhaltungen des Europarats, der Europäischen Kommission, aber auch des amerikanischen Außenministeriums Rechnung zu tragen. Das Datum war mit Bedacht gewählt: Tags darauf wurde Präsident Obama als prominenter Teilnehmer des NATO-Gipfels in Warschau erwartet.

Was die PiS-Mehrheit beschloss, waren nicht nur nach Meinung der liberalen Opposition, sondern auch aller unabhängigen Beobachter rein kosmetische Korrekturen. Die wichtigste Änderung bestand darin, dass Urteile des Verfassungsgerichts nicht mehr einer Zweidrittelmehrheit bedurften. Vielmehr sollten künftig auf Antrag von vier von 15 Richtern zweimal hintereinander das Inkrafttreten von Urteilen um zwei Monate aufgeschoben werden können. Die Absicht der Regierung war klar: Gouvernemental gesinnten Richtern sollte eine Art suspensives Veto zugestanden werden. Der Justizminister, der in Personalunion Generalstaatsanwalt war, erhielt darüber hinaus eine neue Obstruktionsmöglichkeit. Bei bestimmten Urteilen war seine Anwesenheit erforderlich; sein Fernbleiben reichte aus, um das

Inkrafttreten zu verhindern, womit der Gedanke der Gewaltenteilung ad absurdum geführt wurde.

Entsprechend scharf fiel die Antwort der EU-Kommission aus. Sie stellte am 27. Juli, fünf Tage nach der Verabschiedung des Gesetzes, der polnischen Regierung ein auf drei Monate befristetes Ultimatum. Sollte bis dahin die Arbeitsfähigkeit des Verfassungsgerichts nicht auf befriedigende Weise wiederhergestellt sein, könne das Verfahren auf Entzug des Stimmrechts Polens eingeleitet werden. Es war das erste Mal in der Geschichte der Europäischen Union, dass einem Mitgliedstaat eine solche Sanktion angedroht wurde.[7]

Polen war nicht der einzige postkommunistische Staat Europas, der 2015 einen Ruck nach rechts vollzog. Am 8. November fanden in Kroatien Parlamentswahlen statt, aus denen die von der nationalkonservativen HDZ (Kroatische Demokratische Gemeinschaft) geführte Patriotische Koalition als stärkste Kraft hervorging. Zusammen mit der Reformbewegung Most (Brücke) konnte sie schließlich im Dezember eine Koalitionsregierung unter dem parteilosen Wirtschaftsmanager Tihomir Orešković als Ministerpräsidenten bilden. Umstrittenstes Mitglied des neuen Kabinetts war Kulturminister Zlatko Hasanbegović, ein Historiker und Politiker der HDZ, der sich als Verteidiger des faschistischen Ustascharegimes der Jahre 1941 bis 1945 hervorgetan hatte. Eine seiner ersten Amtshandlungen war die Auflösung des Ausschusses zur Förderung unabhängiger Medien. Die Ernennung von Hasanbegović wurde in den westlichen Demokratien ähnlich kritisch kommentiert wie die des Verteidigungsministers der neuen Warschauer Regierung, Antoni Macierewicz. Dieser hatte sich mehrfach auf die «Protokolle der Weisen von Zion» berufen: eine von russischen Antisemiten Anfang des 20. Jahrhunderts produzierte Fälschung, die den Plan einer jüdischen Weltverschwörung belegen sollte. Neben Ungarn und Polen wurde nun auch Kroatien immer häufiger als einer der neuen EU-Mitgliedstaaten genannt, bei denen man nicht sicher war, wo sie ihre Rechtsentwicklung noch hinführen würde.

Am 3. Juni 2016 zerbrach die Zagreber Koalition. Der Anlass waren Korruptionsvorwürfe gegen die Ehefrau des stellvertretenden Ministerpräsidenten und Vorsitzenden der HDZ, Tomislav Karamarko. Dieser weigerte sich, der Rücktrittsforderung nachzukommen, die zunächst der Most-Chef Božo Petrov und dann auch Ministerpräsident Orešković erhoben hatten. Die HDZ kündigte daraufhin die Zusammenarbeit mit Most auf und entzog dem Regierungschef das Vertrauen. Am 15. Juni gab Karamarko schließlich seinen Kabinettsposten auf. Tags darauf sprach das Parlament dem Ministerpräsidenten das Misstrauen aus, was den Rücktritt der gesamten Regierung zur Folge hatte. Die kroatische Präsidentin Kolinda Grabar-Kitarović kam nach Gesprächen mit den Parteien zu dem Schluss, dass eine alternative parlamentarische Mehrheit nicht in Sicht und Neuwahlen unvermeidbar waren. Am 20. Juni löste sich der Sabor, das Parlament, mit 125 von 151 Stimmen auf. Die Neuwahlen wurden auf den 11. September festgelegt.[8]

Seit dem 5. März 2016 rechnete auch die Slowakei zu den Staaten, bei denen eine verstärkte Entwicklung zur Rechten hin unverkennbar war. Die Parlamentswahl, die an diesem Tag stattfand, stieß außerhalb der Landesgrenzen auch deshalb auf besonderes Interesse, weil der Slowakei in der zweiten Hälfte des Jahres der turnusmäßige Ratsvorsitz in der EU zufiel. Ministerpräsident Robert Fico, dessen Partei (Smer-SD) zum Dachverband der Sozialdemokratischen Parteien Europas gehörte, hatte den Wahlkampf, um den fremdenfeindlichen Parteien der Rechten den Wind aus den Segeln zu nehmen, ganz im Zeichen einer Abschottung gegen eine von außen verordnete Migration, vor allem von Muslimen, geführt.

Doch Fico bewirkte das Gegenteil. Die Smer-SD sank von 44,4 Prozent bei der vorangegangenen Wahl im Jahr 2012 auf nunmehr 28,3 Prozent. Sie blieb damit zwar die stärkste politische Kraft, verlor aber ihre absolute Mandatsmehrheit. Die Gewinner der Wahl waren die Parteien der Rechten. Die radikal europakritische Partei «Freiheit und Solidarität» des Europaabgeordneten Richard Sulík stieg von 5,9 auf 12,1 Prozent, womit sie zur zweitstärksten Fraktion wurde. Offen nationalistische Gruppen und Protestparteien verzeichneten erhebliche Stimmengewinne. Die neofaschistische Partei «Unsere Slowakei» (LS-NS) des rechtsradikalen Marian Kotleba zog bei einem Stimmenanteil von 8 Prozent mit 14, eine andere rechtsradikale Gruppierung (SNS), die 8,6 Prozent erhielt, mit 15 Abgeordneten in den Nationalrat ein, während christdemokratische und andere gemäßigte Parteien viele Sitze verloren.

Knapp zwei Wochen später stand die neue Koalition fest. Sie setzte sich aus der Smer-SD, der nationalistischen SNS, die in jüngster Zeit etwas gemäßigter aufgetreten war, Most-Híd, einer Partei der ungarischen Minderheit, und der liberalen Siet zusammen und verfügte mit 81 von 150 Sitzen über eine ausreichende parlamentarische Mehrheit. Im Hinblick auf den künftigen Vorsitz im Europäischen Rat war damit ein gewisses Maß an innenpolitischer Stabilität erreicht.

Das Grundproblem, vor das sich die EU durch einige ihrer östlichen Mitgliedstaaten, vor allem Ungarn und Polen, gestellt sah, war ein Dissens in der Frage, ob es Demokratie nur in jenem liberalen und pluralistischen Verständnis geben konnte, das bis zur Osterweiterung prinzipiell unumstritten war. In der Praxis hatte freilich auch schon Italien unter der Führung Silvio Berlusconis begründete Zweifel aufkommen lassen, ob Liberalität und Pluralismus wirklich in allen Mitgliedstaaten uneingeschränkt gewährleistet waren. Die neuen, ehedem kommunistisch regierten Mitgliedstaaten hatten sich erst sehr viel später als die Altmitglieder der angelsächsisch geprägten politischen Kultur des Westens öffnen können. Nur in der Tschechoslowakei, aus der 1993 die Tschechische und die Slowakische Republik hervorgingen, hatte sich in der Zwischenkriegszeit die parlamentarische Demokratie über einen längeren Zeitraum hinweg, bis zur Zerschlagung der ČSR durch das nationalsozialistische Deutschland 1938/39, behaupten können. Die anderen hatten sich rasch in autoritäre Regime verwandelt. Ungarn war 1919/20 von einem kommunistischen Rätesystem unmittelbar zu einem rechtsautoritären Regime unter Admiral Horthy übergegangen – einem Staatsmann, der im Ungarn Viktor Orbáns ein ähnlich hohes Ansehen genießt wie Marschall Piłsudski, der «starke Mann» des neuen unabhängigen Polen nach 1926, im Land von Jarosław Kaczyński.

Eine offen autoritäre Transformation wie nach dem Ersten Weltkrieg vollzog sich nach dem Zusammenbruch der kommunistischen

Herrschaft in keinem der ostmittel- und südosteuropäischen Mitgliedstaaten der EU. Dass die Zugehörigkeit zur Europäischen Union den neuen Mitgliedstaaten eine gewisse politische Mäßigung auferlegt, liegt auf der Hand. Der Versuch, an das jeweilige autoritäre Erbe anzuknüpfen und eine diktatorische Regierungsform zu errichten, würde auf den Bruch mit der EU hinauslaufen – ein Risiko, das keiner der ostmittel- und südosteuropäischen Regierungschefs eingehen kann. Doch auch eine Grauzone zwischen einem offen autoritären Regime und einem gerade noch irgendwie demokratisch zu nennendem System ist nichts, worauf sich die EU einlassen darf. Andernfalls müsste sie sich von ihrem Anspruch, eine Wertegemeinschaft zu sein, verabschieden.

Der innereuropäische Disput über die Demokratie und die zur gleichen Zeit geführte Auseinandersetzung über das Migrations- und Flüchtlingsproblem enthüllen ein Phänomen, das man im Westen lange verdrängt hatte: die «Ungleichzeitigkeit des Gleichzeitigen».[9] In der EU prallen Bewusstseinslagen aufeinander, die aus ganz unterschiedlichen Zeitschichten stammen. Während die westeuropäischen Demokratien in der zweiten Hälfte des 20. Jahrhunderts immer «multikultureller», in jedem Fall aber multiethnischer wurden, verharrten die «sozialistischen Staaten» in einem Zustand der Abschottung gegenüber dem, was sich im Westen an «Globalisierung» vollzog.

Die Epochenwende von 1989/90 bedeutete für die Ostmittel- und Südosteuropäer die Chance, die eigene nationale Identität sehr viel freier zu entfalten, als dies unter kommunistischer Herrschaft und der Ideologie des «proletarischen Internationalismus» möglich gewesen war. In dem Maß, wie ihre Staaten selbst Teil des modernen transatlantischen Westens wurden, kamen Fremdheitsgefühle gegenüber dem «Neuen» auf: Der Westen war anders, als man ihn sich vorgestellt hatte. Er wurde von vielen, vor allem den eher konservativ gestimmten Bürgern und Politikern, als Bedrohung der eben erst errungenen nationalen Unabhängigkeit empfunden, die EU sogar als neue Form eines oktroyierten Internationalismus wahrgenommen. Während Deutschland sich um die Jahrtausendwende durch sein neues, am 1. Januar 2000 in Kraft getretenes Staatsbürgerschaftsrecht von der ethnisch-kulturell-sprachlichen Auffassung von Nation trennte und zum westlichen Verständnis der

Nation als politische Willensgemeinschaft überging, sahen sich die Ostmittel- und Südosteuropäer weiter als «Kulturnationen» im Sinne von Johann Gottfried Herder. Sie definieren sich, um den französischen, aus Prag stammenden Politologen und Publizisten Jacques Rupnik zu zitieren, «über Sprachen, Kulturen und häufig auch über den Glauben», ja «historisch und geografisch als Beschützer, als ‹Bollwerk› (antemurale Christianitatis) gegen äußere Bedrohungen».[10]

Es wäre freilich eine grobe Verzeichnung, einem borniert nationalen Osten einen weltbürgerlichen Westen gegenüberzustellen. Zum einen sind sich die intellektuellen Eliten Ostmitteleuropas durchaus des kosmopolitischen Erbes ihrer Metropolen, gleichviel ob Prag, Warschau oder Budapest, bewusst. Zum anderen hat die Entnationalisierung der westlichen Demokratien keineswegs die gesamte Gesellschaft, sondern nur mehr oder minder große Teile der urbanen Bildungsschicht und der politischen und wirtschaftlichen Eliten erfasst. Von der «postnationalen» Sonderentwicklung der alten Bundesrepublik war bereits in anderem Zusammenhang die Rede.[11] Rückwärts gewandte, nationalistische und fremdenfeindliche Parteien haben in fast allen «westlichen» Mitgliedstaaten der EU starken Zulauf – eine Entwicklung, die ebenso wie die Renaissance des Nationalismus in Ostmittel- und Südosteuropa *auch* ein Ausdruck des Protests gegen die Globalisierung ist.

Das im Westen übliche Rechts-Links-Schema des Parteiensystems hat in den postkommunistischen Staaten Europas keine dauerhafte Entsprechung gefunden. Die Parteien, die sich nach 1989/90 sozialistisch oder sozialdemokratisch nannten, waren fast überall die transformierten ehemaligen kommunistischen Staatsparteien und dadurch leicht diskreditierbar. Die Herausbildung «echter» sozialdemokratischer Parteien wurde dadurch erschwert, dass die einflussreiche deutsche Sozialdemokratie, eine wichtige Mitträgerin der Entspannungspolitik der siebziger Jahre, im folgenden Jahrzehnt in einem sehr distanzierten Verhältnis zu den Bürgerrechtsgruppen in den Warschauer-Pakt-Staaten stand und in der unabhängigen polnischen Gewerkschaft «Solidarność» eine Gefahr für ihre auf das Ziel einer «gemeinsamen Sicherheit» ausgerichteten Stabilitätspolitik sah. Nicht zuletzt deswegen gingen aus den oppositionellen Gruppen nach 1989 unterschiedliche liberale und konservative, aber keine sozialdemokratischen Parteien im westlichen Sinn hervor.

Das Übergewicht liberaler und konservativer Parteien erleichterte nach 1989/90 die Transformation der postkommunistischen Gesellschaften im «neoliberalen» Sinn. Je konsequenter der Bruch mit dem Staatssozialismus, desto größer die Chance, möglichst rasch Anschluss zu finden an die fortgeschrittenen kapitalistischen Volkswirtschaften des Westens: Dieser Linie folgten Politiker wie der Vorsitzende der Demokratischen Bürgerpartei (ODS), Václav Klaus, der von 1991 bis 1997 Ministerpräsident, von 2003 bis 2013 Präsident der Tschechischen Republik war, der zeitweilige slowakische Ministerpräsident Mikuláš Dzurinda, der polnische Finanzminister Leszek Balcerowicz und die maßgeblichen Akteure in den baltischen Republiken. In Ungarn schlug nach 1994 eine sozialistisch-liberale Koalitionsregierung unter dem früheren Reformkommunisten Gyula Horn einen ähnlich scharfen Sparkurs ein wie die «bürgerlichen» Regierungen in anderen Staaten Ostmitteleuropas.

Die Erschütterungen im Zuge der Weltfinanzkrise nach 2008 bewältigten die neuen Mitgliedstaaten der EU in Ostmitteleuropa insgesamt sehr viel besser als die alten EU-Mitglieder im Mittelmeerraum. Materielle Entbehrungen waren für die ehedem kommunistisch regierten Staaten keine neue Erfahrung: Das unterschied sie von Ländern, in denen die Zumutungen der Austeritätspolitik einen Absturz aus trügerischem Wohlstand bedeutete – trügerisch, weil er spätestens seit der Einführung des Euro zu erheblichen Teilen nicht selbst erwirtschaftet, sondern mit Krediten aus den wirtschaftlich starken Ländern der Währungsunion finanziert war. Die Differenzen zwischen Ost und West in der Europäischen Union begannen mithin, von den wirtschaftlichen Spannungen zwischen Norden und Süden überlagert zu werden.[12]

So wenig wie die östlichen bildeten die nördlichen Mitgliedstaaten der Europäischen Union eine Einheit. Finnland war bis zur Auflösung der Sowjetunion Ende 1991 ein Land mit beschränkter Souveränität gewesen: Es hatte sich im April 1948 in einem Vertrag über Freundschaft, Zusammenarbeit und gegenseitige Hilfe zu einer moskaufreundlichen

Außenpolitik und gegenseitiger Unterstützung im Fall einer Aggression gegen eines der beiden Länder verpflichtet. Ein Vertrag mit der Russischen Föderation vom Januar 1992 gab Finnland seine Unabhängigkeit zurück. Beide Partner versprachen einander lediglich, im Fall des Angriffs seitens einer dritten Macht den Aggressor nicht zu unterstützen.

In die EU trat Finnland am 1. Januar 1995 zusammen mit zwei anderen neutralen Staaten, Schweden und Österreich, ein. Aber für keines der nordischen Länder war die Mitgliedschaft in der Europäischen Union von so großer Bedeutung wie für Finnland. Anders als Dänemark und Schweden, die der EU seit 1994 beziehungsweise 1995 angehörten, bedang sich Finnland keine Sonderregelungen aus. 1999 wurde es Mitglied der Eurozone. Eine rechtspopulistische Partei, «Die Finnen» (zunächst «Die wahren Finnen»), gab es aber auch hier. Bei den Parlamentswahlen vom April 2015 erhielt sie 17,7 Prozent der Stimmen, beteiligte sich an der von den Konservativen geführten Regierung und stellte dort die Minister für Auswärtiges, Justiz, Verteidigung sowie Soziales und Gesundheit.

Skandinavien, bestehend aus Norwegen, Schweden und Dänemark, bildete ebenfalls keine Einheit. Was die drei Länder verband, waren die enge Verwandtschaft ihrer Sprachen, die Ähnlichkeit ihrer politischen Kulturen und mehr oder minder lange Zeiten einer gemeinsamen Geschichte teils aller drei Königreiche, teils von Dänemark und Südschweden und schließlich, von 1814 bis 1905, von Schweden und Norwegen. Deutlich schwächer ausgeprägt waren die Bindungen der skandinavischen Staaten an das übrige Europa. Auf das Gefühl einer Solidar- und Schicksalsgemeinschaft konnte die EU in keinem der skandinavischen Länder bauen. Gleichwohl waren die politischen Wege der drei Staaten sehr unterschiedliche.

Am stärksten war die Distanz zur EU in Norwegen. Die Regierung in Oslo hatte zeitgleich mit Großbritannien, Irland und Dänemark 1967 den Eintritt in die Europäische Gemeinschaft beantragt. Bei einer Volksabstimmung im September 1972 stimmten die Norweger mit 53,5 Prozent der abgegebenen Stimmen gegen den Beitritt, wobei die Fischereirechte, die der Gemeinschaft eingeräumt wurden, besonders umstritten waren. Die Entdeckung reicher Erdöl- und Erdgasvorkommen vor der norwegischen Küste zwei Jahre später bestärkte viele Norweger in ihrer Opposition gegen Brüssel. Bei einer weiteren Volksabstimmung, die im November 1994 stattfand, stimmte erneut eine Mehrheit, diesmal 52,2 Prozent, gegen die Mitgliedschaft in der EU. Wie 1972 überwog auch jetzt in den weniger wohlhabenden ländlichen Regionen, namentlich im Norden, das Nein, im reichen Südosten um Oslo das Ja.

Dänemark, Mitglied der EU seit 1974, hatte sich im Juni 1992 in einem Referendum mit der Mehrheit von 50,7 Prozent zunächst gegen das Vertragswerk von Maastricht ausgesprochen. Nach Zugeständnissen der EU – «opt-outs» in Sachen Unionsbürgschaft, Teilbereiche von Justiz- und Innenpolitik, darunter Asylrecht, Recht auf Nichtbeteiligung an der Gemeinschaftswährung, eigenständige Außen- und Verteidigungspolitik – ergab ein zweites Referendum im Mai 1993 eine Mehrheit von 56,7 Prozent für die überarbeiteten Verträge. Die dänische Innenpolitik stand in der Folgezeit unter dem wachsenden Einfluss der integrations- und fremdenfeindlichen Dänischen Volkspartei. Bei den Parlamentswahlen vom Juni 2015 stieg sie mit einem Stimmenanteil von 21,1 Prozent zur stärksten bürgerlichen Partei und zur zweitstärksten Partei hinter der Sozialdemokratie auf. Von ihrer Tolerierung war, nicht als erste dänische Regierung, fortan das liberale Minderheitskabinett unter Ministerpräsident Lars Løkke Rasmussen abhängig. Es setzte sich folgerichtig das Ziel, Dänemark durch Herabsetzung von spezifischen Sozialleistungen für Migranten so unattraktiv wie möglich zu machen – eine Strategie, die sich als durchaus erfolgreich erwies.

Anders als Dänemark hatte Schweden sich unter sozialdemokratischer Führung seit langem zu einer Heimstatt für Schutzsuchende aus aller Welt entwickelt. Der Zustrom von Flüchtlingen im Jahr 2015, in dem rund 160 000 Asylanträge gestellt wurden, bewirkte den schon erwähnten Umschwung: die weitgehende Schließung der Grenzen für Flüchtlinge ohne Asylanspruch und ohne Papiere. Die Minderheitsregierung von Sozialdemokraten und Grünen unter Ministerpräsident Stefan Löfven stand dabei unter dem Eindruck der wachsenden Anziehungskraft der rechtspopulistischen und rassistischen Partei der Schwedendemokraten, die bei den Parlamentswahlen vom September

2014 12,9 Prozent der Stimmen erhalten hatte und bei Umfragen inzwischen bei Werten von 20 Prozent lag. Die Folge der verschärften Kontrollen an der Seegrenze zu Dänemark markierte einen Tiefpunkt im Verhältnis zu diesem Nachbarland: Selten hatten sich beide Staaten in solchem Misstrauen gegenübergestanden.

Als der Führer der britischen Konservativen, David Cameron, wenige Tage nach den Unterhauswahlen vom 6. Mai 2010 an die Spitze einer Koalitionsregierung aus Tories und Liberalen trat, war klar, dass er früher oder später sein brisantestes Wahlkampfversprechen würde erfüllen müssen: die Abhaltung eines Referendums über die Mitgliedschaft des Vereinigten Königreiches in der EU. Ein Referendum über dasselbe Thema hatte es bereits 35 Jahre zuvor, im Juni 1975, unter dem Labour-Premier Harold Wilson gegeben. Es war, nachdem die Regierung in Nachverhandlungen mit der Europäischen Gemeinschaft einige wirtschaftspolitische Zugeständnisse erreicht hatte, mit einer Zweidrittelmehrheit (67,2 Prozent) zugunsten des Verbleibs in der EG ausgegangen. Das neue Referendum war der Preis, den Cameron dem starken Anti-EU-Flügel seiner Partei zahlen zu müssen glaubte, um überhaupt in Downing Street No. 10 einziehen zu können. Den europafreundlichen Liberalen unter Nick Clegg musste der Toryführer wiederum eine positive Rolle Großbritanniens in der EU versprechen, wofür diese sich damit einverstanden erklärten, dass weitere Hoheitsrechte an die Europäische Union nicht ohne Referendum übertragen werden durften.

Es dauerte über zweieinhalb Jahre, bis David Cameron am 23. Januar 2013 in einer Grundsatzrede in London erstmals ausführlich seine Vorstellungen vom künftigen Verhältnis des Vereinigten Königreichs zur Europäischen Union darlegte. In seiner Ansprache musste der Premierminister sowohl die Antieuropäer in seiner eigenen Partei als auch die europäischen Partner im Blick behalten; die Rede konnte also nur ein Balanceakt sein. Cameron lobte die Errungenschaften des gemeinsamen Binnenmarktes und bestritt, ein Isolationist zu sein, der die Zugbrücke hochziehen wolle. Er strebe vielmehr ein besseres Arrangement für Großbritannien wie für die EU an. Er sprach von einer Krise der europäischen Wettbewerbsfähigkeit und einem Mangel an demokratischer Zurechenbarkeit europäischer Entscheidungen. Er verlangte mehr Flexibilität im Hinblick auf divergierende Interessen der Mitgliedsländer und, wo immer möglich, eine Rückverlagerung von Zuständigkeiten von der Gemeinschaft auf die Staaten. Für die Unterhauswahlen von 2015 kündigte er eine Bitte der Konservativen um ein Mandat für ein Referendum an, bei dem es um die Frage «In or out?» gehen solle. Wenn die Ergebnisse der Verhandlungen über einen neuen Vertrag es rechtfertigten, wolle er den Briten den Verbleib in der Union empfehlen. Camerons Bedingungen für eine Reform der EU und eine weitere Mitgliedschaft Großbritanniens lagen damit auf dem Tisch.[13]

Das Vereinigte Königreich hatte schon immer Schwierigkeiten mit seiner Mitgliedschaft in der Europäischen Gemeinschaft, ja mit seiner politischen Zugehörigkeit zu Europa gehabt. Geografisch «in Europe» zu liegen war eines, ein anderes war es, «of Europe», politisch ein Teil Europas, zu sein. Die Insellage hatte England immer wieder geholfen, sich gegen aggressive Bestrebungen kontinentaler Staaten zu behaupten, gleichviel ob die Herausforderung unter Philipp II. von Spanien, unter den Bourbonen und Napoleon von Frankreich oder unter Wilhelm II. und Hitler von Deutschland ausging. Den britischen Interessen diente es am besten, wenn es auf dem Kontinent eine ungefähre «balance of power» gab, die die größeren Staaten daran hinderte, in eine hegemoniale Position zu gelangen. Ein solches Gleichgewicht auf dem Festland hatte auch der konservative Expremier Winston Churchill vor Augen, als er am 19. September 1946 in einer Rede vor der Universität Zürich die Bildung der «Vereinigten Staaten von Europa» und als ihr Fundament eine deutsch-französische Partnerschaft vorschlug – ein Gebilde, dem das Vereinigte Königreich und das British Commonwealth of Nations nicht angehören, aber als Freund und Förderer verbunden sein sollten.[14]

Folgerichtig beteiligte sich Großbritannien auch nicht an der mit viel Skepsis aufgenommenen Gründung der Europäischen Wirtschaftsgemeinschaft im Jahr 1957. Als der Gemeinsame Markt sich entgegen der Londoner Erwartung dann doch, anders als das auf britisches Bestreben Anfang 1960 gegründete, sehr viel weniger ehrgeizige Gegenprojekt, die European Free Trade Association (EFTA), zu einer

Erfolgsgeschichte entwickelte, vollzog die konservative Regierung von Harold Macmillan eine Kehrtwende: Von den wirtschaftlichen Vorteilen einer Mitgliedschaft in der EG überzeugt, stellte sie im August 1961 einen Beitrittsantrag. Erfolg hatte dieses Begehren aber erst 1972, drei Jahre nachdem der härteste Widersacher einer britischen EG-Mitgliedschaft, der französische Staatspräsident Charles de Gaulle, von der politischen Bühne abgetreten war.[15] Auch danach blieb das Verhältnis Großbritanniens zur Europäischen Gemeinschaft konfliktträchtig. Den Nachverhandlungen und dem ersten Referendum von 1975 folgte der Streit um den «Britenrabatt», der im Juni 1984 mit einem Erfolg der konservativen Premierministerin Margaret Thatcher, einer deutlichen Reduzierung des Londoner Beitrags zur Finanzierung der EG, endete. Cameron konnte also an eine inzwischen alte Tradition anknüpfen, als er Anfang 2013 die Mitgliedschaft seines Landes in der EU erneut in Frage stellte.

Auf Verständnis für seine Forderungen durfte der britische Regierungschef vor allem bei *den* europäischen Staaten rechnen, die ihrerseits Wert auf eine gewisse Distanz zu «Brüssel» legten: den ostmitteleuropäischen Mitgliedern der EU, vor allem Ungarn, Tschechien und, seit dem Machtwechsel von 2015, Polen, sodann Schweden, Dänemark und den Niederlanden. Die Regierung in Den Haag sprach sich im Juli 2013 für die strikte Beachtung des Subsidiaritätsprinzips aus, wonach auf europäischer Ebene nur zu regeln war, was nicht besser auf der nationalen Ebene geregelt werden konnte. Einen Monat später befürwortete auch die deutsche Bundeskanzlerin eine verstärkte intergouvernementale Zusammenarbeit, was auf eine Abkehr vom Vorrang der supranationalen Integration hinauslief.[16] Scharfe Kritik rief Camerons Grundsatzrede hingegen in Frankreich, in der Europäischen Kommission und im Europäischen Parlament hervor: Was der Londoner Regierungschef wolle, laufe auf ein «Europa à la carte», auf «Rosinenpickerei», auf englisch «cherrypicking», hinaus, so lautete der Vorwurf, also auf europäische Privilegien ohne europäische Pflichten.

Innerhalb Großbritanniens war der Widerstand gegen ein Ausscheiden des Vereinigten Königreichs aus der EU am stärksten in Schottland. Im September 2014 hatten sich die Schotten in einem Referendum mit einer Mehrheit von 55,3 Prozent für die weitere Union mit England ausgesprochen. Die meisten Beobachter waren sich aber einig, dass ein Bruch zwischen London und Brüssel ein weiteres und diesmal erfolgreiches Referendum für die Unabhängigkeit Schottlands und die schottische EU-Mitgliedschaft nach sich ziehen könnte. Die beiden größten politischen Parteien, die Konservativen und die Labour Party, waren in Sachen Zugehörigkeit zur Europäischen Union uneins. Die Liberalen waren fast ebenso eindeutig pro- wie die United Kingdom Independence Party (Ukip) antieuropäisch. In der Geschäfts- und Bankenwelt überwog das Ja zu Europa: Die Vorteile der Zugehörigkeit zum europäischen Binnenmarkt galten hier als durchschlagendes Argument, um die Mitgliedschaft in der EU aufrechtzuerhalten. Notorisch der Europäischen Union abgeneigt waren die meisten Boulevardblätter und, vor allem, die Zeitungen des Murdoch-Konzerns («Sun», «Times» und «Sunday Times»).

Bei den Unterhauswahlen vom 7. Mai 2015 eroberten die Konservativen die absolute Mehrheit der Sitze. Der Sieg erlaubte es Cameron, mit seinem Projekt «EU-Reform und Referendum» ernst zu machen. Anfang 2016 gelang es ihm, in Verhandlungen mit dem Ständigen Ratsvorsitzenden Donald Tusk und zahlreichen bilateralen Gesprächen mit seinen Kollegen den Grund für eine Einigung zu legen. Auf dem Brüsseler EU-Gipfel vom 18./19. Februar 2016 wurde die Kompromisslösung besiegelt. Sie bestand aus vier «Körben». Der erste enthielt das für den Premierminister wichtigste Zugeständnis: Großbritannien konnte Arbeitnehmer aus anderen EU-Staaten unter bestimmten Bedingungen bis zu vier Jahre von den staatlichen Lohnzuschüssen für Geringverdiener ausschließen. Diese Ausnahmeregelung war auf sieben Jahre befristet und galt nur für das Vereinigte Königreich. Außerdem durfte Großbritannien, aber auch jeder andere Mitgliedstaat künftig das Kindergeld für EU-Ausländer an die niedrigeren Lebenshaltungskosten des jeweiligen Heimatlandes anpassen, sofern die Kinder dort und nicht im Vereinigten Königreich lebten.

Im zweiten Korb sicherte sich Großbritannien das Recht, an der weiteren politischen Integration nicht teilnehmen zu müssen. Die EU verpflichtete sich ihrerseits, neue Gesetze nicht mehr mit dem Ziel einer «immer engeren Union der Völker Europas» zu begründen, wie es in der Präambel der Römischen Verträge niedergelegt war. Die Rolle der nationalen Parlamente sollte gestärkt werden. Wenn 55 Prozent von ihnen binnen zwölf Wochen gegen Gesetzesvorschläge der Kommission unter Berufung auf das Subsidiaritätsprinzip Einwände erhoben, sollte die Frage rasch auf die Tagesordnung des Ministerrates gesetzt werden. Die Mitgliedstaaten sollten die Vorlage erst weiter beraten, wenn die Kommission den Bedenken Rechnung getragen hatte.

Im dritten Korb versprach die EU, dass Mitgliedstaaten, die nicht der Währungsunion angehörten, von Entscheidungen der Euroländer nicht benachteiligt werden durften. Die Nicht-Euro-Staaten sagten ihrerseits zu, eine Vertiefung der Währungsunion nicht zu behindern. Schließlich verpflichtete sich die EU im vierten Korb, den Bürokratieabbau durch konkrete Schritte zu fördern und die Wettbewerbsfähigkeit der europäischen Wirtschaft zu verbessern.

David Cameron wertete das Ergebnis seiner Bemühungen als großen Erfolg, der es ihm erlaubte, an die Spitze der Kampagne für die weitere EU-Mitgliedschaft des Vereinigten Königreichs zu treten. Als Termin des Referendums legte er, wie allgemein erwartet, den 23. Juni 2016 fest. In seinem Kabinett, das am Sonntag, den 21. Februar, zu einer Sondersitzung zusammentrat, waren die Meinungen allerdings geteilt. Von 29 Ministern versagten sechs, darunter der Cameron politisch auch persönlich besonders nahestehende Justizminister Michael Gove, dem Premier die Gefolgschaft. Zu den Nein-Sagern stieß tags darauf auch der populäre Londoner Oberbürgermeister Boris Johnson, der damit zum gefährlichsten Rivalen Camerons in der Konservativen Partei wurde. Beobachter schätzten, dass 100 bis 150 konservative Unterhausabgeordnete, ein Drittel bis knapp die Hälfte der Fraktion, sich in den nächsten Monaten für ein Ausscheiden Großbritanniens aus der EU aussprechen würden. Umfragen zeigten in der Woche nach dem Brüsseler Gipfel einen knappen Vorsprung des «Leave». Für Cameron hatte die entscheidende Kraftprobe seiner Karriere begonnen.[17]

Ähnlich gespalten wie die Konservative Partei war die Labour Party. Die Mehrheit ihrer Unterhausabgeordneten trat unter der freilich allenfalls halbherzigen Führung des links stehenden Parteichefs

Jeremy Corbyn für den Verbleib in der EU ein. Eine Minderheit unter der aus Bayern stammenden Unterhausabgeordneten Gisela Stuart befürwortete den «Brexit», also den Austritt aus der Gemeinschaft. Stuart übernahm sogar eine Führungsrolle in der außerparlamentarischen Bewegung, die die Kampagne für die Trennung zwischen dem Vereinigten Königreich und der Europäischen Union führte.

Anfang April erhielt das «Leave»-Lager Auftrieb durch zwei Ereignisse, zwischen denen es keinerlei Zusammenhang gab. In den Niederlanden, die zu dieser Zeit den rotierenden Ratsvorsitz der Europäischen Union innehatten, fand am 6. April ein «konsultatives», für die Regierung also nicht rechtlich bindendes Referendum über die Frage statt, ob das Land als letzter der 28 Mitgliedstaaten der EU das (provisorisch bereits in Kraft gesetzte) Assoziierungsabkommen mit der Ukraine ratifizieren solle. Das Ergebnis schien eindeutig: Eine Mehrheit von 61 Prozent stimmte mit «Nee». Die Hürde der Mindestbeteiligung von 30 Prozent nahm die Abstimmung mit 32 Prozent freilich nur knapp, und das auch nur mit der ungewollten Hilfe der Ja-Kräfte, die offenkundig besser daran getan hätten, diese Übung in plebiszitärer Demokratie zu boykottieren. Dass es den Betreibern des Referendums weniger um die Assoziierung der Ukraine als darum ging, der EU das Misstrauen auszusprechen, lag auf der Hand. In ebendiesem Sinne wurde der Ausgang der Abstimmung in ganz Europa interpretiert und besonders lautstark bei der rechtspopulistischen Ukip gefeiert. Dort sah man im Triumph der niederländischen EU-Gegner ein günstiges Vorzeichen für den erhofften eigenen Sieg am 23. Juni.

Nur einen Tag nach dem Referendum in den Niederlanden, am 7. April, sah sich Premierminister David Cameron zu einem peinlichen Geständnis genötigt: Nachdem im Zuge von Enthüllungen eines Rechercheverbundes von Süddeutscher Zeitung, Norddeutschem Rundfunk und Westdeutschem Rundfunk sowie fast 400 Journalisten aus 80 Ländern, dem International Consortium for Investigative Journalism, schon einige Tage zuvor bekannt geworden war, dass Camerons 2010 verstorbener Vater, der Börsenmakler Ian Cameron, eine «Briefkastenfirma» in der «Steueroase» Panama begründet hatte und damit in den weltweiten Skandal um die «Panama Papers», die Geschäfte der in Panama ansässigen Kanzlei Mossack Fonseca, verwickelt war, musste Cameron nach mehreren ausweichenden Erklärungen zugeben, dass auch er bis Januar 2010, also bis kurz vor seiner Wahl zum Regierungschef, an einem von seinem Vater gegründeten Offshore-Investmentfonds auf den Bahamas Anteile im Wert von 14 000 Pfund besessen habe. Seine Versicherung, dass er seine Steuern stets korrekt bezahlt und gegen kein Gesetz verstoßen habe, war kaum geeignet, den fatalen Eindruck der späten Offenbarung des Premierministers zu mindern.

Dasselbe galt für Camerons am 9. April veröffentlichte Steuererklärungen, denen zu entnehmen war, dass er zusätzlich zur Erbschaft seines Vaters in Höhe von 300 000 Pfund in den Jahren nach 2010 zweimal Geldgeschenke seiner Mutter im Wert von jeweils 100 000 Pfund erhalten hatte. (Bei einer einmaligen Erbschaft in Höhe von mehr als 315 000 Pfund wäre Erbschaftssteuer fällig gewesen.) David Cameron war *der* Repräsentant der Kampagne für das «In», und was ihm schadete, nützte den Befürwortern des «Out». Ihre Chancen, aus dem Referendum im Juni als Sieger hervorzugehen, waren in der ersten Aprilhälfte deutlich gestiegen.

Wenig später erhielt das «Remain»-Lager kräftige Unterstützung von außen. Am 22. April warnte Präsident Obama anlässlich eines Besuchs in London, wenn das Vereinigte Königreich die EU verlasse, werde es sich in der Schlange der Anwärter auf ein Handelsabkommen mit den USA hinten anstellen müssen. Der Generalsekretär der OECD, José Ángel Gurría, rechnete einige Tage später den Briten vor, ein Ausscheiden aus der Europäischen Union werde bis 2020 jeden britischen Haushalt 2200 Pfund (2773 Euro) kosten. Ende Mai beschworen die Staats- und Regierungschefs der G7 auf ihrer Konferenz im japanischen Ise-Shima für den Fall eines Brexits die Gefahr eines ernsten Risikos für das globale Wirtschaftswachstum. Mit ähnlichem Tenor, aber noch sehr viel nachdrücklicher äußerte sich am 17. Juni der Internationale Währungsfonds, der außerdem Gefahren für den Finanzstandort London heraufziehen sah, wenn Großbritannien die EU verließe.

Aus Brüssel verlautete, Verhandlungen über eine weitere Zugehörigkeit Großbritanniens zum europäischen Binnenmarkt, wie sie manchen «Brexiteers» vorschwebten, würden viele Jahre dauern und, wenn sie zum Erfolg führten, wie im Fall Norwegens mit hohen Zahlungen an die Gemeinschaft sowie mit der Verpflichtung verbunden sein, sich an die Regeln der EU zu halten – einschließlich der Freizügigkeit auf dem Arbeitsmarkt. Die dramatischste Stellungnahme kam von Donald Tusk, dem Ständigen Ratsvorsitzenden der Europäischen Union. Ein Brexit könnte, so äußerte er am 13. Juni gegenüber dem deutschen Boulevardblatt «Bild», «der Beginn der Zerstörung nicht nur der EU, sondern der gesamten politischen Zivilisation des Westens sein».

Angesichts der Tatsache, dass die EU mit Anteilen von jeweils fast 50 Prozent an den Ex- und Importen der wichtigste Handelspartner Großbritanniens war, wogen die wirtschaftlichen Argumente gegen einen Brexit schwer. Das «Leave-Lager», obenan die «yellow-press» und die Zeitungen des Murdoch-Konzerns, sprach hingegen von Panikmache und setzte in den letzten Wochen der Kampagne verstärkt auf die verbreiteten Ängste vor einer unkontrollierten Masseneinwanderung, sei es aus der EU oder aus anderen Teilen der Welt, wobei immer wieder darauf verwiesen wurde, dass Cameron sein Versprechen, die Zahl der Immigranten deutlich, nämlich unter 100 000 pro Jahr, zu senken, nicht hatte erfüllen können.

Der Premierminister wiederum warnte für den Fall eines Austritts aus der EU vor einem Zerfall des Vereinigten Königreiches in Gestalt der Sezession Schottlands. Mit negativen Folgen für die Einheit Großbritanniens war bei einem Brexit aber auch an anderer Stelle zu rechnen. Wenn die Grenze der Republik Irland zu Nordirland zur Außengrenze der EU wurde, waren an dieser Grenze wieder Personen- und Warenkontrollen zu erwarten. Die Alternative bestand darin, dass Bewohner von Ulster, die in andere Teile des Vereinigten Königreiches gelangen wollten, entsprechenden Kontrollen unterworfen wurden.

Am 16. Juni, eine Woche vor dem Referendum, erschütterte die Nachricht von einem politischen Mord ganz Großbritannien. Nach einer Bürgersprechstunde in ihrem Wahlkreis im nordenglischen Yorkshire wurde die einundvierzigjährige Labour-Abgeordnete Helen Joanne

(«Jo») Cox, eine engagierte Pro-Europäerin, von einem zweiundfünfzigjährigen Mann durch Messerstiche und Schüsse schwer verwundet; sie erlag kurz darauf ihren Verletzungen. Augenzeugen zufolge hatte der Attentäter, ein offenbar psychisch labiler Brite mit Verbindungen zu rechtsradikalen Kreisen, bei seinem Angriff «Britain first» gerufen. («Britain first» war der Schlachtruf einer gleichnamigen extremistischen Partei.) Befürworter und Gegner einer weiteren britischen EU-Mitgliedschaft unterbrachen sofort für drei Tage die Kampagne; Premierminister Cameron und Oppositionsführer Corbyn legten tags darauf gemeinsam mit anderen Mitgliedern des Unterhauses Trauergebinde am Tatort in Birstall nahe Leeds nieder. Allgemein wurde vermutet, dass der Anschlag dem «Remain»-Lager helfen würde. An den internationalen Börsen, wo in den Tagen zuvor Umfrageergebnisse, die auf einen Sieg des «Leave» deuteten, zu sinkenden Pfund- und Aktienkursen geführt hatten, trat sogleich eine Trendwende ein. Auch in den Wettbüros wurde seit dem 16. Juni verstärkt auf eine proeuropäische Mehrheit gesetzt.

Am 23. Juni 2016 schlug die Stunde der Wahrheit. Entgegen den letzten Umfragen und den Prognosen der Buchmacher stimmte eine knappe Mehrheit der Briten von 51,9 Prozent für das Ausscheiden aus der Europäischen Union. Für den Verbleib votierten 48,1 Prozent. Mit 72 Prozent lag die Beteiligung am Referendum über der bei den letzten Unterhauswahlen vom Mai 2015 (66,1 Prozent).

Auffallend waren die regionalen Unterschiede. Nur in England (53,4 Prozent) und Wales (52,5 Prozent) erhielt «Leave» eine Mehrheit. In Schottland (62 Prozent) und Nordirland (55,8 Prozent) siegte «Remain». Auch in London (59,9 Prozent) gab es eine breite Unterstützung für die weitere Mitgliedschaft in der Europäischen Union. Noch stärker artikulierte sich dieses Interesse in der britischen Kronkolonie Gibraltar (95,9 Prozent).

Erste Auswertungen der statistischen Daten ergaben, dass die Spaltung des Landes in Gegner und Befürworter der EU-Mitgliedschaft viel mit Alter, Bildungsgrad, Einkommen und gesellschaftlichem Umfeld zu tun hatte. Unter den Briten, die jünger als 45 Jahre waren, gab es mehr «Remainers» als «Leavers»; bei denen, die älter waren, war es umgekehrt. Am stärksten proeuropäisch waren die Achtzehn- bis

Vierundzwanzigjährigen (73 Prozent), am wenigsten jene, die älter als 65 Jahre waren (40 Prozent). Allerdings war die Wahlbeteiligung der ältesten Wähler (über 90 Prozent) höher als bei den jüngsten (etwas über 70 Prozent). Studierende, Akademiker und «Besserverdienende» stimmten sehr viel häufiger für die weitere EU-Mitgliedschaft als Arbeiter und andere «kleine Leute», Großstädter taten dies öfter als Landbewohner und Kleinstädter. In «Leave»-Gegenden lag das Durchschnittseinkommen bei 18 000 Pfund, in «Remain»-Gegenden bei 32 000 Pfund (beim Kurs vom 28. Juni 2016 21 630 beziehungsweise 38 460 Euro). Kaum überraschend war, dass überall dort, wo die forcierte Entindustrialisierung der Ära Thatcher wirtschaftliches Brachland hinterlassen und der Bevölkerung das Gefühl des «Abgehängtseins» vermittelt hatte, der «Leave»-Anteil besonders hoch lag.

Jubel löste der Ausgang des britischen Referendums bei den kontinentalen EU-Gegnern wie Marine Le Pen in Frankreich und Geert Wilders in den Niederlanden aus. Beide stellten unverzüglich klar, dass sie, sobald sie darüber zu entscheiden hätten, in ihren Ländern ebenfalls Plebiszite über den Verbleib in oder das Ausscheiden aus der Europäischen Union veranstalten würden. Aus Brüssel und den meisten Hauptstädten der Mitgliedstaaten der EU waren zunächst konsternierte Kommentare zu hören; in Berlin war das Entsetzen freilich sehr viel größer als in Paris. Während der Ständige Ratspräsident Donald Tusk und die Präsidenten der Kommission und des Europäischen Parlaments, Jean-Claude Juncker und Martin Schulz, die britische Regierung drängten, den Austrittsantrag möglichst umgehend zu stellen, hielt es Bundeskanzlerin Angela Merkel nicht für angebracht, London in dieser Frage massiv zu drängen.

Von europäischen «Föderalisten» war der Ruf nach einer forcierten Integration der verbliebenen 27 Mitgliedstaaten oder zumindest der Währungsunion zu hören. Ihnen widersprachen «Realisten», die das Brexit-Votum als Warnzeichen werteten: Nach ihrer Meinung war die EU gut beraten, wenn sie über die tieferen Ursachen der Entfremdung zwischen den Verfechtern des Projekts Europa und großen Teilen der Unionsbürgerschaft nachdachte und auf das Protestvotum der Briten nicht mit einem trotzigen «jetzt erst recht» antwortete.

David Cameron, der Hauptverlierer des von ihm zu verantwortenden Referendums, eines bonapartistisch anmutenden «appel au peuple», kündigte am Morgen des 24. Juni an, er würde nur noch für eine kurze Übergangszeit, bis zum Oktober, im Amt des Premiers bleiben. Auf dem Parteitag der Konservativen sollte dann über seine Nachfolge entschieden werden; die Verhandlungen über das Ausscheiden Großbritanniens aus der EU nach Artikel 50 des Vertrags von Lissabon waren dann von der nächsten Regierung zu führen. Bei der Labour Party kam es zu einer Revolte gegen den Vorsitzenden, den Altsozialisten Jeremy Corbyn, dem viele vorwarfen, sich nicht aktiv und überzeugend genug für den Verbleib in der EU eingesetzt zu haben. Der für Außenpolitik zuständige Schattenminister Hilary Benn entzog Corbyn sein Vertrauen und provozierte damit seine Entlassung, woraufhin sich die meisten Mitglieder des Schattenkabinetts mit ihm solidarisierten und ebenfalls zurücktraten. Am 28. Juni sprachen die Labour-Abgeordneten mit einer Vierfünftelmehrheit Corbyn, dem Repräsentanten der Parteibasis, ihr Misstrauen aus.

Von Boris Johnson, dem prominentesten Vertreter des «Leave»-Lagers, waren «am Tag danach» nur abwiegelnde Töne zu hören: Das Vereinigte Königreich bleibe für immer mit Europa verbunden; einschneidende Änderungen seien nach dem Referendum vorerst nicht zu erwarten; mit dem Austrittsantrag habe es keine Eile («There is no need to invoke article 50»). Die Zurückhaltung der «Brexiteers» erklärte sich auch aus der Art und Weise, wie die Finanzmärkte auf das Ergebnis des Referendums reagierten: Das Pfund Sterling sank auf den tiefsten Stand seit 1985. Nicht nur die Londoner, sondern alle Börsen erlebten am Tag nach der Abstimmung einen teilweise dramatischen Absturz der Aktienkurse, vor allem derjenigen von Banken und Versicherungen. Vielfach wurde vermutet, dass künftig Frankfurt London als wichtigste Finanzmetropole ablösen würde. Der für die Finanzmärkte zuständige britische EU-Kommissar, Jonathan Hill, der sich während der Kampagne für das «Remain» eingesetzt hatte, erklärte noch am 24. Juni seinen Rücktritt. Drei Tage später, am 27. Juni, entzogen die Rating-Agenturen Fitch und Standard and Poor's dem Vereinigten Königreich die höchste Bonitätsstufe: Großbritannien fiel um zwei Stufen auf AA.

Es waren indes nicht nur materielle Gründe, die geeignet waren, die Siegesfreude der «Brexiteers» zu dämpfen. Noch am 24. Juni sprach die schottische Ministerpräsidentin Nicola Sturgeon von der Wahrscheinlichkeit eines neuen Referendums über die Unabhängigkeit Schottlands. Nirgendwo im Vereinigten Königreich ging die Enttäuschung über das Votum für den Brexit so tief wie hier; in keinem Wahlkreis hatten die «Leavers» die Mehrheit erobern können. Dass ein neues Referendum ein Ja zur Unabhängigkeit erbringen würde, galt vielen Beobachtern als wahrscheinlich. Was in Edinburgh ebenfalls erörtert wurde, war ein Veto des schottischen Parlaments gegen einen Austritt Großbritanniens aus der Europäischen Union – wobei zunächst unklar war, welche Rechtswirkungen ein solcher Beschluss haben würde.

Noch im Mai, als Umfragen auf einen knappen Sieg des «Remain» deuteten, hatte ein rechtsradikaler Brexit-Aktivist im Internet eine Aktion für ein zweites Referendum gestartet. Das Ergebnis von Referenden sollte nur dann verbindlich sein, wenn sich über 75 Prozent der Wahlberechtigten an der Abstimmung beteiligten und der siegreiche Vorschlag eine Mehrheit von mindestens 60 Prozent erreichte. Nach dem Erfolg des «Leave» schlossen sich viele «Remainers» der Initiative an. Bis zum 26. Juni hatten sich bereits über 3 Millionen Unterstützer, allerdings nicht ausschließlich Briten, eingetragen.

Am 27. Juni setzte der Premierminister eine Arbeitsgruppe ein, die das weitere Vorgehen beraten sollte – ein weiteres Zeichen der allgemeinen Ratlosigkeit angesichts der Entscheidung, die die Briten vier Tage zuvor getroffen hatten. Cameron, dies war der überwiegende Eindruck in Großbritannien wie auf dem Kontinent, hatte sich «verzockt»: Er hatte va banque gespielt und war damit gescheitert. Seine Gründe für das Referendum waren ausschließlich taktische gewesen: Er hatte die Euroskeptiker in der eigenen Partei befrieden und der Ukip den Wind aus den Segeln nehmen wollen. Das Spiel seines innerparteilichen Rivalen Boris Johnson war nicht minder gefährlich: Er hatte, mutmaßlich nicht aus Sach-, sondern aus Karrieregründen, auf die Karte des Brexit gesetzt und konnte danach nicht verbergen, dass er so gut wie gar nicht über die möglichen Folgen einer solchen Entscheidung nachgedacht hatte. Ob er ein geeigneter Kandidat für die Nachfolge Camerons war, darüber gingen die Meinungen bei den Tories weit auseinander.

Cameron und Johnson waren prototypische Vertreter der konservativen «upper class», nämlich Absolventen des Elite-Internats Eton und der Elite-Universität Oxford; sie waren zudem zur gleichen Zeit Mitglieder des Bullingdon Club, einer seit 1780 bestehenden exklusiven Dining Society, gewesen. Die Leichtfertigkeit, mit der beide aus parteitaktischen oder persönlichen Motiven das Schicksal ihres Landes aufs Spiel gesetzt hatten, warf ein Schlaglicht auf den krisenhaften Zustand, in dem sich ihre Partei, ja das Vereinigte Königreich insgesamt befand. Das Mutterland der parlamentarischen Demokratie hatte ohne zwingenden Grund zur ultima ratio des Plebiszits gegriffen und dessen immanente Gefahr geflissentlich ignoriert: eine Entscheidung nicht auf Grund einer nüchternen Abwägung von Vor- und Nachteilen einer bestimmten Lösung, sondern auf Grund von Sentiments und Ressentiments, also «aus dem Bauch heraus». Im Fall des Votums für den Brexit war es der Appell an nostalgische Gefühle, der sich auszahlte: Am 23. Juni 2016 manifestierte sich der Glaube, durch ein Ausscheiden aus der EU könne sich Großbritannien besser gegen die Gefahren der Globalisierung, vor allem die unkontrollierte Zuwanderung aus «Osteuropa» und der «Dritten Welt», schützen und jene politische Unabhängigkeit zurückgewinnen, die es seit dem Beitritt zur Europäischen Gemeinschaft am 1. Januar 1973 vermeintlich Schritt für Schritt eingebüßt hatte.

Der sprichwörtliche Katzenjammer ließ nicht lange auf sich warten. Führende «Brexiteers» wie Johnson hatten es als wünschenswert und möglich hingestellt, auch nach der Trennung von der EU weiter dem Gemeinsamen Binnenmarkt anzugehören, ohne den Preis in Gestalt von Freizügigkeit und Nettogebühren zahlen zu müssen. Nach dem Referendum hatte sich auch Cameron entsprechend geäußert. Beide schienen davon auszugehen, dass man sich mit der EU zunächst auf das künftige Verhältnis zwischen dem Vereinigten Königreich und der Gemeinschaft verständigen könne, bevor London den Austrittsantrag gemäß Artikel 50 des Vertrags von Lissabon stellte.

Die Richtigstellungen aus Brüssel und Berlin folgten auf dem Fuß. EU-Komissionspräsident Juncker erklärte am 28. Juni im Europäischen Parlament, er habe den Mitgliedern der Kommission verboten, mit Vertretern Großbritanniens vor Stellung des Austrittsantrags irgendwelche Gespräche zu führen. Ganz im Sinne Junckers stellte Bundeskanzlerin Merkel am gleichen Tag im Bundestag klar, wer aus der Familie der Europäischen Union ausscheide, der könne nicht erwarten, dass die Pflichten entfielen, die Privilegien aber weiter bestehen blieben; Verhandlungen nach dem Prinzip der «Rosinenpickerei» werde es nicht geben. Noch am selben 28. Juni wurde Cameron auf einer Sitzung des Europäischen Rates in Brüssel von seinen Kollegen mit denselben Auskünften konfrontiert. Am folgenden Tag berieten die restlichen 27 Staats- und Regierungschefs unter sich, wie man mit der neuen Situation umgehen solle, ohne dass es bereits zu festen Beschlüssen kam.

Am 30. Juni um 12 Uhr mittags lief die Frist ab, bis zu der Bewerber um die Nachfolge David Camerons als Führer der Konservativen (und damit als Premierminister) ihre Kandidatur anmelden mussten. Dass die resolute Innenministerin Theresa May, die Verfechterin einer äußerst restriktiven Migrationspolitik, die sich, wenn auch nur zurückhaltend, für das «Remain»-Lager engagiert hatte, ihr Interesse anmelden würde, war erwartet worden. Kein großes Aufsehen erregte zunächst die Kandidatur der Staatssekretärin im Energieministerium, Andrea Leadsom, die sich in der Kampagne mit großer Entschiedenheit für «Leave» eingesetzt hatte. Eine Überraschung hingegen war die Bewerbung von Justizminister Michael Gove, der als «Brexiteer» ein enger Kampfgefährte von Boris Johnson war, diesem jetzt aber rundum die Fähigkeit absprach, die Konservativen zusammenzuhalten, das Amt des Premierministers auszufüllen und Großbritannien aus der EU herauszuführen. Die eigentliche Sensation aber war die Erklärung von Johnson selbst: Er sei nach Gesprächen mit Parteifreunden und unter Berücksichtigung der Lage im Parlament zu dem Schluss gelangt, dass er nicht die geeignete Person sei, um die bevorstehenden Verhandlungen mit der EU zu führen.

Johnson hatte sich offenkundig nicht nur in Bezug auf die Verhandlungsbereitschaft der Europäischen Union verschätzt, sondern auch im Hinblick auf seine Chancen, die Tories hinter sich zu bringen. Im Unterhaus waren, anders als in der Mitgliedschaft der Partei, die «Remainers» in der Mehrheit, und die putschartig verkündete Kandidatur von Gove verschlechterte nicht nur seine Aussichten, sich gegen die angesehene Theresa May durchzusetzen, sie machten sie faktisch zunichte. Am Ende des dramatischsten Machtkampfes an der Spitze der Konservativen Partei seit vielen Jahren, dem «Duell» zwischen David Cameron und Boris Johnson, gab es mithin zwei Verlierer: den Premierminister und seinen gefährlichsten innerparteilichen Herausforderer.

Der Machtkampf in der Labour Party war zu diesem Zeitpunkt noch unentschieden: Unter Berufung auf das demokratische Mandat, das er in der Urabstimmung vom September 2015 erhalten hatte, weigerte sich der Parteivorsitzende, der Rücktrittsforderung der überwältigenden Mehrheit der Unterhausfraktion nachzukommen. Corbyn verkörperte die linke Spielart von britischer Nostalgie. Spiegelte sich in der Unterstützung des Brexit die restaurative Sehnsucht nach der vermeintlich guten alten Zeit, in der das Vereinigte Königreich noch selbst über sein Schicksal hatte bestimmen können, so war der Rückhalt, den der Vorsitzende der Labour Party in der Urwahl vom September 2015 beim Gros der Parteimitglieder und der Gewerkschaften gewonnen hatte, ein Ausdruck des Glaubens an die zeitlose Gültigkeit des traditionellen sozialistischen Verständnisses von sozialer Gerechtigkeit und damit an den Wertekosmos, den «New Labour» unter Tony Blair und Gordon Brown nach Meinung vieler seit den 1990er Jahren aus Opportunismus preisgegeben hatte.

Eine Woche nach dem Referendum erschien das Verhältnis Großbritanniens zur EU so zweideutig wie eh und je. Das Vereinigte Königreich hatte seit einem ersten Antrag auf Aufnahme in die Europäische Gemeinschaft im Jahre 1961 immer nur die Vorteile des Gemeinsamen Marktes in Anspruch nehmen, aber niemals Hoheitsrechte gemeinsam mit anderen ausüben oder gar auf supranationale Einrichtungen übertragen wollen, vom Londoner Widerstreben gegen die Erfüllung von Pflichten, die sich aus der Mitgliedschaft ergaben, ganz zu schweigen. Ambivalent war auch das Verhältnis der beiden wichtigsten Protagonisten im Streit um den Brexit. David Cameron hatte sich lange Zeit mit Kritik an der Gemeinschaft zu profilieren versucht und sich erst kurz vor dem Referendum zum Verteidiger der britischen Zugehörigkeit zur EU entwickelt. Von Boris Johnson hieß es, er sei bis zum Frühjahr 2016 eher ein Pro-Europäer als ein Euroskeptiker gewesen, habe sich dann plötzlich, um sich so wirksam wie möglich als Anwärter auf das Amt des Premierministers ins Spiel zu bringen, an die Spitze der «Leave»-Bewegung gestellt, aber letztlich nicht an den Sieg geglaubt und diesen nicht einmal gewünscht. Vielmehr habe er sich gute Chancen ausgerechnet, nach einem knappen Erfolg von «Remain», gestützt auf seinen Rückhalt bei den enttäuschten «Leavers», den Kampf um die Nachfolge Camerons aufzunehmen.

Johnson war der Mann, ohne dessen Engagement es nach Meinung der meisten Beobachter den knappen Sieg der Austrittsbefürworter nicht gegeben hätte. Sein Rückzug vom Wettstreit um die Führung der Konservativen Partei bedeutete nicht nur einen schweren Schlag für die «Brexiteers», von denen viele seinen Verzicht als Fahnenflucht empfunden haben dürften, er rückte die ganze Kampagne nachträglich ins Zwielicht. Diese Wirkung verstärkte sich noch, als am 4. Juli Nigel Farage, der Vorsitzende von Ukip, für den der Austritt Großbritanniens aus der Europäischen Union seit jeher das Ziel der Ziele gewesen war, das Ende seiner politischen Karriere verkündete.

Bei den «Remainers» mehrten sich seit dem Wochenende vom 2./3. Juli die Stimmen, die laut darüber nachdachten, ob das Unterhaus sich nicht über das Votum vom 23. Juni hinwegsetzen oder ein zweites Referendum mit dem Ziel der Revision des ersten beschließen könne. Diskutiert wurde auch die Frage, ob nicht vorgezogene Neuwahlen, wenn sie den Charakter eines De-facto-Plebiszits über die weitere EU-Mitgliedschaft trügen, einen Verbleib in der Gemeinschaft legitimieren könnten. Die Liberal Democrats kündigten sogar schon wenige Tage nach der Volksbefragung an, im Fall der von ihnen befürworteten Neuwahlen würden sie als *die* Pro-EU-Partei antreten.

Als wahrscheinlich konnte keine der Umkehrvarianten gelten, und zwischen dem 11. und 13. Juli wurde dann auch rasch klar, dass am Brexit auf absehbare Zeit nicht mehr zu rütteln war. Am 11. Juli zog die von der konservativen Unterhausfraktion zusammen mit Theresa May nominierte Abgeordnete Andrea Leadsom ihre Bewerbung um die Ämter der Parteivorsitzenden und Premierministerin überraschend zurück, so dass die amtierende Innenministerin die einzige verbliebene Kandidatin war und die innerparteiliche Urabstimmung entfiel. Noch am gleichen Tag ernannte der konservative Parteivorstand Theresa May zur Parteivorsitzenden. Zwei Tage später, viel früher als von ihm ursprünglich geplant, trat Cameron als Regierungschef zurück. Zur neuen Premierministerin berief Queen Elisabeth unmittelbar darauf Theresa May. Das Motto, unter das sie ihre Regierungsarbeit zu stellen versprach, schien eindeutig: «Brexit bedeutet Brexit, und wir werden einen Erfolg daraus machen.»

Was die neue Premierministerin, die zweite nach Margaret Thatcher, am 13. Juli über ihre innenpolitischen Ziele sagte, klang mehr nach Labour als nach «Tories» und war offenkundig auch darauf abgestellt, bisherige Wähler der größten Oppositionspartei zu beeindrucken. May beklagte die krassen Ungleichheiten in der britischen Gesellschaft, erwähnte in diesem Zusammenhang, dass Arme deutlich früher stürben als Durchschnittsverdiener, dass Arbeiterkinder viel seltener studierten als Kinder aus anderen Gesellschaftsschichten, dass Frauen immer noch weniger verdienten als Männer, dass Schwarze von der Justiz strenger behandelt würden als Weiße, und bekannte sich zum Ziel der sozialen Versöhnung im Zeichen eines «better Britain». Sie erwähnte ausdrücklich den vollen Namen ihrer Partei, nämlich «Conservative and Unionist Party» und beschwor den Zusammenhalt der Union von England, Wales, Schottland und Nordirland im Vereinigten Königreich.

Größtes Aufsehen erregte die Vergabe von drei wichtigen Kabinettsposten: Neuer Außenminister wurde der «Star» der Brexit-Bewegung, Boris Johnson; an die Spitze des neugeschaffenen «Brexit-Ministeriums» trat ein langjähriger Vorkämpfer des Austritts Großbritanniens aus der EU, der Parteiveteran David Davis; aus dem gleichen Lager stammte der frühere Vorsitzende der Konservativen Partei, Liam Fox, der das ebenfalls neu eingerichtete Ministerium für internationalen Handel übernahm. Alle drei Entscheidungen hatten Signalwirkung. Theresa May wollte die zerstrittene Konservative Partei wieder zusammenführen und zugleich der Außenwelt vor Augen führen, was für ihre Regierung absolute Priorität besaß: die Orientierung am «national interest» des Vereinigten Königreichs sowohl gegenüber dem übrigen Europa wie im globalen Maßstab.[18] Für die EU gab es keinen Grund mehr, am endgültigen Charakter der Entscheidung vom 23. Juni 2016 zu zweifeln.

10.
WAS FOLGT AUS DEM BREXIT?

Für die Europäische Union bedeutete das britische Referendum vom 23. Juni 2016 eine tiefe Zäsur. Eine ähnliche Erschütterung hatten zuvor nur drei Ereignisse bewirkt: die Ablehnung des Europäischen Verfassungsvertrags in den Volksabstimmungen in Frankreich und den Niederlanden Ende Mai und Anfang Juni 2005, die Blockade der Gremien der Europäischen Wirtschaftsgemeinschaft durch den französischen Staatspräsidenten, General de Gaulle, die sogenannte «Krise des leeren Stuhls», in der zweiten Hälfte des Jahres 1965 und das Scheitern des Vertrags über die Europäische Verteidigungsgemeinschaft und des damit eng verbundenen Projekts einer Europäischen Politischen Gemeinschaft in der französischen Nationalversammlung Ende August 1954.

Bei früheren Anlässen hatten überzeugte Verfechter der immer weiter fortschreitenden europäischen Integration darauf hingewiesen, dass die supranationale Einigung Westeuropas stets krisenhaft verlaufen sei und die Krisen letztlich zu «mehr Europa» beigetragen hätten. Im Sommer 2016 war dieses Argument nur noch selten zu hören. Und schon lange vorher war es fraglich geworden, ob das, was für die Zeit des Zusammenwachsens der EWG zu einem einheitlichen Binnenmarkt zutreffen mochte, immer noch galt.

Die wirtschaftliche Integration legitimierte sich durch ihren Erfolg und die dadurch bewirkte Unterstützung für die Regierungen, die hinter dieser Politik standen. Mit dem Schritt in Richtung einer sehr viel weitergehenden Integration, den das Vertragswerk von Maastricht brachte, änderte sich viel, wenn nicht alles. «Es war der Maastricht-Vertrag von 1992, der … die Bürger der Mitgliedstaaten mit einem Integrationsgrad konfrontierte, zu dem sie nicht um ihre Meinung befragt worden waren», urteilt der ehemalige Bundesverfassungsrichter Dieter Grimm. «Was die Integration betrifft, bildete der Maastrichtvertrag einen erheblichen Schritt vorwärts, was die Akzeptanz betrifft, einen Schritt zurück. Er markiert den Wendepunkt in der Einstellung der Öffentlichkeit zum europäischen Projekt. Mit ihm begann die Akzeptanzschwäche der EU. Auf längere Sicht hat er zur Ausbreitung antieuropäischer Parteien geführt, die mittlerweile ins Europäische Parlament eingedrungen sind und derer sich die proeuropäischen Fraktionen nun durch Bildung einer großen Koalition erwehren müssen.»[1]

Maastricht steht für einen Widerspruch, der bis heute nicht aufgelöst ist: die Schaffung einer gemeinsamen Währung, die nicht von einer gemeinsamen Haushaltskultur begleitet wurde. Länder mit traditionell strenger Haushaltsdisziplin stehen solchen gegenüber, die es in dieser Hinsicht nicht so genau nehmen. Die Regeln, die sich die Währungsunion gab, entsprachen den Vorstellungen der ersteren, wurden von den letzteren aber als Überforderung wahrgenommen. Das Ergebnis war, dass der Euro, entgegen den Hoffnungen seiner Befürworter, die beteiligten Völker nicht näher zusammengeführt, sondern die Spannungen zwischen ihnen erhöht hat. Auch eine andere Erwartung hat sich nicht erfüllt: das Kalkül des französischen Staatspräsidenten François Mitterrand, die Macht des wiedervereinigten Deutschland werde sich dadurch eindämmen lassen, dass die DM in einer gemeinsamen Währung aufging.

Großbritannien hatte sich von Anfang an der Währungsunion verweigert, aber die Krise, in die die Eurozone seit der weltwirtschaftlichen Zäsur von 2008 geriet, hat wesentlich dazu beigetragen, das Ansehen der Europäischen Union im Vereinigten Königreich zu untergraben. Auf Unverständnis stießen jenseits des Ärmelkanals die zunehmende Exekutivgewalt in Brüssel und der Anspruch des Europäischen Parlaments, alle Rechte eines «echten» Parlaments zu erhalten und wie ein solches zu agieren. Im Zusammenhang mit der Flüchtlingskrise von 2015 waren es dann die deutsche Politik und die deutsche «Willkommenskultur», die bei vielen Briten tiefe Irritationen auslösten. Die Brexit-Bewegung appellierte nicht nur an die verbreiteten Vorbehalte gegenüber der Einwanderung aus den östlichen Mitgliedstaaten der EU, sondern auch, vor allem in der Schlussphase der Kampagne, an die Befürchtung, die Migrationswelle aus Asien und Afrika werde bald auf die britischen Inseln überschwappen. Wie immer man den Einfluss einzelner Faktoren auf den Ausgang des Referendums vom 23. Juni 2016 gewichtet – der Erfolg der «Brexiteers» hatte auch kontinentale Väter und Mütter.

Das britische Votum für den Austritt aus der EU ließ sich nicht einfach auf insulare Sonderfaktoren, vor allem das Nachwirken des Mythos von der «splendid isolation», zurückführen. Vieles von dem, was die Befürworter des «Leave» der Europäischen Union vorwarfen, war so oder ähnlich auch von den Nationalpopulisten in vielen anderen Mitgliedstaaten, manches auch von besorgten Freunden der europäischen Einigung zu hören. Was die letzteren beunruhigte, war die schwache demokratische Legitimation so vieler Brüsseler Entscheidungen, die Verlagerung der Macht von der nationalen auf die Gemeinschaftsebene ohne ausdrückliche Ermächtigung durch die Souveräne, die Völker der Mitgliedstaaten. «Mehr Europa» um den Preis von weniger Demokratie: Allzu lange hatte sich das Elitenprojekt Europa nach diesem Schema entwickelt und eben dadurch die Frustration hervorgerufen, die sich in Desinteresse oder Aversion äußerte.

«Europa» zu sagen und die EU zu meinen, das war seit dem 23. Juni 2016 noch weniger gerechtfertigt als vorher. Wenn das Vereinigte Königreich die Gemeinschaft verließ, dann trennte sich *das* Land von der Europäischen Union, das ihre politische Kultur mehr als jedes andere prägte. Das Mutterland der Gewaltenteilung, des «representative government», der «rule of law» und der «checks and balances» war zugleich das global am besten vernetzte und diplomatisch erfahrenste Mitgliedsland der EU, zudem zusammen mit Frankreich eines der beiden militärisch stärksten Länder des Staatenverbundes. Von einer EU ohne Großbritannien war zu vermuten, dass sie weniger atlantisch und freihändlerisch als bisher ausgerichtet sein würde, dafür kontinentaler und protektionistischer. Das relative Gewicht des wirtschaftlich und finanziell ohnehin starken Deutschland würde steigen, zugleich aber auch der Druck, den die mediterranen Staaten auf Deutschland ausübten, um dieses von seiner vermeintlich starren Orientierung an den vertraglich vereinbarten Regeln abzubringen. Für Deutschland war Großbritannien stets ein Verbündeter in Sachen Wettbewerbsfähigkeit gewesen. Schied das Vereinigte Königreich aus, musste es dem größten Mitgliedstaat der Gemeinschaft schwerer als bisher fallen, seiner Position Geltung zu verschaffen.

Durch die Trennung zwischen der EU und Großbritannien, die es nun zu regeln galt, zeichnete sich eine Aufwertung des Atlantischen Bündnisses ab: Der NATO gehörten zwar nicht alle, aber die meisten Staaten der Europäischen Union an. Diese Plattform einer gemeinsamen Sicherheitspolitik gab es weiterhin, und es lag nahe, sie künftig verstärkt zu nutzen. Außenpolitik würde zu beträchtlichen Teilen wieder bilateral, etwa zwischen London und Berlin oder zwischen Paris und London betrieben werden. Angesichts der wirtschaftlichen Schwäche Frankreichs schien möglich, dass sich zwischen Washington, London und Berlin ein neues transatlantisches Kräftedreieck herausbilden würde. Vorstellbar war aber auch eine komplementäre Entwicklung. Großbritannien hatte aus Souveränitätsstolz einer gemeinsamen europäischen Außen- und Sicherheitspolitik immer reserviert gegenübergestanden. Schied es aus der EU aus, entfiel ein Hindernis, das einer engeren Zusammenarbeit der übrigen Mitgliedstaaten auf diesem Gebiet bisher entgegengestanden hatte. Doch zugleich verminderte sich das Gesamtpotential, das die Gemeinschaft militärisch in die Waagschale werfen konnte: ein Umstand, der den Gewinn aus der Trennung stark relativierte.

Dass nach der plebiszitären Entscheidung der Briten auf dem Kontinent der Ruf «Nun erst recht» erschallen würde, war zu erwarten gewesen. In diesem Sinn äußerten sich etwa der Präsident des Europäischen Parlaments, Martin Schulz, und der Vorsitzende der deutschen Sozialdemokraten, Sigmar Gabriel, in einer gemeinsamen Erklärung, in der sie den Ausbau der EU-Kommission zu einer «wahren europäischen Regierung» forderten. Die Außenminister Frankreichs und Deutschlands, Jean-Marc Ayrault und Frank-Walter Steinmeier, kündigten weitere Schritte in Richtung einer Politischen Union an. Steinmeier war es auch, der für den 25. Juni eine Konferenz der Außenminister der sechs Gründungsmitglieder der Europäischen Wirtschaftsgemeinschaft nach Berlin einberief, die die Lage nach dem britischen Referendum beraten sollten, damit aber irritierte Reaktionen bei nicht wenigen der neuen Mitgliedstaaten, namentlich den baltischen Republiken, hervorrief.[2]

Entschiedene europäische Föderalisten wie der frühere belgische Ministerpräsident und jetzige liberale Abgeordnete des Europäischen Parlaments, Guy Verhofstadt, hielten die Gelegenheit für gekommen, um die «Unionsmethode» zu stärken und die Institutionen der EU im föderativen Sinn weiterzuentwickeln. In Deutschland erschien fast zeitgleich mit der Volksabstimmung im Vereinigten Königreich ein Buch der Politologin Ulrike Guérot, das die Dekonstruktion der Nationalstaaten, die Bildung eines Netzwerks der Regionen und die Einrichtung einer europäischen Republik bis zum 8. Mai 2045 forderte. Die häufige Berufung auf den österreichischen Schriftsteller Robert Menasse machte deutlich, wem die «politische Utopie» ihre wesentlichen Impulse verdankte. Menasses Vorschlag, für eine Übergangszeit auf die Demokratie der Nationalstaaten zu verzichten und stattdessen auf eine Art von aufgeklärtem Absolutismus, ausgeübt durch die Brüsseler Bürokratie, zu setzen, blieb jedoch unerwähnt.[3]

Über die Annahme, eine größere Zahl von Europäern sei bereit oder gar darauf erpicht, ihre nationale Identität zugunsten eines regionalen und zugleich unmittelbar europäischen «Wir-Gefühls» aufzugeben, mochte man mit einem Achselzucken hinweggehen. Der Wunsch, das Brexit-Votum für einen Integrationsschub zu nutzen, war hingegen in der «politischen Klasse» zu weit verbreitet, um ihn ignorieren zu können. Es gab indes gute Gründe, den Realitätsgehalt einer solchen Erwartung in Frage zu stellen. Unter den 27 Staaten, die nach einem Ausscheiden Großbritanniens weiter zur EU gehörten, waren mehrere, darunter alte Demokratien wie die Niederlande, Dänemark und Schweden, die eine Übertragung weiterer Hoheitsrechte auf die Gemeinschaft strikt ablehnten. Andere, so das Ungarn Viktor Orbáns und das Polen Jarosław Kaczyńskis, bekannten sich zum Ideal einer «illiberalen Demokratie», das mit den Kopenhagener Beitrittskriterien von 1993 und den normativen Teilen des Lissabonner Vertrags von

2009 unvereinbar war. In einer so zentralen Frage wie der Verteilung von Bürgerkriegsflüchtlingen und Asylbewerbern war die EU von einem Minimalkonsens nach wie vor weit entfernt. Auf einer solchen Basis den Staatenverbund in Richtung einer Politischen Union oder gar einer Föderation weiterzuentwickeln war illusorisch.

Realistischer mutete auf den ersten Blick der Vorschlag von Jürgen Habermas an, nicht die EU der 27, sondern die Währungsunion der 19 Einzelstaaten institutionell auf eine höhere Stufe der Integration zu heben und damit das erstrebte «Kerneuropa» zu verwirklichen.[4] Doch auch in dieser Gruppe mangelte es an jener normativen Übereinstimmung, derer ein engerer Zusammenschluss bedurfte. So gehörte die Slowakei zu den schärfsten Gegnern einer gemeinsamen europäischen Flüchtlingspolitik, und in Slowenien wurde im Sommer 2016 ein Machtkampf zwischen der Regierung und der Notenbank von der Exekutive mit Mitteln ausgetragen, die bei der EU-Kommission auf schwere Bedenken stießen.

Dazu kamen die notorischen Differenzen zwischen «Nord-» und «Südländern», an ihrer Spitze Deutschland und Frankreich, über das richtige Verhältnis von Staatsverschuldung und Wirtschaftswachstum. Solange es in dieser Kernfrage keinen Konsens gab, war ein Kerneuropa, bestehend aus den Staaten der Eurozone, nicht vorstellbar. Ohne das belastbare Fundament einer gemeinsamen Haltung in den Bereichen Haushalts-, Finanz- und Wirtschaftspolitik war an Elemente einer gemeinsamen Sozialpolitik, etwa eine europäische Arbeitslosenversicherung, oder an eine Teilvergemeinschaftung von Staatsschulden, nicht zu denken. Mehr Solidarität der finanziell stabilen Eurostaaten konnten die Länder mit hoher Staatsverschuldung nur erwarten, wenn sie sich ihrerseits glaubhaft und unwiderruflich zu mehr finanzieller Solidität verpflichteten. Auf dieses Junktim zu verzichten hätte bedeutet, dem Gedanken der Wechselseitigkeit, einer wichtigen Bedingung von Solidarität, den Boden zu entziehen.

Wenn selbst die Eurozone bisher nicht der harte Kern geworden ist, der im Begriff «Kerneuropa» anklingt, dürfte es kaum möglich sein, einen anderen ausfindig zu machen. Die sechs Gründungsmitglieder der Europäischen Wirtschaftsgemeinschaft von 1957 können es jedenfalls nicht sein, denn in den Grundfragen der Finanz- und Wirtschaftspolitik sind sie sich ebenso wenig einig wie im Hinblick auf die generelle Wünschbarkeit eines höheren Maßes an Integration. Zudem würde ein engerer Zusammenschluss der Sechs eine neue West-Ost-Spaltung Europas bedeuten, also einen Rückfall hinter die größte Errungenschaft der Epochenwende von 1989. Richtig ist freilich auch, dass verstärkte Integration in welchem Rahmen auch immer zuallererst eine deutsch-französische Übereinstimmung verlangt. Solange es diese nicht gibt, wird eine institutionelle Vertiefung des europäischen Einigungsprozesses ein Wunschtraum bleiben.

Der Sommer 2016 ließ den Kontinentaleuropäern nicht viel Zeit, über die längerfristigen Auswirkungen des Brexit nachzudenken. In den Vordergrund der allgemeinen Aufmerksamkeit drängten sich bald andere Ereignisse, obenan neue islamistische Terroranschläge in Frankreich und Deutschland, die dramatischen Veränderungen der türkischen Innen- und Außenpolitik nach dem gescheiterten Militärputsch vom 15. Juli und die wachsende Bedeutung Russlands als politischer und militärischer Akteur im Nahen und Mittleren Osten. Am späten Abend des 14. Juli, des französischen Nationalfeiertags, verübte ein Tunesier, der eine zeitlich begrenzte Aufenthalts- und Arbeitsgenehmigung für Frankreich besaß, auf der Strandpromenade von Nizza mit einem von ihm gesteuerten Lastkraftwagen einen Anschlag auf die dort feiernde Menge. 85 Menschen kamen dabei ums Leben; über 400 wurden, zum Teil schwer, verletzt. Die französische Nationalversammlung verlängerte daraufhin am 19. Juli den nach den Pariser Terroranschlägen vom November 2015 verhängten Ausnahmezustand um ein halbes Jahr.

Vier Tage nach dem Anschlag von Nizza attackierte ein Asylbewerber aus Afghanistan in einem Regionalzug von Treuchtlingen nach Würzburg mit Axt und Messer mehrere Passagiere; vier Personen wurden bei diesem islamistisch inspirierten Anschlag schwer verletzt, der Attentäter selbst von der Polizei getötet. Abermals fünf Tage später, am 23. Juli, verübte ein abgelehnter Asylbewerber aus Syrien im fränkischen Ansbach einen Selbstmordanschlag, bei dem 15 Personen schwer verletzt wurden. Am 26. Juli stürmten islamistische Attentäter die

Kirche der Kleinstadt St. Etienne-du-Rouvray bei Rouen, töteten den fünfundachtzigjährigen Priester Jacques Hamel und verletzten eine Nonne schwer. In allen vier Fällen bekannte sich der Islamische Staat zur Urheberschaft der Anschläge.

Für fast tägliche Schlagzeilen sorgte seit Mitte Juli auch die Türkei. Die Säuberungen im Militär, in Staatsapparat, Justiz, Bildungswesen, Wirtschaft und Medien, mit denen Präsident Erdoğan auf den Umsturzversuch einer Gruppe von Militärs reagierte, waren derart umfassend, dass sie binnen kurzem selbst die Züge eines schleichenden Staatsstreichs annahmen.[5] Die Türkei bewegte sich zusehends in Richtung einer persönlichen Diktatur des starken Mannes der AKP, verbunden mit einer fortschreitenden Radikalisierung des Kampfes gegen tatsächliche oder vermeintliche Gegner eines autoritären Präsidialregimes. Außenpolitisch vollzog Erdoğan Kurskorrekturen, die nicht minder einschneidend waren. Das galt vor allem für das Verhältnis zu Russland, mit dem sich Ankara seit dem Abschuss eines russischen Kampfflugzeugs durch die türkische Luftwaffe nahe der Grenze zu Syrien Ende November 2015 im Zustand eines «Kalten Krieges» befand. Am 9. August 2016 traf sich Erdoğan mit Putin in St. Petersburg, um die bilateralen Beziehungen auf breiter Front zu normalisieren – ein Vorhaben, dem Erfolg beschieden war.

Kurz darauf gab der türkische Präsident zu erkennen, dass er auch eine deutliche Verbesserung des Verhältnisses zu Teheran anstrebte. Da Iran und Russland die beiden engsten Verbündeten des syrischen Präsidenten Baschar Hafiz al-Assad waren, lag die Vermutung nahe, dass die Türkei im Begriff war, ihre Syrienpolitik zu überprüfen, sich unter Umständen mit Assad zu arrangieren und sich konsequenter als bisher dem Kampf gegen den Islamischen Staat zu widmen, der der Urheber zahlreicher Terroranschläge in der Türkei war, darunter wohl auch des besonders blutigen auf eine Hochzeitsgesellschaft im südostanatolischen Gaziantep am 21. August, bei dem 54 Menschen, darunter viele Kinder, ums Leben kamen. Am 20. August bestätigte Ministerpräsident Yildirim solche Gedankenspiele, indem er vor Journalisten erklärte, für seine Regierung sei es vorstellbar, dass Assad für eine Übergangszeit an der Spitze Syriens bleibe.

Als Bruch mit dem Westen wollte Erdoğan seinen Kurswechsel nicht verstanden wissen. Am 24. August – dem Tag, an dem der amerikanische Vizepräsident Joe Biden zu einem Besuch in Ankara eintraf – begann die Türkei nach vorbereitenden Luftschlägen und in enger Abstimmung mit der oppositionellen Freien Syrischen Armee und den USA mit einer Bodenoffensive, der Operation «Schutzschild Euphrat», gegen Stellungen des IS in Nordsyrien. Ankara reihte sich damit überzeugender als bisher in die westliche Anti-IS-Allianz ein. Doch noch wichtiger war es Erdoğan, die «Volksverteidigungseinheiten» (YPG), die Milizen der syrischen Kurden, die eng mit der in der Türkei operierenden, von Ankara und den NATO-Staaten als terroristisch eingestuften kurdischen Arbeiterpartei PKK verflochten waren, aus ihren eroberten Stellungen westlich des Euphrat zu vertreiben, die Schaffung eines territorial geschlossenen, autonomen, womöglich sogar unabhängigen kurdischen Staates an der syrisch-türkischen Grenze zu verhindern und die Voraussetzungen zur Errichtung einer Pufferzone an der Grenze zwischen Syrien und der Türkei zu schaffen.

Die Vereinigten Staaten unterstützten die türkische Offensive, soweit sie sich gegen den IS richtete, nicht nur militärisch, durch Luftangriffe, sondern auch mit der ultimativen Aufforderung an ihre kurdischen Verbündeten, sich in das Gebiet östlich des Euphrat zurückzuziehen; andernfalls würde die Kooperation mit den YPG beendet. Am 24./25. August vertrieb die Freie Syrische Armee, massiv unterstützt von türkischen Panzern und der Air Force der Amerikaner, den IS aus der von syrischen Arabern bewohnten Grenzstadt Dscharabulus – für die islamistische Terrororganisation eine Niederlage, die das von ihr kontrollierte Territorium in Syrien und Irak weiter schrumpfen ließ.

In den Tagen darauf bombardierten die Türken grenznahe Stellungen der YPG, um der Rückzugsforderung Nachdruck zu verleihen. Sie stürzten damit die USA in ein schweres Dilemma: Je mehr sich die Operation «Schutzschild Euphrat» zu einem militärischen Konflikt zwischen der Türkei und den Verbänden der syrischen Kurden entwickelte, desto schwieriger wurde das Verhältnis der Vereinigten Staaten zu *beiden* Parteien im Kampf gegen den IS. Was die Türkei anging, kam verschärfend noch deren Antrag auf Auslieferung des in Pennsylvania lebenden, mit Erdoğan einst verbündeten, dann verfeindeten Imams Fethullah Gülen hinzu – ein Verlangen, dem Vizepräsident Biden in einer Pressekonferenz mit Ministerpräsident Yildirim am 24. August mit dem Hinweis begegnet war, kein Präsident der USA könne eine solche Maßnahme verfügen, sondern nur ein amerikanisches Gericht.

Ohne das vorangegangene Arrangement mit Putin hätte Erdoğan es schwerlich gewagt, den Befehl zu einer türkischen Offensive auf syrischem Territorium zu geben. Sein Vorgehen wurde auch dadurch erleichtert, dass es in den Tagen zuvor zu Kämpfen zwischen dem YPG und der Armee Assads gekommen war – zwei Kontrahenten, die bislang eine Art von stillschweigendem Nichtangriffspakt praktiziert hatten. Assad protestierte zwar gegen das Vorgehen der Türkei, konnte im Übrigen aber davon ausgehen, dass das neue Zusammenspiel zwischen Ankara und Moskau seine Chancen erheblich verbesserte, sich in einem Großteil des syrischen Staatsgebietes an der Macht behaupten zu können.

Zu den Gewinnern der türkischen Neuorientierung gehörte noch sehr viel eindeutiger Wladimir Putin. Parallel zur Aussöhnung mit der Türkei hatte er die Kooperation mit Teheran verstärkt. Die Herausbildung eines neuen Kräftedreiecks Moskau-Teheran-Ankara schien manchen Beobachtern kein Ding der Unmöglichkeit mehr. Russland war dabei, das strategische Vakuum im Nahen Osten zu füllen, das die USA unter Obama mit ihrem überstürzten Truppenabzug aus dem Irak im Jahr 2011 und ihrer unentschiedenen Haltung im Syrienkonflikt geschaffen hatten.

Auch an einem anderen Krisenherd präsentierte sich Putin als Meister des Spiels: Er traf einstweilen keine Anstalten, entsprechend dem Minsker Waffenstillstandsabkommen vom Februar 2015 («Minsk II») an einer friedlichen Beilegung des Russland-Ukraine-Konflikts mitzuwirken. Im Juli und August 2016 nahm die Zahl der blutigen Zusammenstöße zwischen prorussischen Separatisten und ukrainischen Verbänden vielmehr zu. Dem in Minsk vereinbarten Rückzug schwerer Waffen von der «Front» im Donbass kam Russland ebenso wenig nach wie die Ukraine. Dass Russland seine militärische Präsenz im Osten der Ukraine nicht reduzierte, gab der Nationalversammlung in Kiew Anlass, die Verabschiedung eines Gesetzes zu blockieren, das die Grundlage der in Minsk vereinbarten Kommunalwahlen in der Ostukraine bilden sollte. Putin kam dieser Widerstand gelegen, bot er ihm doch die Chance, Kiew denselben Vorwurf zu machen, den die Ukraine und die westlichen Demokratien gegen ihn erhoben: die Nichterfüllung der Minsker Bedingungen für eine dauerhafte Waffenruhe. Von Schritten in Richtung einer Befriedung der Ukraine konnte im Sommer 2016 keine Rede sein.

Am 22. August trafen der italienische Ministerpräsident Matteo Renzi, der französische Staatspräsident François Hollande und die deutsche Bundeskanzlerin Angela Merkel an Bord des italienischen Flugzeugträgers «Giuseppe Garibaldi» im Golf von Neapel zusammen, um die Lage der Europäischen Union nach dem britischen Referendum zu beraten und den im September anstehenden EU-Gipfel in Bratislava vorzubereiten. Es war das zweite Treffen der Drei nach der Abstimmung vom 23. Juni. Schon vier Tage danach waren sie auf Einladung von Merkel in Berlin zu einem Krisengespräch zusammengekommen.

Der zweite Dreiergipfel war geprägt von einer Symbolpolitik im Sinne des Gastgebers: Den Beratungen ging ein Besuch der Staats- und Regierungschefs auf der kleinen, Neapel vorgelagerten Insel Ventotene voraus, auf der unter der Herrschaft des Faschismus politische Gefangene inhaftiert waren. Einer von ihnen war ein Eurokommunist avant la lettre, Altiero Spinelli, der Hauptverfasser des 1941 entstandenen und kurz darauf nach Rom geschmuggelten «Manifesto di Ventotene», eines flammenden Plädoyers für die Ablösung der souveränen Nationalstaaten durch ein föderiertes Europa, und Autor einer weiteren, im gleichen Jahr zu Papier gebrachten Denkschrift mit dem Titel «Die Vereinigten Staaten von Europa und die verschiedenen politischen Tendenzen».[6] Auf seinen Wunsch hin war Spinelli 1986 auf Ventotene bestattet worden. Die Visite von Hollande, Merkel und Renzi an seinem Grab sollte, soweit es nach dem italienischen Ministerpräsidenten ging, ein Bekenntnis zur Erneuerung eines «Europas der Werte und der Kultur» sein – eines Europas, das seine Aufgabe darin sah, «die Welt besser zu machen».[7]

Symbolische Bedeutung hatte auch die Wahl des Gesprächsorts. Der nach dem italienischen Unabhängigkeitskämpfer und Nationalhelden Giuseppe Garibaldi benannte Flugzeugträger kreuzte sonst im Rahmen von Frontex, der Grenzschutzagentur der EU, im Mittelmeer, um Schleusern das Handwerk zu legen. Ein wirksamer Schutz der gemeinsamen Außengrenze war denn auch eines der wichtigsten Beratungsthemen. In diesem Punkt gab es zwischen den drei Staats- und Regierungschefs volle Übereinstimmung. Was die Verteilung der Flüchtlinge betraf, die über das Mittelmeer nach Europa gelangten, blieb es hingegen beim bisherigen Dissens. Je näher die Präsidentschaftswahlen vom Frühjahr 2017 rückten, desto weniger war Frankreich bereit, in dieser Frage Zugeständnisse zu machen, also mehr Migranten aufzunehmen.

Auf einem anderen Feld waren sich zumindest Hollande und Renzi einig: Deutschland sollte sich von seiner «Austeritätspolitik» verabschieden und im Interesse eines höheren Wirtschaftswachstums einem Mehr an Staatsverschuldung zustimmen. Diesem Verlangen widersetzte sich Merkel, und das nicht nur im Hinblick auf die Bundestagswahlen, die im September 2017 anstanden. Ein Ja zu einer Aufweichung der vertraglich vereinbarten Stabilitätskriterien wäre auf den energischen Widerstand aller Staaten gestoßen, die sich in Haushaltsdisziplin übten, hätte also den Zusammenhalt der Währungsunion, ja der Europäischen Union insgesamt geschwächt. Auf der gemeinsamen Pressekonferenz auf der «Garibaldi» verwies die Kanzlerin auf die Zuständigkeit der EU-Kommission und die Spielräume, die der Stabilitätspakt den Mitgliedstaaten ließ. Dass Merkel die Kompetenzen der Gemeinschaft hervorhob, deutete aber darauf hin, dass sie gegen die elastische Auslegung der Verträge durch «Brüssel» keine grundsätzlichen Einwände erhob.

Der verbreitete Eindruck, Renzi ziele mit seinem Ruf nach mehr europäischer Gemeinsamkeit in erster Linie auf eine Vergemeinschaftung der italienischen Schulden, war nicht unbegründet. Mit 133 Prozent des Bruttoinlandsprodukts war die italienische Staatsverschuldung innerhalb der EU die zweithöchste nach der Griechenlands; sie war gegenüber 2013 sogar noch um 4 Prozentpunkte gestiegen. Die mit der EU-Komission vereinbarten Ziele für ein Haushaltsdefizit deutlich unterhalb von 3 Prozent wurden meist verfehlt. Die Wirtschaft stagnierte; im zweiten Quartal 2016 verzeichnete Italien ein Nullwachstum.

Dazu kam die Bankenkrise. Zu ihrem Sinnbild war die älteste Bank der Welt, die Banca Monte dei Paschi di Siena, geworden: Für die Jahre 2011 bis 2014 wies sie Verluste von 14,6 Milliarden Euro auf. Wie bei anderen Banken waren faule Kredite der wichtigste Grund des Niedergangs. Alle italienischen Banken zusammen genommen, machten die faulen Kredite 2015 210 Milliarden Euro aus. Nicht berücksichtigt waren hierbei die sogenannten «Problemkredite» in Höhe von 150 Milliarden Euro. Um die große Zahl «kleiner» Gäubiger zu schonen, strebte die Regierung Renzi eine Bankenrettung mit Staatsmitteln an. Die aktuelle Bankenrichtlinie der EU erlaubte jedoch die vorbeugende Ankündigung staatlicher Subventionen für Banken nur «zur Abwendung einer schweren Störung der Volkswirtschaft eines Mitgliedstaates und zur Wahrung der Finanzstabilität».[8]

Bei Hollande und Merkel durfte Renzi auf Verständnis hoffen. Ende 2016 stand in Italien ein Referendum über die faktische Abschaffung des schwerfälligen Zweikammersystems an – eine der wichtigsten Reformen, die der junge Ministerpräsident bisher in Angriff genommen hatte. Für den Fall einer Ablehnung dieser einschneidenden Verfassungsänderung hatte er seinen Rücktritt angedroht – eine Festlegung, die er angesichts pessimistisch stimmender Umfrageergebnisse auf dem Dreiergipfel etwas relativierte. Dessen ungeachtet hatten die EU und ihre Mitgliedstaaten Grund, eine Niederlage Renzis beim Referendum zu fürchten. Gewannen in Italien die populistischen Kräfte, an ihrer Spitze die erratische Bewegung Cinque Stelle, weiter an Boden, war nicht nur der von dieser abgelehnte Euro, sondern die Union insgesamt in höchster Gefahr.

Den Strukturproblemen Italiens war nur durch eine konsequente Fortsetzung des von Renzi eingeschlagenen Reformprozesses beizukommen, nicht durch rhetorische Ablenkungsmanöver, routiniertes Pathos und die Wiederbelebung von Europamythen à la Ventotene. Das neue «Narrativ» von Europa, das Renzi zu stiften versuchte, war in Wirklichkeit das alte und so wenig wie dieses in der Lage, den Mangel an konkreten Antworten auf konkrete Herausforderungen auszugleichen. Das einzige, was eine solche kompensatorische Symbolpolitik bewirken konnte, war vermehrtes Misstrauen in das Projekt Europa. Und wenn es Renzis Absicht war, Italien als Mitglied eines informellen EU-Direktoriums, bestehend aus den nunmehr drei größten Ländern und Volkswirtschaften der Union der 27, zu etablieren, so brachte ihn das Treffen vom 22. August auch in dieser Hinsicht nicht voran: Von den übrigen Mitgliedstaaten war keiner bereit, sich einer derartigen «kollektiven Führung» unterzuordnen.

Wie Italien haderte auch Frankreich mit den Stabilitätsvorgaben der EU, und wie das mediterrane Nachbarland profitierte es von der Großzügigkeit, mit der die «politische Kommission» unter Jean-Claude Juncker und dem zuständigen Kommissar für Wirtschaft und Finanzen, Pierre Moscovici, dem französischen Finanzminister der Jahre 2012 bis 2014, die Interpretation der entsprechenden Regeln handhabte. Nicht anders als in der Pariser Amtszeit Moscovicis verfehlte Frankreich auch in den Jahren danach regelmäßig die zugesagten Sparziele. Im Jahr 2016 lag das Haushaltsdefizit bei 3,4 Prozent des Bruttoinlandsprodukts und damit erneut über der «Maastricht-Grenze» von 3 Prozent. Dass die für 2017 angepeilten 2,7 Prozent erreicht werden würden, war nach den bisherigen Erfahrungen unwahrscheinlich.[9]

Das Versprechen der Regierung, den Staatshaushalt zwischen 2015 und 2017 um 50 Milliarden Euro zu kürzen, war damit hinfällig. Die für das Wahljahr 2017 angekündigte Erhöhung der Ausgaben um 5,6 Milliarden Euro war nicht vollständig durch Einsparungen gegenfinanziert. Die Schuldenquote war mit 97,5 Prozent die zweithöchste seit dem Zweiten Weltkrieg (nur im zweiten Quartal 2015 war sie mit 97,7 Prozent noch höher gewesen). Die Staatsquote lag mit 57 Prozent des Bruttoinlandsprodukts um 13 Prozentpunkte über der deutschen. Mit Erleichterung registrierten Präsident und Regierung den leichten Rückgang der Arbeitslosigkeit, die von 10,2 Prozent im Januar 2016 auf 9,9 Prozent im April und Mai gesunken war.

Nur mit größter Mühe hatte die Regierung Valls die Reform des

Arbeitsmarktes gegen die anhaltenden Proteste der linksstehenden Gewerkschaften und eines großen Teiles der akademischen Jugend durchgesetzt, darunter eine Lockerung der 35-Stunden-Woche und des rigiden Kündigungsschutzes. Eine parlamentarische Mehrheit für die Pläne der Regierung gab es, da ihnen zahlreiche sozialistische Abgeordnete die Zustimmung verweigerten, nicht. Das Kabinett behalf sich mit einer der autoritärsten Bestimmungen der Verfassung der Fünften Republik, des Artikels 49, Abs. 3: Die Nationalversammlung konnte das Inkrafttreten eines von der Regierung als dringlich erklärten Gesetzes zum Staatshaushalt oder zur Finanzierung der sozialen Sicherheit nur verhindern, indem sie ihr das Misstrauen aussprach. Da sich nicht genügend sozialistische Parlamentarier für einen solchen Antrag fanden, konnte sich die Regierung Valls am Ende als Siegerin fühlen.

Sehr viel unübersichtlicher als in Frankreich stellte sich im Sommer 2016 die politische Lage in Spanien dar. Aus den Parlamentswahlen vom 20. Dezember 2015 waren die regierenden Konservativen des Partido Popular (PP) unter Ministerpräsident Mariano Rajoy zwar wieder als stärkste Partei hervorgegangen, ihre parlamentarische Mehrheit aber hatten sie, nicht zuletzt wegen einer Reihe von spektakulären Korruptionsskandalen, eingebüßt. Stimmenverluste mussten auch die oppositionellen Sozialisten des PSOE hinnehmen, die ebenfalls mit Korruption in den eigenen Reihen zu kämpfen hatten. Zwei neugegründete Parteien, die linkspopulistische Podemos (Wir können) und die liberalen Ciudadanos (Bürger), schnitten dagegen sehr gut ab. Die Bildung einer Großen Koalition mit den Konservativen scheiterte am kategorischen Nein der Sozialisten unter Pedro Sánchez, ein Bündnis von PSOE, Podemos und Ciudadanos vor allem an internen Machtkämpfen bei den Sozialisten. Rajoy blieb geschäftsführend im Amt.

Die Folge war die Ausschreibung von Neuwahlen zum 26. Juni 2016. Der PP gewann bei der Wahl über 4 Prozentpunkte hinzu und kam auf 33 Prozent; die Sozialisten verbesserten sich etwas und erreichten 22,7 Prozent; Podemos (21,1 Prozent) und Ciudadanos (13,1) mussten leichte Verluste hinnehmen. Eine Kooperation mit den Konservativen lehnte Sánchez weiterhin ab, was den energischen Widerspruch seiner Vorgänger im Vorsitz des PSOE, Felipe González und José Zapatero, hervorrief. Mit Ciudadanos konnte sich Rajoy auf die Tolerierung einer konservativen Minderheitsregierung verständigen, aber beide Parteien kamen zusammen nur auf 169 von insgesamt 350 Sitzen – sieben Mandate weniger, als zur absoluten Mehrheit von 176 Abgeordneten erforderlich waren.

Eine solche qualifizierte Mehrheit war bei der Wahl des Ministerpräsidenten nur beim ersten Wahlgang erforderlich. Dieser fand am 31. August statt. Rajoy erhielt nicht die erforderlichen 176, sondern nur 170 Stimmen, wobei eine von einer Abgeordneten der Coalición Canaria kam. Beim zweiten Wahlgang, der frühestens 48 Stunden später stattfinden durfte, reichte die relative Mehrheit. Aber auch sie verfehlte Rajoy: Das Ergebnis war dasselbe wie zwei Tage zuvor. Nach der Verfassung blieben nun noch zwei Monate für die Wahl eines Ministerpräsidenten. Kam diese nicht zustande, mussten abermals Neuwahlen stattfinden – zur Weihnachtszeit.

Je länger die Zeit der geschäftsführenden Regierung dauerte, desto ernster wurden die wirtschaftlichen Probleme des Landes. Gesetze konnten nicht verabschiedet werden, folglich auch nicht der Haushaltsplan für 2017. Zwar erlebte Spanien im Sommer 2016 einen Tourismusboom – eine Folge des islamistischen Terrorismus, der so viele Länder heimsuchte, die bisher beliebte Urlaubsziele vor allem von Deutschen, Briten und Nordeuropäern gewesen waren. Doch systematisch an der Behebung der Strukturmängel der spanischen Wirtschaft zu arbeiten war solange nicht möglich, wie es keine Regierung gab, die sich bei ihren Reformvorhaben auf eine parlamentarische Mehrheit stützen konnte.

Ende September revoltierte ein Teil der sozialistischen Parteiführung gegen den unnachgiebigen Kurs von Pedro Sánchez. Im Bundesausschuss des PSOE, dem höchsten Gremium zwischen den Parteitagen, sprach sich am 1. Oktober eine Mehrheit gegen den Parteivorsitzenden aus. An seiner Stelle wurde der Präsident der Region Asturien, Javier Fernández, mit der kommissarischen Führung der Partei beauftragt. Die Entscheidung in der Sache fiel am 23. Oktober. Der Bundesausschuss sprach sich mit 139 gegen 96 Stimmen dafür aus, sich bei der Abstimmung über die Vertrauensfrage des geschäftsführenden Ministerpräsidenten der Stimme zu enthalten. In den Cortes erhielt Rajoy am 29. Oktober im zweiten Wahlgang 170 Ja-Stimmen und 111 Nein-Stimmen bei 68 Enthaltungen aus der Fraktion der Sozialisten. Das war zwar nur eine relative Mehrheit, mit der die konservative Regierung kein mutiges Reformprogramm in Angriff nehmen konnte. Doch zumindest war Spanien um die befürchtete Weihnachtswahl 2016 herumgekommen.

In den Jahren zuvor hatte der Sparkurs der Regierung Rajoy dem Land durchaus einige Erfolge gebracht. Das Wirtschaftswachstum, das 2015 den Rekordstand von 3,2 Prozent erreicht hatte, war auch 2016 höher als in anderen Krisenländern. Im ersten Quartal 2016 lag es bei 0,8 Prozent des Bruttoinlandsprodukts gegenüber 0,6 Prozent im Durchschnitt der Eurozone. Die Arbeitslosenquote war von 25,1 Prozent im August 2012 auf 19,9 Prozent im Juni 2016 gesunken. Das Haushaltsdefizit lag 2015 mit 5,1 Prozent über der mit der Kommission vereinbarten Richtgröße von 4,1 Prozent (und erst recht über der Maastricht-Marke von 3 Prozent). Die Staatsverschuldung war zwischen dem zweiten Quartal 2013 und dem ersten Quartal 2016 von 91,9 auf 100,5 Prozent des Bruttoinlandsprodukts gestiegen. Die EU-Kommission hätte also durchaus Gründe gehabt, Spanien mit Sanktionen zu mehr Disziplin beim Schuldenabbau und der Haushaltsführung anzuhalten. Doch mit Rücksicht auf die prekäre politische Lage des Landes im Sommer 2016 verzichtete sie auf jede Art von Strafen und gab Spanien ein Jahr mehr Zeit für die zugesagte Stabilisierung seiner Finanzen.

Ähnlich «gnädig» verhielt sich die Kommission gegenüber Portugal. Dort war die bisherige Große Koalition aus Konservativen und Sozialisten Ende November 2015, siebeneinhalb Wochen nach den Parlamentswahlen vom 4. Oktober, von einer sozialistischen Minderheitsregierung unter António Costa abgelöst worden, die von dem kommunistisch dominierten Linksblock toleriert wurde. Die parlamentarische Unterstützung der radikalen Linken sicherte sich die Regierung unter anderem durch eine Anhebung des Mindestlohns, die Rückgängigmachung der Kürzung von Beamtengehältern und Pensionen, die

Rückkehr zur 35-Stunden-Woche im öffentlichen Dienst, die Wiedereinführung einiger gestrichener Feiertage sowie eine Abkehr von der Privatisierungspolitik des Vorgängerkabinetts.

Das Wirtschaftswachstum Portugals lag mit 128,9 Prozent des Bruttoinlandsprodukts im ersten Quartal 2016 um 1,3 Prozentpunkte unter dem Stand des ersten Quartals 2015. Die Arbeitslosigkeit war geringfügig gesunken: von 12,4 Prozent im Oktober 2015 auf 11,1 Prozent im Juni 2016. Das Haushaltsdefizit, das 2015 bei 4,4 Prozent gelegen hatte, sollte nach Schätzungen des Finanzministeriums 2016 auf 2,5 Prozent fallen, während die konservative Opposition 3,0 Prozent für wahrscheinlicher hielt. (Tatsächlich sank es auf 2 Prozent.) Die Brüsseler EU-Kommission hatte die Abweichungen der portugiesischen Sozialisten vom Sanierungskurs zunächst mit Sorge betrachtet, doch wie im Fall Spanien von Sanktionen vorerst abgesehen. Auch hier war der Wunsch, nicht zu noch mehr politischer Instabilität beizutragen, das Hauptmotiv der Großzügigkeit.

Der Krisenherd schlechthin blieb Griechenland. Mit einer staatlichen Bruttoverschuldung von 176,3 Prozent lag es im ersten Quartal 2016 noch immer an der Spitze aller EU-Staaten. Der Rückgang gegenüber dem Höchststand von 181,8 Prozent im zweiten Quartal 2014 war nur geringfügig. Die Daten zum Haushaltsdefizit schwankten stark: Im 4. Quartal 2015 belief es sich auf 14,2, im ersten Quartal 2016 auf 2,8 Prozent. Die Wirtschaft schrumpfte 2015 um 0,2 Prozent; für 2016 sagte Eurostat einen Rückgang um 0,6 Prozent voraus. Die Arbeitslosigkeit lag mit 23,5 Prozent im April und Mai 2016 nur um 1 Prozent unter dem Stand von Oktober und November 2015. Bei Jugendlichen unter 25 Jahren war die Erwerbslosigkeit im Juli 2016 mit 50,3 Prozent nach wie vor deutlich höher als in Krisenländern wie Spanien (43,9 Prozent), Italien (39,2 Prozent) und Portugal (26,3 Prozent).

Die teilweise durch die Verfassung beziehungsweise ein Konkordat abgesicherten steuerlichen Privilegien der Reeder und der orthodoxen Kirche, der zweitgrößten Grundbesitzerin des Landes nach dem griechischen Staat, blieben gleichwohl faktisch unangetastet: Die Unabhängigen Griechen, der nationalpopulistische Koalitionspartner der linkspopulistischen Syriza, bürgten dafür, dass sich an diesem Zustand nichts änderte. Es war dieselbe Partei, der es das griechische Militär zu verdanken hatte, dass sein Haushalt mit einem Anteil von 2,38 Prozent des Bruttoinlandsprodukts der höchste aller EU-Staaten und der zweithöchste aller NATO-Mitglieder nach den USA war – ein Sachverhalt, an dem die Syriza offenkundig nichts auszusetzen fand.

Am 8./9. Mai 2016 verabschiedete das griechische Parlament mit den Stimmen der Regierungsparteien ein umstrittenes Gesetz zur Kürzung der Renten und schuf damit die Voraussetzung für die Bewilligung einer weiteren Tranche aus dem Europäischen Rettungsfonds (ESM) in Höhe von 10,3 Milliarden Euro. Über die von Athen geforderten Schuldenerleichterungen großen Stils wollten die Finanzminister der Währungsunion aber erst sprechen, wenn das Reformprogramm für Griechenland 2018 erfolgreich abgeschlossen war.

Knapp ein Vierteljahr nach der letzten europäischen Hilfsaktion, im August 2016, musste sich die EU-Kommission wieder mit Griechenland befassen. Anlass war ein Aufsehen erregender Schritt der Generalstaatsanwältin Xeni Dimitriou: Sie erhob Anklage gegen den international angesehenen Andreas Georgiou, der von 2010 bis 2015 an der Spitze der nationalen Statistikbehörde gestanden hatte. Gleich zu Beginn seiner Amtszeit hatte Georgiou die korrekten Zahlen zur Staatsverschuldung und zur Höhe des Haushaltsdefizits veröffentlicht und damit falsche Angaben seiner Vorgänger berichtigt. Die Generalstaatsanwältin warf ihm eben deswegen Datenfälschung und Landesverrat vor und behauptete, Georgiou habe die finanzielle Lage Griechenlands unzulässig dramatisiert und damit verschlimmert.

Brüssel reagierte rasch: Die für Beschäftigung und Soziales zuständige Kommissarin Marianne Thyssen erklärte in einem Brief an den griechischen Finanzminister, die Kommission habe volles Vertrauen in die von Georgiou vorgelegten Zahlen. Griechenland habe sich verpflichtet, seine Verwaltung und das juristische System weiter zu entpolitisieren. Geschehe dies nicht, werde das in die noch in diesem Jahr anstehende zweite Überprüfung des Hilfsprogramms einfließen. Die Mitgliedstaaten müssten dann entscheiden, ob weitere Tranchen ausgezahlt werden könnten.[10] Wenn es noch eines Beweises bedurft hätte, dass die tieferen Ursachen des Dauerkonflikts zwischen der EU und Griechenland in unterschiedlichen politischen Kulturen lagen: das Vorgehen der Chefanklägerin gegen den ehemaligen Leiter der griechischen Statistikbehörde hätte ihn geliefert.

Von dem breiten Rückhalt in der Bevölkerung, den Syriza und Ministerpräsident Alexis Tsipras persönlich 2015 genossen hatten, war angesichts der andauernden Wirtschaftsmisere im Frühherbst 2016 nicht mehr viel übrig. In den Umfragen lagen die Konservativen inzwischen weit vor der regierenden Linkspartei. Als Tsipras die Staats- und Regierungschefs des europäischen Mittelmeerraums für den 9. September zu einem Regionalgipfel nach Athen einlud, mochte er hoffen, durch etwas außenpolitischen Glanz sein gesunkenes Ansehen wieder heben zu können. Tatsächlich kam neben den Regierungschefs von Italien, Zypern, Malta und Portugal auch der französische Staatspräsident Hollande in die griechische Hauptstadt. Nur der geschäftsführende spanische Ministerpräsident Rajoy ließ sich mangels eines klaren politischen Mandats durch einen Staatssekretär vertreten.

Ihre Übereinstimmung in der Ablehnung einer fortdauernden «Austeritätspolitik» und der Forderung nach deutlich mehr Elastizität beim Schuldenabbau zum Ausdruck zu bringen fiel den Teilnehmern nicht schwer. Irgendwelche praktischen Folgen aber hatte das Athener Treffen nicht. Matteo Renzi wertete den Gipfel dennoch als großen Erfolg. Dank der Teilnahme von François Hollande könnten die Südländer jetzt gemeinsam auftreten, erklärte er gegenüber italienischen Journalisten auf dem Rückflug nach Rom. «Jetzt sind wir viele und können Ärger bereiten ... Wir werden nun eine Bewegung, und Italien spielt dabei eine zentrale Rolle.» Nun kämen die Deutschen unter Druck. Nach Italien zurückgekehrt, wiederholte Renzi seine Botschaft, es gelte dem Europa der Regeln, wie es Deutschland vertrete, ein «Europa der Ideale, des Sozialen und der Schönheit», also ein Europa der Werte, entgegenzusetzen.

Die Kluft, die Stabilitäts- und Schuldenländer voneinander trennte, war nach dem Athener Regionalgipfel so tief wie eh und je. Doch offenkundig hatte das Brexit-Referendum das Selbstbewusstsein der Südländer gestärkt. Ein Ausscheiden Großbritanniens aus der EU musste das

Lager der Wettbewerbsfreunde schwächen und denen Auftrieb geben, die entschlossen waren, sich künftig «Spardiktaten» aus Brüssel und Berlin nicht mehr zu beugen. Was das für die Krise der Eurozone bedeutete, lag auf der Hand. Sie drohte chronisch zu werden.[11]

Im Vorfeld des auf den 16. September 2016 einberufenen, wegen der Nichtteilnahme Großbritanniens als informell deklarierten EU-Gipfels in Bratislava absolvierte Angela Merkel einen wahren Gesprächsmarathon. Dem Dreiertreffen mit Hollande und Renzi im Golf von Neapel folgten zwischen dem 24. und dem 26. August Besuche der Kanzlerin in Talinn, Prag und Warschau. In der polnischen Hauptstadt kam sie mit den Regierungschefs aller vier Višegrad-Staaten, also von Polen, Tschechien, der Slowakei und Ungarn, zusammen. Am Abend des 26. August schlossen sich Gespräche mit den Ministerpräsidenten der Niederlande, von Finnland, Schweden und Dänemark auf Schloss Meseberg in der Mark Brandenburg, dem Gästehaus der Bundesregierung, an, tags darauf gefolgt von Besprechungen am gleichen Ort mit den Regierungschefs von Österreich, Slowenien, Kroatien und Bulgarien.

Über den Inhalt der Gespräche wurde nicht viel bekannt. Nicht verbergen ließ sich ein tiefer Dissens zwischen der Kanzlerin und den meisten ihrer Kollegen in der Migrationsfrage. Einer Festlegung fester Verteilungsquoten widersprachen vor allem die Regierungschefs der ostmittel- und südosteuropäischen Staaten kategorisch, erst recht einer Verpflichtung zur Aufnahme muslimischer Flüchtlinge. Merkel galt in Warschau, Prag, Bratislava und Budapest geradezu als Urheberin der muslimischen Massenmigration nach Europa und eben deshalb auch als mitverantwortlich für den Sieg der Brexit-Befürworter. In der tschechischen Hauptstadt kam es anlässlich ihres Besuches sogar zu Demonstrationen gegen sie.

Bei ihren Gesprächspartnern aus den «alten» Mitgliedstaaten der EU fand die Kanzlerin mit ihrer Forderung nach einer Umverteilung der Flüchtlinge so gut wie keine Unterstützung. Eine Ausnahme bildete Italien, das 2016 die Hauptlast des Migrantenstroms aus Nordafrika, vor allem aus Libyen und Ägypten, zu tragen hatte. (Zwischen

Januar und August 2016 waren rund 120 000 Menschen auf diesem Weg nach Europa gelangt.) Frankreich aber verweigerte nach wie vor Flüchtlingen, die aus Italien kamen, den Grenzübertritt. Österreich ließ keinen Zweifel daran, dass es dasselbe tun würde, wenn sich die Hauptroute der Migration von der italienisch-französischen Grenze an den Brenner verlagern würde. Dass es beim Gipfel in Bratislava in Sachen Verteilung der Flüchtlinge zu einer Verständigung kommen würde, war ausgeschlossen.

Auf einem anderen Gebiet, der inneren und äußeren Sicherheit, gab es hingegen weitreichende Übereinstimmung. Dass die Europäische Union ihre Außengrenzen wirksamer als bisher schützen musste, war ebenso unumstritten wie ein Mehr an Zusammenarbeit bei der inneren Terrorabwehr. Aus Polen und Ungarn kamen sogar Rufe nach einer «europäischen Armee»: eine merkwürdig supranational klingende Forderung, wenn man bedenkt, dass beide Staaten ansonsten den Einfluss der Gemeinschaft vermindern und die souveränen Rechte der Nationalstaaten ausweiten wollten. In der Vergangenheit hatte sich vor allem Großbritannien gegen alles zur Wehr gesetzt, was nach einer Europäisierung des Militärs aussah. Nach dem Sieg der «Leavers» beim Referendum vom 23. Juni aber schien es leichter, zumindest auf diesem Gebiet zu «mehr Europa» zu gelangen.

Strittig blieben im Sommer 2016 die Bereiche Zukunft der Währungsunion und normative Identität der Gemeinschaft. Was das Verhältnis von Wirtschaftswachstum und finanzieller Stabilität betraf, fehlte es noch immer an jenem Grundkonsens, ohne den sich der Zusammenhalt der 19 Mitgliedstaaten der Währungsunion nicht nachhaltig sichern ließ. Innerhalb der EU der 27 gab es weiterhin einen tiefen Dissens zwischen den «Altmitgliedern», die auf der Einhaltung der Kopenhagener Beitrittskriterien von 1993, obenan der Respektierung der Menschenrechte, der Gewaltenteilung und der Herrschaft des Rechts, bestanden, und jenen unter den «neuen» Mitgliedstaaten, die wie Ungarn und neuerdings auch Polen, mehr oder minder massiv die Unabhängigkeit der Justiz einschränkten und damit den Rechtsstaat in Frage stellten. An eine Weiterentwicklung der EU zu einer wie immer gearteten Politischen Union war nicht zu denken, solange derart fundamentale Meinungsverschiedenheiten bestanden.

Von der EU-Kommission war mit Blick auf die näheren und weiteren Zukunftsperspektiven der Gemeinschaft in der Sommerpause 2016 kaum etwas zu hören gewesen. Auch vom Ständigen Ratspräsidenten Donald Tusk kamen keine entsprechenden Signale. Die vielen Gespräche, die Angela Merkel in den Wochen vor dem Gipfel von Bratislava mit ihren Kollegen führte, machten einmal mehr deutlich, dass sich die Gewichte zwischen den europäischen Institutionen nach dem Brexit-Votum weiter in eine Richtung verschoben, die sich seit langem abzeichnete: weg von der Kommission und vom Europäischen Parlament hin zum Europäischen Rat und damit zu den Mitgliedstaaten. An der maßgeblichen Rolle, die Deutschland dabei zufiel, gab es nichts zu deuteln. Zugleich aber zeigte sich, dass Deutschland in einer so zentralen Frage wie dem Flüchtlingsproblem faktisch isoliert war: ein Befund, der nochmals schlagartig die Folgen des Berliner Alleingangs vom September 2015 beleuchtete.

Am 31. August, dem ersten Jahrestag der legendären Pressekonferenz, in der sie die Parole «Wir schaffen das» ausgegeben hatte, übte die Kanzlerin vorsichtige Selbstkritik. In einem Interview mit der «Süddeutschen Zeitung» sprach sie von Fehlern in der deutschen Flüchtlingspolitik. Sie erwähnte das allzu lange Ignorieren des Flüchtlingsproblems und die Verdrängung der «Notwendigkeit einer gesamteuropäischen Lösung». Als 2004 und 2005 viele Flüchtlinge nach Spanien und anderen Staaten an der Außengrenze der EU gekommen seien, habe Deutschland es den unmittelbar betroffenen Ländern überlassen, «damit umzugehen», und sich gegen eine proportionale Verteilung der Flüchtlinge gewehrt. Deutschland habe sich auch des Themas «Schutz der Außengrenzen» nicht angemessen angenommen und sich einer Beschränkung seiner Souveränität durch Frontex widersetzt.[12]

Die Selbstkritik der Kanzlerin war in jeder Hinsicht berechtigt, sparte das umstrittenste Kapitel der deutschen Flüchtlingspolitik, die Entscheidungen vom August und September 2015, aber aus. Ein Beitrag zur Überwindung des andauernden europäischen Dissenses in Sachen Migration war das Interview folglich nicht. Doch noch am selben Tag, dem 31. August, erklärte Angela Merkel anlässlich einer (überwiegend wirtschaftspolitischen Themen gewidmeten) deutsch-italienischen Regierungskonferenz im oberitalienischen Maranello öffentlich, der illegale Zustrom von Migranten müsse gestoppt werden.[13] Tags darauf verlautete aus einer nicht öffentlichen Sitzung des Fraktionsvorstands der CDU/CSU, die Kanzlerin habe sich für eine forcierte Rückführung von nicht schutzbedürftigen Migranten ausgesprochen, weil sich nur so die Akzeptanz der Bevölkerung für die Unterstützung der Flüchtlinge sichern lasse, die wirklich Hilfe brauchten.[14]

Drei Tage später, am 4. September, fanden in Mecklenburg-Vorpommern Landtagswahlen statt. Stärkste Partei wurden mit 30,6 Prozent trotz Stimmenverlusten wieder die Sozialdemokraten, die mit Erwin Sellering den Ministerpräsidenten stellten. Die CDU, der Juniorpartner der Schweriner Großen Koalition, fiel mit einem Anteil von 19 Prozent hinter die AfD zurück, die auf Anhieb 20,8 Prozent holte und damit zur zweitstärksten Partei wurde. Das schlechte Abschneiden der CDU erregte auch deswegen so viel Aufsehen, weil Mecklenburg-Vorpommern die «politische Heimat» der Kanzlerin war: Hier lag ihr Bundestagswahlkreis. Die Flüchtlingsfrage war das beherrschende Thema nicht nur der AfD-Agitation, sondern des Wahlkampfes schlechthin gewesen; es wirkte weiterhin in hohem Maß polarisierend. Vom G20-Gipfel im chinesischen Hangzhou aus übernahm Angela Merkel tags darauf eine Mitverantwortung für das Wahldebakel in dem nordöstlichen Bundesland, betonte aber zugleich, dass sie ihre Entscheidungen in der Flüchtlingspolitik nach wie vor für richtig halte.

Aus der CDU gab es kaum Kritik an der Selbstrechtfertigung der Kanzlerin. Beim sozialdemokratischen Koalitionspartner waren dagegen Absetzbewegungen zu beobachten. Der Parteivorsitzende der SPD, Wirtschaftsminister Gabriel, bemängelte fehlendes Engagement der Unionsparteien bei der praktischen Umsetzung der Flüchtlingshilfe auf kommunaler Ebene und sprach mehrfach von Obergrenzen der Integrationsfähigkeit Deutschlands.

Die schärfsten Angriffe auf die Politik Angela Merkels kamen, wie zu erwarten, aus München. Der Vorsitzende der CSU, der bayerische

Ministerpräsident Horst Seehofer, sah nach dem Wahlerfolg der AfD in Mecklenburg-Vorpommern die Chancen der Union, aus der Bundestagswahl vom September 2017 als Siegerin hervorzugehen, in Gefahr. Er nannte die Lage der Union «höchst bedrohlich» und ließ offen, ob seine Partei eine erneute Kandidatur Merkels unterstützen würde. In einem Papier des CSU-Vorstands vom 8. September wurde die Festlegung einer gesetzlichen Obergrenze für die Aufnahme von Flüchtlingen gefordert: Sie sollte bei höchstens 200 000 jährlich liegen. In einem «Einwanderungsbegrenzungsgesetz» sollte Migranten «aus unserem abendländisch-christlichen Kulturkreis» der Vorzug vor anderen gegeben werden. Die Ganzkörperverschleierung muslimischer Frauen war, wo immer rechtlich möglich, zu verbieten. Es war offenkundig, dass es in der Flüchtlingsfrage in der Berliner Großen Koalition keinen Konsens mehr gab. In der routinemäßigen Besprechung der Parteivorsitzenden von CDU, CSU und SPD am 11. September wurde dieses Thema infolgedessen ausgeklammert – ein deutliches Zeichen dafür, dass der Bundestagswahlkampf 2017 bereits begonnen hatte.[15]

Wenige Tage vor dem Gipfel der 27 in Bratislava, am 13. September, erregte der luxemburgische Außenminister Jean Asselborn, ein Sozialdemokrat, großes Aufsehen mit einem Interview in der deutschen Tageszeitung «Die Welt». Er griff darin die ungarische Regierung unter Viktor Orbán wegen ihrer Flüchtlingspolitik scharf an. Ungarn behandle Flüchtlinge schlimmer als wilde Tiere, es stehe kurz vor Erlass eines «Schießbefehls». «Wer wie Ungarn Zäune gegen Kriegsflüchtlinge baut oder wer die Pressefreiheit und die Unabhängigkeit der Justiz verletzt, der sollte vorübergehend oder notfalls für immer aus der EU ausgeschlossen werden.»[16] Der ungarische Außenminister Péter Szijjártó konterte, damit habe sich Asselborn aus der Reihe der ernstzunehmenden Politiker ausgeschlossen. Soweit Vertreter anderer EU-Staaten sich äußerten, kamen von ihnen Hinweise auf die Rechtslage, die den Ausschluss eines Mitgliedstaates nicht gestatte, sowie auf die Notwendigkeit, auch mit einem schwierigen Partner wie Ungarn im Gespräch zu bleiben.[17]

Am 14. September, dem Tag nach dem Eklat um Jean Asselborn, erstattete ein anderer Luxemburger, der Präsident der EU-Kommission, Jean-Claude Juncker, vor dem Europäischen Parlament in Straßburg seinen jährlichen «Bericht zur Lage der Union». Die EU sei zur Zeit «nicht in Topform», sagte er, die Flüchtlingskrise sei eines der Felder, auf dem Europa kein gutes Bild abgebe. Man könne sogar von einer «existentiellen Krise» der EU sprechen. Doch auch nach dem Brexit-Votum, das die Kommission bedauere, aber respektiere, sei die Union in ihrem Bestand nicht bedroht. In den nächsten Monaten werde sich entscheiden, ob es gelinge, Europa wieder zusammenzubringen.

Besondere Aufmerksamkeit widmete Juncker den Bereichen Soziales, Wirtschaft und Technologie. Europa müsse sozialer werden, es dürfe kein Kontinent der Jugendarbeitslosigkeit bleiben. Es müsse, schon um der Vermehrung der Arbeitsplätze willen, auch künftig noch fähig sein, Handelsverträge abzuschließen. Es gelte, die Konjunktur zu stärken und das 2014 gestartete Investitionsprogramm, den sogenannten «Juncker-Fonds», von 315 auf 630 Milliarden Euro aufzustocken. Die Idee eines digitalen Binnenmarktes müsse durch den Ausbau des extrem schnellen mobilen «G5» vorangetrieben werden. Des Weiteren kündigte der Präsident der EU-Kommission eine Friedensinitiative für Syrien und einen Investitionsplan für Afrika und andere Herkunftsregionen von Flüchtlingen an und stellte sich hinter das vor allem von Frankreich und Deutschland vorangetriebene Projekt eines gemeinsamen EU-Hauptquartiers für militärische Missionen. Überhaupt seien das militärische Gebiet und die Terrorabwehr Bereiche, in denen die EU enger zusammenarbeiten müsse. «Wir müssen Verantwortung übernehmen, für den Schutz unserer Interessen und des ‹European Way of life›.»[18] Bei der Mehrheit der Abgeordneten des Europäischen Parlaments fand Juncker mit seiner Mischung aus kritischer Diagnose und optimistischer Prognose viel Beifall. Das Presseecho war verhalten, aber alles in allem nicht unfreundlich.

Auf dem informellen Treffen von Bratislava – informell, weil Großbritannien nicht daran teilnahm – wurden von vornherein alle Themen ausgeklammert, die polarisierend hätten wirken können, also die verfassungspolitischen Kontroversen mit Polen und Ungarn, die Festlegung von verbindlichen Quoten bei der Verteilung von Migranten und die Einhaltung der Maastricht-Kriterien beim Abbau der Staatsschulden. Inoffiziell zeichnete sich aber zumindest in einem der drei Punkte eine Annäherung ab: Die Präsidenten der EU-Kommission und des Europäischen Parlaments, Juncker und Schulz, gaben zu erkennen, dass sie die von den vier Višegrad-Staaten propagierte «flexible» oder «effektive Solidarität», das heißt einen starken Beitrag zur Sicherung der Außengrenzen der EU oder humanitäre Hilfe in den Herkunftsregionen der Migranten oder eine freiwillige anstelle einer verordneten Aufnahme von Flüchtlingen, akzeptieren würden. Dennoch kritisierte Ungarns Ministerpräsident Viktor Orbán im Nachhinein scharf den Verzicht auf eine ausdrückliche Ablehnung von Verteilungsquoten. Sein italienischer Kollege Matteo Renzi wiederum bemängelte öffentlich die Nichtbefassung mit der von ihm gewünschten Absage an die von Berlin und Brüssel betriebene «Sparpolitik».

Was positiv bei den Beratungen vom 16. September herauskam, war die «Erklärung von Bratislava», verbunden mit der «Bratislava Roadmap». Darin bekannten sich die Staats- und Regierungschefs der 27 EU-Staaten zu folgenden Zielen: der weiteren Verminderung der Zahl irregulärer Migranten, der vollen Kontrolle über die Außengrenzen der Europäischen Union, der Rückkehr zu «Schengen», das heißt zu offenen Binnengrenzen, und einen Konsens im Hinblick auf die längerfristige Migrationspolitik und Orientierung an den Prinzipien von Verantwortung und Solidarität.

Konkreter werdend, forderten die Teilnehmer die Umsetzung des EU-Türkei-Abkommens, die Unterstützung der Staaten des westlichen Balkans, gemeinsame Anstrengungen bei der Sicherung der Grenze zwischen Bulgarien und der Türkei sowie Solidarität mit anderen «frontline states», womit in erster Linie Griechenland und Italien gemeint waren. Bis Ende 2016 solle der Europäische Grenz- und Küstenschutz in die Lage versetzt werden, schnell und wirkungsvoll auf Herausforderungen zu reagieren. Vertragliche Abmachungen mit Drittstaaten zur Verminderung des Zustroms illegaler Migranten sollten ebenfalls bis zum Jahresende abgeschlossen werden. Vergleichbare Erwartungen äußerte der Gipfel mit Blick auf die Terrorabwehr. Auf dem Dezembergipfel der EU sollten sodann Beschlüsse über Maßnahmen zur Bekämpfung der Jugendarbeitslosigkeit verabschiedet werden.

Der Ständige Ratspräsident Donald Tusk sprach für alle Teilnehmer, als er zum Abschluss der Konferenz besonderes Gewicht auf die Feststellung legte, dass es niemals wieder zu einer unkontrollierten Zuwanderung wie 2015 kommen dürfe. Die EU, wie sie sich in der slowakischen Hauptstadt präsentierte, war eine Zweckgemeinschaft zur Verfolgung wirtschaftlicher Interessen, zum verstärkten Schutz der Außengrenzen und zur besseren Koordination der Bemühungen um mehr innere Sicherheit.[19] Eine «Wertegemeinschaft» aber war die Europäische Union der 27 nicht mehr. Dazu waren die Differenzen bei der Auslegung der Kopenhagener Beitrittskriterien von 1993 und in Sachen Solidarität in der Migrationsfrage zu groß.

Zwei Tage nach dem Treffen von Bratislava und zwei Wochen nach der Landtagswahl in Mecklenburg-Vorpommern, am 18. September 2016, fand in Deutschland abermals eine Wahl statt: die des Berliner Abgeordnetenhauses. Wiederum verloren die beiden regierenden Parteien, auch hier SPD und CDU, beträchtlich an Stimmen, und zwar so stark, dass beide zusammen über keine parlamentarische Mehrheit mehr verfügten. (Die Sozialdemokraten sanken von 28,3 auf 21,6 Prozent, die Union von 23,3 auf 17,6 Prozent.) Die AfD hingegen schnitt mit 14,2 Prozent erwartungsgemäß gut ab. Für die CDU bedeutete der Wahlausgang – anders als in Mecklenburg-Vorpommern, wo sich bereits eine neue Große Koalition abzeichnete – den Verlust der Regierungsmacht. Nach den ersten Sondierungen wurde rasch klar: Der neue Senat würde sich auf ein rot-rot-grünes Bündnis stützen, also aus Vertretern von SPD, Linkspartei und Grünen zusammensetzen.

Am Tag nach der Berliner Wahl gab die Bundeskanzlerin in ihrer Eigenschaft als Vorsitzende der CDU eine Pressekonferenz. Sie nutzte sie für eine Selbstkritik, die über ihre bisherigen Einlassungen deutlich hinausging. Sie sprach von ihrem Wunsch, die Zeit um viele Jahre zurückzuspulen. Sie räumte Versäumnisse in der Flüchtlingspolitik ein und gab zu, dass sich Deutschland und sie selbst, was die Verteilung der Flüchtlinge auf sichere Drittstaaten betraf, allzu lange auf das

Dublin-Abkommen verlassen hätten. Wie in einem Interview mit der «Wirtschaftswoche», dessen Inhalt zwei Tage zuvor bekannt geworden war, distanzierte sie sich zwar nicht von dem berühmtesten ihrer Sätze aus dem Sommer 2015: «Wir schaffen das!» Sie wiederholte aber ihr jüngstes Eingeständnis, in dieses Motto sei zu viel hineingeheimnist worden, es sei fast zu einer «Leerformel» geworden, von der sich manche sogar provoziert fühlten, weshalb sie den Satz «am liebsten kaum noch wiederholen» würde.

Am brisantesten wirkte die Feststellung, dass «wir eine Zeitlang nicht ausreichend Kontrolle» hatten. Doch ein Abrücken von ihrer Entscheidung, die in Ungarn festsitzenden Flüchtlinge in Deutschland einreisen zu lassen, war dies nicht. Was die Kanzlerin kritisierte, waren, wenn man ihr folgte, unbeabsichtigte Nebenwirkungen einer «in der Abwägung» richtigen Politik. Von der fehlenden Abstimmung mit der EU und den Nachbarn war aber bei Merkel ebenso wenig die Rede wie davon, dass sie es unterlassen hatte, den befristeten Ausnahmecharakter der humanitären Nothilfe gebührend hervorzuheben. Es blieb auch offen, ob der Kanzlerin inzwischen bewusst war, wie verstörend ihre Behauptung gewirkt hatte, die Grenzen Deutschlands seien nicht wirksam zu schützen.

Das Einräumen von Fehlern mochte ein Beitrag zur Einebnung des Grabens sein, der sich zwischen Angela Merkel und der CSU sowie vielen Mitgliedern der eigenen Partei aufgetan hatte. Doch die Vertrauenskrise, in die die deutsche Politik im Allgemeinen und die Kanzlerin persönlich 2015 geraten waren, war damit noch nicht überwunden. Ein Mehr an Selbstkritik durfte man von ihr freilich nicht erwarten: Sie hätte die Grundlagen ihrer Kanzlerschaft in Frage gestellt, wäre sie weitergegangen.[20]

In der politischen Praxis aber war Merkels Kurskorrektur längst erfolgt. Sie tat alles, um den Zustrom von Migranten nach Deutschland einzudämmen. Noch im Frühjahr 2016 hatte sie die Sperrung der Westbalkanroute kritisiert. In der Pressekonferenz vom 19. September erkannte sie erstmals ausdrücklich an, dass der drastische Rückgang der Flüchtlingszahlen nicht nur eine Folge des von ihr aktiv betriebenen «Deals» zwischen der EU und der Türkei, sondern auch der Schließung der mazedonisch-griechischen Grenze in Südost- und Ostmitteleuropa war. Sie unterstrich diese Neubewertung durch ihre Teilnahme an einem Treffen der Westbalkanstaaten, zu dem der österreichische Bundeskanzler Christian Kern, seit 2016 Nachfolger seines sozialdemokratischen Parteifreundes Werner Faymann in diesem Amt, nach Wien eingeladen hatte. Die Gesprächspartner der beiden Bundeskanzler waren die Regierungschefs von Griechenland, Mazedonien, Albanien, Serbien, Bulgarien, Rumänien, Kroatien, Slowenien und Ungarn sowie der Ständige Ratspräsident Donald Tusk und EU-Flüchtlingskommissar Dimitris Avramopoulos.

Konsens bestand in Wien, wie Tusk nachdrücklich betonte, darin, dass die Balkanroute komplett und für immer geschlossen bleiben müsse. Dass ihre Sperrung bisher keine vollständige war, belegte die deutsche Kanzlerin mit relativ exakten Zahlen: Seit März 2016 seien auf diesem Weg etwa 50 000 Menschen nach Deutschland und 18 000 nach Österreich gekommen. Gegen die Absicht Viktor Orbáns, die ungarische Grenze zu Serbien noch undurchdringlicher zu machen, wurde auch von deutscher Seite kein Widerspruch laut, ebenfalls nicht gegen die Bemerkung des Budapester Regierungschefs, sein Land gebe jährlich 1 Milliarde Euro für den Schutz seiner Grenzen aus und erweise damit auch Österreich und Deutschland einen großen Dienst. Ebendies verstand Orbán unter «flexibler Solidarität».

Der griechische Ministerpräsident Alexis Tsipras verwahrte sich freilich gegen eine «Solidarität à la carte» und erhielt die Zusicherung Merkels, dass Deutschland Griechenland und Italien monatlich einige Hundert der dort angekommenen Migranten abnehmen werde. Auch solle Athen bei der Abschiebung illegal dorthin gelangter Personen wirksamer als bisher unterstützt werden: «Wer nicht aus humanitärer Sicht in Europa bleiben kann, der wird wieder in sein Land zurückgeführt.»[21] Tsipras' Forderung nach festen Umverteilungsquoten machte sich Merkel aber nicht zu eigen. Offenbar umfasste die Berliner Kurskorrektur inzwischen auch den Bereich, in dem die Isolierung Deutschlands wenige Monate zuvor noch besonders augenfällig gewesen war. Der Rückendeckung durch Brüssel durfte die Kanzlerin sich dabei sicher sein.

Ein Vierteljahr nach dem britischen Referendum war noch immer offen, wann das Vereinigte Königreich den Antrag auf Austritt aus der EU nach Artikel 50 des Vertrags von Lissabon stellen würde. Dass dies noch im Verlauf des Jahres 2016 geschehen könnte, galt inzwischen als ausgeschlossen. In der britischen Presse wurde darüber spekuliert, ob die Verhandlungen, die nach EU-Recht nicht länger als zwei Jahre dauern durften, vielleicht erst Ende 2017 oder Anfang 2018 beginnen würden. Erst am 2. Oktober, zu Beginn des Parteitags der Konservativen in Birmingham, machte Premierministerin Theresa May dem Rätselraten ein Ende: Sie gab bekannt, dass der Austrittsantrag bis Ende März 2017 gestellt werden würde.

Der wichtigste Grund der Verzögerung war die von den meisten Brexit-Befürwortern ignorierte Tatsache, dass es in den britischen Ministerien bei weitem nicht genug Sachkenner der komplizierten Materie gab, die Verhandlungen mit der EU-Kommission und mit den vielen Staaten führen konnten, mit denen Großbritannien nach dem Ausscheiden aus der Europäischen Union eigene Handelsverträge schließen musste. Dazu kamen interne Differenzen innerhalb der konservativen Regierung über das künftige Verhältnis zur EU: Sollte das Vereinigte Königreich weiterhin dem europäischen Binnenmarkt angehören und, wenn ja, war es dafür bereit, der Europäischen Union in Sachen Freizügigkeit der Arbeitnehmer entgegenzukommen? Oder sollte es lediglich Freihandelsabkommen mit der Gemeinschaft anstreben und als souveräner Staat die uneingeschränkte Kontrolle über seine Grenzen zurückgewinnen?[22]

Auf dem Kontinent gab es im Hinblick auf die künftigen Beziehungen zu Großbritannien ebenfalls höchst unterschiedliche Vorstellungen. Die EU-Kommission galt als Verfechterin einer «harten» Linie: Auf keinen Fall sollte das Vereinigte Königreich sich aus dem europäischen Kuchen die Rosinen in Gestalt des freien Zugangs zum Binnenmarkt herauspicken und auf dem Gebiet der Freizügigkeit von Arbeitskräften einen privilegierten Sonderstatus in Anspruch nehmen dürfen. Die Gefahr, dass andere «Nettozahler» unter den EU-Mitgliedern, etwa die Niederlande, Dänemark, Schweden oder Finnland, diesem Beispiel früher oder später folgen könnten, war nicht von der Hand zu weisen.

Die gegenteilige Position bezogen Ende August 2016 fünf Ökonomen, Politologen und Politiker, die sich in der sogenannten «Bruegel-Gruppe», einem Brüsseler Thinktank, zusammengefunden hatten, unter ihnen der Vorsitzende des Außenpolitischen Ausschusses des Deutschen Bundestages, der CDU-Abgeordnete Norbert Röttgen und der Brüsseler Wirtschaftswissenschaftler André Sapir. Sie plädierten für ein Europa der konzentrischen Kreise, bestehend aus der EU als Kern und einer neu zu schaffenden «Continental Partnership», der sich neben Großbritannien die nicht der EU angehörenden Staaten des Europäischen Wirtschaftsraumes – Island, Norwegen und Liechtenstein –, vielleicht eines Tages auch die Türkei, die Ukraine und nordafrikanische Staaten anschließen könnten. Das Vereinigte Königreich war für die Europäische Union aus vielen, nicht zuletzt außen- und sicherheitspolitischen Gründen, ein besonders wichtiger Partner, so dass sich der Gedanke an eine «Bestrafung» Londons von selbst verbot. Vielmehr galt es, den Briten so weit wie möglich entgegenzukommen und ihnen auch weiterhin den Zugang zum Binnenmarkt zu gestatten.

Dass Großbritannien für die Vorteile einer solchen Lösung ebenso wie Norwegen und die Schweiz «bezahlen» musste, also Nettozahler blieb, bedurfte für die Autoren keiner Begründung. Anders als Norwegen, das das Regelwerk der EU pauschal übernommen hatte, und die Schweiz, die das Gemeinschaftsrecht durch zahlreiche Einzelverträge in innerstaatliches Recht verwandelte, sollte das Vereinigte Königreich aber seiner überragenden wirtschaftlichen, politischen und militärischen Bedeutung wegen nicht zur Gewährung der Freizügigkeit auf dem Arbeitsmarkt verpflichtet werden, sondern in den Genuss einer vertraglich vereinbarten Quotenregelung kommen.

Der Preis, den Großbritannien für den freien Zugang zum Binnenmarkt zahlte, war dem Papier zufolge ohnehin hoch genug: Durch den Brexit verzichtete es auf jede direkte Mitwirkung am Zustandekommen der Gemeinschaftsregeln. Was das Memorandum dem Vereinigten Königreich in Aussicht stellte, war die Möglichkeit, über die intergouvernementale Zusammenarbeit in der «Continental Partnership» auf die Gesetzgebung der EU Einfluss zu nehmen. Für die Europäische Union lag ein großer Vorteil der «Continental Partnership» darin, dass diese auch als Forum der Außen- und Sicherheitspolitik dienen sollte – ein Gebiet, auf dem für die EU besonders viel von einer engen Zusammenarbeit mit Großbritannien abhing.[23]

Die Idee, das Vereinigte Königreich über eine Art «weiteren Bund» mit dem «engeren Bund» der EU zu verbinden, hatte viel für sich: Die gemeinsamen Interessen waren so offenkundig, dass es nahelag, nach einer organisatorischen Form zu suchen, die von keinem der Partner als ungebührliche Einengung empfunden werden konnte. Doch es drängten sich auch Einwände gegen das Projekt der Bruegel-Gruppe auf. Norwegen und der Schweiz war es kaum zu vermitteln, dass ihr Zugang zum Binnenmarkt viel restriktiver geregelt war, als das bei Großbritannien der Fall sein sollte. Sodann mochte die Befreiung des Vereinigten Königreichs vom Prinzip Freizügigkeit der Arbeitnehmer einigen wirtschaftlich starken Mitgliedern der EU als Verlockung erscheinen, ihrerseits den britischen Weg einzuschlagen.

Geschah dies, drohte ein Lawineneffekt: Die verbleibenden «Starken» mussten eine Majorisierung durch die «Schwachen» befürchten – eine Konstellation, die auch ihnen plausible Gründe für ein Ausscheiden aus der Gemeinschaft lieferte. Eine solche Entwicklung aber konnte die EU nicht überleben: Der Brexit würde sich in diesem Fall nachträglich als Anfang ihres Endes erweisen. So gesehen war eine andere Lösung der mit dem Brexit verbundenen Probleme wahrscheinlicher: ein großzügiges Freihandelsabkommen zwischen Großbritannien und der EU, verbunden mit Vereinbarungen über eine enge außen- und sicherheitspolitische Zusammenarbeit.

Dass es auf diesem Gebiet Abstimmungsbedarf gab, machte schon die erste Zusammenkunft der Verteidigungsminister aller 28 EU-Staaten nach dem britischen Referendum in Bratislava am 27. September 2016 deutlich. Der Londoner Ressortchef, Michael Fallon, erklärte vor Beginn der Beratungen öffentlich, eine «europäische Armee», wie sie Ungarn und Polen ins Gespräch gebracht hatten, lehne seine Regierung strikt ab, weil dies auf «Doppelarbeit» und eine Aushöhlung der NATO hinausliefe. Von der deutschen Verteidigungsministerin

Ursula von der Leyen kam sofort die gleichfalls öffentliche Replik, es gehe nicht um eine europäische Armee, sondern um mehr europäische Zusammenarbeit; alles, was Europa in der Verteidigung stärke, stärke auch das westliche Bündnis – eine Position, die sich der Generalsekretär der NATO, der frühere norwegische Ministerpräsident Jens Stoltenberg, und die Außenbeauftragte der EU, Federica Mogherini, zu eigen machten. Was die Verteidigungsminister der EU wie zuvor schon die Staats- und die Regierungschefs der 27 in Bratislava vereinbarten, entsprach der «ständigen strukturierten Zusammenarbeit» im militärischen Bereich, wie sie der EU-Vertrag in Artikel 42, Absatz 6, vorsah. Dass diese Kooperation erst nach dem Ausscheiden Großbritanniens aus der Europäischen Union konkrete Züge annehmen würde, dürfte allen Beteiligten klar gewesen sein.[24]

Wirtschaftlich schien es im Herbst 2016, als werde Großbritannien den Brexit leichter bewältigen können als von den Pessimisten befürchtet. Die Konjunktur hatte sich nach dem Schock des Referendums rasch erholt; die Aktienkurse erreichten im Herbst sogar eine neue Rekordhöhe. Doch führende Industrielle sahen das anders. Einer Umfrage des Beratungskonsortiums KPMG International zufolge erwogen Dreiviertel aller britischen Großunternehmen eine Verlagerung ihres Firmensitzes oder wichtiger Betriebsteile ins Ausland, weil sie mit Schwierigkeiten beim Vollzug des Brexits rechneten. Die «Financial Times» berichtete Ende September, Finanzdienstleister sorgten sich um ihren Zugang zum europäischen Binnenmarkt, bei «senior financiers» wachse die Furcht vor einem «harten Brexit».[25]

Für eine solche Lösung, das heißt ein Ausscheiden Großbritanniens auch aus dem Gemeinsamen Markt, hatten sich bislang öffentlich vor allem Außenminister Boris Johnson und Außenhandelsminister Liam Fox ausgesprochen. Seit Anfang Oktober aber war klar, dass sich inzwischen auch die Premierministerin dieser Linie angeschlossen hatte. Auf dem Parteitag der konservativen Partei trat sie für die Rückgewinnung der vollen Souveränität des Vereinigten Königreichs ein. Sie dankte sogar ihrem Vorgänger David Cameron dafür, dass dieser dem Urteil des britischen Volkes vertraut habe, und lehnte folglich ein Recht des Unterhauses ab, über das Ergebnis des Referendums nochmals abzustimmen. Mays Parole «Brexit means Brexit» schien aufzuhören, eine Leerformel zu sein.[26]

Am 20./21. Oktober 2016 fand in Brüssel der zweite reguläre EU-Gipfel nach dem britischen Referendum statt – und der erste, an dem Theresa May als Premierministerin teilnahm. Im Mittelpunkt des Treffens standen aber nicht die künftigen Beziehungen zwischen der Gemeinschaft und Großbritannien, sondern der Schutz der Außengrenzen und die Verhinderung der illegalen Einwanderung über das Mittelmeer. Zu den wichtigen Themen gehörte ferner die Frage, wie die Europäische Union auf die schweren Kriegsverbrechen reagieren sollte, die die syrische Armee mit der Unterstützung ihres russischen Verbündeten im Kampf um Aleppo begangen hatte und weiter beging. Während Großbritannien, Frankreich, Deutschland und Polen Russland eine Verschärfung der Sanktionen androhen wollten, die 2014 im Zusammenhang mit der Annexion der Krim und dem Konflikt um die Ost-Ukraine verhängt worden waren, wollten Ungarn, Griechenland und Italien alle scharfen Töne gegenüber Moskau vermeiden. Das Ergebnis war eine Kompromissformel, die nicht verbergen konnte, dass die Gemeinschaft von außenpolitischer Einigkeit weit entfernt war: Sie verdammte zwar die Angriffe Syriens und seiner Verbündeten auf Zivilisten in Aleppo, behielt sich aber für den Fall, dass die Grausamkeiten nicht aufhörten, alle Optionen offen.[27]

Einig waren sich die Staats- und Regierungschefs darin, dass ein Handelsvertrag, über den sieben Jahre lang verhandelt worden war, in der folgenden Woche, am 27. Oktober, in Brüssel feierlich unterzeichnet werden sollte: das Comprehensive Economic and Trade Agreement (CETA) mit Kanada. Im Gegensatz zu den Vereinigten Staaten, die mit der EU ebenfalls seit langem über ein Handelsabkommen, die Transatlantic Trade and Investment Partnership (TTIP), verhandelten, war Kanada unter der sozialliberalen Regierung von Justin Trudeau den Europäern bei allen zunächst strittigen Punkten wie Umwelt- und Verbraucherschutz und Schiedsgerichten weit entgegengekommen. Auch Länder wie Deutschland und Österreich, in denen gut organisierte Protestbewegungen sowohl gegen TTIP als auch gegen CETA Hunderttausende auf die Straße gebracht hatten, drängten deshalb auf den Abschluss des mittlerweile vielfach ergänzten und präzisierten Vertrags.

Handelsverträge waren eine Kompetenz der Europäischen Union. Nur wenn es sich um «gemischte Abkommen» handelte, wenn also Themen berührt wurden, die auch in die Zuständigkeit der Mitgliedstaaten fielen, mussten neben dem Europäischen Parlament auch die nationalen Parlamente die betreffenden Verträge ratifizieren. Im Fall von CETA hatte die Kommission, gestützt auf ein internes Rechtsgutachten, zunächst die Auffassung vertreten, dass es sich um ein «reines» EU-Abkommen handle. Es waren nicht zuletzt deutsche Politiker, obenan der Bundeswirtschaftsminister Sigmar Gabriel, in Personalunion Vorsitzender der SPD, und der bayerische Ministerpräsident und CSU-Vorsitzende Horst Seehofer, die auf eine Beteiligung der nationalen Parlamente drängten und sich damit schließlich in Brüssel durchsetzten: Die EU-Kommission stufte CETA im Juni 2016 als «gemischtes Abkommen» ein – mit der Folge, dass es, um endgültig in Kraft zu treten, der Ratifizierung auch durch die nationalen Parlamente bedurfte. Da in *einem* Mitgliedsland, dem föderalistischen Belgien, auch die regionalen Parlamente beim Abschluss von Handelsverträgen weitreichende Mitspracherechte besaßen, hieß das: Unter Umständen konnte ein einzelnes Regionalparlament CETA blockieren.

Eben dieser Fall trat im Oktober 2016 ein. Das Parlament von Wallonien mit Sitz in Namur stellte sich quer, wobei die Bedenken sich weitgehend mit denen deckten, die Sigmar Gabriel bei separaten Verhandlungen mit der Regierung in Ottawa ausgeräumt zu haben glaubte. Doch der wallonische Widerstand machte deutlich, dass die Opposition gegen CETA (und erst recht gegen TTIP) hier wie in vielen Teilen Europas noch von anderen, tiefer liegenden Motiven geleitet war: von Angst vor einem Freihandel, der womöglich nur den Interessen der großen Industrie- und Agrarkonzerne diente, vor einer Entmachtung der demokratisch legitimierten nationalen Parlamente durch internationale Schiedsgerichte, vor einem Siegeszug genmanipulierter Lebensmittel, vor weiterer unbeschränkter Globalisierung.

Wallonien ist eine Region, die einst von Kohle und Stahl lebte und jetzt durch Industrieruinen, hohe Arbeitslosigkeit und eine kaum noch konkurrenzfähige Landwirtschaft geprägt ist und sich gegenüber dem wohlhabenden Flandern benachteiligt fühlt. Ironischerweise waren es flämische Autonomisten und Separatisten gewesen, die in den Jahrzehnten nach 1970 die radikale Föderalisierung Belgiens und damit jene regionalen Mitbestimmungsrechte durchgesetzt hatten, die es dem sozialistischen Ministerpräsidenten von Wallonien, Paul Magnette, erlaubten, gestützt auf eine breite parlamentarische Mehrheit und unterstützt vom Parlament der Region Brüssel, am 21. Oktober sein Veto gegen ein belgisches Ja zur Unterzeichnung und vorläufigen Inkraftsetzung von CETA einzulegen. Er stellte damit nicht nur die zustimmungswillige Brüsseler Zentralregierung unter dem liberalen Ministerpräsidenten Charles Michel, sondern die EU insgesamt bloß. Die Gemeinschaft erwies sich in ihrem ureigensten Tätigkeitsbereich, der Handelspolitik, als handlungsunfähig – und das gegenüber einem Partner wie Kanada, *dem* Land des transatlantischen Westens, das stolz darauf war, in viel höherem Maß europäisch geprägt zu sein als sein mächtiger Nachbar im Süden, die USA.

Auch informelle «Nachverhandlungen» zwischen dem Präsidenten des Europäischen Parlaments, Martin Schulz, und der kanadischen Handelsministerin Chrystia Freeland, zeitigten kein positives Ergebnis: Magnette weigerte sich, bis zu der von Ottawa gesetzten «deadline», Montag, den 24. Oktober, CETA im Lichte zusätzlicher Erläuterungen dem Parlament in Namur zur Annahme zu empfehlen. Die Brüsseler Regionalregierung schloss sich dieser Position an. Obwohl Ministerpräsident Michel also noch immer nicht in der Lage war, das belgische Ja zu Protokoll zu geben, vereinbarten der Ständige Ratspräsident Tusk und der kanadische Premierminister Trudeau, die für den 27. Oktober geplante Unterzeichnung des Vertrags nicht abzusagen und Wallonien mehr Zeit für die Beratung und Beschlussfassung über CETA zu geben.

Die Verhandlungen zwischen den Regionen und der Zentralregierung nahmen dann aber doch so viel Zeit in Anspruch, dass der EU-Kanada-Gipfel am Morgen des 27. Oktober auf unbestimmte Zeit verschoben werden musste. Wenige Stunden später konnte Ministerpräsident Charles Michel den erfolgreichen Abschluss der Gespräche bekanntgeben. Um Wallonien die Zustimmung zur vorläufigen Inkraftsetzung von CETA zu ermöglichen, hatte die belgische Regierung in drei ergänzende Zusicherungen eingewilligt. Erstens war in der Phase der vorläufigen Inkraftsetzung – nach der Zustimmung des Ministerrats und der Ratifizierung durch das Europäische Parlament, aber vor der Ratifizierung durch die Parlamente der Mitgliedstaaten – zu prüfen, ob CETA nachteilige Wirkungen auf Wirtschaft und Umwelt hatte. War dies der Fall, durfte Belgien den Vertrag nicht ratifizieren. Zweitens war die Unabhängigkeit der Richter an den Schiedsgerichten für Investoren wirksamer als bisher zu sichern. Drittens war die Landwirtschaft für den Fall, dass sie durch kanadische Importe in ein Ungleichgewicht geriet, durch Ausgleichszahlungen gegen diesen Nachteil zu schützen: ein Zugeständnis an den Protektionismus, das der EU die größten Sorgen bereiten musste.

Der Zusatzerklärung der belgischen Regierung mussten nicht nur die belgischen Regionalparlamente, sondern auch alle übrigen 27 Mitgliedstaaten der EU zustimmen, was bis Freitag, den 28. Oktober, um Mitternacht geschah. Auch die kanadische Regierung erklärte kurz darauf ihr Einverständnis. An einer breiten Mehrheit für CETA im Europäischen Parlament gab es keinen Zweifel. (Tatsächlich wurde der Vertrag am 15. Februar 2017 mit 408 gegen 254 Stimmen bei 33 Enthaltungen angenommen.) Die Unterzeichnung des Vertragswerks erfolgte mit dreitägiger Verspätung am Sonntag, den 30. Oktober, in Brüssel. Jean-Claude Juncker nahm dies zum Anlass für eine grundsätzliche Festlegung: CETA sei der Maßstab, an dem sich alle künftigen Handelsverträge der EU messen lassen müssten.

Endgültig gerettet war CETA damit aber noch nicht. In den Niederlanden kündigten Freihandelsgegner Ende Oktober Vorbereitungen für ein Referendum gegen den Vertrag mit Kanada an. In Deutschland hatte das Bundesverfassungsgericht am 13. Oktober der Bundesregierung zwar in einer Eilentscheidung über mehrere Verfassungsbeschwerden gestattet, der vorläufigen Inkraftsetzung von CETA zuzustimmen, seine endgültige Entscheidung aber von der Prüfung der Verfassungsmäßigkeit des Vertrags abhängig gemacht. Offen war auch weiterhin, ob sämtliche Parlamente der Mitgliedstaaten CETA ratifizieren würden. In

Deutschland etwa durfte man wohl mit einer breiten Mehrheit im Bundestag rechnen. Ob auch der Bundesrat zustimmen würde (wenn denn das entsprechende Gesetz als zustimmungspflichtig eingestuft werden sollte), war hingegen ungewiss.

Das Ansehen der Europäischen Union hatte infolge der innerbelgischen Widerstände gegen die Verabschiedung des Vertrags und der schließlichen Vertagung des EU-Kanada-Gipfels stark gelitten. Wenn es der Gemeinschaft schon schwer fiel und am Ende vielleicht sogar unmöglich war, mit einem so konzilianten Partner wie Kanada einen Handelsvertrag abzuschließen, war sie dann im globalen Maßstab überhaupt noch handlungsfähig? Diese Frage stellten sich auch viele, die die europäische Einigung bislang als Erfolgsgeschichte betrachtet hatten. Der Präsident der Kommission, Jean-Claude Juncker, musste sich des Vorwurfs erwehren, er habe unter massivem, aber vertragswidrigem Druck der Mitgliedstaaten CETA den Charakter eines «gemischten Abkommens» zugestanden und damit erst die Zustimmung der nationalen Parlamente unvermeidbar gemacht. Die Umkehrkritik richtete sich gegen die Regierungen, obenan die deutsche, die auf der Ratifizierung des Vertrags durch die Parlamente der Mitgliedstaaten bestanden hatten: Sie hätten die Urkompetenz der Gemeinschaft, das Recht zum Abschluss von Handelsverträgen, in Frage gestellt und damit die CETA-Krise erst herbeigeführt.

Tatsächlich war das Legitimationsproblem von Freihandelsverträgen neuen Typs, die über die klassische Domäne von Ein- und Ausfuhr weit hinausgingen und umfassend in innenpolitische Gestaltungs- und damit Hoheitsrechte der Nationalstaaten eingriffen, seit langem nicht mehr zu übersehen. Hätte die EU auf ihrer Alleinzuständigkeit beharrt, wären die globalisierungskritischen Bürgerbewegungen in eine Fundamentalopposition gegen die Gemeinschaft förmlich hineingetrieben worden. Viele Einwände gegen CETA (und, erst recht, gegen TTIP) waren wohlbegründet. Sie richteten sich gegen einen neoliberalen Marktradikalismus, der das Vertrauen in die Marktwirtschaft in vielen Ländern massiv erschüttert hatte. Dass dieser Kritik von der kanadischen Regierung unter Justin Trudeau Rechnung getragen wurde, trug entscheidend dazu bei, dass der Vertrag schließlich ratifizierungsreif wurde. Wäre die EU-Kommission nicht bereit gewesen, CETA als «gemischtes Abkommen» zu behandeln, wäre dieser Zustand schwerlich eingetreten.

Die Brüsseler Kommission trug eine erhebliche Mitverantwortung für den Vertrauensverlust, mit dem sie durch die CETA-Krise vom Oktober 2016 auf drastische Weise konfrontiert wurde. Sie hatte allzu lange an der (bei Verhandlungen über Handelsverträge üblichen) Geheimhaltung der unterschiedlichen Ausgangspositionen und der erreichten Zwischenergebnisse festgehalten und damit das Misstrauen der Freihandels- und Globalisierungsgegner noch gesteigert. Dieses richtete sich freilich längst nicht mehr nur gegen die Kommission, sondern auch gegen die Regierungen und Parlamente der Mitgliedstaaten.

Die Aktivisten der Anti-CETA- und TTIP-Bewegung kamen aus unterschiedlichen politischen Himmelsrichtungen, teils von links, teils von rechts außen, teils aus der grünen Umweltbewegung, teils aus den Gewerkschaften. Viele sahen sich selbst als die wahren Repräsentanten des Volkswillens, womit sie, zumindest implizit, die Legitimität der repräsentativen Demokratie in Frage stellten. Wenn Mitgliedstaaten wie die Niederlande Referenden zu internationalen Verträgen, und das noch bei einem sehr niedrigen Quorum, ermöglichten, bedeutete das nichts anderes als die Kapitulation vor dem plebiszitären Druck. Einen ähnlichen Effekt hatte eine extreme Föderalisierung wie in Belgien: Die Handlungsfähigkeit des Nationalstaates war im Ernstfall kaum noch gewährleistet.

Was die Handelspolitik betraf, zeichnete sich auf dem Höhepunkt der CETA-Krise ein Lernprozess ab: Jean-Claude Juncker kündigte für künftige Verträge eine klare Trennung zwischen den Zuständigkeiten der Gemeinschaft und denen der Mitgliedstaaten an. Das konnte nur bedeuten, dass die EU sich auf das konzentrieren wollte, was traditionell Gegenstand von Handelsverträgen war, nämlich den Bereich von Ein- und Ausfuhren, während bei Fragen, die innerstaatliches Recht betrafen, die Mitgliedstaaten das Sagen oder zumindest ein weitreichendes Mitentscheidungsrecht hatten. Wenn es so kam, lief das auf eine Rückverlagerung von Kompetenzen auf die Mitgliedstaaten, also auf ein höheres Maß an Subsidiarität, hinaus. Nach dem britischen Referendum war das Ringen um CETA mithin die zweite schwere Krise des Jahres 2016, die der Europäischen Union Anlass gab, sich von der Devise des «Weiter so» zu verabschieden.[28]

Am 3. November 2016 überraschte das höchste britische Regionalgericht, der für England und Wales zuständige High Court in London, die Öffentlichkeit mit einem Urteil, das allgemein als Niederlage der Regierung May und der «Brexiteers» empfunden wurde: Der Austritt aus der Europäischen Union durfte nicht ohne Zustimmung des Unterhauses erfolgen. Über die Klägerin, die das Verfahren angestrengt hatte, und das Gericht brach eine Welle der nationalen Empörung herein. Die «Daily Mail» veröffentlichte Bilder der beteiligten Richter in Amtsperücken und roten Talaren auf der Titelseite und brandmarkte sie als «Enemies of the People». Die Regierung gab sich gelassen. Sie gab bekannt, dass sie das Urteil des High Court vor dem Supreme Court anfechten werde. Mit dessen Urteil wurde für Ende Januar 2017 gerechnet – einem Zeitpunkt, der es nach Meinung von Downing Street erlauben würde, den vorgesehenen Zeitplan einzuhalten und den Austrittsantrag bis Ende März 2017 in Brüssel vorzulegen.[29]

Knapp drei Wochen nach dem Urteil des Londoner High Court, am 23. November, konfrontierte Schatzkanzler Philip Hammond, einer der wenigen Vertreter des «Remain»-Lagers im Kabinett, das Unterhaus und die britische Öffentlichkeit mit einigen unangenehmen Tatsachen, die durch das Referendum vom Juni zeitweilig in Vergessenheit geraten waren. Er beklagte die niedrige Produktivität der britischen Wirtschaft, die notorische Vernachlässigung der Infrastruktur und das Wohlstandsgefälle zwischen London und anderen Großstädten. Die vom März 2016 stammenden Prognosen für das Wirtschaftswachstum senkte er für 2017 von 2,2 auf 1,4 und für 2018 von 2,1 auf 1,7 Prozent.

Die Schätzung der Inflationsrate für 2017 korrigierte der Schatzkanzler hingegen von unten nach oben, und zwar von 2,3 auf 3,0 Prozent. Statt des Haushaltsüberschusses, den sein Vorgänger George Osborne für 2021 angepeilt hatte, sah Hammond eine Steigerung der bisher geplanten (rückläufigen) Neuverschuldung um 56 Milliarden Pfund (66,43 Milliarden Euro) vor – eine Schätzung, die jedoch nach Meinung vieler Wirtschaftswissenschaftler noch viel zu optimistisch war. Allein für das laufende Haushaltsjahr rechnete Hammond mit zusätzlichen Schulden von 68 Milliarden; das waren fast 13 Milliarden mehr als im März veranschlagt.

Die «kleinen Leute», die ganz wesentlich zum Erfolg der «Brexiteers» beigetragen hatten, versuchte der Schatzkanzler mit der Ankündigung zu beruhigen, dass die Regierung den Mindestlohn um 30 Pence, von 7,20 auf 7,50 Pfund (8,75 Euro) erhöhen und ein milliardenschweres Investitionsprogramm zur Schaffung von erschwinglichem Wohneigentum auflegen werde. Zwei Tage vor Hammonds Unterhausrede hatte die Premierministerin bereits eine deutliche Senkung der Unternehmenssteuern angekündigt, um der Gefahr einer Abwanderung von Firmen entgegenzuwirken. Doch es war fraglich, ob es der Regierung May gelingen würde, mit solchen Maßnahmen zu einer optimistischeren Einschätzung der Wirtschaftlage beizutragen. Im Juli 2016, dem Monat nach dem Referendum, hatten 42 Prozent der privaten Haushalte mit einer spürbaren Abkühlung der Konjunktur gerechnet; bis November war ihr Anteil auf 49 Prozent gestiegen.[30]

Die anhaltende Unsicherheit über die künftige Richtung der britischen Politik veranlasste die Premierministerin, am 18. Januar 2017 im Lancaster House in London eine Grundsatzrede zu halten, deren Kernbotschaft lautete, ihre Regierung habe sich für einen «harten Brexit» entschieden, indem sie auf eine weitere Zugehörigkeit Großbritanniens zum europäischen Binnenmarkt verzichte. Sie tue dies, weil sie nicht bereit sei, in die fortdauernde Freizügigkeit innerhalb der EU einzuwilligen, die der Preis für ein solches «half in and half out» wäre. Das Vereinigte Königreich strebe einen «mutigen und anspruchsvollen» Freihandelsvertrag mit der Europäischen Union an und lege Wert auf eine konstruktive Partnerschaft und Freundschaft mit ihr. Großbritannien teile die Werte der EU, versicherte Theresa May. Von den supranationalen Institutionen der Gemeinschaft aber wollte sie nichts wissen. Diese stünden quer zur politischen Geschichte und zum Lebensstil des Vereinigten Königreichs.

Auffallend stark betonte die konservative Regierungschefin ihr freihändlerisches Credo und die internationalistische, ja globale Ausrichtung ihres Landes: «A global Britain» lautete denn auch das selbst gewählte Motto der Rede. Was May sagte, klang fast so, als glaube sie an die Rückkehr zu imperialer Größe, wenn Großbritannien sich erst von den Brüsseler Fesseln befreit und in einer neuen Form von «splendid isolation» eingerichtet habe. Den «vier Nationen» England, Wales, Schottland und Nordirland versprach sie, sie würden an den Verhandlungen mit der EU beteiligt werden; die Grenze zwischen Nordirland und der Republik Irland solle offen, die «common travel area» erhalten bleiben. Das Ergebnis der Verhandlungen werde dem Unterhaus vorgelegt werden, bevor der Vertrag an das Europäische Parlament gehe – ein Zugeständnis, das manche Beobachter überraschte.

Das Echo auf die Rede in Lancaster House in Großbritannien war überwiegend freundlich, was nicht zuletzt an *einer* Aussage der Premierministerin lag: ihrer Versicherung, das Vereinigte Königreich werde künftig wieder souverän darüber entscheiden, wie viele und welche Einwanderer es aufzunehmen wünsche. Widerspruch kam von den Oppositionsparteien: Der Vorsitzende der Liberaldemokraten, Tim Farron, warf May die Entscheidung für einen «destruktiven Brexit» vor; Jeremy Corbyn, der Vorsitzende der Labour Party, tadelte die Premierministerin, weil sie mit ihrer Absage an den europäischen Binnenmarkt die wirtschaftliche Zukunft des Landes aufs Spiel setze. Rasch und ablehnend reagierte das Parlament in Edinburgh auf die Rede: Es sprach sich für einen Verbleib Schottlands im europäischen Binnenmarkt aus. Die schottische Regierungschefin Nicola Sturgeon erklärte, nach den Festlegungen Mays sei ein neues Referendum über die Unabhängigkeit wahrscheinlicher geworden.

In Brüssel gab man sich gelassen. Jean-Claude Juncker, der Präsident der EU-Kommission, begrüßte es, dass die britische Premierministerin vieles klargestellt habe, sprach aber auch von sehr schwierigen Verhandlungen, die nach Stellung des Austrittsantrags zu führen seien. Nach wie vor galt die Devise, dass der «Deal» mit dem Vereinigten Königreich fair, aber nicht so attraktiv sein sollte, dass er für andere Staaten zu einem Anreiz werden konnte, dem britischen Beispiel zu folgen. Londoner Drohungen, bei fehlender Konzilianz der EU Großbritannien in ein Steuerparadies für Industrieunternehmen zu verwandeln, wurden nicht allzu ernst genommen. Das britische Haushaltsdefizit war bereits so hoch, dass das Land sich weitere massive Steuerausfälle kaum leisten konnte. Außerdem hing das Vereinigte Königreich sehr viel stärker von Ausfuhren in die EU ab, als dies in der Umkehrrichtung galt. Dass es unklug war, der jeweils anderen Seite Einblicke in die eigenen Karten zu gewähren: In dieser taktischen Einsicht waren sich London und Brüssel einig.[31]

An der Spitze der EU wie in den Hauptstädten ihrer Mitgliedstaaten gab es Vermutungen, die Londoner Entscheidung für eine «harte Linie» bei den Austrittsverhandlungen könne mit dem Machtwechsel im Weißen Haus am 20. Januar 2017 zusammenhängen. Der neue amerikanische Präsident Donald Trump hatte während des Wahlkampfes mehrfach seine Sympathie für den Brexit erklärt und nach seiner Wahl verkündet, er würde mit Großbritannien rasch einen Freihandelsvertrag abschließen. Der Anteil der USA am britischen Außenhandel war zwar sehr viel niedriger als der der EU, aber es gab Anzeichen, dass das Vereinigte Königreich sich auch in anderen Bereichen Hoffnungen auf eine Wiederbelebung der «special relationship» mit den Vereinigten Staaten machte.

Am 15. Januar boykottierte Großbritannien eine von Frankreich einberufene Nahostkonferenz, die sich für einen friedlichen Ausgleich zwischen Israelis und Palästinensern im Zeichen einer Zweistaatenlösung aussprach. Tags darauf verhinderte Außenminister Boris Johnson, unterstützt von seinen Kollegen aus Ungarn und Estland, einen Beschluss der EU-Außenminister, der die Pariser Resolution unterstützen sollte. Damit lag der Chef des Foreign Office ganz auf der Linie von Trump, der sich bisher betont israelfreundlich geäußert hatte. Wer darauf gesetzt hatte, dass es zwischen der EU und Großbritannien weiterhin eine enge außenpolitische Zusammenarbeit geben werde, tat gut daran, solche Erwartungen zu dämpfen.

Knapp eine Woche nach der Grundsatzrede der Premierministerin, am 24. Januar, sprach der Supreme Court in London sein Urteil in der Frage, ob die Regierung berechtigt war, souverän über die Stellung des

Antrags auf Austritt aus der EU nach Artikel 50 des Vertrags von Lissabon zu stellen, oder vorher die Zustimmung des Parlaments einholen musste. Unter Hinweis auf die britische Verfassungstradition stärkte das Gericht die Rechte des Parlaments: Der entsprechende Antrag konnte nicht ohne Billigung durch beide Kammern gestellt werden. Eine Zustimmung der Regionalparlamente von Wales, Schottland und Nordirland sah das Gericht hingegen nicht als erforderlich an.

Für die Regierung May, die eine Zuständigkeit des Unterhauses in Sachen EU-Austritt stets bestritten hatte, war das Urteil des Supreme Court eine herbe Niederlage. Sie gab sich jedoch kämpferisch und kündigte die zügige Vorlage eines Gesetzentwurfs an, der die Regierung zur Stellung des Antrags nach Artikel 50 ermächtigen sollte. Dass das Unterhaus, von dessen Votum alles abhing, sich dem Vollzug des Referendums widersetzen würde, war nicht zu erwarten. Wohl aber musste die Regierung mit Versuchen der schottischen Nationalisten, der Liberaldemokraten und der Labour Party rechnen, der Exekutive bestimmte Bedingungen für die Verhandlungen mit der Europäischen Union aufzuerlegen und ihren Kurs in Richtung eines «harten Brexits» auf diese Weise aufzuweichen. Die schottische Regionalregierung zeigte sich enttäuscht, dass der Oberste Gerichtshof dem Parlament in Edinburgh kein Mitspracherecht eingeräumt hatte. Mit jedem Tag werde klarer, dass die Stimme Schottlands kein Gehör finde, erklärte die Ministerpräsidentin, Nicola Sturgeon. Die Ankündigung eines neuen Referendums über die Unabhängigkeit war das noch nicht. Die Stellungnahme der Regierungschefin klang aber so, als rücke der Tag der Entscheidung näher.[32]

Um ihren Zeitplan – Einleitung des Austrittsverfahrens bis Ende März 2017 – nicht zu gefährden, legte die Regierung May den Entwurf des vom Supreme Court verlangten Gesetzes bereits zwei Tage nach dem Urteil, am 26. Januar, vor. Er bestand aus nur einem Satz: «Die Premierministerin darf die Absicht des Vereinigten Königreiches anmelden, nach Artikel 50 (2) des Vertrages über die Europäische Union aus der EU auszuscheiden.» Der Fraktionsvorsitzende der Konservativen im Unterhaus, David Lidington, erklärte daraufhin seine Bereitschaft, die Vorlage bis zum 8. Februar, dem von der Regierung gewünschten Termin, verabschieden zu lassen. Nach dem Unterhaus musste auch das Oberhaus den Gesetzentwurf beraten. Dort war mit mehr Widerstand zu rechnen. Dass die Lords das Gesetz, wenn es von den Commons angenommen war, zu Fall bringen würden, wurde aber nicht erwartet.

Die dritte Lesung und die Schlussabstimmung des Unterhauses über das Brexit-Gesetz fanden am 9. Februar statt. Nach Ablehnung aller Änderungsanträge stimmten 494 Parlamentarier für und 122 gegen die Vorlage der Regierung. Das Ergebnis wäre weniger eindeutig ausgefallen, hätte die Labour-Führung die Abgeordneten nicht auf ein Ja festgelegt. Der Fraktionszwang wurde damit begründet, dass sich in den meisten der Wahlkreise, die an die Arbeiterpartei gefallen waren, beim Referendum am 23. Juni 2016 die «Leavers» durchgesetzt hätten. Dennoch stimmten 52 Labour-Abgeordnete gegen das Gesetz; das war fast ein Drittel der Fraktion.

Das Oberhaus befasste sich Ende Februar und Anfang März mit dem Entwurf des Brexit-Gesetzes und beschloss, jeweils mit großer Mehrheit, zwei Ergänzungen. Erstens sollte die Regierung die Aufenthaltsrechte der 3,3 Millionen Bürger aus EU-Staaten, die im Vereinigten Königreich lebten, vorab garantieren und nicht vom Ausgang der Austrittsverhandlungen abhängig machen. Zweitens forderten die Lords eine gesetzliche Festlegung, dass beide Häuser des Parlaments dem Ergebnis der Verhandlungen zustimmen müssten. Das Unterhaus lehnte beide Forderungen am 13. März ab und billigte das Gesetz in der ursprünglichen Form. Das Oberhaus verzichtete noch am späten Abend desselben Tages auf ein weiteres «Pingpong» mit den Commons und akzeptierte deren Beschluss. Damit war für die Regierung May der Weg frei, in Brüssel den Antrag nach Artikel 50 des EU-Vertrags zu stellen.

Das beherrschende Ereignis des 13. März waren aber nicht die Abstimmungen in den beiden Häusern des britischen Parlaments, sondern die Ankündigung der schottischen Ministerpräsidentin Nicola Sturgeon, Ende 2018 oder Anfang 2019 ein neues Referendum über die Unabhängigkeit Schottlands abzuhalten. Sie begründete diese Entscheidung damit, dass ein «harter Brexit», wie ihn die Regierung

May anstrebte, höchst negative Folgen für Schottland haben würde, die daraus resultierenden Edinburgher Bedenken in London aber bisher kein Gehör gefunden hätten. Sturgeon ging von der Annahme aus, dass Schottland, wenn es sich *vor* dem Brexit für die Unabhängigkeit entschied, Mitglied der EU bleiben könnte – eine Auffassung, die in Brüssel kaum geteilt wurde. Dass ein neues Referendum, anders als das vom September 2014, im Sinne der Scottish National Party ausfallen würde, war auch keineswegs sicher. Umfragen zufolge befürworteten 52 Prozent der Schotten den Verbleib im Vereinigten Königreich. Theresa May reagierte dennoch schroff ablehnend auf den Vorstoß von Nicola Sturgeon. Der innenpolitische Druck, der auf den Londoner Verhandlungen mit der EU lastete, hatte infolge der jüngsten Initiative der schottischen Regionalregierung noch beträchtlich zugenommen: *Diesen* Erfolg zumindest konnte Sturgeon schon jetzt verbuchen.

Am 28. März stimmte das Parlament in Edinburgh nach kontroverser Debatte mit 69 gegen 59 Stimmen dem Antrag der Regionalregierung auf ein neues Referendum über die Unabhängigkeit Schottlands zu. Tags zuvor hatte Sturgeon vergeblich versucht, die Zustimmung der Premierministerin für einen Volksentscheid noch vor Abschluss der Brexit-Verhandlungen zu erhalten. Dass Theresa May von ihrem Nein zu diesem Vorhaben abrücken würde, war unwahrscheinlich.

Am folgenden Tag, dem 29. März 2017, übergab der britische Botschafter bei der EU, Tim Barrow, dem Ständigen Ratspräsidenten Donald Tusk den Brief der Premierministerin, in dem das Vereinigte Königreich seinen Austritt aus der Europäischen Union gemäß Artikel 50 des Lissabon-Vertrags beantragte. Theresa May legte Wert auf die Feststellung, dass Großbritannien die EU, aber nicht Europa verlasse. Im Unterhaus erklärte sie am gleichen Tag ebenso wie in ihrem Brief, dass ihr Land eine neue, tiefe Partnerschaft mit der Europäischen Union beginnen wolle. Gerade in diesen Zeiten brauche die Welt mehr von den liberalen und demokratischen Werten der EU – ein Satz, der bei den proeuropäischen Liberaldemokraten und anderen Abgeordneten der Opposition auf ironisches Gelächter stieß.

Was Theresa May anlässlich der Antragstellung zu den künftigen

Beziehungen zur EU sagte, unterschied sich deutlich von einer zuvor von ihr geäußerten These: «No deal is better than a bad deal for Britain.» Erst recht hoben sich die jüngsten Äußerungen der Premierministerin von der Bemerkung von Außenminister Boris Johnson ab, das Nichtzustandekommen eines Handelsvertrags mit der EU wäre für Großbritannien «perfectly o.k.» – eine Einschätzung, die die Präsidentin der Confederation of British Industry, Carolyn Fairbairn, ein «Rezept für Chaos an mehreren Fronten» genannt hatte. Tatsächlich galten bei einem Scheitern der Verhandlungen die Regeln der Welthandelsorganisation, der WTO. Diese sahen zum Beispiel für Autos Einfuhrzölle von bis zu 10 Prozent vor. Für die florierende britische Automobilindustrie, die über die Hälfte ihrer Zulieferteile importierte und drei Viertel ihrer Produktion exportierte, war das eine katastrophale Perspektive. «No deal» war mithin der «worst case».

Der Vertrag von Lissabon sah vor, dass Austrittsverhandlungen nicht länger als zwei Jahre dauerten. Dass die Gespräche mit der EU außerordentlich kompliziert werden würden, stand von vornherein fest. In Brüssel wurden die Kosten früher eingegangener Verpflichtungen Großbritanniens, darunter der Londoner Anteil an den Pensionen für europäische Beamte und den noch nicht abgeschlossenen Projekten der EU wie etwa Struktur- und Forschungsprogramme, auf rund 60 Milliarden Euro geschätzt – ein Betrag, der im Vereinigten Königreich als weit überhöht betrachtet wurde.

Dass es ein äußerst ehrgeiziges Unterfangen war, sich innerhalb von zwei Jahren nicht nur auf die Austrittsbedingungen, sondern auch auf ein Freihandelsabkommen mit der EU zu verständigen, räumte auch die Premierministerin in ihrer Unterhausrede vom 29. März ein. In den europäischen Hauptstädten wurde daran erinnert, dass über CETA, den (von den Mitgliedstaaten noch nicht ratifizierten) Freihandelsvertrag der EU mit Kanada, sieben Jahre lang verhandelt worden war. Im Falle Großbritanniens erschien eine Ratifizierung durch die Parlamente der EU der 27 allenfalls dann erreichbar, wenn die Verhandlungen mit London bis zum Herbst 2018 abgeschlossen werden konnten. Es gab nur wenige Betrachter, die einen solchen Zeitplan für realistisch hielten.

Die Premierministerin mochte darauf setzen, dass Großbritannien, wenn es der EU Zusammenarbeit in der Sicherheitspolitik anbot, von der Gemeinschaft handelspolitisches Entgegenkommen erwarten konnte. Sie mochte weiterhin auf parallele Verhandlungen über die Austrittsbedingungen und ein Freihandelsabkommen hoffen. Doch sie konnte keineswegs sicher sein, dass die EU sich darauf einließ. Es gab auch keinen Verlass darauf, dass die britische Wirtschaft, die im vierten Quartal 2016 wider Erwarten stark, nämlich um 0,7 Prozent, gewachsen war, mit den praktischen Auswirkungen eines Austritts aus der Europäischen Union ebenso leicht fertig werden würde. Bei nüchterner Betrachtung sprach vielmehr alles dafür, dass mit dem Vabanquespiel der «Brexiteers» eines der gefährlichsten Kapitel der jüngeren britischen Geschichte begonnen hatte. Die Gelassenheit, die die Premierministerin und die Mitglieder ihrer Regierung auszustrahlen versuchten, konnte darüber nicht hinwegtäuschen.[33]

Knapp drei Wochen nach der Überreichung des Brexit-Antrags in Brüssel, am 18. April, gab Theresa May der überraschten Öffentlichkeit die bislang wichtigste innenpolitische Entscheidung ihrer Amtszeit bekannt: Die Regierung werde dem Unterhaus vorgezogene Neuwahlen am 8. Juni 2017 vorschlagen. Damit vollzog May eine taktische Kehrtwende: Bisher hatte sie versichert, sie strebe kein vorzeitiges Ende der Legislaturperiode, sondern reguläre Wahlen im Frühjahr 2020 an.

Der Zeitpunkt der Neuwahl erschien aus Mays Sicht günstig: Meinungsumfragen zufolge lagen die Konservativen 19 bis 21 Prozentpunkte vor der zerstrittenen Labour Party. Wenn die Partei der Premierministerin als überlegene Siegerin aus der Wahl hervorging, musste das Mays Position gegenüber den harten «Brexiteers» in den eigenen Reihen und bei Ukip, gegenüber den entschiedenen Europafreunden in Parlament und Öffentlichkeit und nicht zuletzt gegenüber der EU stärken. Zudem kaufte sich die Regierungschefin Zeit: Sie verbesserte ihre Chancen, negative Folgen des Austritts aus der Europäischen Union im Jahr 2019 politisch zu überleben und bis zum Ende der neuen Legislaturperiode im Juni 2022 im Amt zu bleiben.

Der Chef der Labour Party, Jeremy Corbyn, bewertete die Kursänderung der Premierministerin als unglaubwürdig, stimmte der Neuwahl als solcher aber zu und kündigte an, seine Partei werde für einen sozial verträglichen Brexit kämpfen. Rundum erfreut zeigten sich die Liberaldemokraten. Als entschieden proeuropäische Partei versprachen sie sich von vorgezogenen Neuwahlen einen Zustrom von «Remainers» und Gegnern eines «harten Brexit», die zuvor für die Konservativen oder die Labour Party gestimmt hatten. Es war zwar so gut wie ausgeschlossen, dass es am 8. Juni zu einem Quasi-Volksentscheid *gegen* den Brexit kommen würde. Aber dramatische Veränderungen der britischen Parteienlandschaft erschienen durchaus möglich.

Am 19. April stimmte das Unterhaus nicht nur mit der erforderlichen Zweidrittelmehrheit, sondern fast einstimmig, mit 522 gegen 13 Stimmen, dem Antrag der Regierung und damit der eigenen Auflösung am 3. Mai zu. Die politische Entscheidung über die nähere Zukunft des Vereinigten Königreichs lag nun erneut beim Souverän, dem Volk. Doch anders als bei der Abstimmung vom 23. Juni 2016 waren die Briten jetzt aufgefordert, ihren Willen auf die klassische, der Verfassungstradition des Landes entsprechende Weise zum Ausdruck zu bringen: nicht plebiszitär, sondern repräsentativ – im Sinne eines Mandats für das Parlament und die Regierung, die auf das Vertrauen der Mehrheit der Abgeordneten angewiesen war.

In der Sache freilich hatte Mays Entscheidung vom 18. April sehr wohl einen plebiszitären Charakter. Die Premierministerin, die ihr Amt nicht einer Wahl, sondern internen Absprachen der konservativen Parteiführung verdankte, appellierte an ihre Landsleute, ihr jenen unbezweifelbaren demokratischen Rückhalt zu verschaffen, den sie nach innen wie nach außen brauchte, um ihre Politik im Allgemeinen und ihre Brexit-Politik im Besonderen als Vollzug des Volkswillens erscheinen zu lassen. Dies und nichts anderes war der Grund für die vorgezogene Unterhauswahl am 8. Juni 2017.[34]

11.
WOHIN STEUERN DIE USA?

Im April 2016 veröffentlichte der Journalist Jeffrey Goldberg in der Zeitschrift «The Atlantic» unter der Überschrift «The Obama Doctrine» einen umfangreichen Artikel, der auf einer Reihe von intensiven Gesprächen mit dem amerikanischen Präsidenten beruhte. Im Mittelpunkt standen die internationale Rolle der Vereinigten Staaten im Allgemeinen und ihre Haltung zum syrischen Bürgerkrieg im Besonderen. Das Bild, das Goldberg von Obama (und dieser von sich selbst) zeichnete, war das eines Präsidenten, der vor außenpolitischen Entscheidungen die möglichen Folgen sorgfältig abwog, um nicht, wie sein Vorgänger George W. Bush, ungewollt zum Urheber verhängnisvoller Entwicklungen wie der Konsequenzen des Irakkriegs von 2003 zu werden.

Am 20. August 2012 hatte Obama den syrischen Präsidenten Baschar Hafiz al-Assad vorm Überschreiten einer «roten Linie», nämlich dem Einsatz von Giftgas, gewarnt. Fast auf den Tag genau ein Jahr später, am 21. August 2013, kam es in einem von Rebellen kontrollierten Gebiet zu einem Großeinsatz von Giftgas, wobei kein Zweifel daran bestand, dass dieser auf das Konto der syrischen Regierungstruppen ging. Doch Obama tat nicht, was «Falken» in aller Welt, besonders in Washington, und sogar der besonnene Außenminister John Kerry von ihm erwarteten: Er erteilte Assad keine bewaffnete Antwort in Form eines amerikanischen Bomben- oder Raketenangriffs.

Am 30. August 2014 weigerte sich Obama definitiv, aus einer undurchdachten, ja von ihm als fahrlässig erkannten Äußerung, dem Wort von der «roten Linie», eine irgendwie eskalierende Folgerung zu ziehen. Während Obamas zahlreiche Kritiker in ebendieser Entscheidung den außenpolitischen «Sündenfall» des Präsidenten sahen, betrachtete er selbst den 30. August 2014 als eine Art von persönlichem Befreiungstag – als den Tag, an dem er mit der in Washington vorherrschenden Meinung gebrochen hatte, um der Bewahrung ihrer Glaubwürdigkeit willen müssten die USA sich notfalls auch in einen weiteren Krieg mit unabsehbaren Folgen hineinziehen lassen.

Eine sehr viel direktere Verwicklung in den syrischen Bürgerkrieg wäre nach den Kriegseinsätzen in Afghanistan, Irak und Libyen der vierte Krieg gewesen, den die Vereinigten Staaten im noch jungen 21. Jahrhundert mit einem muslimischen Land führten. Die Kriege in Afghanistan und Irak hatte George W. Bush begonnen. In Libyen hingegen hatte Obama selbst sich im März 2011 dem Drängen der Briten und Franzosen und zuletzt seiner eigenen Außenministerin Hillary Clinton gebeugt und in die auch vom Sicherheitsrat der Vereinten Nationen gebilligte Intervention eingewilligt, ohne dass es in irgendeiner westlichen Hauptstadt ein klares Konzept für den Umgang mit dem Regime von Muammar al-Gaddafi gegeben hätte, wenn erst einmal das unmittelbare Ziel des Einsatzes, die Verhinderung eines Massakers der Regierungstruppen an den Verteidigern von Bengasi, erreicht war.

In Libyen war nach dem Sturz und der Ermordung des Diktators ein Zustand weitreichender Anarchie eingekehrt, was das Vordringen des Islamischen Staates erleichterte. In Syrien hatten die USA nicht verhindern können, dass die von ihnen militärisch unterstützte gemäßigte Opposition um die Freie Syrische Armee ihrerseits mit Terroristen wie der in Jabhat Fateh al-Sham umbenannten Al-Nusra-Front, einem Ableger von Al-Qaida, kooperierte. Bei einem direkten Angriff auf das Assad-Regime riskierten die Vereinigten Staaten nicht nur eine Konfrontation mit dessen Schutzmächten, Russland und Iran. Sie mussten auch damit rechnen, dass radikale Islamisten die Nutznießer eines Regimewechsels in Damaskus sein würden.

Ein amerikanischer Krieg gegen Assads Syrien lag aus Obamas Sicht so wenig im wohlverstandenen Interesse der USA, wie dies beim Krieg gegen den Irak Saddam Husseins der Fall gewesen war. Überhaupt hatte der Nahe und Mittlere Osten für Washington an strategischem Interesse verloren, zumal die Vereinigten Staaten inzwischen vom dort geförderten Erdöl viel weniger abhängig waren als in früheren Jahrzehnten. Dass Russland die USA in dieser Weltregion als dominierende Großmacht ablösen könnte, fürchtete Obama nicht; dazu war der Staat Putins aus seiner Sicht wirtschaftlich viel zu schwach und ohnehin längst in der Gefahr, sich strategisch zu übernehmen.

In der näheren osteuropäischen Nachbarschaft Russlands sah das anders aus. Hier besaß Moskau auf viel umfassendere Weise als in Syrien die neuerdings so genannte «Eskalationsdominanz», was sich bei der Annexion der Krim und dem hybriden Krieg in der Ost-Ukraine gezeigt hatte. Aber weder die Ukraine noch Georgien gehörten zur NATO, und anders als sein Amtsvorgänger dachte Obama nicht daran, beiden Staaten eine spätere Mitgliedschaft im Atlantischen Bündnis zu versprechen. Um eine wie immer geartete Befriedung im Osten der Ukraine mochte sich die Europäische Union kümmern. Woran Putin keinen Zweifel haben durfte, war die Entschlossenheit der USA, zu ihren Pflichten innerhalb der NATO zu stehen. Wenn es eine «rote Linie» gab, die ohne Wenn und Aber galt, war es diese. Auch das war ein Teil der «Obama-Doktrin», wie sie der Präsident in den Gesprächen mit Jeffrey Goldberg entwickelte.[1]

Den Eindruck einer «lame duck» machte Obama im letzten Jahr seiner zweiten und damit letzten Amtszeit durchaus nicht. Das galt vor allem für die Außenpolitik oder zumindest für einige Bereiche derselben. Im Januar 2016 wurden, wie schon an anderer Stelle erwähnt, die 1995 verhängten Sanktionen gegen Iran aufgehoben.[2] Im März zog der Präsident einen Schlussstrich unter fast sechs Jahrzehnte amerikanischer Abwehrpolitik gegenüber Kuba: Sein offizieller Besuch in Havanna und die Gespräche, die er dort mit Staats- und Regierungschef Raúl Castro, dem Bruder des Anfang 2008 zurückgetretenen Fidel Castro, führte, sollten den Beginn einer neuen Ära der Zusammenarbeit markieren. In das Jahr 2016 fielen auch Erfolge der von den USA geführten Anti-IS-Koalition im Irak. Dem Fall von Ramadi um die Jahreswende 2015/16 folgte die Eroberung von Falludscha im Juni; Mitte Oktober 2016 begann der Sturm auf die letzte IS-Hochburg im Norden des Landes, die Millionenstadt Mossul, durch irakische Regierungstruppen, sunnitische Milizen und Verbände der kurdischen Peschmerga.

Auch in Syrien wurde der IS zurückgedrängt: Ende März 2016 fiel das antike, von den Dschihadisten weithin zerstörte Palmyra, wenn auch nur zeitweilig, in die Hände von Regierungstruppen; im August eroberten kurdische Verbände das strategisch wichtige Manbidsch, im Oktober die Freie Syrische Armee das mythenumwobene Dabiq. Im Mittelpunkt des Interesses der Weltöffentlichkeit aber stand das Martyrium der Zivilbevölkerung im umkämpften Aleppo, wo sich Regierungstruppen, «moderate» Rebellen und die ehemalige Al-Nusra-Front gegenüberstanden. International vereinbarte Waffenruhen waren jeweils nur von kurzer Dauer. Von Russland unterstützt, griff Assads Luftwaffe vor allem Krankenhäuser, Schulen, die Wasserversorgung und andere zivile Einrichtungen an, ohne dass die westlichen Demokratien solchen Kriegsverbrechen mehr entgegenzusetzen wussten als verbale Proteste.

Ähnlich destruktiv war die Rolle, die Russland in Libyen spielte. Putin setzte einseitig auf den von Tobruk aus operierenden General Haftar, der sich beharrlich weigerte, mit der von den Vereinten Nationen und den Westmächten, obenan den USA, unterstützten Einheitsregierung in Tripolis zu kooperieren. Doch wie im Fall Syrien unternahm Obama auch im Hinblick auf Libyen nichts, was seinen Nachfolger oder seine Nachfolgerin zu einem längerfristigen Engagement hätte verpflichten können.

Auf dem Gebiet der Außenhandelspolitik hatte der Präsident dies versucht, aber ohne durchschlagenden Erfolg. Das vom Geist des Freihandels geprägte, im Februar 2016 unterzeichnete Transpazifische Freihandelsabkommen (TPP) stieß in den USA auf eine breite protektionistische Abwehrfront, der sich auch die aussichtsreichsten Bewerber um die amerikanische Präsidentschaft anschlossen. Dasselbe galt für die Transatlantic Trade and Investment Partnership (TTIP), die freilich auch in Europa, vor allem in Deutschland und Frankreich, höchst umstritten war. Der Grund hierfür lag in der Unnachgiebigkeit, mit der die amerikanischen Unterhändler den europäischen Vorstellungen in Sachen Umwelt- und Verbraucherschutz, Arbeitnehmerinteressen und, vor allem, Investorenschutz und Schiedsgerichtsbarkeit begegneten – eine Haltung, die sich scharf abhob von der Konzilianz der Kanadier bei den Verhandlungen über ein vergleichbares Abkommen, das Comprehensive Economic and Trade Agreement (CETA). Seit dem Herbst 2016 gab es kaum noch einen Zweifel, dass die Verhandlungen über TTIP nicht mehr, wie von Obama erhofft, noch während seiner Amtszeit erfolgreich abgeschlossen werden könnten.

Der Kampf um die Nachfolge von Barack Obama schien in seiner eigenen Partei lange offen. Im April 2015 kündigte Hillary Clinton, die Frau des 42. Präsidenten der USA, Bill Clinton, die von 2001 bis 2009 Senatorin von New York gewesen war, 2008 sich erfolglos um die Nominierung als demokratische Präsidentschaftskandidatin beworben und von 2009 bis 2013 an der Spitze des State Department gestanden hatte, ihre abermalige Präsidentschaftskandidatur an. Sie blieb damit nicht lange allein. Im Monat darauf gab der Senator von Vermont, Bernie Sanders, nach eigenem Bekunden der einzige Sozialist im amerikanischen Oberhaus, seine Bewerbung um das höchste Amt der Union bekannt.

Sanders, der aus einer jüdischen Einwandererfamilie stammte und mit damals 73 Jahren sechs Jahre älter war als Hillary Clinton, galt zunächst als krasser Außenseiter. Doch es gelang ihm, mit seinen Attacken auf die extrem ungleiche Verteilung des privaten Reichtums und die Konzentration gesellschaftlicher und politischer Macht bei Banken und Konzernen große Teile der akademischen Jugend, aber auch viele jüngere Arbeiter hinter sich zu bringen. Hillary Clinton warf er ihre Nähe zu den Banken der «Wall Street» und ihre außenpolitischen «Sünden» wie die Zustimmung zum Irakkrieg von 2003 vor. Unter dem Jubel seiner Anhänger sprach er von der Revolution, deren Amerika bedürfe und die er einzuleiten beabsichtige. Seine Siege bei den Primaries in New Hampshire, Washington State, Alaska und Hawaii erregten nationales und internationales Aufsehen, besonders aber der Triumph in Michigan, wo die Umfragen lange einen Sieg Clintons vorhergesagt hatten.

Was Hillary Clinton besonders zu schaffen machte, war das Misstrauen, das sie bei vielen Amerikanern fast schon reflexhaft hervorrief.

Sie galt als hochintelligent, aber auch als ehrgeizige Karrieristin, als unaufrichtig und in hohem Maß geldfixiert. Die Vortragshonorare, die sie nach dem Ausscheiden aus ihren politischen Ämtern kassierte, waren exorbitant. Ein anderer Vorwurf lautete, dass sie als Außenministerin Förderer der von ihr und ihrem Mann gegründeten Clinton-Stiftung begünstigt habe.

Als noch gefährlicher erwies sich ein Ereignis aus dem libyschen Bürgerkrieg: Am 11. September 2012 hatten Anhänger von Al-Qaida das amerikanische Konsulat in Bengasi gestürmt und den dort anwesenden Botschafter und zwei weitere US-Bürger ermordet. Gegen den Vorwurf, sie habe es als Außenministerin versäumt, für einen wirksamen Schutz des aufs höchste gefährdeten diplomatischen Personals zu sorgen, musste Clinton sich im Oktober 2015 in einem achtstündigen Hearing vor dem eigens zur Untersuchung dieses Themenkomplexes eingesetzten Kongress-Komitee rechtfertigen. Der überwiegende Eindruck war jedoch, dass sie dieses Verhör ohne bleibenden Schaden überstanden hatte.

Der peinlichste Vorgang aus ihrer Zeit an der Spitze des State Department war die Nutzung ihrer privaten E-Mail-Adresse für amtliche Zwecke, darunter die Übermittlung geheimhaltungsbedürftiger Botschaften. Das Federal Bureau of Investigation, das FBI, untersuchte die Angelegenheit intensiv und gelangte schließlich im Juli 2016 zu dem Ergebnis, dass Clinton zwar fahrlässig gehandelt habe, dass es aber keinen Hinweis auf eine Straftat und damit keinen Grund für eine Anklage gebe. Für die innenpolitischen Gegner war dieses Verdikt freilich kein hinreichender Grund, auf die «E-Mail-Affäre» als Wahlkampfthema künftig zu verzichten.

Als der demokratische Konvent Ende Juli in Philadelphia zusammentraf, stand fest, dass Clinton, die inzwischen spürbar nach «links» gerückt war, deutlich mehr Delegierte hinter sich hatte bringen können als Sanders und bei den vom Parteivorstand bestellten «Superdelegierten» sehr viel mehr Rückhalt besaß als er. Sanders hatte ihr nach langem Zögern zwei Wochen zuvor seine Unterstützung versprochen und damit viele seiner radikaleren Anhänger enttäuscht. Die Nominierungen Hillary Clintons zur Präsidentschaftskandidatin und des von ihr vorgeschlagenen Senators Tim Kaine aus Virginia zum Kandidaten für das Amt des Vizepräsidenten erfolgten am 26. Juli 2016.

Bei den Republikanern verlief der Kampf um die Nominierung des Präsidentschaftskandidaten noch ungleich dramatischer. Am 16. Juni 2015 hatte der damals neunundsechzigjährige New Yorker Immobilienunternehmer, Spielcasino-Betreiber, Fernsehproduzent, Reality-TV-Star und Milliardär Donald Trump seine Bewerbung angekündigt. Dank der Recherchen investigativer Journalisten war zu diesem Zeitpunkt längst bekannt, dass Trump seinen Reichtum vor allem seiner Skrupellosigkeit verdankte: Er hatte Geschäftsbeziehungen zu Anwälten, Bauunternehmern, Gewerkschaftsbossen, Investoren und Glücksspielspekulanten unterhalten, die in enger Verbindung zur amerikanischen oder russischen Mafia standen; er hatte Arbeitskräfte unter systematischer Umgehung gesetzlicher Vorschriften beschäftigt und mehr als nur einmal den Bankrott seines Imperiums nur mit knapper Not, dank auffälliger Nachsicht seitens staatlicher Instanzen, von Staatsanwaltschaften und Gerichten, vermeiden können. Doch dieser dubiosen Vita zum Trotz gelang es Trump, der nie ein politisches Amt innegehabt und mehrfach die Partei gewechselt hatte, in den Primaries sämtliche Konkurrenten, darunter Jeb Bush, den Gouverneur von Florida und jüngeren Bruder von George W. Bush, und die Senatoren Marc Rubio aus Florida und Ted Cruz aus Texas, hinter sich zu lassen.

Bei den meisten Anhängern der «Grand Old Party» schadete es Trump offenkundig auch nicht, dass er mit hemmungsloser Demagogie über Minderheiten herzog, negative Kollektivurteile über fremde Kulturen fällte und verlässliche Partner der Vereinigten Staaten verächtlich machte. Er bezeichnete Mexikaner und andere «Latinos» als Kriminelle, Drogendealer und Vergewaltiger, versprach die Errichtung einer hohen Mauer an der Grenze zu Mexiko und ein Einreiseverbot für Muslime. Er stellte die Bündnisverpflichtungen gegenüber europäischen NATO-Staaten wie den baltischen Republiken in Frage, die nach seiner Meinung nicht genug für ihre Verteidigung taten, er nannte die Allianz selbst obsolet, griff Angela Merkel wegen ihrer Flüchtlingspolitik scharf an, äußerte sich mehrfach voller Bewunderung über Wladimir Putin und schloss selbst eine Anerkennung der völkerrechtswidrigen Annexion der Krim durch Russland nicht aus. Das multilaterale Abkommen mit Iran vom Januar 2014, das den jahrelangen Atomstreit beilegen sollte, wollte er aufkündigen.

Trump bestritt, dass die Erderwärmung irgendetwas mit dem Ausstoß von Kohlendioxid-Abgasen zu tun hatte, also weithin von Menschen verursacht war. Er wies die Gegenmeinung als chinesische Erfindung zurück, deren einziger Zweck es sei, der amerikanischen Industrie zu schaden, und erklärte, er werde das von Obama unterzeichnete Pariser Klimaschutzabkommen vom Dezember 2015 aufkündigen.

Auf wirtschaftspolitischem Gebiet gab er sich ultraliberal nach innen und protektionistisch nach außen. Er wollte die amerikanischen Banken, den Kohlenbergbau, die Gas- und Erdölindustrie durch eine großzügige Deregulierung von den Fesseln befreien, die ihnen unter Obama angelegt worden waren. Das Transpazifische Handelsabkommen (TPP) sollte nicht ratifiziert werden; die Verhandlungen über sein transatlantisches Gegenstück (TTIP) wollte er abbrechen. Trump versprach, sämtliche Handelsverträge, obenan den über die nordamerikanische Freihandelszone (NAFTA), daraufhin zu überprüfen, ob sie amerikanischen Interessen widersprachen, und kündigte an, er werde ins Ausland, etwa nach Mexiko oder nach China, ausgelagerte Produktionsstätten in die USA zurückholen und ein großes Programm zur Förderung der Infrastruktur und damit zur Schaffung neuer Jobs in Gang setzen. Die übergeordnete Devise lautete «America first», womit er eine Parole der isolationistischen Opposition gegen Präsident Franklin D. Roosevelt und namentlich des im Juli 1940 gegründeten, ultrarechten und zunehmend antisemitischen America First Committee aufgriff.

Namhafte Vertreter des republikanischen Parteiestablishments, darunter die ehemaligen Präsidentschaftskandidaten John McCain und Mitt Romney und, sehr viel schärfer noch, die früheren Außenminister Colin Powell und Condoleezza Rice, distanzierten sich zwar von dem rüden Auftreten und den demagogischen Parolen Trumps, doch es gelang ihnen nicht, die Masse der Parteigänger eines Besseren zu belehren. Auf der Convention, die vom 18. bis 21. Juli in Cleveland stattfand, verfügte Trump über eine breite Mehrheit der Delegierten, die ihm und seinem Mitbewerber, dem ultrakonservativen, evangelikalen Gouverneur von Indiana, Mike Pence, zu einem triumphalen Ergebnis verhalfen. Der unterlegene Rivale, der hochkonservative Senator Ted Cruz, der nach dem Verlust der Vorwahl in Indiana im Mai aus dem Rennen ausgeschieden war, wurde ausgebuht, als er sich weigerte, seinen Anhängern die Wahl von Trump zu empfehlen. Erst Ende September rang sich Cruz doch noch zur öffentlichen Unterstützung des republikanischen Kandidaten durch.[3]

«Populistischer» als Trump war bislang noch kein Präsidentschaftsbewerber einer der beiden großen Parteien aufgetreten. Der Populismus als solcher aber war keine neue Erscheinung der amerikanischen Politik. Der Begriff kam schon im letzten Jahrzehnt des 19. Jahrhunderts in Verbindung mit der 1892 gegründeten, ländlich und kleinstädtisch geprägten People's Party auf, die eine Abkehr vom Goldstandard, eine äußerst restriktive Einwanderungspolitik, mehr direkte Demokratie, die Verstaatlichung der Eisenbahnen und des Telegrafenwesens forderte, sich betont antiurban und antiintellektuell, nicht selten auch antisemitisch gab.

Was der Historiker Richard Hofstadter über die «Urpopulisten» bemerkt hat, ihre Utopie liege nicht in der Zukunft, sondern in der Vergangenheit, trifft auch für die Bewegungen zu, die später in ihre Fußstapfen traten – von einigen der radikaleren Anti-New-Deal-Initiativen wie den Share-Our-Wealth-Clubs um den Gouverneur von Lousiana, Huey Long, und der National Union for Social Justice um den katholischen Rundfunkprediger Father Charles Coughlin in den dreißiger Jahren über die Independent Party des früheren rassistischen Gouverneurs von Alabama, George Wallace, der 1968 als Präsidentschaftskandidat seiner Partei auf 13,5 Prozent der Stimmen kam, bis hin zur ultrakonservativen Tea Party, der es während der Präsidentschaft Obamas auf breiter Front gelang, Gliederungen und Repräsentanten der Republikanischen Partei von sich abhängig zu machen.[4]

Mit seiner aggressiven Sprache und seinen schlichten Parolen («Make America great again») erreichte Trump nicht zuletzt weiße Bevölkerungsschichten, die sich gesellschaftlich «abgehängt», von der Globalisierung bedroht, von «Washington», den «Eliten», dem «Establishment» vernachlässigt und mit ihren Sorgen nicht ernst genommen fühlten, namentlich Amerikaner ohne College-Abschluss und solche, die ihren Arbeitsplatz im Zuge der Entindustrialisierung ganzer Regionen verloren hatten oder zu verlieren fürchteten. Doch es waren längst nicht nur unterprivilegierte Amerikaner, die Trump zujubelten. Umfragen zufolge waren unter seinen Anhängern auch viele gut ausgebildete und materiell wohlsituierte Bürger, meist Stammwähler der Republikaner, die aus konservativer Überzeugung heraus allem, was aus ihrer Sicht die überlieferte Ordnung, die Identität und Souveränität Amerikas gefährdete, mit tiefem Misstrauen begegneten – eine Haltung, die bis zur Empfänglichkeit für rechte Verschwörungstheorien gehen konnte und das Beharren auf dem Recht auf unbeschränkten privaten Waffenbesitz einschloss.[5]

In der «heißen Phase» des amerikanischen Wahlkampfes im Herbst 2016 präsentierten sich die USA als eine zutiefst gespaltene Gesellschaft. Erfahrene Beobachter konnten sich nicht daran erinnern, jemals ein solches Maß an Primitivität wie in den Reden von Donald Trump erlebt zu haben, aber auch nicht einen solchen Grad von Verhetzung wie bei seinen Anhängern: Auf nahezu allen seiner Kundgebungen forderten sie in Sprechchören, die demokratische Bewerberin ins Gefängnis zu stecken («Lock her up»).

Trump äußerte sich verächtlich über Frauen und Behinderte; in einem seiner «Fernsehduelle» mit Hillary Clinton warf er seiner Kontrahentin angebliche oder wirkliche sexuelle Verfehlungen ihres Mannes vor, was wohl auch eine Revanche dafür war, dass Anfang Oktober eine Tonaufzeichnung aus dem Jahr 2005 mit obszönen Bemerkungen Trumps über Frauen bekannt geworden war. Parteigänger der Demokraten traten zudem den Nachweis an, dass der Milliardär Trump 18 Jahre lang formal legal, durch Nutzung vorhandener Schlupflöcher, keine Bundeseinkommensteuer gezahlt hatte.

Einen Tiefpunkt erreichte der Wahlkampf, als Trump am 19. Oktober beim dritten und letzten Fernsehstreitgespräch mit der von ihm als «nasty woman» und zutiefst korrupt bezeichneten Clinton den Demokraten und den Medien eine systematische Manipulation der Präsidentenwahl vorwarf und es offen ließ, ob er im Fall einer Niederlage das Ergebnis anerkennen würde. Die politische Kultur der Vereinigten Staaten steckte in einer tiefen Krise: Darin waren sich bis weit in die Republikanische Partei hinein alle einig, die nicht zu den unbedingten Verteidigern des offiziellen Kandidaten dieser Partei gehörten.

Am 28. Oktober ließ das FBI, trotz eindringlicher Bitten des Justizministeriums, ebendies nicht zu tun, eine «Bombe» platzen: Sein Chef James Comey, ein ehemaliger Republikaner, teilte dem Kongress und damit der Öffentlichkeit mit, dass seine Behörde erneut E-Mails Hillary Clintons unter dem Aspekt prüfe, ob sie Hinweise auf strafbare Handlungen enthielten. Die fraglichen Mails stammten aus einem Computer, den der demokratische Kongressabgeordnete Anthony Weiner und seine Ehefrau Huma Abedin, eine der engsten Mitarbeiterinnen Clintons, gemeinsam genutzt hatten. (Das Paar hatte sich inzwischen, nachdem Fälle von sexuellem Fehlverhalten Weiners bekannt geworden waren, getrennt.)

Über den Inhalt der Mails ließ Comey nichts verlauten. Ihre Bedeutung könne er noch nicht einschätzen, erklärte er. Empörte Demokraten hielten dem FBI vor, dass es mit seiner Informationspolitik in Sachen Clinton-Mails gegen gesetzliche Vorschriften verstoßen habe, denen zufolge es nicht in laufende Wahlkämpfe eingreifen durfte. Hatte in den meisten Umfragen Clinton bis dahin deutlich vor Trump gelegen, schrumpfte ihr Vorsprung jetzt auf wenige Punkte zusammen.

Am 31. Oktober mussten die Demokraten einen weiteren Rückschlag hinnehmen: Die Internetplattform Wikileaks, die seit längerem im Verdacht stand, von russischen Geheimdienstkreisen mit Material versorgt und gesteuert zu werden, machte eine Episode aus dem Vorwahlkampf des Sommers 2016 publik. Demnach war Clinton vor einem «Fernsehduell» mit ihrem demokratischen Mitbewerber Bernie Sanders von einer für den Sender CNN tätigen Expertin im Voraus über mindestens eine Frage informiert worden, die anschließend aus dem Publikum gestellt werden würde, so dass sie ihrem Kontrahenten gegenüber partiell im Vorteil war. Was immer die Hintergründe der neuesten Enthüllung waren: Ihr Zweck war es offenkundig, die Wahl von Clinton zu verhindern und Trump zum Sieg zu verhelfen.

Zwei Tage vor der Wahl, am 6. November, meldete sich nochmals FBI-Chef Comey zu Wort. Eine Überprüfung der neu aufgetauchten Mails von und an Clinton habe kein anderes Ergebnis erbracht als im Juli: Die ehemalige Außenministerin hatte sehr leichtsinnig gehandelt, aber keine Straftat begangen. Infolgedessen stellte die Polizeibehörde die Ermittlungen in der E-Mail-Affäre ein. Trump sprach sofort von einem manipulierten System, das Clinton stütze. In den Umfragen stiegen die Werte der demokratischen Bewerberin zwar wieder etwas an, doch Millionen von Amerikanern hatten ihre Stimmen bereits abgegeben – viele von ihnen nach der «Enthüllung» Comeys vom 28. Oktober.

In einem irrten sich die Wahlforscher, die fast ausnahmslos einen knappen Sieg Hillary Clintons vorhergesagt hatten, nicht: Die demokratische Bewerberin erhielt 2,8 Millionen Stimmen mehr als der republikanische Kandidat: Sie kam auf 48,2, er auf 46,1 Prozent der abgegebenen gültigen Stimmen. Doch entscheidend war die Verteilung der Stimmen bei den Wahlmännern und Wahlfrauen. Bei der Abstimmung am 19. Dezember kam Clinton hier auf 227, Trump auf 304 Stimmen – 34 mehr, als zur Wahl des Präsidenten erforderlich waren. Diesen Vorsprung verdankte er der Tatsache, dass er die meisten «swing states», darunter Florida, Iowa, Michigan, Ohio, North Carolina, Pennsylvania und Wisconsin, für sich gewann. Das Clinton-Votum in den Hochburgen der Demokraten an der nördlichen Ost- und der gesamten Westküste der USA reichte nicht aus, um diesen Faktor auszugleichen. Die Wahlbeteiligung war mit 55,4 Prozent die niedrigste seit 1996.

Die Möglichkeit einer gravierenden Diskrepanz zwischen der Mehrheit der Gesamtwählerschaft der USA und der Mehrheit im Electoral College war die Folge des von der Verfassung vorgeschriebenen Wahlverfahrens, das im Endeffekt die dünn besiedelten Staaten auf Kosten der bevölkerungsreichen begünstigte. Unter Staatsrechtlern und Politikwissenschaftlern ist es deshalb hoch umstritten; eine Abschaffung dieses Verfahrens gilt aber als politisch nicht durchsetzbar. Die Einschaltung von Wahlmännern und Wahlfrauen ist indes nicht die einzige Quelle einer möglichen institutionellen Verzerrung des Wählerwillens. Eine andere ist die vor allem von den Republikanern in den von ihnen kontrollierten Staaten betriebene manipulative Zuschneidung von Wahlkreisen unter Gesichtspunkten parteitaktischer Opportunität. Dieses «Redistricting Majority Project» ist nichts anderes als eine moderne Variante des seit dem frühen 19. Jahrhundert bekannten «gerrymandering» – ein Trick, der sich bei der Präsidentenwahl von 2016 ebenso bewährte wie die gleichfalls schon im 19. Jahrhundert praktizierte Erschwerung des Wahlzugangs für unerwünschte Gruppen wie namentlich die Afroamerikaner.

Die ersten Wahlanalysen bestätigten, was schon Beobachtern des Wahlkampfes aufgefallen war: Trump verdankte den entscheidenden Stimmenvorsprung in den «swing states» der weißen Arbeiterschaft, die früher mehrheitlich für die Demokraten gestimmt hatte. Besonders markant war die Abwanderung zum Kandidaten der Republikaner im industrialisierten «rust belt» des Mittleren Westens und im Umfeld der oftmals bereits stillgelegten Kohleminen in den Appalachen. Je niedriger der Bildungsgrad war, desto höher der Anteil der Trump-Wähler. Ordnete man die Wählerschaft dagegen nach der Einkommenspyramide, lag Trump bei den Besserverdienenden knapp vor Clinton, während sie bei den Beziehern niedriger Löhne und Gehälter und wenig verdienenden Selbstständigen führte. Die Tatsache, dass Hillary Clinton die erste Frau war, die Aussicht auf das Präsidentenamt hatte, half ihr bei den meisten weißen Frauen nicht, es sei denn, diese besaßen mindestens einen College-Abschluss. Die meisten Schwarzen und «Latinos», die sich an der Wahl beteiligten, unterstützten sie und nicht Trump, doch dieser erhielt mehr Stimmen von diesen Gruppen als die republikanischen Bewerber bei den Obama-Wahlen von 2008 und 2012 – auch dies ein Grund für die Stimmenverteilung im Electoral College.

Die Wahl von Trump machte wie schon der Wahlkampf den Riss deutlich, der quer durch die amerikanische Gesellschaft ging. Es war weniger eine Spaltung zwischen Arm und Reich als eine solche zwischen dem Hinterland und den Metropolen, zwischen seit langem ansässigen und neu zugewanderten Amerikanern, zwischen Verlierern und Gewinnern der Globalisierung, zwischen dem konservativen und dem im weitesten Sinn liberalen Amerika. Der 8. November 2016 stand für einen Kampf um kulturelle Hegemonie. Im Mittelpunkt der intellektuellen Diskurse, die in den letzten vier Jahrzehnten in den USA wie in allen westlichen Gesellschaften geführt worden waren, hatten «postmaterielle» Anliegen wie die Vollendung der individuellen Emanzipation, die Überwindung jeder Art von Diskriminierung und schließlich das Recht von sexuellen, ethnischen und kulturell-religiösen Minderheiten auf «Diversität» und eine je eigene «Identitätspolitik» gestanden. Nach dem Wahlsieg Trumps fragten sich viele Liberale selbstkritisch, ob sie darüber nicht etwas anderes, nicht weniger Wichtiges vernachlässigt hatten: die Einfühlung in die Lage und die Empfindungen derer, die Gründe hatten, sich sozial ausgegrenzt zu fühlen.

Diesen Teil der amerikanischen Gesellschaft, verkürzt gesagt den «rust belt», hätten die Demokraten mit einem ausgewogeneren Wahlkampf vielleicht noch für sich gewinnen können, den «bible belt» in den Südstaaten, der seit langem den Republikanern zuneigte, hingegen nicht. Das Votum für Trump war *beides*: Protest gegen wirtschaftliche Ungleichheit *und* ein «cultural backlash», ein Aufschrei der materiell Benachteiligten und ein Aufstand des konservativen Amerika, für das die Ära Obama nichts anderes bedeutete als eine Absage an alles, was den Kräften der Beharrung lieb und teuer war, darunter auch die Vorstellung, dass an der Spitze der Vereinigten Staaten ein weißer Mann, also weder ein Afroamerikaner noch eine Frau, stehen sollte. Hillary Clinton mochte die buntscheckige Koalition, die Trump zujubelte, noch so sehr verachten, dass sie die Hälfte der Anhänger des Konkurrenten pauschal als «erbärmlich» (deplorable) bezeichnete, war der schwerste Fehler ihrer ganzen Kampagne. Sie schweißte gegen sich zusammen, was dauerhaft nicht zusammen gehörte.[6]

Zur langen Vorgeschichte der Umwälzung, die sich im Zuge der Präsidentenwahl von 2016 in den USA vollzog, gehörten die systematischen Propagandafeldzüge rechter Fernsehsender wie Fox News ebenso wie die gezielten Desinformationskampagnen in den «Echokammern» der sogenannten «Sozialen Netzwerke» des Internets wie «Twitter» und «Facebook», die eine weitgehende Abschottung ihrer Nutzer gegenüber unabhängigen, kritischen Medien bewirkten. Dazu kam, in der «heißen Phase» des Wahlkampfes, eine von Trumps Schwiegersohn Jared Kushner professionell gesteuerte, mit Hilfe des britischen «Big Data»-Unternehmens Cambridge Analytica betriebene massenhafte digitale «Bearbeitung» von Afroamerikanern, die auf Grund bestimmter Merkmale als potentielle Clinton-Wähler galten. Sie wurden gezielt mit Botschaften angesprochen, die geeignet erschienen, sie zum Wahlboykott zu bewegen. Was immer solche elektronischen Manipulationsversuche tatsächlich bewirkt haben mochten, sie führten dazu, dass die amerikanische Präsidentenwahl von 2016 in allen westlichen Demokratien als Menetekel empfunden wurde – als Warnung vor Entwicklungen, die auch hier eintreten konnten, wenn die Entfremdung zwischen «Eliten» und «Volk» weiter fortschritt.

In den Gründerstaaten der Europäischen Union reagierten die «etablierten» demokratischen Parteien und die meisten Zeitungen auf das amerikanische Wahlergebnis mit demselben fassungslosen Entsetzen wie die Demokraten und die liberalen Medien in den USA. Die deutsche Bundeskanzlerin Angela Merkel brachte ihre Besorgnis am 9. November mit ungewöhnlich offenen Worten zum Ausdruck. Sie erinnerte an die gemeinsamen Werte, die Deutschland und Amerika verbanden, namentlich Demokratie, Freiheit, Respekt vor der Würde des Menschen, unabhängig von Herkunft, Religion, Geschlecht, sexueller Orientierung und politischer Einstellung, und bot «auf dieser Basis» Trump eine enge Zusammenarbeit an. Die «New York Times» kommentierte diese Erklärung mit der Feststellung, noch nie habe ein gewählter Präsident einer solchen Mahnung bedurft. Die Kanzlerin wurde vom gleichen Blatt nach der Wahl von Donald Trump als «die letzte Verteidigerin des liberalen Westens» eingestuft.[7]

Aus einigen europäischen Hauptstädten bekam Trump andere, erwartungsvolle bis freundliche Botschaften zu hören. Der britische Außenminister Boris Johnson freute sich auf ein neues Kapitel in den Beziehungen zwischen dem Vereinigten Königreich und den USA – Beziehungen, die er die «wichtigste geopolitische Verbindung der Dekade» nannte. Der ungarische Ministerpräsident Viktor Orbán, der in Trump einen Verbündeten im Kampf um die «illiberale Demokratie» sah, sprach am 9. November von «großartigen Nachrichten» und kam zu dem Schluss, dass die «Demokratie immer noch am Leben» sei. Eine ähnlich überschwängliche Begeisterung zeigte der tschechische Staatspräsident Miloš Zeman, der schon im Wahlkampf für Trump Partei ergriffen hatte.

Geradezu euphorisch äußerten sich die Führer der äußersten Rechten Westeuropas. Marine Le Pen, die Vorsitzende und Präsidentschaftskandidatin des «Front National», beglückwünschte Trump und das «freie amerikanische Volk» zur Entscheidung vom 8. November. Geert Wilders, der Vorsitzende der niederländischen Freiheitspartei, kommentierte: «Die Amerikaner holen sich ihr Land zurück.» Trumps glühendem Verehrer Nigel Farage, dem früheren Vorsitzenden der United Kingdom Independence Party, wurde das Privileg zuteil, als erster europäischer Politiker vom «President-elect» zu einer Audienz empfangen zu werden. Kurz darauf äußerte Trump den Wunsch, Großbritannien möge Farage als Botschafter nach Washington schicken. Erstaunlich positiv fielen auch einige Bewertungen des Sieges von Donald Trump am linken Rand des politischen Spektrums aus. Gelobt wurde vor allem sein Eintreten für ein gutes Verhältnis zum Russland Putins, aber auch die Ankündigung eines großangelegten Investitionsprogramms zur Förderung der Infrastruktur. Sahra Wagenknecht, die Ko-Vorsitzende der Fraktion der Partei Die Linke, rühmte am 23. November in der Haushaltsdebatte des Deutschen Bundestags dieses Vorhaben geradezu als positive Alternative zur Sparpolitik der Großen Koalition.[8]

Was der «President-elect» nach seiner Wahl verlauten ließ, war nur zum Teil geeignet, die erregten Gemüter zu beruhigen. Nach einem Gespräch mit Obama im Oval Office des Weißen Hauses am 10. November bekundete er erstmals Respekt vor dem Amtsinhaber, den er einen «guten Mann» nannte, und erklärte überdies, dass er dessen Gesundheitsreform nicht in Gänze abschaffen, sondern nur reformieren wolle. Wenig später gab Trump zu Protokoll, dass er als Präsident nichts unternehmen wolle, um Hillary Clinton, über die er sich schon am 9. November, unmittelbar nach ihrer telefonischen Gratulation zu seinem Wahlsieg, anerkennend geäußert hatte, wegen der E-Mail-Affäre vor Gericht zu bringen. Die Ankündigung, eine große Mauer an der Grenze zu Mexiko zu errichten, schwächte er in einem Fernsehinterview ab: An manchen Stellen werde wohl ein Zaun reichen. Vergleichsweise moderat fielen auch seine Äußerungen zur Zahl der illegal eingereisten Personen aus, die er auszuweisen gedenke.

Weltweites Aufsehen erregte eine Videobotschaft des gewählten Präsidenten am 22. November, in der er sich darauf festlegte, das von Obama unterzeichnete, aber noch nicht ratifizierte asiatisch-pazifische Freihandelsabkommen TTP bereits am ersten Tag seiner Amtszeit aufzukündigen, und sich nochmals ausdrücklich zum protektionistischen Grundsatz «America first» bekannte. Einige Vertragspartner, obenan Japan, äußerten sich schockiert. Vielfach wurde die Befürchtung laut, dass die Volksrepublik China fortan mit aller Kraft versuchen werde, im asiatisch-pazifischen Raum die Rolle zu übernehmen, von der sich die Vereinigten Staaten gerade verabschiedeten.

Eine ganz überwiegend «rechte» Handschrift trugen die ersten Personalentscheidungen Trumps. Zu seinem strategischen Chefberater ernannte er Stephen Bannon, einen früheren leitenden Mitarbeiter der Investmentbank Goldman Sachs, der bis zum Sommer 2016, bevor er wichtigster Wahlkampfhelfer des republikanischen Kandidaten wurde, an der Spitze des radikal nationalistischen Internetportals Breitbart News gestanden hatte, einer Plattform sowohl der ultrakonservativen Tea Party als auch der rechtsextremen Alternative Right (AltRight). Kaum minder weit rechts stand der republikanische Senator von Alabama, Jeff Sessions, den Trump als Justizminister ausersehen hatte. Er war ein entschiedener Abtreibungsgegner, dem Sympathien für den rassistischen Ku-Klux-Klan nachgesagt wurden. Sicherheitsberater wurde Michael Flynn, ein pensionierter General, der sich als Feind des Islam und Freund von Putins Russland profiliert hatte. Das Etikett «sehr weit rechts» haftete auch dem designierten CIA-Chef, dem Kongressabgeordneten und Vertrauensmann der ultrakonservativen Tea Party, Mike Pompeo, an, der zu den engen Vertrauten des Vizepräsidenten Mike Pence gehörte. Als moderater Repräsentant des republikanischen Establishments galt hingegen der Parteivorsitzende Reinhold Richard

(«Reince») Priebus, dem Trump das strategisch besonders wichtige Amt des Stabchefs des Weißen Hauses übertrug.

Ende November folgten einige Nominierungen, die sich schlecht mit den Wahlkampftiraden Trumps gegen das «Establishment» vertrugen. An die Spitze des Finanzministeriums sollte ein langjähriger Freund des gewählten Präsidenten, der Banker Steven Mnuchin, treten, der im Wahlkampf sein Finanzchef gewesen war, lange eine führende Position bei Goldman Sachs innegehabt und später einen eigenen Hedgefonds gegründet hatte. Als Wirtschaftsminister war ein anderer früherer Unterstützer Trumps, der Milliardär Wilbur Ross, vorgesehen, der sein Vermögen mit der Sanierung von Unternehmen der Textil-, Stahl- und Eisenindustrie gemacht hatte. Eine Milliardärin war auch Betsy DeVos, die Kandidatin für das Amt der Bildungsministerin, die als hochkonservativ galt und als Förderin von Privatschulen hervorgetreten war. Ministerin für Infrastruktur sollte die aus Taiwan stammende Elaine Chao werden, deren Ehemann Mitch McConnell der Führer der Republikaner im Senat war.

Mit besonderer Spannung wurden die Ernennungen von Kandidaten für das Verteidigungs- und das Außenministerium erwartet. Am 2. Dezember gab der «President-elect» bekannt, dass er sich für den pensionierten Vier-Sterne-General James («Mad Dog») Mattis als Chef des Pentagon entschieden habe. Mattis, der im Golfkrieg von 1991, in Afghanistan und im Irak amerikanische Truppen befehligt hatte, galt als strategisch denkender Konservativer, der aber der diplomatischen Erfahrung entbehrte. Anders als Trump im Wahlkampf hatte sich Mattis gegen jede Art von Folter ausgesprochen. Im Unterschied zum gewählten Präsidenten hielt er auch Russland weiterhin für einen gefährlichen Gegner. Einig waren beide jedoch, was ihr Misstrauen gegenüber Iran und dem mit Teheran geschlossenen Atom-Deal betraf.

Als Außenminister war zeitweilig Mitt Romney, der republikanische Präsidentschaftskandidat von 2012, im Gespräch. Da Romney sich im Wahlkampf gegen Trump gestellt hatte, stieß diese Erwägung des «President-elect» jedoch auf den heftigen und letztlich erfolgreichen Widerspruch des rechten Parteiflügels. Am 13. Dezember betraute Trump den Chef des Erdölkonzerns Exxon Mobil, Rex Tillerson, mit der künftigen Leitung des State Department. Politische Erfahrungen hatte der Multimillionär Tillerson nicht aufzuweisen, wohl aber ein ausgezeichnetes Verhältnis zu Russland und zu Präsident Putin persönlich, der ihm 2013 wegen seiner Verdienste um die bilateralen Wirtschaftsbeziehungen den «Orden der Freundschaft» verliehen hatte. Für einige republikanische Senatoren, darunter den Präsidentschaftsbewerber von 2008, John McCain, waren die russischen Geschäftsinteressen Tillersons und seine Kritik an den Wirtschaftssanktionen, die der Westen 2014 nach der Annexion der Krim gegen Russland verhängt hatte, hinreichende Gründe, vor den möglichen Folgen seiner Ernennung zu warnen. Die Kritiker verwiesen außerdem darauf, dass der Ausgang des anstehenden Senatshearings im Fall Tillerson völlig offen sei. In der Europäischen Union, und hier vor allem in den baltischen Republiken und Polen, gab es ähnliche Besorgnisse: Ein russlandfreundlicher Außenminister an der Seite eines russlandfreundlichen Präsidenten war für Staaten, die sich durch die aggressiven Tendenzen der russischen Politik bedroht sahen, eine höchst unerfreuliche Konstellation.

Donald Trump ließ sich weder von solchen Einschätzungen noch von inneramerikanischer Kritik an seiner prorussischen Haltung beirren. Als die CIA Anfang Dezember Journalisten wissen ließ, dass sich nach ihren Erkenntnissen Russland mit Hackerangriffen gezielt in den amerikanischen Wahlkampf eingemischt hatte, um die demokratische Bewerberin zu delegitimieren und dem republikanischen Kandidaten zum Sieg zu verhelfen, warf Trump dem Auslandsgeheimdienst professionelle Untüchtigkeit vor und erinnerte daran, dass die CIA mit gefälschtem Material über angebliche Massenvernichtungswaffen im Besitz von Saddam Hussein den Irakkrieg von 2003 ausgelöst habe. Er, Trump, habe nicht die Absicht, sich als Präsident regelmäßig Berichte der Geheimdienste vorlegen zu lassen.[9]

So wohlwollend Trump sich gegenüber Russland äußerte, so konfrontativ war sein Verhalten gegenüber der Volksrepublik China. Am 2. Dezember führte der gewählte Präsident ein Telefongespräch mit Tsai Ing-wen, der Präsidentin der Republik China, also Taiwan, die, anders als ihr Vorgänger Ma Ying-jeou, demonstrativ ihre Distanz zu Peking betonte. Eingefädelt hatte die präzedenzlose Aufwertung des einstigen «Nationalchina» der republikanische Präsidentschaftskandidat von 1996, Bob Dole, der seit längerem als Lobbyist für den Inselstaat tätig war. Dass Trump mit dem Telefonat ein jahrzehntelanges Tabu brach, war ihm wohl bewusst: Er stellte die Ein-China-Politik in Frage, zu der sich Richard Nixon 1972 bei der Aufnahme diplomatischer Beziehungen zur Volksrepublik bekannt und an der alle seine Nachfolger im Präsidentenamt bislang festgehalten hatten.

Trump schien davon auszugehen, dass Peking in Sachen der Ein-China-Politik mit sich handeln lassen werde. Wenn die Volksrepublik wolle, dass die USA diese Politik fortsetzten, müsse sie zu «einem Deal über andere Dinge» bereit sein, erklärte er am 12. Dezember in einem Interview. Gemeint waren damit unter anderem niedrigere Zölle und Steuern auf amerikanische Produkte, also handelspolitische Zugeständnisse – ein Ansinnen, das die Pekinger Führung sogleich entschieden zurückwies. In krassem Widerspruch zu Trumps öffentlichen Äußerungen über China stand seine Ankündigung, er wolle den als chinafreundlich geltenden republikanischen Gouverneur von Iowa, Terry Brandstad, einen langjährigen Freund des chinesischen Staats- und Parteichefs Xi Jinping, zum Botschafter in Peking ernennen. Kritische Beobachter fragten sich erneut, wie es um das politische Urteilsvermögen des künftigen Präsidenten bestellt war, ob er und seine engsten Berater eine auch nur ungefähre Vorstellung von der Komplexität der internationalen Beziehungen der USA im Allgemeinen und denen zu der fernöstlichen Großmacht im Besonderen hatten.[10]

Ob der «President-elect» mit den Problemen des Nahen Ostens besser vertraut war als denen des Fernen, erschien ebenfalls fraglich. Am 16. Dezember gab Trump bekannt, wen er zum Botschafter in Israel zu machen gedachte: Es war sein Berater, der Anwalt David Friedman, ein orthodoxer Jude und erklärter Unterstützer der israelischen Siedlungspolitik im besetzten Westjordanland. Ein Wahlkampfversprechen Trumps aufgreifend, erklärte Friedman sogleich, dass er die amerikanische Botschaft von Tel Aviv in das de jure immer noch geteilte Jerusalem verlegen werde. Bei der israelischen Rechten mit Ministerpräsident Netanjahu an der Spitze fand diese Ankündigung enthusiastischen Beifall. Die palästinensische Seite wertete sie dagegen als Absage der USA an eine Zwei-Staaten-Lösung und als einseitige Parteinahme für die Politik der israelischen Regierung. Schon bevor der neue Präsident sein Amt angetreten hatte, zeichnete sich damit eine Verhärtung der Konfliktfronten im Nahen Osten ab.

Die gesellschaftlichen Konturen des kommenden Kabinetts Trump waren Ende des Jahres 2016 klar zu erkennen: Die neue Regierung würde eine der Milliardäre und Multimillionäre, der Generäle, Wirtschaftsbosse und Banker sein. Angesichts der Angriffe, die Trump im Wahlkampf gegen die Wall Street gerichtet hatte, musste vor allem die hohe Präsenz von führenden Managern der Investmentbank Goldman Sachs erstaunen: Aus ihren Reihen stammten neben dem Chefstrategen Stephen Bannon auch der oberste Wirtschaftsberater Gary Cohn und Finanzminister Mnuchin. Die populistischen Parolen des Wahlkampfes wirkten im Nachhinein wie ein großangelegtes Täuschungsmanöver. So «kapitalistisch» und «upper class» wie die Regierung Trump war seit langem kein amerikanisches Kabinett mehr gewesen. Der republikanische Kandidat hatte dem Establishment den Kampf angesagt, aber was sich nun abzeichnete, war nur die Auswechslung einer liberalen Fraktion des Establishments durch eine hochkonservative. Auf politische Erfahrung seiner Mitarbeiter glaubte Trump offenkundig weitgehend verzichten zu können. Auf was er Wert legte, waren Erfahrungen mit der Vermehrung von wirtschaftlicher Macht und der Ausübung von militärischer Kommandogewalt.

Kein Gespür schien der «President-elect» für die Gefahren zu haben, die aus der Vermengung von privaten Interessen und öffentlichen Belangen erwuchsen. Wie würde der Mann, den er zum Außenminister machen wollte, sich gegenüber Staaten verhalten, die mit ihrer Politik die USA herausforderten, in denen «sein» Konzern aber umfangreiche Investitionen getätigt hatte? Würden die künftigen Chefs des Finanz- und Handelsministeriums Entscheidungen treffen, die nicht im Interesse der Bankenwelt lagen, in der sie «groß» geworden waren?

Ähnliche Fragen stellten sich auch im Hinblick auf den Präsidenten selbst. Dass er die Leitung seines Mammutkonzerns dreien seiner Kinder in Form eines «blind trust» übertragen wollte, war nach Meinung der meisten Beobachter keine ausreichende Sicherung gegen eine Vermengung beider Bereiche. Trump hatte Geschäftsinteressen in zahllosen Ländern, und es lag nahe zu vermuten, dass ebendies Auswirkungen auf politische Entscheidungen des Präsidenten haben könnte. Als Redakteure der «New York Times» Trump im Verlauf eines ausführlichen Gesprächs am 23. November entsprechende Fragen stellten, erhielten sie wortreiche, aber keine überzeugenden Antworten.

Zwei Entscheidungen, die Trump am 9. und 11. Januar 2017 bekanntgab, waren auch nicht als «vertrauensbildende Maßnahmen» geeignet: die Ernennung des Ehemannes seiner Tochter Ivanka, des New Yorker Immobilienunternehmers Jared Kushner, zum «Senior Adviser» und die Umwandlung seines Konzerns, der Trump Organisation, in eine Stiftung, die von seinen Söhnen Eric und Donald geleitet werden sollte. Dass Trump versprach, mit seinen Söhnen während seiner Präsidentschaft nicht über Geschäftliches zu reden, und Kushner seine Absicht zu Protokoll gab, sich vollständig aus dem Management seines Konzerns zurückzuziehen, war nicht dazu angetan, Zweifel an der Lebenswirklichkeit solcher Ankündigungen auszuräumen. Die fehlende klare Grenzziehung zwischen den wirtschaftlichen Interessen Trumps und seiner Minister auf der einen und den politischen Interessen der Vereinigten Staaten auf der anderen Seite drohte zur Achillesferse der neuen Präsidentschaft zu werden.[11]

In den letzten Wochen vor dem Machtwechsel im Weißen Haus erlebten die Vereinigten Staaten erstmals in ihrer Geschichte eine Art von «Doppelherrschaft» zwischen dem noch amtierenden und dem gewählten Präsidenten. Schon beim Aufeinanderprallen zweier Chinapolitiken, der offiziellen und der des Wahlsiegers, war das deutlich geworden. Doch der Amtsinhaber blieb seinem Nachfolger nichts schuldig. Am 20. Dezember unterzeichnete Obama, um den zu erwartenden umweltschädigenden Wirkungen der Energiepolitik von Donald Trump vorzubeugen, einen Erlass, der in den Alaska vorgelagerten Gewässern Ölbohrungen untersagte – eine Maßnahme, bei der sich der Präsident auf ein in der Ära Eisenhower verabschiedetes Gesetz, die Outer Continental Shelf Lands Act von 1953, stützen konnte.

Dass Trump alles tun würde, um diese Maßnahme rückgängig zu machen, lag auf der Hand.

Noch spektakulärer war der Verzicht Obamas auf ein Veto gegen eine Resolution des Sicherheitsrates der Vereinten Nationen vom 23. Dezember, die die Beendigung der israelischen Siedlungspolitik in den besetzten Gebieten verlangte. Die Entschließung war ursprünglich von Ägypten eingebracht, auf Grund einer telefonischen Intervention von Trump bei Präsident Sisi aber wieder zurückgezogen worden, woraufhin andere Mitglieder des Gremiums, nämlich Malaysia, Senegal, Neuseeland und Venezuela, den Antrag erneut stellten.

Dass die USA erstmals auf ein Veto gegen eine gegen Israel gerichtete Resolution verzichteten und sich bei der Abstimmung als einziger Mitgliedstaat der Stimme enthielten, lag ganz auf der von Außenminister Kerry seit längerem verfochtenen Linie. Der Chef des State Department bekräftigte die Stoßrichtung der Entschließung am 28. Dezember in einer Grundsatzrede, in der er Israel eindringlich ermahnte, im wohlverstandenen Eigeninteresse auf eine friedliche Koexistenz mit den Palästinensern im Rahmen einer Zweistaatenlösung hinzuarbeiten anstatt weiterhin auf Konfrontation zu setzen. Trump reagierte auf den Kurswechsel der scheidenden Regierung, indem er Israel über Twitter aufforderte, «stark» zu bleiben und seine, Trumps, Präsidentschaft abzuwarten.

Der «President-elect» machte auch deutlich, dass er die Ausweisung von 35 russischen Diplomaten missbilligte, mit der Obama am 29. Dezember auf die mutmaßlichen russischen Hackerangriffe während des Präsidentschaftswahlkampfes antwortete. Die allseits erwartete und von Außenminister Lawrow auch bereits angekündigte Gegenmaßnahme des Kreml in Gestalt der Ausweisung amerikanischer Diplomaten unterblieb auf Anweisung Putins. Der russische Präsident setzte inzwischen ganz auf Trump, der die These von der russischen Urheberschaft der Hackerangriffe öffentlich in Zweifel zog und Putins zurückhaltende Reaktion als Beweis seiner politischen Klugheit rühmte.

Am 6. Januar 2017 legten die amerikanischen Geheimdienste ihren abschließenden Bericht über Hackerangriffe auf die Demokratische Partei während des jüngsten Wahlkampfes vor. Er ließ kaum noch

Zweifel an der Urheberschaft höchster russischer Stellen, sprich Putins, zu. Seine Absicht sei es gewesen, die Chancen Hillary Clintons zu mindern und ihrem republikanischen Gegner zum Sieg zu verhelfen. Trump, der bisher russische Interventionen bestritten und sich dabei auch auf Aussagen des Wikileak-Gründers Julian Assange berufen hatte, räumte jetzt ein, es möge solche Versuche gegeben haben, aber sie hätten keinerlei Einfluss auf die Wahlentscheidung gehabt. Er sprach in diesem Zusammenhang von einer «politischen Hexenjagd», die von seinen Gegnern betrieben wurde.

Im Bereich der Außenhandelspolitik verhielt Trump sich so, als sei er bereits im Amt. Er bedrängte amerikanische Automobilkonzerne wie General Motors und Ford, von der Eröffnung neuer Produktionsanlagen in Mexiko Abstand zu nehmen und die entsprechenden Werke in den USA zu errichten. Für den Fall der Weigerung drohte er mit hohen Strafzöllen für aus Mexiko eingeführte Kraftfahrzeuge. Bei Ford schien der gewählte Präsident mit dieser Erpressung Erfolg zu haben: Der Konzern verzichtete auf die Errichtung des geplanten Werkes in Mexiko und versprach, stattdessen mehr in den USA selbst zu investieren. Tatsächlich war eine solche Umstrukturierung schon seit längerem geplant worden.

Am 6. Januar holte Trump zu einem neuen Schlag aus: Ultimativ und, wie bei ihm üblich, per Twitter forderte er den japanischen Automobilkonzern Toyota auf, eine von ihm beabsichtigte Investition nicht in Mexiko, sondern in den USA vorzunehmen. Toyota lehnte eine Revision seiner mexikanischen Pläne ab, kündigte aber zugleich neue Investitionen von 10 Milliarden Dollar in den Vereinigten Staaten an. Vom italienisch-amerikanischen Automobilkonzern Fiat-Chrysler war zu hören, man erwäge eine drastische Reduzierung, unter Umständen sogar eine vollständige Einstellung der Autoproduktion in Mexiko.

Für das lateinamerikanische Nachbarland der USA wirkten sich Trumps Drohungen fatal aus. Seit vielen Jahren war Mexiko in bürgerkriegsähnliche Kämpfe mit der Drogenmafia verstrickt; es wurde durch schwere Korruptionsskandale und in jüngster Zeit durch landesweite gewaltsame Massenproteste gegen die Anhebung der Benzinpreise erschüttert; das Land galt vielen Beobachtern mittlerweile als «failing state». Die mexikanische Währung, der Peso, verlor fortlaufend an Wert: zwischen der Wahl Trumps am 8. November 2016 und dem 10. Januar 2017 um 16 Prozent. Wenn Trump sich mit seinen nationalistischen Vorstellungen von Wirtschaftspolitik im eigenen Land durchsetzen konnte, drohte Mexiko über kurz oder lang der wirtschaftliche, soziale und politische Zusammenbruch – ein Alptraum für seine Nachbarn, einschließlich der USA.

An den langfristigen Folgen einer Wirtschaftspolitik à la Trump konnte es schon Anfang 2017 keinen Zweifel mehr geben: Die Orientierung an der Devise «America first» würde sich nicht nur für die betroffenen Partnerländer und die Weltwirtschaft, sondern auch für die USA selbst verhängnisvoll auswirken. Der Fall Mexiko war ein Menetekel: Laut einer Studie des Washingtoner Woodrow Wilson International Center for Scholars hatten Fabriken in Mexiko im Jahr 2011 Produkte mit amerikanischen Komponenten im Wert von 140 Milliarden Dollar und umgekehrt Arbeiter in den USA mit aus Mexiko importierten Teilen Güter im Gesamtwert von 111 Milliarden Dollar gefertigt. Das Wilson Center kam zu dem Schluss, dass in den Vereinigten Staaten fast 5 Millionen Arbeitsplätze verlorengingen, wenn der Handel mit Mexiko plötzlich gestoppt würde. Nach den Berechnungen eines anderen Thinktanks der amerikanischen Hauptstadt, des Peterson Institute for International Economics, hatte der Handel der USA mit Mexiko zuletzt jährlich zur Verlagerung von 203 000 Arbeitsplätzen nach Süden, aber zugleich zur Schaffung von 188 000 Jobs in den Vereinigten Staaten geführt. In der Summe war Mexiko der zweitgrößte Exportmarkt der USA.[12]

Am 11. Januar hielt Trump in einem mit zahllosen amerikanischen Flaggen ausgeschmückten Saal des Trump Tower in New York seine schon erwähnte Pressekonferenz ab – die erste seit Juli 2016. Neben dem Thema Trennung von privaten Geschäftsinteressen und Präsidentschaft musste er sich ausführlich einem erst Stunden zuvor in die Öffentlichkeit gelangten Bericht widmen, wonach russische Geheimdienste kompromittierendes Material über ihn gesammelt hatten, womit er jederzeit erpresst werden könnte. Unter anderem sollte Trump demnach im November 2013 anlässlich der von ihm veranstalteten

Miss-Universum-Wahl in einem Moskauer Hotel in einer höchst verfänglichen Situation gefilmt worden sein; auch von diskreditierenden geschäftlichen Aktivitäten sowie, besonders brisant, von engen Kontakten zwischen seinem Wahlkampfteam und russischen Geheimdiensten war die Rede.

Zusammengestellt hatte den Bericht der ehemalige britische Geheimagent Christopher Steele, der über ausgezeichnete Kontakte zu russischen Geheimdienstkreisen verfügte und auch bei seinen amerikanischen Kollegen hohes Ansehen genoss. Seine Auftraggeber waren im konkreten Fall zunächst republikanische Gegner von Trump, dann die Demokratische Partei gewesen. Die US-Geheimdienste sahen sich nicht in der Lage, den Wahrheitsgehalt des Dossiers zu überprüfen, nahmen es aber ernst genug, um Anfang Januar Obama, Trump und acht führende Mitglieder des Kongresses zu informieren. Wie die Medien Kenntnis von dem Bericht erhalten hatten, blieb unklar.

Trump sprach mit allen Zeichen der Empörung von «fake news». Falls die amerikanischen Geheimdienste den Bericht hätten durchsickern lassen, seien das diffamierende Praktiken, wie man sie aus Nazideutschland kenne. Im weiteren Verlauf der Pressekonferenz bekräftigte Trump seine Absicht, an der Grenze zu Mexiko eine Mauer zu bauen, deren Kosten in der einen oder anderen Weise Mexiko übernehmen müsse. Er griff amerikanische Pharmaunternehmen scharf an, weil sie in den vergangenen Jahren ihre juristischen Firmensitze durch grenzüberschreitende Fusionen und Übernahmen ins Ausland verlegt hätten, verlangte eine Rückverlagerung der pharmazeutischen Produktion in die Vereinigten Staaten und brachte damit noch während seiner Pressekonferenz die Aktien von Pharmaunternehmen in der ganzen Welt unter massiven Druck. Auf sein Verhältnis zu Russland angesprochen, erklärte er, wenn Putin Donald Trump möge, sei das für die USA kein Nachteil, sondern ein Vorteil. Vom Kreml aus gesteuerte Hackerangriffe wie im Wahlkampf von 2016 werde es künftig nicht mehr geben, weil Putin den Vereinigten Staaten unter seiner, Trumps, Präsidentschaft wieder mehr Respekt entgegenbringen werde.

Auf innenpolitische Fragen eingehend, nannte der «President-elect» die von Obama eingeführte Krankenversicherung («Obamacare») ein

«Desaster», dem ein rasches Ende bereitet werden müsse. Nähere Erläuterungen blieben aus, desgleichen Konkretisierungen seiner Absichten im Bereich der Wirtschaftspolitik. In der Tradition der früheren Präsidenten seine persönliche Einkommensteuererklärung zu veröffentlichen, lehnte Trump mit der Begründung ab, das interessiere doch niemanden außer den Journalisten. Pressevertretern, die für Trump-kritische Medien wie den weltweit aktiven Fernsehsender CNN arbeiteten, verweigerte er unter dem Beifall seiner zahlreich erschienenen Anhänger die Gelegenheit, ihm Fragen zu stellen. Wer gehofft hatte, Trump werde noch vor der Amtseinführung den Beweis antreten, dass er in der Lage sei, den Wahlkämpfer hinter sich zu lassen, sah sich getäuscht: Die Pressekonferenz vom 11. Januar vermittelte eine Vorstellung von dem, was Amerika und die Welt von den öffentlichen Auftritten Trumps nach seinem Einzug in das Weiße Haus zu erwarten hatte.

Am Abend vor der New Yorker Pressekonferenz seines Nachfolgers hatte sich Barack Obama in Chicago, seiner politischen Heimatstadt, von seinen Anhängern verabschiedet. Die Bilanz seiner achtjährigen Amtszeit fiel, wie nicht anders zu erwarten, positiv aus. Der scheidende Präsident erwähnte seinen erfolgreichen Kampf gegen die schwere Rezession, in die die USA und die Welt 2008 geraten waren, und die Ausschaltung des gefährlichsten Terroristen der Welt, Osama Bin Laden; er hob die Bedeutung des Nuklearabkommens mit Iran, die Entspannung mit Kuba und die drastische Reduzierung der amerikanischen Truppen im Irak und in Afghanistan hervor; er würdigte seine Gesundheitsreform und kündigte an, er werde jeden, der einen konstruktiven Vorschlag zur Verbesserung von «Obamacare» unterbreite, öffentlich unterstützen. Als Botschaft an den nächsten Präsidenten war die Mahnung zu verstehen, den Zusammenhalt der Gesellschaft nicht dadurch zu gefährden, dass jedes wirtschaftliche Thema als Kampf zwischen der arbeitenden weißen Mittelklasse und der unwürdigen Minderheit dargestellt werde.

«Yes we did», rief Obama, seinen Wahlslogan von 2008, «Yes we can», aufgreifend, der applaudierenden Versammlung zu und machte damit für einen Augenblick vergessen, was ihm *nicht* gelungen war: die von ihm versprochene, aber vom Kongress verhinderte Schließung des Gefangenenlagers Guantánamo auf Kuba etwa, eine Befriedung des Nahen Ostens im Allgemeinen und des israelisch-palästinensischen Konflikts im Besonderen und die Überwindung jener tiefen Spaltung der amerikanischen Gesellschaft, wie sie sich im Wahlkampf von 2016 manifestiert hatte. Unerwähnt ließ Obama in Chicago auch seine Fehlentscheidungen wie den überstürzten, nahezu vollständigen Truppenabzug aus Irak im Jahr 2011, die improvisierte, ohne alle Folgenplanung erfolgte Intervention in Libyen im gleichen Jahr und den Appell an Syriens Diktator Assad von August 2012, die «rote Linie» eines Einsatzes von Giftgas nicht zu überschreiten – eine Warnung, die von Assad ignoriert wurde, ohne dass Obama Taten folgen ließ.

Doch auch wenn er teilweise gescheitert war, hatte der 44. Präsident der Vereinigten Staaten etwas bewirkt, was sich beim Beginn seiner Amtszeit für viele nicht mehr von selbst verstand: Er führte aller Welt vor Augen, dass es nicht nur das Amerika der imperialen Hybris gab, für das sein Vorgänger George W. Bush stand, sondern auch ein anderes, das sich den Gründungsidealen von 1776, den unveräußerlichen Menschenrechten, der Herrschaft des Rechts und den gewaltenteilenden «checks and balances», verbunden fühlte. Ob den Mann, den das Electoral College am 19. Dezember 2016 definitiv zu seinem Nachfolger gewählt hatte, noch irgendetwas mit diesen gemeinsamen Grundwerten des Westens verband, war zweifelhaft. Eben deswegen empfanden viele Beobachter den Wechsel von Obama zu Trump schon im Voraus als eine tiefe Zäsur der amerikanischen Geschichte, ja in der Geschichte des Westens insgesamt.[13]

Seit dem 10. Januar mussten sich Trumps Kandidaten für Ministerämter und andere Schlüsselpositionen in der neuen Administration Anhörungen in den zuständigen Ausschüssen des Senats stellen. Zur Überraschung der Senatoren und der Öffentlichkeit, die die «Hearings» im Fernsehen verfolgen konnten, distanzierten sich die meisten fast schon demonstrativ von Positionen, die Trump während des Wahlkampfes und danach bezogen hatte. Der designierte Außenminister Rex Tillerson versuchte angestrengt, den Ruf des unkritischen «Putin-Verstehers» loszuwerden. Er wollte Putin zwar nicht als «Kriegsverbrecher» einstufen, räumte aber ein, dass Russland mit seinen Bombenangriffen auf Zivilisten in Syrien internationales Recht verletzt habe.

Tillerson bezeichnete Russland als «Gefahr» für die Vereinigten Staaten und die Annexion der Krim als illegal. Für sein Handeln müsse Russland zur Rechenschaft gezogen werden. Als Außenminister werde er russisches Expansionsstreben nicht hinnehmen. Die europäischen Verbündeten hätten mit Recht Angst vor Russland, die Verpflichtung der USA zur gegenseitigen Verteidigung im Rahmen der NATO sei unantastbar. Nicht im Widerspruch zu Trumps Meinung stand, was Tillerson zum Thema China sagte. Der Volksrepublik übermittelte er die Botschaft, sie dürfe keine neuen, mit Sand aufgeschütteten künstlichen Inseln im Südchinesischen Meer bauen, um ihren Anspruch auf Hoheitsrechte zur See zu untermauern, und Amerika müsse China den Zugang zu solchen Inseln verwehren. Die Antwort aus Peking kam prompt: Chinesische Zeitungen warnten die USA vor einem großen militärischen Konflikt.

Der als Chef des Pentagon vorgesehene frühere General James Mattis sprach im Hinblick auf die maritime Expansion Chinas von einer Bedrohung der internationalen Ordnung, distanzierte sich aber von den scharfen Tönen Tillersons. Putin warf er vor, er wolle die NATO spalten. Zwar sei er mit Trump der Meinung, dass Zusammenarbeit mit Russland nötig sei. Aber wenn die Vereinigten Staaten Bereiche ausmachten, wo Kooperation nicht möglich sei, müssten sie sich ihm entgegenstellen. Der wichtigste Punkt sei, zu erkennen, mit wem man es mit Putin zu tun habe. Gegenüber Russland sei eine Politik der Abschreckung notwendig. Die amerikanische Regierung müsse bereit sein, gegebenenfalls gemeinsam mit den Verbündeten sowohl diplomatische als auch militärische Maßnahmen zu ergreifen.

Auch andere Kandidaten versuchten sich vom künftigen Präsidenten abzusetzen. Jeff Sessions, der Justizminister werden sollte, sprach sich gegen Trumps Forderung aus, Muslimen die Einreise in die USA zu verweigern. Ebenso wie Mike Pompeo, der designierte CIA-Chef, lehnte er die Anwendung von Foltermethoden wie «Waterboarding» als Mittel im Kampf gegen den Terrorismus ab und widersprach damit einer früheren Äußerung von Trump, die dieser inzwischen allerdings relativiert hatte. Besonderes Aufsehen erregte der künftige Heimatschutzminister, der ehemalige General John Kelly, der den Bau einer Mauer an der mexikanischen Grenze zu Mexiko für sinnlos erklärte, weil sie die illegale Einwanderung nicht verhindern könne.

Was sich bei den Anhörungen an Dissens zwischen Trump und den von ihm ausgewählten künftigen Mitarbeitern auftat, war für den «President-elect» in hohem Maß peinlich. Offenkundig war er sich dieser Differenzen gar nicht bewusst gewesen, als er seine Kandidaten der Öffentlichkeit vorstellte. Mit Tillerson etwa hatte er das Thema Russland, wie sich jetzt herausstellte, gar nicht erörtert. Mochten viele Äußerungen der Bewerber auch taktisch motiviert, nämlich von dem Wunsch diktiert sein, Bedenken der Senatoren zu entkräften, so ließen sie doch erwarten, dass es in der neuen Regierung mit Blick auf Fragen von grundsätzlicher Bedeutung zwischen Präsident und Regierung keine Übereinstimmung gab, eine wesentliche Voraussetzung für ein einheitliches Handeln der Exekutive also fehlte.

Trump versuchte, den Dissens kleinzureden: Seine Mitarbeiter seien unabhängige Köpfe, die *ihre* Meinung darlegten und nicht unbedingt seine; sie verfügten, wenn es Probleme gebe, über seine Telefonnummer. Doch er konnte den Eindruck nicht verwischen, dass er weitreichende Entscheidungen ohne jede systematische Vorbereitung und ohne die dafür notwendigen Grundkenntnisse getroffen hatte. Er *war* der politische Dilettant, als den ihn seine zahlreichen Gegner stets gesehen hatten. Das überragende Persönlichkeitsmerkmal des Donald Trump war seine grenzenlose Selbstüberschätzung: ein nicht nur für die USA, sondern für die ganze Welt beunruhigender Befund.

Wenn es noch eines Beweises bedurft hätte, dass Trump gewillt war, auch als Präsident kein «Politiker» oder gar «Staatsmann» zu werden, lieferte er ihn in dem Doppelinterview, das die britische «Times» und die deutsche «Bild»-Zeitung am 16. Januar veröffentlichten. Er nannte die NATO «obsolet», wenn er auch einräumte, dass sie wichtig bleibe. Er warf ihr Versagen im Kampf gegen den Terror vor und tadelte, nicht das erste Mal, die europäischen Verbündeten, weil sie viel zu wenig für ihre Verteidigung täten und auf Kosten der USA lebten. Er pries den Brexit in den höchsten Tönen und ließ sogar durchblicken, dass er es begrüßen würde, wenn das britische Beispiel Schule machen sollte; es sei ihm gleichgültig, ob die EU zusammenbleibe oder sich auflöse. Trump wertete die Flüchtlingspolitik der deutschen Kanzlerin Angela Merkel, die er respektiere, ja persönlich möge, als katastrophalen Fehler und drohte deutschen Automobilkonzernen wie BMW mit hohen Strafzöllen, wenn sie für den amerikanischen Markt bestimmte Autos in Mexiko bauen sollten. Dass seine künftigen Minister in vielen Fragen Positionen bezogen, die den seinen diametral widersprachen, schien ihn nicht zu stören. Offenkundig vertraute er darauf, dass sich im Zweifelsfall der Wille des Präsidenten durchsetzen würde.[14]

Die Inaugurationsrede, die Trump nach seiner Vereidigung am 20. Januar 2017 auf den Stufen des Kapitols hielt, war nicht auf Versöhnung, sondern auf Polarisierung angelegt. So gut wie nichts hörte sich «präsidial» an, fast alles klang nach verlängertem Wahlkampf. Auf weiten Strecken geriet die kurze Ansprache des neuen Präsidenten zu einer Kampfansage an die Politik der Administrationen, die der seinen vorausgegangen waren. Eine kleine Gruppe in Washington habe sich auf Kosten des amerikanischen Volkes bereichert und die Macht nur im eigenen Interesse ausgeübt. Er, Trump, gebe die Macht nun dem Volk, den «vergessenen Männern und Frauen» Amerikas, zurück. In allen Bereichen gelte fortan die Parole «America first». Die USA hätten in der Vergangenheit andere Völker reich gemacht und ihre eigene Entwicklung darüber vernachlässigt. Von nun an werde Amerika seine Arbeitsplätze zurückholen und seine Grenzen dicht machen.

Trump rief seine Mitbürger auf, amerikanische Produkte zu kaufen und nur Amerikaner zu beschäftigen («Bye American, Hire American»). Amerika werde es auch nicht mehr hinnehmen, dass andere Länder ihre Verteidigung weithin den Vereinigten Staaten überließen, und drohte in diesem Zusammenhang mit dem Rückzug amerikanischer Soldaten. Dem radikal-islamischen Terrorismus kündigte er die Vertilgung vom Erdboden an, ging aber ansonsten auf außenpolitische Fragen, einschließlich der Beziehungen zu Russland, nicht weiter ein. Der Adressat der Rede waren die Wähler Trumps und nur sie. Ein anderes Amerika schien für den Präsidenten nicht zu existieren, und andere Länder interessierten ihn nur, sofern sie aus seiner Sicht die Vereinigten Staaten bedrohten oder ausbeuteten oder Chancen für einen «Deal» boten.

Hunderttausende von Anhängern jubelten Trump begeistert zu. Doch wie Luftaufnahmen zeigten, hatten sich sehr viel weniger Amerikaner auf der National Mall versammelt als acht Jahre zuvor bei der Amtseinführung Barack Obamas. Als amerikanische Zeitungen diesen Sachverhalt hervorhoben, warf ihnen Trump eine verfälschende Berichterstattung vor. Er fügte (in einer Rede im Hauptquartier der CIA in Langley am 21. Januar) hinzu, er befinde sich in einem «Krieg» mit den Medien, und die Journalisten gehörten ohnehin zu den unehrlichsten Menschen auf der Welt. Sein Pressesprecher Sean Spicer behauptete, noch nie habe die Amtseinführung eines amerikanischen Präsidenten vor einem derart großen Publikum stattgefunden; Medien, die das bestritten, drohte er, sie würden zur Rechenschaft gezogen werden. Trumps Beraterin Kellyanne Conway, von einem Reporter auf diese Äußerungen angesprochen, verteidigte den Pressesprecher mit den Worten, dieser habe «alternative Fakten» vorgetragen.

Trumps innenpolitische Gegner zeigten am 20. Januar, einem Freitag, und dem anschließenden Wochenende in Washington ebenfalls Präsenz, und das in deutlich größerer Zahl als seine Anhänger. Sie demonstrierten, in der Mehrzahl friedlich, zum Teil aber auch gewaltsam, gegen den Mann, den eine Minderheit der Amerikaner in das höchste Amt der Nation gewählt und damit zum mächtigsten Mann der Welt gemacht hatte, den sie, seine Gegner, aber nicht als «ihren» Präsidenten betrachteten. Auch in anderen amerikanischen Großstädten und in allen westlichen Demokratien, in Neuseeland, Australien, Kanada und Europa, fanden anlässlich des Wechsels im Weißen Haus große Demonstrationen gegen Trump statt, besonders zahlreich am Tag nach seiner Antrittsrede: Für den 21. Januar hatten Frauenverbände zu weltweiten Protesten gegen den bekennenden Antifeministen im Präsidentenamt aufgerufen.

Bei den Regierungen der westlichen Demokratien stieß die erste Rede des neuen Präsidenten auf eine Mischung aus peinlich berührtem Schweigen und kühler Distanzierung. Freundlich, ja enthusiastisch äußerten sich nur die Parteien der europäischen Rechten, deren Führer, darunter Marine Le Pen aus Frankreich, Geert Wilders aus den Niederlanden und Frauke Petry aus Deutschland, am 21. Januar auf einem Nationalistenkongress in Koblenz auftraten. Sie feierten Trumps amerikanischen Nationalismus als Vorbild für die Nationen Europas.

Der Bruch mit der bisherigen Politik der Vereinigten Staaten, den Trump am ersten Tag seiner Amtszeit vollzog, war radikal. Seine Rede vor dem Kapitol enthielt kein Wort zu den unveräußerlichen Menschenrechten, in deren Zeichen die Vereinigten Staaten 1776 gegründet worden waren. Trump sagte nichts zu der weltweiten Verantwortung seines Landes und zu den Verpflichtungen der USA gegenüber ihren Verbündeten in Europa und den Freunden der Freiheit in aller Welt. Worüber der Präsident schwieg, war für sein Politikverständnis ebenso bezeichnend wie das, was er lautstark verkündete.

Hundert Jahre nachdem die Vereinigten Staaten unter Woodrow Wilson in den Ersten Weltkrieg eingegriffen und der Demokratie in der Mitte Europas den Weg geebnet hatten, zeigte sich der 45. Präsident desinteressiert an der inneren Verfassung der engsten Bündnispartner der USA, der europäischen Demokratien. Was die amerikanische Politik nach 1945 an Verflechtungen mit Europa aufgebaut hatte, war für Trump offenkundig ohne Bedeutung. Ein gespaltenes Europa erschien ihm amerikanischen Interessen besser zu entsprechen als ein geeintes. Als ebenbürtige Partner empfand er ohnehin nicht die demokratischen Staats- und Regierungschefs auf der anderen Seite des Atlantiks, sondern die vermeintlich starken Männer an der Spitze großer Staaten, obenan den russischen Präsidenten Wladimir Putin. Europa war gut beraten, wenn es sich auf ein neues, konfliktreiches Kapitel der transatlantischen Beziehungen einstellte.[15]

12. ZERFÄLLT DIE EU?

Am 11. September 2016 wurden in Kroatien die Wähler zum zweiten Mal innerhalb von zehn Monaten an die Urne gerufen. Die vorgezogene Parlamentswahl, eine Folge des Zerbrechens der regierenden Mitte-Rechts-Koalition im Juni, brachte dem nationalkonservativen Lager um die Kroatische Demokratische Gemeinschaft (HDZ) mit 61 Sitzen einen deutlichen Vorsprung vor dem von den Sozialdemokraten geführten Nationalen Block, der auf 54 Sitze kam.

Die meisten Beobachter gingen davon aus, dass es erneut zu einer Koalition der HDZ mit der moderat konservativen Reformpartei Most kommen würde. An der Spitze der HDZ stand inzwischen Andrej Plenković, der als gemäßigter galt als sein Vorgänger, der populistisch auftretende Tomislav Karamarko. Ob man in Kroatien generell von einem Ruck zur «Mitte» sprechen konnte, war aber noch nicht ausgemacht. Dem Präsidium der HDZ gehörte mittlerweile der frühere Kultusminister Zlatko Hasanbegović, ein extremer, faschistischer Neigungen verdächtigter Nationalist, an. Und selbst der sozialdemokratische Parteiführer, der ehemalige Ministerpräsident Zoran Milanović, hatte seinen Wahlkampf mit ultranationalistischen, gegen Serben und Bosnier gerichteten Parolen bestritten.

Rund vier Wochen nach der Parlamentswahl «stand» die neue Koalition. Außer auf die Abgeordneten von HDZ und Most konnte sie sich auch auf die der Bauernpartei HSS und auf Vertreter von nationalen Minderheiten stützen, so dass sie mit einer stabilen parlamentarischen Mehrheit rechnen durfte. Diese erhielt Plenković denn auch bei der Wahl des Ministerpräsidenten am 20. Oktober; es war sogar die breiteste Majorität seit der Erlangung der Unabhängigkeit im Jahr

1991. Seinem Kabinett gehörten, anders als der Vorgängerregierung, keine Radikalnationalisten mehr an. Der Kulturkampf von rechts, wie ihn Zlatko Hasanbegović propagiert und betrieben hatte, war offenbar ein abgeschlossenes Kapitel. Ende Januar 2017 kündigte Plenković sogar an, seine Regierung werde das (von Hasanbegović verteidigte) faschistische Ustascha-Regime, das zahlreiche Verbrechen begangen habe und über das bisher niemals grundsätzlich diskutiert worden sei, klar verurteilen. Kroatien schickte sich offensichtlich nicht an, dem Lager der «illiberalen Demokraten» beizutreten. Für die EU waren diese Nachrichten aus Zagreb rundum positiv.[1]

In einer anderen einstigen Teilrepublik des ehemaligen Jugoslawien, dem Bundesstaat Bosnien und Herzegowina, wurde die öffentliche Aufmerksamkeit im September 2016 durch ein separatistisches Referendum in der Republika Srpska (RS), der Serbischen Republik, in Anspruch genommen. In dem ganz überwiegend von ethnischen Serben bewohnten Teilstaat, der nach dem Abkommen von Dayton aus dem Jahr 1995 49 Prozent des Territoriums des neu geschaffenen Bundesstaates Bosnien und Herzegowina umfasste (der Rest entfiel auf die von Bosniaken und Kroaten regierte Föderation Bosnien-Herzegowina) stimmte die Bevölkerung am 25. September entsprechend dem Willen der Regierung von Ministerpräsident Milorad Dodik darüber ab, ob künftig der 9. Januar als «Tag der Serbischen Republik» bezeichnet und gefeiert werden solle.

Zwar hatte das Verfassungsgericht des Gesamtstaates die Abstimmung als verfassungswidrig bezeichnet, weil das gewählte Datum an die illegale Gründung der RS am 9. Januar 1992 und an den Beginn der blutigen «ethnischen Säuberungen» in Bosnien und Herzegowina erinnern sollte und damit diskriminierend gegenüber den anderen Nationalitäten wirkte. Doch Regierung und Parlament der RS setzten sich über das Verbot hinweg: Nahezu einstimmig, mit 99,8 Prozent, billigten die Teilnehmer des Referendums (55,8 Prozent der Stimmberechtigten) diese Demonstration des serbischen Nationalismus. Sie stimmten damit letztlich für die Abspaltung der Serbischen Republik von dem kleinen Vielvölkerstaat und gegen den «Geist von Dayton», der 21 Jahre zuvor die Beendigung des schrecklichsten Bürgerkrieges im Europa des späten 20. Jahrhunderts ermöglicht hatte. Der Termin des Referendums war geschickt gewählt: Die Abstimmung diente der Mobilisierung der Wähler für die Regionalwahlen, die am folgenden Sonntag, dem 2. Oktober, stattfanden. Überall setzten sich an diesem Tag nationalistische Gruppen durch – nicht nur in der Republika Srpska, sondern auch in den «Entitäten» der Bosniaken und Kroaten.[2]

Sehr viel mehr als die Abstimmung in der Serbischen Republik erregte eine Woche später, am 2. Oktober 2016, ein anderes Referendum die Aufmerksamkeit der europäischen Medien. In Ungarn ließ die Regierung Viktor Orbán die Bevölkerung über die Frage abstimmen: «Möchten Sie, dass die Europäische Union das Recht hat, obligatorisch die Ansiedlung nichtungarischer Bürger in Ungarn vorzuschreiben, auch wenn das Parlament nicht zustimmt?» An der Mehrheitsmeinung in Ungarn gab es keinen Zweifel. Alle Umfragen zeigten, dass über 80 Prozent eine Pflicht zur Aufnahme von Migranten ablehnten. Das Referendum hatte also nur dann Sinn, wenn man es als Signal an Zuwanderungsgegner in anderen europäischen Staaten und als plebiszitäre Akklamation der Regierungspolitik verstand.

Dass am 2. Oktober 98 Prozent der Teilnehmer der Abstimmung mit «Nein», also im Sinne Viktor Orbáns, stimmten, war also keine Überraschung; dass es der Regierung trotz massiver Propaganda nicht gelungen war, die von der Verfassung vorgeschriebene Hürde einer Mindestbeteiligung von 50 Prozent zu nehmen, dagegen sehr wohl. Da lediglich 43,3 Prozent der Stimmberechtigten zu den Urnen gegangen waren, war das Referendum mithin gescheitert. Orbán versuchte die Niederlage kleinzureden und kündigte, ungeachtet der enttäuschenden Ergebnisse, eine Ergänzung der Verfassung im Sinne des Mehrheitswillens an. Dass die Budapester Regierung nicht aufhören würde, Ungarn gegen Zuwanderung, zumal aus islamischen Ländern, abzuschotten, stand ohnehin fest. Doch ein gewisser Prestigeverlust des ehrgeizigen Ministerpräsidenten war nicht zu verkennen: In der Europäischen Union war Erleichterung zu spüren, dass die Ungarn Viktor Orbáns Bäume nicht in den Himmel hatten wachsen lassen.

Die nächste Niederlage des Ministerpräsidenten folgte auf dem Fuß: Am 8. November verfehlte ein Antrag der Regierung, die Verfassung im Sinne des gescheiterten Referendums zu ändern, also einer von der Europäischen Union angeordneten Ansiedlung von Nicht-EU-Ausländern in Ungarn einen Riegel vorzuschieben, knapp, um zwei Stimmen, die notwendige verfassungsändernde Zweidrittelmehrheit. Orbán hatte auf die Zustimmung der rechtsradikalen Partei Jobbik gehofft, aber deren Vorsitzender Gábor Vona verlangte im Gegenzug die Zusicherung der Regierung, dass diese künftig keine Aufenthaltsgenehmigungen mehr an reiche Ausländer vergeben werde, wenn diese ungarische Staatsanleihen zeichneten. Da Orbán sich dieser Erpressung nicht beugte, stimmte Jobbik mit den linken Oppositionsparteien und verhinderte so eine Verfassungsänderung, die «an sich» ganz den Wünschen der Rechtsradikalen entsprach.

Eine nachhaltige Schwächung Orbáns bedeutete dieser Fehlschlag freilich nicht. Im Jahr 2016 erlebte Ungarn nicht nur Niederlagen der Regierung, sondern auch neue Stationen in einem Prozess, der sich kaum noch anders denn als zunehmende Gleichschaltung der Presse bezeichnen ließ. Die Regierung Orbán hatte bereits eine Reihe von privaten Medien, darunter solche, die bislang ausländischen Investoren gehört hatten, in die Hände gouvernemental gesinnter Unternehmer gebracht.

Der Höhepunkt war die Ausschaltung von «Népszabadság» (Volksfreiheit), der auflagenstärksten überregionalen Tageszeitung, dem einstigen Zentralorgan der Kommunisten, das seit 1990 als unabhängige linksliberale Zeitung erschien und immer wieder politische Skandale aufgedeckt hatte. Da die Leserschaft immer mehr schrumpfte, wurde das Blatt für den Mehrheitsaktionär, das Schweizer Verlagshaus Ringier, schließlich zu einem Verlustgeschäft. Am Ende langwieriger Verhandlungen stand der Verkauf an regierungsnahe Oligarchen, die das Erscheinen von «Népszabadság» am 8. Oktober 2016 einstellten. Von der EU-Kommission war dazu nicht mehr zu hören, als dass man besorgt sei und die Entwicklung aufmerksam verfolge.[3]

Ähnlich ratlos wirkte die EU gegenüber der fortschreitenden Aushöhlung des Rechtsstaates in Polen. Am 14. Oktober 2016 legte die Venedig-Kommission des Europarats einen neuen Bericht zum Konflikt um das höchste polnische Gericht vor. Er bescheinigte dem vom Sejm verabschiedeten Gesetz zur Reform des Verfassungsgerichts zwar einige punktuelle Verbesserungen gegenüber der Novelle vom 22. Dezember 2015, rügte aber eine Reihe von Bestimmungen, die rechtsstaatlichen Prinzipien weiterhin klar widersprachen. Darunter waren das suspensive Veto einer Minderheit von vier (von insgesamt 15 Richtern), die Urteile in strittigen Fällen um sechs Monate aufschieben konnten, sowie die Blockademöglichkeit des Justizministers, der durch bloße Abwesenheit das Gericht funktionsunfähig machen konnte. Des Weiteren monierte die Kommission eine Klausel, die es dem Staatspräsidenten ermöglichte, entscheidenden Einfluss auf die Wahl des Präsidenten des Verfassungsgerichts auszuüben.[4]

Am 27. Oktober lief das auf drei Monate befristete Ultimatum ab, das die EU-Kommission in derselben Sache der Regierung in Warschau am 27. Juli gestellt hatte. Doch in den Wochen danach war von dem für Fragen der Rechtsstaatlichkeit zuständigen stellvertretenden Kommissionspräsidenten Frans Timmermans zum Thema Polen nur gelegentlich, in Form von warnenden Interviews, etwas zu hören. Die Regierung der Ministerpräsidentin Beata Szydło fühlte sich dadurch ermutigt, die Umformung Polens in eine «illiberale Demokratie» weiter voranzutreiben.

Ein Beitrag hierzu war das neue Demonstrationsrecht, das vorsah, dass künftig nur noch *eine* Gruppe an einem bestimmten Tag demonstrieren durfte, wobei kirchlichen und staatlichen Organen der Vorrang einzuräumen war, und zwar auch dann, wenn sie ihre Demonstration erst nachträglich anmeldeten. Praktisch konnte damit jeder der Regierung nicht genehme Protest unterbunden werden. Die Demokratiebewegung und die oppositionellen Parteien riefen zu Protestkundgebungen an einem symbolträchtigen Datum, dem 13. Dezember, dem 35. Jahrestag der Verhängung des Kriegsrechts durch General Jaruzelski im Jahr 1981, auf. Viele Tausende folgten dem Appell im ganzen Land, verhindern aber konnten sie die Verabschiedung des Gesetzes damit nicht.

Gleichzeitig betrieb die Regierung den Umbau des Verfassungsgerichts in ihrem Sinn weiter. Ein neues Gesetz sah vor, dass beim Ausscheiden des amtierenden Präsidenten des Verfassungsgerichts nicht wie bisher sein Stellvertreter die Geschäfte bis zur Neuwahl des Präsidenten führen sollte, sondern der Richter mit der längsten Erfahrung in hohen Justiz- und Verwaltungsfunktionen. Die Absicht war klar: Wenn der Gerichtspräsident Andrzej Rzepliński, ein entschiedener Liberaler, am 19. Dezember 2016 in den Ruhestand trat, sollte die Geschäftsführung nicht an seinen (ebenfalls liberalen) Stellvertreter, sondern an eine Richterin übergehen, die Ende 2015 von der PiS-Mehrheit des Sejm gewählt worden war: Julia Przyłębska. Von dieser war zu erwarten, dass sie auch jene drei Richter («Doubletten») an den Verhandlungen beteiligen würde, die die Regierungsmehrheit im Dezember des Vorjahres im Widerspruch zum geltenden Recht gewählt hatte und denen unter Rzepliński deshalb kein Mitspracherecht gewährt worden war. Kam es so, wie vom Kaczyński-Lager geplant, stieg die Zahl der PiS-nahen Richter von vier auf sieben. Das war zwar noch nicht die Mehrheit. Aber nach einem weiteren Paragraphen der Gesetzesnovelle sollte künftig bereits eine Minderheit von fünf (von insgesamt 15) Richtern ausreichen, um dem Staatspräsidenten einen Vorschlag für das Amt des Gerichtspräsidenten zu machen.

Am 14. Dezember nahm Frans Timmermans im Europäischen Parlament Stellung zur jüngsten Entwicklung in Polen. Die Lage in diesem Land habe sich nicht verbessert, sagte er. Die neu geschaffene Konstruktion eines geschäftsführenden Präsidenten des Verfassungsgerichts sei schlicht verfassungswidrig. Die sieben beschlossenen Regeln seien dazu angetan, die «Krise der Rechtsstaatlichkeit» weiter zu verschärfen. Die Stärke der Demokratie beruhe darauf, dass die Mehrheit die Grenzen anerkenne, welche die Herrschaft des Rechts ihr setze. Die Frage, welche Konsequenzen die Kommission aus den Verstößen der polnischen Führung gegen die elementarsten Prinzipien des Rechtsstaats zu ziehen gedachte, ließ Timmermans auch an diesem Tag noch offen.

Wie wenig die Partei Jarosław Kaczyńskis sich von den Ermahnungen des Vizepräsidenten der EU-Kommission beeindrucken ließ, zeigte sie nur zwei Tage nach seiner Rede. Am 16. Dezember beriet der Sejm nicht nur den Haushaltsplan für 2017, sondern auch ein von der Regierungsmehrheit vorgelegtes Regelwerk, dessen einziger Zweck es war, der freien Berichterstattung über die Parlamentsarbeit Fesseln anzulegen. Ton- und Bildberichte über die Debatten der Volksvertreter sollten künftig nur noch über den hauseigenen, von der Regierung kontrollierten Videokanal möglich sein und die Kontakte zwischen Journalisten und Abgeordneten oder Ministern dadurch beschränkt werden, dass die Berichterstattung nicht mehr direkt aus dem Sejm, sondern aus einem separaten «Medienzentrum» erfolgte.

Oppositionelle Abgeordnete und anwesende Pressevertreter protestierten gemeinsam gegen den neuen Akt der Repression; Rednerpult und Präsidententribüne wurden von empörten Parlamentariern besetzt, das Gebäude des Sejm von Demonstranten stundenlang belagert; es bedurfte eines massiven Polizeieinsatzes, um die Blockade zu beenden. Die PiS-Mehrheit hatte mittlerweile den von der Opposition okkupierten Plenarsaal verlassen und in einem anderen Saal das Haushaltsgesetz 2017 verabschiedet – ein provokantes, weil nach überwiegender Meinung rechtswidriges Vorgehen. Staatspräsident Duda, von oppositionellen Abgeordneten darum gebeten, bot seine Vermittlung im Streit zwischen Regierungsmehrheit und Opposition an. Am 20. Dezember zog die PiS-Mehrheit die Vorlage zur Neuregelung der Berichterstattung über die Parlamentsarbeit zurück, hielt aber an der Gültigkeit der irregulären Abstimmung über den Haushaltsplan fest. Abgeordnete der liberalen Oppositionsparteien Nowoczesna (Moderne) und Bürgerplattform konterten diese Herausforderung mit der Ankündigung, sie würden bis zur nächsten regulären Sitzung am 11. Januar 2017 an ihrer, am 16. Dezember begonnenen «Besetzung» des Plenarsaals festhalten.

In der für sie wichtigsten Frage, der Kontrolle über das Verfassungsgericht, hatte die Regierungspartei tags zuvor ein wichtiges Etappenziel erreicht: Nach dem altersbedingten Ausscheiden des bisherigen Präsidenten Andrzej Rzepliński am 19. Dezember durfte sie hoffen, das höchste polnische Gericht in absehbarer Zeit in ein gefügiges Instrument ihrer Politik verwandeln zu können. Zur Präsidentin des Gerichts hatte Staatspräsident Duda inzwischen, entsprechend der von der PiS-Mehrheit beschlossenen Neuregelung, die regierungstreue Richterin Julia Przyłębska ernannt.

Falls Kaczyński und seine politischen Freunde geglaubt hatten, «Brüssel» werde den polnischen Verfassungskonflikt nunmehr auf sich beruhen lassen, wurden sie am 21. Dezember eines Besseren belehrt. Durch ihren Vizepräsidenten Frans Timmermans setzte die EU-Kommission Polen eine weitere, am 21. Februar 2017 auslaufende «Erklärungsfrist». Einige der Ende Juli beanstandeten Mängel seien zwar behoben, in den Kernpunkten sei dies aber nicht der Fall. Zusätzlich monierte Timmermans die Regelung der Nachfolge des bisherigen Gerichtspräsidenten. Eine Verhandlungslösung schloss er weiterhin nicht aus, kündigte aber für den Fall, dass es nicht dazu komme, eine Fortsetzung des Sanktionsverfahrens an.

Am Ende eines solchen Verfahrens stand nach Artikel 7 des Vertrags von Lissabon der Entzug des Stimmrechtes, den der Europäische Rat freilich nur einstimmig beschließen konnte (wobei die Stimme des betroffenen Landes nicht zählte). Angesichts des Vetos, das der ungarische Ministerpräsident Viktor Orbán für diesen Fall angekündigt hatte, musste das Regierungslager diese «ultima ratio» zwar nicht fürchten, und insofern war Timmermans Drohung ein stumpfes Schwert. Doch unterhalb der Schwelle des Stimmrechtsentzugs war vieles möglich, was der polnischen Führung nicht angenehm sein konnte. Setzte sie ihren unnachgiebigen Kurs fort, drohten ihre eine weitgehende politische Isolierung innerhalb der EU und all die materiellen und immateriellen Nachteile, mit denen die Gemeinschaft unkooperatives Verhalten eines Mitgliedstaates beantworten konnte.

Jarosław Kaczyński hatte sich vor und nach der Rückeroberung der Staatsmacht durch seine Partei im Herbst 2015 immer wieder zu dem Vorbild bekannt, als das er das Ungarn Viktor Orbáns empfand. Ebenso unumwunden wie der Budapester Regierungschef propagierte der Vorsitzende der polnischen Partei für Recht und Gerechtigkeit das Ideal einer «illiberalen Demokratie». Auf dem Weg zu diesem Ziel war er innerhalb eines Jahres schneller vorangekommen als Orbán in den vielen Jahren, die seit seiner Rückkehr an die Regierung im April 2010 vergangen waren. Auf einen tieferen Grund dieses auffallenden Unterschiedes machte Ende Dezember 2016 der polnische Soziologe und Publizist Sławomir Sierakowski aufmerksam. Er charakterisierte Orbán als Zyniker, der immer bereit sei, auch pragmatisch zu handeln. Kaczyński dagegen sei ein Fanatiker, der im Pragmatismus ein Zeichen von Schwäche sehe, weshalb Politiker seiner Partei, die pragmatisch handelten, das Risiko eingingen, von ihm als Verräter betrachtet zu werden.

Sierakowski sah in dieser psychologischen Disposition die größte Gefahr für einen Politiker wie Kaczyński. Ein Fanatiker sei jederzeit in der Lage, auch gegen die eigenen Interessen und gegen die Interessen seines Landes zu handeln. «Er wandelt immer am Rande des politischen Selbstmordes. Der jüngste Konflikt (um die Freiheit der Berichterstattung über die Parlamentsarbeit, H. A.W.) ist Jarosław Kaczyńskis erster ernst zu nehmender Selbstmordversuch.» Auf die Lernfähigkeit Kaczyńskis zu setzen, gab es Ende 2016 in der Tat nur wenig Anlass. Die Frage war, ob es ihm gelingen würde, seine Partei auch künftig so umfassend zu kontrollieren wie bisher. Der Ausgang des polnischen Verfassungskonflikts blieb auch deswegen weiterhin offen.[5]

Kaum ein künftiges Ereignis wurde in der Europäischen Union Ende 2016 mit so viel Spannung erwartet wie die französische Präsidentenwahl, die im Frühjahr 2017 anstand. Dass die Vorsitzende des Front National, Marine Le Pen, für ihre Partei antreten würde und gute Aussichten hatte, in die Stichwahl zu kommen, stand seit langem fest. Bei den Sozialisten war bis zum 1. Dezember noch offen, ob der amtierende Staatspräsident François Hollande sich nochmals um das höchste Staatsamt bewerben, und das hieß zunächst sich dem Vorwahlverfahren der Sozialisten stellen würde. Der massive Rückgang seiner Popularität sprach dagegen. Ministerpräsident Manuel Valls, der in Umfragen besser abschnitt als Hollande, hatte sein Interesse an einer Kandidatur mehrfach deutlich gemacht. Der als progressiver Reformer geltende Emmanuel Macron, der im April 2016 seine eigene Bewegung («En marche») gegründet und wenig später, Ende August, auf sein Amt als Wirtschaftsminister der Regierung Valls verzichtet hatte, zählte seit dem 16. November 2016 ganz offiziell zu den Bewerbern. Außer ihm gab es auf der Linken im weitesten Sinn bereits sechs weitere Kandidaten. Unter ihnen waren die ehemaligen sozialistischen Minister Arnaud Montebourg und Benoît Hamon sowie, wie schon 2012, der Chef des Parti de gauche, Jean-Luc Mélenchon.

Die Partei des Gründers der Fünften Republik, Charles de Gaulle, die sich seit Mai 2015 nicht mehr Union pour un mouvement populaire (UMP), sondern «Les Républicains» nannte, hatte im Hinblick auf die Kandidatenaufstellung eine Neuerung beschlossen: Die Bewerber hatten sich einer Urwahl zu stellen, an der nicht nur Parteimitglieder teilnehmen konnten, sondern alle, die sich zum Programm der Republikaner bekannten und eine Gebühr von 2 Euro zu entrichten bereit waren.

Lange Zeit konzentrierte sich die öffentliche Aufmerksamkeit auf zwei Bewerber: den Staatspräsidenten der Jahre 2007 bis 2012, Nicolas Sarkozy, und den Bürgermeister von Bordeaux, Alain Juppé, der unter Sarkozys Amtsvorgänger Jacques Chirac von 1995 bis 1997 Premierminister gewesen war. Während sich Sarkozy in der Hoffnung, auf diese Weise am besten den Zulauf zum Front National eindämmen zu können, scharf rechts zu profilieren versuchte und vor allem gegen den politischen Islamismus und strenggläubige Muslime zu Felde zog, warb Juppé als moderater Reformer um Zustimmung: Er sprach sich für die Erhöhung des Renteneintrittsalters von 63 auf 65 Jahre, für die Senkung der Unternehmenssteuern und für Reformen des Schul- und des Gefängniswesens aus.

Die meisten Umfragen räumten Juppé einen deutlichen Vorsprung vor Sarkozy ein. Bei der letzten von insgesamt drei Fernsehdiskussionen der republikanischen Kandidaten, die am 17. November, wenige Tage vor der ersten Runde der Vorwahl, stattfand, schnitt jedoch ein anderer Bewerber deutlich besser ab als Alain Juppé: François Fillon, der unter Chirac erst Arbeits-, dann Bildungsminister und unter Sarkozy von 2007 bis 2012 Premierminister gewesen war. Er übertrumpfte seinen aussichtsreichsten Konkurrenten auf dem Gebiet der wirtschafts- und sozialpolitischen Reformen bei weitem: Fillon propagierte ein Schrumpfen des öffentlichen Dienstes um eine halbe Million Stellen, eine drastische Senkung der Staatsausgaben, die Abschaffung der 35-Stunden-Woche, die Anhebung der wöchentlichen Arbeitszeit im

Öffentlichen Dienst auf 39 Stunden, eine radikale Straffung des Arbeitsrechts und namentlich einen Abbau des Kündigungsschutzes. Er bekannte sich zum katholischen Erbe Frankreichs und zu traditionellen Vorstellungen von Ehe, Familie und Vaterland, wollte zwar nicht die unter Hollande eingeführte «Homo-Ehe», wohl aber das Adoptionsrecht homosexueller Paare wieder abschaffen, befürwortete eine Annäherung an Russland und ein Ende der 2014 gegen Moskau verhängten Wirtschaftssanktionen, setzte der weiteren Integration in der EU die verstärkte Zusammenarbeit der Staaten entgegen und präsentierte sich mit alledem als der «gaullistischste» unter den republikanischen Bewerbern um die Präsidentschaft.

Im ersten Wahlgang am 20. November erhielten Fillon 44, Juppé 29 und Sarkozy 21 Prozent der Stimmen. Sarkozy erklärte daraufhin, er werde sich aus der aktiven Politik zurückziehen, und empfahl seinen Anhängern, im zweiten Wahlgang für Fillon zu stimmen. Juppé gelang es nicht, in einer weiteren Fernsehdebatte, einem Duell mit Fillon, den Trend umzukehren. Das Ergebnis des zweiten Wahlgangs am 27. November ließ an Deutlichkeit nichts zu wünschen übrig: Fillon erreichte 66,5, Juppé 33,5 Prozent der abgegebenen gültigen Stimmen.

Viele Beobachter hatten Juppé bessere Chancen eingeräumt, in einer Stichwahl gegen Le Pen die Stimmen der Mitte und der Linken auf sich zu ziehen, als dem Sieger der republikanischen Vorwahl. In Fragen der Wirtschafts- und Sozialpolitik hatte sich der Front National mittlerweile ein betont soziales, fast schon sozialistisch anmutendes Profil zugelegt, was es enttäuschten Wählern der zerstrittenen Linken erleichtern mochte, im zweiten Wahlgang für Le Pen und nicht für den in Wirtschaftsfragen ultraliberalen Fillon zu stimmen. Dank seiner betont konservativen Haltung in gesellschaftspolitischen Fragen und seiner Nähe zur katholischen Kirche hatte Fillon aber gute Aussichten, vor allem in der «France profonde» auf Kosten Le Pens Stimmen zu gewinnen, die ein politisch liberalerer Kandidat wie Juppé wohl nicht erhalten hätte. Was die Parteigänger der Republikaner anging, so gab es für sie zunächst einmal keine Kandidatenfrage mehr: Geschlossen wie seit langem nicht scharten sie sich hinter dem Mann, dem sie zu dem überragenden Erfolg bei der Urwahl verholfen hatten.[6]

Am Abend des 4. Dezember 2016 erlebten die moderaten Kräfte Europas links und rechts der Mitte das, was man ein Wechselbad der Gefühle zu nennen pflegt. An diesem Tag fanden in Österreich und Italien zwei mit Spannung erwartete Abstimmungen statt. In Italien ging es um jenes Referendum zur Verfassungsreform, die Ministerpräsident Matteo Renzi zu einem Plebiszit über seine Politik erklärt hatte. In Österreich musste jene Wiederholung der Stichwahl vom 20. Mai des Jahres erfolgen, die der Verfassungsgerichtshof angeordnet und mit Verfahrensmängeln bei der Auszählung der Briefwahlstimmen begründet hatte. Im Mai war der ehemalige Vorsitzende der Grünen, Alexander van der Bellen, der im ersten Wahlgang das zweitbeste Ergebnis erzielt hatte, mit einem knappen Vorsprung von 30 000 Stimmen vor dem Kandidaten der rechtspopulistischen FPÖ, Norbert Hofer, als Sieger hervorgegangen. Bei der Wiederholungswahl war sein Erfolg sehr viel eindeutiger. Der betont europafreundliche van der Bellen erhielt 53,8, sein rechter Konkurrent 46,2 Prozent der Stimmen. In den großen «Parteifamilien» der Europäischen Union von den Grünen über die Sozialdemokraten und Liberalen bis zu den Christdemokraten war die Erleichterung groß: Der Trend zum Populismus schien fürs Erste gebrochen.[7]

In Italien schlossen die Abstimmungslokale erst um 23 Uhr, fünf Stunden später als in Österreich. Die von Renzi angestrebte Verfassungsreform war in den Wochen zuvor Gegenstand leidenschaftlicher Debatten gewesen. Die italienische Verfassung von 1947 hatte ein «perfektes Zweikammersystem» (bicameralismo perfetto) geschaffen. Deputiertenkammer und Senat wurden beide direkt vom Volk gewählt, wobei die Wahl der Senatoren «auf der Grundlage der Regionen» erfolgte (Artikel 57). Hinsichtlich der Zuständigkeiten gab es zwischen den beiden Kammern keine klare Trennung. Die Gesetzgebung wurde von Senat und Deputiertenkammer gemeinsam ausgeübt, was immer wieder zu Verschleppungen von Vorlagen führte, ja den Stillstand der Gesetzgebung zur Folge haben konnte.

Im Zuge der Reform sollte der Senat in eine Art Haus der Regionen, also ein föderatives Verfassungsorgan, verwandelt werden, das nicht mehr vom Volk direkt gewählt wurde, sondern sich aus 74 Vertretern der Regionalräte und 21 Bürgermeistern der wichtigsten Kommunen zusammensetzte. Die Zahl der Mitglieder sank von 315 auf 100, wobei wie bisher fünf Mitglieder auf Lebenszeit vom Präsidenten der Republik ernannt wurden. Da die Diäten von Senatoren und Abgeordneten die höchsten in Europa waren, hätte die radikale Umwandlung des Senats auch eine erhebliche Erleichterung für die Steuerzahler bedeutet. Weitere Änderungen der Verfassung betrafen die Durchführung von Plebisziten und zielten in der Summe auf die Stärkung der repräsentativen Demokratie.

Abgeordnetenhaus und Senat hatten die Verfassungsreform nach zähen Debatten gebilligt, und zwar, wie es die Verfassung in Artikel 138 vorschrieb, jeweils mit absoluten Mehrheiten, nicht jedoch mit den Zweidrittelmehrheiten, die einem möglichen Volksentscheid einen Riegel vorgeschoben hätten. Erforderlich wurde ein Volksentscheid, wenn das ein Fünftel der Mitglieder einer Kammer oder 500 000 Wähler oder ein Fünftel der Regionalräte innerhalb von drei Monaten verlangten. Obwohl ein solcher Antrag nicht vorlag, entschied sich der Ministerpräsident frühzeitig für ein Referendum. Er verknüpfte es mit seinem politischen Schicksal, indem er für den Fall eines negativen Ausgangs seinen Rücktritt ankündigte.

Diese Festlegung erwies sich bald als schwerer politischer Fehler. Renzi provozierte damit geradezu seine zahlreichen Gegner, von der rechtsradikalen Lega Nord über den bisherigen Reformunterstützer Silvio Berlusconi und die populistischen Cinque Stelle um den ehemaligen Fernsehkomiker Beppe Grillo bis hin zu Widersachern im eigenen Lager, dem Partito Democratico, wie dem früheren Regierungschef Massimo D'Alema und dem ehemaligen Parteivorsitzenden Pier Luigi Bersani, sich für ein «No» zu engagieren. Überaus wirksam war dabei das Argument, die ganze Reform laufe nur auf eine Steigerung der Macht der Exekutive, zur Zeit personifiziert in Matteo Renzi, und eine Schwächung der Demokratie hinaus. Vermutlich gab es viele, die von ebendieser Einschätzung ausgingen. Doch auch wer aus anderen Gründen mit der Politik des amtierenden Ministerpräsidenten unzufrieden war oder ihm, warum auch immer, eine Niederlage wünschte, konnte in der These von der autoritären

Deformation der Republik eine Rechtfertigung für ein ablehnendes Votum finden.

Dem Regierungslager und Renzi selbst blieb nur die Möglichkeit, die unübersehbaren Nachteile des bisherigen Systems herauszuarbeiten und auf die Gefahren hinzuweisen, die für den Fall eines Fehlschlags der Reform drohten: Wenn das Vertrauen in die Stabilität des Staates sank, würden die Zinsen für italienische Staatsanleihen weiter steigen, die Aussichten für eine zügige Sanierung des Bankwesens, und vor allem der vom Bankrott bedrohten Banca Monte dei Paschi di Siena, sich verschlechtern und die Position Italiens in der EU geschwächt werden. Gewann der Eindruck an Boden, dass die populistischen Kräfte um Beppe Grillo sich dem Zentrum der Macht näherten, musste man sogar mit dem Schlimmsten rechnen: einem Ausscheiden Italiens aus der Eurozone, ja der Europäischen Union insgesamt. Es war, so gesehen, das schiere Chaos, das nicht nur Italien, sondern Europa bevorstand, wenn Renzi am 4. Dezember unterlag.

Doch die Warnungen waren vergeblich. Kurz nach 23 Uhr zeichnete sich ein sehr viel klarerer Sieg des «No» ab, als ihn die Meinungsforscher seit einiger Zeit vorhergesagt hatten. Mit 59 zu 41 Prozent triumphierten die Gegner über die Befürworter der Reform. Renzi machte sein Versprechen wahr und bot tags darauf Staatspräsident Sergio Mattarella seinen Rücktritt an. Dieser bat ihn, noch bis zur Verabschiedung des Haushalts 2017, das hieß zumindest noch einige Tage, im Amt zu bleiben.

Der Sieg des «No» über das «Sì» war das Werk einer Koalition von Kräften, die, wie das bei Plebisziten so häufig der Fall ist, nur in der Negation übereinstimmten, zu konstruktiver Zusammenarbeit aber weder willens noch fähig waren. Gegen die Reform hatten die strukturschwachen Gebiete des Mezzogiorno und die Inseln Sizilien und Sardinien gestimmt, aber auch die wohlhabenden Regionen des Nordens, in denen die Lega Nord ihre Hochburgen hatten, dafür die Toscana und die Emilia-Romagna, wo Renzis Partito Democratico, die einzige entschiedene Pro-Referendum-Partei, besonders stark war, sowie die überwiegend deutschsprachigen Gebiete Südtirols, die sich von den Verfassungsänderungen eine Festigung ihrer Autonomie erhofften. In den großen Städten, darunter auch Rom, verlief die Grenze zwischen «Sì» und «No» häufig zwischen besser situierten und armen Vierteln; nur in wenigen Großstädten (Mailand, Bologna, Florenz) obsiegte das «Ja». Italiener, die älter als 55 Jahre waren, neigten eher dazu, die Reform für richtig zu halten, als ihre Landsleute, die zwischen 18 und 35 Jahre alt waren und damit die von der Arbeitslosigkeit besonders betroffene Generation bildeten. Der kleinste gemeinsame Nenner der Nein-Sager mochte Misstrauen gegenüber der Person und der Politik Matteo Renzis sein, aber bei vielen war dies vom Misstrauen gegenüber den etablierten Parteien, ja der Politik schlechthin schon nicht mehr zu trennen.

Formell ging es bei der Verfassungsreform um eine rein inneritalienische Angelegenheit. Doch die stärksten Formationen in der Ablehnungsfront, die Cinque-Stelle-Bewegung und die Lega Nord, hatten die Kampagnen für das «No» zu erheblichen Teilen mit Anti-EU-Parolen gefüttert. Beppe Grillo war darüber hinaus mit der Forderung hervorgetreten, einen Volksentscheid über die weitere Zugehörigkeit zur Währungsunion abzuhalten. Jüngere Umfragen ließen erkennen, dass derartige Ankündigungen keineswegs unpopulär waren: Im November 2016 sprach sich nur noch eine hauchdünne Mehrheit der Italiener (51 Prozent) für einen Verbleib ihres Landes in der EU aus.

So betrachtet, war der Erfolg der Nein-Sager auch eine Niederlage der Europäischen Union – die zweite große Niederlage des Jahres 2016 nach dem Sieg der «Leavers» beim Brexit-Referendum vom 23. Juni. Die Botschaft der EU war offenbar weniger eingängig als die der Populisten, und was den 4. Dezember zu einem besonders ernsten Datum machte: Italien war ein Gründungsmitglied der Europäischen Gemeinschaft, und zwar eines, das über Jahrzehnte hinweg als besonders proeuropäisch gegolten hatte. Renzi war der neuerungsfreudigste römische Regierungschef seit langem. Vor allem die Reform des erstarrten Arbeitsmarktes war, obwohl sie hinter den Brüsseler Erwartungen zurückblieb, dem dynamischen jungen Ministerpräsidenten als Verdienst angerechnet worden, versprach sie doch, Italien beim Bemühen um Wettbewerbsfähigkeit voranzubringen.

Renzi hatte zwar keine Bedenken gehabt, in demagogischer Manier die EU-Kommission und Deutschland anzugreifen, wann immer er es für zweckmäßig hielt, von den wirklichen Ursachen der wirtschaftlichen Stagnation seines Landes abzulenken. Vor dem Referendum verteilte er kostspielige Wahlgeschenke, die die exzessive Staatsverschuldung weiter nach oben trieben, darunter Gehaltserhöhungen im öffentlichen Dienst, eine Prämie von 800 Euro für werdende Mütter und einen «Kulturscheck» für Achtzehnjährige. Doch im Unterschied zu seinen innenpolitischen Gegnern galt er in der EU nach wie vor als Freund der europäischen Einigung und als Bürge eines gewissen Maßes an italienischer Berechenbarkeit. Was nach seinem Abgang aus Italien und der italienischen Europapolitik werden würde, war zunächst völlig unklar.

Am 7. Dezember billigte der Senat, wie schon zuvor die Deputiertenkammer, den Haushaltsplan 2017. Noch am gleichen Tag erklärte Renzi seinen Rücktritt. Am 11. Dezember beauftragte Staatspräsident Mattarella den bisherigen Außenminister Paolo Gentiloni, einen Politiker des Partito Democratico, mit der Bildung einer Regierung, die bis zum regulären Ende der Legislaturperiode Anfang 2018 ihres Amtes walten sollte. Bei den Cinque Stelle und der Lega Nord stieß diese Vorgabe des Staatsoberhauptes auf heftigen Widerspruch: Beide Parteien bestanden auf raschen Neuwahlen und begründeten dies damit, dass das «No» vom 4. Dezember ein Plebiszit gegen die gesamte bisherige Politik sei.

Vor der Abhaltung von Wahlen musste freilich in jedem Fall ein Hindernis aus dem Weg geräumt werden: Mit dem Scheitern der Verfassungsreform war auch das Wahlgesetz für den Senat hinfällig; ein Nachfolgegesetz musste so gestaltet sein, dass es mit dem Wahlrecht für die Deputiertenkammer kompatibel war. Dass die Regierung Gentiloni, die personell im Wesentlichen ein Kabinett Renzi ohne Renzi war, die Verabschiedung des neuen Wahlgesetzes lange überleben würde, galt als unwahrscheinlich. Dazu war der Druck in Richtung Neuwahlen zu stark. Nur für die allernächste Zukunft schien darum durch die Bildung des neuen Kabinetts so etwas wie Kontinuität in der italienischen Politik gesichert. Wahlen, ob sie 2017 oder erst Anfang 2018 stattfanden, drohten mit den Cinque Stelle eine Bewegung an die

Macht zu bringen, die die Grundlagen der Europäischen Union radikal in Frage stellte.[8]

Am 15./16. Dezember tagte letztmals im Jahr 2016 der Europäische Rat in Brüssel. Gesprochen wurde unter anderem über das furchtbare Leiden der Zivilbevölkerung in Aleppo, wo syrische Regierungstruppen, unterstützt von der russischen Luftwaffe sowie von schiitischen Milizen aus Iran, Irak und dem Libanon, die letzten Viertel einnahmen, in denen sich noch Rebellenverbände gehalten hatten – eine humanitäre Tragödie, der gegenüber die Vereinten Nationen, das westliche Bündnis und die Europäische Union sich bislang als machtlos erwiesen hatten. Konkrete Beschlüsse gab es in dieser Angelegenheit nicht, ebenso wenig im Hinblick auf die Reform der europäischen Asylpolitik. Dieses Thema wurde bis zum Sommer 2017 vertagt.

Einig waren sich die Gipfelteilnehmer darin, dass sie trotz der zunehmend repressiven Politik von Präsident Erdoğan am Flüchtlingsabkommen mit der Türkei festhalten wollten. Auf Betreiben der Regierung in Den Haag verabschiedeten sie eine Zusatzerklärung zum Assoziierungsabkommen mit der Ukraine, die es den Niederlanden erlauben sollte, den Vertrag ungeachtet des negativen Ausgangs des «konsultativen» Referendums vom April doch noch zu ratifizieren. Trotz Bedenken mehrerer Mitgliedstaaten, darunter der Slowakei, Ungarns, Griechenlands und Italiens, verlängerte der Europäische Rat schließlich die im März 2014 wegen der Annexion der Krim verhängten Sanktionen gegen Russland.

Für Präsident Putin mochte dieser Beschluss eine Enttäuschung sein, doch er durfte hoffen, dass der Widerstand gegen die Sanktionen innerhalb der EU im neuen Jahr noch anwachsen würde. Bei den Präsidentenwahlen in Bulgarien, das wirtschaftlich und vor allem in der Energieversorgung stark von Russland abhing, setzte sich am 13. November der Kandidat der Sozialisten, der als russlandfreundlich geltende ehemalige General Rumen Radew, ein erklärter Gegner der Sanktionen, gegenüber der Bewerberin der gemäßigt konservativen Partei Gerb, der Parlamentpräsidentin Zezka Zatschewa, durch, woraufhin der prowestliche Ministerpräsident Borissow, Zatschewas wichtigster Unterstützer, mitsamt seinem Kabinett zurücktrat. Mit vorgezogenen Parlamentswahlen wurde für März 2017 gerechnet. Deren Ausgang war freilich zu diesem Zeitpunkt noch ebenso offen wie die Frage, ob Radew als Präsident tatsächlich auf einen radikalen Kurswechsel der bulgarischen Politik hinarbeiten würde: Im Wahlkampf hatte er sich ausdrücklich zu EU und NATO bekannt.

Im Nachbarland Rumänien siegten bei den Parlamentswahlen vom 11. Dezember die als prorussisch eingestuften Sozialdemokraten: Trotz der Korruptions- und Wahlfälschungsskandale, in die ihre wichtigsten Führer verstrickt waren, kamen sie zusammen mit ihrem liberalen Juniorpartner ALDE auf die absolute Mehrheit der Mandate. Von der neuen Regierung unter dem Sozialisten Sorin Grindeanu war zu erwarten, dass sie den Interessen Russlands mehr Rechnung tragen würde, als dies das amtierende Übergangskabinett unabhängiger Fachleute getan hatte.

Am gleichen Tag wie in Bulgarien, dem 13. November 2016, fanden auch in Moldawien (Moldau) Präsidentenwahlen statt: einer ehemaligen Sowjetrepublik, mit der die EU 2014 ein Assoziierungsabkommen abgeschlossen hatte. Der russlandfreundliche Kandidat, der Vorsitzende der Sozialisten, Igor Dodon, siegte mit einem Stimmenverhältnis von 52 zu 48 Prozent über die proeuropäische Bewerberin, Maia Sandu. Beobachter werteten den Wahlausgang als Protest gegen die grassierende Korruption, als deren Beschützer und Hauptnutznießer die proeuropäischen Parteien galten.

Nicht zufrieden konnte Putin dagegen mit der Entwicklung bei einem der südosteuropäischen Beitrittskandidaten der EU, Montenegro, sein. Der Balkanstaat hatte unter dem langjährigen Ministerpräsidenten Milo Djukanović eine prowestliche Linie eingeschlagen; im Dezember 2015 war das Land von der NATO offiziell eingeladen worden, Mitglied des Atlantischen Bündnisses zu werden. Im September 2016 wurden Pläne für einen Umsturz bekannt, in den radikale serbische Nationalisten und russische Rechtsradikale, darunter angeblich auch ehemalige Geheimdienstmitarbeiter, verwickelt waren. In den Parlamentswahlen vom 16. Oktober verlor die Partei von Djukanović zwar Stimmen, blieb aber die stärkste politische Kraft des Landes und konnte, unterstützt von kleineren Parteien der ethnischen Minderheiten, erneut die Regierung bilden.

Strategisch ungleich wichtiger war für Russland die Neugestaltung seines Verhältnisses zur Türkei, mit der die EU seit Oktober 2005 Beitrittsverhandlungen führte. Nach dem gescheiterten Militärputsch vom 15. Juli 2016 hatte sich der autoritäre Kurs von Präsident Erdoğan immer weiter verschärft; bis zum Ende des Jahres waren 38 000 Menschen verhaftet und 100 000 aus dem Staatsdienst entlassen worden. Nach einem blutigen Anschlag einer Splittergruppe der kurdischen PKK in Istanbul am 10. Dezember, dem 44 Menschen, darunter 36 Polizisten, zum Opfer fielen, ließ die Regierung 12 der 59 Abgeordneten der prokurdischen HDP, darunter die Führung der Oppositionspartei, verhaften. Das Europäische Parlament nahm den fortschreitenden Abbau der Rechtsstaatlichkeit zum Anlass, einen für die Regierungen allerdings nicht bindenden Beschluss zu fassen: Die Beitrittsverhandlungen mit der Türkei sollten bis auf Weiteres unterbrochen werden. Ankara reagierte entrüstet und setzte die Transformation der Türkei in ein autoritäres Präsidialregime unbeirrt fort.

In der entgegengesetzten Richtung entwickelten sich 2016 die Beziehungen zwischen Moskau und Ankara. Seit Erdoğans Zusammentreffen mit Putin in St. Petersburg Anfang August hatten sich Russland und die Türkei auch im Hinblick auf den Streitpunkt Syrien angenähert. Nach dem Fall von Aleppo Mitte Dezember, der für die wichtigsten Alliierten des syrischen Präsidenten Assad, Russland und Iran, ein ebenso großer strategischer Erfolg war wie für diesen selbst, arrangierte der russische Außenminister Lawrow eine Zusammenkunft mit seinen Kollegen aus Teheran und Ankara. Sie fand am 20. Dezember, einen Tag nach der Ermordung des russischen Botschafters in der Türkei durch einen radikal islamistischen türkischen Polizisten, in Moskau statt. Die Teilnehmer bekannten sich zur Notwendigkeit einer «politischen» Lösung des Syrienkonflikts und beschlossen, mit den Verhandlungen hierüber Anfang 2017 in Astana, der Hauptstadt von Kasachstan, zu beginnen. Mit dem Assad-Regime und den gemäßigten Rebellengruppen handelten Moskau und Ankara in den Tagen darauf eine Waffenruhe für Syrien aus, die am 30. Dezember um Mitternacht in Kraft trat und von Russland und der Türkei garantiert werden sollte. Die Vereinten Nationen und die USA waren an diesem Waffenstillstandsabkommen bewusst nicht beteiligt worden.

Wie sich das Verhältnis zwischen Russland und den Vereinigten Staaten nach dem Wechsel im Weißen Haus am 20. Januar 2017 entwickeln würde, war Ende 2016 noch nicht genau absehbar. Nach den Wahlkampfaussagen Donald Trumps und den öffentlichen Erklärungen und ersten Personalentscheidungen des «President-elect» war jedoch zu vermuten, dass eine Art von strategischer Partnerschaft zwischen Washington und Moskau zu den außenpolitischen Prioritäten des künftigen Präsidenten gehören würde. Was die EU anging, so konnte Putin nicht nur die Wahlsiege prorussischer Politiker und Parteien in Südosteuropa als Erfolg verbuchen, sondern auch das Brexit-Referendum: Es schwächte den Staatenverbund und lag schon deshalb im Interesse des Kreml.

Ein Ausblick auf einige Entscheidungen, die in Europa in der ersten Hälfte des Jahres 2017 anstanden, musste den russischen Präsidenten ebenfalls optimistisch stimmen. Bei der «présidentielle» in Frankreich im Frühjahr hatten zwei russlandfreundliche Politiker, der konservative Kandidat François Fillon und die Chefin des Front National, Marine Le Pen, gute Chancen, in die Stichwahl zu kommen. Als russlandfreundlich galt auch der niederländische Populist Geert Wilders, dem Umfragen ein gutes Abschneiden bei der Parlamentswahl im März 2017 vorhersagten. Wie man die Dinge auch drehte und wendete: Wladimir Putin war einer der Profiteure der internationalen Lage, wie sie sich unter seiner aktiven Beteiligung in den letzten Jahren entwickelt hatte, und er durfte hoffen, auch 2017 zu ihnen zu gehören.[9]

Knapp zwei Wochen vor Ende des Jahres 2016 wurde Deutschland von einem islamistischen Terroranschlag heimgesucht: Am Abend des 19. Dezember, kurz nach 20 Uhr, fuhr in Berlin ein Sattelschlepper mit polnischem Kennzeichen ungebremst in den Weihnachtsmarkt auf dem Breitscheidplatz vor der Kaiser-Wilhelm-Gedächtniskirche. Dass dabei der Anschlag auf der Uferpromenade in Nizza am 14. Juli als

Vorbild diente, war offenkundig. Zwölf Menschen kamen bei der Nachahmungstat ums Leben; fast 50 wurden verletzt, viele davon schwer. Den Sattelschlepper hatte der Attentäter einige Stunden vorher in Berlin entführt, seinen Fahrer, den Polen Lukasz Urban, überwältigt und später erschossen. Dem Täter gelang, nachdem die eingebaute automatische Bremsvorrichtung des Lastkraftwagens die Fortsetzung der Terrorfahrt nach etwa 70 bis 80 Metern unmöglich gemacht hatte, die Flucht.

Am Tag darauf bekannte sich der Islamische Staat zu dem Anschlag. Ausgeführt hatte die Tat nach den Erkenntnissen der Sicherheitsbehörden der 1992 in Tunesien geborene Anis Amri. Er war, um einer Gefängnisstrafe in seinem Heimatland zu entgehen, 2011 nach Italien geflüchtet und dort wegen schwerer Straftaten, darunter Brandstiftung in einem Aufnahmelager, zu vier Jahren Gefängnis verurteilt worden. Nach Verbüßung der Strafe kam er zunächst in Abschiebehaft. Als Tunesien sich seiner Rückkehr widersetzte, wurde er im Mai 2015 mit der Auflage aus der Haft entlassen, Italien sofort zu verlassen. Wenig später gelangte er über die Schweiz illegal nach Deutschland, wo er einen Antrag auf politisches Asyl stellte, der im Sommer 2016 abgelehnt wurde. Die Abschiebung in seine Heimat scheiterte abermals – wegen fehlender Papiere des Asylbewerbers und weil Tunesien zunächst bestritt, dass er Bürger des Landes war, und dann die Ausstellung von Ersatzpapieren verschleppte.

Seit Februar 2016 stand Anis Amri, der sich unter 14 verschiedenen Namen zuerst in Baden-Württemberg, dann abwechselnd in Nordrhein-Westfalen und Berlin aufhielt, mit Drogenhandel Geld verdiente und im radikal salafistischen Milieu verkehrte, auf der Liste der rund 550 in Deutschland registrierten islamistischen «Gefährder». Die Behörden verfügten sogar über Hinweise, dass er eine schwere staatsgefährdende Gewalttat vorbereitete, sich über den Bau von Rohrbomben und die Herstellung von Sprengstoff informiert hatte und Kontakte zum IS unterhielt. Dennoch beendete der Berliner Generalstaatsanwalt mangels eines konkreten Verdachts am 21. September 2016 seine Überwachung. In den Wochen darauf tauchte er unter.

Amri, seit Oktober 2016 als «Foreign Fighter» eingestuft, überlebte seinen Berliner Anschlag um vier Tage. Seine Flucht führte ihn über die Niederlande, Belgien und Frankreich nach Norditalien. Bei einer routinemäßigen polizeilichen Ausweiskontrolle auf dem Bahnhofsvorplatz von Sesto San Giovanni, einer Industriestadt im Norden von Mailand, in den frühen Morgenstunden des 23. Dezember eröffnete er sofort mit einem Revolver das Feuer auf die Beamten, verletzte einen von ihnen und wurde daraufhin von dem anderen erschossen. Unmittelbar nach dem Bekanntwerden des Todes von Anis Amri veröffentlichte der Islamische Staat ein Video, auf dem sich der Attentäter von Berlin zu der Terrororganisation bekannte, dem IS-Führer Abu Bakr al-Baghdadi Treue und den europäischen «Kreuzfahrern» Rache schwor.

Der Anschlag von Berlin löste in Deutschland eine breite Diskussion über die Wirksamkeit der europäischen und der deutschen Terrorabwehr aus. Dass der Attentäter Amri in Italien eine Haftstrafe verbüßt hatte, erfuhren die deutschen Sicherheitsbehörden erst zwei Monate nach seiner Entlassung aus der Abschiebehaft. In Deutschland konnte sich Amri, auch nachdem er bereits als «Gefährder» eingestuft worden war, zwischen den Bundesländern frei bewegen. Von Deutschland aus war es ihm auch möglich, in die Schweiz zu reisen, wo er sich offenbar die Pistole beschaffen konnte, mit der er am 19. Dezember den polnischen Fahrer des entführten Sattelschleppers erschoss. Die Berliner Staatsanwaltschaft war, als sie seine Überwachung im September 2016 einstellte, noch nicht darüber informiert, dass der marokkanische Inlandsgeheimdienst dem Bundesnachrichtendienst zwei Tage zuvor neue Hinweise auf die Gefährlichkeit des Tunesiers hatte zukommen lassen. Im Oktober 2016 kündigte Tunesien die Ausstellung von Ersatzpapieren für Amri an, ohne dass dieser in Abschiebehaft genommen wurde.

Kaum überraschend war die politische Instrumentalisierung des Anschlags vom 19. Dezember durch die AfD, aus deren Führung noch am Abend desselben Tages das bösartige Schlagwort von «Merkels Toten» zu hören war. Eine öffentliche Debatte über die Folgen des Kontrollverlustes an den Außengrenzen des Schengen-Raumes und an den deutschen Grenzen war freilich ohnedies längst im Gange, und sie war notwendig. Innerhalb der Berliner Großen Koalition waren es vor allem die Unionsparteien, und hier besonders die CSU, die das Thema der inneren Sicherheit seit Ende 2016 verstärkt in den Vordergrund rückten.

Wenige Wochen zuvor, am 20. November 2016, hatte Angela Merkel angekündigt, dass sie sich bei der Bundestagswahl vom September 2017 erneut, also ein viertes Mal, um das Amt der Bundeskanzlerin bewerben würde. Dass ihre Flüchtlingspolitik auch in der eigenen Partei umstritten war, bekam sie bei der Wiederwahl zur Parteivorsitzenden auf dem Parteitag der CDU in Essen am 6. Dezember zu spüren: Mit 89,5 Prozent der Delegiertenstimmen erhielt sie ein Ergebnis, das um 7,2 Prozentpunkte hinter dem von 2014 lag. In der politischen Praxis war der Kurs ihrer Regierung gegenüber Migranten längst sehr viel restriktiver als im Spätsommer und Herbst 2015. In ihren öffentlichen Stellungnahmen aber bemühte sich die Kanzlerin nach wie vor, dem Eindruck einer Selbstkorrektur und damit von Versäumnissen und Fehlentscheidungen entgegenzutreten. Ob sie diese Taktik im Wahljahr 2017 würde durchhalten können, erschien vielen Beobachtern zunehmend zweifelhaft.[10]

Eine andere deutsche Partei, die Grünen, bestimmte die beiden Kandidaten, die sie in der Bundestagswahl führen sollten, durch briefliche Vorabstimmung. Die Bewerber waren der Ko-Vorsitzende der Partei, Cem Özdemir, die beiden Ko-Vorsitzenden der Bundestagsfraktion, Katrin Göring-Eckardt und Anton Hofreiter, und der schleswig-holsteinische Landesvorsitzende und Umweltminister Robert Habeck. Da nach der Satzung der Grünen mindestens eine der beiden Spitzenpositionen mit einer Frau besetzt werden musste, stand ein Erfolg von Katrin Göring-Eckardt, die dem rechten oder «Realo»-Flügel angehörte, praktisch fest. Von den männlichen Kandidaten waren Özdemir und Habeck «Realos» und Hofreiter ein Linker oder «Fundi».

Am 18. Januar wurde das Ergebnis bekannt gegeben. Özdemir hatte mit einem Stimmenanteil von 35,96 Prozent und einem hauchdünnen Vorsprung von 75 Stimmen vor Habeck (35,74 Prozent) gesiegt und Hofreiter (26,19 Prozent) weit hinter sich gelassen. Katrin Göring-Eckardt erzielte 70,63 Prozent. Hätte sich unter den männlichen Bewerbern der Vertreter der Linken durchgesetzt, wäre dies als Präferenz für eine Koalition mit der SPD und der Linkspartei («Rot-Rot-Grün») verstanden worden. Der Sieg der «Realos» galt als Anzeichen grüner Offenheit für eine «schwarz-grüne» Koalition mit den Unionspartnern oder, wenn die parlamentarische Mehrheit dafür nicht ausreichte und die FDP wieder in den Bundestag zurückkehren sollte, für eine «Jamaika-Lösung»: ein Bündnis von CDU/CSU, Grünen und Liberalen.

Die derzeitigen Koalitionspartner der Unionsparteien, die Sozialdemokraten, hatten ihre Personalentscheidungen ursprünglich am 29. Januar 2017 bekannt geben wollen. Doch bereits fünf Tage vorher, am 24. Januar, wurde überraschend ein Interview Sigmar Gabriels mit dem Magazin «Stern» bekannt, in dem dieser seine Absicht kundtat, den Parteivorsitz niederzulegen und nicht als Kanzlerkandidat anzutreten. Für beide Positionen schlug er Martin Schulz vor, dessen Amtszeit als Präsident des Europäischen Parlaments am 18. Januar geendet hatte. Noch am Abend des 24. Januar folgte das Parteipräsidium einstimmig dieser Empfehlung. Das Amt des Wirtschaftsministers wollte Gabriel zugunsten der Leitung des Auswärtigen Amtes aufgeben. Dessen bisheriger Chef, der Sozialdemokrat Frank-Walter Steinmeier, war der gemeinsame Kandidat der Koalitionsparteien für die Nachfolge von Bundespräsident Joachim Gauck, der schon Anfang Juni 2016 erklärt hatte, dass er aus Altersgründen keine zweite Amtszeit anstrebe. Neue Wirtschaftsministerin sollte die frühere Justizministerin Brigitte Zypries werden.

Der Grund für die unerwartete Entscheidung Gabriels waren schlechte Umfrageergebnisse. Die SPD erhielt bei der «Sonntagsfrage» («Welche Partei würden Sie wählen, wenn am nächsten Sonntag Bundestagswahl wäre?») seit langem kaum mehr als 20 Prozent. Gabriel selbst erzielte kontinuierlich viel geringere Popularitätswerte als Angela Merkel. Selbst die Anhänger der SPD wollten lieber Merkel als Gabriel im Kanzleramt sehen. Lautete die Alternative «Schulz oder Merkel?», lag der Sozialdemokrat hingegen weit vor der Kanzlerin.

Schulz war den demoskopischen Befunden zufolge der populärste Bewerber um die Kanzlerschaft, den die SPD aufstellen konnte. Für ihn sprach unter anderem, dass er aus Nordrhein-Westfalen stammte, wo im Mai 2017 Landtagswahlen anstanden. Das war ein Vorteil gegenüber einem anderen denkbaren Kanzlerkandidaten, dem auch außerhalb der SPD angesehenen Ersten Bürgermeister von Hamburg, Olaf Scholz. Noch wichtiger war, dass Martin Schulz, obwohl auch er ein eher «rechter» Sozialdemokrat war, im Gegensatz zu Scholz die Unterstützung des linken Parteiflügels und der Jungsozialisten genoss. Ein Vorteil gegenüber Gabriel war, dass Schulz nicht der Kabinettsdisziplin unterlag, den Kampf gegen den innenpolitischen Hauptkonkurrenten, die Unionsparteien, folglich freier führen konnte als ein Mitglied der Regierung der Großen Koalition. Sein Ansehen hatte er sich freilich nicht als Bundes-, sondern als Europapolitiker erworben. Ob er seine guten Umfragewerte im Bundestagswahlkampf würde behaupten können, musste sich erst noch zeigen.

Am 25. Januar erklärte Schulz vor der sozialdemokratischen Bundestagsfraktion unter großem Beifall, er sei entschlossen, den Anspruch der SPD auf das Kanzleramt «in welcher Konstellation auch immer» durchzusetzen. Zwei Tage später wurden Gabriel als Außenminister und Brigitte Zypries als Wirtschaftsministerin im Bundestag vereidigt. Abermals zwei Tage später, am 29. Januar, schloss sich der sozialdemokratische Parteivorstand dem Vorschlag des Präsidiums an, Martin Schulz als Parteivorsitzenden und Kanzlerkandidaten zu nominieren. Die offizielle Wahl zum Parteivorsitzenden erfolgte auf einem Sonderparteitag in Berlin am 19. März. Schulz erzielte dabei das in der Parteigeschichte einmalige Ergebnis von 100 Prozent der gültigen Delegiertenstimmen. Ebenfalls ohne Gegenstimmen und Enthaltungen wurde er anschließend zum Kanzlerkandidaten gewählt.

Eine Vorentscheidung in der Koalitionsfrage bedeutete der Wechsel an der Spitze der ältesten Partei nicht. Offiziell hielten sich die Sozialdemokraten alle Optionen offen. Das vom linken Parteiflügel gewünschte rot-rot-grüne Bündnis erreichte in den Umfragen von Anfang 2017 keine parlamentarische Mehrheit. Zudem erschienen die Gegensätze in der Außenpolitik zwischen den beteiligten Parteien kaum überwindbar: Zu den Zielen der Partei Die Linke gehörte ein Ausscheiden Deutschlands aus der NATO; für die SPD wie für das Gros der Grünen war die deutsche Mitgliedschaft im Atlantischen Bündnis nicht verhandelbar. Eine neue Große Koalition wurde nach den Erfahrungen der letzten Jahre von keinem Parteiflügel der Sozialdemokratie angestrebt. Sie wurde jedoch auch nicht kategorisch ausgeschlossen. Wenn die Unionsparteien die stärkste politische Kraft blieben, es keine Mehrheiten für eine von der SPD geführte Regierung gab (also weder für Rot-rot-grün noch für eine «Ampel» aus SPD, Grünen und FDP) und die Union mit anderen Partnern keine Koalition bilden konnte (das heißt weder mit den Grünen allein noch mit Grünen und FDP zusammen), dann blieb nur eine Neuauflage des Bündnisses der Jahre 2005 bis 2009 und 2013 bis 2017 übrig – eine Eventualität, der sich keine der beiden «großen» Parteien verweigern konnte.

Eine Partei blieb bei allen hypothetischen Koalitionsdebatten außer Betracht: die Alternative für Deutschland. Auf Grund aktueller Meinungsumfragen wurde zu Beginn des Jahres 2017 fest damit gerechnet, dass sie im September mit einem zweistelligen Ergebnis in den 19. Deutschen Bundestag einziehen würde. Angesichts ihrer schroff nationalistischen, gegen die EU und den Euro gerichteten Agitation und Programmatik wurde die AfD jedoch von keiner anderen Partei als Koalitionspartner in Erwägung gezogen. Dass die Ko-Vorsitzende der AfD, Frauke Petry, im Januar an einem Kongress nationalistischer Parteien in Koblenz zusammen mit Marine Le Pen vom französischen Front National und Geert Wilders von der niederländischen Freiheitspartei teilnahm, stieß auch in ihrer Partei auf Widerspruch. Kritiker hielten Petry vor, es schade der AfD, wenn ihre Vorsitzende zusammen mit der Führerin des Front National auftrete, dessen Forderungskatalog weithin «sozialistisch» sei.

Petry wiederum verlangte den Parteiausschluss des thüringischen Landesvorsitzenden Björn Höcke, der am 17. Januar 2017 in einer Rede in Dresden eine «180-Grad-Wende» in der deutschen Erinnerungspolitik verlangt und unter Anspielung auf das Berliner Holocaust-Mahnmal behauptet hatte, die Deutschen seien das einzige Volk der Welt, das sich ein «Denkmal der Schande in das Herz seiner Hauptstadt gepflanzt» habe. Der Parteivorstand war zwar wie Petry mehrheitlich der Meinung, dass Höcke mit seinen rechtsradikal anmutenden Parolen bürgerliche Wähler verschrecke und damit der AfD schade, begnügte sich aber zunächst mit der Einleitung eines Parteiordnungsverfahrens.

Die AfD hatte bislang vor allem enttäuschte Wähler der Unionsparteien, der SPD und der Linken sowie bisherige Nichtwähler für sich gewinnen können. Einige Anführer ihres rechten Flügels, darunter Höcke, hielten es für aussichtsreich, darüber hinaus vermehrt Wähler der rechtsextremen Nationaldemokratischen Partei Deutschlands, der NPD, anzusprechen. (Ein Antrag des Bundesrats, diese Partei zu verbieten, war vom Bundesverfassungsgericht am 17. Januar 2017 mit der Begründung abgelehnt worden, die NPD verfolge zwar verfassungsfeindliche Ziele, bilde aber infolge ihrer geringen Wähler- und Mandatszahlen keine Bedrohung der freiheitlich-demokratischen Ordnung der Bundesrepublik.)

Dass Petry mit ihrem Drängen auf einen Parteiausschluss von Höcke beim ersten Versuch keine hinreichende Unterstützung im Parteivorstand gefunden hatte, war ein Zeichen für die Stärke seines Rückhaltes vor allem in den ostdeutschen Landesverbänden. Am 13. Februar erreichte Petry, gestützt auf ein juristisches Gutachten, das Parallelen zwischen der Rhetorik Hitlers und Höckes zog, doch noch eine Zweidrittelmehrheit des Parteivorstands für die Einleitung eines Parteiausschlussverfahrens gegen den thüringischen Landesvorsitzenden. Der Betroffene reagierte mit der Warnung, dieser Beschluss berge die Gefahr der Parteispaltung in sich.

Das Verfahren gegen Höcke konnte sich über Monate hinziehen; sein Ausgang war völlig offen. Dass die taktischen Differenzen zwischen Mehrheit und Minderheit in der Parteiführung die Chancen der AfD im Wahlkampfjahr 2017 mindern würden, war nicht sicher. Möglich erschien auch, dass sie es der Partei erleichterten, sowohl um Nationalkonservative als auch um Rechtsradikale zu werben. In jedem Fall war weiterhin damit zu rechnen, dass die AfD in den nächsten Bundestag einziehen und eben dadurch die Bildung arbeitsfähiger Regierungskoalitionen erschweren würde.[11]

Frankreich stand zu Beginn des Jahres 2017 bereits ganz im Zeichen der Präsidentenwahl, deren zu erwartende beide Runden auf den 23. April und 7. Mai angesetzt waren. Als Favoritin für den ersten Wahlgang galt allgemein Marine Le Pen, die Vorsitzende des Front

National, die am 4. Februar in Lyon offiziell als Präsidentschaftskandidatin ihrer Partei ausgerufen wurde. Sie hatte schon im Dezember Schlagzeilen durch ihr Werben um eine russische Finanzhilfe für ihre Partei gemacht, nachdem eine Zusage der in Moskau ansässigen, inzwischen bankrott gegangenen Ersten Tschechisch-Russischen Bank, dem FN einen Kredit über 20 Millionen Euro zu gewähren, von der Russischen Zentralbank widerrufen worden war. Als Le Pen Anfang Januar die russische Annexion der Krim als «nicht illegal» bezeichnete und dieses Urteil mit dem umstrittenen Referendum vom März 2014 begründete, wurde dies allgemein als ein Versuch verstanden, die Moskauer Kreditentscheidung günstig zu beeinflussen.

Nicht minder großes Aufsehen erregte die Vorsitzende des FN am 12. Januar 2017 mit einem Besuch im Trump Tower in New York. Zwar war keine Audienz bei Donald Trump oder ein Empfang durch seine engsten Berater vereinbart worden, aber es kam zu einem ausführlichen Gespräch mit einem langjährigen Freund des «President-elect», dem italienischen Geschäftsmann Guido Lombardi, der für Kontakte zur europäischen Rechten zuständig war. Die Botschaft des Treffens war klar: Die Führerin der stärksten nationalpopulistischen Partei Europas demonstrierte ihre Nähe zum künftigen, ebenfalls nationalpopulistischen Machtzentrum der Vereinigten Staaten.

Am 24. Januar geschah etwas, was Marine Le Pen als wahres Himmelsgeschenk empfunden haben dürfte: Die satirische Zeitschrift «Le Canard Enchaîné» veröffentlichte einen Bericht, der ihren aussichtsreichsten Mitbewerber um die Präsidentschaft, den republikanischen Kandidaten François Fillon, in das Zwielicht eines Missbrauchs öffentlicher Mittel für private Zwecke rückte. Seine Ehefrau Penelope, so lautete der Vorwurf, habe jahrelang, von 1998 bis 2012, wenn auch nicht ununterbrochen, insgesamt 500 000 Euro bezogen, ohne dass von ihr irgendwelche Gegenleistungen erbracht worden seien. Der Skandal war nicht die in Frankreich übliche und legale Beschäftigung eines Familienmitglieds durch Parlamentarier, er lag vielmehr in der Behauptung, dass es sich im Fall von Penelope Fillon um eine bloße Scheinbeschäftigung gehandelt habe. François Fillon bestritt dies vehement und sprach von einer frauenfeindlichen Kampagne. Die

Finanzstaatsanwaltschaft wertete den Bericht aber als so substantiell, dass sie Vorermittlungen einleitete.[12]

Ob die Sozialisten von der Affäre des republikanischen Kandidaten profitieren würden, erschien fraglich. Am 1. Dezember hatte Staatspräsident François Hollande, durch seine niedrigen Umfragewerte entmutigt, als erstes Staatsoberhaupt der Fünften Republik freiwillig auf Bemühungen um eine zweite Amtszeit verzichtet. Die Kandidaten für seine Nachfolge wurden wie bei den Republikanern durch Urwahlen ermittelt, an denen außer Parteimitgliedern auch Sympathisanten teilnehmen konnten, die bereit waren, einen symbolischen Betrag von 1 Euro zu entrichten. Aus der ersten Runde gingen am 22. Januar der ehemalige Bildungsminister Benoît Hamon mit einem Stimmenanteil von 36,35 und der frühere, Anfang Dezember zurückgetretene Premierminister Manuel Valls mit 31,11 Prozent als die beiden erfolgreichsten Kandidaten hervor.

Da der Drittplazierte, der ehemalige Wirtschaftsminister und Wortführer des linken Parteiflügels, Arnaud Montebourg, auf den 17,5 Prozent entfallen waren, seine Anhänger sogleich aufforderte, in der zweiten Runde für den ebenfalls linken Hamon zu stimmen, hatte dieser die besten Chancen, die Stichwahl zu gewinnen. Tatsächlich errang er am 29. Januar einen souveränen Sieg: Hamon erzielte 58,7, Valls 41,3 Prozent der Stimmen. Während des Urwahlkampfes hatte sich Hamon als Befürworter eines bedingungslosen Grundeinkommens für alle Franzosen über 18 Jahre in Höhe von 750 Euro hervorgetan: Forderungen, die der pragmatische Reformer Valls als eine unbezahlbare, für die französische Wirtschaft gefährliche Utopie bezeichnete. Der Ausgang der Urwahl bedeutete einen scharfen Ruck des Parti socialiste nach links – und zugleich eine Kampfansage an die Politik von Staatspräsident Hollande und der von Valls' Nachfolger Bernard Cazeneuve geführten Regierung.

Dass Hamon die Nachfolge Hollandes antreten oder auch nur in die Stichwahl gelangen könnte, galt freilich als höchst unwahrscheinlich. In den Umfragen rangierten zwei Kandidaten, die sich nicht an der sozialistischen Urwahl beteiligt hatten, der frühere Wirtschaftsminister Emanuel Macron und der Vorsitzende des Parti de gauche,

Jean-Luc Mélenchon, deutlich vor allen Bewerbern aus der Sozialistischen Partei. Hätte Valls die zweite Runde der Urwahl gewonnen, wäre er sowohl für Macron wie für Fillon ein sehr viel gefährlicherer Rivale als Hamon gewesen.

Der parteilose Macron war die große Überraschung der frühen Phase des Präsidentschaftswahlkampfes. Bis Mitte Januar hatte die von ihm gegründete Bewegung «En marche» 147 000 registrierte Anhänger in ganz Frankreich hinter sich versammelt. Der Andrang zu seinen Veranstaltungen war enorm. Macron attackierte die «Apparate», denen aller Erneuerungswille abgehe. Er machte sich stark für grundlegende Reformen des Arbeitsmarkts und des Bildungswesens, befürwortete eine Stärkung der EU sowie eine möglichst enge deutsch-französische Zusammenarbeit und äußerte Sympathie für die Flüchtlingspolitik der Bundeskanzlerin. Ein genaueres Programm kündigte er für März an. Mitte Januar kam Macron Meinungsumfragen zufolge mit etwa 20 Prozent auf den dritten Platz hinter Le Pen (26 Prozent) und Fillon (25 Prozent).

Unmittelbar nachdem der Vorwurf laut geworden war, der republikanische Kandidat habe Steuermittel für eine Scheinbeschäftigung seiner Frau missbraucht, sah sich auch Macron der Beschuldigung ausgesetzt, öffentliche Mittel veruntreut zu haben. Zwei Journalisten behaupteten in einem Buch, Macron habe allein 2016 in der Zeit bis zu seinem Rücktritt als Wirtschaftsminister im August das ministerielle Spesenbudget bis zu 80 Prozent verbraucht und 120 000 Euro für Termine genutzt, die zumindest teilweise der Vorbereitung seiner Präsidentschaftskampagne gedient hätten. Macron wies die Vorwürfe als Verleumdung zurück und kündigte eine Klage gegen die Autoren an. Angesichts der Schwierigkeit, zwischen dem Regierungsamt und dem (partei)politischen Engagement eines Ministers eine klare Grenze zu ziehen, stießen die Beschuldigungen der beiden Journalisten auf verbreitete Zweifel.

Am 1. Februar, eine Woche nach den ersten Enthüllungen von «Canard Enchaîné» zum Fall Fillon, stieß das Satireblatt nach: Penelope Fillon sei als angebliche parlamentarische Mitarbeiterin ihres Mannes und seines Nachrückers in der Nationalversammlung in den

Genuss von insgesamt 900 000 Euro gekommen. Zudem habe François Fillon dank eines dubiosen Beratervertrags Honorare in Höhe von 200 000 Euro erhalten und als Senator seine Tochter Marie und seinen Sohn Charles, die zu dieser Zeit Jura studierten, als «Mitarbeiter» beschäftigt, wofür diese (möglicherweise ohne entsprechende Gegenleistungen) zusammen 83 000 Euro erhielten. Nahezu gleichzeitig gab die Finanzstaatsanwaltschaft bekannt, dass sie ihre Ermittlungen auch auf die Beschäftigung von Sohn und Tochter Fillon ausgedehnt habe. Im Fernsehprogramm «France deux» wurde am 2. Februar die Videoaufzeichnung eines Interviews ausgestrahlt, das Penelope Fillon, eine geborene Waliserin, 2007 dem «Daily Telegraph» gegeben hatte. Darin erklärte sie, dass sie nie als Assistentin ihres Mannes tätig geworden sei.

François Fillon sprach weiterhin von einer Kampagne seiner politischen Gegner, ja von Regierungskreisen und versicherte, von seiner Kandidatur werde er nur zurücktreten, wenn Anklage gegen ihn erhoben werde. In einer Meinungsumfrage aber fiel er Anfang Februar erstmals hinter Emmanuel Macron zurück. Favoritin des ersten Wahlgangs war demnach Marine Le Pen, auf die 26 bis 27 Prozent der Stimmen entfielen; Macron kam auf 22 bis 23, Fillon auf 19 bis 20 Prozent. Einer anderen Umfrage zufolge hielten inzwischen 61 Prozent der Franzosen einen Verzicht Fillons auf seine Kandidatur für erforderlich. Um dieselbe Zeit wurden auch bei den Republikanern erste Stimmen laut, Fillon möge seine zur Belastung des konservativen Lagers gewordene Bewerbung zurückziehen. Dieser entschuldigte sich zwar am 6. Februar öffentlich dafür, dass er als Parlamentarier Familienangehörige beschäftigt habe, bestritt aber, dass daran irgendetwas illegal gewesen sei. Einen Verzicht auf seine Bewerbung lehnte er nach wie vor ab.[13]

In einigen der «neuen» Mitgliedstaaten der EU, die dem Staatenbund erst 2004 beziehungsweise 2007 beigetreten waren, verstärkten sich zu Beginn des Jahres 2017 Tendenzen, die weg vom liberalen «mainstream» der Union und hin zum Typ der «populistischen» oder «illiberalen Demokratie» führten. In Polen schien sich zwar zunächst zwischen Regierung und Opposition eine gewisse Entspannung abzuzeichnen: Am

9. Januar zog die Regierung Szydło den umstrittenen Entwurf eines Gesetzes, das die freie Berichterstattung der Medien über die Arbeit des Parlaments massiv einschränken sollte, zurück. Drei Tage später beendeten die oppositionellen Abgeordneten, die aus Protest gegen dieses Vorhaben vier Wochen zuvor, am 16. Dezember, den Plenarsaal des Sejm besetzt hatten, ihre spektakuläre Aktion. Beim Streit um die Gesetzlichkeit des Haushaltsplans, den die Regierungsmehrheit am 16. Dezember unter irregulären Umständen beschlossen hatte, gab das PiS-Lager nicht nach. Am 14. Januar unterzeichnete Staatspräsident Duda, den die Opposition um Vermittlung gebeten hatte, das Haushaltsgesetz für 2017.

Vor dem Verfassungsgericht Recht zu bekommen durfte die Opposition inzwischen nicht mehr hoffen. Nachdem die der PiS angehörende Richterin Julia Przyłębska Ende Dezember 2016 den liberalen Gerichtspräsidenten Andrzej Rzepliński abgelöst und ein weiterer liberaler Richter seinen Rücktritt erklärt hatte, waren Gerichtsentscheidungen gegen die Regierung faktisch unmöglich geworden. Ihre Versuche, die Opposition zurückzudrängen, setzten die Nationalkonservativen im neuen Jahr verstärkt fort: Jarosław Kaczyński, der Vorsitzende der PiS, kündigte Mitte Januar ein Gesetz an, das für Bürgermeister, Gemeindevorsteher und andere gewählte kommunale oder regionale Funktionsträger nur noch die Möglichkeit der einmaligen Wiederwahl vorsah, sie also auf höchstens zwei Amtsperioden beschränkte – eine Neuerung, die sich einseitig gegen die derzeitigen liberalen, meist sehr beliebten Amtsinhaber richtete.

Die parlamentarische Opposition war zu uneins, um wirksamen Widerstand leisten zu können. Das außerparlamentarische Komitee zur Verteidigung der Demokratie (KOD), das die meisten großen Demonstrationen gegen die Politik der PiS organisiert hatte, litt darunter, dass sein Vorsitzender Mateusz Kijowski ins Zwielicht geraten war: Der Computerexperte, der immer wieder den ehrenamtlichen Charakter seines Engagements betont hatte, musste zugeben, dass seine Familienfirmen 21 000 Euro für Internet-Dienste erhalten haben. Kijowski entschuldigte sich dafür, dass er das KOD in eine Krisensituation gebracht habe, lehnte aber einen Rücktritt ab.

Hilfe von außen durfte die Opposition auch nicht erwarten. Das auf zwei Monate befristete Ultimatum, mit dem die EU-Kommission Ende Dezember 2016 die Wiederherstellung eines verfassungskonformen Verfassungsgerichts erzwingen wollte, lief zwar erst Ende Februar aus. Aber in Polen rechnete zu Beginn des neuen Jahres kaum noch jemand damit, dass der Brüsseler Drohung Warschauer Taten folgen würden. Hoffnungen, dass Teile der PiS oder gar ein führendes Mitglied derselben wie Staatspräsident Duda aufhören könnten, Weisungen Kaczyńskis bedingungslos zu befolgen, hatten sich bislang ebenfalls nicht erfüllt. Die Entwicklung Polens in Richtung einer «illiberalen Demokratie» ging einstweilen ungebrochen weiter.[14]

Der Urheber des Begriffs «illiberale Demokratie», der ungarische Ministerpräsident Viktor Orbán, tat auch im neuen Jahr alles, um diesen Regimetyp zu festigen. Er konzentrierte sich dabei auf einen Gegner, den autoritäre Regime weltweit fürchteten und bekämpften: die Förderer zivilgesellschaftlicher Bestrebungen in Gestalt von Nichtregierungsorganisationen, den NGOs (Nongovernmental Organizations). Ähnlich wie sein Idol Wladimir Putin unterstellte auch Orbán den Mitarbeitern dieser Organisationen, sie seien bezahlte Agenten, die fremde, gegen die Nation gerichtete Interessen verfolgten und von internationalen Finanzkreisen «Schmiergeld» erhielten.

Im Zentrum der einschlägigen Agitation der Regierungspartei Fidesz stand seit langem der aus Ungarn stammende, in den USA lebende jüdische Milliardär und Philanthrop George Soros, der die autoritären Tendenzen in seinem Heimatland scharf kritisierte und liberale Institutionen wie die Open Society Foundation, die Central European University in Budapest und das Helsinki-Komitee finanziell unterstützte. Dass Soros außer Orbán auch den neugewählten amerikanischen Präsidenten Donald Trump als Vertreter diktatorischer Bestrebungen bekämpfte, kam dem ungarischen Regierungschef sehr gelegen. Für seine Pläne, die Leiter von NGOs, darunter auch Transparency International, zur Offenlegung ihrer Vermögensverhältnisse zu zwingen, durfte er nunmehr ebenso auf Beifall aus Washington rechnen wie für die verschärfte Regierungspropaganda gegenüber den internationalen liberalen «pressure groups». Es schmeichelte ihm, dass Trump ihn schon als «President-elect» ins Weiße Hause eingeladen hatte. Längerfristig legte es Orbán offenbar darauf an, von Trump als engster gleichgesinnter Partner innerhalb der Europäischen Union anerkannt zu werden. Von seiten Putins, der Budapest am 2. Februar 2017 einen Besuch abstattete, den zweiten innerhalb von zwei Jahren, durfte er sich schon jetzt einer solchen Wertschätzung erfreuen.[15]

Auch in Ungarns südöstlichem Nachbarland Rumänien gerieten die liberalen Kräfte Anfang 2017 in die Defensive. Nach dem Sieg der Sozialdemokraten bei den Parlamentswahlen vom Dezember 2016 hatte der deutschstämmige Staatspräsident Klaus Johannis, selbst ein Nationalliberaler, Sorin Grindeanu, einen Politiker der stärksten Partei, zum Ministerpräsidenten ernannt. Grindeanu war von den Sozialdemokraten aber nur als Platzhalter des Parteivorsitzenden Liviu Dragnea für das Amt des Regierungschefs vorgeschlagen worden. Dieser konnte nach dem geltenden Recht nicht Ministerpräsident werden, weil er 2016 wegen Wahlbetrugs zu zwei Jahren Gefängnis auf Bewährung verurteilt worden war und außerdem wegen Amtsmissbrauchs vor Gericht stand.

Um Dragnea doch noch zum Regierungschef zu machen, bereitete das von Grindeanu geleitete Koalitionskabinett aus Sozialdemokratischer Partei und Allianz der Liberalen und Demokraten (ALDE) eine Entschärfung der Antikorruptionsgesetze auf dem Verordnungsweg vor: Künftig sollte Amtsmissbrauch straflos bleiben, wenn der angerichtete Schaden weniger als 200 000 Lei (44 500 Euro) betrug. (Im Fall Dragnea wurde der Schaden auf 100 000 Lei beziffert.) Durch persönliches Erscheinen im Kabinett konnte Johannis am 18. Januar den Aufschub eines entsprechenden Erlasses erreichen. Noch am selben Tag begannen in Bukarest Massenproteste gegen das Vorhaben der Regierung. Am 22. Januar, einem Sonntag, nahm auch Präsident Johannis zusammen mit etwa 20 000 Menschen an einer solchen (unangemeldeten) Demonstration teil.

Die Regierung antwortete mit der Ankündigung eines Amtsenthebungsverfahrens gegen den Präsidenten – ein Vorgehen, für das es ein Vorbild aus dem Jahr 2012 gab: Damals hatte der (später wegen Korruption verurteilte) sozialdemokratische Ministerpräsident Victor Ponta ein Referendum mit dem Ziel der Absetzung des konservativen

Präsidenten Traian Băsescu durchgesetzt, das auch eine Mehrheit fand, die von der Verfassung vorgeschriebene Mindestbeteiligung von 50 Prozent der Wahlberechtigten aber verfehlte und deshalb unwirksam blieb. Am 24. Januar teilte Johannis daraufhin dem Parlament mit, er ordne gemäß Artikel 90 der Verfassung eine Volksbefragung an, ob der Kampf gegen Amtsmissbrauch und Korruption in Rumänien fortgesetzt werden sollte.

Die Regierung Grindeanu ließ sich davon nicht beeindrucken. Ende Januar kündigte Justizminister Florin Iordache öffentliche Konsultationen über ein großangelegtes Amnestieprojekt des Kabinetts an. Demnach sollten alle Strafgefangenen, die zu weniger als fünf Jahren Freiheitsstrafe verurteilt worden waren, entlassen werden, um auf diese Weise der Überfüllung der Gefängnisse entgegenzuwirken. Tatsächlich ging es der Regierung in erster Linie um eine Entkriminalisierung inhaftierter Parteifreunde.

Am 29. Januar protestierte in Bukarest erneut eine große Menschenmenge gegen die Begünstigung korrupter Politiker durch die Regierungskoalition. Die Teilnehmerzahl wurde auf 50 000 geschätzt. Nach der Anhörung von Vertretern der Zivilgesellschaft kündigte der Justizminister tags darauf gewisse Änderungen der geplanten Gesetzentwürfe an – welche, blieb offen. Am 31. Januar setzte die Regierung die Amnestie durch eine Eilverordnung in Kraft – eine Provokation, die sofort neue Massenproteste erst in Bukarest, dann auch in anderen Städten auslöste. Am 2. Februar kam es bei der größten Demonstration in der rumänischen Hauptstadt seit 1989 zu Ausschreitungen von Hooligans, die mutmaßlich als «agents provocateurs» interessierter Regierungskreise tätig wurden. Zuvor hatten bereits Handelsminister Florin Jianu aus Protest gegen die Amnestie seinen Rücktritt erklärt und Staatspräsident Johannis beim Verfassungsgericht eine Klage gegen die Regierung eingereicht, um auf diese Weise eine Aufhebung der Verordnung zu erreichen.

Anders als im Jahr 2012, als die Justizkommissarin der EU, die Luxemburger Christdemokratin Viviane Reding, den Kampf gegen die Korruption in Rumänien zu ihrer eigenen Sache gemacht hatte, blieb «Brüssel» Anfang 2017 lange Zeit stumm. Redings Nachfolgerin, die Tschechin Věra Jourová, eine Politikerin aus den Reihen der rechtspopulistischen Partei ANO um den Oligarchen Andrej Babiš, die 2006 selbst wegen Korruptionsverdacht in Untersuchungshaft gesessen hatte, fühlte sich nicht bemüßigt, in den Konflikt zwischen Regierung und Präsident in Rumänien einzugreifen. Auch sonst war von ihr nichts zu hören, wenn in einem der «neuen» Mitgliedstaaten gegen elementare Prinzipien der Rechtsordnung verstoßen wurde.

Kommissionspräsident Juncker meldete sich zunächst ebenfalls nicht zu Wort. Sein für Rechtsstaatlichkeit zuständiger Stellvertreter Frans Timmermans gab am 25. Januar 2017 eine routinemäßige Verlautbarung heraus, die Rumänien größere Erfolge im Kampf gegen die Korruption und für die Sicherung der Unabhängigkeit der Justiz bescheinigte. Ob die beim Eintritt Rumäniens in die Europäische Union im Januar 2007 eingeleitete Überprüfung der entsprechenden Anstrengungen («Cooperation and Verification Mechanism for Romania on Judicial Reform and Corruption») noch während der Amtszeit der gegenwärtigen Kommission, also bis 2019, beendet werden könne, hänge von Rumänien ab. Wenn das Land die Empfehlungen der Kommission rasch und unumkehrbar umsetze und «negative Schritte» vermeide, die die bisher erreichten Fortschritte in Frage stellten, sei dies möglich. Eine Rüge für die Begünstigung von Amtsmissbrauch und Korruption durch die Regierung Grindeanu ließ sich aus der Brüsseler Erklärung kaum herauslesen, allenfalls eine milde Warnung.

Erst nach Erlass der Eilverordnung vom 1. Februar wurde die EU-Kommission deutlicher. Noch am gleichen Tag warnten Juncker und Timmermans die Regierung in Bukarest in einer gemeinsamen Erklärung vor jeder Lockerung des Kampfes gegen die Korruption; die neueste Entwicklung in Rumänien werde mit großer Sorge verfolgt. Am 2. Februar unterstrich Timmermans in einer Rede vor dem Europäischen Parlament den Ernst dieser Mahnung mit den Worten, wenn die Strafbefreiung in Kraft trete, könnte das die Auszahlung europäischer Gelder an Rumänien beeinträchtigen. Die rumänische Staats- und Verfassungskrise war endgültig auf der europäischen Ebene angekommen.

Am 5. Februar zog die Regierung Grindeanu ihre Eilverordnung zurück und kündigte an, die strittigen Fragen auf gesetzlichem Weg zu regeln. Die Demonstrationen aber gingen weiter. Das Ziel der Protestierenden war nunmehr ein anderes: Sie forderten den Rücktritt der Koalitionsregierung von Sozialdemokraten und Liberalen, von der nach den bisherigen Erfahrungen ein konsequenter Kampf gegen Korruption und Amtsmissbrauch nicht zu erwarten war. Ein Misstrauensantrag der Opposition scheiterte am 8. Februar im Parlament: Für ihn stimmten lediglich 161 Abgeordnete; erforderlich gewesen wären 232. Wann, ja ob es überhaupt zur von Präsident Johannis angeordneten Volksbefragung zum Kampf gegen die Korruption kommen würde, war ungewiss. Über deren Zeitpunkt hatte die Regierung Grindeanu zu entscheiden, und die sah keinen Anlass, sich in dieser Sache zu engagieren.[16]

Am 18. Januar 2017 endete für das Europäische Parlament eine Ära: An diesem Tag lief die zweite Amtszeit des deutschen Sozialdemokraten Martin Schulz als Präsident des Hohen Hauses aus. Einen derart machtbewussten Präsidenten wie Schulz hatte das Europäische Parlament noch nicht erlebt. Der Mann, den die europäischen Sozialdemokraten und Sozialisten 2014 als Spitzenkandidaten in den Wahlkampf geschickt hatten, arbeitete seit jenem Jahr mit dem Präsidenten der EU-Kommission, dem Luxemburger Christdemokraten Jean-Claude Juncker, so eng zusammen, dass ihre beiden Namen in Brüssel schon bald zu «Schuncker» zusammengezogen wurden. Schulz und Juncker verkörperten die informelle Große Koalition aus Christdemokraten und Sozialdemokraten, der sich, wenn es ernst wurde, auch Liberale und Grüne anschlossen, um die EU-Gegner und Populisten von rechts und links in die Schranken zu weisen.

Die De-facto-Parlamentarisierung der Kommissionsspitze von 2014 in Gestalt der Bestellung des christdemokratischen Spitzenkandidaten Juncker zum Präsidenten der EU-Kommission wertete beide Organe, die Kommission und das Parlament, gegenüber dem Europäischen Rat auf. Sie führte freilich, wie wir gesehen haben, auch dazu, dass die neue, ihrem Selbstverständnis nach «politische» Kommission ihre originäre Aufgabe, Hüterin der Verträge zu sein, vernachlässigte und das Parlament sich weniger als bisher der Kontrolle der Kommission widmete. Für das öffentliche Ansehen beider Institutionen und das der Europäischen Union insgesamt war das von Nachteil: ein Befund, über den Anfang 2017 in Brüssel aber kaum diskutiert wurde.

Die Art und Weise, wie die Fraktionen des Europäischen Parlaments die Nachfolge von Schulz regelten, war auch nicht gerade geeignet, das Vertrauen in die Legislative des Staatenverbundes zu festigen. Die Christdemokraten hatten sich 2014 mit den Sozialdemokraten darauf verständigt, dass in der zweiten Hälfte der fünfjährigen Legislaturperiode sie, die stärkste Fraktion, den Präsidenten stellen würden. Von diesem Anspruch ließen sie sich auch durch Juncker nicht abbringen, der im Sinne der Machtbalance Schulz gern zu einer dritten Amtszeit verholfen hätte. Die Folge waren «Kampfkandidaturen» der beiden größten Fraktionen: Für die Christdemokraten und Konservativen bewarb sich der langjährige Weggefährte Silvio Berlusconis und Mitbegründer der Forza Italia, der frühere Industriekommissar Antonio Tajani, um das Präsidentenamt, für die Sozialdemokraten und Sozialisten deren Fraktionsvorsitzender, der Italiener Gianni Pittella. Nachdem die Liberalen ihren Kandidaten, den ehemaligen belgischen Ministerpräsidenten Guy Verhofstadt, zugunsten Tajanis zurückgezogen hatten, konnte sich dieser schließlich in einer Stichwahl gegen Pitella durchsetzen.

Von Tajani wurde erwartet, dass er sein Amt repräsentativ und weniger dynamisch als Schulz führen würde. Die Zusammenarbeit mit dem Parlament werde nun schwieriger werden, äußerte Juncker am Abend des 18. Januar. An ein wirkliches Ende der Brüsseler beziehungsweise Straßburger Großen Koalition wollte er aber nicht glauben. Angesichts der Herausforderung durch EU-feindliche Populisten und Nationalisten konnten die prinzipiell integrationsfreundlichen Kräfte des Europäischen Parlaments in der Tat gar nicht anders, als zumindest in den «großen» Fragen weiter zusammenzuarbeiten. Mit einem Mehr an Widerspruch und Kritik aber musste die Kommission fortan rechnen. Insofern konnte der Wechsel im Präsidentenamt dem Parlament sogar die Rückkehr zu einem Verständnis der eigenen Aufgaben ermöglichen, das realistischer war als jenes, das sich nach 2014 durchgesetzt hatte.

Wenige Tage nach dem Wechsel im Amt des Präsidenten des Straßburger Parlaments, am 23. Januar 2017, machte die Europäische Zentralbank in Frankfurt einen Brief publik, den ihr Präsident, Mario Draghi, an zwei Landsleute geschrieben hatte. Die beiden Empfänger waren Marco Valli und Marco Zanni, die von der Bewegung Cinque Stelle als Abgeordnete ins Europäische Parlament geschickt worden waren. Anlass des ungewöhnlichen Schreibens war das Versprechen, das Beppe Grillo, der Chef der Fünf Sterne, in den Wochen vor dem italienischen Verfassungsreferendum von Dezember 2016 gemacht hatte: Seine Partei werde, wenn sie an die Regierung komme, ein Referendum über den Verbleib des Landes in der Eurozone abhalten. Draghis Brief mündete in eine nachdrückliche Warnung: «Sollte ein Land das Euro-System verlassen, müsste dessen Nationalbank Ansprüche oder Verbindlichkeiten mit der Europäischen Zentralbank vollständig ausgleichen.»

Für Italien bedeutete ein Ausscheiden aus der Währungsunion demnach, dass seine Regierung, wenn man von den Daten des November 2016 ausging, 358,6 Milliarden Euro an das Euro-System zahlen musste: Das war die Summe, die sich aus den Außenständen Italiens gegenüber den Partnern der Eurozone ergab. Die Botschaft, die Draghi den beiden Parlamentariern der Cinque Stelle zukommen ließ, richtete sich an die Populisten aller hochverschuldeten Euroländer: Ein Austritt aus der Währungsunion würde so teuer werden, dass kein verantwortlicher Mensch ihn wollen konnte. Ein Staatsbankrott wäre die unausweichliche Folge.[17]

Die Schulden der einen waren die Forderungen der anderen. Bei der Deutschen Bundesbank in Frankfurt summierten sich die Außenstände des sogenannten «Target2-Systems» inzwischen auf 754 Milliarden Euro. Auf die Gefahren, die diesem System innewohnten, hatte seit Jahren immer wieder der langjährige Präsident des Münchner Instituts für Wirtschaftsforschung, Hans-Werner Sinn, hingewiesen. Mochte ein simultaner Zusammenbruch mehrerer oder gar aller Krisenländer der Währungsunion auch höchst unwahrscheinlich sein, so machte Draghis Brief doch auf einen oft verdrängten Sachverhalt aufmerksam: Von einer dauerhaften Stabilisierung war die Eurozone nach wie vor weit entfernt. *Ihre* Krise war nur nicht so sichtbar wie die zentrifugalen Tendenzen, von denen sich die Europäische Union zu Beginn des Jahres 2017 in anderen Bereichen der Politik herausgefordert sah.[18]

13.
ZERBRICHT DER WESTEN?

In den ersten vier Wochen seiner Amtszeit sorgte der neue amerikanische Präsident Donald Trump nahezu täglich für Schlagzeilen, und häufig spiegelten sich darin Verblüffung und Empörung. Zu Trumps ersten Maßnahmen gehörte am 20. Januar eine Anweisung zur teilweisen Außerkraftsetzung von Obamacare. Es folgte am 23. Januar 2017 die im Wahlkampf versprochene Aufkündigung des unter der Präsidentschaft von Obama unterzeichneten Transpazifischen Handelsabkommens, womit er unter anderen Kanada, Mexiko, Peru, Australien, Neuseeland, Japan, Malaysia, Singapur und Vietnam provozierte. Tags darauf ordnete der Präsident den von seinem Vorgänger gestoppten Bau von zwei umstrittenen Ölpipelines an, wogegen Umweltschützer und betroffene Indianerstämme protestierten.

Am 25. Januar unterzeichnete Trump ein Dekret, das den Bau einer Mauer zu Mexiko vorsah. Die Kosten dieses Schutzwalles gegen illegale Einwanderung, geschätzte 40 Milliarden Dollar, sollten zuerst die USA tragen, die sich das Geld aber später von Mexiko auf die eine oder andere Weise zurückholen wollten. Trumps über Twitter verbreitete Bemerkung, wenn der mexikanische Präsident Enrique Peña Nieto die Kosten nicht übernehmen wolle, könne er auf seinen für die folgende Woche vereinbarten Besuch in Washington auch verzichten, veranlasste diesen, das Treffen abzusagen. Trump kündigte daraufhin Strafzölle für mexikanische Produkte in Höhe von 20 Prozent an.[1]

Eine Woche nach seiner Vereidigung sorgte Trump für den ersten großen internationalen Eklat seiner Amtszeit. Am 27. Januar verhängte er mit sofortiger Wirkung einen Einreisestopp für Bürger von sieben islamischen Ländern, nämlich Iran, Irak, Syrien, Jemen, Libyen, Somalia und Sudan. Für Syrer galt die Einreisesperre unbefristet, für die Bürger der anderen betroffenen Staaten für die Dauer von vier Monaten. Ausnahmen sollte es nur für Angehörige diskriminierter religiöser Minderheiten geben, wobei offenkundig an Christen gedacht war. Begründet wurde der Erlass mit der Notwendigkeit, die Vereinigten Staaten vor der Einreise von Terroristen zu schützen. Offen blieb freilich, warum islamische Länder, die als besonders «terrorverdächtig» galten, etwa Saudi-Arabien, die Emirate oder Pakistan, von dem Einreisestopp nicht betroffen waren. Manche Kritiker mutmaßten, der Präsident habe sich bewusst solche Staaten ausgesucht, in denen der Trumpkonzern keine Geschäftsinteressen verfolgte.

Der «Muslim Ban» löste eine weltweite Welle der Empörung aus. In den USA selbst kam es in zahlreichen Städten zu Massendemonstrationen gegen die neueste Maßnahme des Präsidenten. An den internationalen Flughäfen der USA sorgte der Erlass für Chaos. Inhabern gültiger Reisepapiere wurde die Einreise oder bereits der Antritt des Fluges verwehrt; Familien wurden auf diese Weise auseinander gerissen; betroffen waren auch Zehntausende von Besitzern von «Green Cards», die zum Teil seit vielen Jahren in den Vereinigten Staaten lebten und arbeiteten, und Iraker, die über längere Zeit hinweg, unter anderem als Dolmetscher, für das amerikanische Militär tätig gewesen waren. Der Willkürcharakter der Verordnung war so offenkundig, dass eine New Yorker Bundesrichterin, Ann Donnelly, schon einen Tag nach der Unterzeichnung des Dekrets einem Antrag der American Civil Liberties Union stattgab, allen in amerikanischen Flughäfen festgehaltenen Personen aus den betroffenen sieben Ländern ein einstweiliges Aufenthaltsrecht gewährte und ihre Rückführung untersagte – beides mit der Begründung, dass die Maßnahmen des Präsidenten andernfalls irreparable Schäden anrichten könnten.

Noch weiter ging auf Antrag des Generalstaatsanwalts von Washington State ein Bundesrichter in Seattle: Am 3. Februar bezeichnete er den Erlass Trumps als verfassungswidrig, weil er die Muslime diskriminiere, also das Grundrecht der Religionsfreiheit verletze. Damit war die Verordnung bis auf weiteres außer Kraft gesetzt. Die Regierung legte Berufung ein, doch das zuständige Bundesgericht in San Francisco bestätigte am 5. Februar einstimmig das Urteil der ersten Instanz und fügte dem Präsidenten damit seine erste schwere Niederlage zu. Trump kündigte zuerst eine Klage beim Supreme Court an, um kurz darauf eine neue Verordnung in Sachen Einreisestopp in Erwägung zu ziehen. Dass er in einer ersten Reaktion den Bundesrichter in Seattle einen «sogenannten Richter» und seine Entscheidung «lächerlich» genannt hatte, trug dem Präsidenten auch die Kritik republikanischer Juristen ein, darunter die des als hochkonservativ geltenden Neil Gorsuch, den Trump wenige Tage zuvor, am 31. Januar, der Öffentlichkeit als seinen Kandidaten für eine seit einem Jahr vakante Richterstelle am Obersten Gerichtshof präsentiert hatte.[2]

Nicht ganz so spektakulär wie der «Muslim Ban», aber gleichwohl von einschneidender Bedeutung war eine Verfügung Trumps vom 3. Februar, mit der er den Kongress ersuchte, die Restriktionen zu lockern, die unter der Präsidentschaft Obamas Banken und anderen Finanzinstituten auferlegt worden waren, um die Bankkunden vor den negativen Folgen eines ungezügelten Handels mit Derivaten zu schützen. Gemeint waren vor allem der im Juli 2010 vom Kongress verabschiedete Dodd-Frank Wall Street Reform and Consumer Protection Act und das ergänzende Collins Amendment, das den von der Bank für Internationalen Zahlungsausgleich in Basel beschlossenen Regeln für die Ausstattung der Banken mit einem Mindestmaß an Eigenkapital («Basel III») Rechnung trug.

Die Republikaner hatten das Dodd-Frank-Gesetz nicht verhindern können, seine Implementierung in der Folgezeit aber nach Kräften erschwert, so dass die Regulierungsbilanz der Regierung Obama noch bescheidener ausfiel, als es die vom Kongress bereits auf breiter Front abgeschwächten Regierungsvorlagen hatten erwarten lassen. Erst im Dezember 2013, in der zweiten Amtszeit Obamas, trat ein Gesetz in Kraft, das dem Eigenhandel der Banken mit Wertpapieren und ihrer Beteiligung an Hedgefonds einen Riegel vorschob. Auch dieses Gesetz stand jetzt zur Disposition – und mit ihm faktisch alle Lehren, die die Vereinigten Staaten unter Trumps Vorgänger aus der schweren Erschütterung der Weltwirtschaft im Gefolge des Zusammenbruchs von

Lehman Brothers, der viertgrößten Investment Bank der USA, im September 2008 gezogen hatten.[3]

Im Bereich der Außenpolitik bot Washington in den ersten Wochen der Präsidentschaft von Trump ein verwirrendes Bild. Auf der Linie seiner Wahlkampfversprechungen lagen am ehesten noch Sanktionen, die der Präsident am 3. Februar gegen 25 iranische Funktionsträger und Institutionen verhängte, um damit auf Raketenversuche Teherans zu reagieren, die sich möglicherweise als verkappte Vorbereitung einer atomaren Bewaffnung deuten ließen. Dagegen widersprachen offizielle Äußerungen aus der neuen Administration gegenüber Russland dem, was man bisher von Trump gehört hatte. Am 2. Februar rügte die Botschafterin bei den Vereinten Nationen, Nikki Haley, im Sicherheitsrat die aggressive Politik Moskaus gegenüber der Ukraine; die 2014 verhängten Sanktionen würden erst aufgehoben, wenn Russland die völkerrechtswidrige Besetzung der Krim beende und die Kontrolle über die Halbinsel wieder an die Ukraine zurückgebe. Am 15. Februar stellte der Sprecher des Weißen Hauses, Sean Spicer, fest, der Präsident habe Russland gegenüber klar gemacht, dass die Aufhebung der Sanktionen an zwei Voraussetzungen geknüpft sei: Russland müsse seine Politik gegenüber der Ukraine deeskalieren und die Krim an die Ukraine zurückgeben.

Auch in anderen Bereichen sah sich Trump zu Kurskorrekturen gezwungen. In einem Interview mit dem christlichen Fernsehsender CBN erklärte er am 29. Januar, die (von ihm im Wahlkampf versprochene) Verlegung der amerikanischen Botschaft in Israel von Tel Aviv nach Jerusalem erweise sich als «eine nicht einfache Angelegenheit». Er zeigte sich erstaunt, mit welch detaillierten Studien er sich in diesem Zusammenhang befassen müsse, was eigentlich gar nicht zu ihm passe. In einem Interview mit der israelischen Tageszeitung «Israel Hayom» ließ er wenig später, am 10. Februar, erstmals Bedenken gegenüber einer Fortsetzung der Siedlungspolitik der Regierung Netanjahu erkennen: «Es ist eine begrenzte Fläche, und jedes Mal, wenn man etwas für die Siedlungen wegnimmt, bleibt weniger Gebiet übrig.» Am 10. Februar führte Trump sein erstes Telefongespräch mit dem chinesischen Präsidenten und Parteichef Xi Jinping. Es sei, so hieß es, «äußerst herzlich» verlaufen. Auf Wunsch des chinesischen Präsidenten habe Trump sich ausdrücklich zur Fortsetzung der bisherigen Ein-China-Politik der USA bekannt.[4]

Ob die Veränderungen in den Positionen Trumps auf nachhaltige Lernprozesse schließen ließen, erschien fraglich. Gerätselt wurde in Washington wie in allen Metropolen der Welt, wer jeweils Einfluss auf den Präsidenten auszuüben vermochte und welchen Beratern er mehr als anderen sein Ohr schenkte. Besonders häufig genannt wurden sein strategischer Chefberater Stephen Bannon und sein wichtigster Redenschreiber Stephen Miller, die auch als die Autoren der dezidiert nationalistischen Inaugurationsrede vom 20. Januar galten. Bannon hatte der Präsident sogar das Recht eingeräumt, ständig an den Sitzungen des Nationalen Sicherheitsrates (NSC) teilzunehmen – ein Privileg, über das weder der Generalstabschef noch der Geheimdienstkoordinator verfügte. Da Bannon sich bisher als ultrarechter Ideologe hervorgetan hatte, leiteten Insider aus seiner Ernennung zum ständigen Mitglied des NSC den Schluss ab, dass es Trump weniger um sachverständigen Rat als um die Bestätigung seiner eigenen, vorgefassten Meinungen und um möglichst einfache Antworten auf komplexe Probleme ging. Für den Einfluss Bannons sprach auch, dass es diesem gelungen war, einem anderen hochkonservativen Intellektuellen der «America first»-Richtung, Michael Anton, die wichtige Stelle des für Kommunikation zuständigen Mitarbeiters des Nationalen Sicherheitsrates zu verschaffen.[5]

Auf der Ministerebene präsentierte sich die neue Regierung sachlicher als auf der höchsten, der des Weißen Hauses. Gegenüber Besuchern aus Europa, etwa dem deutschen Außenminister Sigmar Gabriel und seiner für Verteidigung zuständigen Kollegin Ursula von der Leyen, beteuerten ihre jeweiligen «counterparts», Rex Tillerson und James Mattis, die unerschütterliche Bündnistreue der USA. Eine ähnliche Erklärung gab Mattis am 15. Februar auf einer Konferenz der Verteidigungsminister der NATO in Brüssel ab. Ebenso wie drei Tage später Vizepräsident Mike Pence auf der alljährlichen internationalen Sicherheitskonferenz in München verband er sie mit der Forderung an die europäischen Partner, bis Ende 2017 verbindlich darzulegen, wie sie ihr angeblich zuletzt im September 2014 auf dem NATO-Gipfel in Wales abgegebenes Versprechen einzulösen gedächten, mindestens 2 Prozent des Bruttoinlandsproduktes für die Verteidigung auszugeben. (Tatsächlich war dort vereinbart worden, sich bis 2024 auf diese Zielmarke «zuzubewegen».) Kämen die Europäer diesem Verlangen nicht nach, würden die USA ihr militärisches Engagement in Europa vermindern.

Mit Trump persönlich traf während der ersten vier Wochen seiner Präsidentschaft als einzige europäische Regierungschefin Theresa May zusammen. Was die britische Regierungschefin im Weißen Haus zu hören bekam, war Balsam für die «Brexiteers». Trump stellte seiner Besucherin ein rasch zu vereinbarendes bilaterales Freihandelsabkommen in Aussicht und stützte damit ihre Hoffnungen auf eine glorreiche Zukunft der «special relationship» zwischen dem Vereinigten Königreich und den Vereinigten Staaten. Auf einem Kongress der Republikanischen Partei in Philadelphia hatte May tags zuvor erklärt, beide Länder seien dabei, sich zu erneuern, und sie hätten die Chance, wieder gemeinsam zu führen.

Nach Großbritannien zurückgekehrt, musste sich die Premierministerin Vorwürfe anhören, sie habe sich bei Trump angebiedert, anstatt ihm da, wo es geboten gewesen sei, etwa in der Frage der Zulässigkeit von Folter, klar und deutlich zu widersprechen. Gelegentlich gab es auch warnende Hinweise auf die verhängnisvolle Abhängigkeit von einem anderen amerikanischen Präsidenten, nämlich George W. Bush, in die sich einer ihrer Vorgänger, Tony Blair, im Vorfeld des Irakkrieges von 2003 begeben habe. Was große Teile der britischen Öffentlichkeit mit am meisten empörte, war Mays Einladung an Trump, in Bälde zu einem Staatsbesuch nach Großbritannien zu kommen: eine Entscheidung, mit der die Premierministerin heftige Demonstrationen, eine von 1,8 Millionen Unterzeichnern unterstützte Online-Petition zur Ausladung Trumps und eine erregte Debatte im Unterhaus auslöste.[6]

Am 14. Februar verlor Trump das erste Mitglied seines Führungsteams: den Nationalen Sicherheitsberater Michael Flynn. Dieser hatte Enthüllungen der «Washington Post» zufolge am 29. Dezember

2016, also noch zur Amtszeit Obamas, in mehreren Telefonaten mit dem russischen Botschafter Sergej Kisljak über die mögliche Aufhebung der jüngsten, wegen der Moskauer Einmischung in den amerikanischen Wahlkampf gegen Russland verhängten Sanktionen durch den künftigen Präsidenten Trump gesprochen, mithin die offizielle Politik der Vereinigten Staaten konterkariert und sich damit gesetzeswidrig verhalten. Gegenüber Vizepräsident Pence hatte er geleugnet, dass die Aufhebung der Sanktionen ein Thema der Gespräche gewesen war, wurde aber später durch einen Mitschnitt der NSA der Lüge überführt.

Trump war bereits einige Wochen vor dem unfreiwilligen Rücktritt Flynns durch das Justizministerium über den Vorgang informiert worden, ohne dass er deswegen irgendetwas unternommen hätte; er unterließ es sogar, seinen Stellvertreter von der Mitteilung in Kenntnis zu setzen. In Washington wurde Mitte Februar bereits über eine Vertrauenskrise zwischen Vizepräsident und Präsident und Machtkämpfe zwischen den engsten Mitarbeitern Trumps diskutiert. Dass der Präsident sich so kurz nach seiner Vereidigung gezwungen sah, sich von einem seiner wichtigsten Berater zu trennen, war seine zweite schwere Niederlage nach dem Veto, mit dem unabhängige Gerichte den «Muslim Ban» zu Fall gebracht hatten.

Der Rücktritt Flynns und die rasche Ernennung eines Nachfolgers, des in allen Lagern hochrespektierten Drei-Sterne-Generals Herbert Raymond McMaster, eines promovierten Historikers, markierten noch nicht das Ende der Affäre, die mit dem Namen Flynn verknüpft war. In den Mittelpunkt der Debatte rückte der Inhalt der Gespräche, die hochrangige Mitarbeiter des Wahlkampfteams von Trump mit Vertretern russischer Geheimdienste geführt hatten. *Dass* es diese Gespräche gegeben hatte, stand seit Enthüllungen der «Washington Post» und der «New York Times» von Mitte Februar fest. Der Verdacht, dass Trumps Mitarbeiter an russischen Versuchen beteiligt waren, den amerikanischen Wahlkampf zulasten Hillary Clintons und zugunsten Donald Trumps zu beeinflussen, war damit noch nicht erhärtet, aber noch viel weniger ausgeräumt. Trump selbst bestritt weiterhin vehement, irgendwelche Verbindungen zu Russland unterhalten zu haben.

Nicht nur die Demokraten, sondern auch führende Republikaner sprachen sich für eine parlamentarische Untersuchung der «Russia connection» des Trump-Lagers aus. Noch im Februar nahmen die Geheimdienstausschüsse von Senat und Repräsentantenhaus die entsprechenden Ermittlungen auf.

Manche Beobachter vermuteten, dass die jüngsten schroffen Äußerungen zur russischen Politik aus dem Munde von Nikki Haley und Sean Spicer ihre Ursache in dem Wunsch Trumps hatten, dem verbreiteten Eindruck entgegenzuwirken, er sei in irgendeiner Weise von Putin abhängig. Doch konsistent war die Haltung der Regierung gegenüber Russland nicht. Als Außenminister Tillerson am 15. Februar auf der Konferenz der Außenminister der G20 in Bonn, wo er auch mit seinem russischen Kollegen Lawrow zusammentraf, auf das Thema Ukraine zu sprechen kam, verlangte er zwar die strikte Einhaltung des Minsker Abkommens zur Befriedung der Lage in der Ost-Ukraine, ließ aber die (von Moskau sofort zurückgewiesene) Forderung nach der Rückgabe der Krim an Kiew unerwähnt. Drei Tage später erklärte Vizepräsident Pence auf der Münchner Sicherheitskonferenz in der Gegenwart Lawrows, Russland werde für seine Politik zur Rechenschaft gezogen, was nur so zu verstehen war, dass eine Verbesserung des Verhältnisses zu Moskau für die Regierung der USA zunächst kein vorrangiges Ziel war.

Trump selbst setzte am 15. Februar 2017 anlässlich eines Besuches des israelischen Ministerpräsidenten Benjamin Netanjahu in Washington in einer anderen außenpolitischen Frage einen neuen Akzent: Er verabschiedete sich von der bisherigen Haltung der Vereinigten Staaten, wonach der einzig denkbare Weg zur Beilegung des Konflikts zwischen Israelis und Palästinensern eine «Zwei-Staaten-Lösung» war, und erklärte, er könne mit allem leben, worauf sich Israelis und Palästinenser einigten. Welche anderen Lösungen er für vorstellbar hielt, sagte er nicht und wich eben dadurch dem eigentlichen Problem aus. Sollten Israelis und Palästinenser gleichberechtigt in einem Staat zusammenleben, hörte Israel auf, ein jüdischer Staat zu sein: eine für israelische Nationalisten nicht hinnehmbare Perspektive. Würden den Palästinensern die vollen Bürgerrechte vorenthalten, war Israel keine

Demokratie mehr, sondern verwandelte sich in ein autoritäres Apartheidsregime. Wenn es bei dem von Trump verkündeten Kurswechsel blieb, waren die Gewinner die israelischen Hardliner, die den vom neuen Präsidenten nur milde gerügten Siedlungsbau auf der Westbank immer weiter vorantrieben und damit das Territorium der Palästinenser verkleinerten.

Wer schon zuvor vermutet hatte, dass Trumps Schwiegersohn Jared Kushner, ein orthodoxer, der israelischen Rechten und Netanjahu persönlich nahestehender New Yorker Jude, großen Einfluss auf den Präsidenten ausübte, sah sich in dieser Einschätzung bestätigt. Ob Trumps Bemerkungen die USA auf eine neue Nahostpolitik festlegten, war aber keineswegs sicher. Am folgenden Tag, dem 16. Februar, erklärte Nikki Haley, auf wessen Veranlassung auch immer, die Vereinigten Staaten stünden uneingeschränkt zur Zwei-Staaten-Lösung; diese Position habe nie in der Schwebe gestanden. Die Welt konnte nun darüber rätseln, wessen Wort galt: das des Präsidenten oder das seiner Botschafterin bei den Vereinten Nationen.

Zu den Schlagzeilen des 15. Februar gehörte auch der Verzicht von Andrew Puzder, den Trump für das Amt des Arbeitsministers ausersehen hatte, auf seine Bewerbung um ebendiesen Posten. Puzder war politisch umstritten, weil er als Chef einer auf Fast Food ausgerichteten Restaurantkette einer Erhöhung des extrem niedrigen Mindestlohns und ein Überstundenreglement abgelehnt hatte. Während der Anhörungen im Senat kam heraus, dass er jahrelang eine Haushälterin beschäftigt hatte, die sich illegal in den USA aufhielt. Konservative Republikaner verübelten ihm, dass er in Sachen illegale Einwanderung eine vergleichsweise liberale Linie vertrat. Mit seinem Rückzug kam er einer Ablehnung durch den Senat zuvor. Trumps Kandidatin für das Amt der Bildungsministerin, Betsy DeVos, hatte die Hürde der Abstimmung im Senat kurz zuvor nur gewonnen, weil Vizepräsident Pence, von Amts wegen Präsident des Senats, angesichts eines Patts vom Recht des Stichentscheids Gebrauch gemacht hatte – etwas, was anlässlich einer umstrittenen Ministerernennung noch keiner seiner Vorgänger getan hatte.

Trump reagierte auf seine jüngsten Niederlagen am 16. Februar mit einer spektakulären Pressekonferenz, auf der er die Medien frontal der systematischen Lüge bezichtigte und das Durchsickern vertraulicher Informationen beklagte. Er bestritt, dass im Weißen Haus Chaos herrsche, und behauptete, seine Regierung arbeite wie eine fein abgestimmte Maschine. Tags darauf bezeichnete er in einem Tweet Zeitungen wie die «New York Times» und Fernsehsender wie NBC, News, ABC, CBS und CNN als «Fake News media», die nicht *sein* Feind, sondern ein «Feind des amerikanischen Volkes» (an enemy of the American people) seien. Er veranlasste damit auch distanzierende Kommentare republikanischer Senatoren wie John McCain und des neuen Verteidigungsministers James Mattis.

Am 18. Februar sprach Trump in einer Rede vor begeisterten Anhängern in Florida in wolkigen Worten von einem islamistischen Terroranschlag, der am Abend zuvor in Schweden stattgefunden habe. Tatsächlich gab es einen solchen Vorfall nicht. Trump berief sich, nachdem die schwedische Regierung in Washington vorstellig geworden war, auf einen Bericht des Fernsehsenders «Fox News» über Migranten in Schweden, der aber keine aktuelle Terrormeldung enthielt. Vier Wochen nach dem Amtsantritt Trumps wuchsen weltweit die Zweifel an der politischen Berechenbarkeit des 45. Präsidenten der USA.[7]

Auf dem teils formellen, teils informellen Sondergipfel der EU, der am 2. und 3. Februar 2017 in Valletta, der Hauptstadt von Malta, stattfand, war der Präsidentenwechsel in den USA kein offizielles, aber das wichtigste inoffizielle Thema. In ungewöhnlich offenen Worten hatte der ständige Ratspräsident Donald Tusk am 31. Januar in einer Botschaft an die 27 Staats- und Regierungschefs, die an den informellen, ohne Großbritannien stattfindenden Beratungen über die Zukunft der Europäischen Union teilnehmen wollten, die «beunruhigenden Erklärungen» aus der neuen amerikanischen Administration neben dem immer selbstbewussteren Auftreten Chinas, der aggressiven Politik Russlands gegenüber der Ukraine sowie Kriegen, Anarchie und dem islamistischen Terror im Nahen und Mittleren Osten und in Afrika zu den großen geopolitischen Bedrohungen der Gegenwart gerechnet und hinzugefügt: «Besonders der Wechsel in Washington bringt die Europäische Union in eine schwierige Situation, da die neue Regierung die letzten siebzig Jahre amerikanischer Außenpolitik infrage zu stellen scheint.» Tusk schloss mit dem uramerikanischen, auf John Dickinsons «Liberty Song» von 1768 zurückzugehenden Appell «Vereint sind wir stark, getrennt unterliegen wir» (United we stand, divided we fall).

Im Mittelpunkt der Beratungen auf Malta stand die Sicherung der gemeinsamen Außengrenzen der Gemeinschaft und hier vor allem die Zusammenarbeit mit Libyen. Von dort waren bis zu 90 Prozent der insgesamt 181 000 Menschen nach Europa gelangt, die 2016 über die zentrale Mittelmeerroute nach Italien kamen; über 4500 waren bei dem Versuch, auf seeuntauglichen Booten ihr Ziel zu erreichen, ums Leben gekommen. So uneins die EU im Hinblick auf die Verteilung von Migranten war, so einig gab sie sich in der Entschlossenheit, den kriminellen Schleusern die Geschäftsgrundlage zu entziehen, die lebensgefährliche Überquerung des Mittelmeers bereits an der nordafrikanischen Küste zu verhindern und ebendort Aufnahmelager zu errichten, die den humanitären Anforderungen der EU, des Flüchtlingshilfswerks der Vereinten Nationen (UNHCR) und der Internationalen Organisation für Migration (IOM) genügten.

Das spezifische Problem Libyens lag darin, dass es nach wie vor keine einheitliche, funktionsfähige Staatsgewalt besaß. Mit der im März 2016 unter Vermittlung der Vereinten Nationen gebildeten «Einheitsregierung» unter dem Ministerpräsidenten Fajis al-Sarradsch gab es zwar eine vertraglich vereinbarte Zusammenarbeit, zu der die Ausbildung der libyschen Küstengarde (auf Kreta) gehörte. Doch die Regierung Sarradsch kontrollierte effektiv nur relativ kleine Gebiete um die Hauptstadt Tripolis und die im Sommer eroberte Hafenstadt Sirte, die bis dahin eine Hochburg des IS gewesen war. In weiten Teilen des Landes gaben rivalisierende Milizen den Ton an. Im Osten hatten das international anerkannte Parlament in Tobruk und besonders der mit dem Parlament kooperierende, von Ägypten, den Vereinigten Arabischen Emiraten und Russland unterstützte General Khalifa Haftar das Sagen, dessen Milizen seit September 2016 die für den Ölexport wichtigen Hafenstädte Ras Lanuf und Es Sider kontrollierten.

In ganz Libyen hielten sich nach Erkenntnissen der EU Anfang 2017 etwa 900 000 Menschen aus dem Afrika südlich der Sahara als Gastarbeiter oder Migranten auf; von ihnen strebten angeblich mindestens 350 000, nach anderen Schätzungen noch sehr viel mehr nach Europa. Die Verhältnisse in den von privaten Betreibern eingerichteten Flüchtlingslagern, in denen sich Hunderttausende aufhielten, waren nach übereinstimmenden Berichten von Hilfsorganisationen in jeder Hinsicht katastrophal. Solange diese Zustände andauerten, war an eine Rückführung von Migranten von Italien nach Libyen nicht zu denken. Die in Valletta verabschiedete Absichtserklärung über eine verstärkte Zusammenarbeit mit den nordafrikanischen Staaten in Sachen Migration stand daher, was Libyen betraf, einstweilen nur auf dem Papier.

Mitte Februar, knapp zwei Wochen nach dem Sondergipfel der EU auf Malta, kam aus Kairo eine Meldung, die einen Hauch von Hoffnung aufkommen ließ: Unter Vermittlung der ägyptischen Armee hatten sich Ministerpräsident Fajis al-Sarradsch und General Haftar in indirekten Gesprächen auf einen Fahrplan zur staatlichen Neuordnung Libyens geeinigt. Vorgesehen war, dass der der Regierung Sarradsch verbundene Staatsrat und das Parlament in Tobruk eine gemeinsame Kommission bildeten, deren Aufgabe es war, das im Dezember 2015 von den Vereinten Nationen vermittelte Friedensabkommen von Skhirat zu aktualisieren und die libysche Verfassung zu überarbeiten. Gleichzeitig sollten sich die Machtzentren in Tripolis und Tobruk auf ein Übergangskabinett verständigen. Als spätester Zeitpunkt für Parlaments- und Präsidentenwahlen war der Februar 2018 vorgesehen. Offen blieb, welche Rolle Haftar in der Übergangszeit und danach spielen sollte. Wie sich die Vereinbarung von Kairo praktisch auswirken würde, hing folglich weithin von dem Nachdruck ab, mit dem Ägypten, die Emirate und Russland auf den obstinaten General einwirkten.

Nur zweieinhalb Wochen nach den Gesprächen von Kairo zeigte sich, dass die dort getroffene Übereinkunft auf Sand gebaut war. Am Ende der ersten Märzwoche vertrieben überwiegend islamistische Brigaden die Einheiten General Haftars aus den strategisch bedeutsamen Terminals von Ras Lanuf und Es Sidi. Die Regierung Sarradsch in Tripolis erklärte zwar, dass sie mit den Kämpfen nichts zu tun habe, übernahm aber von den Brigaden die Kontrolle über die Ölterminals. Die islamistischen Brigaden kündigten ihrerseits an, sie würden als nächstes Haftars Truppen aus Bengasi vertreiben. Das mit Haftar verbundene Parlament in Tobruk antwortete mit der Aufkündigung des Friedensabkommens von Skhirat, der einseitigen Ankündigung von Neuwahlen für Anfang 2018 und einer Erklärung, die der Regierung Sarradsch jede Legimität absprach. Gleichzeitig flogen Kampfjets im Dienste Haftars Angriffe auf die Brigaden, die sich Bengasi näherten. Die Kluft zwischen den rivalisierenden Lagern in Tobruk und Tripolis war tiefer denn je.

Libyen war nicht das einzige nordafrikanische Land, in dem die von der EU geplanten Aufnahmelager für Migranten auf Schwierigkeiten stießen. Der tunesische Ministerpräsident Youssef Chahed erklärte anlässlich eines Besuches in Berlin am 14. Februar, sein Staat sei, da er bereits eine große Zahl von Flüchtlingen aus Libyen beherbergen und versorgen müsse, nicht in der Lage, zusätzliche Lager einzurichten. Einen Besuch in Algerien, bei dem dasselbe Thema besprochen werden sollte, musste Bundeskanzlerin Merkel am 21. Februar wegen einer Erkrankung von Staatspräsident Bouteflika kurzfristig absagen.

Am 17. Februar gelang es 500, drei Tage später nochmals 350 Migranten aus dem subsaharischen Afrika, von Marokko aus den hohen Grenzzaun zur spanischen Exklave Ceuta zu überwinden. In Madrid wurde sogleich die Vermutung geäußert, Marokko habe den Grenzdurchbruch nicht verhindert, um Druck auf Spanien und die EU auszuüben und auf diese Weise einen günstigen «Deal» in der Migrationsfrage zu erreichen – eine Spekulation, die von der Regierung in Rabat umgehend zurückgewiesen wurde. Um dieselbe Zeit kursierte in Europa die Zahl von fast 6,6 Millionen Menschen, die angeblich nach internen Schätzungen deutscher Sicherheitsbehörden darauf warteten, sobald wie möglich von Afrika oder dem Nahen Osten aus nach Europa zu gelangen.[8]

Fast zeitgleich mit der Migrationsfrage drängte im Februar 2017 auch die Krise der Eurozone wieder auf die Tagesordnung der europäischen Politik. Konkret ging es zunächst um die Auszahlung einer

Kreditrate aus dem Hilfsprogramm für Griechenland, die Athen in die Lage versetzen sollte, im Juli Kreditraten von über 7 Milliarden Euro zu bezahlen. Unsicher war noch immer die Beteiligung des Internationalen Währungsfonds an weiteren Hilfsmaßnahmen. Der IWF drängte auf Schuldenerleichterungen, für die die europäischen Gläubiger aufkommen sollten – eine Forderung, gegen die sich vor allem Deutschland unter Berufung auf das im Vertrag von Maastricht verankerte «no bailout»-Prinzip aussprach.

Das von den Geldgebern einschließlich des IWF im dritten Hilfspaket für Griechenland von 2015 festgeschriebene Ziel, ab 2018 im griechischen Staatshaushalt einen «Primärüberschuss» (das heißt einen Haushaltsüberschuss ohne Berücksichtigung der Ausgaben für Zinsen und Tilgung) von 3,5 Prozent des Bruttoinlandsprodukts zu erreichen, erschien dem Internationalen Währungsfonds inzwischen als unrealistisch. Um dieses Ziel zu erreichen, seien noch weit höhere Einschnitte in den Haushalt erforderlich – was die Finanzminister der Eurozone mehrheitlich bejahten, die Regierung Tsipras aber ablehnte. Strittig waren namentlich Einsparungen bei den Renten und der Freibetrag bei der Einkommensteuer. Gab Tsipras nach, musste er mit dem Verlust der knappen Mehrheit seiner Koalitionsregierung rechnen. Verweigerte er sich zusätzlichen Reformen, setzte er die Zugehörigkeit seines Landes zur Eurozone aufs Spiel. Bei Neuwahlen drohte ihm der Machtentzug: In allen Umfragen lag die konservative Nea Dimokratia von Kyriakos Mitsotakis deutlich vor der linkspopulistischen Syriza.

Am 20. Februar entschieden sich die Finanzminister der Eurostaaten, abermals die Kontrolleure von EU, EZB und IWF nach Athen zu schicken, um die Möglichkeiten einer Verständigung mit Griechenland auszuloten. Im Vordergrund der Bemühungen sollten aber, wie der Chef der Eurogruppe, der niederländische Finanzminister Jeroen Dijsselbloem, betonte, nicht so sehr Einsparungen als vielmehr wirtschaftspolitische Reformen stehen, die sich am Ziel der Wettbewerbsfähigkeit orientierten. Vordringlich erschien der Eurogruppe wie den anderen Institutionen der Gläubiger eine Absenkung des Freibetrags bei der Einkommensteuer, der bei 8636 Euro lag und dazu führte, dass rund die Hälfte der Griechen keine Steuern bezahlen musste. Ein niedrigerer Freibetrag wäre zulasten der Geringverdiener und damit der Wählerschaft von Syriza gegangen: ein Grund, weshalb sich die Regierung Tsipras verbissen gegen jede Änderung wehrte.

Dasselbe galt für das Thema Renten. Griechenland wandte 10 Prozent seiner Jahreswirtschaftsleistung dafür auf, um Löcher im Rentensystem zu stopfen; im europäischen Durchschnitt waren es nur 2,5 Prozent. Als überhöht wurden von den Gläubigern auch die Gehälter und Pensionen in großen Teilen des öffentlichen Dienstes betrachtet. Ohne entspechende Reformen erschien es unmöglich, jenen Haushaltsüberschuss zu erwirtschaften, der die Voraussetzung dafür bildete, dass die Gläubiger sich bereit erklärten, die Schuldentragfähigkeit des Landes neu zu prüfen. Auf einen raschen Schuldenschnitt durfte Tsipras seit dem 22. Februar aber nicht mehr hoffen: An diesem Tag erklärte die Geschäftsführende Direktorin des Internationalen Währungsfonds, Christine Lagarde, von Berlin aus, ein solcher Schritt sei derzeit nicht erforderlich. Zwei Tage später teilte der griechische Ministerpräsident mit, er wolle den Streit mit den Gläubigern bis zum 20. März beilegen.[9]

Griechenland war nicht der einzige Staat der Eurogruppe, der den anderen Mitgliedern der Währungsunion Anfang 2017 Sorgen bereitete. Italien hatte es in den vergangenen Jahren nicht vermocht, seine Schulden zu senken. Sie lagen seit 2014 kontinuierlich zwischen 131,9 und 133 Prozent des Bruttoinlandsprodukts und waren damit mehr als doppelt so hoch, als sie es nach dem einschlägigen Maastricht-Kriterium von 60 Prozent hätten sein dürfen. Eine Absenkung auf 120 Prozent bis zum Jahr 2019, wie sie der Finanzierungsplan der Regierung Renzi vom April 2015 vorgesehen hatte, war schon ein Jahr später und dann nochmals, im Oktober 2016, nach oben korrigiert worden, aber auch die neuen, sehr viel bescheideneren Ziele (zuletzt 126 Prozent für 2019) erschienen längst unerreichbar.

Finanzminister Padoan, der sein Ressort auch im Nachfolgekabinett von Paolo Gentiloni behielt, wies Anfang Februar die Forderung der EU-Kommission, das italienische Haushaltsdefizit um 0,2 Prozentpunkte oder 3,4 Milliarden Euro zu verringern, zurück: Er wolle derzeit auf diesem Feld nichts unternehmen, antwortete er, sondern im April die Kürzung von laufenden Ausgaben sowie die Anhebung der

Tabak- und der Mineralölsteuer in die mittelfristige Finanzplanung einfließen lassen.

Offen war freilich, wie die innenpolitische Lage sich bis April entwickeln würde. Seit dem Erfolg des «No» beim Verfassungsreferendum vom Dezember 2016, drängten mehrere Parteien, so die Lega Nord, die Cinque Stelle und zunächst auch der Partito Democratico (PD) Matteo Renzis auf möglichst rasche Neuwahlen. Am 24. Januar 2017 hatte das Verfassungsgericht das geltende Wahlrecht, das «Italicum», insoweit für verfassungswidrig erklärt, als es den Senat betraf. Das fehlende Wahlgesetz war aber nicht das einzige Hindernis, das einer baldigen Neuwahl im Wege stand. Staatspräsident Sergio Mattarella hielt vorgezogene Neuwahlen für ein gefährliches Abenteuer und machte seinen Einfluss geltend, um die Regierung Gentiloni möglichst bis zur regulären Parlamentswahl im Frühjahr 2018 im Amt zu belassen. An raschen Neuwahlen waren auch alle Abgeordneten desinteressiert, die ihr Mandat erst 2013 errungen hatten und vor September 2017 keine Pensionsansprüche geltend machen konnten – darunter ein Drittel der Mitglieder der Fraktion des PD.

Am 19. Februar trat Renzi als Vorsitzender des Partito Democratico zurück – aber nicht, um sich aus der Politik zu verabschieden, sondern um die Einberufung eines Parteikongresses und Urwahlen für den Vorsitz zu erzwingen. Er trieb damit seine innerparteilichen Gegner vom linken, postkommunistischen Flügel um den ehemaligen Parteichef Pier Luigi Bersani und den früheren Ministerpräsidenten Massimo D'Alema, die auf eine frühe Klärung der Machtfrage nicht vorbereitet waren, in die Defensive. Von vorgezogenen Parlamentswahlen sprach Renzi nun nicht mehr. In aktuellen Umfragen lagen der PD und die Cinque Stelle etwa gleich auf bei rund 30 Prozent und damit weit unter der magischen Zahl von 40 Prozent, die die jeweils stärkste Partei nach dem Wahlgesetz erringen musste, um in den Genuss des Bonus der absoluten Mehrheit der Mandate zu gelangen. Renzi hielt es offensichtlich mittlerweile für zweckmäßig, erst seine Partei hinter sich zu bringen und ihr einen deutlichen Umfragevorsprung vor der populistischen Bewegung um Beppe Grillo zu verschaffen, ehe er sich um einen Wählerauftrag für seine Rückkehr an die Macht bemühte.

Dass sein Vorgehen eine Spaltung des Partito Democratico nach sich ziehen konnte, nahm Renzi billigend in Kauf. Am 25. Februar war es soweit: Unterstützt von Bersani und D'Alema, gründeten der ehemalige Fraktionschef Roberto Speranza, der Präsident der Region Toskana, Enrico Rossi, der Gewerkschafter Guglielmo Epifani und andere Vertreter des linken Flügels des PD in Rom die Demokratische und progressistische Bewegung (Democratici e progressisti), die sich an den linkspopulistischen Vorbildern von Podemos in Spanien und Syriza in Griechenland orientieren wollte. 38 Abgeordnete des PD in der Kammer und 12 ihrer Senatoren erklärten ihren Beitritt zur neuen Partei. Was den möglichen Anhang in der Wählerschaft anging, waren die Demoskopen unsicher. Die ersten Schätzungen bewegten sich zwischen 2 und 8 Prozent. Verlor Renzis Partei drei Prozentpunkte oder mehr, lief sie Gefahr, hinter die Cinque Stelle zurückzufallen: Vor der Spaltung des PD hatte dieser mit 31 Prozent nur knapp vor der Grillo-Bewegung gelegen, auf die 28 Prozent entfielen.

Die wirtschaftliche und finanzielle Lage Italiens hatte sich seit dem Regierungswechsel im Dezember 2016 nicht gebessert. Am 16. Februar verabschiedete die Abgeordnetenkammer ein Gesetzespaket, das die Regierung Gentiloni ermächtigte, 20 Milliarden Euro für die Rettung der Banken zu verwenden. Nachdem die besonders hoch verschuldete Banca dei Paschi di Siena mit dem Versuch einer Kapitalerhöhung um 5 Milliarden Euro auf dem freien Markt gescheitert war, wurde allein ihr Bedarf auf 8 Milliarden Euro geschätzt. Experten bezweifelten, ob der von der Regierung beantragte und von der Kammer bewilligte Betrag ausreichen würde, um die Lücken im Eigenkapital der italienischen Banken zu schließen.

In der ersten Februarwoche stieg der Risikoaufschlag für italienische Staatsanleihen über die Marke von 2 Prozent: ein Zeichen für zunehmende Nervosität unter den Anlegern. Kurz darauf entzog als letzte große Ratingagentur die kanadische DBRS Italien die allerletzte A-Note in der Bewertung der Kreditwürdigkeit. Wegen der Misserfolge bei den Bemühungen um die Verminderung der Schuldenquote drohte dem Land ein Strafverfahren der EU-Kommission. Angesichts der Tatsache, dass die Ablehnung des Euro nach neuesten Umfragen den Rekordstand von 46 bis 48 Prozent der Italiener erreicht hatte, konnte die Einleitung eines solchen Verfahrens fatale Folgen haben, und das vor allem dann, wenn sie zu einem Zeitpunkt kam, wo Parlamentswahlen anstanden.

Mit einem Wirtschaftswachstum von 0,9 Prozent im Jahr 2016 lag Italien weit unter dem Durchschnitt der EU der 28 (1,9 Prozent). Italien war und blieb ein Krisenland: ein Befund, für den Matteo Renzi Mitte Februar die strengen Regeln des Fiskalpakts aus dem Jahr 2012 verantwortlich machte. Dass die Stagnation inneritalienische Ursachen hatte, wollten weder der ehemalige Ministerpräsident noch die meisten anderen Mitglieder der «politischen Klasse» wahrhaben.[10]

Am 21. Februar 2017 lief das auf zwei Monate befristete Ultimatum ab, das die EU-Kommission am 21. Dezember 2016 Polen gestellt hatte, um eine rechtsstaatskonforme Neuordnung des Verfassungsgerichts durchzusetzen. Die Warschauer Regierung hatte bislang nicht auf die Brüsseler Vorhaltungen geantwortet. Am 21. Februar traf ein Brief des polnischen Außenministers Witold Waszczykowski an den Stellvertretenden Präsidenten der EU-Kommission, Frans Timmermans, ein, mit dem sich der Chef der polnischen Diplomatie schon während der Münchner Sicherheitskonferenz am 17. Februar ein scharfes Wortgefecht geliefert hatte.

In Waszczykowskis Schreiben hieß es, es gebe in Polen kein Rechtsstaatsproblem, die Gewaltenteilung funktioniere, es sei daher unbegründet, Einwände gegen die Demokratie in Polen zu erheben. Timmermans Äußerungen seien politisch motiviert und dienten dazu, einen der Mitgliedstaaten zu stigmatisieren. Der Angesprochene ließ eine Sprecherin der Kommission antworten, wenn es um Fragen der Rechtsstaatlichkeit gehe, sei die Kommission politisch farbenblind. Stehe das Rechtsstaatsprinzip in einem Mitgliedstaat in Frage, dann sei das ein Thema für alle Mitgliedstaaten. Das liege in der Natur der Sache, wenn man Mitglied der Europäischen Union sei. Doch eine rasche Entscheidung in Sachen Polen war nicht zu erwarten: Am 22. Februar erklärte ein Sprecher von Kommissionspräsident Juncker, dafür sei es noch etwas zu früh.

Die nationalkonservative Regierung in Warschau ging offenkundig davon aus, dass sie den Kampf mit der EU-Kommission bereits gewonnen hatte. Das Verfassungsgericht *war* inzwischen gleichgeschaltet. Dass dies mittels verfassungswidriger Gesetze geschehen war, wurde vom PiS-Lager schlicht geleugnet. Justizminister Zbigniew Ziobro bereitete mittlerweile den nächsten Schlag gegen die unabhängige Justiz vor: Drei Gesetzentwürfe aus seinem Haus zielten darauf ab, die Richter des Obersten Gerichts und aller nachgeordneten Gerichte der Kontrolle des Justizministers und der Regierungsmehrheit im Parlament zu unterwerfen.

Im Mittelpunkt von Ziobros Vorhaben stand die Reform des Nationalen Gerichtsrates (KRS). Diesem gehörten bisher 17 hohe Richter, sechs Parlamentarier, der Justizminister und ein Vertreter des Staatspräsidenten an. Die Richter wurden durch eine Richterversammlung gewählt: Der KRS bestimmte die Besetzung aller Gerichte bis hinauf zum höchsten; er schützte die Unabhängigkeit der Gerichte durch Gutachten und andere Stellungnahmen. Ging es nach dem Justizminister, wurden die Richter des KRS künftig von Sejmmarschall, dem Parlamentspräsidenten, vorgeschlagen und von der Mehrheit der Volksvertretung gewählt.

Außerdem war die Aufspaltung des Nationalen Gerichtsrates in eine fünfzehnköpfige Richterkammer und eine zweite Kammer vorgesehen, der sechs Abgeordnete, der Justizminister, der Vertreter des Präsidenten und zwei Richter angehörten. In der Sache war das nichts anderes als die gesetzliche Verankerung eines Vetorechts der jeweiligen Parlamentsmehrheit gegen missliebige Richter oder Gutachten. Entscheidungen über neue Richter und über Sachfragen sollten künftig nur noch beide Kammern des KRS gemeinsam treffen können. Die neuen Richter mussten ausnahmslos vor ihrer Ernennung die vom Justizministerium kontrollierte Justizschule absolviert haben. Konnten bislang herausragende Professoren der Rechtswissenschaft, Rechtsanwälte und Staatsanwälte zu Richtern ernannt werden, war das nach Inkrafttreten von Ziobros Reform nicht mehr möglich.

Um die rechtsprechende Gewalt so zügig und so vollständig wie möglich seiner Kontrolle zu unterwerfen, versuchte der Justizminister die Neubesetzung von etwa 500 Richterstellen bis zur Verabschiedung der neuen Gesetze hinauszuschieben. 500 von Ziobro ausgewählte Assessoren sollten im November 2017 ihre Arbeit aufnehmen, aber erst dann zu Richtern ernannt werden, wenn das Ministerium sie nach vier Jahren Dienst positiv beurteilte. Eine neue Sonder- und Disziplinarkammer sollte Richter kontrollieren, die bereits vereidigt waren. Die Ankläger der neuen Kammer unterstanden dem Generalstaatsanwalt, der in Personalunion Justizminister war.

Die Pläne Ziobros lösten bei unabhängigen Juristen Polens eine Welle der Empörung aus. Die Präsidentin des Obersten Gerichtshofs, Małgorzata Gersdorf, erklärte auf einem Treffen hoher Richter Ende Januar, die Zeit sei vorbei, «in der wir uns auf die in Artikel 2 unserer Verfassung festgelegte Grundlage eines demokratischen Rechtsstaats verlassen konnten». Jetzt müsse «um das Recht, seine Beachtung, um jedes Gramm Gerechtigkeit gekämpft werden»; es gebe keinen Kampf ohne Opfer. Die Antwort der PiS kam prompt: Am 2. März gab eine Gruppe von 50 Abgeordneten der Regierungspartei bekannt, sie habe beim Verfassungsgericht die Amtsenthebung von Małgorzata Gersdorf beantragt. Ihre Ernennung zur Präsidentin des Obersten Gerichtshofes 2014 sei fehlerhaft gewesen; die unter ihrem Vorsitz ergangenen Urteile müssten sämtlich aufgehoben werden.

Aus der Zivilgesellschaft wurde immer wieder an den Europarat und die Europäische Kommission appelliert, die weitere Demontage des Rechtsstaates in Polen nicht zuzulassen. Nach den Erfahrungen, die Polen mit der Gleichschaltung des Verfassungsgerichts gemacht hatte, gab es jedoch kaum noch Grund, große Erwartungen auf «Brüssel» zu setzen. Die Kommission ließ sich erst einmal Zeit, und selbst wenn sie sich entschloss, dem Europäischen Rat Sanktionen zu empfehlen, gab es nichts daran zu deuteln, dass die einzig angemessene Maßnahme, die Suspendierung des Stimmrechts, am Veto Ungarns scheitern würde. Im Umgang mit den «illiberalen Demokratien» Ostmitteleuropas konnte die Gemeinschaft bisher keine nachhaltigen Erfolge vorweisen.[11]

Im französischen Präsidentschaftswahlkampf schien seit Anfang März 2017 alles auf ein «Duell» zwischen der rechtsradikalen Marine Le Pen und dem sozialliberalen Emmanuel Macron hinauszulaufen. Am 2. März stellte der ehemalige Wirtschaftsminister in Paris sein Programm vor. Was er anstrebe, sei mehr als eine bloße Reform, es sei ein vollständiger, radikaler Umbau des Landes, erklärte er vor etwa 400 Journalisten. Er nannte unter anderem die Vereinheitlichung des aufgesplitteten Rentensystems, eine Reform der Arbeitslosenversicherung und der Berufsausbildung, eine weitere Liberalisierung des Arbeitsmarktes, eine Lockerung der Bestimmungen über die 35-Stundenwoche, eine Flexibilisierung des Renteneintrittsalters, die Einsparung von 120 000 Stellen im öffentlichen Dienst bei gleichzeitiger Neueinstellung von 4000 Lehrern und 10 000 Polizisten. Unternehmer sollten weniger Abgaben, der Mittelstand, der Sockel der Gesellschaft, weniger Steuern zahlen.

Macron präsentierte sich als europafreundlicher Politiker. Er plädierte für ein Europa der unterschiedlichen Geschwindigkeiten, eine Vertiefung der Währungsunion, einen eigenen Haushalt und eine gemeinsame Schuldenaufnahme der Eurozone, eine europäische Verteidigungspolitik und eine gemeinsame EU-Grenzpolizei. Zentral war für ihn eine Wiederbelebung der deutsch-französischen Beziehungen. Frankreich müsse Deutschland zeigen, dass es ein glaubwürdiger Partner sei, und seinen Nachbarn rechts des Rheins von der Notwendigkeit eines gemeinsamen Investitionsprogramms zur Überwindung des wirtschaftlichen Ungleichgewichts in Europa überzeugen. Eine Replik auf den neuen amerikanischen Protektionismus à la Trump waren seine Überlegungen zu einem «Buy European Act»: Europäische Anbieter sollten bei öffentlichen Ausschreibungen bevorzugt werden, außereuropäische Anbieter nur zum Zuge kommen, wenn sie die Hälfte ihrer Produktion in Europa ansiedelten.

Macrons Programm war darauf angelegt, vor allem Wähler der politischen Mitte, aber auch moderate Anhänger der Linken und der Rechten anzusprechen. Seine Bewegung «En marche» zählte inzwischen über 200 000 registrierte Anhänger. Damit war sie doppelt so stark wie der Front National und verbuchte fast so viele Mitglieder wie die Republikaner. Eine durchorganisierte Partei war «En marche» freilich noch längst nicht: ein Problem, dem sich Macron spätestens dann stellen musste, wenn er tatsächlich zum Präsidenten der Französischen Republik gewählt wurde. Ohne den Rückhalt einer verlässlichen Mehrheit in der neu zu wählenden Nationalversammlung war an eine Umsetzung seines Erneuerungsprogramms nicht zu denken.[12]

Am gleichen 2. März, an dem Macron sein Programm vorstellte, hob das Europäische Parlament die Immunität von Marine Le Pen, wenn auch nur partiell, auf. Es folgte damit dem Ersuchen der französischen Justiz, die der Vorsitzenden des Front National die illegale Verbreitung von Gewaltbildern der Terrormiliz IS, darunter der Enthauptung eines amerikanischen Journalisten im Jahr 2014, vorwarf. Der Straßburger Beschluss erlaubte es den französischen Strafverfolgungsbehörden, Le Pen in dieser Sache zu vernehmen. Im Hinblick auf andere mögliche Delikte genoss sie einstweilen weiter den Schutz der parlamentarischen Immunität. Die europäische Anti-Betrugs-Behörde Olaf etwa beschuldigte die Politikerin, sie habe EU-Mittel für die Beschäftigung von Mitarbeitern veruntreut, indem sie ihre Assistenten für die Parteiarbeit des FN in Frankreich einsetzte. In Frankreich stand Le Pen außerdem im Verdacht, in Vermögenserklärungen als Abgeordnete des Europaparlaments den Wert von Immobilien weit zu gering angegeben zu haben. Die Chefin des FN wies alle Anschuldigungen als politische Machenschaften ihrer Gegner zurück. Bei ihren Anhängern kam sie damit offenbar durch: Auf ihre Beliebtheitswerte wirkten sich die Vorhaltungen der französischen Justiz und von Olaf nicht negativ aus.

Probleme mit der Justiz hatte auch der republikanische Bewerber François Fillon. Die Vorermittlungen der Finanzstaatsanwaltschaft wegen des Verdachts einer Scheinbeschäftigung seiner Ehefrau Penelope und anderer Familienangehöriger hatten das Resultat, dass am 24. Februar drei Untersuchungsrichter mit Ermittlungen begannen; am 15. März sollte ein formelles Strafverfahren eröffnet werden. Für diesen Fall hatte der konservative Kandidat Ende Januar seinen Rücktritt von der Bewerbung angekündigt. Doch nun wollte er davon nichts mehr wissen. Er sprach von einem Komplott roter Richter und von einer Gerüchtemaschine der Medien, ja von einem politischen Mordversuch und spielte in populistischer Manier das «Volk» gegen die republikanischen Mandatsträger aus, die sich von ihm abgewandt hatten und die er deshalb als «Deserteure» beschimpfte. Auf einer Kundgebung auf dem Trocadéro-Platz räumte er zwar ein, es sei ein Fehler gewesen, dass er seine Frau als Assistentin beschäftigt habe, und er hätte auch nicht zögern sollen, früher darüber zu reden. Aber alles, was er getan habe, sei legal gewesen. Wichtig war aus seiner Sicht vor allem, dass er als Sieger aus den Urwahlen hervorgegangen war und dass seitdem die Hoffnungen der Franzosen auf ihm ruhten.

In der Partei Die Republikaner machte sich mittlerweile Panik breit; zahlreiche Unterstützer Fillons, darunter sein Wahlkampfleiter, sein Pressesprecher und sein außenpolitischer Berater sowie über 200 Mandatsträger hatten sich von ihm distanziert; die meisten forderten ihn zum Verzicht auf die Kandidatur auf. Viele drängten Alain Juppé, den Verlierer der Stichwahl, an Stelle Fillons sich um das Präsidentenamt zu bewerben. Diesen Rufen erteilte der Bürgermeister von Bordeaux am 6. März eine klare und, wie er betonte, endgültige Absage. Er sprach von der Sackgasse, in die die Republikaner durch Fillons Verhalten geraten seien, und von der moralischen Krise, in der das Land stecke. Frankreich sei krank; es sperre sich gegen Reformen, deren Notwendigkeit es einsehe. Unter Hinweis auf seine Rolle in einem Parteifinanzierungsskandal, die ihm 2004 die Verurteilung zu 18 Monaten Haft auf Bewährung eingebracht hatte, gestand er ein, dass er dem Bedürfnis der Franzosen nach tiefgehender Erneuerung nicht voll entsprechen könne.

Einige Stunden später trat die Parteiführung der Republikaner zu einer Krisensitzung zusammen, an der auch Fillon teilnahm. Das Ergebnis war, dass sich alle Mitglieder hinter den gewählten Bewerber stellten: eine Demonstration von Geschlossenheit mangels vorhandener Alternativen. Wäre es nach den Demoskopen gegangen, hätte Juppé durchaus Chancen gehabt, schon im ersten Wahlgang die meisten Stimmen zu erhalten und im zweiten Marine Le Pen zu besiegen. Traten die Republikaner hingegen mit Fillon an, sahen alle Umfragen Macron in der ersten Runde vor Fillon, eine sogar vor Le Pen; dass Macron Le Pen in einer Stichwahl schlagen würde, erschien als sicher. In diesen Befunden schlug sich bereits die Tatsache nieder, dass kurz zuvor François Bayrou, der Vorsitzende des Mouvement Démocrate, zugunsten Macrons auf seine Kandidatur verzichtet hatte.

Auf der Linken hingegen war es nicht zu einer vergleichbaren Konzentration der Kräfte gekommen. Neben dem Sozialisten Benoît Hamon bewarb sich Jean-Luc Mélenchon als gemeinsamer Kandidat seines Parti de gauche und der Kommunisten um die Präsidentschaft. In Umfragen lag Hamon Anfang März bei 13 bis 14, Mélenchon bei 12 Prozent. Beide Bewerber taten sich als Kritiker der EU und ihrer Sparpolitik hervor; Mélenchon schloss sogar einen Austritt aus der Europäischen Union nicht aus, falls diese seiner Forderung nach Vergemeinschaftung der Schulden und Beseitigung der Unabhängigkeit der EZB nicht nachkam.

Eine Chance, in die Stichwahl zu gelangen, hatte unter diesen Umständen keiner der linken Kandidaten – eine Konstellation, die der von 2002 ähnelte. Damals war der sozialistische Bewerber, Ministerpräsident Lionel Jospin, infolge der Zerstrittenheit der Linken nicht in die entscheidende zweite Runde gelangt. In dieser standen sich damals Jean-Marie Le Pen, der Vater von Marine, und der konservative Amtsinhaber Jacques Chirac gegenüber, der den Zweikampf souverän für sich entscheiden konnte. *Ein* Ergebnis der Präsidentenwahl von 2017 stand damit schon im Voraus fest: Die Krise der französischen Linken würde sich in ihrem Gefolge noch beträchtlich verschärfen.[13]

Außerhalb Frankreichs beherrschte in der ersten Märzhälfte nicht der Kampf um das Elysée, sondern ein anderes Thema die Schlagzeilen: die Auslandspropaganda des türkischen Präsidenten Erdoğan zugunsten der von ihm betriebenen Verfassungsreform. Das Referendum hierüber war auf den 16. April 2017 angesetzt und sollte, wenn es im Sinn der regierenden AKP ausfiel, zur Errichtung eines autoritären Präsidialregimes führen. Um die Stimmen der in den Staaten der EU lebenden türkischen Staatsbürger für das «Ja» zu gewinnen, reisten seit Februar türkische Minister in verschiedene europäische Länder. Den Anfang machte Ministerpräsident Yildirim in Deutschland, wo 1,4 Millionen Türken wahlberechtigt waren. Am 18. Februar hielt er eine Rede in Oberhausen, die von den Anhängern Erdoğans stürmisch bejubelt wurde.

Knapp zwei Wochen später, am 2. März, verbot der Bürgermeister der badischen Kleinstadt Gaggenau aus Sicherheitsgründen eine von Privatleuten angemeldete Veranstaltung, auf der der türkische Justizminister Behir Bozdağ sprechen sollte. Dieser sagte daraufhin ein vereinbartes Treffen mit seinem deutschen Kollegen Heiko Maas ab und nannte das Verbot seiner Veranstaltung ein «faschistisches Vorgehen». Aus ähnlichen Gründen wie in Gaggenau ergingen auch in anderen Städten Verbote von Versammlungen, über deren tatsächlichen Zweck, die Reden türkischer Regierungsmitglieder, die Initiatoren die deutschen Stellen zunächst im Unklaren ließen. Mancherorts konnten dagegen türkische Minister ihre Reden halten, so Wirtschaftsminister Nihat Zeybekçi am 6. März in Köln.

Am 5. März warf Erdoğan den Deutschen in einer öffentlichen Rede vor, ihre heutigen Praktiken unterschieden sich in nichts von den früheren der Nazis. In einer anderen Rede erklärte der türkische Staatspräsident am gleichen Tag, wenn er wolle, komme er morgen nach Deutschland, und wenn man ihn nicht einreisen oder nicht sprechen lasse, werde er «einen Aufstand machen».

Ganz im Sinne von Erdoğans Anspielungen auf das «Dritte Reich» äußerte sich auch der türkische Außenminister Mevlüt Çavuşoğlu in einer Rede, die er am 7. März von der Residenz des türkischen Generalkonsuls in Hamburg aus vor Hunderten seiner Landsleute hielt. Tags darauf traf er in Berlin mit Außenminister Gabriel zusammen, der sich gegen die Nazi-Vergleiche verwahrte, damit aber nichts bewirkte. Ebenso wenig gelang es der deutschen Seite, die Freilassung des Korrespondenten der Tageszeitung «Die Welt» in Ankara, des deutsch-türkischen Journalisten Deniz Yücel, zu erreichen, der Ende Februar wegen angeblicher «Propaganda für eine terroristische Vereinigung (gemeint war die kurdische PKK, H. A.W.) und Aufwiegelung der Bevölkerung» in Untersuchungshaft genommen worden war: ein Vorgang, der in Deutschland große Empörung hervorrief. Erdoğan nannte Yücel ungeachtet aller Proteste immer wieder einen Terroristen und einen deutschen Spion. Angela Merkel warf er in einem Fernsehgespräch am 15. März vor, sie schütze Terroristen.

Zu diesem Zeitpunkt hatte die türkische Referendumskampagne

längst aufgehört, eine bilaterale deutsch-türkische Angelegenheit zu sein. Am 27. Februar gab der Wiener Außenminister Sebastian Kurz bekannt, dass Auftritte türkischer Regierungsmitglieder im Zusammenhang mit der Verfassungsreform in Österreich unerwünscht seien. Am 11. März entzog die niederländische Regierung dem Flugzeug, in dem Außenminister Çavuşoğlu in das Land kommen wollte, um in Rotterdam vor Landsleuten für ein «Ja» beim Referendum zu werben, die Landeerlaubnis. Auch in diesem Fall waren die örtlichen Behörden nicht über den tatsächlichen Zweck der Veranstaltung informiert worden.

Noch am Abend desselben Tages kam die türkische Familienministerin Fatma Betül Sayan Kaya «incognito» von Deutschland aus im Auto nach Rotterdam, um dort vom türkischen Generalkonsulat aus zu den Anhängern der AKP zu sprechen. Unmittelbar vor dem Veranstaltungsort wurde sie von der Polizei aufgehalten und zur Rückkehr nach Deutschland gezwungen, von wo aus sie in die Türkei zurückflog. Erdoğan warf tags darauf auch der Regierung der Niederlande vor, Nachfahren der Nazis und Faschisten zu sein. Außenminister Çavuşoğlu nannte die Niederlande die «Hauptstadt des Faschismus» und stellte kurz darauf, ebenso wie Europaminister Ömer Çelik, den «Flüchtlingsdeal» mit der EU in Frage. Die diplomatischen Beziehungen zu den Niederlanden wurden eingefroren, dem niederländischen Botschafter, der sich am 11. März nicht in der Türkei aufgehalten hatte, die Wiedereinreise verwehrt.

Die heftigen türkischen Reaktionen veranlassten einige europäische Staaten, sich demonstrativ auf die Seite der Niederlande zu stellen. Die dänische Regierung etwa bat den türkischen Ministerpräsidenten Yildirim, unter den gegenwärtigen Umständen seinen für den 20. März vereinbarten Besuch in dem skandinavischen Königreich auf einen späteren Zeitpunkt zu verschieben. Eine Solidaritätserklärung kam auch von der deutschen Bundeskanzlerin. Angela Merkel erinnerte die Türkei daran, wie sehr gerade die Niederlande unter dem Nationalsozialismus gelitten hatten. Kanzleramtsminister Peter Altmaier erklärte am 15. März, die Bundesregierung habe die rechtlichen Möglichkeiten, Wahlkampfauftritte türkischer Regierungsvertreter zu verhindern, und sie schließe nicht aus, von ihren Rechten Gebrauch zu machen.

An der Absicht, die Erdoğan mit seiner Konfrontationstaktik verfolgte, gab es nichts zu deuteln. Wenn europäische Staaten Wahlkampfauftritten türkischer Minister Hindernisse in den Weg legten, war der Werbeeffekt ihrer Maßnahmen auf Seiten der Auslandstürken womöglich noch größer, als wenn die Abgesandten Ankaras in der Lage gewesen wären, ihre Reden zu halten. Erdoğan setzte auf die mobilisierende und integrierende Wirkung europäischer Aktionen, die er als gezielte Missachtung und Diskriminierung der Türkei interpretieren konnte. Tatsächlich stellten sich die oppositionellen Parteien (mit Ausnahme der prokurdischen) prompt auf die Seite des Staatspräsidenten und der Regierung. Hatten Umfragen bisher für einen knappen Sieg des «Nein» beim Referendum gesprochen, so ging nunmehr zumindest die AKP von einem Vorsprung der «Ja»-Stimmen aus.

Erdoğan hätte mit den bisherigen Ergebnissen seines Konfliktkurses zufrieden sein können. Er zog es aber vor, neue Eskalationsstufen zu erklimmen. Am 17. März richtete er an die in Europa lebenden Türkinnen den Appell: «Macht nicht drei, sondern fünf Kinder, denn ihr seid die Zukunft Europas!» Am 20. März warf er der Kanzlerin persönlich vor, sie wende «Nazi-Methoden» an. In Europa könnten auch wieder Gaskammern und Sammellager zum Thema gemacht werden, doch das trauten «sie» sich wohl nicht. Als der Chef des deutschen Bundesnachrichtendienstes, Bruno Kahl, am 19. März in einem Interview die Behauptung Ankaras anzweifelte, die Gülen-Bewegung stecke hinter dem gescheiterten Putsch vom Juli 2016, antwortete der türkische Verteidigungsminister Fikri Işik mit der Frage, ob nicht der deutsche Geheimdienst den Umsturzversuch angezettelt habe.

Am 21. März nannte Erdoğan die EU insgesamt «rassistisch, faschistisch und grausam» und kündigte für die Zeit nach dem Referendum eine Überprüfung des Verhältnisses zur Europäischen Union an. Gleichzeitig verlautete von einer Hilfsorganisation der AKP in Deutschland, weitere Wahlkampfauftritte türkischer Politiker in der Bundesrepublik seien vor dem Referendum nicht geplant. Vielfach wurde vermutet, dass der türkische Präsident damit auf Berliner Warnungen reagierte, Deutschland könne nicht nur weitere Reden von AKP-Vertretern verbieten, sondern auch die Genehmigung zur Errichtung türkischer Wahllokale in mehreren deutschen Großstädten zurückziehen, wenn Ankara die Bundesrepublik weiter durch NS-Vergleiche verunglimpfe. Möglicherweise war Erdoğan inzwischen aber auch zu der Auffassung gelangt, dass er den gewünschten Effekt seiner Provokationen, die Mobilisierung der Auslandstürken, bereits erreicht hatte und es fortan genügte, wenn er Deutschland und die EU nur noch von türkischem Boden aus angriff.[14]

Wahlkampfmotive leiteten im März 2017 nicht nur die türkische Politik. Die Härte, mit der die niederländische Regierung auf die Provokationen aus Ankara reagierte, hatte ebenfalls mit einem Wahltermin zu tun: den Parlamentswahlen vom 15. März. Umfragen deuteten darauf hin, dass der islam-, migrations- und EU-feindliche Rechtspopulist Geert Wilders gute Chancen hatte, als Sieger aus dem Urnengang hervorzugehen. Seiner Partei für die Freiheit (PVV) wurden Stimmenanteile um 20 Prozent und ein deutlicher Sitzvorsprung vor der regierenden rechtsliberalen Volkspartei für Freiheit und Demokratie (VVD) des Ministerpräsidenten Mark Rutte vorhergesagt. Wilders hatte sich im Verlauf der Jahre zum Wortführer jener Niederländer gemacht, die die kulturelle Identität ihres Landes durch die anhaltende Zuwanderung von Menschen aus anderen Kulturen, zumal aus islamischen Ländern, bedroht sahen und die EU als eine anonyme, unkontrollierbare Macht empfanden, die es darauf anlegte, ihre Mitgliedstaaten immer stärker zu gängeln, ja zu entmündigen.

Die regierenden Parteien, seit 2012 Rechtsliberale und Sozialdemokraten, hatten auf die nationalpopulistische Herausforderung reagiert, indem sie von der Devise der «immer engeren Union» abrückten und sich im Juli 2014 zu dem Grundsatz bekannten, auf europäischer Ebene nur noch zu regeln, was die Kräfte der Nationalstaaten überforderte. Während des Wahlkampfes von 2017 hatte Rutte zudem schärfer als zuvor die zugewanderten Niederländer und Ausländer, die in den Niederlanden lebten, aufgefordert, sich entweder voll und ganz der Lebensform der Niederlande anzupassen oder das Land zu verlassen. Ein offener Brief an alle Niederländer, den er am 23. Januar als Zeitungsanzeige veröffentlichte, gipfelte in der geradezu ultimativ klingenden Aufforderung: «Benimm Dich normal, oder verschwinde!»

Bei seinem Koalitionspartner stieß Rutte damit auf scharfe Kritik. Arbeitsminister Lodewijk Asscher, der Spitzenkandidat der Partei der Arbeit, nannte den Regierungschef das «schlappe Abbild eines Populisten». Der Vorsitzende der oppositionellen Christdemokraten, Sybrand Buma, sprach von einem unglaubwürdigen «plötzlichen Schwenk»; das Erbe des gegenwärtigen Kabinetts sei ein Land, «in dem die öffentliche Moral verloren gegangen ist». Eine unkontrollierte Zuwanderung lehnten jedoch die meisten niederländischen Parteien ab. Ähnlich einig waren sie in ihrer Absage an eine weitere Übertragung von Hoheitsrechten an die Europäische Union. Betont migrations- und EU-freundlich äußerte sich nur die Partei GrünLinks unter dem dynamischen Jesse Klaver, die vor allem bei jungen Niederländern viel Zuspruch fand.

Die Entschiedenheit, mit der Rutte dem Versuch Ankaras entgegentrat, einen innenpolitischen Machtkampf auf niederländischem Boden auszufechten, wurde von fast allen Parteien begrüßt. Der Wunsch des Ministerpräsidenten, seinem populistischen Widersacher den Donner zu stehlen, lag offen zutage, tat seiner wachsenden Popularität aber keinen Abbruch. Am 15. März ging Rutte als Sieger aus den Wahlen hervor. Seine VVD büßte zwar gegenüber 2012 5,3 Prozentpunkte ein, blieb jedoch mit 21,3 Prozent die mit Abstand stärkste Partei. Wilders' PVV gewann 3 Prozentpunkte hinzu, landete mit 13,1 Prozent aber weit abgeschlagen auf dem zweiten Platz. Die Christdemokraten (12,4 Prozent) und die linksliberalen D66 (12,2 Prozent) verbuchten Gewinne (3,9 beziehungsweise 4,2 Prozentpunkte), desgleichen die Partei GrünLinks, die um 6,8 Prozentpunkte anwuchs und auf 9,1 Prozent kam. Der größte Verlierer der Wahl war die Partei der Arbeit, die für die rigorose Sparpolitik Ruttes abgestraft wurde, die sie als Koalitionspartner mitgetragen hatte: Mit 5,7 Prozent erhielt sie 19,1 Prozentpunkte weniger als fünf Jahre zuvor. Mit 81 Prozent war die Wahlbeteiligung die höchste seit über 30 Jahren.

Dass die Regierungsbildung sehr schwierig werden würde, war schon vor der Wahl vermutet worden. Die Koalition aus Rechtsliberalen und Sozialdemokraten hatte ihre parlamentarische Mehrheit verloren. Beobachter rechneten mit einem Bündnis von vier Parteien unter Führung der Rechtsliberalen und möglicherweise unter Einschluss von GrünLinks – eine Konstellation, die angesichts der schroffen Gegensätze zwischen den Flügelparteien aber große Probleme aufwarf. Eine Regierungsbeteiligung der Partei von Wilders hatten faktisch alle anderen Parteien kategorisch ausgeschlossen, und sie bekannten sich auch nach der Wahl zu dieser Festlegung.

Was in den Niederlanden und bei ihren europäischen Nachbarn nach dem Bekanntwerden des Wahlergebnisses zunächst ganz im Vordergrund stand, war die Erleichterung darüber, dass die Rechtspopulisten weit weniger Stimmen erhalten hatten, als allgemein befürchtet worden war. Nach der Niederlage des FPÖ-Kandidaten Norbert Hofer bei den Bundespräsidentenwahlen in Österreich im Dezember 2016 war die niederländische Parlamentswahl vom März 2017 der zweite große Rückschlag für die europäischen Rechtspopulisten. Hatten diese das Brexit-Referendum vom Juni und den Sieg Donald Trumps in den USA im November 2016 als *ihre* Triumphe gefeiert, so waren die Wahlen in Österreich und den Niederlanden *ihre* Niederlagen. Bei den liberalen und proeuropäischen Kräften wuchs die Zuversicht, dass als nächste die Franzosen bei ihren Präsidentenwahlen im April und Mai 2017 die Nationalisten in die Schranken weisen würden.

Bei aller Freude über den Sieg der europäischen Kräfte in den Niederlanden kam freilich manchmal zu kurz, dass sich nicht nur Ruttes Rechtsliberale, sondern fast alle Parteien des Landes seit langem gegen die «ever closer union» ausgesprochen hatten, eine Rückverlagerung von Kompetenzen von der europäischen auf die nationale Ebene befürworteten und das «Projekt Europa» vor allem über eine vertiefte Zusammenarbeit der Regierungen voranbringen wollten. Auch in Sachen Migration war die Position Den Haags durch ein hohes Maß an Realismus gekennzeichnet. In den vergangenen Jahrzehnten waren die Niederländer immer wieder an die Grenzen ihrer Aufnahme- und Integrationsfähigkeit gestoßen. Daraus ergab sich für die meisten ein Nein zu einer weiteren unkontrollierten Zuwanderung. Hätte Rutte dieser verbreiteten Haltung nicht Rechnung getragen, wäre vermutlich nicht er, sondern Wilders als Sieger aus den Parlamentswahlen hervorgegangen. Geschlagen war der Führer der Partei für die Freiheit aber noch längst nicht: Die PVV hatte die Zahl ihrer Mandate von 15 auf 20 steigern können und war von der dritt- zur zweitstärksten Partei der Niederlande aufgestiegen.[15]

Je näher der 25. März 2017 rückte, desto stärker bestimmte dieses Datum die Diskussionen über die Zukunft der Europäischen Union. Es war der Tag, an dem sich die Unterzeichnung der Römischen Verträge über die Gründung der Europäischen Wirtschaftsgemeinschaft und der Europäischen Atomgemeinschaft zum sechzigsten Mal jährte, an dem die Mitgliedstaaten der EU in feierlicher Form in Rom dieses Ereignisses gedenken und ihre Vorstellungen von der Zukunft des europäischen Projekts zum Ausdruck bringen wollten.

Am 1. März versuchte die EU-Kommission in einem «Weißbuch zur Zukunft Europas» die Debatte zu strukturieren. Es enthielt fünf Szenarien des Zustands, in dem sich die EU im Jahr 2025 befinden könnte. Das erste stand unter dem Motto «Weiter so wie bisher», also des «muddling through», orientiert am Ziel der schrittweisen Verwirklichung einer «ever closer union». Im zweiten Szenario bildete der Binnenmarkt den Schwerpunkt schlechthin, womit die EU der Möglichkeit Rechnung trug, dass sich Mitgliedstaaten in immer weniger Politikbereichen auf eine gemeinsame Linie verständigen konnten. Das dritte Szenario folgte der Devise «Wer mehr will, tut mehr», was auf ein Europa der unterschiedlichen Geschwindigkeiten hinauslief. Im vierten Szenario konzentrierte sich die Union auf einige wenige Bereiche, in denen sie rascher als bisher zu Ergebnissen zu gelangen hoffte. Das fünfte Szenario entsprach am ehesten den Wünschen der Föderalisten: In immer mehr Politikfeldern teilten die Mitgliedstaaten Kompetenzen und Ressourcen und trafen gemeinsame Entscheidungen.

Einen besonders hohen Realitätsgehalt hatte das dritte Szenario, das eines Europas der unterschiedlichen Geschwindigkeiten, zu dem sich die deutsche Bundeskanzlerin Angela Merkel und der französische Staatspräsident François Hollande denn auch sogleich und nicht zum ersten Mal bekannten. Sie stießen damit auf den energischen Widerspruch der vier Višegrad-Staaten – Polen, Tschechien, Slowakei und Ungarn –, die sich durch diese Art der Differenzierung diskriminiert fühlten. In einer gemeinsamen Erklärung vom 2. März befürworteten sie die Weiterentwicklung des Binnenmarkts, vor allem in den Bereichen der digitalen Revolution und der Energieversorgung, die Notwendigkeit einer gemeinsamen Sicherung der EU-Außengrenzen und einer abgestimmten Terrorabwehr, und betonten im Übrigen die Notwendigkeit einer demokratischen Kontrolle der europäischen Prozesse auf nationaler Ebene. Aus Brüssel war daraufhin zu hören, dass der Entwurf der Gemeinsamen Erklärung des römischen Gipfels den Bedenken der souveränitätsstolzen Ostmitteleuropäer Rechnung tragen werde. Statt von einem «multi-speed Europe» sollte von einem Europa der «different paces» die Rede sein, was in der Sache aber auf dasselbe hinauslief.

Der Konzentration der Europäischen Union auf einige wenige Politikbereiche, wie sie das vierte Szenario vorsah, konnten sowohl die Višegrad-Staaten auch als die «Altmitglieder» einiges abgewinnen. Das galt vor allem für die Bereiche Verteidigung und Sicherung der gemeinsamen Außengrenzen. Am 6. März verständigten sich die Außen- und Verteidigungsminister der EU der 27 in Brüssel auf die Schaffung einer Kommandozentrale für Auslandsmissionen. Um dem Eindruck entgegenzuwirken, die EU wolle der NATO Konkurrenz machen, wurde der Begriff «Hauptquartier» bewusst vermieden. Ziel sei nicht ein europäisches Heer, wohl aber ein effektiverer Umgang mit militärischer Arbeit, erläuterte die Außenbeauftragte Federica Mogherini. Zumindest in diesen Punkten war sich die EU der 27 einig.

Drei Tage nach dem Brüsseler Treffen der Außen- und Verteidigungsminister kamen am gleichen Ort die Staats- und Regierungschefs der EU unter Einschluss Großbritanniens zusammen, um sich mit vergleichsweise unumstrittenen Themen wie Wirtschaftswachstum, Sicherheit und Verteidigung sowie Eindämmung der illegalen Zuwanderung aus den Nachbarkontinenten Afrika und Asien zu befassen. 27 der beteiligten Regierungen hatten sich zuvor darauf verständigt, Donald Tusk für eine zweite Amtszeit von zweieinhalb Jahren erneut zum Ratspräsidenten zu wählen. Die einzige Ausnahme war die Regierung des Landes, dessen Ministerpräsident Tusk von 2007 bis 2014 gewesen war: Polen.

Grund des Dissenses zwischen Polen und den übrigen EU-Mitgliedern war die tiefe Feindschaft, die der Chef der regierenden PiS, Jarosław Kaczyński, gegenüber Tusk empfand. Der Vorschlag von Ministerpräsidentin Beata Szydło, an Stelle von Tusk den weithin unbekannten, kurz zuvor aus der Fraktion der EVP ausgetretenen polnischen Europaabgeordneten der Bürgerplattform, Jacek Saryusz-Wolski, zum Ratspräsidenten zu wählen, fand bei ihren Kollegen keinerlei Unterstützung. Szydło reagierte mit der Blockade der Abschlusserklärung des Gipfels, so dass diese in Form von Schlussfolgerungen des Ratspräsidenten der Öffentlichkeit unterbreitet werden musste. Polnische Politiker, die Tusk schon zuvor als «Kandidaten Merkels» abqualifiziert hatten, nannten seine Wiederwahl folgerichtig ein «deutsches Diktat».

Dass auch Ungarn, Tschechien und die Slowakei einer zweiten Amtszeit von Tusk zugestimmt hatten, machte die Niederlage für Warschau besonders schmerzlich. Mit den anderen Višegrad-Staaten war sich Kaczyńskis Polen in der Verteidigung der nationalstaatlichen Souveränität und dem entschiedenen Nein zu einer Aufnahme von Migranten stets einig gewesen. In Tschechien vertraten vor allem Staatspräsident Miloš Zeman, ein ehemaliger Sozialdemokrat, und die rechtspopulistische Politische Bewegung ANO um den Oligarchen Andrej Babiš, seit 2013 Finanzminister eines sozialdemokratisch geführten Koalitionskabinetts, eine entschieden nationalpopulistische Linie, in der Slowakei fast alle Parteien einschließlich der des nominell sozialdemokratischen Ministerpräsidenten Robert Fico.

Ungarns nationalkonservativer Regierungschef Viktor Orbán, der Pionier der «illiberalen Demokratie» in Ostmitteleuropa, hatte Anfang 2017 durch einen Gesetzentwurf, der die Internierung von Migranten in Container-Lagern nahe der serbischen Grenze vorsah, scharfe Proteste des Flüchtlingshilfswerks der Vereinten Nationen und von Menschenrechtsorganisationen ausgelöst, war aber bei den anderen Višegrad-Staaten auf volles Verständnis gestoßen. Am 28. März trat das Internierungsgesetz in Kraft. Doch schon tags zuvor hatte der Europäische Gerichtshof für Menschenrechte in einer einstweiligen

Verfügung die Verlegung von acht Jugendlichen und einer schwangeren Frau aus der Nähe von Budapest in eines dieser Lager untersagt und damit der weiteren Anwendung des Gesetzes einen Riegel vorgeschoben. Der Fraktionsvorsitzende des Fidesz drohte daraufhin einen Austritt Ungarns aus der Europäischen Menschenrechtskonvention für den Fall an, dass das Gericht seine Entscheidung nicht korrigierte.

Mit Kaczyński uneins waren Orbán, Zeman und Fico in einer wichtigen außenpolitischen Frage: Die letzteren nahmen gegenüber dem Russland Putins eine betont freundliche, der PiS-Chef eine scharf ablehnende Haltung ein. Die Visegrad-Staaten bildeten also keinen geschlossenen Block, doch so deutlich wie beim Streit um die Wiederwahl Tusks waren die Gegensätze bisher noch nicht in Erscheinung getreten. Offen war für den Augenblick noch, wie sich Tschechien und die Slowakei verhalten würden, wenn die EU-Kommission dem Europäischen Rat Sanktionen gegen Polen empfehlen sollte, weil dieses die Gleichschaltung des Verfassungsgerichts ohne Rücksicht auf die Vorhaltungen der Kommission und des Europarats vorangetrieben hatte. Ungarn hingegen war frühzeitig auf die Seite Polens getreten: Orbán hatte keinen Zweifel daran gelassen, dass er einer Suspension des polnischen Stimmrechts nicht zustimmen würde, so dass es den in diesem Fall notwendigen einstimmigen Beschluss des Europäischen Rats nicht geben konnte. Die Haltung des Budapester Ministerpräsidenten war in sich logisch: Er hatte die Unabhängigkeit der Justiz, einschließlich des Verfassungsgerichts in einem Maß eingeschränkt, dass man von einer funktionierenden Gewaltenteilung in Ungarn nicht mehr sprechen konnte.[16]

Wenige Tage vor dem römischen Jubiläumsgipfel, am 20. März, trafen sich die Innenminister von sechs EU-Staaten – Italien, Frankreich, Deutschland, Österreich, Slowenien und Malta – sowie der Schweiz mit ihren Kollegen aus Algerien, Tunesien und Libyen in der italienischen Hauptstadt, um den Zustrom von Migranten aus Afrika nach Europa möglichst weitgehend zu unterbinden. Zeitweilig nahm auch der Chef der libyschen Einheitsregierung, Fajis al-Sarradsch, an den Gesprächen der «Kontaktgruppe» teil. Er legte dem Initiator des Treffens, dem italienischen Innenminister Marco Minniti, eine

Wunschliste der libyschen Küstenwache vor: Diese benötigte, um Migranten an der Überquerung des Mittelmeers auf der Zentralroute zu hindern, vor allem Rettungsboote, Hubschrauber, Geländewagen, Telefon- und Radargeräte. In der Summe beliefen sich die Forderungen auf etwa 800 Millionen Euro – einen weit höheren Betrag als die 200 000 Euro, die Sarradsch von der EU bereits zugesagt worden waren.

Was Vereinbarungen mit der Regierung Sarradsch tatsächlich bewirken konnten, war nach wie vor ungewiss. Hoffnungen auf eine Aussöhnung zwischen den rivalisierenden libyschen Machtzentren in Tripolis und Tobruk hatten sich kurz zuvor wieder zerschlagen. Dazu kamen neuerdings heftige Gefechte mit Regierungsgegnern in Tripolis selbst und Machtkämpfe im bisher relativ ruhigen Misrata. Die Einheitsregierung hatte über alldem nicht an Autorität gewonnen; sie galt weithin als durchsetzungsschwach und korrupt. Das Interesse der Europäischen Union lag klar zutage: Es galt, Migranten aus Afrika spätestens an der libyschen Küste von der lebensgefährlichen Flucht nach Europa abzuhalten und den kriminellen Schleusern das Handwerk zu legen. Doch es blieb nach wie vor zweifelhaft, wie dieses Ziel erreicht werden konnte, wenn die Staatsgewalt in Libyen auf so schwachen Füßen stand wie die euphemistisch so genannte Einheitsregierung in Tripolis.[17]

Bis kurz vor Beginn der Feierlichkeiten anlässlich des 60. Jahrestages der Unterzeichnung der Römischen Verträge war ungewiss, ob tatsächlich alle 27 Staats- und Regierungschefs der «postbritischen» EU die geplante Erklärung zur Lage und Zukunft der Gemeinschaft unterzeichnen würden. Die polnische Regierung nahm den anderen Regierungen weiterhin die Wiederwahl von Donald Tusk zum Ratspräsidenten übel. Verteidigungsminister Antoni Macierewicz, ein enger Vertrauter von Jarosław Kaczyński, hatte inzwischen eine Strafanzeige gegen Tusk, den seinerzeitigen Warschauer Regierungschef, in Zusammenhang mit dem Flugzeugabsturz von Smolensk im April 2010 erstattet, bei dem Staatspräsident Lech Kaczyński, der Zwillingsbruder von Jarosław, ums Leben gekommen war. Ministerpräsidentin Beata Szydło hatte mit dem Boykott der römischen Erklärung gedroht, ließ sich aber dem Vernehmen nach von Papst Franziskus in einem Vieraugengespräch zuletzt doch noch eines Besseren belehren. Schwerwiegende Bedenken des griechischen Ministerpräsidenten Alexis Tsipras gegen den vorliegenden Textentwurf konnten durch die Einfügung eines Bekenntnisses zum Kampf gegen die Arbeitslosigkeit noch rechtzeitig ausgeräumt werden. Am 25. März unterzeichneten alle Staats- und Regierungschefs die Erklärung, die unter der Ägide von Donald Tusk, Jean-Claude Juncker und EU-Parlamentspräsident Antonio Tajani in den Wochen zuvor ausgearbeitet und mit den Mitgliedstaaten abgestimmt worden war.

Die «Erklärung von Rom» bezeichnete die EU als eine «einzigartige Union mit gemeinsamen Institutionen und starken Werten, eine Gemeinschaft des Friedens, der Demokratie, der Menschenrechte und der Rechtsstaatlichkeit». Das «Europa der unterschiedlichen Geschwindigkeiten» fand sich in den wohlabgewogenen Worten wieder: «Wir werden gemeinsam – wenn nötig mit unterschiedlicher Gangart und Intensität – handeln, während wir uns in dieselbe Richtung bewegen, so wie wir es schon in der Vergangenheit getan haben; dies wird im Einklang mit den Verträgen geschehen, und die Tür wird allen offen stehen, die sich später anschließen möchten. Unsere Union ist ungeteilt und unteilbar.»

Als gemeinsame Ziele der «Agenda von Rom» nannte die Erklärung eine «wirksame und nachhaltige Migrationspolitik, in der internationale Normen geachtet werden», die Sicherung der Außengrenzen und den Kampf gegen Terrorismus und organisiertes Verbrechen, gegen Arbeitslosigkeit, Diskriminierung, soziale Ausgrenzung und Armut, die Förderung von anhaltendem und nachhaltigem Wachstum durch Investitionen, Strukturreformen und Arbeit an der Vollendung der Wirtschafts- und Währungsreform, sowie eine Stärkung der gemeinsamen Sicherheit und Verteidigung. Vom Trennenden und Strittigen war nicht die Rede; dass zur Rechtsstaatlichkeit auch die Gewaltenteilung und namentlich die Unabhängigkeit der rechtsprechenden Gewalt gehörte, blieb aus Rücksicht auf die «illiberalen Demokratien» Ostmitteleuropas ungesagt. «Wir sind zu unserem Glück vereint», hieß es wie schon zehn Jahre zuvor in der «Erklärung von Berlin». «Europa ist unsere gemeinsame Zukunft.» Die Verfasser und die Unterzeichner des Manifests waren froh, dass es gelungen war, den unleugbaren Dissens über fundamentale Werte notdürftig zu verdecken. Ein Mehr an Harmonie war im Frühjahr 2017 von der EU der 27 nicht zu erwarten.

Flankiert wurden die Feierlichkeiten von Demonstrationen für und gegen die EU. *Gegen* die Gemeinschaft protestierte in Rom die antikapitalistische und globalisierungskritische Linke, *für* sie trat dort wie in vielen europäischen Städten die neue, im November 2016 in Frankfurt entstandene überparteiliche Bürgerbewegung «Pulse of Europe» auf den Plan. Die Letztere verteidigte eine Idee von Europa, der die Nationalisten unter den Staats- und Regierungschefs in Wort und Tat widersprachen und die Populisten innerhalb und außerhalb der Parlamente den Kampf angesagt hatten. Es hatte der beiden größten Triumphe der Populisten im Jahr 2016, des Brexit-Referendums und der amerikanischen Präsidentenwahl, bedurft, um Zehntausenden von Menschen den Anstoß zum öffentlichen Engagement für ein vereinigtes, demokratisches Europa zu geben, über dessen konkrete Ausgestaltung auf den Kundgebungen vom Frühjahr 2017 freilich kaum etwas verlautete. Neben der Bundespräsidentenwahl in Österreich und der Parlamentswahl in den Niederlanden war der Zulauf zu «Pulse of Europe» ein weiteres Anzeichen dafür, dass die Anziehungskraft der «terribles simplificateurs» von rechts ihren Höhepunkt möglicherweise bereits überschritten hatte.

Vier Tage nach dem Sondergipfel in Rom, am 29. März 2017, traf in Brüssel der Antrag des Vereinigten Königreichs auf Austritt aus der Europäischen Union gemäß Artikel 50 des Vertrags von Lissabon ein. Da der Termin seit Mitte März feststand, hatte die EU Zeit gehabt, die nächsten Schritte vorzubereiten. Auf einem Sondergipfel in Brüssel sollten am 29. April die Grundzüge des weiteren Vorgehens beschlossen, Ende Mai oder Anfang Juni mit den eigentlichen Verhandlungen begonnen werden. Dabei sollten, wie Tusk am 31. März klarstellte, entgegen den britischen Erwartungen zunächst die Austrittsbedingungen und erst dann, wenn hierbei ausreichende Fortschritte erzielt waren, die künftigen Beziehungen des Vereinigten Königreichs zur EU auf der Agenda stehen. Was immer das Ergebnis der Verhandlungen sein würde – nach dem derzeitigen Stand der Dinge war am Ende nur die Trennung der Europäischen Union von ihrer drittgrößten Volkswirtschaft zu erwarten.[18]

Am Tag nach dem römischen Gipfel, dem 26. März 2017, fanden in Bulgarien die vorgezogenen Parlamentswahlen statt, die durch den Rücktritt von Ministerpräsident Boyko Borissow im Gefolge der Präsidentenwahl vom November 2016 notwendig geworden waren. Borissows Partei, die konservative Gerb, blieb mit 32,7 Prozent beim gleichen Stimmenanteil wie bei den vorangegangenen Wahlen vom Oktober 2014. Sie schnitt damit deutlich besser ab als die Sozialisten, die stark angewachsen waren und auf 27,2 Prozent kamen. Der wichtigste frühere Koalitionspartner der Gerb, der rechtsliberale Reformblock, hatte nur 3,1 Prozent der Stimmen erhalten und damit den Sprung über die Vierprozenthürde des Wahlgesetzes verfehlt, so dass Borissow sich nach neuen Mehrheiten umsehen musste. Als Partner kamen in erster Linie die Vereinigten Patrioten, ein Bündnis nationalistischer, teilweise rechtsradikaler Parteien, das 9,1 Prozent erhalten hatte, und die Partei Wolja (Wille) des politisch schwer zu verortenden Großunternehmers Wesselin Mareschki in Frage, die auf 4,15 Prozent kam.

Der Erfolg der Gerb hing offenkundig mit ihrer entschieden proeuropäischen und prowestlichen Haltung zusammen: ein Merkmal, das sie von ihrer Hauptkonkurrentin, der Bulgarischen Sozialistischen Partei, abhob, die als ebenso entschieden prorussisch galt. Starke Sympathien für das Russland Putins gab es freilich auch bei Borissows potentiellen Partnern, vor allem den Vereinigten Patrioten, von denen man mit Sicherheit annehmen konnte, dass sie dem künftigen Ministerpräsidenten einen beträchtlichen Preis für ihre Unterstützung abfordern würden. *Eine* Lösung schied von vornherein aus: Eine «Große Koalition» mit der Gerb lehnten die Sozialisten kategorisch ab.

Dass Putin einen Sieg der Sozialisten sehr viel lieber gesehen hätte, lag auf der Hand. Aber er war nicht der einzige auswärtige Staatschef, den der Ausgang der bulgarischen Parlamentswahl enttäuschen musste. Der türkische Staatspräsident Erdoğan hatte mit allen erdenklichen Mitteln eine Partei in Bulgarien lebender ethnischer Türken, Dost, gefördert, die aber mit einem Stimmenanteil von nur 2,9 Prozent den Einzug in das Parlament nicht schaffte. Wichtigstes Sprachrohr der türkischen Minderheit blieb die Bewegung für Rechte und Freiheiten, die allerdings seit langem im Ruf stand, durch und durch korrupt zu sein: Sie kam auf knapp 9 Prozent.

Gelang es Borissow nicht, sich eine parlamentarische Mehrheit zu verschaffen, musste sich seine sozialistische Rivalin Kornelia Ninova an der Regierungsbildung versuchen. Wenn auch sie scheiterte, waren abermals vorgezogene Neuwahlen fällig. Da auf Bulgarien im ersten Halbjahr 2018 der rotierende Ratsvorsitz der EU zukam, durfte man sicher sein, dass Borissow zu vielen Kompromissen bereit sein würde, um möglichst rasch an die Spitze eines arbeitsfähigen Kabinetts treten zu können.

Anfang Mai war es so weit: Borissow ging eine Koalition mit den Vereinigten Patrioten ein. Der Chef der rechtsnationalen IMRO-Partei, der kremlfreundliche, ehemalige kommunistische Geheimdienstagent Krassimir Karakatschanow, wurde Verteidigungsminister und erhielt als einer von vier stellvertretenden Regierungschefs die Zuständigkeit für Sicherheit und öffentliche Ordnung. Der offen rassistische Vorsitzende der Nationalen Front für die Rettung Bulgariens, Walerij Simeonow, der Roma «wilde Affen» genannt hatte, übernahm als weiterer stellvertretender Ministerpräsident die Verantwortung für Wirtschafts- und Bevölkerungspolitik. Ein Koalitionspartner war auch, als Teil der Vereinigten Patrioten, die putinfreundliche Ataka-Partei um den bekennenden Antisemiten Wolen Sidorow, die immer wieder mit Angriffen auf türkische Muslime Schlagzeilen gemacht hatte.

Vernehmbare Warnungen der Europäischen Volkspartei, der auch die Gerb angehörte, vor einem Pakt mit Rechtsextremisten blieben diesmal, anders als nach der Wahl von 2014, aus. Borissow hielt sich zugute, dass er seinen Koalitionspartnern ein Bekenntnis zur prowestlichen Orientierung Bulgariens und seiner Mitgliedschaft in EU und NATO abgerungen hatte. Über Brüsseler Zweifel an der Glaubwürdigkeit dieser Zusicherungen wurde nichts bekannt.[19]

Eine Woche nach den Parlamentswahlen in Bulgarien, am 2. April 2017, fanden im benachbarten Serbien Präsidentenwahlen statt. Als Favorit galt Ministerpräsident Aleksandar Vučić, der sich vom radikal nationalistischen Informationsminister unter Slobodan Milošević zum pragmatischen Befürworter einer serbischen Mitgliedschaft in der EU gewandelt hatte, gleichzeitig aber großen Wert auf ein gutes Verhältnis zum Russland Wladimir Putins legte. Vučić kontrollierte nicht nur die von ihm geführte nationalkonservative Fortschrittspartei, sondern auch die Geheimdienste und die meisten Medien. Allgemein wurde vermutet, dass er, wenn er als Sieger aus der Präsidentenwahl hervorging und die Nachfolge von Tomislav Nikolić antrat, diese Machtfülle in das neue, mit eher repräsentativen Funktionen ausgestattete Amt mitnehmen und einen loyalen Gefolgsmann zum Regierungschef ernennen, also einen stillen Verfassungswandel in Richtung eines Präsidialsystems einleiten werde. Das Ergebnis der Wahl vom 2. April war dann so eindeutig, dass sich eine Stichwahl erübrigte: Vučić erhielt 55 Prozent der Stimmen, der erfolgreichste unter den anderen Bewerbern, der ehemalige Bürgerbeauftragte Saša Janković, 16,4 Prozent.

In der EU, die mit Serbien seit Anfang 2014 Beitrittsverhandlungen führte, überwog die Zufriedenheit mit dem Ausgang der Präsidentenwahl. Dass in Belgrad und anderen serbischen Städten nach dem 2. April Zehntausende von Jugendlichen wochenlang Tag für Tag gegen Vučić demonstrierten, dem sie eine systematische Manipulation der Wahl vorwarfen, blieb in Brüssel weithin unkommentiert. Vučić stand für die proeuropäische Orientierung Serbiens, wie stark auch immer die traditionellen Sympathien für Russland in der serbischen Öffentlichkeit sein mochten. Der künftige Präsident verbürgte politische Stabilität, was vor allem mit Blick auf die Migranten wichtig war, die Serbien daran hinderte, in die zur EU gehörenden Nachbarstaaten weiterzuwandern. Dass die Korruption nicht wirksam bekämpft wurde und von medialer Vielfalt unter Vučić kaum noch die Rede sein konnte, fiel demgegenüber weniger ins Gewicht.

Durch seine relative Stabilität hob sich Serbien krass von einer anderen ehemaligen jugoslawischen Teilrepublik ab: von Mazedonien. Dort hatte die Parlamentswahl vom 11. Dezember 2016 zu einem annähernden Patt zwischen der bisherigen Regierungspartei, der nationalkonservativen VMRO, und den oppositionellen Sozialdemokraten geführt. Durch Vermittlung des albanischen Ministerpräsidenten Edi Rama war es dem sozialdemokratischen Parteiführer Zoran Zaev gelungen, sich mit Hilfe von Parteien der albanischen Minderheit eine parlamentarische Mehrheit zu sichern. Unter dem Druck des weiter amtierenden nationalkonservativen Ministerpräsidenten Nikola Gruevski weigerte sich der ebenfalls nationalkonservative Gjorge Ivanov, Zaev zum Ministerpräsidenten zu ernennen.

Die von den Sozialdemokraten konzedierte Erhebung des (nur in Teilen des Landes gesprochenen) Albanischen zur zweiten Amtssprache in ganz Mazedonien gefährde die Souveränität und Integrität des Staates: So lautete die mit Gruevski abgestimmte Begründung des präsidialen Nein, das in der Sache auf einen Staatsstreich hinauslief und das Land in einen Bürgerkrieg stürzen konnte. Beobachter vermuteten, dass die Sprachenfrage nicht der einzige Grund war, weshalb die Nationalkonservativen den demokratischen Machtwechsel verweigerten. Es ging den Regierenden offenkundig auch darum, die im Mai 2017 auslaufenden Vollmachten einer Sonderstaatsanwaltschaft nicht zu verlängern, die einen Abhörskandal untersuchte, in den Gruevski verwickelt war.

Mazedonien war seit 2005 Beitrittskandidat der EU. Die Aufnahme von Beitrittsverhandlungen aber war bisher von Griechenland verhindert worden, das aus dem Staatsnamen «Mazedonien» einen Anspruch auf die griechische Provinz gleichen Namens herauslas (und mit dieser Begründung durchgesetzt hatte, dass Mazedonien 1993 von den Vereinten Nationen nur als «Former Yugoslav Republic of Macedonia», abgekürzt FYROM, in die Völkergemeinschaft aufgenommen wurde). Der Einfluss der Europäischen Union auf Skopje war infolgedessen geringer als im Fall Serbien; eine Gesprächsbitte des Erweiterungskommissars Johannes Hahn lehnte Präsident Ivanov im März 2017 unter Hinweis auf Terminschwierigkeiten ab. Ende April stürmten nationalistische Anhänger des bisherigen Ministerpräsidenten das Parlament, um die neue sozialdemokratisch-albanische Mehrheit an der Wahl eines Parlamentspräsidenten zu hindern. Mehrere Abgeordnete, darunter Zaev, wurden dabei verletzt. Am 17. Mai sah sich Ivanov dann schließlich doch noch genötigt, Zaev zum Regierungschef zu ernennen. Das Hauptverdienst an der Beilegung der Krise konnte sich die EU zuschreiben.

Angesichts der strategischen Bedeutung, die Mazedonien während der Flüchtlingskrise Anfang 2016 durch die Schließung seiner Grenze zu Griechenland (und damit der Balkanroute) erlangt hatte, war aber davon auszugehen, dass Brüssel auch künftig alles tun würde, um eine weitere Destabilisierung dieses Balkanlandes zu verhindern. Wie immer es um die politische Beitrittsreife von Ländern bestellt war, die sich um die Mitgliedschaft in den Staatenverbund bewarben: Soweit sie an der Balkanroute lagen, hatten sie für die EU mittlerweile ein Gewicht erlangt, mit dem sie pokern konnten.[20]

Von allen Beitrittskandidaten der Europäischen Union war die Türkei nach wie vor der schwierigste, und noch zu keiner Zeit waren die Beziehungen zwischen Ankara und der Gemeinschaft so angespannt gewesen wie in den ersten vier Monaten des Jahres 2017: Es war die Zeit, in der das Land am Bosporus ganz im Zeichen des Kampfes um die Verfassungsreform stand, die nach dem Willen von Staatspräsident Recep Tayyip Erdoğan die Türkei von einem bis vor kurzem noch notdürftig funktionierenden parlamentarischen System in ein autoritäres Präsidialregime verwandeln sollte. Das Referendum hierüber war auf den 16. April angesetzt.

«Frei» konnte man die politischen Debatten in der Türkei spätestens seit dem gescheiterten Militärputsch vom Juli 2016 nicht mehr nennen. Präsident, Regierung und AKP hatten den stümperhaft vorbereiteten Umsturzversuch zum Anlass eines eigenen «coup d'état» genommen, der im Schatten des mehrfach verlängerten Ausnahmezustands ablief. Die Medien waren nicht völlig, aber inzwischen doch zu einem großen Teil gleichgeschaltet, die meisten Abgeordneten der oppositionellen prokurdischen HDP durch Aberkennung der parlamentarischen Immunität, Verhaftung und Freiheitsentzug politisch neutralisiert, das Militär umfassend «gesäubert», missliebige Professoren, Beamte, Staatsanwälte, Richter zu Zehntausenden entlassen und in großer Zahl ohne Gerichtsverfahren ins Gefängnis gesteckt worden. Unabhängige Journalisten, Intellektuelle, Schriftsteller wurden weiterhin diffamiert und verfolgt. Wer für ein «Nein» beim Referendum warb, geriet sogleich in den Ruf, ein «Verräter» zu sein. Es war ein Klima der Einschüchterung, das seit dem Hochsommer 2016 in der Türkei herrschte.

Dem türkischen Justizministerium zufolge sollte die angestrebte Verfassungsreform die Gewaltenteilung stärken. Tatsächlich stärkte sie nur *eine* Gewalt, die des Präsidenten. Dieser war künftig nicht mehr gezwungen, bisher vorhandene Beziehungen zu einer Partei abzubrechen. Folglich konnte er seine «politische Familie» auch aus dem höchsten Staatsamt heraus lenken. Er übte in Personalunion sämtliche bisherigen Funktionen des Ministerpräsidenten aus, dessen Amt ebenso wegfiel wie der Ministerrat als eigenständiges Organ. Der Präsident durfte das Parlament vor Ablauf der Legislaturperiode auflösen. Parlaments- und Präsidentenwahlen sollten künftig alle fünf Jahre gleichzeitig stattfinden. Eine einmalige Wiederwahl des Präsidenten war möglich, bei einer vorzeitigen Neuwahl von Präsident und Parlament auch eine zweite.

Dem Parlament wurde durch die Änderung der Verfassung das Recht entzogen, die Minister zu bestätigen und zu kontrollieren; diese wurden ausschließlich vom Präsidenten ernannt und entlassen. Dekrete des Präsidenten konnten an die Stelle von Gesetzen treten. Ein Veto des Präsidenten ließ sich vom Parlament nur durch die absolute Mehrheit seiner Mitglieder überwinden. Machte sich der Präsident strafbar, konnte nur eine Dreifünftelmehrheit der Abgeordneten die Einleitung eines Strafverfahrens beschließen. Die Gerichte sollten unabhängig und überparteilich sein. Auf die Zusammensetzung des Rates der Richter und Staatsanwälte, der bei der Besetzung der wichtigsten Gerichte ein entscheidendes Wort mitzureden hatte, hatten Präsident, Justizminister und Parlamentsmehrheit aber ausschlaggebenden Einfluss. Der Präsident konnte beliebig viele Stellvertreter ernennen und diese auch wieder entlassen. Er ernannte und entließ weiterhin alle Beamten, war faktisch Chef der türkischen Bürokratie und blieb Oberbefehlshaber der Streitkräfte.

Präsidialregime zeichnen sich auch in westlichen Demokratien durch ein hohes Maß an Machtkonzentration beim Staatsoberhaupt aus. Sie kennen aber auch, wie die Beispiele USA und Frankreich in jeweils unterschiedlicher Ausformung zeigen, institutionelle Gegengewichte wie ein funktionsfähiges Parlament und eine unabhängige Justiz, eine starke «vierte Gewalt» in Gestalt der freien Presse und einen Fundus gesicherter Grundrechte. Im Entwurf der überarbeiteten türkischen Verfassung waren nach dem Urteil der Venedigkommission des Europarats solche «checks and balances» nur noch in eingeschränktem Umfang vorgesehen. Die Reform schränkte die bisherige, alles andere als vollkommene Gewaltenteilung und Rechtsstaatlichkeit weiter ein und führte mit innerer Logik in eine Präsidialdiktatur: eine Perspektive, die die überzeugten Anhänger Erdoğans zwar leugneten, die sie aber nicht wirklich zu erschrecken schien.

Für ein «Ja» (Evet) setzte sich mit großem Propagandaaufwand die Partei des Präsidenten, die «gemäßigt» islamistische Partei für Gerechtigkeit und Entwicklung (AKP) ein. Doch auch unter ihren Funktionären, Mitgliedern und Anhängern gab es nicht wenige, die eine allzu starke Machtkonzentration bei Erdoğan für gefährlich hielten. Von den Oppositionsparteien warben die Republikanische Volkspartei (CHP), eine Partei der linken Mitte, und die ihrer Führung beraubte prokurdische Demokratische Partei der Völker (HDP) für ein «Nein» (Hayis). Die ultrarechte Partei der Nationalistischen Bewegung (MHP) hatte sich unter der Führung ihres Vorsitzenden Devlet Bahçeli in Sachen Verfassungsreform auf die Seite Erdoğans gestellt. Eine Minderheit von Parlamentariern, die die Einführung eines Präsidialsystems strikt ablehnten, war aus der Partei ausgeschlossen worden, nahm aber aktiven Anteil an der Kampagne für das «Nein». Ihre Sprecherin, die Abgeordnete Meral Akşener, die 1996/97 kurzzeitig Innenministerin gewesen war, galt inzwischen auf Grund ihrer Beredsamkeit und Popularität als eine besonders gefährliche Widersacherin Erdoğans. Umfragen zufolge lagen die Lager der Befürworter und der Gegner der Verfassungsreform in den Wochen vor dem Referendum nahezu gleich auf.

In der Schlussphase seiner Kampagne kündigte Erdoğan die Möglichkeit eines weiteren Referendums an. Sollte das Parlament der Wiedereinführung der Todesstrafe nicht mit der notwendigen verfassungsändernden Mehrheit zustimmen, würde er hierüber das Volk entscheiden lassen. Auch die Möglichkeit eines Referendums über das Verhältnis zur EU deutete er an. Am 14. April erklärte der Staatspräsident, solange er an der Spitze der Türkei stehe, werde es eine Freilassung des deutsch-türkischen Journalisten Deniz Yücel und seine Überstellung nach Deutschland nicht geben. Dasselbe gelte für andere Deutsch-Türken, die wegen Terrorverdachts festgenommen worden seien. Erdoğan begründete diese Haltung damit, dass Deutschland seinerseits Terrorverdächtige mit türkischem Pass nicht an die Türkei ausliefere. Die «Frankfurter Allgemeine Zeitung» versah am Tag vor dem Referendum einen Bericht über einen der in Istanbul festgehaltenen Deutschen mit türkisch-kurdischen Wurzeln mit der Überschrift «Erdoğans Geiseln». Auf Gerichtsurteile kam es dem türkischen Präsidenten zumindest in diesem Zusammenhang nicht mehr an: In der Frage, ob verhaftete Kritiker freikamen oder nicht, sah er sich inzwischen selbst als letzte Instanz.

Das Referendum vom 16. April 2017 fiel so knapp aus, wie es die Demoskopen vorhergesagt hatten: 51,4 Prozent stimmten für die Verfassungsreform und damit für ein Präsidialsystem à la Erdoğan, 48,6 Prozent dagegen. Die türkische Gesellschaft war in zwei ungefähr gleich starke, feindliche Lager gespalten, von denen eines, das siegreiche, gegen eine autoritäre Transformation des Staates keine Bedenken hatte, das andere, unterlegene, eine weitere Machtanhäufung bei Erdoğan ablehnte. Bei den in Europa lebenden Auslandstürken war die Zustimmung für den Präsidenten vielfach erheblich stärker: In Frankreich wurden knapp 65, in Deutschland 63 Prozent Ja-Stimmen registriert, in Belgien, den Niederlanden und Österreich sogar über 70 Prozent.

Internationale Beobachter von OSZE und Europarat monierten Grundrechtsbeschränkungen im Zuge des Ausnahmezustands und die während der Auszählung getroffene, gesetzwidrige Entscheidung der Hohen Wahlkommission, auch solche Umschläge und Stimmzettel als gültig anzuerkennen, die nicht den vorgeschriebenen amtlichen Stempel trugen. Die Oppositionsparteien, die die Zahl der ungestempelten Stimmzettel auf 2,5 Millionen schätzten, sprachen von zahlreichen

Unregelmäßigkeiten bei der Auszählung, ja von Wahlbetrug, vor allem in einigen Gegenden Südostanatoliens, und verlangten von der Hohen Wahlkommission eine Neuauszählung beziehungsweise Annullierung des Referendums. Zehntausende von Bürgern unterstützten diese Forderungen in Istanbul und anderen Hochburgen des «Nein» in Form lautstarker Protestkundgebungen.

Erdoğan quittierte seinen prekären Erfolg nicht etwa mit dem Versuch, eine Brücke zu *den* Türken zu schlagen, die mit «Nein» gestimmt hatten, sondern mit der Ankündigung, er werde schon bald einen Vorstoß zugunsten der Wiedereinführung der Todesstrafe unternehmen. Tags darauf beschloss die Regierung die Verlängerung des Ausnahmezustands um weitere drei Monate. Das Parlament stimmte dieser Maßnahme am 19. April zu.

Dass die Rückkehr zur Todesstrafe von der EU mit dem Abbruch der Beitrittsverhandlungen beantwortet werden würde, war Erdoğan bewusst, doch er strebte diesen harten Schnitt, den er, gestützt auf Meinungsumfragen, für sehr populär hielt, offenbar seit längerem an. In Europa, und vor allem in Deutschland, wurden wie schon während der Kampagne Stimmen laut, die den konservativen und christdemokratischen Kräften der EU eine Mitschuld für die Abwendung Ankaras von Europa zusprachen: Wirklich gewollt hätten die Parteien der rechten Mitte eine Mitgliedschaft der Türkei nie, sie hätten den Beitrittsverhandlungen nur widerwillig oder zum Schein zugestimmt und damit der autoritären Politik, die der ursprünglich reformwillige, dann aber von der EU enttäuschte Erdoğan in den letzten Jahren betrieben habe, Vorschub geleistet.

Tatsächlich hatte sich bei den im Herbst 2005 aufgenommenen Beitrittsverhandlungen aus anderen Gründen kaum etwas bewegt: Die Reformen der Regierung Erdoğan blieben, wie die jährlichen Fortschrittsberichte der EU-Kommission zeigten, weit hinter den Brüsseler Erwartungen zurück; die Anstrengungen Ankaras ließen nach, nachdem das Etappenziel formeller Verhandlungen erreicht war. Das galt besonders für die Bereiche Meinungs- und Religionsfreiheit sowie Strafrechtsreform. Zudem löste die türkische Seite im Hinblick auf das gespaltene Zypern keine der Verpflichtungen ein, die sie zuvor gegenüber der EU eingegangen war; das Parlament weigerte sich sogar beharrlich, ein von Erdoğan zugestandenes Zusatzprotokoll zum Assoziierungsabkommen vom September 1963 zu ratifizieren.

Eine Mitverantwortung der EU für den höchst unbefriedigenden Zustand ihrer Beziehungen zur Türkei gab es aber durchaus. Schon beim Abschluss des Assoziierungsabkommens hatten die damalige Europäische Wirtschaftsgemeinschaft und ihr erster Kommissionspräsident Walter Hallstein der Türkei mehr in Aussicht gestellt, als sie bei nüchterner Betrachtung hätten tun dürfen: die Vollmitgliedschaft als Prämie für die volle Erfüllung aller dafür vorgesehenen Bedingungen. Unrealistisch war diese Perspektive schon deshalb, weil die Gemeinschaft eine Gründung *gegen* den Nationalismus war und die Türkei zu keinem Zeitpunkt Anstalten traf, sich von ihrem radikalen Nationalismus zu verabschieden, der schon zu Zeiten des Staatsgründers Mustafa Kemal Atatürk den Charakter einer Zivilreligion angenommen hatte.

Wenn es für die Europäische Gemeinschaft, zumal nach ihrer Umgründung zur Europäischen Union Anfang der neunziger Jahre, eine Zivilreligion gab, war es die gemeinsame politische Kultur der transatlantischen Demokratien des Westens. Eine vorbehaltlose Öffnung gegenüber dieser Kultur war weder für Atatürk noch für seine Nachfolger ein Teil des Modernisierungsprozesses gewesen, der sich seit dem Ende des Ersten Weltkriegs in der Türkei vollzog; der «moderate» Islamist Erdoğan bildete da keine Ausnahme. Die geostrategischen Gründe, die europäische Befürworter eines türkischen EU-Beitritts seit der Wende zum 21. Jahrhundert geltend machten, sprachen für eine enge Partnerschaft mit Ankara. Eine Vollmitgliedschaft, die von den normativen Voraussetzungen der Zugehörigkeit zur Europäischen Union absah, konnte es dennoch nicht geben – es sei denn, die Gemeinschaft wäre bereit gewesen, ihr eigenes Selbstverständnis preiszugeben und sich in eine Freihandelszone zurückzuverwandeln. Dass über diesen «philosophischen» Aspekt einer Mitgliedschaft in der EU mit der Türkei nie offen gesprochen wurde: Darin lag das entscheidende Versäumnis derer, die den Beitritt der Türkei befürwortet und mit ihr darüber verhandelt hatten.

Nach dem Referendum waren es in Europa, und zumal in Deutschland, vor allem bisherige Unterstützer einer türkischen EU-Mitgliedschaft links der Mitte, die einen sofortigen Abbruch der Beitrittsverhandlungen forderten. Die meisten Regierungen und die EU-Kommission reagierten aus guten Gründen sehr viel zurückhaltender. Dass die Wiedereinführung der Todesstrafe das Ende der Beitrittsverhandlungen bedeuten würde, hatte «Brüssel» schon mehrfach erklärt. Durch überstürzte Entscheidungen Erdoğan einen Vorwand für eine weitere Verhärtung seiner Politik zu liefern, wäre unklug gewesen. Dass die Türkei, wenn sie sich in ein autoritäres Präsidialregime verwandelte, keinerlei Chancen mehr hatte, Mitglied der EU zu werden, war ohnehin klar. Die Gemeinschaft tat gut daran, ihren nächsten regulären Gipfel abzuwarten, ehe sie ihre Position verbindlich darlegte.[21]

Die Vereinigten Staaten standen im Frühjahr 2017 völlig im Zeichen der Überraschungen, für die der 45. Präsident noch immer fast täglich sorgte. Am 28. Februar trug Donald Trump dem Kongress seine erste «State of the Union»-Botschaft vor. Sie fiel im Ton moderater aus, als man es bisher von ihm gewohnt war. Was Trump sagte, war jedoch so nationalistisch und «rechts» wie eh und je. Er wiederholte seine Formeln «Make America great again» und «Buy American, Hire American» ebenso wie seine Ankündigung, schon bald mit dem Bau einer großen Mauer an der Grenze zu Mexiko zu beginnen, die als Schutzwall gegen Drogen und Verbrechen dienen solle. Er behauptete, dass die USA seit dem Inkrafttreten des nordamerikanischen Freihandelsabkommens NAFTA 1994 ein Viertel ihrer industriellen Arbeitsplätze und seit dem Beitritt Chinas zur Welthandelsorganisation, der WTO, im Jahr 2001 60 000 Fabriken verloren hätten. «Free trade» müsse immer auch «Fair trade» sein. Trump erneuerte seine Kampfansage an den «radikalen islamischen Terror» und die illegale Einwanderung. Er versprach abermals eine rasche Ersetzung von Obamacare durch eine bessere Gesundheitsversorgung, Steuersenkungen für die Unternehmen und die Mittelklasse sowie eine erhebliche Steigerung der Verteidigungsausgaben. Der Präsident erhielt durchgängig viel Beifall, ganz überwiegend freilich nur von den Republikanern.

Wer gehofft hatte, nach seinem Auftritt vor Senatoren und Abgeordneten werde Trump sich auch generell maßvoll äußern, wurde schon bald enttäuscht. Am 4. März beschuldigte der Präsident über Twitter seinen Amtsvorgänger Obama, dieser habe ihn, Trump, kurz vor seinem Wahlsieg im Trump Tower abhören lassen. Trump verglich den angeblichen Skandal mit der Watergate-Affäre, die 1974 zum Amtsenthebungsverfahren gegen Richard Nixon und zu dessen Rücktritt geführt hatte, und nannte Obama einen «bösen (oder kranken) Typ». Irgendwelche Belege für die Behauptungen des Präsidenten lieferten weder Trump noch seine Mitarbeiter im Weißen Haus. Von den Geheimdiensten kamen erstaunte Reaktionen. Am 20. März erklärten die Chefs von FBI und NSA, James Comey und Mike Rogers, vor dem Geheimdienstausschuss des Repräsentantenhauses, es habe keine derartige illegale Aktion gegeben. Zuvor hatte sich bereits ein Sprecher Obamas gegen die Unterstellungen Trumps verwahrt. Zum Widerruf aber war der Präsident nicht bereit.

Größerer Ärger noch drohte Trump auf einem Gebiet, auf dem die Geheimdienste und die Medien um dieselbe Zeit recherchierten: den vielfach vermuteten engen Verbindungen zwischen dem Team des republikanischen Präsidentschaftskandidaten und Russland. Anfang März musste Justizminister Jeff Sessions nach entsprechenden Veröffentlichungen der «Washington Post» einräumen, dass er während des Wahlkampfs zweimal mit dem russischen Botschafter Kisljak gesprochen hatte. Vor seiner Bestätigung durch den Senat hatte Sessions unter Eid ausgesagt, dass er in Angelegenheiten des Wahlkampfs keine Kontakte zu russischen Regierungskreisen gehabt habe. Jetzt versicherte er, dass er die Gespräche mit Kisljak als Senator, nicht als Wahlkampfhelfer Trumps geführt habe; dabei sei es nicht um den Wahlkampf, sondern um außenpolitische Fragen, namentlich den Russland-Ukraine-Konflikt, gegangen. Um weiteren Vorwürfen zuvorzukommen, erklärte sich der Justizminister in Sachen «Russia connection» für befangen: Einschlägige Ermittlungsverfahren seines Hauses werde er nicht mehr beaufsichtigen.

Die Gerüchte um ein geheimes Zusammenspiel zwischen Trumps Wahlkampfteam und russischen Geheimdiensten konnte Sessions mit seinem taktischen Rückzug nicht aus der Welt schaffen. In den Mittelpunkt einschlägiger Spekulationen und Recherchen rückte immer mehr Paul Manafort, Trumps erster Wahlkampfmanager und Chefstratege, der diese Funktion im August 2016 niederlegen musste, nachdem seine langjährige, hochdotierte Beratertätigkeit für den im Februar 2014 geflüchteten, kremlfreundlichen ukrainischen Präsidenten Janukowitsch bekannt geworden war. Ende März 2017 berichtete die Nachrichtenagentur Associated Press, Manafort habe in engen Verbindungen zu Oleg Deripaska, einem Multimilliardär aus dem Umfeld Putins, gestanden und an einem geheimen Strategieplan für den Kreml mitgearbeitet, um die antirussische Opposition in früheren Sowjetrepubliken zu untergraben. Die Vermutung, dass Manafort in den USA als russischer Einflussagent tätig geworden war, lag nahe, hatte sich aber bislang nicht erhärten lassen. Ein anderer ehemaliger Mitarbeiter Trumps, sein Mitte Februar zurückgetretener kurzzeitiger Sicherheitsberater Michael Flynn, bot am 31. März dem FBI und den Geheimdienstausschüssen des Kongresses an, als Kronzeuge, also gegen die Zusicherung von Straffreiheit, zu den mutmaßlichen Russlandkontakten des Trump-Lagers auszusagen – eine Offerte, die von Senatoren und Abgeordneten reserviert aufgenommen wurde, aber dazu angetan war, das Misstrauen gegenüber Trumps Beteuerung, Meldungen über seine Beziehungen zu Russland seien «fake news», noch zu verstärken.

Am 6. März legte der Präsident, wie schon vor Wochen angekündigt, ein überarbeitetes, auf vier Monate befristetes Dekret über Einreiseverbote vor. Anders als der vorangegangene, von Richtern als verfassungswidrig zurückgewiesene Erlass vom 28. Januar galt der neue nicht mehr für sieben, sondern nur noch für sechs islamische Länder: Irak, mit dem die USA in der Allianz gegen den IS zusammenwirkten, gehörte nicht mehr zu den Zielländern. Zudem sollte die Verordnung erst nach einer Vorwarnzeit von zehn Tagen in Kraft treten und auch nicht mehr für Doppelstaatler und für Personen gelten, die über eine Aufenthaltsgenehmigung oder ein gültiges Visum verfügten. Für Geschäftsleute und Menschen, die für die US-Armee, etwa als Dolmetscher, gearbeitet hatten, sollten Ausnahmen möglich sein, desgleichen in medizinischen Notfällen.

Dem Versuch, durch Abmilderungen des früheren Erlasses der Kritik den Wind aus den Segeln zu nehmen, war kein Erfolg beschieden. Auf Antrag des Generalstaatsanwalts von Hawaii verhinderte ein Bundesrichter dieses Staates am 15. März den Vollzug des Dekrets, das am 16. März in Kraft treten sollte, erst vorläufig und am 30. März unbefristet mit der Begründung, dass die Verordnung des Präsidenten gegen das Grundrecht der Religionsfreiheit und damit gegen die Verfassung verstoße. 13 andere Bundesstaaten schlossen sich dieser Auffassung an. Trump ließ seiner Empörung über die rechtsprechende Gewalt erneut freien Lauf, legte Berufung ein und kündigte an, er werde notfalls den Rechtsstreit um das Einreiseverbot vor den Supreme Court bringen.

Mit mindestens ebenso viel Nachdruck wie für eine Einreisesperre für Muslime hatte sich Trump im Wahlkampf für die Abschaffung von Obamacare eingesetzt. Am 7. März legte der Führer der Republikaner im Repräsentantenhaus, Paul Ryan, seinen Entwurf eines Gesetzes zur Gesundheitsvorsorge für alle vor. Die Republikaner schafften die Strafsteuer ab, mit der Obama Amerikaner belegt hatte, die sich der Versicherungspflicht entzogen. Stattdessen sollten diese einen Aufschlag entrichten, wenn sie eine Zeitlang nicht versichert waren und wieder in eine Versicherung eintreten wollten. Ebenso entfiel die Pflicht für Großunternehmen, ihren Mitarbeitern Krankenversicherungen anzubieten. Weitere Änderungen führten dazu, dass die Versicherung für junge Leute billiger und für ältere teurer wurde. Für Medicaid, ein Programm, das die Krankenversicherung für Arme sicherte, sollte es nur noch drei Jahre lang Bundeszuschüsse geben: eine Entscheidung, vor der mehrere republikanische Gouverneure eindringlich gewarnt hatten.

Die finanziellen Auswirkungen der Reformen blieben zunächst unklar. Am 14. März äußerte sich dazu das überparteiliche Congressional Budget Office (CBO). Nach seinen Berechnungen verloren bis Ende 2018 14 Millionen, bis 2026 sogar 24 Millionen Amerikaner den Versicherungsschutz. Durch den Wegfall der Bundeszuschüsse für Medicaid sparte die Bundesregierung im Verlauf der nächsten zehn Jahre 337 Milliarden Dollar ein. Das Risikoprofil des Versicherungspools änderte sich durch die Neuerungen erheblich: Wenn, wie zu erwarten, die Zahlen der jüngeren Versicherten sanken und die der älteren anwuchsen, war mit einem Anstieg der Beitragshöhe über das Maß hinaus zu rechnen, das bei einer Fortdauer von Obamacare eingetreten wäre: eine Entwicklung, die das Kalkül der maßgeblichen Republikaner in sein Gegenteil verkehrte.

Die Analysen des CBO verstärkten die Bedenken jener republikanischen Senatoren, Abgeordneten und Gouverneure, denen vor allem *eine* wahrscheinliche Folge der Neuordnung vor Augen stand: die Proteste ärmerer und älterer Wähler gegen die Partei, die sie um ihren Versicherungsschutz brachte. Widerstand gegen die Vorlage gab es jedoch auch bei konservativen Republikanern, denen Ryans Entwurf noch viel zu hohe Subventionen im Gesundheitswesen vorsah, die Abkehr von Obamacare also nicht weit genug ging. In der Summe waren die Vorbehalte bei der Regierungspartei so stark, dass eine parlamentarische Mehrheit für den Gesetzestext nicht in Sicht war. Massiver, psychologisch aber ungeschickter Druck von Trumps «Chief Strategist» Stephen Bannon und auch von Trump selbst vermochte nicht, die Opponenten umzustimmen. Um einer sicheren Niederlage zu entgehen, willigte der Präsident am 24. März, wenige Minuten vor Ablauf eines Ultimatums, das er den republikanischen Mitgliedern des Repräsentantenhauses gestellt hatte, in die ihm vom Speaker, Paul Ryan, vorgeschlagene Vertagung der Abstimmung ein. Die Demokraten jubelten: Der Fehlschlag von «Trumpcare» war die bisher schwerste Niederlage des Präsidenten.

Trump schob, so absurd das wirken mochte, den Demokraten die Schuld am Scheitern der Vorlage zu, appellierte aber zugleich an die Opposition, sich einer überparteilichen Reform der Gesundheitsvorsorge nicht zu versagen, und gab seiner Erwartung Ausdruck, dass Obamacare von selbst explodieren werde. Er rief Journalisten der «New York Times» und der «Washington Post» an, um ihnen mitzuteilen, dass er froh sei, den Gesundheitskrempel los zu sein und sich jetzt den Problemen zuwenden zu können, die ihn wirklich interessierten, nämlich Steuern und Handel. Doch wie immer er sich aus dem selbstverschuldeten Debakel herausreden mochte, der Nimbus des großen «Dealmakers», als den er sich beharrlich selbst porträtierte, hatte schweren Schaden genommen. Eine Bloomberg-Umfrage bescheinigte dem Trump-Ryan-Gesetz den extrem niedrigen Popularitätswert von 17 Prozent. Dass unter den Unzufriedenen viele Trump-Wähler waren, musste auch dem Präsidenten klar sein.[22]

Mehr Popularität als von der Abschaffung von Obamacare versprach sich Trump von der weitgehenden Beseitigung umweltschonender Auflagen, an die sein Vorgänger die Förderung von Erdgas durch Fracking und den Abbau von Kohle gebunden hatte. Gezielt warb der Präsident vor allem um die Sympathien der Kohlekumpel aus den Appalachen, von denen er einige fernsehwirksam zur Unterzeichnung des entsprechenden Erlasses am 28. März in das Oval Office eingeladen hatte. Doch die Kohleproduktion war nicht so sehr wegen restriktiver Emissionsregeln zurückgegangen als vielmehr infolge der preiswerteren Konkurrenz fossiler Energien wie Erdöl und Erdgas oder von erneuerbaren Energien, für deren Ausbau sich die breite Bewegung der Umweltschützer einsetzte. Diese protestierte sofort scharf gegen die antiökologische Politik, was den Präsidenten aber nicht im Geringsten zu beeindrucken schien. Ob er das Pariser Klimaschutzabkommen formell aufkündigen werde, ließ Trump vorerst offen. Doch es war schon jetzt klar, dass sich die USA unter seiner Präsidentschaft an die im November 2015 international vereinbarte Reduzierung des Ausstoßes von Kohlendioxid nicht mehr gebunden fühlten.

Den Erlassen zur Revision der Umweltpolitik folgten zwei Tage später zwei Dekrete, die die Handelspolitik auf eine neue, angeblich «faire» Grundlage stellen sollten. Im ersten Erlass wies Trump das Handelsministerium an, binnen 90 Tagen die Handelsbeziehungen zu den wichtigsten Partnerländern und vor allem zu jenen zu durchleuchten, bei denen die USA Importüberschüsse verzeichneten. Das zweite Dekret gab amerikanischen Behörden Mittel in die Hand, um bereits erlassene Strafzölle einzutreiben. Gleichzeitig teilte das Wirtschaftsministerium mit, dass es unter anderem über deutsche Stahlunternehmen, darunter die Salzgitter AG, Strafzölle verhängt habe, weil die betreffenden Firmen Produkte zu Dumpingpreisen in die Vereinigten Staaten verkauft hätten. Der deutsche Außenminister Sigmar Gabriel warf Washington daraufhin vor, es wende WTO-widrige Berechnungsmethoden an, um amerikanischen Unternehmen unfaire Wettbewerbsvorteile zu verschaffen. Der Protektionismus à la Trump begann ein schärferes Profil anzunehmen.

Deutlicher wurden um dieselbe Zeit auch andere Gewichtsverlagerungen, an denen dem Präsidenten gelegen war: Er betonte seine Entschlossenheit, die USA militärisch zu stärken, wobei er der Aufstockung des Atomwaffenarsenals besondere Bedeutung beimaß, und ließ zugleich seine Geringschätzung für die herkömmliche Diplomatie erkennen. Während das Pentagon sich auf zusätzliche Haushaltsmittel, insgesamt 54 Milliarden Dollar, freuen durfte, sollte das Budget des Außenministeriums um ein Drittel gekürzt werden. Unbesetzte Stellen gab es im Frühjahr 2017 in vielen Washingtoner Ministerien, doch in keinem anderen Ressort hatten so viele Funktionsinhaber nach dem Wechsel von Obama zu Trump den Dienst quittiert oder waren entlassen worden wie im State Department. Ende März waren dort die Posten der beiden Stellvertreter des Ministers, der Staatssekretäre, vieler Unterstaatssekretäre und zahlreiche weitere wichtige Stellen noch immer unbesetzt. Von drastischen Mittelkürzungen besonders betroffen war die Entwicklungshilfe, in anderen Ressorts die Förderung von Wissenschaft und Kunst. «Soft power» war offenkundig nichts, womit der neue Präsident etwas anzufangen vermochte.

Was Beziehungen zu anderen Staaten anging, betrachtete Trump die wichtigeren als Chefsache. Am 17. März empfing er erstmals Angela Merkel im Weißen Haus zu einem Vieraugengespräch, bevor in einer größeren Runde, an der auch führende deutsche Unternehmensvertreter teilnahmen, Wirtschaftsfragen erörtert wurden, obenan der von Trump immer wieder heftig kritisierte hohe deutsche Exportüberschuss im Handel mit den USA. Die Atmosphäre der persönlichen Begegnung zwischen Präsident und Kanzlerin wurde als professionell, aber nicht unfreundlich beschrieben. Die deutsche Delegation war kaum abgereist, als der Präsident ihr per Twitter hinterherrief, die Bundesregierung schulde den USA im Bereich Verteidigung noch «große Summen». Nahezu gleichzeitig brüskierte der amerikanische Finanzminister Steven Mnuchin seinen deutschen Gastgeber Wolfgang Schäuble beim Treffen der Finanzminister der G20 am 17. und 18. März in Baden-Baden, indem er sich weigerte, der Aufnahme eines Bekenntnisses zum Freihandel in die Abschlusserklärung zuzustimmen. Amerikanische Medien werteten die Konferenz als Bruch zwischen den Vereinigten Staaten und Europa.[23]

Zur gleichen Zeit, in der die Vereinigten Staaten in handelspolitischen Fragen auf Konfliktkurs zu nahezu allen übrigen weltpolitischen Akteuren gingen, zeichnete sich in Ostasien immer deutlicher die Gefahr eines militärischen Konflikts zwischen dem kommunistischen Nordkorea und seinen Nachbarn Südkorea und Japan und damit auch der Schutzmacht beider Staaten, den USA, ab. Das Regime von Kim Jong Un hatte in den Jahren zuvor erhebliche Fortschritte bei der Entwicklung von Raketen größerer Reichweite und von dafür geeigneten Atomsprengköpfen gemacht. Anfang März wurden vier Raketen ins Japanische Meer abgefeuert; am 5. April testete Nordkorea abermals eine Mittelstreckenrakete, die am Ende ihrer Flugbahn ebenfalls ins Japanische Meer stürzte. In Washington rechneten Experten damit, dass Pjöngjang in wenigen Jahren in der Lage sein würde, San Francisco, Los Angeles und andere Städte an der amerikanischen Westküste mit Langstreckenraketen zu erreichen.

Einen Tag nach dem jüngsten nordkoreanischen Raketentest, am 6. April, traf Präsident Trump in seinem Golfclub Mar-a-Lago in Florida mit dem chinesischen Staats- und Parteichef Xi Jinping zusammen. An China hatten Trump und Außenminister Tillerson in den Wochen eindringlich appelliert, seinen Schützling Kim Jong Un zur Räson zu bringen, damit die USA dies nicht tun müssten, wozu sie, wie Trump öffentlich versicherte, natürlich jederzeit in der Lage seien. Die amerikanische Tonlage gegenüber der Volksrepublik war mittlerweile eine andere, verbindlichere als zu Zeiten des Wahlkampfes von 2016. Die handelspolitischen Differenzen aber blieben; Xi Jinping ließ sich neuerdings sogar in Asien und Europa als Verteidiger des Freihandels gegen den amerikanischen Protektionismus feiern. Ebenso ungelöst waren die Probleme, die Chinas Hoheitsansprüche über Inseln im Ost- und Südchinesischen Meer aufwarfen.

Nach dem, was über die Zusammenkunft zwischen Trump und Xi

verlautete, gab es im Bereich der Handelsbeziehungen Fortschritte. Unsicher war, ob sich die Gesprächspartner auch im Hinblick auf Nordkorea näher gekommen waren. Trump sprach von einer angenehmen Atmosphäre der Unterredungen und einer herausragenden persönlichen Beziehung, die sich zum chinesischen Präsidenten entwickelt habe. Xi betonte seinen Willen zur Zusammenarbeit und lud Trump zu einem baldigen Gegenbesuch nach China ein. Kurz nach der Abreise Xis erhöhten die USA den Druck auf Pjöngjang. Vom Weißen Haus wurde mitgeteilt, dass sich ein amerikanischer Flottenverband um den Flugzeugträger «Carl Vinson» von Singapur aus in Richtung der koreanischen Halbinsel bewege: eine Behauptung, die sich schon bald als voreilig erweisen sollte.[24]

Überschattet wurde der amerikanisch-chinesische Gipfel von einer Militäraktion der USA: In der Nacht vom 6. zum 7. April ließ Trump von zwei amerikanischen Zerstörern im Mittelmeer aus einen Militärflughafen der syrischen Regierungstruppen, Al Schairat südöstlich von Homs, mit 59 Marschflugkörpern vom Typ Tomahawk angreifen; dabei wurden 21 Kampfjets zerstört. Von ebendiesem Stützpunkt aus waren nach den Erkenntnissen des amerikanischen Militärs drei Tage zuvor Flugzeuge aufgestiegen, um Chan Sheichun, eine Bastion der Rebellen in der nordwestlichen Provinz Idlib, mit chemischen Bomben anzugreifen. Dabei starben über 80 Menschen, darunter auch kleine Kinder; 546 wurden verletzt. Die Zahl der Menschen, die bei dem Raketenschlag der USA ums Leben kamen, wurde mit 16 beziffert. Darunter waren neun Zivilisten, unter ihnen vier Kinder.

Dem Angriff der Vereinigten Staaten auf Al Schairat vorausgegangen war eine Sitzung des Sicherheitsrats der Vereinten Nationen, bei der Russland durch sein Veto die Annahme einer amerikanisch-britisch-französischen Resolution verhinderte, die das Assad-Regime für den Einsatz verbotener chemischer Kampfstoffe verantwortlich machte und ultimativ zu umfassender Kooperation mit den Vereinten Nationen aufforderte. Trump hatte bereits am 4. April erklärt, die Bilder der durch Giftgas getöteten Menschen, vor allem der «beautiful babies», hätten sein Urteil über Assad entscheidend verändert. Damit seien nicht nur eine rote Linie, sondern «viele, viele rote Linien» überschritten worden. Diese Stellungnahme unterschied sich deutlich von einer (gewiss mit Trump abgestimmten) Erklärung von Außenminister Rex Tillerson aus der Vorwoche, wonach es Sache des syrischen Volkes sei, über das künftige Schicksal Assads zu entscheiden, und seine Ablösung für die USA keine Priorität besitze.

Unmittelbar nach dem Angriff auf die Stellung der syrischen Regierungstruppen begründete Trump sein Vorgehen in einer Fernsehrede an das amerikanische Volk. Mit dem Einsatz eines tödlichen Nervengases habe Assad das Leben hilfloser Männer, Frauen und Kinder erstickt. «Es war ein langsamer und brutaler Tod für viele. Sogar wunderschöne Babys wurden bei dieser barbarischen Attacke grausam ermordet.» Der amerikanische Angriff auf den Flughafen, von dem aus die Chemieattacke gestartet worden sei, liege im nationalen Sicherheitsinteresse der USA, die Verbreitung und den Einsatz tödlicher Chemiewaffen zu verhindern und davon abzuschrecken. Mit dem Einsatz solcher verbotener Waffen habe Syrien gegen seine Verpflichtungen gemäß der Chemiewaffenkonvention verstoßen und Aufrufe des UN-Sicherheitsrates ignoriert. Jahrelange frühere Versuche, das Verhalten Assads zu ändern, seien dramatisch gescheitert. Dadurch habe sich die Flüchtlingskrise weiter verschärft. Die Region sei immer instabiler geworden, was die Vereinigten Staaten und ihre Verbündeten bedrohe. An alle «zivilisierten Nationen» richtete der Präsident den Appell, sich den USA anzuschließen und mit ihnen zu versuchen, das Schlachten und Blutvergießen zu beenden und dem Terrorismus jeder Art ein Ende zu bereiten.

Dass die Fernsehbilder getöteter und schwer verletzter syrischer Kinder Trump persönlich erschüttert hatten, ist mehr als wahrscheinlich. Vorgeschoben war dieses Motiv gewiss nicht. Der Präsident musste aber auch davon ausgehen, dass er nicht nur im eigenen Land, sondern weltweit an Glaubwürdigkeit verlieren würde, wenn seiner spontan geäußerten Empörung keine Taten folgten. Welche Wirkung es auf Assad und Putin haben würde, wenn er es bei verbalen Protesten beließ, war leicht vorstellbar, desgleichen die Folgerungen, die man in Peking, Pjöngjang und Teheran daraus gezogen hätte.

Von einer Demonstration amerikanischer Stärke durfte sich Trump aber auch innenpolitische Vorteile versprechen. Wenn er dem syrischen Diktator gegenüber entschieden auftrat, hob er sich nach eigener Einschätzung positiv von Obama ab. Seinem Amtsvorgänger warfen auch zahlreiche demokratische Parteifreunde vor, er habe viel zu schwach auf die Verbrechen Assads, zumal auf den Einsatz von Giftgas, reagiert. Der überparteiliche Beifall, den Trump für seinen Raketenangriff und seine Rede erhielt, war geeignet, dieses Kalkül zu bestätigen. Außenpolitische Härte mochte auch ganz allgemein zumindest eine Zeitlang von den innenpolitischen Niederlagen der letzten Wochen ablenken: Es wäre erstaunlich gewesen, wenn dieser Gedanke für Trump Anfang April 2017 keine Rolle gespielt hätte.

Völkerrechtlich war das Vorgehen der USA insofern nicht korrekt, als es kein Mandat des Sicherheitsrates für den Militärschlag gab. Damit verstießen die USA auch gegen die (Syrien betreffende) Resolution 2118 des Sicherheitsrates vom 27. September 2013. Doch das wichtigste Organ der Vereinten Nationen war, was Syrien betraf, seit Jahren faktisch lahmgelegt, weil Russland die Verstöße Assads gegen das Völkerrecht durch sein Veto deckte und die UNO auf diese Weise daran hinderte, ihrer «responsibility to protect», der Verpflichtung zur Verteidigung der elementarsten Menschenrechte, gerecht zu werden. Die Vereinigten Staaten rechtfertigten den Angriff auf Al Schairat als humanitäre Intervention im Sinne des Völkergewohnheitsrechts und fanden dafür die Zustimmung ihrer wichtigsten europäischen Partner im Atlantischen Bündnis, die den amerikanischen Raketenangriff als nachvollziehbar bewerteten, wobei vor allem Deutschland davon ausging und erwartete, dass es sich bei der Attacke um eine einmalige Aktion handelte.

Washington hatte zudem, um Kollateralschäden bei der russischen Schutzmacht des Assad-Regimes zu vermeiden, Moskau von dem Angriff der Marschflugkörper im Voraus in Kenntnis gesetzt. Die russische Antwort fiel zwar scharf aus: Die USA hätten mit ihrem Vorgehen das Völkerrecht gebrochen, dies mit einem absolut erfundenen Vorwand begründet und so den ohnehin angespannten bilateralen Beziehungen beträchtlichen Schaden zugefügt. Doch die praktischen Konsequenzen, die Russland aus dem Geschehen zog, wirkten eher moderat: Eine Übereinkunft, sich über Aktivitäten im syrischen Luftraum im Voraus wechselseitig abzustimmen, wurde vorläufig suspendiert, die Entsendung von zwei Kriegsschiffen ins Mittelmeer bekannt gegeben und eine Verstärkung der syrischen Flugabwehr angekündigt. In einer weiteren Sitzung des Sicherheitsrates prallten die gegenseitigen Auffassungen beider Mächte erneut hart aufeinander, wobei der russische Vertreter den USA vorwarf, dass sie keinerlei Beweise für ihre Beschuldigungen gegen Syrien vorgelegt hätten.

In der Art der Durchführung trug die Militäraktion vom 6./7. April die Handschrift zweier Generäle: von Verteidigungsminister Mattis und Sicherheitsberater McMaster. Der letztere konnte zur gleichen Zeit seinen politischen Einfluss weiter ausbauen: Auf sein Drängen hin beendete der Präsident die von Anfang an heftig umstrittene Mitgliedschaft des Chefstrategen Stephen Bannon im Nationalen Sicherheitsrat. Bannon war damit noch nicht entmachtet, eine Degradierung aber bedeutete die Entscheidung Trumps sehr wohl. In Washington wurde der Erfolg McMasters als Beitrag zur Reprofessionalisierung der amerikanischen Außen- und Sicherheitspolitik interpretiert.

Die Art und Weise, wie der Präsident den Angriff auf Al Schairat öffentlich begründete, konnte Bannon und seinen Parteigängern auf der äußersten Rechten des politischen Spektrums in der Tat nicht gefallen. Trump hatte in seiner Fernsehrede vom Abend des 6. April abschließend der Hoffnung Ausdruck verliehen, dass, «solange Amerika für Gerechtigkeit steht, Frieden und Harmonie am Ende vorherrschen werden», und Gottes Segen nicht nur für Amerika, sondern für die ganze Welt erfleht. Das klang nicht mehr nach «America first», sondern nach der universalistischen Rhetorik früherer amerikanischer Präsidenten und wurde auf Seiten der radikalen Rechten entsprechend kommentiert. So erklärte der intellektuelle Anführer der «Alt-Right», Richard Spencer, er sei sich nicht mehr sicher, ob er Trump weiter unterstützen könne. Die rechte Kommentatorin Ann Coulter empfahl Trump, er solle, anstatt sich um Syrien zu kümmern, lieber Sicherheitszonen in den Vereinigten Staaten errichten, um Amerikaner vor der Gewalt illegaler Einwanderer zu schützen. In ultrarechten Internetforen wurde der Präsident als «Verräter» und «Lügner» beschimpft. Von den Wählern Trumps fanden einer Umfrage zufolge 83 Prozent seine Entscheidung vom 6. April richtig, 11 Prozent lehnten sie ab, 6 Prozent wollten sich nicht festlegen.

Was am Wochenende nach dem Militärschlag aus der Administration zur künftigen Syrienpolitik der USA zu hören war, klang widersprüchlich. Die Botschafterin bei den Vereinten Nationen, Nikki Haley, nannte den Sturz Assads eine von mehreren amerikanischen Prioritäten und kündigte weitere Schritte gegen das Regime in Damaskus an, falls dies nötig werden sollte. Außenminister Tillerson, der in den Tagen zuvor ebenfalls schärfere Töne angeschlagen hatte, äußerte sich inzwischen wieder vorsichtiger und räumte dem Kampf gegen den IS Vorrang vor dem Sturz Assads ein. Auffallend deutlich war seine Kritik an Russland: Es sei «unfähig», weil es Syrien nicht vom Einsatz von Chemiewaffen abgehalten habe und trage eine Teilschuld am Tod der Zivilisten. Tillersons Bemerkungen fanden umso mehr Beachtung, als er sie wenige Tage vor einem seit längerem geplanten Besuch in Moskau, dem ersten eines Mitglieds der neuen amerikanischen Regierung überhaupt, machte.[25]

Vor seiner Reise nach Russland nahm Tillerson am 10. und 11. April im italienischen Lucca an einem Treffen der Außenminister der G7-Staaten teil. Was er dort anlässlich eines Besuches an der Gedenkstätte Sant'Anna di Stazzema, dem Ort eines SS-Massakers vom August 1944, erklärte, hatte grundsätzliche Bedeutung. Er bekannte sich zur Rolle der Vereinigten Staaten als globaler Ordnungsmacht: «Wir verschreiben uns wieder dem Ziel, jeden in der ganzen Welt zur Rechenschaft zu ziehen, der Verbrechen an Unschuldigen verübt.» Sofern diese Äußerung mit Trump abgestimmt war, markierte sie einen Bruch mit dessen bisheriger Politik – offensichtlich diktiert von dem Wunsch des Präsidenten, weder im eigenen Land noch in der übrigen Welt als «Papiertiger» wahrgenommen zu werden. Von einem «Strategiewechsel» zu sprechen, wäre aber voreilig gewesen. Denn eine außenpolitische Strategie Trumps war bisher nicht zu erkennen gewesen, und sie war es auch jetzt nicht.

Mit den Außenministern der anderen führenden westlichen Industriestaaten und Japans stimmte Tillerson darin überein, dass es galt, eine weitere militärische Eskalation in Syrien zu vermeiden und den Bürgerkrieg durch eine Verhandlungslösung zu beenden. Die Zukunft des Landes müsse ohne die Familie Assad gestaltet werden, erläuterte der Außenminister der USA, folglich gehe es um eine Verständigung über den Weg zu diesem Ziel und um eine Übergangslösung. Die wichtigste Aufgabe, die er sich für seine Gespräche mit Außenminister Lawrow und möglicherweise auch mit Präsident Putin gestellt hatte, war damit umrissen. Ob ihm die Unterstützung der G7 dabei helfen würde, blieb abzuwarten. Als positiv mochte man es im Kreml immerhin bewerten, dass der britische Außenminister Boris Johnson mit seinem Vorschlag, die 2014 gegen Russland verhängten Sanktionen zu verschärfen, in Lucca keinen Widerhall gefunden hatte.

Dass die Gespräche, die Tillerson am 12. April bei seinem Antrittsbesuch in Moskau führte, in einer angespannten Atmosphäre stattfanden, hatte der amerikanische Außenminister sich teilweise selbst zuzuschreiben: Seine in Lucca öffentlich vorgetragene Forderung, Russland müsse sich zwischen seiner Unterstützung Assads und der Zusammenarbeit mit den Vereinigten Staaten entscheiden, war im Kreml als Ultimatum verstanden worden. Das russische Fernsehen verbreitete vor Beginn der Verhandlungen Auszüge aus einem Interview, in dem Putin feststellte, auf der Arbeitsebene, namentlich im militärischen Bereich, habe sich das Vertrauensverhältnis zwischen den USA und Russland nicht verbessert, sondern eher verschlechtert. Zum Vorfall von Chan Sheichun bot der Kremlchef die Erklärung an, entweder seien Bomben auf ein Giftgaslager der Rebellen gefallen oder das Ganze sei eine westliche Inszenierung gewesen.

Das Gespräch zwischen Lawrow und Tillerson dauerte vier Stunden, die erst kurzfristig anberaumte Unterredung zwischen Putin und Tillerson zwei Stunden und damit länger als erwartet. Einen Durchbruch aber brachte auch sie nicht. Auf einer gemeinsamen Pressekonferenz der beiden Außenminister sprach Tillerson anschließend von einem Tiefpunkt in der Geschichte der wechselseitigen Beziehungen.

Völlig ergebnislos verlief der Besuch Tillersons dennoch nicht. Die russische Seite teilte mit, dass das Abkommen zur Vermeidung von Zusammenstößen im syrischen Luftraum unter der Bedingung wieder angewandt werde, dass man gemeinsam gegen den Terrorismus kämpfe. Außerdem sei die Bildung einer Arbeitsgruppe vereinbart worden, die den Dialog der beiden Regierungen verbessern solle. Ob Tillerson Russland irgendeine Kompensation für die geforderte Preisgabe Assads angeboten hatte, war weder in Moskau noch in Washington in Erfahrung zu bringen.

Nahezu zeitgleich mit Tillersons Gespräch mit Putin tagte in New York der Sicherheitsrat der Vereinten Nationen. Eine von den USA, Großbritannien und Frankreich vorgelegte Resolution, die den Giftgasangriff von Chan Sheikhun verurteilte und die syrische Regierung verpflichtete, internationalen Ermittlern Zugang zu allen Militärstützpunkten zu gewähren, scheiterte erneut am Veto Russlands – dem achten seit Beginn des syrischen Bürgerkriegs.

Wenig später empfing der Präsident der Vereinigten Staaten den Generalsekretär der NATO, den früheren norwegischen Ministerpräsidenten Jens Stoltenberg. Auf einer anschließenden gemeinsamen Pressekonferenz bezeichnete Trump das westliche Bündnis als unverzichtbares Bollwerk des Friedens und der Sicherheit. Er distanzierte sich ausdrücklich von seinem früheren Urteil, die NATO sei «obsolet»: Das sei sie nicht mehr. Ihre Mitglieder müssten freilich ihre Verpflichtung erfüllen und mehr, nämlich 2 Prozent des Bruttoinlandsprodukts, für die Verteidigung ausgeben. Außerdem hoffe er, dass die NATO sich künftig stärker im Anti-Terror-Kampf in Irak engagieren werde. Trump lobte den chinesischen Präsidenten Xi Jinping, zu dem er ein sehr gutes persönliches Verhältnis entwickelt habe, und zeigte sich tief enttäuscht von der Rolle, die Russland in Syrien spielte. Dass der Widerspruch zu dem, was er im Wahlkampf erklärt hatte, auch hier eklatant war, schien ihn nicht zu stören. Er setzte vielmehr darauf, dass es ohne ein gewisses Maß an Unberechenbarkeit keinen guten «Deal» geben konnte.

Am Tag nach der Pressekonferenz mit Stoltenberg, dem 13. April, brachten die Vereinigten Staaten im Südosten Afghanistans, nahe der Grenze zu Pakistan, erstmals ihre größte nichtatomare Bombe, die 11 Tonnen schwere GBU-43, zum Einsatz, um ein Tunnel- und Höhlensystem zu zerstören, das dem Islamischen Staat als Stützpunkt diente. Nach afghanischen Angaben wurden dabei über 90 Kämpfer des IS getötet. So umstritten der militärische Nutzen der Aktion sein mochte: Der Angriff sollte in erster Linie deutlich machen, dass die Vernichtung der gefährlichsten aller Terrormilizen für die USA unter Trump weiterhin höchste Priorität besaß.

Doch das war nicht der einzige Zweck des Abwurfs der «Bombe aller Bomben». Nach dem Raketenangriff auf Al Shairat sollte die Aktion vom 13. April abermals die Entschlossenheit des neuen Präsidenten demonstrieren, amerikanische Ziele, wann immer er es für geboten hielt, mit geballter militärischer Macht durchzusetzen. Angesprochen fühlen sollte sich nicht zuletzt Kim Jong Un. Trump ließ zwar eine Meldung des Fernsehsenders NBC dementieren, dass er einen konventionellen Präventivschlag gegen Nordkorea plane, sollte Pjöngjang einen neuen Atomwaffentest durchführen. Aus dem Verteidigungsministerium aber verlautete gleichzeitig, man prüfe militärische Optionen, werde diese jedoch nicht öffentlich erörtern. Aus Peking und Moskau kamen prompt Warnungen vor einer weiteren Eskalation.

Einige Tage später, am 19. April 2017, erfuhr die Weltöffentlichkeit, dass die «Armada», wie Trump den Flottenverband um den Flugzeugträger «Carl Vinson» am 11. April genannt hatte, nicht, wie vom Präsidentensprecher Spicer mitgeteilt, von Singapur aus Kurs auf die koreanische Halbinsel genommen hatte, sondern in die entgegengesetzte Himmelsrichtung gefahren war, um an einem seit langem geplanten Manöver mit der australischen Marine im Indischen Ozean teilzunehmen. In den Gewässern vor der koreanischen Halbinsel traf der Flottenverband erst Ende April ein.

Offenbar hatte es zwischen dem Militärkommando im Pazifik, dem Pentagon und dem Weißen Haus beträchtliche Kommunikationsprobleme gegeben. Die Folge war eine Blamage für die Regierung. Dass der jüngste nordkoreanische Raketentest am 16. April, dem Tag nach den Feierlichkeiten zum 105. Geburtstag des Staatsgründers Kim Il Sung, dem Großvater von Kim Jong Un, kurz nach dem Start fehlschlug, war ein schwacher Trost.

Am gleichen Tag erklärte Trumps Sicherheitsberater McMaster, es sei Zeit für die USA, unterhalb der Schwelle eines militärischen Konflikts tätig zu werden (to take action short of armed conflict), so dass das Schlimmste im Umgang mit dem unberechenbaren Regime in

Pjöngjang vermieden werden könne. Das war ein deutliches Zeiten von Deeskalation: Mit einem amerikanischen Präventivschlag war fürs erste nicht zu rechnen. An Warnungen an Kim Jong Un ließen es die USA aber auch weiterhin nicht fehlen. Ende April nahmen Schiffe der 7. Flotte an Manöverübungen vor der südkoreanischen Küste teil. In die gleiche Region wurde ein mit Marschflugkörpern ausgerüstetes U-Boot entsandt. Fast gleichzeitig begann die Installierung des umstrittenen Raketenabwehrsystems Thaad (Terminal High Attitude Area Defense) in Südkorea.

Auch im Hinblick auf eine andere Krisenregion war eine plötzliche Wende der Washingtoner Politik nicht zu erwarten: Außenminister Rex Tillerson übte am 20. April zwar scharfe Kritik an der Atomvereinbarung mit Iran von 2015, weil es nicht seinen Zweck erfülle, Teheran von der Entwicklung von Atomwaffen abzuhalten, sondern das Erreichen dieses Zieles lediglich verzögere. Er widerrief aber nicht die Erklärung seines Ministeriums vom Vortag, die Iran bescheinigte, die Vorgaben der Vereinbarung bisher eingehalten zu haben. Die verbale Schärfe Tillersons diente offenbar in erster Linie der Beruhigung der Hardliner unter den Republikanern. Das praktische Vorgehen der USA wirkte dagegen eher vorsichtig.

Das klassische Feld für die Umsetzung der Parole «America first» blieb für Trump die Handelspolitik. Am 18. April unterzeichnete er ein Dekret, das «Buy American, Hire American» betitelt war. Es wies alle Regierungsagenturen an, im Zweifelsfall amerikanische Erzeugnisse ausländischen Produkten vorzuziehen und die Vergabe von Einreisevisa für hochqualifizierte ausländische Fachkräfte künftig restriktiv zu handhaben. Die amerikanische Handelskammer und zahlreiche Unternehmerverbände warnten sogleich vor den negativen Folgen, die eine Politik im Sinne dieses Erlasses für die auf Ein- und Ausfuhr angewiesenen Branchen und den heimischen Arbeitsmarkt haben musste. Zustimmung kam allein von der Stahlindustrie, die in der Vergangenheit von protektionistischen Maßnahmen am stärksten profitiert hatte. In welchem Umfang Trump seine Absichten würde durchsetzen können, war Mitte April 2017 noch offen. Ihm selbst kam es in erster Linie wohl darauf an, vor seiner Kernwählerschaft den Nachweis anzutreten, dass er weiterhin mit aller Kraft an der Einlösung seiner Wahlversprechen arbeitete.[26]

Das Europa der EU erlebte im März und April 2017 innerhalb von weniger als drei Wochen zwei Terroranschläge in zwei Hauptstädten. Am 22. März, eine Woche vor der Überreichung des Brexit-Antrags in Brüssel, lenkte ein mehrfach vorbestrafter, zum Islam konvertierter Brite aus Birmingham sein Auto auf der Westminster Bridge gezielt auf Passanten, von denen er fünf tötete und über vierzig zum Teil schwer verletzte, fuhr dann weiter zum Parlamentsgebäude, wo er einen Polizisten durch einen Messerangriff tötete, bevor er selbst von einem anderen Polizisten erschossen wurde.

Die Premierministerin, die zu diesem Zeitpunkt an einer Unterhausdebatte teilnahm, wurde sofort an ihren Amtssitz, 10 Downing Street, gebracht; viele Abgeordnete wurden mitsamt ihren Mitarbeitern sowie Beamten und Parlamentsbesuchern in die Westminster Abbey evakuiert, die sie bis zum Abend nicht verlassen durften. Das Datum des Anschlags war möglicherweise kein Zufall: Der 22. März 2017 war der erste Jahrestag von zwei islamistischen Attentaten am Flughafen und an einer U-Bahn-Station in Brüssel, bei denen 32 Menschen ums Leben gekommen waren. In den Tagen nach dem Londoner Anschlag nahm die britische Polizei mehrere Personen fest, die zum Bekanntenkreis des Attentäters gehörten. Sie hielt aber an der These fest, dass der Anschlag von einem Einzeltäter verübt worden war. Obwohl der Islamische Staat sogleich die Urheberschaft der Aktion für sich beansprucht hatte, gab es nach Angaben der Sicherheitsbehörden keine Anhaltspunkte für eine Verbindung des Attentäters zum IS oder zum Al-Qaida-Netzwerk.

Das war bei dem zweiten Anschlag anders. Am 7. April raste ein Mann, der sich offenbar ebenso wie der Londoner Attentäter an den Vorbildern der Terroranschläge von Nizza und Berlin vom Juli beziehungsweise Dezember 2016 orientierte, mit einem, wie sich herausstellte, gestohlenen Lastkraftwagen durch eine der bekanntesten Stockholmer Einkaufsstraßen, tötete vier Menschen und verletzte 15, darunter auch Kinder. Danach steuerte er das Fahrzeug in den Eingang eines Kaufhauses in der Drottninggatan und floh anschließend, konnte aber noch am Abend desselben Tages festgenommen werden. Es handelte sich um einen neununddreißigjährigen Usbeken, der dem IS angehörte. Nach Ablehnung seines Asylantrags durch die zuständigen Behörde Ende 2016 war er untergetaucht. Dass es der Polizei nicht gelungen war, ihn festzunehmen und auszuweisen, begründete sie am 8. April mit ihrem notorischen Personalmangel.

In den Tagen nach dem Anschlag wurde bekannt, dass sich die Zahl der abzuschiebenden Ausländer in Schweden auf rund 10 000 belief, für die aber nur 350 Haftzellen zur Verfügung standen. Massive Ausweiskontrollen waren bisher immer wieder am heftigen Widerstand von Bevölkerungskreisen gescheitert, die eine solche Praxis als rassistisch und diskriminierend anprangerten. Ministerpräsident Stefan Löfven, Chef einer Minderheitsregierung aus Sozialdemokraten und Grünen, kündigte nach dem Stockholmer Anschlag die Schaffung von 10 000 Polizeistellen an, was aber vielen angesichts der schlechten Bezahlung in diesem Bereich des öffentlichen Dienstes und vieler leerstehender Ausbildungsplätze als nicht sehr realistisch erschien. Allgemein wurde vermutet, dass der politische Nutznießer des Attentats die rassistischen Schwedendemokraten sein würden, die schon jetzt die zweitstärkste Partei nach den Sozialdemokraten waren. Der Vorsitzende der rechtsradikalen Oppositionspartei, Jimmie Åkesson, nannte den Anschlag denn auch sogleich einen «Prachtskandal».

Fast hätte es zwischen den Ereignissen von London und Stockholm noch einen weiteren Terroranschlag gegeben: Am 23. März, einen Tag nach dem Westminster-Attentat, konnte die belgische Polizei in Antwerpen einen neununddreißigjährigen Franzosen tunesischer Herkunft stellen, der in einem Auto mit hoher Geschwindigkeit durch eine der Haupteinkaufsstraßen der Innenstadt gefahren war. Der Staatsanwaltschaft zufolge wurden in dem Auto Stichwaffen, eine Schrotflinte und ein mit Benzin gefüllter Kanister gefunden. Passanten war es gelungen, rechtzeitig beiseite zu springen, bevor die Polizei dem Anschlagversuch ein Ende bereiten konnte.

Noch weit schrecklichere Terroranschläge als im Europa der EU fanden in den ersten beiden Aprilwochen in Russland und in zwei islamischen Ländern statt. In St. Petersburg tötete am 3. April ein in Kirgistan geborener islamistischer Selbstmordattentäter bei einem Sprengstoffanschlag in der Metro 15 Menschen. In Ägypten griffen am 9. April, dem Palmsonntag, Selbstmordattentäter des IS während der Gottesdienste Kirchen der koptischen Christen erst in Tanta, etwa 120 Kilometer südlich von Kairo, dann in Alexandria an. Dabei kamen über 45 Menschen ums Leben. Die Regierung von Präsident Sisi reagierte tags darauf mit der Verhängung des Ausnahmezustands. Knapp eine Woche später, am 15. April, verübte ein Selbstmordattentäter im nordsyrischen Raschidin einen Terroranschlag auf Menschen aus dem schiitischen Rebellengebiet, die an einer Bushaltestelle auf den Weitertransport in den von Regierungstruppen kontrollierten Teil Syriens warteten. 126 Menschen, darunter 68 Kinder, wurden dabei getötet. Eine gewisse Wahrscheinlichkeit sprach dafür, dass der Anschlag das Werk fanatischer Sunniten war. Der «zivilisierten Welt» blieb, wie nach den vorangegangenen Terrorakten, nur ohnmächtige Empörung.[27]

Die Europäische Union konnte im Frühjahr 2017 einen Erfolg verbuchen. Nach schwierigen Verhandlungen verständigten sich die Finanzminister der Eurozone am 6. April in Valletta auf Malta mit Griechenland auf die Eckpunkte eines Reformfahrplans, der es Athen erlaubte, frisches Geld aus dem europäischen Hilfsprogramm zu erhalten – Geld, das es brauchte, um bis Juli ältere Kredite in Höhe von 7,4 Milliarden Euro zurückzuzahlen und neue Kredite in ähnlicher Höhe aufnehmen zu können. Die Vereinbarung sah vor, dass Griechenland in den Jahren 2019 und 2020 zusätzliche Reformschritte unternahm, die insgesamt Einsparungen in Höhe von 2 Prozent des Bruttoinlandsprodukts erbringen sollten. Um die Haushaltslage nachhaltig zu verbessern, war für 2019 eine Reform des Rentensystems geplant, für 2020 eine Senkung des Freibetrags bei der Einkommensteuer. Über weitere Schuldenerleichterungen sollte auf deutsches Drängen erst nach Ablauf des Kreditprogramms im Jahr 2018 entschieden werden.

Nach wie vor gingen die Finanzminister der Eurozone davon aus, dass Griechenland von 2018 an einen Primärüberschuss, also einen Haushaltssaldo ohne Schuldendienst, von 3,5 Prozent des Bruttoinlandsprodukts erzielen könne – eine Einschätzung, die der Internationale Währungsfonds für zu optimistisch hielt. (Tatsächlich hatte Griechenland, wie Eurostat am 24. April mitteilte, bereits im Jahr 2016 einen weit höheren Primärüberschuss erreicht, nämlich 4,2 Prozent). Ob er sich an der weiteren Kredithilfe beteiligen werde, ließ der IWF weiterhin offen. Von einschneidenden Strukturreformen wie der Professionalisierung des öffentlichen Dienstes oder der Schaffung eines effektiven Grundbuchwesens war im Frühjahr weder bei der Eurogruppe noch beim IWF die Rede. Was Griechenland anging, operierten die sogenannten «Institutionen» nur noch auf Sicht.

Finanzpolitische Differenzen gab es um diese Zeit nicht nur zwischen dem IWF und der Eurozone, sondern auch innerhalb der Europäischen Union, und zwar zwischen der EU-Kommission und Deutschland. Der für die Währungsunion zuständige stellvertretende Präsident der Kommission, Valdis Dombrovskis, trug beim Treffen von Valletta Überlegungen zur Fortentwicklung der Eurozone vor, die Änderungen der europäischen Verträge erfordert hätten, auf absehbare Zeit also nicht realisierbar waren. Was bei Bundesfinanzminister Wolfgang Schäuble entschiedenen Widerspruch hervorrief, war vor allem Dombrovskis' Vorschlag eines gemeinsamen Budgets der Eurozone, aus dem Investitionen für die Krisenländer, eventuell auch eine Arbeitslosenversicherung gefördert werden sollten. Die Verlagerung von Kompetenzen an die Kommission und das Europäische Parlament, die mit diesem Projekt verbunden war, hätte in Deutschland vermutlich das Bundesverfassungsgericht auf den Plan gerufen – auch dies ein Grund der Berliner Abwehrhaltung.

Was Schäuble vorschwebte, zielte in die entgegengesetzte Richtung. Der Bundesfinanzminister wollte der EU-Kommission die Haushaltskontrolle entziehen und diese auf den Europäischen Stabilitätsmechanismus (ESM), den Rettungsschirm, übertragen. Der ESM war eine zwischenstaatliche Einrichtung der Eurozone und unterlag als solche der Kontrolle der Finanzminister und mittelbar der der nationalen Parlamente. Längerfristig strebte Schäuble den Umbau des Europäischen Rettungsschirms in einen Europäischen Währungsfonds an, für den dasselbe galt. Es waren nicht nur deutsche Interessen, die in diese

Richtung wiesen, sondern die der finanziell stabilen Euroländer, der eigentlichen Säulen der Währungsunion. Die Berliner Überlegungen trugen auch dem Gedanken Rechnung, dass eine wirksame demokratische Legitimation die Bedingung der Möglichkeit jeder Form von «mehr Europa» war. Beim Gegensatz zwischen Schäuble und Dombrovskis ging es mithin um sehr viel mehr als um organisatorische Details: Dahinter stand eine grundsätzliche Kontroverse um die Zukunft der Europäischen Union.[28]

Sehr viel mehr Aufmerksamkeit als die Kontroverse zwischen Dombrovskis und Schäuble fand in Europa um dieselbe Zeit ein Konflikt zwischen dem ungarischen Ministerpräsidenten Viktor Orbán und einem seiner weltweit schärfsten Kritiker, dem 1930 als Sohn jüdischer Eltern in Budapest geborenen, seit langem in den USA lebenden Finanzmagnaten George Soros. Konkret ging es dabei um die 1991 von Soros in Budapest gegründete und anfangs nur von ihm finanzierte Central European University (CEU), die sich international eines ausgezeichneten Rufes erfreute, Orbán jedoch wegen ihrer liberalen Ausrichtung seit langem ein Dorn im Auge war.

Ende März 2017 legte die ungarische Regierung deswegen eine Novelle zum Hochschulgesetz vor, die formell etwa zwei Dutzend Universitäten betraf, tatsächlich aber nur auf die CEU zielte. Demnach mussten internationale Universitäten mit einem Träger außerhalb der EU künftig über bilaterale Verträge mit ihrem Heimatland abgesichert sein und dort über eine Art Stammsitz verfügen, was beides bei der CEU nicht der Fall war. Demonstrationen von Zehntausenden empörter Kritiker des Vorhabens und internationale Proteste waren vergeblich: Am 4. April verabschiedete das ungarische Parlament, nachdem die Sozialisten den Plenarsaal unter Protest verlassen hatten, den Gesetzentwurf mit 126 gegen 38 Stimmen.

Was aus Brüssel zu Orbáns neuem Anschlag auf die politische Freiheit zu hören war, klang zunächst sehr matt. Die aus Tschechien stammende Justizkommissarin Věra Jourová erklärte am 10. April, sie glaube nicht, dass Verwaltungsschritte, Vertragsverletzungsverfahren oder andere Maßnahmen der EU-Kommission viel helfen würden; wichtig sei, dass die Menschen vor Ort sich äußerten. Der für Rechtsstaatlichkeit zuständige stellvertretende Kommissionspräsident Frans Timmermans wurde zwei Tage später vor Journalisten etwas deutlicher, aber auch was er sagte, wirkte merkwürdig abwiegelnd. Er wolle Viktor Orbán die Frage stellen: «Teilt Ihr noch unsere Werte?» Die Gesamtsituation in Ungarn biete zwar Anlass zur Sorge, doch sehe er, anders als in Polen, den Rechtsstaat in Ungarn noch nicht systematisch bedroht. Im Unterschied zu Jarosław Kaczyński sei Orbán auch bereit, einen Dialog mit der Kommission zu führen. Entscheidungen über eventuelle rechtliche Schritte gegenüber Ungarn kündigte Timmermans für Ende des Monats an.

Am 26. April teilte der stellvertretende Kommissionspräsident Dombrovskis mit, dass die Kommission wegen des neuen Hochschulgesetzes ein Vertragsverletzungsverfahren gegen Ungarn eingeleitet habe. Das Gesetz verstoße gleich in mehrfacher Hinsicht gegen europäisches Recht, nämlich gegen bestimmte Binnenmarktregeln, gegen die Dienstleistungs- und Niederlassungsfreiheit, die akademische Freiheit und das Recht auf Bildung. Außerdem beeinträchtige es die in der Grundrechtecharta verankerte unternehmerische Freiheit und stehe im Widerspruch zu internationalen Handelsabkommen.

Vertragsverletzungsverfahren gegen Ungarn hatte es bereits in großer Zahl gegeben; über 70 liefen noch; die abgeschlossenen Verfahren hatten meist nicht viel bewirkt. Kaum jemand erwartete, dass es im Fall der «Lex Soros» anders sein würde. Doch zumindest verbal lenkte Orbán in diesem Fall nach Kritik aus der eigenen «Parteifamilie» ein. Nachdem er am 26. April im Europäischen Parlament sein Vorgehen noch verteidigt und Soros scharf angegriffen hatte, versicherte er drei Tage später bei einem Treffen der Europäischen Volkspartei anlässlich eines Sondergipfels der EU in Brüssel, er werde den Bedenken der Kommission Rechnung tragen.[29]

In Polen schritt währenddessen die Gleichschaltung der rechtsprechenden Gewalt weiter voran. Am 5. April beriet der Sejm in erster Lesung einen Gesetzentwurf der Regierung, dessen Zweck es war, der Legislative das letzte Wort bei der Ernennung und Beförderung der Richter aller Instanzen einzuräumen und die unabhängigen berufsständischen Organe der Richterschaft, die in diesen Fragen bisher die entscheidende Rolle gespielt hatten, zu entmachten. Im Nationalen Gerichtsrat, der laut Verfassung die Richter zur Ernennung vorschlug, sollten, wie schon erwähnt, künftig nur noch vom Parlament entsandte Richter sitzen. Es gelte, die Gerichtsherrschaft durch echte Volksmacht zu ersetzen: So erläuterte ein Vertreter des Justizministeriums das Vorhaben. Proteste von Vertretern internationaler Organisationen, unter ihnen auch einer des Menschenrechtskommissars des Europarats, eine kollektive, halbstündige Arbeitsunterbrechung der polnischen Richter am 20. April fruchteten ebenso wenig wie die massive Kritik der Oppositionsparteien. Eine Klage beim Verfassungsgericht wäre sinnlos gewesen: Dort hatten mittlerweile Richter der regierenden PiS das Sagen.

Auch in einem anderen Bereich baute die PiS ihren Einfluss weiter aus: Seit dem Machtwechsel vom Herbst 2015 hatte der ultrarechte Verteidigungsminister Antoni Macierewicz nach eigenen Angaben rund vier Fünftel des Offizierskorps und neun Zehntel des Generalstabs ausgewechselt. Ende Januar 2017 traten Generalstabschef Mieczysław Gocuł und weitere hohe Offiziere zurück. 50 bis 120 Generalsposten waren nach armeeinternen Schätzungen unbesetzt, desgleichen nach Informationen des Magazins «Polytika» 16 Posten bei der NATO. Ende März 2017 kündigte Macierewicz den Rückzug Polens aus dem von Franzosen und Deutschen gegründeten Eurokorps an.

Eine Stärkung der Armee versprach sich der Minister von der Integration von 50 000 Polen, die in der von ihm beaufsichtigten paramilitärischen «Territorialverteidigung» aktiv waren, in die Armee – eine Auffassung, die von seinen kompetenten Kritikern ganz und gar nicht geteilt wurde. Dem Chef des Verteidigungsressorts ging es augenscheinlich darum, das polnische Militär so weit wie möglich aus seinen supranationalen Verflechtungen herauszulösen und auch um den Preis einer gewissen Entprofessionalisierung zu renationalisieren. Die Risiken, die damit verbunden waren, beunruhigten inzwischen, wie «Polityka» berichtete, auch Polens Verbündete: Nach Erkenntnissen des britischen Auslandsgeheimdienstes hatte der personelle Kahlschlag im polnischen Militär massenhafte Versuche von Infiltration russischer Geheimdienste zur Folge, die ihre Leute in der polnischen Verwaltung unterbringen wollten.

In der polnischen Bevölkerung rief der außen- und innenpolitische Konfrontationskurs der PiS-Regierung wachsendes Unbehagen hervor. In Umfragen von Ende April rangierte erstmals seit dem Machtwechsel von 2015 die liberale Bürgerplattform des früheren Ministerpräsidenten Donald Tusk mit Zustimmungswerten von 31 Prozent vor Kaczyńskis Partei für Recht und Gerechtigkeit, die auf 29 Prozent kam. Nach einer anderen Umfrage von Mitte April wollten 50 Prozent Tusk im Amt des Staatspräsidenten sehen und nur 45 Prozent den Amtsinhaber Duda: ein Zeichen, dass die von Kaczyński geführte Kampagne gegen den Ratsvorsitzenden der EU fehlgeschlagen war. Im Hinblick auf die Präsidenten- und Parlamentswahlen von 2019 verhießen diese demoskopischen Befunde der PiS nichts Gutes. Die liberalen Kräfte Polens und Europas fühlten sich hingegen ermutigt.

Am 21. April war es zwei Monate her, dass das Ultimatum der EU-Kommission in Sachen Gleichschaltung des polnischen Verfassungsgerichts abgelaufen war. Irgendwelche Schlussfolgerungen hatte «Brüssel» seitdem nicht gezogen. Dass ein Antrag, Polen das Stimmrecht zu entziehen, am ungarischen Veto scheitern würde, war allen Akteuren bewusst. Vermutlich hatten auch einige Staats- und Regierungschefs die Kommission wissen lassen, dass ihnen ein Konflikt mit Warschau höchst ungelegen kommen würde. Im Vordergrund stand für sie das Interesse, die EU der 27 zusammenzuhalten, bei den Brexit-Verhandlungen größtmögliche Geschlossenheit zu bewahren und sich im Übrigen ganz auf vordringliche Ziele wie die verstärkte Zusammenarbeit im Bereich der Verteidigung, Sicherung der Außengrenzen und Terrorabwehr zu konzentrieren. Doch das beharrliche Schweigen der Kommission wirkte inzwischen peinlich. Eine EU, die auf fundamentale Verstöße gegen die Rechtsstaatlichkeit nur mit verbalen Protesten reagierte, nahm die von ihr beschworenen Werte offenkundig nicht mehr hinreichend ernst. Sie entwickelte sich zum bloßen Zweckverband und stellte damit die normativen Grundlagen des europäischen Projektes in Frage.[30]

Das Gefühl eines legitimatorischen Mankos mag mit ein Grund gewesen sein, dass die EU-Kommission am 26. April eine Art sozialpolitisches Manifest vorlegte. Die 20 Punkte des von Valdis Dombrovskis vorgestellten «Reflexionspapiers» sollten die sozialen Bekenntnisse des römischen Jubiläumsgipfels vom 25. März präzisieren. In diesem Sinn war in dem Text vom Recht der Unionsbürger auf Bildung, auf faire Löhne, ein Mindesteinkommen, auf Zugang zur Pflege im Alter und auf Chancengleichheit die Rede. Konkret wurden die Autoren nur im Hinblick auf das Thema Elternfreizeit. Was die Mitgliedstaaten, die für Sozialpolitik allein zuständig waren, aus den Anregungen machten, war ihre Sache. Die EU konnte nichts von dem einbringen, was sie vorschlug. Entsprechend kühl und ironisch fielen die meisten Kommentare aus. Die Erklärung der Kommission wurde als das bewertet, was sie letztlich war: eine PR-Initiative, die die Europäische Union von dem Image der kaltherzigen, «neoliberalen» Globalisierungsagentur befreien sollte, das ihr von Populisten aller Couleur verpasst worden war.

Am 29. April traten die Staats- und Regierungschefs der EU der 27 zu einem informellen Sondergipfel in Brüssel zusammen. Zweck des Treffens war die Festlegung der Grundzüge der Brexit-Verhandlungen. Selten waren sich die Mitgliedstaaten so rasch so einig gewesen wie bei diesem Thema. Bereits nach einer Viertelstunde konnte Ratspräsident Tusk das Ergebnis zusammenfassen: Die Gemeinschaft würde mit dem Vereinigten Königreich erst dann über die künftigen Beziehungen und namentlich einen Freihandelsvertrag verhandeln, wenn zuvor bei den Verhandlungen über die Austrittsbedingungen hinreichend große Fortschritte erzielt worden waren. In der ersten Runde sollte es vor allem um die Rechte der in Großbritannien lebenden EU-Bürger und die Rechte der britischen Staatsangehörigen gehen, die in Ländern der Europäischen Union lebten. Zudem mussten die finanziellen Verpflichtungen Großbritanniens gegenüber der EU geklärt werden. Der Kommissionspräsident nannte in diesem Zusammenhang erneut die runde Zahl von 60 Milliarden Euro.

In britischen Regierungskreisen gab es Zweifel, ob die zur Schau gestellte Einmütigkeit der 27 von langer Dauer sein würde. Die Hoffnung, einzelne Mitgliedstaaten gegeneinander ausspielen zu können, wollte London jedenfalls noch nicht aufgeben. In der Zwischenzeit übte Großbritannien Druck aus: Es blockierte die Überprüfung der mehrjährigen Finanzplanung der EU bis 2020 und damit Mittel in

Milliardenhöhe für die Bekämpfung der Jugendarbeitslosigkeit, den Ausbau der gemeinsamen europäischen Grenzsicherung, die Flüchtlingshilfe und die Forschungsförderung. Bei einem Dinner, das Theresa May am 26. April für Jean-Claude Juncker gab, prallten die Gegensätze hart aufeinander. Juncker meinte anschließend gegenüber seiner Gastgeberin, er verlasse Downing Street zehnmal skeptischer, als er gekommen sei. Durch eine Indiskretion aus der Umgebung des Kommissionspräsidenten wurde der Dissens wenige Tage später publik.

In Brüssel befürchtete man, dass die britischen Pressionen die Unterhauswahlen überdauern könnten. Wohl auch deshalb wurden die britischen Zahlungsverpflichtungen gegenüber der EU inoffiziell von 60 auf 100 Milliarden Euro angehoben, was auf der anderen Seite des Kanals einen Sturm der Entrüstung auslöste und der Premierministerin Anlass zu einer scharfen Kritik an Juncker gab. Ratspräsident Tusk rief daraufhin, unterstützt von Bundeskanzlerin Merkel, beide Seiten zur Deeskalation auf. Ob es der Europäischen Union und dem Vereinigten Königreich gelingen würde, sich innerhalb der vorgesehenen zwei Jahre auf ein gedeihliches Neben- und Miteinander zu verständigen, war einige Wochen vor Beginn der Brexit-Verhandlungen so ungewiss wie eh und je.[31]

Das alles überragende politische Ereignis im Europa des Frühjahrs 2017 waren die französischen Präsidentenwahlen. In den Wochen vor dem ersten Wahlgang, der am 23. April stattfand, gerieten die aussichtsreichsten unter den elf Kandidaten aus unterschiedlichen Gründen in die Schlagzeilen. Marine Le Pen vom Front National erregte Aufsehen durch einen Empfang bei Präsident Putin im Kreml am 24. März und durch die Leugnung einer Mitverantwortung Frankreichs für die Judendeportationen im Zweiten Weltkrieg am 10. April. Der ohnehin schon skandalumwitterte François Fillon, der Bewerber der Republikaner, wurde erneut in Verlegenheit gebracht durch Berichte über zwei teure maßgeschneiderte Anzüge, die ihm von einem Pariser Herrenausstatter geschenkt worden waren, sowie über Geldzahlungen eines libanesischen Geschäftsmannes, dem er ein Gespräch mit Putin vermittelt hatte. Der parteilose, als sozialliberal eingestufte Emmanuel Macron wurde immer mehr zum Hoffnungsträger von

Sozialisten des rechten, reformistischen Parteiflügels, unter ihnen Verteidigungsminister Jean-Yves Le Drian, der frühere Pariser Bürgermeister Bertrand Delanoë und rund 40 Abgeordnete der Nationalversammlung, die den offiziellen Kandidaten des PS, Benoît Hamon, für zu links und doktrinär hielten, um sich gegen die Kandidaten der Rechten durchsetzen zu können. Die größte öffentliche Beachtung fand am 29. März eine Erklärung des früheren Premierministers Manuel Valls, dass er im ersten Wahlgang für Macron stimmen werde, weil nur dieser in der Stichwahl Marine Le Pen schlagen könne.

In mehreren Fernsehdebatten der Bewerber um die Präsidentschaft erregte jedoch keiner der bisherigen Favoriten das größte Aufsehen, sondern ein linksradikaler Außenseiter: der ehemalige Trotzkist und jetzige Protagonist einer «Sechsten Republik» Jean-Luc Mélenchon, der die von ihm ins Leben gerufene Bewegung selbstbewusst «La France insoumise» (Das aufsässige Frankreich) nannte. Mit großer Beredsamkeit propagierte Mélenchon Ziele, die vielen als reiner Utopismus erschienen, bei seinen meist jungen Anhängern aber Begeisterung auslösten: ein schuldenfinanziertes Konjunkturprogramm mit einem Volumen von 100 Milliarden Euro, hohe Mindestlöhne und Rentenansprüche, eine konfiskatorische Besteuerung von Einkommen über 400 000 Euro jährlich, eine Abschaffung des Präsidialsystems, den Austritt Frankreichs aus der NATO, eine radikale Revision der europäischen Verträge und, wenn Frankreich sich damit nicht durchsetzen konnte, sein Ausscheiden aus der EU. Was der ebenfalls weit links stehende Hamon forderte, erschien dagegen fast schon bescheiden.

In Umfragen schnitt Mélenchon zusehends besser ab als Hamon. Den Wahlforschern zufolge deutete Mitte April alles auf ein Kopf-an-Kopf-Rennen zwischen Macron und Le Pen hin. Eine Chance, in die Stichwahl zu kommen, hatten aber auch noch Fillon und Mélenchon, so dass selbst ein «Duell der Extreme», die Entscheidung zwischen einer Rechtsradikalen und einem Linksradikalen, möglich erschien. Hamon rangierte als erster unter «ferner liefen».

Macron, in dem die meisten nach wie vor den wahrscheinlichsten Gewinner der Stichwahl sahen, beteuerte immer wieder, weder links noch rechts zu stehen, sondern in seiner Bewegung «En marche» das

Beste aus allen politischen Lagern zu vereinen. Damit überzeugte er eine breite gesellschaftliche Mitte, nicht aber die Freunde klarer ideologischer Alternativen. Die Unterstützung von Sozialisten wie Valls war ihm nur bedingt willkommen: Er distanzierte sich sogar von seinem früheren «Chef», Staatspräsident Hollande, als dessen Widergänger Fillon ihn in Verruf zu bringen versuchte. Auch von Deutschland, das er immer wieder als wirtschaftspolitisches Vorbild gepriesen hatte, setzte sich Macron in den letzten Tagen vor dem ersten Wahlgang ab: Das östliche Nachbarland profitiere vom Ungleichgewicht in der Eurozone und erziele sehr hohe Handelsüberschüsse, was weder gut für seine eigene Wirtschaft noch für die der Eurozone, ja nicht erträglich sei. Deshalb müsse ein Ausgleich geschaffen werden. Wie dieser aussehen solle, ließ Macron wie so vieles offen.

Fünf Tage vor dem ersten Wahlgang, am 19. April, nahm die Polizei in Marseille zwei mehrfach vorbestrafte Islamisten, darunter einen zum Islam konvertierten Franzosen, fest, die in dringendem Verdacht standen, einen Sprengstoffanschlag vorbereitet zu haben. Gewisse Indizien sprachen dafür, dass das Ziel des Attentats François Fillon, ein scharfer Gegner des politischen Islamismus, gewesen sein könnte. Nicht verhindern konnten die Sicherheitsbehörden einen Anschlag, der am Abend des folgenden Tages auf den Champs Élysées in Paris verübt wurde, während die Präsidentschaftskandidaten gerade ihr letztes Streitgespräch im Fernsehen führten. Der Attentäter Karim C., ein neununddreißigjähriger Franzose mit arabischen Wurzeln und langem Vorstrafenregister, schoss, nachdem er sein Auto verlassen hatte, auf die Insassen eines Polizeibusses, tötete einen Polizisten, verletzte zwei von dessen Kollegen sowie eine deutsche Passantin und wurde dann selbst von einem Polizisten erschossen.

Tags darauf bekannte sich der IS zu dem Anschlag. Doch damit war noch längst nicht erwiesen, dass der Attentäter tatsächlich im Auftrag der Terrororganisation gehandelt hatte: Karim C. hatte bereits einmal wegen der versuchten Ermordung von Polizisten jahrelang eingesessen, war im Februar 2017 wegen einer Morddrohung gegenüber einem Polizisten erneut verhaftet, dann aber mangels Beweisen freigelassen worden.

Dass der Anschlag vom 20. April erhebliche Auswirkungen auf den Wahlausgang haben konnte, war evident. Die Vermutung lag nahe, dass die besonders «law and order»-freundlichen Kandidaten der radikalen und der gemäßigten Rechten, Le Pen und Fillon, die besten Aussichten hatten, Nutzen aus dem Attentat zu ziehen. Beide kündigten denn auch sofort für den Fall ihres Sieges einen Antiterrorkampf von äußerster Härte und eine drastische Vermehrung der Polizei an: Le Pen um 15 000, Fillon um 10 000 Stellen. Die Kandidatin des Front National verlangte darüber hinaus das sofortige Ausscheiden Frankreichs aus der Schengenzone, der Republikaner eine Revision des einschlägigen Vertrages. Macron setzt sich ebenfalls für eine Verstärkung der Polizei ein, appellierte ansonsten aber an die Franzosen, sich nicht in Panik versetzen zu lassen. Der sozialistische Premierminister Bernard Cazeneuve warf den Kandidaten der Rechten vor, sie instrumentalisierten den Anschlag, um an die Macht zu kommen, und konfrontierte Fillon mit der Tatsache, dass dieser als Regierungschef zwischen 2007 und 2012 13 000 Stellen im Bereich der inneren Sicherheit gestrichen hatte.[32]

Das Ergebnis des ersten Wahlgangs entsprach dann doch weitgehend den Prognosen aus den Tagen vor dem Pariser Anschlag. Emmanuel Macron kam auf 24, Marine Le Pen auf 21,3, François Fillon auf 20, Jean-Luc Mélenchon auf 19,6, Benoît Hamon auf 6,4 Prozent. Damit waren erstmals in der Geschichte der Fünften Republik *beide* bisherigen Großparteien der Rechten und der Linken, die ehemaligen Gaullisten in Gestalt der Republikaner und die Sozialisten, schon vor der Stichwahl aus dem Rennen ausgeschieden. Die Republikaner mussten für die Skandale büßen, die ihren Kandidaten während des Wahlkampfes um die moralische und politische Glaubwürdigkeit gebracht hatten, aber auch für die wenig überzeugende Bilanz der Jahre 2007 bis 2012, in denen Nicolas Sarkozy an der Spitze des Staates gestanden hatte. Die Sozialisten erhielten die Quittung für die Glücklosigkeit der Präsidentschaft von François Hollande, dem durchsetzungsschwächsten aller Staatschefs seit der Rückkehr Charles de Gaulles an die Macht im Jahr 1958, und für die fehlende Ausstrahlungskraft ihres Kandidaten. Die Wähler des PS waren in hellen

Scharen zu Macron oder Mélenchon abgewandert, die Wähler der Republikaner in großer Zahl zu Macron oder Le Pen.

Der relative Erfolg von Jean-Luc Mélenchon machte deutlich, dass es nach wie vor ein entschieden linkes Wählerreservoir gab – freilich keines, das auf sich allein gestellt Wahlen gewinnen konnte. Marine Le Pen verhalf dem Front National zum besten Ergebnis seiner Geschichte. Sie hatte die Partei von dem Geruch des philofaschistischen und homophoben Sektierertums befreit, in den sie der Parteigründer, der notorische Antisemit Jean-Marie Le Pen, gebracht hatte; im August 2015 war die Distanzierung vom Vater durch dessen Parteiausschluss besiegelt worden. Die Modernisierung, die Marine Le Pen dem Front National verordnete, machte ihn für Schichten wählbar, die für Jean-Marie Le Pen in viel geringerem Maß erreichbar gewesen waren: nationalkonservative Bürger und Industriearbeiter aus dem französischen «rust belt» im Norden des Landes, die zuvor für die Kommunisten gestimmt hatten. Mit der radikalen Linken um Mélenchon verbanden den FN nicht nur sozialistische Forderungen nach Umverteilung des gesellschaftlichen Reichtums, sondern auch sein Protektionismus und die Frontstellung gegen die EU und deren Vormacht, das «kapitalistische» Deutschland. Zählte man die Stimmenanteile der beiden Anti-EU-Parteien zusammen, kam man auf über 41 Prozent: ein Befund, der geeignet war, die Freude zu dämpfen, die das liberale Europa angesichts des Erfolges von Macron empfand.

Der erste Wahlgang der «présidentielle» enthüllte die tiefe Gespaltenheit der französischen Gesellschaft. Der Westen des Landes, von der Atlantikküste bis weit hinein in das Zentralmassiv, hatte mit relativer Mehrheit für Macron gestimmt, desgleichen Paris und die meisten großen Städte, im Südosten die Départements Rhône, Isère, Savoie und Hautes-Alpes. Le Pen hatte den industriellen Norden, und, mit Ausnahme der Côte d'Or um Dijon, den überwiegend ländlich geprägten Osten, die gesamte Mittelmeerküste, deren Hinterland sowie Korsika erobert. Bei den jungen Franzosen zwischen 18 und 24 Jahren kam Mélenchon auf Platz 1, bei denen zwischen 35 und 55 Jahren Le Pen. Macron war der Favorit der Altersgruppe zwischen 25 und 34 Jahren. Die Senioren zwischen 60 und 69 Jahren verteilten ihre Sympathien zu gleichen Teilen auf Macron und Fillon. Der typische Macron-Wähler hatte einen höheren Bildungsgrad als der durchschnittliche Unterstützer von Le Pen. Die Vorsitzende des Front National wusste, was sie tat, als sie am Abend des 23. April vor ihren jubelnden Anhängern verkündete, sie sei die Kandidatin des Volkes, die Frankreich von den arroganten Eliten befreien werde. Als deren Inkarnation stellte sie ihren Stichwahlgegner dar, den Absolventen der staatlichen Kaderschmiede schlechthin, der École Nationale d'Administration (ENA), und ehemaligen Bankier und Minister Emmanuel Macron.

Der erste Wahlgang der Präsidentenwahl bedeutete nichts Geringeres als den weitgehenden Zusammenbruch des überkommenen Parteiensystems der Fünften Republik. Die Republikaner mochten sich aus ihrem selbstverschuldeten Debakel durch konsequente Erneuerung noch einmal herausarbeiten. Der tief zerstrittene Parti Socialiste hatte diese Chance kaum noch. Eine Spaltung der Partei lag in der Luft. Auf dem rechten Flügel gab es Sympathien für eine Neukonstituierung als sozialdemokratische Partei, die bereit war, als Teil einer künftigen präsidialen Mehrheit eng mit dem sozialliberalen Lager um Macron zusammenzuarbeiten, sich vielleicht auch mit diesem zu vereinigen. Die Zentristen wollten weiterhin Sozialisten und Sozialdemokraten in einer Partei zusammenhalten, während der linke Flügel eine Annäherung an die Grünen, die im ersten Wahlgang Hamon unterstützt hatten, aber auch an die Linksradikalen um Mélenchon für erfolgversprechend hielt. Entscheidungen mussten sehr rasch fallen: Am 11. und 18. Juni standen Parlamentswahlen an. Für den zweiten Wahlgang am 7. Mai gaben zuerst die Kandidaten der Republikaner und der Sozialisten, dann die Parteien selbst die Parole aus, Le Pen zu schlagen und für Macron zu stimmen. Mélenchon hingegen überließ es seinen Anhängern, ob sie sich an der Wahl beteiligen und für wen sie sich gegebenenfalls entscheiden sollten.

Der erfolgreichste Kandidat der ersten Runde stand vor der doppelten Herausforderung, alles für seinen Sieg in der Stichwahl zu tun und gleichzeitig seine Bewegung in eine schlagkräftige Partei umzuformen, die in der Lage war, möglichst viele Wahlkreise zu erobern und danach den Kern einer arbeitsfähigen präsidialen Mehrheit zu bilden. In diesem Zusammenhang waren Links-Rechts-Allianzen vorstellbar, wie es sie in der Fünften Republik noch nicht gegeben hatte. Eine solche Entwicklung schloss eine Stärkung des Parlaments ein: ein Systemwandel, der allen Beteiligten die Bereitschaft zum Umdenken und zum politischen Neuanfang abforderte.

Einige Erklärungen, die Macron nach seinem Erfolg in der ersten Runde abgab, klangen so, als glaube er, seines Sieges am 7. Mai schon sicher sein zu können. Doch seine Widersacherin vom Front National gab sich noch keineswegs geschlagen. Das zeigte sich besonders drei Tage nach dem ersten Wahlgang in Amiens, der Heimatstadt Macrons. Das beherrschende lokale Thema der nordfranzösischen Stadt war die bevorstehende Schließung der Niederlassung des amerikanischen Haushaltsgeräteherstellers Whirlpool. Dieser hatte angekündigt, seine dortigen Kapazitäten aus Kostengründen im Juni 2018 nach Polen zu verlagern. Die 290 Beschäftigten des Werkes waren daraufhin in den Streik getreten.

Am 26. April kam Macron nach Amiens, um im Haus der Industrie- und Handelskammer mit Gewerkschaftsvertretern über die Zukunft des Werks und seiner Belegschaft zu sprechen. Ein Besuch bei den streikenden Whirlpool-Arbeitern stand zunächst nicht auf dem Programm. Statt seiner tauchte um dieselbe Zeit unangemeldet Marine Le Pen vor den Werktoren auf, um ein «Bad in der Menge» zu nehmen und den jubelnden Streikenden zu verkünden, sie würde, wenn sie die Präsidentenwahl gewinne, eine Schließung wie die von Whirlpool nicht zulassen. Mit dem Modell von Macron werde es hingegen Millionen neuer Arbeitsloser geben.

Macron entschloss sich daraufhin, ebenfalls mit den Arbeitern zu sprechen. Er wurde mit gellenden Pfiffen und Buhrufen empfangen, konnte sich aber schließlich doch Gehör verschaffen. Macron sprach von möglichen Sanktionen gegen die Firmenleitung, verzichtete jedoch auf alle konkreten Versprechungen und warnte vor der Illusion, Frankreich könne aus der Globalisierung einfach aussteigen. Die Folge wäre der Verlust zahlloser Arbeitsplätze, die von ausländischen, nicht zuletzt amerikanischen Investoren geschaffen worden seien. Überzeugen konnte Macron die Streikenden von Amiens damit nicht. Doch einer ihrer Sprecher bekundete zuletzt immerhin Respekt vor dem Mut des Kandidaten, sich dem Gespräch mit den Arbeitern zu stellen. Die Lektion, die sich für Macron aus dem Besuch in seiner Geburtsstadt ergab, war einfach: Um aus der Stichwahl als Sieger hervorzugehen, mussten er und seine Unterstützer noch große Anstrengungen auf sich nehmen.[33]

In die Zeit zwischen den beiden Runden der französischen Präsidentenwahl fiel ein magisches Datum: Der 29. April 2017 war der Tag, an dem Donald Trump seit hundert Tagen Präsident der Vereinigten Staaten war. Folgte man seinen Twitter-Äußerungen, maß Trump selbst dem Jubiläum keinerlei Bedeutung bei. Tatsächlich war ihm sehr wohl bewusst, dass er in den zurückliegenden 14 Wochen kaum eines seiner Wahlversprechen hatte verwirklichen können.

Ein unbezweifelbarer Erfolg war die Wahl seines Kandidaten Neil Gorsuch zum Richter am Supreme Court im April. Doch der Widerstand der Demokraten im Senat gegen Gorsuch war so massiv, dass die Republikaner erst die Geschäftsordnung ändern mussten, um die Wahl des konservativen Juristen mit der einfachen Mehrheit der Senatoren zu ermöglichen: Sie schafften das «Filibuster»-Verfahren bei Richterwahlen ab – das Recht einer qualifizierten Minderheit von 41 Senatoren, eine Abstimmung durch Dauerreden zu verzögern oder ganz zu verhindern. Da Gorsuch erst 49 Jahre alt war, hatte er gute Aussichten, weit über die Amtszeit von Trump hinaus dem Obersten Gerichtshof anzugehören und seine Urteile mitzuprägen.

Was seine sachlichen Prioritäten betraf, war Trump über Ankündigungen und Anweisungen in Form präsidialer Dekrete bisher kaum hinausgelangt. Seine Versuche, Einreisen aus muslimischen Ländern zu unterbinden oder zumindest stark zu beschränken, waren zweimal am Veto von Gerichten gescheitert. Wenige Tage vor dem Hundert-Tage-Jubiläum hob ein Bundesrichter in Kalifornien einen anderen Erlass des Präsidenten auf: den Stopp der Überweisungen von Bundesmitteln an «Zufluchtsstädte» (sanctuary cities) wie New York, San Francisco oder Los Angeles, die sich weigerten, bei der Festnahme oder Abschiebung von illegal in die USA eingereisten Ausländern mit den Bundesbehörden zusammenzuarbeiten.

In der letzten Aprilwoche sah sich Trump gezwungen, auf die rasche Verwirklichung eines seiner Lieblingsprojekte, des Baus einer Mauer an der Grenze zu Mexiko, zu verzichten. Der Grund war die ungeklärte Finanzierung des Vorhabens, dessen Kosten auf 70 Milliarden Dollar geschätzt wurden. Am 30. April lief das provisorische Staatsbudget aus, und die sogenannten «deficit hawks» unter den Republikanern zeigten sich nicht bereit, einem weiteren Anstieg der Staatsschulden zuzustimmen. Die von Trump befürwortete Gegenfinanzierung durch eine Importsteuer war auf energischen Widerstand amerikanischer Großunternehmen, aber auch innerhalb der Regierung gestoßen, so dass der Präsident den Gedanken schließlich fallen ließ.

Hätte Trump nicht eingelenkt, hätte er sich keine parlamentarische Mehrheit für die Verabschiedung des Haushalts sichern können. Die Folge wäre ein «government shutdown» gewesen: die Schließung von Regierungsbehörden und öffentlichen Einrichtungen, wie sie die republikanische Opposition Trumps Vorgänger Obama im Oktober 2013 aufgezwungen hatte. Um sich eine solche Blamage am Ende seiner ersten hundert Amtstage zu ersparen, zog der Präsident es vor, den Bau der Mauer erst einmal zu vertagen.

Am 1. Mai verständigten sich Republikaner und Demokraten auf einen Haushaltskompromiss, der gute Aussichten hatte, die notwendige Mehrheit von 60 Senatoren zu erreichen. Die Demokraten verbuchten es als Erfolg, dass die Mittel für das Bundesumweltamt, die medizinische Forschung und die Infrastruktur in viel geringerem Maß gekürzt und die Militärausgaben weniger stark erhöht wurden als von Trump angestrebt. Mittel für die Mauer an der Grenze zu Mexiko wurden nicht bewilligt, wohl aber 1,5 Milliarden Dollar für eine bessere Grenzsicherung.

Die fallen gelassene Importsteuer war zunächst als Teil der großen Steuerreform gedacht gewesen, deren Grundzüge Trump unbedingt noch vor dem 29. April der Öffentlichkeit vorlegen wollte, um einen Kontrapunkt zum vorläufigen Scheitern eines anderen großen Reformvorhabens, der Abschaffung von Obamacare, zu setzen. Die Bekanntgabe erfolgte dann auch noch fristgerecht am 26. April, wobei der Präsident die Erläuterungen seinem Wirtschaftsberater Gary

Cohn und Finanzminister Steven Mnuchin überließ. Schwerpunkt des einstweilen noch sehr vagen Programms war eine Senkung der Unternehmenssteuerlast von 35 auf 15 Prozent. Nicht nur Kapitalgesellschaften sollten in den Genuss der gesenkten Steuersätze kommen, sondern auch die Personen- und Partnerschaftsgesellschaften von Anwälten, Hedgefondsmanagern, Steuer- und Anlageberatern, die bislang zu den höheren Sätzen der Einkommensteuer veranlagt worden waren. Der persönliche Spitzensteuersatz wurde von 39,6 auf 35 Prozent gesenkt; darunter gab es statt wie bisher sechs nur noch zwei weitere Steuerklassen mit 25 und 10 Prozent. Die bisherige Alternative Minimum Tax für Einkommen über 200 000 Dollar entfiel. Die Abschreibungsmöglichkeiten wurden drastisch reduziert: Es sollte sie künftig nur noch für Hypothekenzinsen sowie für Einzahlungen in private Rentenpläne und für gemeinnützige Spenden geben.

Was Trumps Berater vorschlugen und der Präsident selbst als die vielleicht größte Steuerreform der amerikanischen Geschichte pries, war ein Programm nach dem Herzen der Reichen und Superreichen, die hoffen durften, nun noch reicher zu werden. Geringverdiener mochten von den Steuersenkungen, die ihnen zugute kamen, zunächst auch profitieren. Sie waren aber auch die Hauptbetroffenen eines anderen übergeordneten Zieles der republikanischen Wirtschafts- und Finanzpolitik à la Trump: einer Senkung der öffentlichen Ausgaben in allen Bereichen außer dem militärischen.

Wie die drastische Herabsetzung der Steuersätze gegenfinanziert werden sollte, blieb offen. Mnuchin versicherte zwar, durch die Reform würden Wachstumskräfte in großem Stil freigesetzt, was höhere Steuereinnahmen zur Folge hätte. Doch es war keineswegs sicher, dass dieses Kalkül aufging. Da in den Vereinigten Staaten annähernde Vollbeschäftigung herrschte, war es nach der Analyse des renommierten Wirtschaftswissenschaftlers Barry Eichengreen eher wahrscheinlich, dass die Steuersenkungen dem Import zugute kamen. Zu erwarten waren steigende Zinsen, ein verstärkter Zufluss von ausländischem Kapital, ein Anstieg des Dollarkurses und in seiner Folge eine Verteuerung der amerikanischen Exporte, mithin eine weitere Verschlechterung der Handelsbilanz der USA und damit das Gegenteil dessen, was Trump versprochen hatte.

Ob es der Präsident schaffen würde, seine Vorstellungen von Steuerreform über die parlamentarischen Hürden zu bringen, war ungewiss. Sicher war hingegen, dass eine Politik, die den Vorgaben des Papiers vom 26. April folgte, weltweit fatale Wirkungen haben würde. Gelang es Trump, die USA in ein Steuerparadies nach Art der britischen Kanalinseln, Luxemburgs, Maltas, der Bahamas oder Panamas zu verwandeln, war mit einem internationalen Wettlauf um die niedrigsten Unternehmenssteuern zu rechnen. Auf der Strecke bleiben mussten in diesem Fall öffentliche Investitionen in die wirtschaftliche Zukunft der betroffenen Länder, andere Gemeinschaftsaufgaben und namentlich Ausgaben für soziale Zwecke. Dazu kam die Gefahr einer spekulativen Überhitzung der Weltkonjunktur. Die Außenwelt konnte infolgedessen nur hoffen, dass Trumps Steuerpläne am Widerstand des Kongresses scheitern würden.

Auch was die Handelspolitik betraf, war der Präsident in seinen ersten hundert Tagen längst nicht so weit vorangekommen, wie er es vor seinem Amtsantritt angekündigt hatte. Zwar hatte er bereits Ende Januar das noch nicht ratifizierte Transpazifische Freihandelsabkommen (TPP) aufgekündigt. Im Fall des Nordamerikanischen Freihandelsabkommens (NAFTA) aber begnügte er sich im April mit der Ankündigung von Neuverhandlungen mit Kanada und Mexiko. Nachdem ihn Bundeskanzlerin Merkel bei ihrem Besuch im März darüber belehrt hatte, dass es ein vom Präsidenten ins Gespräch gebrachtes bilaterales Handelsabkommen zwischen den USA und Deutschland nicht geben könne, die Handelspolitik eine Domäne der Europäischen Union sei, schloss Trump nicht einmal mehr eine Neuauflage von TTIP aus. Eine grundsätzliche Abkehr vom Protektionismus ließ sich daraus jedoch nicht ableiten. Ende April verhängten die USA Strafzölle in Höhe von 20 Prozent gegen (staatlich subventionierte) kanadische Weichholzimporte. Doch das war eine Maßnahme, die sich nicht wesentlich von der Handelspolitik früherer amerikanischer Regierungen unterschied und sachlich sogar rechtfertigen ließ.

Eher «traditionell» wirkte bislang die Außenpolitik der neuen Administration. Einen «honeymoon» gab es nicht mit Putins Russland, dem Trump im Wahlkampf immer wieder seine Reverenz erwiesen hatte, sondern mit der früher von ihm geradezu dämonisierten Volksrepublik China. Trump hatte seine kritische Haltung gegenüber der NATO ebenso revidiert wie die gegenüber der EU, von der er neuerdings behauptete, dass sie ihre Lehren aus dem Brexit gezogen habe. Die deutsche Regierungschefin, die er im Wahlkampf massiv attackiert hatte, war inzwischen seine bevorzugte, telefonisch häufig um Rat gebetene Partnerin in Europa.

In den weltpolitischen Krisenregionen zeigte Trump deutlich mehr Präsenz als sein Vorgänger. Nach dem amerikanischen Raketenschlag auf den syrischen Militärflughafen, von dem zuvor ein Giftgasangriff auf ein Rebellengebiet ausgegangen war, und nachdrücklichen Verwarnungen des aggressiven Nordkorea machte erneut das Wort von den USA als «Weltpolizist» die Runde. Mit seinem Vorgehen wich Trump nicht wesentlich von Verhaltensmustern früherer republikanischer, aber auch der meisten demokratischen Präsidenten ab. Als «atypisch» erschien mittlerweile eher die ausgeprägte weltpolitische Zurückhaltung der Vereinigten Staaten in den acht Jahren der Präsidentschaft von Barack Obama.

Eines waren Trumps Kurskorrekturen aber nicht: eine Hinwendung zu einer langfristig angelegten, an Prinzipien orientierten amerikanischen Außenpolitik. Am 29. April, seinem hundertsten Tag im Weißen Haus, führte Trump ein nach eigenem Bekunden «sehr freundliches» Telefongespräch mit dem philippinischen Präsidenten Rodrigo Duterte, der seit seinem Amtsantritt im Juni 2016 einen brutalen Krieg gegen die Drogenkriminalität mit Hilfe polizeilicher Killerkommandos führte und zuvor als Bürgermeister von Davao Todesschwadronen gegen Drogendealer und Drogensüchtige befehligt, ja sich wohl selbst an Morden beteiligt hatte. Ende Mai wurde bekannt, dass Trump den philippinischen Präsidenten wegen seines «unglaublichen Umgangs mit dem Drogenproblem» sogar ausdrücklich seinen Respekt bezeugt hatte. Abschließend honorierte er den angenehmen Verlauf der Unterhaltung mit einer Einladung Dutertes ins Weiße Haus.

Zwei Tage später erklärte Trump, er würde sich «geehrt» fühlen, mit dem nordkoreanischen Präsidenten Kim Jong Un zusammenzutreffen. Dem türkischen Präsidenten Erdoğan hatte er Mitte April als einziger westlicher Staats- oder Regierungschef außer dem ungarischen Ministerpräsidenten Viktor Orbán zu dem Referendum gratuliert, das die Umwandlung der Türkei in ein autoritäres Präsidialregime ermöglichte. Der liberale Publizist Roger Cohen kommentierte diese und andere Gesten Trumps in der «New York Times» mit der Feststellung, die wertfreie Außenpolitik des Präsidenten zerstöre das «nationale Gewissen» Amerikas: ein Urteil, dem Trump, wenn er es denn überhaupt zur Kenntnis nahm, von seinem ganzen Naturell her nur mit völliger Verständnislosigkeit begegnen konnte.

Im teilweisen «back to normalcy» in der Außenpolitik spiegelten sich Machtverschiebungen im Umfeld Trumps. An die Stelle des erratischen Putin-Apologeten Michael Flynn war als Nationaler Sicherheitsberater der kühl kalkulierende, hochprofessionelle General Herbert Raymond McMaster getreten. Der ultrarechte «Chief Strategist» Stephen Bannon hatte seit dem Entzug seiner Mitgliedschaft im Nationalen Sicherheitsrat weniger Einfluss auf die Außenpolitik als zuvor. Trump stufte Bannon sogar öffentlich herab, indem er ihn einen Berater unter mehreren nannte. Er ließ durchblicken, dass ihm der Rat seiner Tochter Ivanka und der seines Schwiegersohnes Jared Kushner im Zweifelsfall mindestens ebenso wichtig waren wie der seines offiziellen Chefstrategen. Doch entmachtet war Bannon damit noch lange nicht. Er hatte sich zum Sprachrohr des harten Kerns der Wählerbasis von Trump gemacht und konnte erwarten, immer dann Gehör zu finden, wenn der Präsident es für geboten hielt, sich wieder einmal demonstrativ zu «America first» zu bekennen.

Aus den beiden großen Kraftproben, in die Bannon Trump gedrängt hatte, war der Präsident bisher nicht als Sieger hervorgegangen: weder aus der Auseinandersetzung um die «Muslim-Ban»-Dekrete noch aus der um die Abschaffung von Obamacare. In beiden Fällen hatten sich die «checks and balances» bewährt: in Gestalt der unabhängigen Justiz und der Medien beim «Muslim-Ban», in Form des Kongresses bei der Gesundheitsreform. Dass Bannon und Trump aus dieser Erfahrung heraus lernen würden, war eher unwahrscheinlich. Mit weiteren Konfrontationen war daher zu rechnen.

Aktuellen Umfragen von Ende April 2017 zufolge lehnten 52 Prozent der Amerikaner Trumps Politik ab. Seine Popularitätswerte waren die niedrigsten, die je bei einem Präsidenten hundert Tage nach Beginn seiner Amtszeit gemessen wurden. Beim Gros derer, die ihn am 8. November 2016 gewählt hatten, genoss er aber nach wie vor hohe Sympathiewerte. Noch hatte sich die Einsicht nicht durchgesetzt, dass nicht die Protestwähler aus dem «rust belt», sondern nur wohlhabende bis reiche Amerikaner Nutzen aus seiner Politik ziehen würden.

Die amerikanische Demokratie hatte gute Chancen, die Präsidentschaft Trumps zu überleben. Die amerikanische Zivilgesellschaft war zutiefst von ihrem angestammten Verfassungspatriotismus geprägt. Sie ließ sich nicht einfach gleichschalten. Sie konnte antiliberalen Bestrebungen mehr Widerstand entgegensetzen als manche europäische Gesellschaften der Zwischenkriegszeit wie die italienische oder die deutsche. Die moralische Autorität der Vereinigten Staaten aber hatte durch die Wahl des New Yorker Multimilliardärs und seine Amtsführung seit dem 20. Januar 2017 schwer gelitten. Trump war noch immer unberechenbar, und ein strategisches Konzept hinter dem, was er tat, war nicht zu erkennen. Es blieb die Hoffnung, dass der Einfluss rational denkender Berater stark genug sein würde, um die Schwächen einigermaßen auszugleichen, die in der Egomanie des 45. Präsidenten angelegt waren.[34]

Rund eine Woche vor dem zweiten Wahlgang der französischen Präsidentenwahl gelang Marine Le Pen ein Coup: Am 29. April trat sie gemeinsam mit einem der «bürgerlichen» Präsidentschaftskandidaten der ersten Runde, dem Chef der nationalkonservativen Partei Debout la France (Aufrecht, Frankreich!), Nikolas Dupont-Aignan, auf, der am 23. April einen Stimmenanteil von 4,7 Prozent erhalten hatte. Le Pen honorierte den Übertritt des Bürgermeisters von Yerres im Süden von Paris in ihr Lager mit der Ankündigung, sie werde ihren neuen Mitarbeiter, wenn sie zur Präsidentin gewählt würde, zum Premierminister ernennen. Außerdem schwächte sie ihre (ohnehin nicht sonderlich populäre) Forderung nach einem raschen Ausstieg aus dem Euro ab: Der Übergang zu einer neuen Währung sei keine Vorbedingung ihrer Wirtschaftspolitik. Sie schlug sogar ein Nebeneinander von Euro und Franc vor: die gemeinsame europäische Währung für die im internationalen Handel tätigen Großunternehmen, die nationale für die alltäglichen Geschäfte.

Eine vergleichbare Unterstützung vom linken Rand erhielt Emmanuel Macron nicht. Bei einer internen Befragung der rund 450 000 Anhänger von La France Insoumise, der Bewegung um Jean-Luc Mélenchon, sprachen sich nur 34,8 Prozent für den sozialliberalen Bewerber aus. 36 Prozent befürworteten die Abgabe leerer oder ungültiger Stimmzettel, 29 die Nichtbeteiligung an der Stichwahl. Mithin erklärten sich fast zwei Drittel der Sympathisanten der radikalen Linkspartei in der Frage «Le Pen oder Macron» faktisch für neutral, was wiederum nichts Anderes bedeutete, als dass sie einen Sieg der Kandidatin des Front National billigend in Kauf nahmen. Dasselbe galt für die linken Gewerkschaften CGT und Force Ouvrière, die sich zwar wie Mélenchon gegen Le Pen, aber nicht für Macron aussprachen. Nur die moderate CFDT setzte sich für die Wahl des Chefs von En Marche ein. Fünfzehn Jahre zuvor, als sich in der zweiten Runde der Präsidentenwahl am 5. Mai 2002 Jacques Chirac und Jean-Marie Le Pen gegenüberstanden, war das anders gewesen: Die französische Linke hatte faktisch geschlossen zur Wahl des konservativen Amtsinhabers aufgerufen, der denn auch mit 82,2 Prozent der Stimmen als überlegener Sieger aus der Stichwahl hervorging.

Am 3. Mai traten Macron und Le Pen zu einem «Fernsehduell» an – dem einzigen, das zwischen der ersten und der zweiten Runde der «présidentielle» stattfand. Es wurde zur aggressivsten Konfrontation zwischen zwei Spitzenkandidaten, die Frankreich je erlebt hatte. Le Pen beschimpfte Macron als Kandidaten des Kapitals, als Werkzeug Merkels und Befürworter einer brutalen Globalisierung. Macron nannte seine Kontrahentin eine Lügnerin, die an Ängste appelliere und Hass schüre, über keinerlei realistisches Programm verfüge und nicht würdig sei, Präsidentin Frankreichs zu werden. Sachargumente brachte nur der frühere Wirtschaftsminister vor, was mit dazu beitrug, dass ihn über 60 Prozent der Franzosen in Umfragen zum Sieger des Schlagabtausches erklärten. Ähnlich lautete die Prognose vor der Stichwahl: 62 Prozent für Macron, 38 Prozent für Le Pen.

Offiziell endete der Wahlkampf am Freitag, den 5. Mai, um Mitternacht. Danach begann nicht nur für die Kandidaten und die Parteien, sondern auch für die Medien eine Art von gesetzlicher Schweigepflicht. Wenige Stunden vor dem kritischen Zeitpunkt registrierte das Team von Macron einen massiven, koordinierten Hackerangriff gegen die Bewegung En Marche. Ein rechtsradikales Internetforum in den USA, wenig später auch Wikileaks machten Zehntausende von Dokumenten publik, die nach Angaben der Umgebung des sozialliberalen Kandidaten großenteils echt, zum Teil aber auch gefälscht waren. Als Urheber der Attacke wurde dieselbe, von russischen Geheimdienstkreisen gesteuerte Hackergruppe APT 28 ausgemacht, die im Jahr zuvor Mails von Hillary Clinton publik gemacht hatte, um ihre Wahl zur Präsidentin der USA zu verhindern.[35]

Das Ergebnis der Stichwahl fiel eindeutiger aus als von den Demoskopen vorhergesagt: Macron erhielt 66,1, Le Pen 33,9 Prozent der abgegebenen gültigen Stimmen. Mit 25,4 Prozent war der Anteil der Nichtwähler so hoch wie seit 1969 nicht mehr. 4 Millionen wahlberechtigte Franzosen gaben ungültige Stimmen ab: ein Rekordwert. Zwischen dem ersten und dem zweiten Wahlgang hatten nach den Befunden der Wahlforscher 52 Prozent der Wähler von Fillon für Macron gestimmt; bei den Unterstützern von Mélenchon und Hamon waren es 52 beziehungsweise 71 Prozent. Le Pen erhielt die Stimmen von 20 Prozent der Anhänger Fillons, von 7 Prozent der Mélenchon- und von 2 Prozent der Hamon-Wähler. Bei den Nichtwählern und denen, die ungültige Stimmen abgaben, beliefen sich die Zahlen für das Fillon-Lager auf 32, bei der Wählerschaft von Mélenchon auf 41 und bei der von Hamon auf 27 Prozent.

Auf der Karte Frankreichs war das Übergewicht der Départements, die mehrheitlich für Macron gestimmt hatten, überwältigend. Die einzigen beiden Départements, die Le Pen erobern konnte, lagen im Nordwesten: Pas-de-Calais (52,1 Prozent) und Aisne (52,9 Prozent). Macron, mit 39 Jahren der jüngste Präsident in der Geschichte der

Fünften Republik, erhielt seine besten Ergebnisse in Paris (89,7 Prozent) und bei den Auslandsfranzosen (89,3 Prozent). Im Westen und in der Mitte des Landes war er deutlich stärker als im Osten und im Südosten. Er war der Sieger in allen gesellschaftlichen Gruppen außer den Arbeitern, die mit 56 Prozent für Le Pen stimmten; bei Menschen, die angaben, nur mit Mühe über die Runden zu kommen, waren es sogar 69 Prozent. Generell war die Kandidatin des Front National in ländlichen Gebieten erfolgreicher als in den Städten. Macron lag bei den Rentnern und den ganz jungen Franzosen vorn. Bei den Franzosen mittleren Alters war das Gefälle zwischen Macron- und Le Pen-Wählern weniger stark ausgeprägt. So eindeutig das Ergebnis der zweiten Runde war: Es war ein zutiefst gespaltenes Land, an dessen Spitze der Gewinner der Stichwahl trat.

Macron war sich der Ambivalenz seines Erfolges bewusst. In einer Rede, die er am Abend des 7. Mai vor der Kulisse der Pyramide im Innenhof des Louvre vor Zehntausenden von begeisterten Anhängern hielt, erwies er auch denen seine Reverenz, die ihn als kleineres Übel gewählt hatten, um die Republik nicht den Rechtsradikalen auszuliefern. Er äußerte sogar Respekt vor «der Wut, der Angst, den Zweifeln» jenes Drittels der französischen Wähler, das sich für die Kandidatin des FN entschieden hatte, und versprach, er werde in den nächsten fünf Jahren alles tun, um die Gründe zu beseitigen, aus denen heraus diesmal «die Extreme» gewählt worden waren.

Die unterlegene Bewerberin hatte zwar nicht ihr eigentliches Ziel erreicht, aber es war ihr gelungen, den Stimmenanteil ihres Vaters bei der Stichwahl von 2002 weit zu übertrumpfen. Hatte damals nur jeder sechste Franzose für den Bewerber des Front National gestimmt, so war es jetzt jeder dritte. Scheiterte Macron, hatte Marine Le Pen gute Chancen, die Präsidentenwahl von 2022 zu gewinnen.

Die Aufgaben, die vor Macron lagen, waren, wie er selbst sagte, «immens». Er musste die hohe Arbeitslosigkeit, besonders die bei den jungen Franzosen unter 25 Jahren, bekämpfen, zu diesem Zweck den verkrusteten Arbeitsmarkt liberalisieren, das heißt den rigiden Kündigungsschutz auflockern, der Neueinstellungen erschwerte, und ein zeitgemäßes Berufsausbildungswesen aufbauen.

Unabdingbar waren sodann mehr Flexibilität bei der Regelung der Wochenarbeitszeit, also die Erleichterung von betrieblich vereinbarten Abweichungen von der 35-Stunden-Woche, eine Reorganisation des aufgeblähten und ineffizienten öffentlichen Dienstes, eine Reform der schulischen Erziehung, vor allem in den Problemvierteln der Städte, eine Umstrukturierung der Arbeitslosenversicherung und eine Senkung der Unternehmenssteuern – das letztere eine Maßnahme, von der sich Macron eine Steigerung der Wettbewerbsfähigkeit der französischen Wirtschaft erhoffte. Bevor er sich an die Bewältigung dieser Probleme machte, musste die Bewegung En marche zuerst einmal in die Partei République en marche umgewandelt werden, die keine geringere Aufgabe hatte, als bei den Parlamentswahlen im Juni zur bestimmenden politischen Kraft des Landes aufzusteigen – allein dies eine gigantische Herausforderung an den Wahlsieger und seine Unterstützer.

Bei fast allen der von ihm angestrebten Reformen musste der neue Präsident mit heftigem Widerstand rechnen – Widerstand von Franzosen, die ihn nicht oder nur widerstrebend gewählt hatten und darauf aus waren, ihm bei den Wahlen zur Nationalversammlung seine erste große Niederlage zuzufügen. Eine Vorahnung von der Heftigkeit der kommenden Kämpfe vermittelten am Abend des Wahltages gewaltsame Ausschreitungen linksradikaler Globalisierungsgegner in Paris und anderen großen Städten und in den Tagen darauf Demonstrationen der linken Gewerkschaften gegen jedwede Art von Sozialabbau. Es war das Frankreich Jean-Luc Mélenchons, das sich gegen das Mehrheitsvotum vom 7. Mai auflehnte – jener Teil der französischen Linken, dem es zuzuschreiben war, dass die Reformbilanz der Ära Hollande so dürftig ausfiel, wie sie war, und der Reformbedarf so groß, wie Macron es darstellte.

In Brüssel und den Hauptstädten der Mitgliedstaaten der Europäischen Union war in den Wochen zuvor immer wieder ausgesprochen worden, woran es bei nüchterner Betrachtung keinen Zweifel gab: Ein Triumph von Marine Le Pen würde das Ende des Euro und der EU bedeuten. Doch von dem, was der sozialliberale Bewerber während des Wahlkampfes zur Zukunft der Eurozone gesagt hatte, war manches weit von einem europäischen Konsens entfernt. Das galt namentlich für die Vorschläge einer eigenen parlamentarischen Vertretung der Eurozone, eines gesonderten Haushalts der Währungsunion, eines gemeinsamen Finanzministers ihrer 19 Mitgliedstaaten und einer teilweisen Vergemeinschaftung künftiger Schulden, nämlich jener, mit denen gemeinsame Investitionen der Eurozone finanziert werden sollten. Letztere Forderung war der Punkt, der in den Ländern mit solider Haushaltsführung, obenan Deutschland, zunächst auf die entschiedenste Ablehnung stieß. Europapolitische Harmonie war also fürs erste nicht zu erwarten, vielmehr harte und kontroverse Debatten über Reformen, die im Interesse sowohl Frankreichs wie der Währungsunion lagen und, soweit irgend möglich, ohne Änderungen der geltenden Verträge zu verwirklichen waren.

Anders als beim Beginn der Präsidentschaft Hollandes im Jahr 2012 gab es aber fünf Jahre später in Europa die verbreitete Hoffnung auf einen «historischen Kompromiss» zwischen Deutschland und Frankreich – auf einen produktiven Ausgleich zwischen den Zielen der Haushaltskonsolidierung und des nachhaltigen Wirtschaftswachstums. Macron wurde zugetraut, dass er die Strukturreformen in Angriff nehmen würde, die Frankreich brauchte, um aus der Stagnation herauszukommen. Von Deutschland wurde erwartet, dass es die prozyklischen Wirkungen einer orthodoxen Sparpolitik nicht länger leugnete und gegenüber einem reformbereiten Frankreich mehr Toleranz zeigte, wenn es um zeitweilige, «konditionierte» Abweichungen von den Maastricht-Kriterien ging. Die EU-Kommission bedurfte in dieser Hinsicht kaum der Ermahnung. Sie war in der Vergangenheit oft genug bereit gewesen, auch dann über die Verletzung vertraglich vereinbarter Regeln hinwegzusehen, wenn der Reformwille des betreffenden Landes nur schwach ausgeprägt war.

Eine Konsolidierung, die Wachstum nicht erstickte, sondern förderte: Wenn es den beiden größten Volkswirtschaften der EU gelang, sich auf ein solches Konzept zu verständigen, wuchsen die Aussichten auf eine dauerhafte Stabilisierung der Währungsunion und die Festigung der Europäischen Union insgesamt. Auch jenseits des wirtschaftlichen Bereiches hing vieles von einem engeren Zusammenwirken

Frankreichs und Deutschlands ab. Wenn sie sich untereinander und mit anderen liberalen Demokratien innerhalb der EU abstimmten, konnten beide Länder der autoritären Deformation in Teilen Ostmittel- und Südosteuropas wirksamer entgegentreten, als wenn sie einzeln ihren Protest artikulierten oder diesen der zögerlichen EU-Kommission überließen. Was für Europa galt, traf auch für den Westen insgesamt zu: Je enger Deutschland und Frankreich kooperierten, desto größer die Chance Europas, der Vormacht des Nationalpopulismus, den Vereinigten Staaten von Amerika unter der Präsidentschaft von Donald Trump, Paroli zu bieten.

Eine Chance für Europa und den transatlantischen Westen: Darin lag die historische Bedeutung des 7. Mai 2017. Ob diese Chance genutzt werden konnte, musste sich zu allererst dort entscheiden, wo die Würfel gefallen waren: in Frankreich.[36]

14.
ZEIT DER ZERREISSPROBEN: EIN FAZIT

Die liberale Demokratie des Westens ist in der Defensive. Sie wird nicht nur von außen, von immer selbstbewußter auftretenden autoritären Regimen, obenan der Volksrepublik China mit ihren weltweiten Aktivitäten, sondern auch von innen in Frage gestellt: von populistischen Bewegungen und Parteien, die von sich behaupten, sie seien die wahren Repräsentanten der Demokratie, weil sie und nur sie für «das Volk» sprächen. Populistische Bewegungen pflegen von den Problemen zu profitieren, die von den «etablierten» demokratischen Parteien verdrängt, beschönigt oder unbefriedigend gelöst werden. Sie nutzen alles, was sich als Abgehobenheit der «politischen Klasse» oder der «Eliten», als Abkopplung der Regierenden von den Regierten, als Entfremdung zwischen «oben» und «unten» deuten lässt.

Populistische Bewegungen mögen in Präsidialdemokratien wie den USA oder Frankreich, wo die Gefahr der Verselbständigung der Exekutivgewalt besonders groß ist, noch bessere Chancen haben als in parlamentarischen Demokratien. Doch auch in diesen haben Bewegungen und Parteien Zulauf, die sich als die einzig authentischen Sprecher «des Volkes» gerieren. Populisten haben nicht nur bei Schichten Erfolg, die sich materiell benachteiligt, als Opfer von Globalisierung, Digitalisierung oder Robotorisierung fühlen. Sie sprechen auch wohlsituierte Bürger an, die mit dem liberalen «Zeitgeist» hadern und sich durch den vorherrschenden gesellschaftlichen Diskurs ausgegrenzt, ja in ihren kulturellen Besitzständen bedroht sehen. Wäre die Kritik der Populisten bloße Unterstellung, sie hätten weniger Erfolg. Doch häufig sind es tatsächliche Fehlentwicklungen und Missstände, auf die sie als «terribles simplificateurs» mit sicherem Instinkt für das jeweils Populäre reagieren.

Im Hinblick auf Europa hat der französische, aus der Tschechoslowakei stammende Politikwissenschaftler und Publizist Jacques Rupnik 2016 vom «Ende des liberalen Zyklus» gesprochen, den er mit den epochalen Umwälzungen von 1989/91 beginnen lässt.[1] Rupnik geht vorrangig auf die beiden ostmitteleuropäischen Länder ein, in denen nationalpopulistische Parteien in den letzten Jahren an die Macht gekommen sind: Ungarn und Polen, die sich inzwischen selbst als «illiberale Demokratien» betrachten. In beiden Staaten gibt es ein breites Fundament nationalistischer und autoritärer Traditionen, an die politische Führer wie Viktor Orbán und Jarosław Kaczyński anknüpfen können und auf die sie sich bewusst berufen.

Doch Rupnik betont mit Recht, dass die Krise des Liberalismus und das Aufkommen populistischer Nationalismen transeuropäische Phänomene sind. Sie sind, mehr noch, Phänomene des demokratischen Westens insgesamt, und was die Krise des Liberalismus angeht, so hat sie in den Vereinigten Staaten früher begonnen als auf dem alten Kontinent, nämlich spätestens mit der massiven Einschränkung individueller Rechte und rechtsstaatlicher Garantien im Gefolge der Terroranschläge vom 11. September 2001 unter der Präsidentschaft von George W. Bush. Gemeinsam sind den westlichen Demokratien die tieferen Ursachen der populistischen Revolte gegen das überkommene politische System: die zunehmende Ungleichheit der Einkommens- und Vermögensverteilung nach der «neoliberalen» Wende der siebziger Jahre, der weitreichende Kontrollverzicht der demokratisch legitimierten Nationalstaaten zugunsten der internationalen Finanzmärkte in den folgenden drei Jahrzehnten, der Globalisierungsschub nach der Epochenwende von 1989 und die Internet-Revolution, die den konventionellen Medien Schritt für Schritt die Deutungshoheit entzogen und jene «Echokammern» von Netzwerken der Desinformation ermöglicht hat, ohne die der aggressive Populismus schwerlich so viel Resonanz finden würde.[2]

Die populistischen Bewegungen von rechts und links sind zu einem guten Teil eine Reaktion auf das, was nach der Analyse des amerikanischen Wirtschaftswissenschaftlers Dani Rodrik ein wesentliches Merkmal der von ihm kritisierten «Hyperglobalisierung» ist: «Globale Märkte leiden unter schwacher Beaufsichtigung und sind daher anfällig für Instabilität, Ineffizienz und einen Mangel an demokratischer Kontrolle.»[3]

Der wirtschaftliche Nationalismus, den die Populisten propagieren, ist jedoch die falsche Antwort auf die Herausforderung der Globalisierung. Protektionistische Abschottung schadet nicht nur den jeweils Anderen, sondern früher oder später auch dem Land, das sich dem internationalen Wettbewerb zu entziehen versucht und eben dadurch immer weniger wettbewerbsfähig wird.

Populisten lassen sich durch solche Argumente freilich kaum beeindrucken. Sie setzen, ob sie sich dessen bewusst sind oder nicht, auf die kompensatorischen Möglichkeiten des Nationalismus. Der Nationalismus verschafft, so der amerikanische Sozialpsychologe Daniel Katz schon 1940, dem Einzelnen ein «erweitertes seelisches Einkommen» (enhanced psychic income), was durchaus auch als Ausgleich eines verminderten materiellen Einkommens akzeptiert werden kann. Er erlaubt die Projektion von Hass und Feindschaft auf «out-groups»; er trägt dazu bei, persönliche Frustrationen durch kollektive Erfolgserlebnisse auszugleichen, und er hilft, libidinöse Wünsche auf Gruppensymbole zu übertragen.[4]

So trügerisch und gefährlich jede Art von Nationalismus ist, so falsch wäre es, in der bloßen Existenz von Nationalstaaten die Wurzel allen Übels zu sehen. Die Zeit des klassischen souveränen Nationalstaates ist, zumindest in Europa, abgelaufen. Die Mitgliedstaaten der Europäischen Union sind postklassische Nationalstaaten, die aus wohlverstandenem Eigeninteresse einige ihrer Hoheitsrechte gemeinsam ausüben und andere auf supranationale Einrichtungen des Staatenverbundes wie die EU-Kommission oder die Europäische Zentralbank übertragen haben. Aber auch in der EU sind die Nationalstaaten immer noch der einzige institutionelle Rahmen, in dem die Prinzipien des Rechtsstaates, des Sozialstaates und der Demokratie, wie unvollkommen auch immer, verwirklicht sind.

Vom Rechtsstaat sprechen die Populisten von rechts, die entschiedensten Verfechter einer Rückkehr zum souveränen Nationalstaat, nur selten. Was den Sozialstaat angeht, tendieren die einen zu neoliberalen, die anderen zu staatssozialistischen Positionen. Die Demokratie reduzieren die Populisten aller Couleurs meist auf das Mehrheitsprinzip, wobei sie, wo immer möglich, der direkten oder plebiszitären Demokratie den Vorzug vor der repräsentativen Demokratie geben. Doch die westliche Demokratie besteht nicht nur aus der freien Artikulation des Mehrheitswillens als Ausdruck der Volkssouveränität. Sie ist eine an bestimmte gesellschaftliche, kulturelle, institutionelle und normative Voraussetzungen gebundene Regierungsform. Sie kann sich nur dort entfalten, wo es eine pluralistische Zivilgesellschaft, Meinungsvielfalt und eine politische Kultur des Dialogs und des friedlichen Ausgleichs widerstreitender Interessen gibt, wo die Herrschaft des Rechts, die unveräußerlichen Menschenrechte, die Rechte von Minderheiten, die Teilung der Gewalten, namentlich die Unabhängigkeit der rechtsprechenden Gewalt, und das freie Mandat der gewählten Volksvertreter, das Grundprinzip der *repräsentativen* Demokratie, respektiert werden.

Die von den Populisten gerühmte direkte Demokratie kann, besonders auf örtlicher oder regionaler Ebene, die Regelform der parlamentarischen Vertretung des Volkswillens ergänzen, aber nicht ersetzen. Sie ist auch keine authentischere Form von Demokratie als die repräsentative. Parlamentarische Mehrheiten und Regierungen können, wenn die Mehrheit der Wähler es will, abgewählt werden. Die Aufhebung eines Volksentscheids durch das Volk ist sehr viel schwieriger.

Die Befürworter von mehr direkter Demokratie fordern meist auch geringe Beteiligungsquoten. Doch je niedriger die Beteiligung an einer Volksabstimmung ist, desto schwächer ist auch die demokratische Legitimation der Entscheidung. Bei Plebisziten wirken häufig Kräfte zusammen, die sich nur in der Negation einig, zu kontinuierlicher Kooperation aber weder willens noch fähig sind. Volksentscheide lassen nur die Wahl zwischen Ja oder Nein. Gesetzentwürfe pflegen sich im Zuge der parlamentarischen Befassung im Plenum und den Ausschüssen zu ändern. Sie sind offen für Kompromisslösungen, für Korrekturen und Verbesserungen. Direkte Demokratie hat ihren Sinn, wo das Volk als «pouvoir constituant» gefragt ist und als solcher spricht.

Im Gesetzgebungsalltag ist die repräsentative Demokratie der plebiszitären weit überlegen.

«Der freiheitliche, säkularisierte Staat lebt von Voraussetzungen, die er selbst nicht garantieren kann»: So lautet ein vielzitiertes Verdikt des deutschen Verfassungsjuristen Ernst-Wolfgang Böckenförde.[5] Die Krise der westlichen Demokratie hat auch damit zu tun, dass viele ihrer Repräsentanten sich dieser Voraussetzungen nicht mehr bewusst und daher auch nicht in der Lage sind, die Errungenschaften des Westens wirksam nach innen und außen zu verteidigen. Aus dieser verbreiteten Unkenntnis erklärt sich, dass nicht nur Populisten, sondern auch viele «etablierte» Demokraten dazu neigen, die Quintessenz der Demokratie in der Mehrheitsentscheidung zu sehen.

Aus einer derart reduzierten Auffassung von Demokratie heraus betrieben vor allem amerikanische Präsidenten auch immer wieder den Export von «democracy» in Gesellschaften, die auf eine derart komplexe und voraussetzungsgebundene Regierungsform in keiner Weise vorbereitet waren. (Der Irakkrieg von 2003 unter Präsident George W. Bush ist das fatalste Beispiel einer solchen Fehleinschätzung). Wo der Mehrheitswille nicht durch «checks and balances» konstitutionell eingebunden ist, wo die Fähigkeit zum Kompromiss nicht als Tugend, sondern als Zeichen von Schwäche begriffen wird, können freie Wahlen auch einer Form von Diktatur den Weg ebnen: Es war diese grundlegende, von anthropologischem Realismus geprägte Einsicht, von der sich die Klassiker des liberalen «representative government» wie John Locke, Montesquieu, die Autoren der amerikanischen «Federalist Papers» und John Stuart Mill leiten ließen, und es gibt keine westliche Verfassung, die dieser Erkenntnis nicht Rechnung zu tragen versucht.

Wenn *eine* westliche Errungenschaft das Etikett «allgemeingültig» verdient, sind es die unveräußerlichen Menschenrechte – allgemeingültig nicht im Sinne einer Zustandsbeschreibung oder eines sich mit innerer Logik entwickelnden Zieles der Geschichte, wohl aber eines Anspruchs, den alle Menschen, unabhängig von Hautfarbe, Geschlecht, Alter, kultureller Prägung, Nationalität, sozialem Status, religiöser, weltanschaulicher oder sexueller Orientierung haben. Sie können sich dabei auf die Allgemeine Erklärung der Menschenrechte berufen, die

die Generalversammlung der Vereinten Nationen am 10. Dezember 1948 beschlossen hat, die freilich kein unmittelbar geltendes staatliches Recht ist. Erzwingen können die weltweite Durchsetzung der allgemeinen Menschenrechte weder die westlichen Demokratien noch die Vereinten Nationen. Die vom Weltgipfel der UNO im September 2005 beschlossene «responsibility to protect» – eine Verpflichtung der Völkergemeinschaft, gegebenenfalls auch mit militärischen Mitteln zu intervenieren, wenn ein Staat den Schutz der elementarsten Menschenrechte nicht gewährleistet oder diese selbst verletzt – ist bisher bloßes Postulat geblieben: Sie kann nur wirksam werden, wenn keine der Mächte mit ständigem Sitz im Sicherheitsrat eine solche Entscheidung durch ihr Veto blockiert.[6]

Westliche Demokratien können und sollten für ihre Prinzipien werben. Sie können und sollten Verstöße gegen die Menschenrechte brandmarken und sich mit Bewegungen und Einzelnen solidarisieren, die sich in autoritär verfassten Staaten für Menschen- und Bürgerrechte einsetzen. Sie können das umso glaubhafter tun, je ernster sie selbst ihre Prinzipien nehmen und je schärfer sie mit ihren eigenen Verletzungen der Menschenrechte ins Gericht gehen. *Eines* aber sollten sie nicht tun: Sie sollten nicht mehr versprechen, als sie halten können. Weder dürfen sie ein auswärtiges Engagement in Aussicht stellen, zu dem sie nach reiflicher Prüfung der vorhersehbaren, möglicherweise weltpolitischen Folgen gar nicht bereit sein können oder dürfen, noch dürfen sie den Eindruck hervorrufen, sie könnten auf ihren Territorien die Menschenrechte für alle Menschen verwirklichen, denen eben diese Rechte in ihren Herkunftsländern vorenthalten werden.

Politisch Verfolgten Asylrecht zu gewähren ist eine Verpflichtung aller Staaten, die sich zu den Grundsätzen des allgemeinen Völkerrechts bekennen. Das Asylrecht gilt im Rahmen des allgemeinen Völkerrechts und der allgemeingültigen Maxime «ultra posse nemo obligatur»: Niemand kann zu etwas verpflichtet werden, was seine Kräfte übersteigt. Die Aufnahme- und Integrationsfähigkeit des Asyl gewährenden Staates setzen der Verwirklichung dieses Rechtes Grenzen, die kein Staat ignorieren kann, ohne seine eigenen Grundlagen in Frage zu stellen. Unabhängig vom Asylrecht lässt sich ein (moralisches) Recht auf Auswanderung postulieren. Ein Recht auf Einwanderung in ein bestimmtes Land aber gibt es nicht.

Westliche Demokratien sind gut beraten, wenn sie nach besten Kräften versuchen, den Ursachen der Massenmigration aus Ländern der Dritten Welt durch eine Außenhandels- und Entwicklungspolitik entgegenzuwirken, die sich vorrangig am wohlverstandenen Interesse der ärmeren Länder ausrichtet. Ohne wirksame Geburtenkontrolle, systematische Korruptionsbekämpfung, Durchsetzung der Grundprinzipien von «good governance» kann Unterstützung von außen keine nachhaltige Besserung bewirken. Eine Entwicklungshilfe, die nicht primär Hilfe zur Selbsthilfe ist, verfehlt ihren Zweck.

Bürgerkriegs- und Diktaturflüchtlingen kann am effektivsten in der Region geholfen werden, aus der sie stammen. Von den westlichen Demokratien geförderte Sonderwirtschaftszonen, wie sie die britischen Migrationsforscher Alexander Betts und Paul Collier vorschlagen, kämen nicht nur den Interessen der Flüchtlinge zugute, sondern auch denen der Länder, die sie aufnehmen. Auf diese Weise ließe sich auch eine Gefahr verhindern, die mit der Abwanderung von Eliten in westliche Länder verbunden ist: Den Bürgerkriegsländern drohen menschliche Ressourcen verloren zu gehen, die für den Wiederaufbau dringend benötigt werden.

Das Erstarken populistischer Bewegungen ist nicht zuletzt eine Reaktion auf den Glaubwürdigkeitsverlust, den westliche Regierungen und «etablierte» demokratische Parteien im Umgang mit den Problemen der Massenmigration erlitten haben. Das gilt für Versäumnisse bei der Integration von Menschen aus anderen Kulturkreisen wie für die gewollte oder ungewollte Förderung des Eindrucks, das eigene Land verfüge über unbegrenzte Möglichkeiten bei der Aufnahme von Migranten. Mehr Realismus in Sachen Migration ist nicht nur ein Gebot der Redlichkeit, sondern auch ein Imperativ der Verteidigung der liberalen Demokratie gegenüber den populistischen Profiteuren eines gesinnungsethischen Altruismus, der sich der Frage nach den Langzeitfolgen des eigenen Tuns verweigert. Die westlichen Demokratien werden verantwortungsethisch durchdachte Antworten auf die

Probleme der Migration finden müssen oder sie werden an den Konsequenzen ihrer Problemverdrängung scheitern.[7]

Eine Abkopplung der Regierenden von den Regierten oder die Herausbildung einer verselbständigten Exekutivgewalt: Kaum irgendwo lässt sich dieses von den Populisten propagandistisch ausgeschlachtete Phänomen besser beobachten als auf der Führungsebene der Europäischen Union. Es gibt zwar das Europäische Parlament, aber dieses ist keine Volksvertretung wie das britische Unterhaus, der deutsche Bundestag oder die französische Nationalversammlung. Es wird nicht nach dem Prinzip «one person one vote» gewählt. Würde dieser, auf der nationalen Ebene beachtete Grundsatz auch bei der Wahl des Europäischen Parlaments angewandt, wäre das Hohe Haus nicht mehr arbeitsfähig. Es müsste, um den Bevölkerungen aller Mitgliedstaaten, auch der kleinsten, zu einer angemessenen Vertretung zu verhelfen, aus vielen Tausenden von Abgeordneten bestehen.

Dass kleinere Staaten wie Malta, Luxemburg oder Estland bei der Zuteilung von Mandaten privilegiert und größere wie Deutschland, Frankreich und Italien benachteiligt werden, ist nicht nur gewollt, es ist notwendig. Die Folge ist freilich ein Defizit an demokratischer Legitimation. Zu ebendiesem Manko trägt bei, dass europäische Parteien bislang nur pro forma existieren und eine europäische Öffentlichkeit sich allenfalls in ersten Ansätzen herausgebildet hat. Die notorisch niedrige Beteiligung an den Wahlen zum Europäischen Parlament kommt nicht von ungefähr.

In höherem Maß als das Europäische Parlament wird die EU-Kommission als eine verselbständigte Institution wahrgenommen. Sie verfügt über eine Vielzahl von Kompetenzen, die sie einer Regierung ähnlich machen, ist aber nicht im gleichen Maß parlamentarischer Kontrolle unterworfen wie die Regierungen der Mitgliedstaaten der EU. Die Einführung von «Spitzenkandidaturen» der europäischen Parteifamilien bei der Wahl zum Europäischen Parlament von 2014 hat zwar zu einer de-facto-Parlamentarisierung der Kommissionsspitze geführt: Der erfolgreichste Kandidat, Jean-Claude Juncker von der Europäischen Volkspartei, wurde vom Europäischen Rat zum Präsidenten der Kommission bestellt. Aber das Ergebnis dieses stillen Verfassungswandels ist kein Mehr an Transparenz und Demokratie. Die Kommission wurde «politischer», vernachlässigt darüber jedoch ihre eigentliche Aufgabe, nämlich die Hüterin der europäischen Verträge zu sein. Die Parlamentsmehrheit verteidigt «ihre» Kommission gegen die Angriffe der euroskeptischen oder populistischen Opposition, sieht sich aber nicht grundlos dem Vorwurf ausgesetzt, die Kommission nicht hinreichend zu kontrollieren. Parlament und Kommission sind seit 2014 enger zusammengerückt, dadurch aber nicht «bürgernäher» geworden. Das Gefühl, dass man es in Brüssel mit «verselbständigten» Institutionen zu tun hat, ist eher noch stärker geworden.

Verstärkt hat sich in der gleichen Zeit auch die Distanz der Regierungen zur Kommission, und zwar als unmittelbare Folge ihrer «Politisierung», die zumal von den größeren Mitgliedstaaten als Usurpation wahrgenommen wird. Mit mehr Recht als die Kommission können die Regierungen der Mitgliedstaaten ein demokratisches Mandat für sich in Anspruch nehmen: Sie müssen sich, wenn auch in unterschiedlichem Maß, vor freigewählten, repräsentativen Volksvertretungen verantworten. Deren Mitwirkung an der Europapolitik ist deswegen ein wichtiges Korrektiv gegen eine immer weiter fortschreitende Verselbstständigung der EU-Organe. Eine stärkere Einbeziehung der nationalen Parlamente in europapolitische Entscheidungen mag zeitraubend sein. Doch schnellere Entscheidungen ohne hinreichenden demokratischen Rückhalt würden die Legitimations- und Vertrauenskrise verschärfen, in die die EU seit ihrem Kompetenzzuwachs durch den Maastricht-Vertrag von 1992 geraten ist.

In derselben Zeit wurde der Grund für eine andere europäische Krise gelegt, die bis heute nicht überwunden ist: die Krise der Währungsunion. Die Schaffung einer gemeinsamen Währung ohne gleichzeitige Verwirklichung einer Fiskal- und Politischen Union gilt mittlerweile als der entscheidende Konstruktionsfehler des Euro. Die Eurozone vereint Länder mit strenger Haushaltsdisziplin und solche, die einen eher laxen Umgang mit den Staatsfinanzen gewohnt sind. An diesen historisch bedingten Differenzen liegt es, dass die Währungsunion die europäischen Völker nicht, wie erhofft, näher zusammengeführt, sondern alte nationale Vorurteile und Ressentiments wiederbelebt hat.[8]

Der Gegensatz zwischen spar- und ausgabefreudigen Ländern besteht nach wie vor. Auf der einen Seite stehen Staaten wie Deutschland, die Niederlande, Finnland und die ostmitteleuropäischen Euroländer, auf der anderen die Staaten des Mittelmeerraumes einschließlich Frankreichs. Was Frankreich angeht, kann sich die Präsidentenwahl vom Mai 2017 als Wendepunkt erweisen. Die Strukturreformen, die sich der Wahlsieger Emmanuel Macron vorgenommen hat, zielen darauf ab, Frankreich wieder wettbewerbsfähig zu machen, also «auf Augenhöhe» mit Deutschland zu bringen, und die Probleme der überhöhten Staatsverschuldung endlich in den Griff zu bekommen. Wenn es Macron gelingt, den angestrebten Erneuerungsprozess tatsächlich in Gang zu setzen, wäre das ein entscheidender Beitrag zu einer finanz- und wirtschaftspolitischen Verständigung zwischen Deutschland und Frankreich, wie sie in der Vergangenheit nicht möglich war. Eine langfristig angelegte Konsolidierung der Finanzen mit einer Politik des nachhaltigen Wirtschaftswachstums zu verbinden ist nicht die Quadratur des Kreises, sondern ein Gebot der Vernunft, das allen Beteiligten ein hohes Maß an Lernfähigkeit und Bereitschaft zum Interessenausgleich abverlangt.

Die von Macron geforderte «Neugründung» (réfondation) der Eurozone und der Europäischen Union insgesamt ist ein langfristiges Projekt. Änderungen der europäischen Verträge, wie sie der französische Präsident wünscht, sind faktisch ausgeschlossen, solange das Vereinigte Königreich formell noch Mitglied der EU ist, und sie werden auch nach vollzogenem Brexit nur mühsam durchzusetzen sein. Eine vertiefte Zusammenarbeit der Eurostaaten lässt sich aber auch über zwischenstaatliche Verträge regeln. Das gilt etwa für den vom deutschen Finanzminister Wolfgang Schäuble vorgeschlagenen Europäischen Währungsfonds, der bei der Finanzierung gemeinsamer Innovationsprojekte der Eurozone eine Schlüsselrolle spielen könnte.

Auf dem Weg zwischenstaatlicher Vereinbarungen lässt sich auch eine engere Zusammenarbeit der Parlamente der Währungsunion institutionalisieren, womöglich bis hin zur Bildung eines Gemeinsamen

Ausschusses der Volksvertretungen der Eurozone, der dem gemeinsamen Vorhaben der Währungsunion zu einer zusätzlichen parlamentarischen Legitimation verhelfen könnte. Die Kontrolle der Eurozone durch das Europäische Parlament, wie sie die EU-Kommission vorschlägt, widerspricht hingegen diametral dem Prinzip der Repräsentativität. Wenn Parlamentarier aus *allen* Staaten der EU über die Finanzen der Währungsunion mitbestimmen, heißt das, dass Abgeordnete der finanzstarken Länder der Eurozone durch Vertreter aus anderen Staaten majorisiert werden können, gleichviel ob diese aus den Mitgliedstaaten der Währungsunion kommen oder nicht. Die gemeinsame Währung würde dadurch nicht stabilisiert, sie geriete immer tiefer in die Krise.

Eine Reorganisation der Währungsunion verlangt die Mitwirkung *aller* Staaten der Eurozone, also auch des hochverschuldeten Italien, wo spätestens im Frühjahr 2018 Neuwahlen anstehen und Cinque Stelle, die zwischen rechts- und linkspopulistischen Positionen oszillierende Protestbewegung um den ehemaligen Komiker Beppe Grillo, hohe Umfragewerte verbucht. Unbeantwortet ist auch immer noch die Frage, ob es gelingt, die Finanzprobleme Griechenlands längerfristig zu lösen. Eine deutsch-französische Verständigung kann folglich nicht mehr sein als der notwendige erste Schritt zur Erneuerung und Stabilisierung der Eurozone.

Ähnlich schwierig wie eine Reform der Währungsunion ist die der Europäischen Union. Die EU der 27 hat das Exit-Votum Großbritanniens ebensowenig überwunden wie die Legitimationskrise ihrer Institutionen und die Krise der Eurozone, die immer auch *ihre* Krise, eine Krise der EU der 27, ist. Dazu kommt eine weitere Krise, die wie die beiden anderen den Charakter einer Zerreißprobe annehmen kann: die Krise um den Umgang mit zwei Mitgliedstaaten, die den normativen Grundkonsens der Europäischen Union aufgekündigt haben und die Gewaltenteilung, ein Kernelement des Rechtsstaates, fortschreitend in Frage stellen: Ungarn unter Viktor Orbán und Polen unter Jarosław Kaczyński.

Der Entzug des Stimmrechts, mit dem die Europäische Union schwerwiegende Verletzungen ihrer normativen Grundlagen nach Artikel 7 des Lissabon-Vertrages beantworten kann, ist an eine Voraussetzung gebunden, die dieser Sanktion im konkreten Fall den Boden entzieht: Einer solchen Maßnahme müssen alle Mitgliedstaaten außer dem unmittelbaren betroffenen zustimmen. Da Ungarn Polen seine Unterstützung zugesagt hat (und im Umkehrfall Polen sich Ungarn gegenüber solidarisch zeigen würde), ist der Stimmrechtsentzug einstweilen ein stumpfes Schwert. Die Regierungen der übrigen Mitgliedstaaten haben keinerlei Interesse an einem langwierigen Konflikt mit Polen und Ungarn, und die zuständige EU-Kommission scheut vor einer Niederlage im Europäischen Rat zurück, von der sie weiß, dass sie diese nicht gewinnen kann. Der Wertekonflikt mit den «illiberalen Demokratien» im östlichen Mitteleuropa zieht sich infolgedessen hin und untergräbt, je länger er dauert, desto nachhaltiger das gemeinsame normative Fundament der Europäischen Union.

Äußerlich hat die EU der 27 die Krise um das Brexit-Referendum bisher gut überstanden: Sie ist zusammengeblieben; kein einziger Mitgliedstaat hat Anstalten getroffen, dem britischen Beispiel zu folgen. In einigen Bereichen ist die Gemeinschaft sogar enger zusammengerückt. Sie bereitet sich auf eine Zukunft als Verteidigungsunion vor, kooperiert wirksamer als bisher bei der Sicherung der gemeinsamen Außengrenzen, vor allem der Seegrenze im Mittelmeer, und bei der Terrorabwehr. Sie ist sich einig darin, dass es den Binnenmarkt weiterzuentwickeln gilt. Ihre normative Identität aber hat sie weitgehend eingebüßt: Mit der Duldung der autoritären Deformation einiger ihrer Mitgliedstaaten wird die Beschwörung der EU als Wertegemeinschaft immer mehr zu einer inhaltslosen rhetorischen Floskel, ja zu einem Akt des Selbstbetrugs.

Eine Erneuerung der Europäischen Union kann nur von Mitgliedstaaten ausgehen, die sich ohne Wenn und Aber zu den im Vertrag von Lissabon aufgeführten Grundwerten der Gemeinschaft bekennen, also zur Achtung der Menschenwürde, zu Freiheit, Demokratie, Gleichheit, Rechtsstaatlichkeit und zur Wahrung der Menschenrechte einschließlich der Rechte von Personen, die Minderheiten angehören. Nichts steht einer kontinuierlichen Abstimmung und engeren Zusammenarbeit von Staaten entgegen, auf die ebendas zutrifft.

Ein solches normatives Kerneuropa muss nicht zu einer neuen Ost-

West-Spaltung innerhalb der EU führen. Die baltischen Republiken zum Beispiel unterscheiden sich in ihrer politischen Ausrichtung fundamental vom Ungarn Viktor Orbáns und dem Polen Jarosław Kaczyńskis. Sie stehen, was Rechtsstaatlichkeit und Demokratie betrifft, den Gründerstaaten der Europäischen Union sehr viel näher als manchen unter den Staaten, die seit 2004 der EU beigetreten sind. Von den liberalen Demokratien der Europäischen Union müssen die Initiativen kommen, an denen sich auch die oppositionellen Kräfte in den «illiberalen Demokratien» orientieren können. Die Botschaft dieser informellen Union an die Verfechter einer autoritären Politik muss lauten: Eine «illiberale Demokratie» ist ein Widerspruch in sich. Wer sie propagiert, bricht mit dem normativen Erbe des Westens.

Nicht nur im Rahmen der EU sollten die liberalen Demokratien enger zusammenarbeiten als bisher. Sie sollten es auch in der NATO tun, in der *ein* Mitgliedsland sich noch weit radikaler als Ungarn und Polen von den Grundsätzen der rechtsstaatlichen Demokratie verabschiedet hat: die Türkei. Da die westlichen Demokratien weltweit in die Defensive geraten sind, spricht alles dafür, auch in globalem Maßstab mit allen Staaten zusammenzuarbeiten, die sich nicht nur formal, sondern auch in ihrer praktischen Politik an den Menschenrechten, der «rule of law» und der repräsentativen Demokratie ausrichten. Sektorale Zweckbündnisse mit nichtdemokratischen Mächten, etwa in umwelt- und handelspolitischen Fragen, mögen ergänzend hinzukommen, einen Ersatz für normativ fundierte Allianzen können sie nicht bilden.

Eine intensivere Kooperation der liberalen Demokratien ist auch deswegen zu einem Imperativ geworden, weil sich die Vereinigten Staaten von Amerika, die bisherige Führungsmacht des transatlantischen Westens, in einer schweren Identitäts- und Systemkrise befinden. An der Spitze der USA steht seit dem 20. Januar 2017 ein Mann, dem das normative Erbe seines Landes nichts mehr zu bedeuten scheint. Donald Trumps Devise «America first» ist eine Absage an die universellen Werte, in deren Zeichen die USA 1776 gegründet wurden. Der 45. Präsident hat zwar die massive Kritik, die er während des Wahlkampfs an der NATO und der EU geübt hat, zum größten Teil zurückgenommen. Aber inzwischen gilt er bis in die Reihen seiner eigenen, der Republikanischen Partei hinein als unberechenbar, ja als Sicherheitsrisiko. Ihm werden zweifelhafte Verbindungen zum Russland Putins, ein fahrlässiger Umgang mit geheimdienstlichen Informationen und die Behinderung der Justiz vorgeworfen. Seit der Berufung eines Sonderermittlers, der die «Russia connection» des Trump-Teams im Wahlkampf von 2016 untersuchen soll, Mitte Mai 2017 werden in den USA immer häufiger Parallelen zur Spätphase der Präsidentschaft von Richard Nixon gezogen und über ein mögliches Amtsenthebungsverfahren gegen Trump diskutiert. Die USA stehen im Zeichen einer Präsidentenkrise, deren Ausgang nicht abzusehen ist.

Bisher deutet alles darauf hin, dass die amerikanische Demokratie diese Zerreißprobe überleben wird. Die Justiz und die Medien haben ihre Unabhängigkeit behauptet; die Kritiker des Präsidenten auf den Straßen und Plätzen Amerikas und in den «sozialen Medien» sind nicht verstummt, sondern höchst aktiv; im Kongress stößt Trump nicht nur bei den oppositionellen Demokraten, sondern auch bei Republikanern auf Widerspruch, die sich Sorgen um die Zukunft des Landes, aber auch um die eigene Partei machen. Für die Verbündeten der USA hängt alles davon ab, wie sich ihre Beziehungen zu *den* Mitgliedern der Administration gestalten, die, anders als der Präsident selbst, als berechenbar und verlässlich gelten.

Wäre die Europäische Union in der Lage, in wichtigen Fragen mit *einer* Stimme zu sprechen, sie könnte jenes Korrektiv zu den USA bilden, dessen der transatlantische Westen und nicht zuletzt die Vereinigten Staaten bedürfen. Doch von diesem Zustand ist die EU weit entfernt. Solange einzelne Mitgliedstaaten sich den politischen Ordnungsvorstellungen von Donald Trump näher fühlen als denen der Gründungsmitglieder der Union und manche sogar eine stärkere Hinwendung zum Russland Putins befürworten, wird eine Gemeinsame Außen- und Sicherheitspolitik der EU nur in engen Grenzen möglich sein. Auch in diesem Bereich kommt folglich alles auf die Kooperation der liberalen Demokratien an. Was sich im Rahmen der EU der 27 an außen- und sicherheitspolitischer Gemeinsamkeit nicht organisieren lässt, muss von «Koalitionen der Willigen» geleistet werden. Am Anfang dürfte wieder einmal eine engere Zusammenarbeit zwischen Deutschland und Frankreich stehen. Seit der französischen Präsidentenwahl vom Mai 2017 sind die Vorzeichen für das Gelingen einer solchen Politik günstiger als zuvor.

Vom Ausscheiden Großbritanniens aus der Europäischen Union ist *ein* Mitgliedstaat des Staatenverbundes besonders stark betroffen: Deutschland. Mit keinem anderen kontinentaleuropäischen Staat unterhält das Vereinigte Königreich so enge Wirtschaftsbeziehungen wie mit Deutschland, aus dem Großbritannien mehr Waren importiert als aus jedem anderen EU-Land. Umgekehrt exportiert das Vereinigte Königreich auch mehr Waren nach Deutschland als in irgendeinen anderen Staat der Gemeinschaft.

Innerhalb der Europäischen Union kann Deutschland immer auf Großbritannien rechnen, wenn es um ordnungspolitische Grundsatzfragen geht: Beide Länder gehören zum «liberalen Block». Zusammen mit dem Vereinigten Königreich verfügen Deutschland und die Staaten des ehemaligen «DM-Blockes», die vor der Einführung des Euro ihre Währung fest an die Deutsche Mark gekoppelt hatten – die Niederlande, Österreich und Finnland –, im Ministerrat über eine Sperrminorität (45 Prozent der EU-Staaten, 35 Prozent der dazugehörigen Bevölkerung). Diese geht verloren, wenn Großbritannien die Union verlässt. Der «mediterrane Block», der ebenfalls über eine Sperrminorität verfügt, kann diese hingegen ausbauen. Im Wettstreit zwischen «Liberalen» und «Protektionisten» haben die letzteren künftig die besseren Karten. Deutschland, das unter dem Aspekt der Bevölkerungsgröße und der Wirtschaftskraft durch den Brexit noch dominanter zu werden scheint, ist tatsächlich der größte Verlierer der Trennung Großbritanniens von der EU.[9]

Die Erwartungen, die sich in der EU der 27 an Deutschland richten, sind hoch. Seit langem fordern nicht nur die anderen Mitgliedstaaten und die EU-Kommission, sondern auch der Internationale Währungsfonds, die USA und viele Wirtschaftswissenschaftler einen Abbau des notorischen deutschen Exportüberschusses durch mehr öffentliche und private Investitionen und eine Stärkung der Binnenkonjunktur vermittelst höherer Löhne. Einen Investitionsstau gibt es in Deutschland tatsächlich. Er wird freilich nicht so sehr durch fehlende öffentliche Mittel als durch Engpässe bei den Planungskapazitäten, eine Folge des Personalabbaus in den zuständigen Behörden, hervorgerufen.

Der deutsche Exportüberschuss wäre im Übrigen nicht so hoch, wenn er nicht durch den niedrigen Kurs des Euro begünstigt würde: eine Konsequenz der von der Europäischen Zentralbank betriebenen, von deutscher Seite zumindest pro forma monierten lockeren Geldpolitik. (Nur formal waren die Einsprüche, weil die niedrigen Leitzinsen der EZB dem deutschen Fiskus, im Gegensatz zu den deutschen Sparern, große Vorteile brachte: Seine Schuldzinsen verringerten sich.) Die anhaltende in- und ausländische Kritik an der Vernachlässigung der Infrastruktur, des Verkehrswesens, des Bildungswesens und der digitalen Kommunikation wie an der relativen Schwäche des Binnenmarktes in Deutschland hat inzwischen Folgen gezeitigt: Öffentliche Investitionen, Löhne und privater Konsum entwickeln sich seit einiger Zeit, wenn auch langsam, in der «richtigen Richtung», also nach oben.

Über die Forderungen nach Korrekturen an der Exportlastigkeit der deutschen Wirtschaft weit hinaus geht der Aufruf zu mehr Solidarität Deutschlands mit den weniger leistungsstarken Staaten der EU: Da Deutschland am stärksten von der gemeinsamen Währung profitiere, so heißt es auf der Seite der Länder des Mittelmeerraumes, an ihrer Spitze meist Italien, unter François Hollande oft aber auch Frankreich, müsse es mehr Großzügigkeit beweisen gegenüber Staaten, die durch eine strikte Einhaltung der haushaltspolitischen Vorgaben des Maastricht-Vertrags in eine Rezessionsspirale mit wachsender Massenarbeitslosigkeit, vor allem unter Jugendlichen, getrieben würden. Schuldenfinanziertes Wirtschaftswachstum statt fiskalischer Austerität: Mit dieser Forderung sind die «Südländer» immer wieder auf den hartnäckigen Widerstand der «Nordländer», obenan Deutschlands, gestoßen, das im Übrigen gute Gründe gegen die Behauptung vorbringen kann, es habe mehr als andere Staaten Nutzen aus dem Euro gezogen.[10]

Die prozyklischen Effekte einer «reinen» Sparpolitik haben die Verfechter finanzpolitischer Solidität häufig übersehen oder nicht wahrhaben wollen: Insofern ist die Kritik aus dem Mittelmeerraum, und nicht nur von dort, berechtigt. Doch eine Währungsunion, die die Missachtung ihrer vertraglich vereinbarten Regeln hinnimmt, ja zur neuen Regel werden lässt, wird keinen Bestand haben. Sie kann ihre Regeln elastischer gestalten, wo sie sich als zu starr erwiesen haben (und die Europäische Union hat das mehrfach getan), aber sie darf nicht aus Gründen politischer Opportunität auf konjunkturelle Kurzzeiterfolge setzen, die den betroffenen Ländern längerfristig nicht helfen, sondern schaden, weil sie ihre Verschuldung weiter nach oben treiben, ohne an den tieferen Ursachen ihrer wirtschaftlichen Probleme etwas zu ändern.

Mehr Elastizität seitens der Währungsunion ist immer dann angezeigt, wenn ein Mitgliedsstaat überfällige Strukturreformen in Angriff nimmt, die darauf abzielen, seine Wettbewerbsfähigkeit zu verbessern, und gleichzeitig die Konsolidierung seiner Staatsfinanzen im Blick behält. Solidarität der Partnerländer kann nur einfordern, wer seine Politik an diesem Junktim ausrichtet. Wirksame Solidarität bedeutet Hilfe zur Selbsthilfe, und nur wenn der Wille zur Selbsthilfe vorhanden ist, können die Regierungen der Länder, die zur Solidarität aufgerufen werden, ihren Parlamenten und ihren Bevölkerungen politisch plausibel machen, dass Hilfe im konkreten Fall sinnvoll, ja notwendig ist.

Kritik an Deutschland ist in den letzten Jahren nicht nur im Zusammenhang mit der wirtschaftlichen Stärke der Bundesrepublik laut geworden, Den Vorwurf hegemonialen, ja imperialistischen Gebarens zog sich Berlin vor allem während der Flüchtlingskrise von 2015 zu. Während einige ausländische Politiker, unter ihnen Präsident Obama, die Entscheidung der Kanzlerin, Hunderttausende von Migranten in die Bundesrepublik einreisen zu lassen, lobten und dem humanitären Engagement vieler Deutscher Anerkennung zollten, sprachen andere, darunter Regierungschefs und Parteiführer aus Ostmitteleuropa, von einem gefährlichen Alleingang Merkels und von moralischer Überheblichkeit Deutschlands.

Ein deutscher oder, genauer, ein deutsch-österreichischer Alleingang war die Entscheidung vom Abend des 4. September 2015, die in Ungarn festsitzenden Migranten in Österreich und von da aus in

Deutschland einreisen zu lassen, in der Tat. Eine Abstimmung mit der Europäischen Union und den Nachbarn fand nicht statt, und offensichtlich fehlte es im Berliner Kanzleramt auch an jeder strategischen, längerfristigen Abwägung der Folgen der Lösung, auf die sich Angela Merkel in einem Telefongespräch mit ihrem Wiener Kollegen Werner Faymann verständigt hatte.

So gute humanitäre Gründe es für die improvisierte Hilfsaktion zugunsten der Menschen gab, die Ungarn verlassen wollten, aber nicht konnten, so problematisch war die monatelange Offenhaltung der deutschen Grenzen. Sie hatte Konsequenzen, die weit über Deutschland hinausreichten. In den ostmitteleuropäischen Nachbarstaaten, die, anders als Deutschland, mit dem Zusammenleben mit Menschen aus anderen Kulturkreisen keine Erfahrung hatten, wuchsen die Vorbehalte gegenüber der bevormundenden Haltung Berlins und zugleich die Entschlossenheit, an der von Merkel und der EU-Kommission geförderten gemeinsamen europäischen Antwort auf die Flüchtlingskrise nicht mitzuwirken. In Großbritannien zogen die Brexiteers Nutzen aus der verbreiteten Furcht, infolge der deutschen Haltung werde die Migrationswelle schon bald das Vereinigte Königreich erreichen. In Deutschland selbst erhielt die nationalpopulistische AfD starken Auftrieb.[11]

Der Vorwurf, Deutschland trete seinen Nachbarn moralisch anmaßend gegenüber, traf nicht nur die Bundesregierung und das Regierungslager, sondern auch, ja mehr noch die Oppositionsparteien, vor allem die Grünen, und einen beträchtlichen Teil der deutschen Medien und damit der öffentlichen Medien. In den Wochen nach dem 4. September 2015 erlebte Deutschland im Zeichen der «Willkommenskultur» neben ausgeprägter Hilfsbereitschaft gegenüber Migranten auch irritierende Bekundungen von deutschem Selbstlob, verbunden mit herablassenden, oft verächtlichen Bewertungen des angeblich hartherzigen Verhaltens der Nachbarländer. Nicht selten ging die Verteidigung der deutschen Flüchtlingspolitik mit der Botschaft einher, Deutschland habe aus seiner schuldbeladenen Vergangenheit endlich die richtigen Folgerungen gezogen und könne nun anderen europäischen Ländern als Vorbild dienen.

Deutschland als moralische Leitnation Europas, als das Land, das unausgesprochen eine Art von Moralmonopol für sich in Anspruch nimmt: Die Wirkungen dieses, auf vage Weise «links» anmutenden neuen Sendungsbewusstseins halten an, und das nicht nur in Deutschland selbst. Zu den Folgen gehören die Isolierung der Bundesrepublik in der Flüchtlingsfrage und Zweifel, ob Deutschland wirklich in der Lage ist, seiner oft beschworenen Verantwortung für Europa gerecht zu werden. Die wichtigste Lehre, die Deutschland aus den Erfahrungen des Jahres 2015 ziehen kann, sollte deshalb der Verzicht auf jede Art von moralischem Dünkel sein. Deutschland kann auf humanitärem Gebiet mehr leisten als andere, wirtschaftlich weniger starke Länder und sollte dies auch tun. Es kann und sollte auch, da es ein Land mit Zuwanderungsbedarf ist, die legale Immigration entsprechend den Bedürfnissen seines Arbeitsmarktes durch ein modernes Einwanderungsgesetz erleichtern. Über andere sich erheben aber darf Deutschland nicht. Das ist eine noch immer gültige Lehre aus der deutschen Geschichte.[12]

Eine andere Lektion aus der Flüchtlingskrise sollte die Absage an deutsche Alleingänge in Fragen sein, die ganz Europa berühren. Die Chancen auf mehr Gemeinsamkeit in der europäischen Politik sind seit der französischen Präsidentenwahl von 2017 gewachsen. Zusammen mit Frankreich kann Deutschland die Reform der Währungsunion und der Europäischen Union vorantreiben, auch wenn nicht alle Mitgliedstaaten auf Anhieb bereit sein werden, dem Beispiel des «Tandems» zu folgen. Gemeinsam mit Frankreich kann Deutschland darauf hinwirken, dass die Verbindungen zwischen der EU und Großbritannien nach dem Brexit so eng wie möglich bleiben. Im Bund mit Frankreich kann Deutschland schließlich dazu beitragen, dass das nordatlantische Verteidigungsbündnis seine bisher ernsteste Zerreißprobe, die erratische Präsidentschaft Donald Trumps, überlebt.

Allein auf sich gestellt kann kein Mitgliedstaat der Europäischen Union sich im Zeitalter der Globalisierung behaupten. Wenn sie ihre Kräfte bündeln, verbessern die Staaten des alten Kontinents aber nicht nur ihre wirtschaftliche und politische Position gegenüber internationalen Akteuren, die sich an autoritären Ordnungsvorstellungen orientieren. Sie verstärken auch die innere Selbstbehauptungskraft der freiheitlichen, pluralistischen, gewaltenteiligen, die Menschen- und Bürgerrechte achtenden Demokratie – *die* Regierungsform, die es gegenüber den Populisten aller Schattierungen zu verteidigen gilt, weil sie die wertvollste Errungenschaft der beiden atlantischen Revolutionen des späten 18. Jahrhunderts, der Amerikanischen Revolution von 1776 und der Französischen Revolution von 1789, ist. Der globale Westen, der heute neben einem großen Teil Europas die angelsächsisch geprägten Demokratien in Nordamerika, Australien und Neuseeland umfasst, hat den Höhepunkt seiner wirtschaftlichen, politischen und militärischen Weltgeltung seit langem hinter sich. Ob sein normatives Projekt seine weltweite Ausstrahlung bewahren kann, hängt vor allem vom Westen selbst ab.

WAS DANACH GESCHAH: POSTSCRIPTUM

Unsere Darstellung hat uns bis in den Mai 2017 geführt. Die letzten beiden zeitlichen Fluchtpunkte waren das Ende der ersten hundert Tage des Präsidenten Donald Trump und der zweite Wahlgang der französischen Präsidentenwahl. Seitdem ist auf beiden Seiten des Nordatlantiks die Geschichte weitergegangen.

Vom 19. bis zum 27. Mai unternahm der 45. Präsident der USA seine erste Auslandsreise. Sie führte ihn zunächst nach Saudi-Arabien, wo er einen «Rüstungsdeal» im Umfang von über 100 Milliarden Dollar unter Dach und Fach brachte und sich im Hinblick auf den saudisch-iranischen Antagonismus vorbehaltlos auf die Seite des wahhabitischen Königreichs stellte. Auf der zweiten Station, in Israel und den Palästinensergebieten, war nichts von ihm zu hören, was nach einem Beitrag zur Lösung der nahöstlichen Konflikte klang. Bei der Begegnung mit Papst Franziskus in Rom, der dritten Etappe, wurden tiefe Gegensätze in Sachen Klimawandel sichtbar. In Brüssel, der vierten Station, nutzte Trump ein Treffen mit den Spitzen der EU, um scharfe Angriffe gegen Deutschland zu richten, dem er vorwarf, durch seine überbordenden Exporte, vor allem die von Autos, die amerikanische Wirtschaft zu schädigen. Im neuen Hauptquartier der NATO attackierte er 23 der 28 Mitgliedstaaten des Bündnisses, weil diese ihren Verpflichtungen auf dem Gebiet der Verteidigung nicht nachkämen, also auf Kosten der amerikanischen Steuerzahler lebten und den Vereinigten Staaten Milliardenbeträge schuldeten. Von der Beistandsgarantie des Artikels 5 des NATO-Vertrags war in der Ansprache des Präsidenten mit keinem Wort die Rede: eine Bekundung transatlantischer Zerstrittenheit, wie sie die Welt noch nicht erlebt hatte.

Den Höhepunkt der Reise sollte das Gipfeltreffen der führenden, demokratisch verfassten Industrienationen, der G7, im sizilianischen Taormina am 26. und 27. Mai, bilden. Auch hier suchte Trump die Konfrontation. Er blockierte den Beschluss, der die G7 auf die Umsetzung des Pariser Klimaschutzabkommens von 2015, also auf größere Anstrengungen im Kampf gegen die Erderwärmung durch Treibhausgase, festlegen sollte. Er brüskierte die anderen Gipfelteilnehmer – Kanada, Japan, Großbritannien, Deutschland, Frankreich und vor allem das Gastgeberland Italien –, als er sich weigerte, die USA zu einem konstruktiven Beitrag zur Minderung des Migrationsdrucks aus Ländern der Dritten Welt und namentlich aus den Hungerregionen Afrikas zu verpflichten. Eine unzweideutige Absage an den Protektionismus scheiterte in Taormina daran, dass Trump auf einer Verurteilung «unfairer Handelspraktiken» bestand, wodurch das Bekenntnis zu offenen Märkten schwächer ausfiel, als es die anderen sechs Staaten gewünscht hatten. Konsens gab es zwischen den Sieben, was die Aufrechterhaltung der 2014 während der Ukrainekrise gegen Russland verhängten Sanktionen anging. Ein weiteres Feld breiter Übereinstimmung war die bessere Koordination des Kampfes gegen den islamistischen Terror – ein Thema, das auf Antrag der britischen Premierministerin Theresa May auf die Tagesordnung gekommen war, nachdem am 22. Mai ein Selbstmordattentäter des IS im Anschluss an ein Popkonzert in Manchester 22 Menschen mit sich in den Tod gerissen hatte.

Mit den Gipfeln von Brüssel und Taormina war «America first» endgültig in der transatlantischen Politik angekommen. Das Echo in der Europäischen Union war fast einhellig negativ. Die deutsche Regierungschefin Angela Merkel beklagte auf einer Kundgebung der CSU am 25. Mai in einem Bierzelt in München-Trudering, dass «die Zeiten, in denen wir uns auf andere verlassen konnten, ein Stück vorbei» seien, weshalb «Europa sein Schicksal wirklich in die eigene Hand» nehmen müsse. In der Weltpresse wurden die Äußerungen der Kanzlerin als Bestätigung des Eindrucks gewertet, dass Trumps Besuch in Europa einen neuen Tiefpunkt in der Geschichte der transatlantischen Beziehungen markierte.[1]

Falls Trump gehofft hatte, durch seine Reise von der schwelenden Präsidentenkrise ablenken zu können, erwies sich das als Illusion: Die Versuche, den Komplex der «Russia connection» des Trump-Teams aufzuklären, gingen unvermindert weiter, wobei immer mehr der wichtigste Berater des Präsidenten, sein Schwiegersohn Jared Kushner, in den Mittelpunkt rückte. Ende Mai wurde bekannt, dass Kushner sich nach der Präsidentenwahl vom November 2016 in vertraulichen Gesprächen mit dem russischen Botschafter Kisljak um die Etablierung eines Geheimkontakts zwischen Trump und Putin bemüht hatte.

Um dieselbe Zeit wurde in den USA verstärkt über die langjährigen Geschäftsbeziehungen zwischen der Trump Organization und Vertretern der russischen Mafia und über die mutmaßliche Rettung Trumps vor dem Bankrott durch obskure russische Investoren in den neunziger Jahren diskutiert. Offen blieb dabei, ob es zwischen solchen «connections» und den russischen Versuchen, die amerikanische Präsidentenwahl zugunsten Trumps zu beeinflussen, einen Zusammenhang gab. Während der Abwesenheit des Präsidenten meldeten amerikanische Zeitungen, dass James Comey, den Trump am 9. Mai wegen seiner Ermittlungen zu den Russlandkontakten des Trump-Teams aus dem Amt des FBI-Chefs entlassen hatte, bereit sei, vor den damit befassten Ausschüssen des Kongresses zu ebendiesem Thema auszusagen. Mit weiteren Enthüllungen war also zu rechnen.[2]

Am 1. Juni 2017, fünf Tage nach seiner Rückkehr aus Europa, verkündete Trump vor einem ausgewählten Auditorium im Rosengarten des Weißen Hauses den Ausstieg der Vereinigten Staaten aus dem Pariser Klimaschutzabkommen. Er begründete diesen Schritt damit, dass er sein Land und vor allem die amerikanischen Arbeiter vor den Folgen eines Vertrages schützen müsse, der Ländern wie China und Indien einseitige Vorteile verschaffe, für die USA aber nur Nachteile in Form von Jobverlusten, niedrigeren Löhnen, Fabrikschließungen und einer weithin rückläufigen Produktion mit sich bringe. Zu den schädlichen Wirkungen des Abkommens rechnete Trump auch den Grünen Klimafonds der Vereinten Nationen zugunsten der ärmsten, von der

Erderwärmung besonders betroffenen Länder der Dritten Welt, etwa Inselstaaten im Indischen und im Pazifischen Ozean, weil die entsprechenden Ausgaben die Vereinigten Staaten ein großes Vermögen kosteten. Versöhnlich sollte klingen, dass der Präsident Neuverhandlungen über ein Klimaschutzabkommen, einen «fairen Deal», anbot. Das Wort «Klimawandel» nahm Trump in seiner Ansprache nicht ein einziges Mal in den Mund.

Die Ausstiegsrede des Präsidenten trug ganz die Handschrift seines Chefstrategen, des «America first»-Ideologen Stephen Bannon, der demonstrativ in der ersten Reihe der Zuhörer saß. Dagegen fehlten jene Berater, die Donald Trump dem Vernehmen nach vor der Aufkündigung des Pariser Abkommens gewarnt hatten, unter ihnen der oberste Wirtschaftsberater Gary Cohn, Verteidigungsminister James Mattis, Außenminister Rex Tillerson sowie der in der amerikanischen Verfassung nicht vorgesehene Schwiegersohn des Präsidenten, Jared Kushner, und dessen Ehefrau, Ivanka Trump. Große amerikanische Industrieunternehmen hatten Donald Trump ausdrücklich vor einem klimapolitischen Bruch mit der Völkergemeinschaft gewarnt. Von der Europäischen Union war der Hinweis gekommen, bis in das Jahr 2020 hinein seien die USA in jedem Fall an die im Pariser Abkommen eingegangenen völkerrechtlichen Verpflichtungen gebunden. Es half alles nichts. Trump ging es darum, dem harten Kern seiner Wählerschaft vor Augen zu führen, dass er entschlossen war, eines seiner zentralen Wahlversprechen zu erfüllen und sich auch in Zukunft gegen alle Widerstände am Vorrang dessen zu orientieren, was er für amerikanische Interessen hielt.[3]

Mit seinem Nein zum Pariser Abkommen sprach Trump weniger denn je für ganz Amerika. Mehrere Bundesstaaten, obenan Kalifornien, New York und Washington State, und über 80 Kommunen, unter ihnen New York, Chicago, San Francisco, Los Angeles und die alte Industriemetropole Pittsburgh, bekannten sich prompt zur konsequenten Einhaltung der Ende 2015 international vereinbarten umweltpolitischen Ziele. Die Mehrheit von «big business» hielt Trumps Schritt für fatal. Der demoskopische Befund war noch eindeutiger: Zwei Drittel der Amerikaner lehnten einen Ausstieg aus dem Pariser Abkommen ab.[4]

Außerhalb der Vereinigten Staaten war die Empörung über Trumps Entscheidung nahezu einhellig. Deutschland, Frankreich und Italien antworteten noch am gleichen Tag mit einer klaren Absage an Neuverhandlungen über das Klimaschutzabkommen. Entsprechend äußerte sich tags darauf die Europäische Union. Die wichtigsten weltpolitischen Rivalen der USA, die Volksrepublik China und Russland, versicherten sogleich, dass sie sich im Gegensatz zu Amerika an das halten würden, was sie in Paris unterzeichnet hatten. Der Keil, den Trump mit seinen umweltpolitischen Festlegungen in die westliche Staatengemeinschaft trieb, kam beiden höchst gelegen. Russland, für EU-Europa der mit Abstand wichtigste Zulieferer fossiler Energie, war grundsätzlich alles willkommen, was den Zusammenhalt der NATO schwächte; China, für das das Jahr 2017 ganz im Zeichen seiner eurasiatisch angelegten «Neuen-Seidenstraßen-Strategie» stand, sah die Chance, sich nicht nur in Sachen Freihandel, sondern auch auf dem Gebiet des Umweltschutzes als Partner der EU präsentieren zu können.[5] Die Selbstisolierung der USA hatte mit Trumps Rosengartenrede ihren bisherigen Höhepunkt erreicht: Wenn es ein symbolisches Datum gab, das sich als amerikanischer Schlussstrich unter das «transatlantische Jahrhundert» interpretieren ließ, war es der 1. Juni 2017.[6]

Für Europa war der 8. Juni 2017 ein Datum, das schon im Voraus viel Aufmerksamkeit auf sich zog: An diesem Tag fanden in Großbritannien die von der Regierung May beschlossenen vorgezogenen Unterhauswahlen statt. Lange Zeit hatten die Wahlforscher einen klaren Wahlsieg der regierenden Konservativen und eine vernichtende Niederlage der Labour Party vorhergesagt. In den letzten Wochen vor der Wahl aber wurde der Vorsprung der Tories immer kleiner.

Als Hauptgrund dieser überraschenden Entwicklung nannten die meisten Beobachter einen Punkt im Wahlprogramm der Konservativen, der die Beteiligung von Senioren an der Finanzierung der Pflege betraf: Einerseits wurde die Vermögensgrenze, bis zu der die älteren Mitbürger von den Kosten der Pflege befreit waren, von 23 250 auf 100 000 Pfund angehoben, andererseits war vorgesehen, dass ein Eigenheim oder eine

Eigentumswohnung mit in die Vermögensberechnung einfloss, so dass den Nutznießern eine posthume (Teil-) Enteignung drohte – eine Regelung, die einen Sturm der Entrüstung auslöste, was die Konservativen zum geordneten Rückzug veranlasste. Der Schaden für das von Theresa May gepflegte soziale «Image» war dennoch beträchtlich.

Von Nachteil für die Premierministerin war Umfragen zufolge auch ihre beharrliche Weigerung, zusammen mit den Spitzenkandidaten der anderen Parteien, vorneweg Jeremy Corbyn von der Labour Party, in Fernsehdebatten aufzutreten. Am 3. Juni unternahmen in London drei mit Messern bewaffnete islamistische Terroristen mit Hilfe eines Lieferwagens einen Anschlag, bei dem acht Menschen starben und 48 zum Teil schwer verletzt wurden. Es war nach den Attentaten in London vom 22. März und in Manchester vom 22. Mai bereits der dritte Anschlag im Vereinigten Königreich innerhalb von weniger als drei Monaten. Corbyn nahm das zum Anlass, Theresa May den drastischen Abbau von Polizistenstellen während ihrer Amtszeit als Innenministerin – 19 000 innerhalb von sechs Jahren – vorzuhalten und nach dem Attentat vom 3. Juni sogar ihren Rücktritt als Premierministerin zu fordern.

Ob es dem Chef der Labour Party in den letzten Tagen des Wahlkampfes gelingen würde, durch scharfe Töne zum Thema der inneren Sicherheit die Konservativen auf einem ihrer klassischen Politikfelder gewissermaßen von rechts zu überholen, erschien fraglich. Die Tories sprachen empört von parteipolitischem Missbrauch der Attentate durch Labour und drehten den Spieß um: Corbyn habe die von den Konservativen eingebrachten Anti-Terror-Gesetze sämtlich abgelehnt. Im Übrigen warfen sie dem Labour-Führer vor, er sei bisher alle konkreten Antworten auf die Frage schuldig geblieben, wie seine großzügigen sozialen Versprechungen, darunter die Abschaffung von Studiengebühren, finanziert werden sollten. In den Mittelpunkt der letzten Wahlkampfphase rückten die Tories wieder ganz den Brexit, den nur sie zu einem Erfolg machen könnten.

Das Wahlergebnis vom 8. Juni wurde für Theresa May, die den Wahlkampf ganz auf ihre Person zugeschnitten hatte, zu einem politischen Debakel. Anstatt ihre absolute Mehrheit auszubauen, verlor sie dieselbe. Die Tories konnten sich zwar als stärkste Partei behaupten, sanken aber von 330 auf 317 Mandate ab und blieben damit unter der magischen Zahl von 326 Abgeordneten, die für eine Alleinregierung der Konservativen erforderlich gewesen wären. Um sich angesichts des «hung parliament», eines «Parlaments in der Schwebe», das nötige Mindestmaß an parlamentarischer Unterstützung zu sichern, musste sich die Premierministerin um eine Koalition oder einen Tolerierungspakt mit der Democratic Unionist Party, der ultrakonservativen Partei der nordirischen Protestanten, bemühen, die zehn Sitze erobert hatte und sich auch sogleich zu Verhandlungen mit den Tories bereit erklärte.

Die relative Wahlgewinnerin war die Labour Party, die auf 262 Abgeordnete kam – 32 mehr als bisher (prozentual lag sie damit gleichwohl um 2,4 Punkte hinter den Konservativen, die 42,4 Prozent erreichten). Die Labour Party verdankte ihren Erfolg vor allem dem auch in den eigenen Reihen höchst umstrittenen, weit links stehenden Parteivorsitzenden Jeremy Corbyn, der ähnlich wie 2016 in den USA der demokratische Sozialist Bernie Sanders als Bewerber um die Präsidentschaftskandidatur der Democratic Party große Teile der akademischen Jugend von sich hatte überzeugen können. Unter den jüngeren Labour-Wählern waren auch viele, die damit haderten, dass sie sich ein Jahr zuvor nicht auf der Seite der «Remainers» am Brexit-Referendum beteiligt hatten. Die Liberal Democrats dagegen, die einzige in ganz Großbritannien aktive dezidiert proeuropäische Partei, stagnierten: Sie konnten zwar ihre Mandatszahl von 9 auf 12 steigern, verloren aber geringfügig (um 0,5 Prozentpunkte) an Stimmen.

Zu den Wahlverlierern gehörte die Scottish National Party von Nicola Sturgeon, die 21 Abgeordnete einbüßte. Die United Kingdom Independence Party verlor ihren einzigen Sitz im Unterhaus sowie knapp 11 Prozentpunkte und landete bei demütigenden 1,85 Prozent. Das Brexit-Referendum hatte sie ihres einzigen «großen» Themas beraubt; als Splitterpartei ohne wirklichen «issue» hatte sie keine Überlebenschancen. Auf einen «harten Brexit» aber, wie ihn die einstigen Anhänger der Ukip wünschten, konnte Theresa May entgegen ihrer Wahlkampfparole nicht mehr setzen, ohne ihren neuen Partner zu verprellen: Die Democratic Unionist Party trat schon deshalb für einen «weichen Brexit» ein, weil sie vital an einer möglichst großzügigen Regelung des Grenzverkehrs zwischen Ulster und der Republik Irland, einem Mitgliedsland der EU, interessiert war.

Wie ihr Vorgänger David Cameron bei der Anordnung des Referendums vom 23. Juni 2016 hatte Theresa May bei ihrer Entscheidung für vorgezogene Neuwahlen hoch gepokert und hoch verloren. Ihre Position bei den Brexit-Verhandlungen mit der Europäischen Union, die am 19. Juni 2017 begannen, war dadurch nicht stärker, sondern schwächer geworden. Dasselbe traf für ihre Stellung als Premierministerin zu. Die Zahl ihrer innerparteilichen Gegner innerhalb und außerhalb des Kabinetts war beträchtlich. Seit dem 8. Juni durfte sie ihres Amtes weniger denn je sicher sein. In London wurde über einen Wechsel in Downing Street im Herbst und über baldige Neuwahlen spekuliert.

Die Verhandlungen zwischen den Konservativen und Ulster-Unionisten erwiesen sich als überaus schwierig. Ein Ergebnis lag noch nicht vor, als Königin Elisabeth II. am 21. Juni vor den Mitgliedern von Ober- und Unterhaus die von der Premierministerin verantwortete «Queen's Speech», eine sehr knapp gehaltene Regierungserklärung, vortrug. Tags darauf versprach Theresa May auf einem Gipfeltreffen der Europäischen Union in Brüssel allen EU-Bürgern, die zu einem noch zu bestimmenden Zeitpunkt seit über fünf Jahren im Vereinigten Königreich lebten, dass sie dort weiterhin ihren Wohnsitz behalten und gewisse, von britischen Gerichten gesicherte Rechte genießen könnten: ein Angebot, von dem Ratspräsident Tusk sogleich meinte, dass es deutlich hinter den Erwartungen der EU zurückbleibe.

Am 26. Juni endlich konnten die Konservativen und die DUP ihre Verhandlungen abschließen. Das Resultat war ein Tolerierungsabkommen. Die Partei der nordirischen Protestanten versprach, die Regierung May bei Gesetzesvorhaben in Sachen Brexit, Staatshaushalt und Finanzen sowie Abwehr von Misstrauensanträgen zu unterstützen und sich in allen anderen Fragen von Fall zu Fall mit den Tories abzustimmen. Als Gegenleistung sicherte sich die DUP zusätzliche Finanzhilfen für Ulster im Umfang von 1 Milliarde Pfund.

Problematisch war die Vereinbarung schon deswegen, weil die von den Parteien der Protestanten und Katholiken getragene Koalitionsregierung in Belfast Ende März 2017 auseinandergebrochen war. Konnten sich die Kontrahenten nicht auf eine gemeinsame Regierung verständigen, wie sie im «Karfreitagsabkommen» vom April 1998 vereinbart worden war, schlug wie schon einmal, zwischen 2002 und 2007, die Stunde der «direct rule»: Die Regierungsgewalt lag dann wieder beim britischen Kabinett, das zu einer konfessionsneutralen Politik verpflichtet war.

Bei der Abstimmung über das Regierungsprogramm vom 21. Juni erhielt die konservative Minderheitsregierung dank der Stimmen der zehn Abgeordneten der DUP am 29. Juni eine Mehrheit von 323 zu 309 Stimmen im Unterhaus. Eine lange Lebensdauer aber wollten dem amtierenden Kabinett angesichts der prekären Kräfteverhältnisse im neuen Parlament nur die wenigsten Beobachter vorhersagen: Theresa May galt als Premierministerin auf Abruf.[7]

Drei Tage nach der Unterhauswahl in Großbritannien, am 11. Juni 2017, fand in Frankreich der erste Wahlgang der Wahlen zur Nationalversammlung statt. Die eindeutige Siegerin war die erst im April 2016 als Bewegung ins Leben gerufene Partei des Präsidenten Emmanuel Macron, La République en marche (LREM), die zusammen mit dem verbündeten Mouvement démocrate (MoDem) auf 32,3 Prozent der Stimmen kam. Ihr folgten mit weitem Abstand die konservativen Republikaner (21,6 Prozent), dann der Front National von Marine Le Pen (13,2 Prozent), die mit den Kommunisten verbündete France insoumise von Jean-Luc Mélenchon (11,0 Prozent) und die Sozialisten (9,5 Prozent), Die Wahlbeteiligung erreichte mit 48,7 Prozent ein Rekordtief. Beobachter führten das auf das strahlende Sommerwetter am Wahltag und auf Wahlmüdigkeit nach den beiden Runden der Präsidentschaftswahl zurück, vermuteten aber auch, dass viele Franzosen durch die Wahlverweigerung ihr Unbehagen an der Politik und deren bisherigen oder neuen Protagonisten ausdrücken wollten. Was immer die Gründe waren, am Ende hatte noch nicht einmal jeder sechste Wahlberechtigte für das Macron-Lager gestimmt.

Die erste Runde der Parlamentswahlen kam einer Stimmscheinrevolution gleich: Frankreich wählte das Parteiensystem der Fünften

Republik ähnlich radikal ab, wie das Italien in der ersten Hälfte der neunziger Jahre mit seinem Parteiensystem getan hatte. Die Chance der Erneuerung hatten am ehesten noch die Erben des Gaullismus, die Republikaner, die trotz der enttäuschenden Bilanz der Präsidentschaft von Nicolas Sarkozy und der Selbstbereicherungsvorwürfe gegen ihren Spitzenkandidaten François Fillon ihren Status als zweitstärkste Partei behaupten konnten. Nahezu trostlos war die Lage der Sozialistischen Partei, die für die gesammelten Widersprüche der Ära Hollande, die nie überwundenen Gegensätze zwischen reformistischen Sozialdemokraten oder Sozialliberalen auf der einen und doktrinären Sozialisten auf der anderen Seite, abgestraft und zudem von der linksradikalen Partei Mélenchons deklassiert wurden. Der Front National war weit hinter den Ergebnissen der Präsidentschaftswahl zurückgeblieben, weil seine Führerin Marine Le Pen sich in der direkten Fernsehkonfrontation mit Emmanuel Macron allzu viele Blößen gegeben hatte und ihre Absage an den Euro bei den meisten Franzosen keine Zustimmung fand.

Die Kandidaten der République en marche waren zu weit über der Hälfte parlamentarische Neulinge, die sich nur schwer unter einen einheitlichen politischen Sammelbegriff zusammenfassen ließen. Ob die zu erwartende neue Mehrheit ein sozialliberales Profil entwickeln würde, blieb abzuwarten. In jedem Fall war mit schwierigen Eingewöhnungsprozessen zu rechnen, bei denen zunächst die «Profis» aus den bisherigen Parteien den Ton angeben würden.

Im ersten Wahlgang hatten die Bewerber nur in vier Wahlkreisen die Hürde der absoluten Mehrheit genommen und mindestens 25 Prozent der Wahlberechtigten hinter sich gebracht. Im zweiten Wahlgang genügte die relative Mehrheit, was in der Regel eine Stichwahl zwischen den beiden bestplatzierten Kandidaten bedeutete. Nur in einem einzigen Wahlkreis hatten am 11. Juni mehr als zwei Parteien mindestens 12,5 Prozent der Stimmen erhalten, sodass, dem Wahlgesetz entsprechend, im zweiten Wahlgang mehr als zwei Bewerber zur Wahl standen. Von den unterlegenen Parteien, am entschiedensten den Republikanern, kam die Mahnung, bei der Stichwahl für ein starkes Gegengewicht zur Präsidialpartei zu sorgen. Die Prognosen sprachen freilich nicht für den Erfolg solcher Appelle. Allgemein wurde damit gerechnet, dass LREM auf über 400 der insgesamt 577 Mandate kommen würde.

Ganz so überwältigend fiel das Ergebnis des zweiten Wahlgangs dann doch nicht aus. Die République en marche verbuchte allein 306, zusammen mit dem Mouvement démocrate 350 Abgeordnete. Aber damit verfügte das Lager des Präsidenten nicht nur über eine höchst solide absolute Mehrheit, sondern auch, obschon nur knapp, über die für Verfassungsänderungen notwendige Dreifünftelmehrheit. Die Mandatszahlen der anderen Parteien fielen nicht ganz so niedrig aus wie vorhergesagt: Zusammen mit ihren jeweiligen Verbündeten erhielten die Republikaner 137, die Sozialisten, in der vergangenen Legislaturperiode mit 280 Abgeordneten die stärkste Fraktion, 45, Mélenchons Linke 27, der Front National 8 Sitze. Unter den von der äußersten Rechten eroberten Wahlkreisen war auch der von Marine Le Pen. Die für die Bildung einer Fraktion erforderliche Zahl von 15 Abgeordneten verfehlte der FN aber deutlich. Die Wahlbeteiligung war am 18. Juni mit 42,64 Prozent noch niedriger als eine Woche zuvor.

Präsident Macron hatte bereits vor der Wahl der Nationalversammlung angekündigt, dass er als erstes großes Projekt seiner Amtszeit die Reform des Arbeitsmarktrechtes und namentlich die Lockerung des rigiden Kündigungsschutzes in Angriff nehmen würde, und erste Gespräche mit den Gewerkschaften geführt. Die Antwort der ehedem kommunistischen CGT und der sozialistischen Force Ouvrière war das Versprechen eines «heißen Herbstes».

Die Wahlgewinner mussten in der Tat von Anfang an damit rechnen, dass sich der Protest angesichts der eindeutigen parlamentarischen Mehrheitsverhältnisse rasch von der Nationalversammlung auf die Straße verlagern würde. Ebenso absehbar war, dass die Gegner des Präsidenten und seines Lagers die extrem niedrige Wahlbeteiligung als Argument benutzen würden, um der Regierung bei allen unpopulären Reformschritten einen Mangel an demokratischer Legitimität vorzuwerfen: Trotz eines Stimmenanteils von 41, 7 Prozent hatte am 18. Juni noch nicht einmal jeder fünfte wahlberechtigte Franzose für das präsidiale Lager gestimmt. Die oft zu hörende These, die Franzosen verstünden sich zwar auf Revolution, aber nicht auf Reformen, war noch nicht widerlegt. Der Kampf um eine im weitesten Sinn liberale Erneuerung der französischen Gesellschaft hatte mit der Wahl der Nationalversammlung erst begonnen.

Der zweiten Runde der Parlamentswahl folgte die erste Regierungskrise auf dem Fuß. Nachdem die französische Justiz Ermittlungen gegen Abgeordnete von MoDem im Europäischen Parlament aufgenommen hatte, weil diese im Verdacht standen, EU-Mittel für innerfranzösische Parteizwecke ausgegeben zu haben, traten die drei Minister dieser Partei, darunter Verteidigungsministerin Sylvie Goulard und der Parteivorsitzende, Justizminister François Bayrou, zurück. Ihre Nachfolger galten als politisch weniger profiliert. Dem endgültigen Kabinett von Édouard Philippe, einem ehemaligen Republikaner, gehörten sieben parteilose Fachleute und vier Minister aus den Reihen der Sozialisten an; drei kamen vom sozialliberalen Parti radical de gauche und drei von den Republikanern. Männer und Frauen waren in der Regierung Philippe gleich stark vertreten: Sie stellten jeweils 15 der 30 Minister und Staatssekretäre mit Kabinettsrang.

Am 22. und 23. Juni nahm Präsident Macron erstmals an einem Gipfeltreffen der Europäischen Union in Brüssel teil, das zum größten Teil ohne Großbritannien stattfand. Im Mittelpunkt der allgemeinen Aufmerksamkeit stand Macron schon deswegen, weil tags zuvor europäische Zeitungen, unter ihnen die «Süddeutsche Zeitung» aus München, ein Interview mit ihm veröffentlicht hatten, in dem er scharfe Kritik an den «illiberalen Demokratien» in Ostmitteleuropa, das heißt vor allem an Ungarn und Polen, übte: Es sei zynisch, von der EU Geld entgegenzunehmen, ohne ihre Werte zu respektieren; Europa sei kein Supermarkt, sondern eine Schicksalsgemeinschaft. Ein Gespräch zwischen Macron und den Regierungschefs der Višegradstaaten – Polen, Ungarn, Tschechien, Slowakei – konnte die grundsätzlichen Meinungsverschiedenheiten nicht aus dem Weg räumen.

Einig waren sich die 27 Staats- und Regierungschefs hingegen auf den Gebieten der Verteidigungspolitik und der Sicherung der Außengrenzen: Sie verständigten sich unter anderem auf einen europäischen

Verteidigungsfonds, dessen Zweck es war, die militärische Forschung und die Rüstungskooperation zu unterstützen. Der überragende Eindruck des Gipfels war das enge Zusammenwirken von Frankreich und Deutschland, vertreten durch Emmanuel Macron und Angela Merkel. Beobachter sprachen von einem neuen Selbstbewusstsein, das sich in der Europäischen Union seit dem Machtwechsel in Paris zu verbreiten beginne.[8]

In den Vereinigten Staaten trat die Affäre um die Kontakte des Wahlkampfteams von Donald Trump zu Russland am 7. Juni in eine neue Phase. An diesem Tag veröffentlichte der Geheimdienstausschuss des Senats eine schriftliche Erklärung des entlassenen früheren FBI-Direktors James Comey über die mehrfachen Versuche des Präsidenten, ihn, Comey, von weiteren Ermittlungen gegen den kurzzeitigen Nationalen Sicherheitsberater, General Flynn, in Sachen «Russia connection» abzuhalten. Tags darauf fand die öffentliche, von vielen Fernsehsendern übertragene Anhörung von Comey durch die Senatoren statt: eine stundenlange Prozedur, die mit der Vereidigung des ehemaligen FBI-Chefs begann. Der öffentlichen schloss sich eine ausgedehnte nichtöffentliche Befragung an.

Den Darlegungen Comeys zufolge hatte ihn Trump in mehreren Gesprächen und namentlich bei einem Dinner zu zweit im Weißen Haus am 27. Januar 2017 gedrängt, seine Ermittlungen gegen Flynn einzustellen. Dem Präsidenten lag demnach auch sehr an der Versicherung, dass in der Russland-Affäre gegen ihn, Trump, persönlich nicht ermittelt würde (was Comey bestätigen konnte). Trump habe seine Arbeit gelobt, sagte Comey, und die Absicht geäußert, den bisherigen FBI-Chef im Amt zu belassen, zugleich aber die Erwartung ausgesprochen, dass Comey sich ihm, Trump, gegenüber «loyal» verhalten werde. Comey interpretierte das so, dass der Präsident in persönlicher «Loyalität» eine Gegenleistung dafür sah, dass es keinen Wechsel an der Spitze des FBI gab – ein Junktim, dem Comey sich verweigerte, was schließlich zu seiner fristlosen Entlassung am 9. Mai führte. Die anschließenden öffentlichen Behauptungen Trumps, Comey habe im Amt kläglich versagt und genieße nicht mehr das Vertrauen der Bundespolizei, empfand der Entlassene als vorgeschoben, ja als Lüge. Ebendiesen Vorwurf erhob er denn auch gegen die Trump-Administration und gegen Trump persönlich in der öffentlichen Anhörung im Senat mehrfach ganz ausdrücklich.

Für die juristische Beratung des Vorgangs entscheidend war die Frage, ob Trump in seinen Gesprächen mit Comey bewusst versucht hatte, die Justiz zu behindern. War das der Fall, handelte es sich um eine Straftat, die zu einem Amtsenthebungsverfahren führen konnte. Mehrere republikanische Senatoren bestritten eine solche Absicht vehement. Von Paul Ryan, dem Mehrheitsführer im Repräsentantenhaus, kam die merkwürdige Einlassung, Trump sei als Außenseiter ins Präsidentenamt gelangt und mit dessen Usancen noch nicht hinreichend vertraut. Trump selbst ließ zunächst über seinen Anwalt den Aussagen Comeys widersprechen, um ihn kurz darauf seinerseits der Lüge zu bezichtigen.

Auf einer gemeinsamen Pressekonferenz mit dem rumänischen Staatspräsidenten Klaus Johannis am 9. Juni (bei der er sich auch erstmals eindeutig zur Beistandsverpflichtung nach Artikel 5 des NATO-Vertrages bekannte) bestritt Trump nochmals ausdrücklich, dass er Comey gedrängt habe, die Ermittlungen gegen Flynn einzustellen. Auf die Frage eines Journalisten, ob er bereit wäre, seine Aussagen zum Russland-Komplex unter Eid zu bekräftigen, erwiderte er, dazu sei er «zu 100 Prozent» bereit: eine außerordentlich weitreichende und, wenn der unabhängige Sonderermittler in dieser Angelegenheit, der frühere FBI-Chef Robert S. Mueller, oder der Senat darauf zurückkamen, für den Präsidenten möglicherweise gefährliche Festlegung.[9]

Fünf Tage später, am 14. Juni, meldete die «Washington Post», der Sonderermittler in Sachen «Russia Connection» ermittle nunmehr auch gegen den Präsidenten selbst wegen des Verdachts auf Behinderung der Justiz. Um dieselbe Zeit kursierten in der amerikanischen Hauptstadt Berichte, Trump erwäge, Mueller zu entlassen. (Ernannt hatte ihn am 17. Mai nicht Justizminister Sessions, der sich im Hinblick auf die Russlandkontakte des Trump-Teams für befangen erklärt hatte, sondern sein Stellvertreter Rod Rosenstein). Sofort wurden wieder Parallelen zur Watergate-Affäre gezogen: Am 20. Oktober 1973 hatte Präsident Nixon den Sonderermittler Archibald Cox entlassen, woraufhin Justizminister Elliot Richardson und sein Stellvertreter William Ruckelshaus aus Protest zurücktraten – ein Ereignis, das als «Saturday night massacre» in die Geschichte einging. Zehn Monate später, am 9. August 1974, kam Nixon seinem Impeachment durch den Rücktritt zuvor.

Trump wies erneut alle Vorwürfe empört von sich und sprach, nicht das erste Mal, von der größten Hexenjagd in der amerikanischen Geschichte. Von der Entlassung Muellers sah er jedoch ab: Das Beispiel Nixons schien auch ihn abzuschrecken. Die Russland-Affäre aber hing damit weiter, wie er Comey gegenüber bemerkt hatte, wie eine Wolke über seiner Präsidentschaft. Justizminister Sessions verweigerte, als er am 14. Juni unter Eid vor den Mitgliedern des Geheimdienstausschusses des Senats aussagte, jede Antwort auf Fragen nach dem Inhalt seiner diesbezüglichen Gespräche mit Trump. Fünf Monate nach Beginn seiner Präsidentschaft erschien die politische Zukunft Donald Trumps ungewisser denn je. Mit der Eröffnung von strafrechtlichen Ermittlungen gegen ihn persönlich war die amerikanische Präsidentenkrise Mitte Juni 2017 in ein neues Stadium getreten.

Zu übertriebenem Optimismus hatten Trumps liberale Gegner aber keinen Anlass. Solange die Republikaner zum Präsidenten standen, lag ein Amtsenthebungsverfahren in weiter Ferne. Am 26. Juni trat zudem ein Ereignis ein, das Trump und seine Anhänger als großen Erfolg feierten, das in Wirklichkeit freilich nicht mehr als ein Etappensieg war. Der Oberste Gerichtshof entschied, dass Teile des von mehreren Bundesrichtern für verfassungswidrig erklärten überarbeiteten «Muslim Ban» unter bestimmten einschränkenden Voraussetzungen vorläufig in Kraft gesetzt werden konnten: Bürgern von sechs überwiegend muslimischen Staaten durfte, soweit sie nicht bereits Visa besaßen oder familiäre oder berufliche Verbindungen in die USA glaubhaft nachweisen konnten, vom 29. Juni ab für die Dauer von drei Monaten die Einreise verwehrt werden.

Ob das endgültige Urteil, das für den Herbst 2017 erwartet wurde, den Erwartungen des Weißen Hauses entsprechen würde, war offen.

Doch die Gegner Trumps, obenan die Demokraten, taten gut daran, sich mit einer Tugend zu wappnen, die viele von ihnen hatten vermissen lassen: Sie mussten lernen, mit strategischer Geduld vorzugehen.[10]

Unter den Staats- und Regierungschefs, die vom 7. bis 8. Juli 2017 am Treffen der wichtigsten Industrie- und Schwellenländer der Welt, der G20, in Hamburg teilnahmen, war Donald Trump nominell nur einer von vielen. Tatsächlich war er der am meisten beachtete und zusammen mit Wladimir Putin und Recep Tayyip Erdoğan, einer der drei umstrittensten. Bevor der amerikanische Präsident in der deutschen Hansestadt eintraf, trat er am 6. Juli in Warschau als Ehrengast der «Drei-Meeres-Initiative», einer vom polnischen Staatspräsidenten Andrzej Duda einberufenen, an ein nationalistisches Projekt der Zwischenkriegszeit anknüpfenden Konferenz von zwölf ostmittel- und südosteuropäischen EU-Staaten zwischen Ostsee, Adria und Schwarzem Meer auf.

Anders als in den meisten europäischen Hauptstädten durfte Trump in Warschau schon deshalb mit einem freundlichen Empfang rechnen, weil er nicht daran dachte, der weit rechts stehenden polnischen Führung Vorhaltungen wegen ihrer Verstöße gegen die Rechtsstaatlichkeit zu machen. Zudem erfüllte er andere Erwartungen seiner Gastgeber fast schon im Übermaß: In einer öffentlichen Rede am Denkmal für die Gefallenen des Warschauer Aufstands von 1944 beschwor er erstmals den Zusammenhalt der Völkergemeinschaft des Westens und ihrer unzerstörbaren Werte; er rühmte die heldenhafte Geschichte Polens und versicherte alle Mitgliedstaaten der NATO der unverbrüchlichen Solidarität und Unterstützung der USA, verlangte erneut größere Anstrengungen der Partner auf dem Gebiet der Verteidigung und attackierte scharf die, wie er sagte, «destabilisierende» Politik Russlands.

Das Bild vom Westen, das Trump unter dem Jubel von Zehntausenden begeisterter Anhänger der Partei für Recht und Gerechtigkeit aus ganz Polen zeichnete, entsprach völlig den Vorstellungen der Warschauer Führung. Der Präsident berief sich auf Gott und auf Werte wie nationale Identität, persönliche Freiheit und Familie. Er erwähnte zwar die Herrschaft des Rechts, nicht aber die Gewaltenteilung und die Unabhängigkeit der Justiz. In diesem Sinn ließen sich Jarosław Kaczyński und seine Gefolgsleute auch Trumps Ja zu einem «starken Europa» gefallen. Es galt offenkundig nicht dem liberalen Europa der EU, sondern einem, das auch den «illiberalen Demokratien» des östlichen Mitteleuropa Raum bot.[11]

In Hamburg traf Trump am 7. Juli erstmals mit dem Mann zusammen, dessen Politik er tags zuvor in Warschau mit deutlichen Worten kritisiert hatte: Putin. Die Atmosphäre des Gesprächs war nach dem Bekunden beider Seiten konstruktiv, ja freundlich. Trump lag besonders daran, Putin auf künftiges Wohlverhalten in Sachen Hackerangriffe festzulegen. Er schlug seinem Gegenüber eine amerikanisch-russische «Cybersicherheitseinheit» vor: eine Initiative, die, als sie kurz darauf in Washington bekannt wurde, einen parteiübergreifenden Entrüstungssturm im Kongress auslöste. Der republikanische Senator Marco Rubio verglich das Vorhaben mit dem Gedanken, mit dem syrischen Diktator Assad eine «Chemiewaffeneinheit» zu bilden. Für den Präsidenten besonders peinlich war, dass die «New York Times» zum gleichen Zeitpunkt ein Ereignis vom 9. Juni 2016 publik machte: Donald Trump jr., Trumps Schwiegersohn Jared Kushner und Paul Manafort, der seinerzeitige Wahlkampfmanager des Bewerbers um die republikanische Präsidentschaftskandidatur, hatten sich damals im New Yorker Trump Tower mit einer angeblich kremlnahen russischen Rechtsanwältin getroffen, von der ihre amerikanischen Gesprächspartner belastendes Material über Hillary Clinton erwarteten. Trump blieb unter den gegebenen Umständen keine andere Wahl, als sich zügig von seinem eigenen Vorstoß zu distanzieren.

Der internationalen Öffentlichkeit wurde als positives Ergebnis des Gesprächs zwischen Trump und Putin eine von den Außenministern Tillerson und Lawrow erläuterte Verständigung auf eine Waffenruhe im Südwesten Syriens präsentiert, die am 9. Juli in Kraft treten, einen «humanitären Korridor» zur Versorgung der Zivilbevölkerung einschließen und von Russland, den USA und Jordanien garantiert werden sollte. Tatsächlich war diese Übereinkunft bereits kurz zuvor in der jordanischen Hauptstadt Amman erzielt worden. In Hamburg wurde sie lediglich offiziell im Namen der beiden Präsidenten verkündet.

Welche Rolle der hybride Krieg in der Ukraine im Gespräch zwischen Trump und Putin spielte, blieb unklar. Aus der kurz zuvor bekannt gewordenen Ernennung des früheren amerikanischen NATO-Botschafters Kurt Volker zum Sondergesandten in Kiew folgerten Beobachter jedoch, dass die Zeit zu Ende ging, in der dieser Konflikt ausschließlich im «Normandieformat», das heißt zwischen Deutschland, Frankreich, Russland und der Ukraine, verhandelt worden war. Merkel und Macron konnten Putin bei einem Dreiertreffen in Hamburg ihrerseits zu der Zusage bewegen, mit ihnen und dem ukrainischen Präsidenten Poroschenko in Bälde telefonisch über neue Schritte zur Umsetzung des Minsker Waffenstillstandsabkommens vom Februar 2015 zu sprechen. Der Kremlchef hatte folglich allen Anlass, sich von Washington, Paris und Berlin gleichermaßen umworben zu sehen.

Was die Aufmerksamkeit der breiten Öffentlichkeit erregte, waren freilich weniger die offiziellen Verhandlungen des Gipfels und die bi- oder trilateralen Begegnungen zwischen seinen prominenten Teilnehmern, sondern die bürgerkriegsähnlichen Straßenschlachten, die sich Tausende von gewaltbereiten Anarchisten und anderen Linksextremisten aus ganz Europa mit der Polizei lieferten. Teile der Hamburger Innenstadt verwandelten sich zeitweise in einen rechtsfreien Raum; im Schanzenviertel konnte stundenlang ungestört gebrandschatzt und geplündert werden; mehrere hundert Polizisten und eine unbekannte Zahl von Demonstranten wurden verletzt. Die Folge war, dass die gewaltfreien Proteste von Globalisierungskritikern völlig in den Hintergrund gedrängt wurden und, nicht nur in Deutschland, eine Diskussion über die Frage entbrannte, ob internationale Großereignisse nach Art der G20-Treffen überhaupt noch in Millionenstädten des Westens stattfinden könnten.

Auf die Konferenz selbst wirkten sich die blutigen Krawalle nicht aus. Im Ringen um die gemeinsame Abschlusserklärung konnte sich auf weiten Strecken die deutsche Seite durchsetzen, die sich stets der Rückendeckung der geschlossen auftretenden EU erfreuen konnte. Auf die Regie der Gastgeberin Angela Merkel ging es zurück, dass das Protokoll bei dem besonders strittigen Thema Klimawandel nicht nur den Konsens, sondern auch den Dissens festhielt. Während sich alle

Teilnehmer außer den USA zur Unumkehrbarkeit des Pariser Klimaabkommens bekannten, beharrten die Vereinigten Statten auf ihrem Recht, fossile Energien sauberer und effizienter als bisher zu nutzen und durch Technologieexport Staaten zu helfen, die dasselbe tun wollten. Unerschütterlich war das Ja zu «Paris» aber auch nicht bei allen der übrigen 19 Teilnehmer. Wenige Stunden nach Abschluss des Gipfels erklärte Präsident Erdoğan noch in Hamburg, die Türkei werde das Klimaprotokoll solange nicht ratifizieren, als sie befürchten müsse, nicht, wie gewünscht, als Schwellenland, sondern als Industrienation, also als «zahlender» Staat, eingestuft zu werden.

In der anderen großen Streitfrage, der Handelspolitik, gelang nur ein mühsamer Formelkompromiss. Die G20 bekannten sich zum Freihandel und versprachen, Protektionismus «einschließlich aller unfairen Handelspraktiken» zu bekämpfen. Die USA setzten aber durch, dass in der Erklärung ausdrücklich «die Rolle rechtmäßiger Handelsschutzinstrumente» anerkannt wurde. Dass Washington diese Formel als Rechtfertigung für Strafzölle, etwa in der Stahlindustrie, verstehen konnte, musste allen Beteiligten klar sein.

Vergleichsweise leicht fiel den Unterhändlern die Verständigung in den Bereichen Finanzmarktregulierung, Kampf gegen den Terror sowie gegen Schleuser und Menschenhändler, Partnerschaft mit Afrika und verbesserte Teilhabe von Frauen im Wirtschaftsleben. Ein von der Weltbank eingerichteter Fonds zur Stärkung von Unternehmerinnen in Entwicklungsländern erhielt weitere Geldzusagen. Wie ernst die Teilnehmerstaaten diese Zusagen nahmen, musste wieder einmal offen bleiben.

Das Ergebnis des Gipfels war, gemessen an den Herausforderungen, bescheiden und lag doch deutlich über den Erwartungen der Pessimisten. Was als positiv verbucht werden konnte, ging weithin auf die gemeinsamen Anstrengungen der drei maßgeblichen Protagonisten der liberalen westlichen Demokratie zurück: der deutschen Bundeskanzlerin Angela Merkel, des französischen Staatspräsidenten Emmanuel Macron und des kanadischen Premierministers Justin Trudeau. Die Dreiergruppe bildete in Hamburg so etwas wie ein progressives Kraftzentrum. Wenn irgendetwas auf dem G20-Gipfel des Jahres 2017 über den austarierten Wortlaut der abschließenden Erklärung hinauswies, waren es die Perspektiven, die sich aus dem Zusammenwirken dieser neuen transatlantischen Kerngruppe ableiten ließen.

Einen Abschluss der krisenerschütterten Übergangszeit, in der sich Europa und die Welt seit Jahren befanden, bedeutete das Hamburger Treffen nicht. 2014 war nach einem Vierteljahrhundert die Nachkaltekriegszeit mit der völkerrechtswidrigen Annexion der Krim durch Russland zu Ende gegangen. 2015 hatten Europa und vor allem Deutschland den vorläufigen Höhepunkt der Migrationskrise erlebt. 2016 war das Jahr des Brexit-Referendums, von Putsch und Gegenputsch in der Türkei und der Wahl Donald Trumps zum Präsidenten der USA. In die erste Hälfte des Jahres 2017 fielen hingegen zwei Ereignisse, die für Erfolge liberaler und Niederlagen populistischer Kräfte standen: die Wahlen in den Niederlanden und Frankreich. Wie der G20-Gipfel vom Juli 2017 in größere historische Zusammenhänge eingeordnet werden würde, konnte zum Zeitpunkt des Geschehens noch niemand vorhersagen. Dass sich bei dieser Gelegenheit die bewussten Verteidiger der westlichen Werte zu gemeinsamen Initiativen zusammengefunden und die Teilnehmerstaaten aus der Europäischen Union meist mit einer Stimme gesprochen hatten, durften aber alle, die in der Renaissance des Nationalismus eine Gefahr sahen, als ein ermutigendes Zeichen begreifen.[12]

DANK

Mir bleibt zu danken. Danken möchte ich an erster Stelle meiner Frau, die mich ermutigt hat, mich erneut, nach dem abschließenden vierten Band meiner «Geschichte des Westens», der unmittelbaren Gegenwart zuzuwenden, über die wohl noch für längere Zeit nur vorläufige Urteile möglich sind – Urteile, von denen viele dem Risiko einer Widerlegung durch heute noch nicht zugängliche Quellen oder ganz einfach durch größeren zeitlichen Abstand ausgesetzt sind. Mit meiner Frau konnte ich kontinuierlich Fragestellungen, Thesen und Formulierungen besprechen. Ohne sie wäre dieses Buch nicht entstanden.

Mein Dank gilt sodann denen, die meine Arbeiten in den letzten Jahren materiell unterstützt haben: der Alfred Herrhausen Gesellschaft, der Hans Ringier Stiftung, Ernst Prinz Biron von Curland und dem Bankhaus Metzler. Aus den Mitteln, die sie mir zur Verfügung gestellt haben, konnte ich die guten Dienste meiner langjährigen Mitarbeiterin Monika Roßteuscher, M. A., und meiner studentischen Mitarbeiterinnen und Mitarbeiter Angelo D'Abundo, Sören Brandes, Sophie Genske und Tabea Nasaroff bezahlen. Ihnen allen möchte ich für ihren Anteil an der Entstehung dieses Bandes herzlich danken. Dank gebührt auch den Professorinnen und Professoren Gabriele Metzler, Birgit Aschmann und Hannes Grandits sowie Frau Nina Kremer vom Institut für Geschichtswissenschaften der Humboldt-Universität zu Berlin für die universitäre und administrative Betreuung meines Projekts. Dem Institut für Geschichtswissenschaften danke ich außerdem dafür, dass mir seit meinem Ausscheiden aus dem aktiven Lehramt im Jahr 2007 weiterhin ein Raum samt technischem Inventar zur Verfügung steht: eine ganz wesentliche Unterstützung meiner Arbeit.

Das Verdienst, mein handschriftliches Manuskript in eine druckfertige Vorlage verwandelt zu haben, hat wie bei meinen früheren

Büchern Frau Gretchen Seehausen. Was dieser Band ihrer gleichbleibenden Sorgfalt verdankt, weiß nur der Autor.

Die Zusammenarbeit mit dem Verlag C. H. Beck war erneut so eng und vertrauensvoll, wie ich es seit über einem Vierteljahrhundert gewohnt bin. Detlef Felken, der Cheflektor, hat den Fortgang der Arbeiten vom ersten Kapitel an mit seinen klugen Anmerkungen begleitet und mitgestaltet. Frau Janna Rösch war wieder die unermüdliche Ansprechpartnerin in der Korrekturphase, Alexander Goller hat das Register erstellt und an der Überprüfung von Daten und Fakten mitgewirkt. Ihnen allen danke ich herzlich.

Berlin, Anfang Juli 2017 Heinrich August Winkler

ANHANG

ABKÜRZUNGSVERZEICHNIS

AfD	Alternative für Deutschland
AG	Aktiengesellschaft
AKP	Adalet ve Kalkinma Partisi/Partei für Gerechtigkeit und Entwicklung
ALDE	Alianţa Liberalilor şi Democraţilor/Allianz der Liberalen und Demokraten
AltRight	Alternative Right
APEC	Asia-Pacific Economic Cooperation
APT	Advanced Persistent Threat
Bamf	Bundesamt für Migration und Flüchtlinge
BMW	Bayerische Motoren Werke
Bruegel	Brussels European and Global Economic Laboratory
CBN	Christian Broadcasting Network
CBO	Congressional Budget Office
CDU	Christlich-Demokratische Union Deutschlands
CETA	Comprehensive Economic and Trade Agreement
CEU	Central European University
CFDT	Confédération française démocratique du travail
CGT	Confédération générale du travail
CHP	Cumhuriyet Halk Partisi/Republikanische Volkspartei
CIA	Central Intelligence Agency
CNN	Cable News Network
ČSR	Tschechoslowakische Republik
ČSSR	Tschechoslowakische Sozialistische Republik
CSU	Christlich-Soziale Union in Bayern
DBRS	Dominion Bond Rating Service
DDR	Deutsche Demokratische Republik
DM	Deutsche Mark
DUP	Democratic Unionist Party
ECU	European Currency Unit
EFTA	European Free Trade Association
EG	Europäische Gemeinschaften

ENA	École Nationale d'Administration
ESM	Europäischer Stabilitätsmechanismus
EU	Europäische Union
EVP	Europäische Volkspartei
EWG	Europäische Wirtschaftsgemeinschaft
EWS	Europäisches Währungssystem
EZB	Europäische Zentralbank
FBI	Federal Bureau of Investigation
FDP	Freie Demokratische Partei
Fidesz	Fiatal Demokraták Szövetsége/Bund Junger Demokraten
FN	Front National
FPÖ	Freiheitliche Partei Österreichs
FYROM	Former Yugoslav Republic of Macedonia
G7	Gruppe der Sieben
GASP	Gemeinsame Außen- und Sicherheitspolitik
GBU-43	Guided Bomb Unit-43
Gerb	Graschdani sa Ewropejsko Raswitie na Balgaria/Bürger für eine europäische Entwicklung Bulgariens
HDP	Halklarin Demokratik Partisi/Demokratische Partei der Völker
HDZ	Hrvatska Demokratska Zajednica/Kroatische Demokratische Gemeinschaft
HSS	Hrvatska Seljačka Stranka/Kroatische Bauernpartei
IMRO	Bulgarische National Bewegung
IOM	Internationale Organisation für Migration
IS	Islamischer Staat
IWF	Internationaler Währungsfonds
KOD	Komitet Obrony Demokracji/Komitee zur Verteidigung der Demokratie
KPMG	KlynveldPeatMarwickGoerdeler
KRS	Krajowa Rada Sądownicza/Nationaler Gerichtsrat
KSZE	Konferenz über Sicherheit und Zusammenarbeit in Europa
LREM	La République en marche
LS-NS	L'udová Strana – Naše Slovensko/Volkspartei Unsere Slowakei
MHP	Milliyetçi Hareket Partisi/Partei der Nationalistischen Bewegung
MoDem	Mouvement démocrate
NAFTA	North American Free Trade Agreement
NATO	North Atlantic Treaty Organization
NBC	National Broadcasting Company
NGO	Nichtregierungsorganisation

NPD	Nationaldemokratische Partei Deutschlands
NS	Nationalsozialismus
NSA	National Security Agency
NSC	National Security Council
ODS	Občanská Demokratická Strana/Demokratische Bürgerpartei
OECD	Organisation für wirtschaftliche Zusammenarbeit und Entwicklung
ÖVP	Österreichische Volkspartei
OMT	Outright Monetary Transactions
OSZE	Organisation für Sicherheit und Zusammenarbeit in Europa
PD	Partito Democratico
PiS	Prawo i Sprawiedliwość/Recht und Gerechtigkeit
PKK	Partiya Karkerên Kurdistanê/Arbeiterpartei Kurdistans
PP	Partido Popular/Volkspartei
PS	Parti socialiste
PSOE	Partido Socialista Obrero Español/Spanische Sozialistische Arbeiterpartei
PVV	Partij voor de Vrijheid
QE	Quantitative Easing
RS	Republika Srpska
Smer-SD	Smer – Sociálna Demokracia/Richtung – Sozialdemokratie
SNS	Slovenská Národná Strana/Slowakische Nationalpartei
SPD	Sozialdemokratische Partei Deutschlands
Syriza	Synaspismos Rizospastikis Aristeras/Koalition der radikalen Linken
Thaad	Terminal High Attitude Area Defense
TPP	Trans-Pacific Partnership
TTIP	Transatlantic Trade and Investment Partnership
Ukip	United Kingdom Independence Party
UMP	Union pour un mouvement populaire/Union für eine Volksbewegung
UN	United Nations
UNHCR	United Nations High Commissioner for Refugees
UNO	United Nations Organization
USA	United States of America
VMRO	Innere Mazedonische Revolutionäre Organisation
VVD	Volkspartij voor Vrijheid en Democratie
WTO	Welthandelsorganisation
YPG	Volksverteidigungseinheiten

ANMERKUNGEN

1. Europäische oder westliche Werte?

1 Gerald Stourzh, Statt eines Vorworts: Europa, aber wo liegt es?, in: ders. (Hg.), Annäherung an eine europäische Geschichtsschreibung, Wien 2002, S. XI.

2 Eugen Rosenstock-Huessy, Die europäischen Revolutionen und der Charakter der Nationen, Stuttgart 1963[3] (Jena 1931), S. 131 ff.

3 Otto Hintze, Weltgeschichtliche Bedingungen der Repräsentativverfassung (1931), in: ders., Staat und Verfassung. Gesammelte Abhandlungen zur allgemeinen Verfassungsgeschichte (Gesammelte Abhandlungen, Bd. 1), Göttingen 1970, S. 140–185 (169).

4 Matthäus 22, 15–22; Markus 12, 13–17; ferner Lukas 20, 22–26.

5 Heinrich August Winkler, Geschichte des Westens, Bd. 1: Von den Anfängen in der Antike bis zum 20. Jahrhundert, München 2016[5], S. 34 f.

6 Montesquieu, Vom Geist der Gesetze, 2 Bde., übersetzt u. hg. v. Ernst Forsthoff, Tübingen 1992[2].

7 Ernst Fraenkel, Das amerikanische Regierungssystem. Eine politologische Analyse. Quellenbuch, Köln 1962[2], S. 26 f.

8 Ebd., S. 28–31.

9 Europäische Geschichte. Quellen und Materialien, hg. v. Hagen Schulze u. Ina Ulrike Paul, München 1994, S. 533 f.

10 Die Allgemeine Erklärung der Menschenrechte. http://www.ohchr.org/EN/UDHR/Documents/UDHR_Translations/ger.pdf.

2. Die Nationen überwinden oder überwölben?

1 Oskar Lafontaine, Die Gesellschaft der Zukunft. Reformpolitik in einer veränderten Welt, Hamburg 1988, S. 188 f.

2 Ernst Dassmann, Ambrosius, in: Theologische Realenzyklopädie, Bd. 2, New York 1978, S. 362–385.

3 Karl Dietrich Bracher, Die deutsche Diktatur. Entstehung, Struktur, Folgen des Nationalsozialismus, Köln 1979[6], S. 544 (Nachwort zur 5. Auflage).

4 Ders., Politik und Zeitgeist. Tendenzen der siebziger Jahre, in: ders. u. a., Republik im Wandel 1969–1974. Die Ära Brandt (= Geschichte der Bundesrepublik Deutschland, Bd. V/1), Stuttgart 1986, S. 285–406 (405 f.).

5 Jürgen Habermas, Die postnationale Konstellation und die Zukunft der Demokratie, in: ders., Die postnationale Konstellation. Politische Essays, Frankfurt 1998, S. 91–169.

6 Der Begriff «postklassischer Nationalstaat» erstmals bei Heinrich August Winkler, Weimar 1918–1933. Die Geschichte der ersten deutschen Demokratie, München 2005[4], S. 12 (Vorbemerkung).

7 Das erste angebliche Zitat von Hallstein in: Ulrike Guérot und Robert Menasse, Es lebe die europäische Republik, in: Frankfurter Allgemeine Sonntagszeitung, 24. 3. 2013; das zweite in: Robert Menasse, Heimat ist die schönste Utopie. Reden (wir) über Europa, Berlin 2014, S. 144; das dritte in: ders., Kurze Geschichte der europäischen Zukunft. Oder warum wir erringen müssen, was wir geerbt: Das Europa der Regionen, in: www.eurozine.com/articles/2015-07-17-menasse-de.html.

8 Walter Hallstein, Vor dem Europäischen Parlament. Konstituierende Sitzung, 19. 3. 1958, in: ders., Europäische Reden. Hg. v. Thomas Oppermann, Stuttgart 1979, S. 48–52 (49); ders., Die Einheit der europäischen Aktion, VII: Europäischer Gemeindetag, Rom 15. 10. 1964, ebd., S. 485–498 (488–496).

9 Ders., Der unvollendete Bundesstaat. Europäische Erfahrungen und Erkenntnisse, Düsseldorf 1969,

10 Zit. bei Heinrich August Winkler, Geschichte des Westens, Bd. 3: Vom Kalten Krieg zum Mauerfall, München 2015[2], S. 363.

11 Ebd., S. 565 f.

12 Alan Milward, The European Rescue of the Nation-State, Berkeley 1992 (446 f.).

13 Andreas Rödder, 21.0. Eine kurze Geschichte der Gegenwart, München 2015, S. 212.

14 Hermann Heimpel, Entwurf einer deutschen Geschichte, in: ders., Der Mensch in seiner Gegenwart. Acht historische Essays, Göttingen 1957[2], S. 162–195 (175).

15 Siehe oben S. 17 ff.

16 Menasse, Heimat (Anm. 7), S. 80.

3.
Ein Europa bis zum Euphrat?

1 Walter Hallstein, Assoziation der Türkei, in: ders., Europäische Reden. Hg. v. Thomas Oppermann, Stuttgart 1974, S. 438–440 (440).

2 http:/eur-lex.europa.eu/legal-content/DETXT/?uri=CELEX:21964A1229(01).

3 Heinrich August Winkler, Geschichte des Westens, Bd. 4 (fortan: Geschichte IV): Die Zeit der Gegenwart, München 2016[3], S. 34 f.

4 Ders., Grenzen der Erweiterung: Plädoyer für eine privilegierte Mitgliedschaft mit der Türkei, in: ders., Zerreißproben. Deutschland, Europa und der Westen. Interventionen 1990 bis 2015, München 2015, S. 130–134 (ursprünglich unter dem redaktionellen Titel «Wir erweitern uns zu Tode», in: Die Zeit, Nr. 46, 7. 11. 2002).

5 Gerhard Schröder, Entscheidungen. Mein Leben in der Politik, Hamburg 2006, S. 356.

6 Zum Vorstehenden: Winkler, Geschichte IV (Anm. 3), S. 285 ff., 496 f.; Claus Leggewie (Hg.), Die Türkei und Europa. Die Positionen, Frankfurt 2004.

4.
Währungsunion ohne Politische Union?

1 Jacques Attali, Verbatim. Bd. 3: Chronique des années 1988–1991, Paris 1995, S. 74.

2 Hans-Dietrich Genscher, Erinnerungen, Berlin 1995, S. 677 ff.; Hans-Peter Schwarz, Helmut Kohl. Eine politische Biographie, München 2012, S. 559 f.; David Marsh, Der Euro. Die geheime Geschichte der neuen Weltwährung (engl. Orig.: New Haven 2009), Hamburg 2009, S. 195 ff.

3 Andreas Rödder, 21.0. Eine kurze Geschichte der Gegenwart, München 2015, S. 287 ff.

4 Ebd., S. 281 ff.

5 Deutscher Bundestag. Stenographischer Bericht, 12. Wahlperiode, 53. Sitzung, 6. 11. 1991, S. 4367.

6 Heinrich August Winkler, Geschichte des Westens, Bd. 4 (fortan: Geschichte IV): Die Zeit der Gegenwart, München 2016[3], S. 20 ff.

7 Barry Eichengreen, Should the Maastricht Treaty Be Saved? Princeton Studies in International Finance, Nr. 74, Princeton 1992.

8 «Alle Eier in einem Korb». Lord Ralf Dahrendorf über die Gefahren der

Währungsunion und die Krise Europas (Interview), in: Der Spiegel, Nr. 50, 11. 12. 1995.

9 Der Euro kommt zu früh. Wirtschaftswissenschaftler nehmen Stellung zur geplanten Europäischen Währungsunion, in: Frankfurter Allgemeine Zeitung, 9. 2. 1998.

10 «Was wir tun, ist abwegig» (Interview mit Kurt Biedenkopf), in: Der Spiegel, Nr. 31, 28. 7. 1997.

11 Winkler, Geschichte IV (Anm. 6), S. 155.

12 Schwarz, Helmut Kohl (Anm. 2), S. 802.

13 Winkler, Geschichte IV (Anm. 6), S. 157 f.

14 Yves Clarisse, La Grèce et l'Union européenne, un mariage de déraison. Reuters, 12. 10. 2011.

15 Wilfried Nippel, Antike oder moderne Freiheit? Die Begründung der Demokratie in Athen und in der Neuzeit, Frankfurt 2008, bes. S. 11 ff.

16 Winkler, Geschichte IV (Anm. 6), S. 240 ff., 377 ff., 400 ff. (Zitat Draghi: 421). Zur Politik der EZB insgesamt: Hans-Werner Sinn, Der schwarze Juni. Brexit, Flüchtlingswelle, Euro-Desaster – Wie die Neugründung Europas gelingt, Freiburg 2016, S. 203 ff.

17 Deutscher Bundestag. Stenographischer Bericht, 17. Wahlperiode, 148. Sitzung 14. 12. 2001, S. 17685.

18 Rödder, 21.0 (Anm. 3), S. 336.

19 Hans-Werner Sinn, Der Euro. Von der Friedensidee zum Zankapfel, München 2015, S. 453.

20 Europa nur wenn möglich, in: Frankfurter Allgemeine Zeitung, 2. 7. 2013.

21 Das Interview der Bundeskanzlerin mit den Sendern «Phoenix» und «Deutschlandfunk» in: Presse- und Informationsamt der Bundesregierung. Medienmonitoring Presse/TV/Hörfunk, 13. 8. 2013.

5.
Wer spricht für Europa?

1 Vanessa Gera, Kissinger calling Europe quote not likely his, in: https://www.usnews.com/news/world/articles/2012/06/27/kissinger-says-calling-europe-quote-not -likely-his, 27. 6. 2012.

2 Heinrich August Winkler, Geschichte des Westens. Bd. 4: Die Zeit der Gegenwart, München 2016^3, S. 538 ff.

3 Juncker sucht Konflikt mit Schäuble, in: Frankfurter Allgemeine Zeitung, 16. 12. 2015.

4 Guy Verhofstadt, Für Europa! Ein Manifest, in: Daniel Cohn-Bendit/Guy Verhofstadt, Für Europa (niederl. Orig.: Antwerpen 2012), München 2012, S. 7–68 (52, 57).

5 Karl Marx, Der achtzehnte Brumaire des Louis Bonaparte (1852), in: Karl Marx/Friedrich Engels, Werke, Berlin 1959 ff., Bd. 8, S. 11–207 (204).

6 Dieter Grimm, Europa ja – aber welches?, in: ders., Europa ja – aber welches? Zur Verfassung der europäischen Demokratie, München 2016, S. 9–28. (10, 13, 18 f.) Zur Konstitutionalisierung der europäischen Verträge vor Grimm bereits J. H. H. Weiler, The Transformation of Europe, in: The Yale Law Review 100 (1991), No. 8: Symposium international Law (June), S. 2403–2483. Zur Bedeutung der Urteile des Europäischen Gerichtshofes von 1963 und 1964 auch: Luuk van Middelaar, Vom Kontinent zur Union. Gegenwart und Geschichte des vereinten Europa (niederl. Orig.: Groningen 2009), Berlin 2016, S. 98 f.

7 Ich korrigiere damit auch eigene optimistische Erwartungen, im Gefolge der Finanz- und Schuldenkrise könnte der EU ein qualitativer Sprung in Richtung Föderation gelingen: Heinrich August Winkler, Vom Staatenverbund zur Föderation, in: Frankfurter Allgemeine Zeitung, 13. 06. 2013. Zum Vorstehenden auch Peter Graf Kielmansegg, Wohin des Wegs, Europa? Beiträge zu einer überfälligen Debatte, Baden-Baden 2015.

6.
Europa versus Amerika?

1 Alexis de Tocqueville, De la Démocratie en Amérique, 2 Bde., Paris 1990, Bd. 1, S. 35 (Bd. 1 von 1835, Kap. 2). Deutsche Übersetzung: Über die Demokratie in Amerika, 2 Bde., Zürich 1987.

2 Reinhold Niebuhr, The Irony of American History, New York 1952, S. 22–24.

3 Perry Miller and Thomas H. Johnson (eds.), The Puritans. Überarb. Ausgabe, Bd. 1, New York 1963^2, S. 63–70. Das Zitat aus der Bergpredigt: Matthäus 5, 14.

4 Ernest Lee Tuveson, Redeemer Nation. The Idea of America's Millennial Role, Chicago 1968.

5 Heinrich August Winkler, Geschichte des Westens; Bd. 1: Von den Anfängen in der Antike bis zum 20. Jahrhundert (fortan: Geschichte I), München 2016^5, S. 964 ff.

6 Ders., Geschichte des Westens, Bd. 2: Die Zeit der Weltkriege (fortan: Geschichte II), München 2016^3, S. 53 f.

7 Ders., Geschichte des Westens, Bd. 4: Die Zeit der Gegenwart (fortan: Geschichte IV), München 2016[3], S. 205 ff.

8 Tocqueville, Démocratie (Anm. 1), Bd. 1, S. 33 (Bd. 1 von 1835, Kap. 2).

9 Ebd., Bd. 2, S. 248 (Bd. 4 von 1840, Kap. 4).

10 Louis Hartz, The Liberal Tradition in America. An Interpretation of American Political Thought since the Revolution, New York 1955, S. 3 ff. (6; Hervorhebung im Original).

11 Werner Sombart, Warum gibt es in den Vereinigten Staaten keinen Sozialismus?, Tübingen 1906.

12 Hans Rothfels, Bismarck und der Staat. Ausgewählte Dokumente, Stuttgart 1953[2], S. 319 f. (Rede im preußischen Abgeordnetenhaus, 15. 2. 1865).

13 Winkler, Geschichte II (Anm. 6), S. 643 ff.

14 Ders., Geschichte IV (Anm. 7), S. 361 f., 374.

15 Max Weber, Wirtschaft und Gesellschaft. Grundriß der verstehenden Soziologie. Studienausgabe, hg. v. Johannes Winckelmann, 1. Halbbd., Köln 1956, S. 39.

16 Zusammenfassend: Jessica C. E. Gienow-Hecht, Always Blame the Americans: Anti-Americanism in Europe in the Twentieth Century, in: American Historical Review 111 (2006), S. 1067–1091.

17 Winkler, Geschichte IV (Anm. 7), S. 219.

18 Ebd., S. 221.

19 Ebd., S. 214 ff.

20 Robert Kagan, Macht und Ohnmacht. Amerika und Europa in der neuen Weltordnung (amerik. Orig.: New York 2003), Berlin 2003, S. 68, 89, 98, 101, 114, 121.

21 Ders., Power and Weakness, in: Policy Review 113 (2002), S. 3–28.

22 Winkler, Geschichte IV (Anm. 7), S. 28 f. Siehe ausführlicher unten S. 100 ff.

23 Mary Nolan, The Transatlantic Century. Europe and America 1890–2010, Cambridge 2012, bes. S. 7 ff., 356 ff.

24 Winkler, Geschichte IV (Anm. 7), S. 366 f.

25 Charles Krauthammer, The Unipolar Moment, in: Foreign Affairs 70 (1990/91), Nr. 1, S. 23–33.

26 Richard N. Haass, Die Doktrin der Restauration. Wie Amerika seine Führungsmacht im 21. Jahrhundert sichern kann, in: Internationale Politik 67 (2012), Nr. 1, S. 70–77 (70 f.).

27 Zum amerikanischen Präsidentschaftswahlkampf von 2016 siehe unten S. 239 ff.

7.
Rückkehr
der deutschen Frage?

1 Hierzu und zum Folgenden: Heinrich August Winkler, Von der deutschen zur europäischen Frage. Gedanken zu einem Jahrhundertproblem, in: Vierteljahrshefte für Zeitgeschichte 63 (2015), S. 473–486.

2 Jürgen Habermas, Eine Art Schadensabwicklung, in: «Historikerstreit». Die Dokumentation der Kontroverse um die Einzigartigkeit der nationalsozialistischen Judenvernichtung, München 1987, S. 62–76 (75).

3 Zit. bei Walter Bußmann (Hg.), Bismarck im Urteil der Zeitgenossen und der Nachwelt, Stuttgart 1956^2, S. 28.

4 Texte zur Deutschlandpolitik, Reihe III, Bd. 8b, Bonn 1991, S. 717–731.

5 Karl Kaiser, Deutschlands Weigerung. Die internationalen Aspekte. Mit den wichtigsten Dokumenten. Bearb. v. Klaus Becker, Bergisch Gladbach 1991, S. 368–375.

6 Siehe oben S. 45 f.

7 Die deutsche Frage ist wieder offen, in: Frankfurter Allgemeine Zeitung, 26. 2. 2000.

8 Stephen F. Szabo, Parting Ways. The Crisis in German-American Relations, Washington D. C. 2004, S. 149 ff.

9 George Soros, Remarks delivered at the Festival of Economics, in: http://www.georgesoros.com./essays/remarks_at_the_festival_of_economics_trento_italy/, 2. 6. 2012.

10 Timothy Garton Ash, The new German Question, in: The New York Review of Books, 15. 8. 2013; Brendan Simms, Kampf um die Vorherrschaft. Eine deutsche Geschichte (engl. Orig.: London 2013), München 2014, S. 20 (Vorwort zur deutschen Frage).

11 Siehe oben S. 53 ff.

12 Heinrich August Winkler, Geschichte des Westens. Bd. 4: Die Zeit der Gegenwart, München 2016^3, S. 448 ff. Zu Kinkels Formel: ebd. S. 28 f.

13 Polen und die Zukunft der Europäischen Union, in: Die Welt, 29. 11. 2011.

14 Zanny Minton Beddoes, Europe's Reluctant Hegemon, in: The Economist, 15. 6. 2013; William E. Peterson, The Reluctant Hegemon? Germany Moves Centre Stage in the European Union, in: Journal of Common Market Studies 49 (2011). Annual Review, S. 57–75.

15 Herfried Münkler, Macht in der Mitte. Die neuen Aufgaben Deutschlands in Europa, Hamburg 2015, S. 174 ff.

16 Ludwig Dehio, Deutschland und die Epoche der Weltkriege, in: ders., Deutschland und die Weltpolitik im 20. Jahrhundert, München 1955, S. 9–36 (15).

17 Hans Kundnani, The Paradox of German Power, London 2014, S. 8, 14 f., 107, Dt. Ausgabe: German Power. Das Paradox der deutschen Stärke, München 2016; Dominik Geppert, Ein Europa, das es nicht gibt. Die fatale Sprengkraft des Euro, Berlin 2013, S. 122 ff. (123). Der Begriff «geo-economics» erstmals bei: Edward Luttwak, From Geopolitics to Geo-Economics, in: The National Interest, Summer 1990, S. 17–24.

18 Kundnani, Paradox (Anm. 17), S. 100 ff.

8.
Zufluchtsort
Europa?

1 Der Parlamentarische Rat 1948–1949. Akten und Protokolle. Bd. 5/1.: Ausschuß für Grundsatzfragen, bearb. v. Eberhard Pikart u. Wolfram Werner, Boppard 1993, S. 841 f.

2 Bundesrat. Drucksache 175/90, 1. 3. 1990: Gesetzesantrag des Freistaates Bayern.

3 Asylrecht: «Oskar quält sich», in: Der Spiegel, Nr. 32, 6. 8. 1990; Letztes Paradies, ebd., Nr. 34, 20. 8. 1990. Zur Asyldebatte nach 1990: Ulrich Herbert, Geschichte der Ausländerpolitik in Deutschland. Saisonarbeiter, Zwangsarbeiter, Gastarbeiter, Flüchtlinge, München 2001, S. 286 ff.

4 Heinrich August Winkler, Geschichte des Westens, Bd. 4: Die Zeit der Gegenwart (fortan: Geschichte IV), München 2016³, S. 254.

5 Die Sommerpressekonferenz von Bundeskanzlerin Merkel: 31. 8. 2015, https: www.bundesregierung.de/Content/DE/Mitschrift/Pressekonferenzen/2015/08/2015-08-31-ok-merkel.html..

6 Karl Kopp, Flüchtlinge – griechisches Problem und europäische Herausforderung, in: Ulf Dieter Klemm/Wolfgang Schultheiß (Hg.), Die Krise in Griechenland. Ursprünge, Verlauf, Folgen, Bonn 2015, S. 269–282; Laurence Norman, EU-Kommission Critical of Hungary's Anti-Migrant-Fence, in: Wall Street Journal, 18. 6. 2015. https://www.wsj.com/articles/eu-commission-critical-of-hungarys-anti-migrant-fence-14 34629337; Parlamentary questions. European Parliament. E-012956/15/E-013094/15. 22. 12. 2015 (Antwort des Flüchtlingskommissars Dimitris Avramopoulos). http://www.europarl.europa.eu/sides/getAllAnswers.do?reference=E-2015-012956&language=EN. Zur innenpolitischen Entwicklung Ungarns siehe unten S. 148 ff.

7 Stefan Aust u. a., Herbst der Kanzlerin, Geschichte eines Staatsversagens, in: Die Welt, 9. 11. 2015; Georg Blume u. a., 4.-6. September 2015: Was geschah an diesem Wochenende wirklich?, in: Die Zeit, Nr. 35, 18. 8. 2016; Merkel und die Flüchtlinge. Weiß sie, was sie tut?, ebd., Nr. 38, 16. 9. 2015; Stephan Löwenstein

und Eckart Lohse, Überrollt, in: Frankfurter Allgemeine Zeitung, 3. 9. 2016; Rudolph Jula, Der vierte September, in: Cicero, Heft 9 (September), 2016, S. 18–26. Zusammenfassend zur Kritik der deutschen Flüchtlingspolitik: Robin Alexander, Die Getriebenen. Merkel und die Flüchtlingspolitik: Report aus dem Innern der Macht, München 2017, S. 11 ff.; Hans-Peter Schwarz, Die neue Völkerwanderung nach Europa. Über den Verlust politischer Kontrolle und moralischer Gewissheiten, München 2017, bes. S. 127 ff.; Alexander Betts und Paul Collier, Gestrandet. Warum unsere Flüchtlingspolitik allen schadet – und was jetzt zu tun ist (engl. Orig.: London 2017), München 2017, S. 94 ff.

8 Deutscher Bundestag. Stenographischer Bericht, 18. Wahlperiode, 130. Sitzung, 15. 10. 2015, S. 12556–12558. Zu Merkels Position in der Flüchtlingsfrage vor allem ihre Äußerungen in der ARD-Sendung Anne Will, 8. 10. 2015.

9 Deutscher Bundestag, Stenographischer Bericht, 18. Wahlperiode, 120. Sitzung, 9. 9. 2015, S. 11614.

10 Siehe oben S. 101.

11 «2015 hat Deutschland ein neues Gesicht gezeigt». Bischof Markus Dröge über die Flüchtlingskrise, in: Der Tagesspiegel, 24. 12. 2015.

12 Norbert Blüm, Ich will euch Nachricht geben, in: Die Zeit, Nr. 14, 23. 3. 2016.

13 Max Weber, Politik als Beruf (Oktober 1919), in: ders., Gesammelte Politische Schriften. Neu hg. v. Johannes Winckelmann, Tübingen 1958[2], S. 493–548 (539 f.).

14 René Cuperus, Helles Land, dunkles Land, in: Süddeutsche Zeitung, 5. 2. 2016.

15 Herfried Münkler, Europa wird flexibler werden oder untergehen (Interview), in: Tages Anzeiger (Zürich), 29. 12. 2015; ders., Wie ahnungslos kluge Leute doch sein können, in: Die Zeit, Nr. 7, 11. 2. 2016; ders., Weiß er, was er will? Ebd., Nr. 12, 10. 3. 2016. Ausführlicher: ders. und Marina Münkler, Die neuen Deutschen. Das Land vor seiner Zukunft, Berlin 2016.

16 «Do not come to Europe». Donald Tusk warns economic migrants. https://www.theguardian.com/world/2016/mar/03/Donald-tusk-economics.

17 Pressekonferenz mit dem kroatischen Ministerpräsidenten Tihomir Orešković, Berlin, 1. 3. 2016. https://www.bundeskanzlerin.de/Content/DE/Mitschrift/Pressekonferenzen/2016/03/2016-03-01-pk-merkel-oreskovic.html.

18 Erklärung der Staats- und Regierungschefs der Europäischen Union, 8. 3. 2016. http://www.consilium.europa.eu/de/press/press-releases/2016/03/07-eu-turkey-meeting-statement/.

19 Pressekonferenzen von Bundeskanzlerin Merkel zum Treffen der EU-Staats- und Regierungschefs mit der Türkei und anschließenden Sondertreffen der Mitglieder des Europäischen Rates. https://www.bundesregierung.de/Content/DE/Mitschrift/pressekonferenzen/ 2016/03/2016-03-08-merkel-bruessel.html.

20 Reinhard Müller, Erdoğans Blut, in: Frankfurter Allgemeine Zeitung, 7. 6. 2016.

21 Marco Keilbarth, Ein Land ohne Staat. In Libyen drohen ein Bürgerkrieg und der Rückfall in vorkoloniale Zeiten, in: Internationale Politik 71 (2016), Nr. 4 (Juli/August), S. 28–33; Ulrich Schmid, Konflikt in Libyen. Der umworbene Herr Haftar, in: Neue Zürcher Zeitung, Internetausgabe, 11. 7. 2016. https:/www.nzz.ch/international/nahost-und-afrika/konflikt-in-libyen-der-umworbene-herr-h aftar-ld.104962; ders., Khalifa Haftars einflussreiche Rolle in Libyen. Die Rückkehr eines Warlords, ebd., 19. 9. 2016. https:/www.nzz.ch/international/nahost-und-afrika/portraet-des-warlord-haftar-in-libyen-wird- der-bock-zum-gaertner-ld.117409.

22 Hans Kundnani, German Power. Das Paradox der deutschen Stärke (engl. Orig.: Oxford 2015), München 2016, S. 181.

9. In Vielfalt vereint?

1 Siehe oben S. 15 ff.

2 Gerhard Brunn, Die Europäische Einigung von 1945 bis heute, Stuttgart 2009[3], S. 144 ff.; Winfried Loth, Europas Einigung. Eine unvollendete Geschichte, Frankfurt 2014, S. 134 ff.; Kiran Klaus Patel, Europäisierung wider Willen. Die Bundesrepublik Deutschland in der Agrarintegration der EWG 1955–1973, München 2009, S. 289 ff.

3 Siehe oben S. 159 ff.

4 Siehe oben S. 17 ff.

5 Heinrich August Winkler, Geschichte des Westens, Bd. 4: Die Zeit der Gegenwart (fortan: Geschichte IV), München 2016[3], S. 423 ff. (zu Orbáns Rede vom 26. 7. 2014: 425).

6 Kai-Olaf Lang, Ungarn: Demokratischer Staatsumbau oder Autokratie? Innere Merkmale und außenpolitische Folgen des Systems Orbán, SWP-Aktuell 6, Januar 2015, S. 1–8 (Zitat: 3).

7 Vera Trappmann, Polnische Zerreißproben. Rechtsstaatlichkeit, Demokratie und Protest, in: Mittelweg 36. Zeitschrift des Hamburger Instituts für Sozialforschung 25 (2016), Heft 3 (Juni/Juli), S. 59–81; Reinhold Vetter, Nationalismus im Osten Europas. Was Kaczyński und Orbán mit Le Pen und Wilders verbindet, Berlin 2017; ders., Brüder im Geiste. Was Kaczyński und Orbán verbindet und wie die EU damit umgehen sollte, in: Internationale Politik 71 (2016), Heft 2 (März/April), S. 25–33; ders., Gezeitenwechsel. Polens Rechte

erobern die ganze Macht, in: Osteuropa 66 (2016), Heft 1–2, S. 19–36; Kai-Olaf Lang, Zwischen Rückbesinnung und Erneuerung. Polens PiS und Ungarns Fidesz im Vergleich, ebd., S. 61–78; Adam Krzeminski, Lingua tertii rei publicae. Sprache und Weltbild der PiS, ebd., S. 119–130; Polen: Europarats-Kommissar sieht Rechtsstaat in Gefahr, Euronews, http://de.euronews.com/2016/06/16/polen-europarats-kommissar-sieht-rechtsstaat-in-gefahr; Brüssel: Rechtsstaat in Polen gefährdet, in: Süddeutsche Zeitung, 28. 7. 2016; Warschau geht auf Kritiker zu, in: Frankfurter Allgemeine Zeitung, 8. 7. 2016. Zur weiteren Entwicklung des polnischen Verfassungskonflikts siehe unten S. 277 ff.

8 Zur weiteren Entwicklung in Kroatien siehe unten S. 269 f.

9 Zur Begriffsgeschichte: Achim Landwehr, Von der «Gleichzeitigkeit des Ungleichzeitigen», in: Historische Zeitschrift 259 (2012), S. 1–34.

10 Jacques Rupnik, Das andere Europa. Die Flüchtlingskrise und der neue Identitätsdiskurs, in: Lettre international, Winter 2015, S. 26–28 (28).

11 Siehe oben S. 23 ff.

12 Zusammenfassend: Philipp Ther, Die neue Ordnung auf dem alten Kontinent. Eine Geschichte des neoliberalen Europa, Berlin 2014; Vetter, Nationalismus (Anm. 7).

13 Winkler, Geschichte IV (Anm. 5), S. 387 f.

14 Ders., Geschichte des Westens, Bd. 3: Vom Kalten Krieg zum Mauerfall, München 2015², S. 77 f.

15 Siehe oben S. 27.

16 Siehe oben S. 59 ff.

17 Jochen Buchsteiner, Zwischen beiden Welten, in: Frankfurter Allgemeine Zeitung, 22. 2. 2016.

18 Barack Obama: Brexit would put UK ‹back of the queue› for trade talks, in: https://www.theguardian.com/politics/2016/apr/22/barack-obama-brexit-uk-back-of-queue-for-trad e-talks; To Brexit or not to Brexit: A Taxing Decision, in: http: http://www.oecd.org/fr/economie/to-brexit-or-not-to-brexit-a-taxing-decision.htm; Brexit would pose ‹serious risk› to global growth, say G7 leaders, in: https://www.theguardian.com/politics/2016/may/27/brexit-would-pose-a-serious-risk-to-global-growth-say-g7-leaders; EU-Ratspräsident Donald Tusk über die Brexit-Gefahr/ «Unsere Feinde würden Champagner trinken», in: www.bild.de/politik-ausland-donald-tusk-unsere-feinde-werden-champagner-trinken-46262 200.bild.html; Boris Johnson's Brexit Victory Speech: Full Transcript, in: Europe.newsweek.com.24. 6. 2016; Adam Soboczynski, Der neue Bonapartismus, in: Die Zeit, Nr. 14. 7. 2016 (zum bonapartistischen Charakter des britischen Referendums); Theresa May soll am Mittwoch britische Premierministerin werden, in: Frankfurter Allgemeine

Zeitung, 12. 7. 2016; Theresa May soll am Mittwoch britische Premierministerin werden, in: Frankfurter Allgemeine Zeitung, 12. 7. 2016; https://www.gov.uk/government/speeches/statement-from-the-new-prime-minister-theresa-may.

10. Was folgt aus dem Brexit?

1 Dieter Grimm, Auf der Suche nach Akzeptanz. Über Legitimationsressourcen der Europäischen Union, in: ders., Europa ja – aber welches? Zur Verfassung der europäischen Demokratie, München 2016, S. 29–47 (31).

2 Europa neu gründen. Von Sigmar Gabriel und Martin Schulz (24. 06. 2016), https://www.spd.de/fileadmin/Dokumente/Sonstiges__Papiere_et_al_/PK_Europa_Paper.pdf.

3 Die immer engere Union, in: Süddeutsche Zeitung, 13. 6. 2016 (zu Verhofstadts Vorschlägen); Ulrike Guérot, Warum Europa eine Republik werden muss! Eine politische Utopie, Bonn 2016; Robert Menasse, Der Europäische Landbote. Die Wut der Bürger und der Friede Europas oder warum die geschenkte Demokratie einer erkämpften weichen muss, Wien 2012, S. 18 ff., 98.

4 Die Spieler treten ab. Kerneuropa als Rettung: Ein Gespräch mit Jürgen Habermas über den Brexit und die Eurokrise, in: Die Zeit, Nr. 29, 7. 7. 2016.

5 Zum Militärputsch vom 15. Juli 2016 siehe oben S. 192 f.

6 Walter Lipgens, Die Anfänge der europäischen Einigungspolitik 1945–1950. 1. Teil: 1945–1947, Stuttgart 1977, S. 111 ff.

7 Jörg Bremer, Matteo Renzi und der Gefangene von Ventotene, in: Frankfurter Allgemeine Zeitung, 28. 8. 2016.

8 Italien bastelt an Staatshilfe für Banken, ebd., 6. 7. 2016.

9 Frankreich gibt sein Sparziel auf, ebd., 7. 7. 2016.

10 Die EU vertraut dem griechischen Chefstatistiker, ebd., 25. 8. 2016.

11 Renzi wechselt an die Seite von Tsipras, ebd., 12. 9. 2016; Pour Alexis Tsipras, «L'Europe est menacée de décomposition», in: Le Monde, 8. 9. 2016. http://www.lemonde.fr/europe/article/2016/09/08/pour-alexis-tsipras-l-europe-est-menacee- de-decomposition_4994342_3214.html; Hans-Jürgen Schlamp, Die neue Macht des «Club Med», in: Spiegel online, 12. 9. 2016.

12 «Deutschland wird Deutschland bleiben», in: Süddeutsche Zeitung, 31. 8. 2016.

13 «Werden auf digitalen Binnenmarkt drängen», https://www.bundeskanzlerin.de/Content/DE/Reiseberichte/2016-08-31-deutsch-italienische-konsultationen.html.

14 Merkel sieht Rückführung nicht schutzbedürftiger Migranten als vorrangige Angelegenheit. Deutschlandfunk, 5. 9. 2016 (Nachrichten vom 1. 9. 2016).

15 Gabriel fordert Obergrenzen für Integration, in: Süddeutsche Zeitung, 28. 8. 2016; «Lage für die Union ist höchst bedrohlich», ebd., 6. 9. 2016; Vier Seiten mit Subtext, ebd., 9. 9. 2016.

16 «Das kann doch nicht Europa sein!», in: Die Welt, 13. 9. 2016.

17 Asselborn fordert Ausschluss Ungarns aus der EU, in: Franfurter Allgemeine Zeitung, 14. 9. 2016.

18 State of the Union Address 216: Towards a better Europe – a Europe that protects, empower and defends. Strasbourg, 14. September 2016 (Authorized version).

19 European Council. The President. Press EN. The Bratislava Roadmap. Bratislava, 16 september 2016. Remarks by President Donald Tusk after the Bratislava summit. Statement and Remarks. 518/16. 16/09/2016. Zu den Kopenhagener Beitrittskriterien siehe oben S. 34.

20 Günter Bannas, Zeitreise statt Leerformel, in: Frankfurter Allgemeine Zeitung, 20. 9. 2016; Nico Fried, Wie noch nie, in: Süddeutsche Zeitung, 20. 9. 2016; 4.-6. September 2015: Was geschah an diesem Wochenende wirklich?, in: Die Zeit, Nr. 35 (18. 8. 2016); Das Märchen eines Sommers, in: Der Spiegel, Nr. 33 (13. 8. 2016); Premium: Angela Merkel und Nicola Leibinger-Kammüller, «Da muss man Flagge zeigen» (Interview), in: Wirtschaftswoche, 26.9,2016. Zu Merkels Politik im Sommer 2015 siehe oben S. 113 ff.

21 Die Bundesregierung: Merkel beim Westbalkan-Treffen. Illegalität bekämpfen, Legalität stärken. https://www.bundesregierung.de/Content/DE/Reiseberichte/2016–09–21-wien.html; Cathrin Kahlweit, Definationen von Solidarität, in: Süddeutsche Zeitung, 26. 9. 2016.

22 Jon Henley, Brexit means Brexit … but the big question is when?, in: The Guardian, 22. 8. 2016. https://www.theguardian.com/politics/2016/aug/22/brexit-means-brexit-when-is-big-question.

23 Jean Pisani-Ferry, Norbert Röttgen, André Sapir, Paul Tucker, Guntram B. Wolff, Europe after Brexit: A proposal for a continental Partnership. 25. 8. 2016; Binnenmarkt ohne Freizügigkeit. Einflussreiche Ökonomen schlagen eine ‹kontinentale Partnerschaft› für Großbritannien vor, in: Frankfurter Allgemeine Zeitung, 30. 8. 2016.

24 Michael Stabenow, Verteidigung in Zeiten des Brexit, ebd., 28. 9. 2016.

25 Viele britische Firmen erwägen Umzug, in: Süddeutsche Zeitung, 27. 9. 2016; City of London fears May government is shifting towards ‹hard› Brexit, in: Financial Times, 25. 9. 2016.

26 Christian Zaschke. Theresa May und ihr Lieblingssatz, in: Süddeutsche Zeitung, 4. 10. 2016; Jochen Buchsteiner, Die Intelligenz des britischen Volkes,

in: Frankfurter Allgemeine Zeitung, 4.10.2016; Theresa May: Pounding home the Message, in: Financial Times, 7.10.2016. https://www.ft.com/content/b4a9ae84–8c9a-11e6–8cb7-e7ada1d123b1?mhq5,=e3; The Guardian view on the Brexit debate: parliament must be heard, in: The Guardian, 13.10.2016.

27 European Council. Brussels, 21. October 2016. EUCO 31/16: From: General Secretariat of the Council. To: Delegations. European Council meeting (20 and 21 October 2016) – conclusions.

28 Hendrik Kafsack, TTIP war von Anfang an umstrittener als Ceta, in: Frankfurter Allgemeine Zeitung, 16.9.2016; ders., Europäisches Trauerspiel, ebd., 29.10.2016; Nikolaus Piper, Traumpartner Kanada, in: Süddeutsche Zeitung, 15./16.10.2016; Thomas Kirchner, Widerstand der Abgehängten, ebd., 24.10.2016; Daniel Brössler, Weg frei für Handelspakt mit Kanada, ebd., 28.10.2016. Junckers Äußerungen in der ARD: tagesschau.de, 30.10.2016. https://www.tagesschau.de/multimedia/sendung/ts-16691.html.

29 Jochen Buchsteiner, Der große Graben, in: Frankfurter Allgemeine Zeitung, 5.11.2016; Gina Thomas, Britische Grenzüberschreitung, ebd., 16.11.2016; Stefan Kornelius, Zurück in Mutterns Schoß, in: Süddeutsche Zeitung, 7.11.2016.

30 Philip Hammond's autumn statement is a welcome reality check. https://www.theguardian.com/uk-news/2016/nov/23/philip-hammonds-autumn-statement-welcome -reality-check-brexit; Brexit: Mindestlohn und Folgen mildern. www.spiegel.de/wirtschaft/soziales/brexit-mindestlohn-soll-folgen-mildern-a-1122646.html; Brexit reißt Loch in den Staatshaushalt, in: Frankfurter Allgemeine Zeitung, 24.11.2016.

31 UK cosying up to Trump over Middle East peace process, say EU ministers, in: The Guardian, 16.1.2017; The observer view on Theresa May's Brexit speech. https://www.theguardian.com/commentisfree/2017/jan/22/who-will-fight-theresa-may-brexit-fol ly; What Theresa May means by Brexit, in: The Times, 17.1.2017; Jochen Buchsteiner, Britanniens neue Härte, in: Frankfurter Allgemeine Zeitung, 18.1.2017; ders., Wohlgefallen in Downing Street, ebd., 19.1.2017; Christian Zaschke, Freunde bleiben, in: Süddeutsche Zeitung, 18.1.2017; «Sehr, sehr, sehr schwierig», ebd., Die Rede Mays in: time.com/4636141/theresa-may-brexit-speech-transcript.

32 George Packer, Brexit bill likely to face biggest trials in House of Lords; in: Financial Times, 26.1.2017; Jochen Buchsteiner, Kein zurück mehr, in: Frankfurter Allgemeine Zeitung, 25.1.2017; Reinhard Müller, Im Namen des Volkes – aber unabhängig, ebd.; Brexit-Gesetz eingebracht, ebd., 2.1.2017.

33 Jochen Buchsteiner, Wem man trauen soll, in: Frankfurter Allgemeine Zeitung, 1.2.2017; ders., Kurz vor der Klippe, ebd., 18.2.2017; ders., Nur ein halber Sieg, ebd., 15.3.2017; Brüssel schickt eine Rechnung über 60 Milliarden Euro, ebd., 29.3.2017; Marcus Theurer und Hendrik Kafsack, Der Brexit

könnte jeden Briten fast 5000 Euro im Jahr kosten, ebd.; Christian Zaschke, Ping-Pong ums Bleiberecht, in: Süddeutsche Zeitung, 28. 2. 2017; Daniel Brössler, Die Uhr tickt, ebd., 8. 3. 2017; ders., Die Lords stellen sich quer, ebd., 9. 3. 2017; Peter Walker, Government has not assessed impact of leaving EU with no deal, in: www.theguardian.com/politics/2017/mar/15/brexit-government-assessed-impact-leaving-eu- deal-david-davis; Heather Stewart, Theresa May rejects Nicola Sturgeon's referendum demand, in: www.theguardian.com/politics/2017/mar/16/theresa-may-rejects-nicola-sturgeons-scottish-referendum- demand; The observer view on triggering article 50, in: https://www.theguardian.com/commentisfree/2017/mar/26/observer-editorial-triggering-of-article-50-jeopardises-60-years-of-unparalleled-peace. Der Brief Mays an Tusk, 29. 3. 2017: https://www.gov.uk/government/publications/prime-ministers-letter-to-donald-tusk-triggering-article-50.

34 Francis Elliott und Sam Coates, May heads for election landslide, in: The Times, 19. 4. 2017; Anushka Asthana and Peter Walker, May: give me my mandate, in: The Guardian, 19. 4. 2017; Jon Stone and Joe Watts, MPs vote to approve Theresa May's plans for snap general election, in: The Independent, 20. 4. 2017; General election 2017: Corbyn and May clash over ‹trust›. http://www.bbc.com/news/uk-politics-39636466; Alexander Menden, Perfektes Timing, in: Süddeutsche Zeitung, 19. 4. 2017; Jochen Buchsteiner, Mays großes Wagnis, ebd.; ders., Frische Luft und gute Aussicht, ebd., 20. 4. 2017; Albert Funk, May Day im Juni, in: Der Tagesspiegel, 20. 4. 2017. Mays Erklärung zur Neuwahl: Theresa May on calling an early election: full statement. http://www.newstatesman.com/politics/elections/2017/04/theresa-may-calling-early-election-full-state ment.

11.
Wohin steuern die USA?

1 Jeffrey Goldberg, The Obama Doctrine, in: The Atlantic 317 (2016), No. 3 (April), S. 70–91.

2 Siehe oben S. 88 f.

3 Ronald Brownstein and Leah Askarinam, The Tipping Points of the 2016 Election, in: The Atlantic, 25. 10. 2016. https://www.theatlantic.com/politics/archive/2016/10/the-tipping-points-of-the-2016-electio n/505238/; Nikolaus Piper, Kurzer Boom mit Langzeitschäden, in: Internationale Politik 72 (2017), Nr. 1 (Januar/Februar), S. 14–19. Zum Werdegang von Donald Trump: David Cay Johnston, Die Akte Trump (amerik. Orig.: Brooklyn, New York 2016), Wels bei Salzburg 2016.Zu TTIP und CETA siehe oben S. 219 ff.

4 Richard Hofstadter, The Age of Reform. From Bryan to F. D.R., New York 1955, S. 35 ff. (62); Ronald F. Inglehart and Pippa Norris, Trump, Brexit and the Rise of Populism: Economic Have-Nots and Cultural Backlash. Faculty Research Working Paper Series. Harvard Kennedy School. RWP 16–026, August 2016. Zu den Anti-Deal-Bewegungen: Heinrich August Winkler, Geschichte des Westens, Bd. 2: Die Zeit der Weltkriege 1914–1945, München 2016[3], S. 650 ff.; zu George Wallace: ders., Geschichte des Westens, Bd. 3: Vom Kalten Krieg zum Mauerfall, München 2016[2], S. 517 f.

5 Michael C. Dorf, Does Trump Express What Republicans Secretly Think? http://www.newsweek.com/does-trump-express-what-republicans-secretly-think-510958; Michael Kazin, Crowd Pleaser, in: The New York Times, 27. 3. 16.

6 Amanda Taub, Behind the Gathering Turmoil, a Crisis of White Identity, in: The New York Times, 2. 11. 2016; Mark Lilla, The End of Identity Liberalism, in: ebd., 20. 11. 2016; Winand von Petersdorf, Das Paradox von Iowa und Michigan, in: Frankfurter Allgemeine Zeitung, 11. 11. 2016; Gunnar Heinsohn, Der weiße Arbeiter wählte Trump, ebd., 19. 11. 2016; Ijoma Mangold, Die liberale Gesellschaft und die irre Suche nach ihren Freunden, in: Die Zeit, Nr. 50, 1. 12. 2016. Zu Clintons Äußerung über die «erbärmlichen» Anhänger Trumps: George Friedmann, Die Rache der Erbärmlichen, in: Cicero, Heft 12 (Dezember), 2016, S. 19–22.

7 Robert Birnbaum, Das politische Berlin hat es kalt erwischt, in: Der Tagesspiegel, 10. 11. 2016 (Zitat Merkel); The World Waits and Wonders About Donald Trump, in: New York Times, 11. 11. 2016; As Obama Exits World Stage, Angela Merkel May Be the Liberal West's Last Defender, ebd., 12. 11. 2016.

8 Die Zitate von Orbán, Le Pen und Wilders nach Spiegel Online, Zeit Online, 9. 11. 2016, von Johnson nach BBC News UK, 9. 11. 2016. Wagenknechts Rede vom 23. 11. 2016 in: Deutscher Bundestag. Stenographischer Bericht, 18. Wahlperiode, 202. Sitzung, S. 20159–20165.

9 Michael M. Grynbaum and John Herrman, Breitbart Gains Voice in White House, in: The New York Times, 14. 11. 2016; David Nakamura and Greg Miller, Trump, CIA on collision course over Russia's role in U. S. election, in: The Washington Post, 10. 12. 2016. https://www.washingtonpost.com/politics/trump-cia-on-collision-course-over-russias-role-in-us-election/2016/12/10/ad01556c-bf01-11e6-91ee-1adddfe36cbe_story.html?utm_term=.6f.c898bbd0b3; Winand von Petersdorff, Trumps Mann fürs Finanzministerium, in: Frankfurter Allgemeine Zeitung, 1. 12. 2016; Kerstin Kohlenberg, Die dunkle Seite der Macht, in: Die Zeit, Nr. 48, 17. 11. 2016.

10 Julie Hirschfeld Davis and Eric Lipton, Dole was Agent for Taiwan Aides in

Trump's Call, in: The New York Times, 14. 11. 2016; Petra Kolonka, Was kostet ein China?, in: Frankfurter Allgemeine Zeitung, 13. 12. 2016; Peking: Amerika muss bei der Ein-China-Politik bleiben, ebd.

11 Die Interessen des Donald Trump, in: Frankfurter Allgemeine Zeitung, 26. 11. 2016; Hubert Welzel, Drei parallele Universen, in: Süddeutsche Zeitung, 29. 11. 2016; Donald Trump's New York Times Interview: Full Transcript, 23. 11. 2016. https://www.nytimes.com/2016/11/23/us/politics/trump-new-york-times-interview-transcript. html.

12 Putins Gespür für Donald Trump, in: Frankfurter Allgemeine Zeitung, 24. 12. 2016; Sicherheitsrat fordert Ende des Siedlungsbaus, ebd., 24. 12. 2016; Mexiko sucht Dialog mit Trump, ebd., 6. 1. 2017; Kursverluste bei Toyota nach Trumps Twitter-Meldung, ebd., 7. 1. 2017; Geheimdienste bekräftigen Moskaus Verantwortung für Hackerangriffe, ebd.; Julian Hass, Schlag und Gegenschlag, in: Süddeutsche Zeitung, 24. 12. 2016; Peter Münch, Verflossene Freundschaft, ebd., 29. 12. 2016; Stephan Radomsky, Michigang statt Mexiko, ebd., 4. 1. 2017; Thomas Fromm, Trumps Twitter-Ökonomie, ebd., 5. 1. 2017; Thomas Seibert, Trumps Nebenregierung, in: Der Tagesspiegel, 3012.2016; Christoph von Marschall, Obama errichtet Verteidigungsgräben, ebd., 3. 1. 2017.

13 Donald Trump's New's Conference: Full transcript and Video. https://www.nytimes.com/2017/01/11/us/politics/trump-press-conference-transcript. html; Remarks by the President in Farewell Address. https://obamawhitehouse.archives.gov/the-press-office/2017/01/10/remarks-president-farewell-address (Obama, Chicago, 10. 1. 2017); Hubert Wetzel, Goldene Zeiten, in: Süddeutsche Zeitung, 12. 1. 2017; Tobias Matern, Das Ende vom Ziel, ebd.; Hubert Wetzel u. a., #Fuck You Very Much, ebd., 13. 1. 2017; Trump: Russland steckt hinter den Hackerangriffen, in: Frankfurter Allgemeine Zeitung, 21. 1. 2017; Andreas Ross, Konspiratives Kompromatkonvulut, ebd.; Trumps Rede schickt nicht nur den Peso auf Talfahrt, ebd., 13. 1. 2017; Matthias Rüb, Das Land hinter der Mauer, ebd.

14 Andreas Ross, Alle gegen Trump, in: Frankfurter Allgemeine Zeitung, 14. 1. 2017; Sacha Batthany, Soviel Distanz wie möglich, in: Süddeutsche Zeitung, 14. 1. 2017. Das Doppelinterview von Donald Trump mit Michael Gove und Kai Dieckmann, in: The Sunday Times, 15. 1. 2017, Bild, 16. 1. 2017.

15 The Inaugural Address. https://www.whitehouse.gov/inaugural-address; Marc Fischer, A sharp break with the past, as well as his party, in: The Washington Post, 21. 1. 2017; What President Trump Doesn't Get About America, in: The New York Times, 21. 1. 2017; Trump's missed opportunity, in: The Boston Globe, 21. 1. 2017; Max Boots, Pax Americana on its last legs, in: The Los Angeles Times, 22. 1. 2017; Bertram Eisenhauer, Der Siegertyp, in:

Frankfurter Allgemeine Zeitung, 21. 1. 2017; Trump beschwört den Protektionismus, ebd.

12.
Zerfällt die EU?

1 Kroatische Konservative bejubeln das «Projekt Plenkovic», in: Frankfurter Allgemeine Zeitung, 13. 9. 2016; Regierung ohne Nationalisten, ebd., 21. 10. 2016; Kroatien arbeitet Historie auf, in: Süddeutsche Zeitung, 27. 1. 2017. Zur politischen Krise Kroatiens bis zum Sommer 2016 siehe oben S. 160 f.

2 Michael Martens, Provokation Nationalfeiertag, in: Frankfurter Allgemeine Zeitung, 27. 9. 2016.

3 Stephan Löwenstein, Die Ungarn und die unterschätzte Gefahr des Frettchens, ebd., 30. 9. 2016; ders., Abhängig. Der ungarische Ministerpräsident schafft sich eine genehme Zeitungslandschaft, ebd., 8. 11. 2016; ders., Blaues Auge für Orbán, 9. 11. 2016; Pressefreiheit zu verkaufen, in: taz.de, 4. 9. 2012. http://www.taz.de/!5084844/. Zur Reaktion der EU: Bloomberg.com/ 10. 10. 2016.

4 Council of Europe. European Commission for Democracy through Law (Venice Commission). Opinion 860/2016. Venice, 14 Octobre 2016. CDL-AD (2016) 026.

5 Maximilian Steinbeis, Hat die EU das Kräftemessen mit Polen bereits verloren?, in: http://verfassungsblog.de/hat-die-eu-das-kraeftemessen-mit-polen-bereits-verloren/; Konrad Schuller, Kampf um die Herrschaft des Rechts, in: Frankfurter Allgemeine Zeitung, 16. 12. 2016 (hier die Zitate von Timmermans); EU-Kommission verschärft Kritik an Polens Regierung, ebd., 22. 12. 2016; Daniel Brössler, Polens Parallelwelt, in: Süddeutsche Zeitung, 21. 12. 2016; PiS gibt nach, in: Der Tagesspiegel, 21. 12. 2016; Slawomir Sierakowski, Die Schwächen der Fanatiker, in: Die Zeit, Nr. 53, 21. 12. 2016. Zur Entwicklung in Polen bis zum Herbst siehe oben S. 151 ff.

6 Mathieu Goar, Le programme de François Fillon: fonctionnaires, retraites, TVA, education, famille ..., in: Le Monde, 21. 11. 2016. http://www.lemonde.fr/politique/article/2016/11/21/francois-fillon-un-programme-economiquement-liberal-socialement-traditionnel-et-prorusse_5034888_823448.html; Maxime Vaudano, Adrien Sénécat et Laura Motet, Ce qui différencie les programmes de fillon et Juppé, ebd. http://www.lemonde.fr/les-decodeurs/article/2016/11/21/primaire-de-la-droite-ce-qui-differencie-fillon-et-juppe-dans-leurs-programmes_5034820_4355770.html; Michael Wiegel, François der Bekenner, in: Frankfurter Allgemeine Zeitung, 26. 11. 2016; Leo Klimm, Das Fillon-Paradox, in: Süddeutsche Zeitung, 25. 11. 2016.

7 Wider das Wiener Establishment, in: Frankfurter Allgemeine Zeitung, 3. 12. 2016; Konrad Paul Liessmann, Beschworene Staatskrisen, ebd., Cathrin Kahlweit, Weltuntergang Österreichs verschoben, in: Süddeutsche Zeitung, 6. 12. 2016.

8 Paul Blocker, «Vote Yes for a Safe Italy» or «Vote No to Defend the Constitution»: Italian Constitutional Politics between Majoritarianism and Civil Resistance. VB. http://verfassungsblog.de/italy-constitution-referendum-renzi-blokker/; Italy votes on constitutional reform, in: The Economist, 26. 11. 2016. http://www.economist.com/node/21710809/; Oliver Meiler, Absurdes Kammerspiel, in: Süddeutsche Zeitung, 3./4.2016; Tobias Piller, Die Arroganz ist sein Defizit, in: Frankfurter Allgemeine Zeitung, 3. 12. 2016; ders., Italien entfernt sich von Europa, ebd., 6. 12. 2016; Jörg Bremer, Lieber Löwe als Schaf, ebd., 8. 12. 2016; Nando Pagnoncelli, Elettori pd fedeli, centristi divisi, in: Corriere della Sera, 5. 12. 2016. http://www.corriere.it/referendum-costituzionale-2016/notizie/referendum-costituzionale-2016-elettori-pd-fedeli-centristi-divisi-16bfef7e-bb31-11e6-8d3b-c05118807aea.shtml; Massimo Gianni, Se il voto diventa un rito cannibale, in: La Republica, 8. 12. 2016. http://www.repubblica.it/politica/2016/12/08/news/se_il_voto_diventa_un_rito_cannibale-153 685884/. Zur Vorgeschichte des Referendums siehe oben S. 167 ff.

9 Florian Hassel, Regierungskrise in Bulgarien, in: Süddeutsche Zeitung, 15. 11. 2016; ders., Der gekaufte Staat, ebd., 22. 11. 2016; Reinhard Veser, Der General, in: Frankfurter Allgemeine Zeitung, 15. 11. 2016; ders., Ein mutmaßlicher Putsch und eine russische Spur, ebd., 22. 2. 2017; Sozialdemokraten gewinnen Wahl in Rumänien, ebd., 13. 12. 2016; Russland, Iran und Türkei wollen in Syrien vermitteln, ebd., 21. 12. 2016; Kareem Shaheen u. a., Turkey threatens to end refugee deal in row over EU accession, in: The Guardian, 25. 11. 2016. https://www.theguardian.com/world/2016/nov/25/turkey-threatens-end-refugee-deal-row-e u-accession-erdogan. Zur Politik Putins gegenüber dem Europa der EU allgemein: Manfred Quring, Putins russische Welt. Wie der Kreml Europa spaltet, Berlin 2017. Zum niederländischen Referendum vom April 2016 siehe oben S. 172, zum Treffen Putin-Erdoğan im August 2016 S. 192, zum Anschlag von Nizza S. 191.

10 Hans Leyendecker u. a., Gefährder, in: Süddeutsche Zeitung, 22. 12. 2016; Lena Kampf u. a., Das darf nicht wahr sein, ebd., 23. 12. 2016; Georg Mascolo, Der Gefährder, ebd., 4. 1. 2017; Jasper von Altenbockum u. a., Der hochmobile Islamist, in: Frankfurter Allgemeine Zeitung, 23. 12. 2016; Mohamed Amjahid u. a., «Ein Anschlag ist zu erwarten», in: Die Zeit, Nr. 15, 6. 4. 2017.

11 Annett Meiritz, Özdemirs Wackelpartie, in: Spiegel Online, 18. 1. 2017. http://www.spiegel.de/politik/deutschland/buendnis-90-die-gruenen-cem-oezdemir-spitzenkandidat-das-bedeutet-die-urwahl-a-1130510.html; Christoph

Dieckmann, Nach mir die Zukunft. Sigmar Gabriel geht, Martin Schulz kommt, in: Süddeutsche Zeitung, 25. 1. 2017; Matthias Meissner, Der totale Höcke, in: Der Tagesspiegel, 19. 1. 2017; Führende AfD-Politiker warnen vor Spaltung ihrer Partei, in: Frankfurter Allgemeine Zeitung, 14. 2. 2017.

12 Helene Fouquet u. a., Le Pen Struggling to Fund French Race as Russian Bank Fails, in: Bloomberg Politics, 22.12.16. https://www.bloomberg.com/news/articles/2016-12-22/le-pen-struggling-to-fund-french-race-after-russian-backer-fails; L'annexion de la Crimée par la Russie n'est «pas illegale» pour Marine Le Pen, in: http://www.bfmtv.com/politique/l-annexion-de-la-crimee-par-la-russie-n-est-pas-illegale-pour-marine-le-pen-1077194.html; Terence Dopp u. a., France's Le Pen Generates a Stir with Stop at Trump Tower, in: Bloomberg Politics. https://www.bloomberg.com/news/articles/2017-01-12/le-pen-in-new-york-for-unannounced -visit-during-french-race.

13 Alexandre Lemarié et Matthieu Goar, En meeting à Paris, François Fillon défend son épouse et crie au complot, in: Le Monde, 29. 1. 2017; Maxime Tandonnet, François Fillon: le nouveau paria de la République, in: Le Figaro, 20. 1. 2017; Christian Wernicke, Aufmarsch der Thronfolger, in: Süddeutsche Zeitung, 12. 1. 2017; ders., Penny und das Liebe Geld, ebd., 26. 1. 2017; Ärger um Macron, ebd.; Michaela Wiegel, Riss durch die Partei, in: Frankfurter Allgemeine Zeitung, 24. 1. 2017; dies., Der Ehefrauenförderer, ebd., 26. 1. 2017; dies., Durch die Finger geronnen, ebd., 2. 2. 2017. Zu den Urwahlen der Republikaner siehe oben S. 241 ff.

14 Moralisierer mit Makel, in: Frankfurter Allgemeine Zeitung, 10. 1. 2017; Konrad Schuller, Aus der Tiefe der Geschichte, ebd., 13. 1. 2017; Florian Hassel, Auftakt im Chaos, in: Süddeutsche Zeitung, 12. 1. 2017; ders., Die Opposition unwählbar machen, ebd., 18. 1. 2017; Christoph von Marschall, Zwei Vaterländer, zwei Patriotismen, in: Der Tagesspiegel, 8. 1. 2017; Albrecht Meier, Die Ohnmächtigen, ebd., 24. 1. 2017. Zur Entwicklung des polnischen Verfassungskonflikts bis Ende Dezember 2016 siehe oben S. 272 ff.

15 Cathrin Kahlweit, Feldzug gegen die Zivilgesellschaft, in: Süddeutsche Zeitung, 12. 1. 2017, Stephan Löwenstein, Der entfesselte Orbán, in: Frankfurter Allgemeine Zeitung, 24. 1. 2017.

16 Karl-Peter Schwarz, Im Sumpf von Bukarest, in: Frankfurter Allgemeine Zeitung, 7. 1. 2017; Rumänen demonstrieren gegen Regierungspläne, ebd., 20. 1. 2017; Johannis droht in Rumänien Amtsenthebungsverfahren, ebd., 24. 1. 2017; Rumänien setzt seinen exzellenten Ruf aufs Spiel, ebd., 26. 1. 2017; Neue Anhänger für Johannis, in: Süddeutsche Zeitung, 26. 1. 2017; Florian Hassel, Unschuldig, weil mächtig, ebd., 31. 1. 2017; ders., Rumänien in Aufruhr, ebd., 3. 2. 2017; Thousands rally in Romania against plan to pardon, in: DW. http://www.dw.com/en/thousands-rally-in-romania-against-plan-

to-pardon-prisoners/a-3732332 6. Zu Věra Jourova siehe oben S. 61, zum Amtsenthebungsverfahren gegen Băsescu S. 148.

17 Zwei Italiener kämpfen in Brüssel, in: Süddeutsche Zeitung, 17. 1. 2017; Daniel Brössler/Thomas Kirchner, Europäische Erbstreitigkeiten, ebd., 18. 1. 2017; Daniel Brössler, Der Anti-Schulzm ebd,m 19. 1. 2017; Markus Grabitz, Machtpoker bis zum Schluss, in: Der Tagesspiegel, 18. 1. 2017; Zeitenwende im EU-Parlament, in: Frankfurter Allgemeine Zeitung, 19. 1. 2017.

18 Cerstin Gammelin, Draghis Warnung, in: Süddeutsche Zeitung, 24. 1. 2017; dies., Warnen reicht nicht, ebd., 25. 1. 2017; Draghi: Land muss bei Austritt seine Target-Schuld zahlen, in: Frankfurter Allgemeine Zeitung, 25. 1. 2017. Zum Target-System: Hans-Werner Sinn, Der Euro. Von der Friedensidee zum Zankapfel (engl. Orig.: Oxford 2014), München 2015, S. 279 ff. Zur De-facto-Parlamentarisierung der Kommissionsspitze 2014 siehe oben S. 63 ff.

13.
Zerbricht der Westen?

1 Trump erlässt Dekret für Mauerbau zu Mexiko, in: Frankfurter Allgemeine Zeitung, 26. 1. 2017; Trump treibt Mexiko in die Enge, ebd., 27. 1. 2017; Donald Trump's Mexico Tantrum, in: The New York Times, 27. 1. 2017.

2 Claus Hulverscheidt u. a., Und raus bist du, in: Süddeutsche Zeitung, 30. 1. 2017; Andreas Ross, Mit Handschellen ins Land der Freiheit, in: Frankfurter Allgemeine Zeitung, 30. 1. 2017; Declan Wash, Many in the Muslim World See a Provocation: Islam Itself a Problem, in: The New York Times, 28. 1. 2017; Donald Trump's Cowardly Ban, ebd., 30. 1. 2017.

3 Trump will Zügel für Banken lockern, in: Frankfurter Allgemeine Zeitung, 25. 1. 2017; Harald Freiberger, Die Rückkehr der Zockerei, in: Süddeutsche Zeitung, 4./5. 2. 2017. Zum Dodd-Frank-Gesetz und zum Collins Amendment: Heinrich August Winkler, Geschichte des Westens, Bd. 4: Die Zeit der Gegenwart (fortan: Geschichte IV), München 2015[3], S. 359 f.

4 Thomas Seibert, Auf Schlingerkurs, in: Der Tagesspiegel, 4. 2. 2017 (zum CBN-Interview); Peter Münch, Totale Blockade, in: Süddeutsche Zeitung, 13. 2. 2017 (zum Interview mit Israel Hajom); Trump bekräftigt Ein-China-Politik, in: Frankfurter Allgemeine Zeitung, 11. 2. 2017.

5 Roland Lindner, Donald Trumps Ideologie, in: Frankfurter Allgemeine Zeitung, 31. 1. 2017; Hubert Wetzel, Das Schwarze Haus, in: Süddeutsche Zeitung, 6. 2. 2017; Thomas Meyer, Der Legionär, ebd., 10. 2. 2017 (über Michael Anton); Christoph von Marschall, Fürsten der Finsternis, in: Der Tagesspiegel, 1. 2. 2017.

6 Thomas Seibert, «Die Chance, wieder gemeinsam zu führen», in: Der Tagesspiegel, 28.1.2017; Jochen Buchsteiner, Du hast in mir einen Freund, in: Frankfurter Allgemeine Zeitung, 29.1.2017; Gideon Rachman, Donald Trump is a disaster for Brexit, in: The Financial Times, 30.1.2017; The Observer view on Britain's relationship with America. https://www.theguardian.com/commentisfree/2017/jan/29/observer-view-britain-america-theresa-may-donald-trump.

7 Andreas Ross, Der größte Frieden und eine Menge Liebe, in: Frankfurter Allgemeine Zeitung, 17.2.2017; ders., Einer gegen alle, ebd., 18.2.2017; Jochen Stahnke, Ein Staat – zwei Staaten – drei Fragezeichen, ebd.; Willkommen bei der Trump-Show, in: Süddeutsche Zeitung, 18./19.2.2017; Michael S. Schmidt et al., Trump Campaign Aides Had Repeated Contacts With Russian Intelligence, in: The New York Times, 14.2.2017; Nicholas Kristof, What Did Trump Know, and When Did He Know it, ebd., 15.2.2017; E.J. Dionne Jr., The hard truth: Trump is unfit, in: The Washington Post, 16.2.2017.

8 «United we stand, devided we fall»; Letter by President Donald Tusk to the EU heads of state or government on the future of the EU before the Malta summit. Europaen Council. The President. Press Release 35/17. 31/01/2017; Malta Declaration by the members of the European Council on the external aspects of migration: addressing the Central Mediterranean route. European Council. The President. Press Release 43/17. 03/02/2017; D. Brössler/T. Kirchner, Warme Worte für Libyen, in: Süddeutsche Zeitung, 3.2.2017; A. Bachstein/M. Baumstieger, Anarchie, die die Schwächsten trifft, ebd., 4./5.2.2017; Thomas Kirchner, Nur die Wirklichkeit stört, ebd.; Paul-Anton Krüger, Deal ohne Handschlag, ebd., 17.2.2017; Markus Grabitz, Schotten dicht, in: Der Tagesspiegel, 4.2.2017; Albrecht Meier, Der schwache Mann von Tripolis, ebd.; Thomas Urban, Hunderte erreichen Ceuta, in: Süddeutsche Zeitung, 21.2.2017; ders., Vor dem Zaun, ebd.; Paul-Anton Krüger, Kampf ums Öl, ebd., 10.3.2017; Geheim-Papier der deutschen Sicherheitsbehörden verrät: So viele Flüchtlinge wollen nach Europa, in: Bild, 20.2.2017; Tom Stevenson, Flip-Flops and Kalashnikovs, in: London Review of Books, 2.3.2017. Zur Entwicklung in Libyen vor 2017 siehe oben S. 139 ff.

9 Mark Schieritz, Ruiniert durch Schulden?, in: Die Zeit, Nr. 8, 6.2.2017; Neuer Nervenkrieg um Griechenlands Zukunft, in: Frankfurter Allgemeine Zeitung, 20.2.2017; Michael Martens, Grexit reloaded, ebd., 21.2.2017; Kurswechsel im Griechenland-Programm, ebd.; Die Hälfte der Griechen muss keine Steuern zahlen, ebd.; Alexander Mühlauer, Für Schäuble ist ein gutes Ende in Sicht, in: Süddeutsche Zeitung, 21.2.2017; Albrecht Meier, Weniger sparen, mehr reformieren, in: Der Tagesspiegel, 21.2.2017; ders.,

Rechnung mit Lagarde, ebd., 23. 2. 2017. Zur Griechenlandkrise siehe auch oben S. 51 ff., 56 ff.

10 Italien gegen Haushaltskorrekturen, in: Frankfurter Allgemeine Zeitung, 3. 2. 2017; Renzi: Fiskalpakt beenden, ebd., 14. 2. 2017; Tobias Piller, Italiens Weg ins Schlaraffenland, ebd., 15. 2. 2017; Das italienische Parlament billigt die Bankenrettung, ebd., 17. 2. 2017; Jörg Bremer, Angriff von links, 27. 2. 2017; Ulrike Sauer, In Schieflage, in: Süddeutsche Zeitung, 13. 2. 2017; Oliver Meiler, Renzi strebt zur Macht, die Partei auseinander, ebd., 20. 2. 2017. Zum Verfassungsreferendum siehe oben S. 280.

11 Warschau: EU-Kommission stigmatisiert Polen, in: Frankfurter Allgemeine Zeitung, 22. 2. 2017; Polens Oberstes Gericht im Visier, ebd., 3. 3. 2017; Daniel Brössler und Florian Hassel, Scharfe Worte, aus Höflichkeit, in: Süddeutsche Zeitung, 22. 2. 2017 (Zitate Gersdorf); Ungarn ausgebremst, ebd., 29. 3. 2017; Stefan Ulrich, Tyrannei der Mehrheit, ebd. Zur Zuspitzung der Justizkrise in Polen im Dezember 2016 siehe oben S. 272 ff.

12 Présidentielle 2017: le programme d'Emmanuel Macron. http://www.cnewsmatin.fr/france/2017-06-05/presidentielle-2017-le-programme-demmanuel-macron-744341; Macron will Aufträge bevorzugt an Europäer vergeben, in: Frankfurter Allgemeine Zeitung, 3. 3. 2017; Leo Klimm u. Christian Wernicke, In Bewegung, in: Süddeutsche Zeitung, 3. 3. 2017; Tanja Kuchenbecker, Französischer Zweikampf, in: Der Tagesspiegel, 3. 3. 2017.

13 Alain Juppé: «Je ne serai pas candidate à la présidence de la République», in: Le Monde, 6. 3. 2017. http://www.lemonde.fr/election-presidentielle-2017/article/2017/03/06/alain-juppe-je-ne-serai-pas-candidat-a-la-presidence-de-la-republique_5089857_4854003.html; Stefan Ulrich, Die Unberührbare, in: Süddeutsche Zeitung, 24. 2. 2017; Christian Wernicke, Frankreichs Justiz im Wahlkampf, ebd., 27. 2. 2017; Le Pen verliert Immunität, ebd., 3. 2. 2017; Stefan Ulrich, Reife Republik, ebd., 6. 3. 2017; Christian Wernicke, Zu spät, ebd., 7. 3. 2017; Fillon: Komplott der Presse und der «roten Richter», in: Frankfurter Allgemeine Zeitung, 4. 3. 2017; Michaela Wiegel, Hier steht er und will nicht anders, ebd., 6. 3. 2017; dies., Keine Rettung aus dem republikanischen Schlamassel, ebd., 7. 3. 2017.

14 Michael Martens, Hoffen auf das Volk, in: Frankfurter Allgemeine Zeitung, 24. 1. 2017; Bülent Mumay, Der Fall Deniz Yücel, ebd., 23. 2. 2017; ders., Der deutsche Feind, ebd., 9. 3. 2017, Michael Martens u. Michael Stabenow, Er kennt keine Europäer mehr, nur noch Faschisten, ebd., 13. 3. 2017; Rainer Hermann, Türkisches Sultanat, ebd., 15. 3. 2017; Erdoğan: Macht nicht drei, sondern fünf Kinder, ebd., 18. 3. 2017; D. Brössler u. a., «Warum verstecken Sie Terroristen?», in: Süddeutsche Zeitung, 14. 3. 2017; Robert Birnbaum, Schlagabtausch, in: Der Tagesspiegel, 7. 3. 2017; Jürgen Hoffmann, «Systema-

tische Gegnerschaft zur Türkei», ebd., 8. 3. 2017, Hans Donath, Zu den Grenzen, ebd., 9. 3. 2017; Lizzy van Winsen, Vom Weglacher zum Hardliner, ebd., 15. 3. 2017; Neue Erdoğan-Attacke: Nazi-Vorwurf persönlich gegen Merkel. www.tagesschau.de/ausland/erdogan-beschimpfungen-merkel-101.html; Erdoğans Äußerungen über einen möglichen Auftritt in Deutschland: http://www.tagesschau.de/ausland/erdogan-522.html, 5. 3. 2017.

15 Wilders rückt die Niederlande in den Blick, in: Frankfurter Allgemeine Zeitung, 10. 1. 2017; Michael Stabenow, Die neue Härte, ebd., 26. 1. 2017 (hier die Zitate von Rutte, Asscher und Buma); Erleichterung über die Wahl in Holland, ebd., 17. 3. 2017; Thomas Kirchner, Die Freude des Dauerlächlers, in: Süddeutsche Zeitung, 17. 3. 2017.

16 Europäische Kommission, Weißbuch zur Zukunft Europas. Die EU der 27 im Jahr 2025 – Überlegungen und Szenarien, Brüssel, 1. März 2017; Polish Presidency of the Visegrad Group. July 2016 – June 2017. Joint Statement of the Heads of Governments of the V4 Countries «Strong Europe – Union of Action and Trust Input to Rome Declaration 2017 (2. 3. 2017); Conclusion by the President of the European Council, 9 March 2017 (OR.EN); D. Brössler u. a., Hass auf Tusk, in: Süddeutsche Zeitung, 10. 3. 2017; Stefan Ulrich, Allein gegen alle, ebd.; Daniel Brössler u. Alexander Mühlauer, Deutschland plus 26, ebd.; 11./12. 3. 2017; Alexander Mühlauer, Die feinen Unterschiede, ebd., 18./19. 3. 2013; Hendrik Kafsack u. Michael Stabenow, Warschau allein in Europa, in: Frankfurter Allgemeine Zeitung, 11. 3. 2017; Stephan Löwenstein u. Konrad Schuller, Zwei Konterrevolutionäre, ebd., 16. 3. 2017; Jacques Schuster, Ungarn ist in der Flüchtlingsfrage ehrlicher als wir (8. 3. 2017), in: Welt. N 24. https://www.welt.de/debatte/kommentare/article162656936/Ungarn-ist-in-der-Fluechtlingsfrage-ehrl icher-als-wir.html. Zusammenfassend zu den Višegrad-Staaten: Reinhold Vetter, Nationalismus im Osten Europas. Was Kaczyński und Orbán mit Le Pen und Wilders verbindet, Berlin 2017; Kai-Olaf Lang, Differenzieren und kooperieren. Die Višegrad-Staaten bleiben für die deutsche Europapolitik trotz Differenzen relevant. Stiftung Wissenschaft und Politik, SWP-Aktuell, März 2017.

17 Christoph Ehrhardt, Land der vielen Regierungschefs, in: Frankfurter Allgemeine Zeitung, 21. 3. 2017; Libyen fordert Rettungsboote von Europa, ebd.; Oliver Meiler, Die Schwierigkeit heißt Libyen, in: Süddeutsche Zeitung 21. 3. 2017. Zur gescheiterten Verständigung zwischen den Regierungen in Tripolis und Tobruk im Februar 2017 siehe oben S. 319 ff.

18 Erklärung der führenden Vertreter von 27 Mitgliedstaaten und des Europäischen Rates, des Europäischen Parlaments und der Europäischen Kommission. Erklärung von Rom. Rom, den 25. März 2017 (OR. EN); Konrad Schuller, Landesverräter und Mythenzerstörer, in: Frankfurter Allgemeine Zeitung,

23. 3. 2017 (zur Strafanzeige Macierewicz' gegen Tusk); «Erklärung von Rom» betont Einheit der Europäischen Union, ebd., 25. 3. 2017; Michael Stabenow, Sehnsucht nach dem Tal der Tränen, ebd., 27. 3. 2017.

19 Michael Martens, Aller guten Dinge sind drei, in: Frankfurter Allgemeine Zeitung, 28. 3. 2017; Sieg der EU-Freunde in Bulgarien freut die Börse, ebd.; Rassisten, ein kommunistischer Agent und eine proeuropäische Partei, ebd.; 5. 5. 2017; Florian Hassel, Mehr oder weniger in Russland, in: Süddeutsche Zeitung, 23. 3. 2017; ders., Nationalistischer und populistischer, ebd., 28. 3. 2017; ders., Rechtsruck in Bulgarien, ebd., 4. 5. 2017.

20 Reinhard Veser, Werben um die Minderheit, in: Frankfurter Allgemeine Zeitung, 1. 3. 2017; «Staatsstreich» in Mazedonien, ebd., 3. 3. 2017, Michael Martens, In den Wirren Skopjes, ebd., 432017; ders., Vučić beerdigt vom Totengräber, ebd., 1. 4. 2017; ders., Die Stabilokraten des Balkans, ebd., 4. 3. 2017; Warnung vor Machtkonzentration in Serbien, ebd.; Nada Pantel, Therapie des starken Mannes, in: Süddeutsche Zeitung, 1./2. 4. 2017; dies., Die serbische Siegesfaust, ebd., 4. 4. 2017.

21 Christian Rumpf, Die geplante Verfassungsänderung (24. 3. 2017). RRLex7 Rumpf Rechtsanwälte. http://www.tuerkei-recht.de/downloads/Verfassungsaenderung.pdf; Mike Szymanski; Mehr Macht für den Präsidenten, in: Süddeutsche Zeitung, 20. 3. 2017; ders., Tage der Wölfin, ebd., 10. 4. 2017; ders., Schatten des Verdachts, ebd., 19. 4. 2017; Erdoğan: Deutsche kommen nicht bald frei, in: Frankfurter Allgemeine Zeitung, 11. 4. 2017; Michael Martens, Erdoğans Geiseln, ebd.; Erdoğan weist Kritik an Referendum zurück, ebd., 18. 4. 2017; Rainer Hermann, Strategie aufgegangen, ebd.; Michael Martens, Sieg voller Ungereimtheiten, ebd.; Erdoğan lehnt Auslieferung Yücels strikt ab, in: Der Tagesspiegel, 15. 4. 2017, «Auslandstürken stimmten für Erdoğan», in: Die Presse, http://diepresse.com/home/ausland/aussenpolitik/5202311/Auslandstuerken-stimmten-fuer-Erdogan. Turkey referendum: Key reactions. http://www.bbc.com/news/world-europe-39615403. Zur Geschichte der Beziehungen zwischen der Türkei und der EU siehe oben S. 33 ff.

22 Donald Trump's Congress speech (full text). http://edition.cnn.com/2017/02/28/politics/donald-trump-speech-transcript-full-text/index.html; Nicholas Kristof, Connecting Trump's Dots to Russia, in: The New York Times, 9. 3. 2017;ders., There's a Smell of Treason in the Air, ebd., 22. 3. 2017; Andrew E. Kramer, Trump Campaign Ex-Chief Faces New Allegations in Ukraine about Payments, ebd., 21. 3. 2017; Andreas Ross, Felsenfest überzeugt, in: Frankfurter Allgemeine Zeitung, 6. 3. 2017; Obamacare wird abgeschafft, ebd., 8. 3. 2017; Millionen Amerikaner verlieren Versicherungsschutz, ebd., 15. 3. 2017; Winand von Petersdorff, Das Trumpcare-Desaster, ebd., 27. 3. 2017; Stefan Kornelius, Die guten Kontakte des Sergej Kisljak, in: Süd-

deutsche Zeitung, 4.3.2017; Herbert Wetzel, Rumpelstiltskin, ebd., 27.3. 2017; Christoph von Marschall, Nach der Niederlage, in: Der Tagesspiegel, 28.3.2017. Zu Verbindungen von Manaforts Geschäftspartner Deripaska zu Gennadi Petrow, dem Paten der Tambower Mafia: Manfred Quiring, Putins russische Welt. Wie der Kreml Europa spaltet, Berlin 2017, S. 28f. Zur Watergate-Affäre: Heinrich August Winkler, Geschichte des Westens, Bd. 3: Vom Kalten Krieg zum Mauerfall, München 2015[2], S. 607ff.

23 Angela Merkel visit: Trump welcomes chancellor after bashing her on campaign trail – http://edition.cnn.com/2017/03/16/politics/angela-merkel-donald-trump-washington-visit/index.html; Mark Landler, Merkel Meets Trump, the Defender Versus the Disrupter, in: The New York Times, 18.3.2017; Damian Paletta, White House rejects trade statement, in: The Washington Post on Sunday, 19.3.2017; Nico Fried, Dankeschön mit langer Rechnung, in: Süddeutsche Zeitung, 20.3.2017; Stefan Kornelius, Fossil trifft Fossil, ebd., 20.3.2017; Majid Sattar, Auf der Suche nach Gemeinsamkeiten, in: Frankfurter Allgemeine Zeitung, 18.3.2017; Amerika bestraft deutsche Stahlunternehmen, ebd., 1.4.2017; Kerstin Kohlenberg, Zimmer frei, in: Die Zeit, Nr. 14, 30.3.2017.

24 Klaus Larres, Ein Hauch von Realität: Trump und Xi Jinping bringen die amerikanisch-chinesischen Beziehungen auf Normalmaß. http://www.euractiv.de/section/eu-aussenpolitik/opinion/usa-und-china-ein-hauch-von-realitaet/; Winand von Petersdorff, Alles ist angerichtet für einen Handelskrieg, in: Frankfurter Allgemeine Zeitung, 5.4.2017; Pjönjang testet Mittelstreckenraketen, ebd., 6.4.2017; Wieder ein Zeichen militärischer Entschlossenheit, ebd., 10.4.2017; Stefan Kornelius, Er will nur bluffen, in: Süddeutsche Zeitung, 4.4.2017; Kai Strittmatter, Bemüht freundlich, ebd., 8./9.4.2017.

25 Jabin Botsford, For Trump's philosophy an early test, in: The Washington Post, 6.4.2017; Downsizing Mr. Bannon, The New York Times, 6.4.2017; After the Airstrikes on Syrien, What's next?, ebd., 7.4.2017; Neil MacFarquhar, U.S. Attack on Syria Cements Kremlin's Embrace of Assad, ebd., 8.4.2017; Samuel Moyn und Stephen Wertheim, The Long Road to Trump's War, ebd., 10.4.2017; David E. Sanger, Tillerson Halts Any Thawing of Russia Ties, ebd., 11.4.2017; Christoph Ehrhardt u.a., Begrenzter Schlag, in: Frankfurter Allgemeine Zeitung, 8.4.2017; Majid Sattar, Noch keine Strategie, ebd.; Simon Riesche, Plötzlich wieder Weltpolizist, ebd., 11.4.2017 (hier die Zitate von Spicer und Coulter sowie die Umfrageergebnisse); Christoph von Marshall, Schlag auf Schlag, in: Der Tagesspiegel, 8.4.2017; Sacha Batthyany, Eine kurze Romanze, ebd., 11.4.2017 (zu Tillerson und Russland). Trump zum Giftgasangriff auf Chan Sheichun, 5.4.2017: https://

www.whitehouse.gov/the-press-office/2017/04/05/remarks-president-trump-and-his-maje sty-king-abdullah-ii-jordan-joint. Trumps Fernsehrede vom 6. 4. 2017: https://www.whitehouse.gov/the-press-office/2017/04/06/statement-president-trump-syria. Zum Völkergewohnheitsrecht und dem Problem humanitärer Interventionen: Matthias Herdegen, Völkerrecht, München 2000, S. 129 ff. Zur «responsibility to protect»: Winkler, Geschichte IV (Anm. 3), S. 186 ff.

26 Peter Baker, Trump Learns Simple Issues Are Rarely so, in: The New York Times, 14. 4. 2017; ders., Only Thing Different About NATO is President's Opinion of it, ebd.; David E. Sanger und William J. Broad, U. S. Faces Cuban Missile Crisis in Slow Motion, ebd., 17. 4. 2017 (hier das Zitat McMasters); Gardiner Harris, Tillerson Toughens Tone Over Iran Nuclear Agreement, ebd., 20. 4. 2017; Patti Waldmeir und Shawn Donnan, Donald Trump signs ‹Buy American, Hire American› order, in: Financial Times, 18. 4. 2017; Washington bekennt sich zur Rolle der globalen Ordnungsmacht, in: Frankfurter Allgemeine Zeitung, 11. 4. 2017; Frederike Böger, Bombe mit Signalwirkung, ebd., 15. 4. 2017; Tillerson kritisiert Atomabkommen mit Iran scharf, ebd., 21. 4. 2017; Putin beschwert sich über Trump, in: Süddeutsche Zeitung, 13./14. 4. 2017; Sacha Batthyany, Militärisches Muskelspiel, ebd., 15./16./17. 4. 2017; Putin lässt kein Ultimatum stellen, in: Spiegel Online, 12. 4. 2017; Trump nennt NATO «nicht länger obsolet», ebd., 13. 4. 2017; Tillerson sieht amerikanisch-russische Beziehungen auf dem Tiefpunkt, in: Die Welt, 13. 4. 2017. Trumps Äußerungen auf der Pressekonferenz mit Stoltenberg: https://www.whitehouse.gov/the-press-office/2017/04/12/joint-press-conference-president-tru mp-and-nato-secretary-general. Zu Trumps Charakterisierung der NATO als «obsolet» siehe oben S. 241.

27 Jochen Buchsteiner, Wir haben keine Angst, in: Frankfurter Allgemeine Zeitung, 24. 3. 2017; Thomas Kirchner, Polizei stoppt möglichen Attentäter in Antwerpen, in: Süddeutsche Zeitung, 24. 3. 2017; Silke Bigalke, Untergetaucht und radikalisiert, ebd., 11. 4. 2017 (Zitat Åkeson); Hans Leyendecker und Georg Mascolo, Im Dunkeln, ebd., 15./16./17. 4. 2017; Karin Häggmark, Der Terror erreicht Stockholm, in: Der Tagesspiegel, 8. 4. 2017; dies., Ein Land rückt zusammen, ebd., 10. 4. 2017; IS greift Kopten an, ebd., 10. 4. 2017; dies., Schwedische Sicherheiten, 13. 4. 2017; Weiteres Opfer des U-Bahn-Anschlags gestorben, in: Spiegel Online, 12. 4. 2017. Zu den Terroranschlägen in Nizza und Berlin siehe oben S. 191, 288.

28 Grundsatzeinigung mit Griechenland, in: Frankfurter Allgemeine Zeitung, 8. 4. 2017; Schäuble erteilt Eurohaushalt eine Absage, ebd., 10. 4. 2017; Tobias Piller, Athen führt die Gläubiger an der Nase herum, ebd., 12. 4. 2017; Cerstin Gammelin und Alexander Mühlauer, Schirmherrschaft, in: Süddeutsche Zei-

tung, 7. 4. 2017; Alexander Mühlauer, Der Sommer kann kommen, ebd., 8./9. 4. 2017; René Höltschi, Eurostat-Daten zu den Staatsfinanzen: Griechenland übertrifft das Haushaltsziel massiv, in: Neue Züricher Zeitung, 25. 4. 2017.

29 Cathrin Kahlweit, Orbáns nächstes Ziel, in: Süddeutsche Zeitung, 30. 3. 2017; ders., Nein zur Wissenschaft, ebd., 5. 4. 2017; Orbáns Stimme gegen die Freiheit, ebd., 6. 4. 2017; Daniel Brössler, Orbán Grenzen setzen, ebd., 7. 4. 2017; Cathrin Kahlweit, Proteste in Ungarn, ebd., 11. 4. 2017; A. Mühlauer, P. Munzinger, Ungarn wird Fall für Brüssel, ebd., 13./14. 4. 2017 (hier die Zitate von Timmermans); Martin Schulze Wessel, Orbáns Ethnisierung des Bildungswesens, in: Frankfurter Allgemeine Zeitung, 5. 4. 2017; EU-Kommissarin gegen Vertragsverletzungsverfahren, ebd., 11. 4. 2017; Brüssel prüft weitere Schritte gegen Ungarn, ebd., 13. 4. 2017; Reinhard Veser, Orbán auf der roten Linie, ebd., 27. 4. 2017; Silviu Mihai, Orbán rechnet mit seinem Hauptfeind ab, in: Der Tagesspiegel, 5. 4. 2017; Markus Grabitz, Ungarns Populisten werden zur Belastung, ebd., 7. 4. 2017; EU leitet neues Verfahren gegen Ungarn ein. http://www.zeit.de/politik/ausland/2017-04/eu-kommission-leitet-vertragsverletzungsverfahren-gegen-ungarn-ein.

30 Konrad Schuller, Kampf der Gerichtsokratie, in: Frankfurter Allgemeine Zeitung, 4. 4. 2017; Tusks Popularität in Polen steigt, ebd., 28. 4. 2017; Paul Flückinger, Polen baut Armeespitze fast komplett um, in: Der Tagesspiegel, 7. 4. 2017; Florian Hassel, Kahlschlag in Polens Militär, in: Süddeutsche Zeitung, 8./9. 4. 2017 (hier Zitate von «Polityka»); Matthias Krupa u. a., Wie gefährlich sind diese Männer für Europa, Herr Timmermans? in: Die Zeit, Nr. 19, 4. 5. 2017. Zur polnischen Justizreform siehe auch oben S. 327 f.

31 Vier Minuten Sozialunion, in: Frankfurter Allgemeine Zeitung, 17. 4. 2017; Jochen Buchsteiner und Hendrik Kafsack, Nicht irgendein Drittstaat, ebd., 2. 5. 2017; Thomas Gutschker, Das Brexit-Dinner, in: Frankfurter Allgemeine Sonntagszeitung, 30. 4. 2017; Stefanie Bolzen u. a., Ein Dinner mit Vorgeschmack auf eine Schlammschlacht, in: Die Welt, 3. 5. 2017; Thomas Kirchner, Im sozialen Gewand, in: Süddeutsche Zeitung, 27. 4. 2017; ders. und Christian Zaschke, Nach dem Dinner die Details, ebd., 3. 5. 2017; Thomas Kirchner und Alexander Mühlauer, Hart, aber verbindlich, ebd., 4. 5. 2017. Die Brüssler Erklärung vom 29. 4. 2017: Europäischer Rat. Brüssel, vom 29. 4. 2017 (DR.en).EuroXT2004/17.BXT10.CoEur.Coach.2: Außerordentliche Tagung des Europäischen Rates (Artikel 50) (29. April 2017) – Leitlinien.

32 Ulrich Fichtner, Julia Amalia Heyer, Außer Atem, in: Der Spiegel, Nr. 16, 15. 4. 2017 (Umfrageergebnisse); Albrecht Meier, Links, rechts, egal, in: Der Tagesspiegel, 8. 4. 2017; Neue Vorwürfe gegen Fillon, in: Frankfurter Allge-

meine Zeitung, 23.3.2017; Michaela Wiegel, Das Kalkül des Tabubruchs, ebd., 12.4.2017; Macron: Deutschlands wirtschaftliche Stärke ist «nicht tragbar», ebd., 18.4.2017; Michaela Wiegel, Dichter Nebel in Paris, ebd., 19.4.2017; dies., Aus tiefem Hass auf die Polizei, ebd., 22.4.2017; dies., Der Wahlkämpfer, ebd. (über Cazeneuve); Christian Wernicke, Links überholt, in: Süddeutsche Zeitung, 11.4.2017; Cédric Pietralunga und Bastien Bonnefous, Valls choisit Macron, quitte à faire imploser le Parti socialiste, in: Le Monde, 30.3.2017; Un attentat déjoué à le vielle du premier tour, ebd., 20.4.2017; Attaque terroriste sur les Champs-Élysées, in: Le Figaro, 21.4.2017. Zur Judenverfolgung in Vichy-Frankreich: Heinrich August Winkler, Geschichte des Westens, Bd. 2: Die Zeit der Weltkriege 1914–1945, München 2016[3], S. 1026 ff.

33 Le refus du Front National, in: Le Monde, 24.4.2017; Jérôme Fenoglio, Les risques d'une explosion, ebd., 25.4.2017; Macron – Le Pen: les deux France, ebd.; Bastien Bonnefous, Avis de gros temps au Parti socialiste, ebd., 26.4.2017; Matthieu Goar et Alexandre Lemarié, La droite repousse l'heure du bilan, ebd., 26.4.2017; Jean Baptiste Garat, Macron – Le Pen: un nouveau séisme, in: Le Figaro, 24.4.2017; Alexis Brézet, Un immense gâchis, ebd., 25.4.2017; Sophie de Ravinel, Le PS s'interroge sur sa place après les législatives, ebd., 26.4.2017; Guillaume Gendron, Whirlpool. La bataille d'Amiens, in: Libération, 27.4.2017; Michael Wiegel, Feindseligkeiten beim Marktbummel, in: Frankfurter Allgemeine Zeitung, 25.4.2017; Christian Schubert, Der Blitzaufsteiger ist noch nicht am Ziel, ebd.; ders., Macron und die Wette auf die radikalen Mitte, ebd.; Michaela Wiegel, Die Kandidaten des Volkes, ebd., 27.4.2017; Macron im industriepolitischen Stresstest, ebd.; Stefan Ulrich, Der lange Marsch, in: Süddeutsche Zeitung, 25.4.2017; Philip Kuhn, Gespaltene Gesellschaft, in: Die Welt, 25.4.2017; Thomas Schmid, Macrons Titanenaufgabe, ebd.

34 Mr. Trump's Shambles of a Trade Policy, in: The New York Times, 26.4.2017; Mr. Trump's Comic Tax Plan, ebd., 27.4.2017; Nicolas Kristof, This isn't Tax Policies. It's a Heist, ebd.; Juli Hirschfeld Davis and Patricia Cohen, Trump Plans Would Shift Trillions to the Wealthiest, ebd., 27.4.2017; Roger Cohen, «America first» Has Not Upended the World. Except It Has, ebd., 3.5.2017; Mr. Trump Embraces Another Despot, ebd.; Stephan Beutelsbacher, Die Realität nach dem Steuerhype, in: Die Welt, 28.4.2017; Trump will die Steuern radikal senken, in: Frankfurter Allgemeine Zeitung, 27.4.2017; Winand von Petersdorff, Hundert Tag, ebd., 28.4.2017; Clemens Wergin, Von der Realität eingeholt, ebd., 29.4.2017; Sebastian Jannasch, «Er wird nach Schuldigen suchen». US-Ökonom Barry Eichengreen über Trumps Wirtschaftspolitik, in: Süddeutsche Zeitung, 2.5.2017; Christoph von Marschall, Trumps große

Woche, in: Der Tagesspiegel, 24. 4. 2017; ders., Geschrumpftes Gespenst, ebd., 28. 4. 2017; Petra Pinzler und Mark Schieritz, TTIP. Das umstrittene Handelsabkommen galt als beerdigt. Nun könnte es ausgerechnet Donald Trump wiederbeleben, in: Die Zeit, Nr. 18, 27. 4. 2017.

35 Dominique Albertini u. a., Avec Le Pen, l'impossible débat, in: Libération, 4. 5. 2017; Guillaume Tabard, La candidate de l'indignation, le candidat des solutions, in: Le Figaro, 4. 5. 2017; Michaela Wiegel, Die Kunst der Entteufelung, in: Frankfurter Allgemeine Zeitung, 2. 5. 2017; Le Pen schwächt Anti-Euro-Kurs ab, ebd., 2. 5. 2017; Andreas Ross, Plaudern über Kim Jong-un, ebd., 26. 5. 2017 (zum Telefonat Trump – Duterte); Leo Klimm, Kampf der Weltanschauungen, in: Süddeutsche Zeitung, 3. 5. 2017; Andrian Kreye, Endziel Chaos (Interview mit Laura Galante), ebd., 8. 5. 2017.

36 Bastien Bonnefous u. a., Macron triomphe et doit réconcilier un pays divisé, in: Le Monde, 4. 5. 2017; Mathilde Siraud, La grande implosion du Parti Socialiste, in: Le Figaro, 10. 5. 2017; Laurent Joffrin, Une dette envers le peule, in: Libération, 8. 5. 2017; Sylvie Kauffmann, France Still Waits for a Revolution's Outcome, in: New York Times, 9. 5. 2017; 4,2 Millionen Franzosen wählen ungültig, in: Süddeutsche Zeitung.de, 8. 5. 2017. http://www.sueddeutsche.de/politik/wahl-in-frankreich-millionen-franzosen-waehlen-ungueltig-1.3495396; Leo Klimm, Mission Mehrheit, in: Süddeutsche Zeitung, 9. 5. 2017; ders. und Christian Wernicke, Allons Allemands, ebd.; Zwischen Paris und Berlin droht ein Streit um Europapolitik, in: Frankfurter Allgemeine Zeitung, 9. 5. 2017; Christian Schubert, Frankreichs großes Experiment, ebd.; Torsten Krauel, Hoffnung für Europas Club der Hoffnungslosen, in: Die Welt, 9. 5. 2017. Zu Macrons Rede vor dem Louvre: Macron au Louvre: «La tâche sera dure, mais je vous dirai la vérité». http://www.lemonde.fr/election-presidentielle-2017/article/2017/05/07/emmanuel-macron-je-me-battrai-contre-les-divisions-qui-nous-minent_5123867_4854003.html.

14.
Zeit der Zerreißproben:
Ein Fazit

1 Jaques Rupnik, Illiberale Demokratie. Das europäische Dilemma und das Ende des liberalen Zyklus, in: Lettre International, Herbst 2016, S. 11–15 (14).

2 Philip Mirowski and Dieter Plehwe (eds.), The Road from Mont Pèlerin. The Making of the Neoliberal Thought Collective, Cambridge 2009; Anselm Doering-Manteuffel/Lutz Raphael, Nach dem Boom. Perspektiven auf die Zeitgeschichte seit 1970, Göttingen 2010[2]; Pierre Rosanvallon, Die Gesell-

schaft der Gleichen (frz. Orig.: Paris 2011), Hamburg 2011, S. 247 ff.; Hartmut Kaelble, Mehr Reichtum, mehr Armut. Soziale Ungleichheit in Europa vom 20. Jahrhundert bis zur Gegenwart, Frankfurt 2017, S. 163 ff.

3 Dani Rodrik, Das Globalisierungsparadox. Die Demokratie und die Zukunft der Weltwirtschaft (amerikan. Orig.: Princeton 2011), München 2011, S. 9 ff. (17 f.).

4 Daniel Katz, The Psychologie of Nationalism, in: J. P. Guilford (ed.), Fields of Psychology ‹New York 1940›, 1948[2], S. 163–181 (165).

5 Ernst-Wolfgang Böckenförde, Die Entstehung des Staates als Vorgang der Säkularisation, in: Staat, Gesellschaft, Freiheit, Berlin 1976, S. 42–64 (60).

6 Heinrich August Winkler, Geschichte des Westens, Bd. 4: Die Zeit der Gegenwart, München 2016[3], S. 187 ff.

7 Paul Collier, Exodus. Warum wir Einwanderung neu regeln sollten (engl. Orig.: London 2013), München 2014; Alexander Betts/Paul Collier, Gestrandet. Warum unsere Flüchtlingspolitik allen schadet – und was jetzt zu tun ist (engl. Orig.: London 2017), München 2017; Ruud Koopmans, Assimilation oder Multikulturalismus? Bedingungen gelungener Integration, Münster 2017; Stefan Luft, Die Flüchtlingskrise. Ursachen, Konflikte, Folgen, München 2016; Julian Nida-Rümelin, Über Grenzen denken. Eine Ethik der Migration, Hamburg 2017; Udo Di Fabio, Schwankender Westen. Wie sich ein Gesellschaftsmodell neu erfinden muss, München 2015.

8 Markus Brunnenmaier, Harold James, Pierre Landau, The Euro and the Battle of Ideas, Princeton 2016, S. 40 ff.; Martin Winter, Ende einer Illusion. Europa zwischen Anspruch, Wunsch und Wirklichkeit, München 2016, S. 45 ff.; Thomas Schmid, Europa ist tot, es lebe Europa! Eine Weltmacht muss sich neu erfinden, München 2016, S. 163 ff.

9 Hans-Werner Sinn, Der Schwarze Juni. Brexit, Flüchtlingswelle, Euro-Desaster – Wie die Neugründung Europas gelingt, Freiburg 2016.

10 Johannes Becker/Clemens Fuest, Der Odysseuskomplex. Ein pragmatischer Vorschlag zur Lösung der Eurokrise, München 2017, S. 279 ff.

11 Robin Alexander, Die Getriebenen. Merkel und die Flüchtlingspolitik: Report aus dem Inneren der Macht, München 2017; Betts/Collier, Gestrandet (Anm. 7), S. 93 ff.; Hans-Peter Schwarz, Die neue Völkerwanderung nach Europa. Über den Verlust politischer Kontrolle und moralischer Gewissheiten, München 2017. Siehe dazu auch oben S. 116 ff.

12 Heinrich August Winkler, Das Undenkbare denken, in: Frankfurter Allgemeine Zeitung, 28. 9. 2015; ders., Wer hat die Deutschen zu Richtern der Nationen bestellt?, in: Süddeutsche Zeitung, 22. 12. 2015; ders., Es gibt kein deutsches Moralmonopol, in: Die Zeit, Nr. 18, 21. 4. 2016.

Was danach geschah:
Postscriptum

1 «Die Kanzlerin hat die Nase voll», in: Spiegel Online, 29. 05. 2017. http://www.spiegel.de/politik/ausland/donald-trump-internationale-pressestimmen-zu-europar eise-und-angela-merkel-a-1149631.html; «Ein enormer Wandel der politischen Rhetorik», in: Zeit Online, 29. 05. 2017. http://www.zeit.de/politik/2017-05/angela-merkel-presseschau-usa-g7-gipfel; Johannes Leithäuser, Lange Tage der Irritationen, in: Frankfurter Allgemeine Zeitung, 30. 05. 2017; Daniel Brössler und Robert Rossmann, In aller Freundschaft, in: Süddeutsche Zeitung, 30. 5. 2017.

2 Here's A Closer Look At Donald Trump's Disturbingly Deep Ties To Russia, in: http://fortune.com/2017/05/17/donald-trump-russia-2.

3 The White House. Office of the Press Secretary. For Immediate Release. June 1, 2017. Statement by President Trump to the Paris Climate record, Rose Garden.

4 Andreas Ross, Befreiung aus dem Komplott, in: Frankfurter Allgemeine Zeitung, 3. 6. 2017; Trump bringt die Wirtschaft gegen sich auf, ebd.; Susan E. Rice, To Be Great, America Must Be Good, in: The New York Times, 3. 6. 2017; Paul Krugman, Making Inorance Great Again, ebd., 5. 6. 2017.

5 Erich Vad, Bündnis ohne Kraft, in: Cicero, Juni 2017, S. 59–65; Daniel Pelletier und Maximilian Probst, Welt in Bewegung, in: Süddeutsche Zeitung, 6. 6. 2017 (zu Russlands energiepolitischer Bedeutung für die EU); Petra Kolonko, Seide und Zement, in: Frankfurter Allgemeine Zeitung, 3. 5. 2017; Der Welthandel soll über Chinas Seidenstraße rollen, ebd.

6 Zum Begriff «transatlantisches Jahrhundert»: Mary Nolan, The Transatlantic Century. Europe and America 1890–2010, Cambridge 2012. Hierzu oben S. 89 ff.

7 George Parker, British election results: May's gamble backfires, in: Financial Times, 9. 6. 2017; Polly Toynbee, Let's whoop at the failure of May's miserabilism. Optimism trumped austerity, in: The Guardian, 9. 6. 2017; Jochen Buchsteiner, Völlig verzockt, in: Frankfurter Allgemeine Zeitung, 10. 6. 2017; Tusk: Britisches Angebot «unter unseren Erwartungen», ebd., 24. 6. 2017. Zum «Karfreitagsabkommen» von 1998: Heinrich August Winkler, Geschichte des Westens, Bd. 4: Die Zeit der Gegenwart (fortan: Geschichte IV), München 2016^3, S. 122 f.

8 Guillaume Tabard, Une nette vistoire mais pas une France macronisée, in: Le Figaro, 12. 6. 2017; Cédric Pietralunga/Solenn de Royer, Majorité absolue et victoire relative pour Macron, in: Le Monde, 20.6.17; Christian Wernicke, «Der Anfang einer Renaissance», in: Süddeutsche Zeitung, 22. 6. 2017 (Inter-

view mit Macron); D. Brössler u. a., Die Macron-Formel wirkt, ebd. 24./25. 6. 2017. Zum Zusammenbruch des italienischen Parteiensystems seit 1992: Winkler, Geschichte IV (Anm. 7), S. 80 ff.

9 Michael S. Schmidt and Matt Apuzzo, Comey Didn't Want To Be Alone With President He Told Sessions, in: The New York Times, 7. 6. 2017; Charles M. Blow, The Resistance: Impeachment Anxiety, ebd., 12. 6. 2017; Jim Rutenberg, Unlike in Watergate, Media Offers a Choice of Facts, ebd., 12. 6. 2017; Hubert Wetzel, Zahltag, in: Süddeutsche Zeitung, 9. 6. 2017.

10 Charles M. Blow, The Resistance: Impeachment Anxiety, in: The New York Times, 12. 6. 2017; Michael S. Schmidt and Matt Apuzzo, Mueller's Moves Point to Inquiry Aimed at Trump, ebd., 15. 6. 2017; Jennifer Rubin, Jeff Sessions wilts in the hot seat, in: The Washington Post, 13. 6. 2017; Offenbar Ermittlungen gegen Trump persönlich, in: Frankfurter Allgemeine Zeitung, 16. 6. 2017; Reymer Klüver, Sieg mit Fußnoten, in: Süddeutsche Zeitung, 28. 6. 2017. Zum «Saturday Night Massacre» und zur Watergate-Affäre: Heinrich August Winkler, Geschichte des Westens, Bd. 3: Vom Kalten Krieg zum Mauerfall, München 2015[2], S. 608 ff.

11 Trump prangert «destabilisierendes» Verhalten Russlands an, in: Frankfurter Allgemeine Zeitung, 7. 7. 2017; Konrad Schuller, Die Vermessung des Westens, ebd.; Reinhard Veser, Zwischen drei Meeren, ebd., 8. 7. 2017; Daniel Brössler und Florian Hassel, Mit Liebe – und Sinn fürs Geschäft, in: Süddeutsche Zeitung, 7. 7. 2017; Rick Lyman, Right-Tilting Poland Welcomes Trump as Europe Watches Warily, in: The New York Times, 5. 7. 2017. Zum Warschauer Aufstand: Heinrich August Winkler, Geschichte des Westens, Bd. 2: Die Zeit der Weltkriege 1914–1945, München 2016[3], S. 1074 ff.

12 Robert Birnbaum und Juliane Schäuble, Gipfel der Politik – und der Gewalt, in: Der Tagesspiegel, 8. 7. 2017; Albert Funk, Geschminkter Dissens, ebd., 9. 7. 2017; Cerstin Gammelin, Eins zu Neunzehn, in: Süddeutsche Zeitung, 8./9. 7. 2017; Stefan Ullrich, Notfalls ohne USA, ebd., 10. 7. 2017; Trump und Putin vereinbaren Waffenstillstand im Südwesten Syriens, in: Frankfurter Allgemeine Zeitung, 8. 7. 2017; Trump: Keine Einheit für Cybersicherheit mit Moskau, ebd., 11. 7. 2017; Trump Team Met Russian Offering Dirt on Clinton, in: New York Times, 10. 7. 2017. Die Abschlusserklärung der G20: G20 Leaders' Declaration. Shaping an interconnected world. https://www.g20.org/gipfeldokumente/G20-leaders-declaration.pdf. Zum Minsker Abkommen («Minsk II») siehe oben S. 194 f.

PERSONENREGISTER